龙湾年鉴

2017

中共龙湾区委党史区志办公室　编

方志出版社
Publishing House of Local Records

图书在版编目（C I P）数据

龙湾年鉴. 2017 / 中共龙湾区委党史区志办公室编
. -- 北京 ：方志出版社，2017.12
ISBN 978-7-5144-2834-6

Ⅰ.①龙… Ⅱ. ①中… Ⅲ. ①区（城市）—温州—2017—年鉴 Ⅳ. ①Z525.53

中国版本图书馆CIP数据核字（2017）第322153号

龙湾年鉴（2017）

编　　者：中共龙湾区委党史区志办公室
责任编辑：冯　松
出 版 人：冀祥德
出 版 者：方志出版社
地址　北京市朝阳区潘家园东里9号（国家方志馆4层）
邮编　100021
网址　http://www.fzph.org
发　　行：方志出版社图书经销中心
电话（010）67110500
经　　销：各地新华书店
印　　刷：温州市北大方印务有限公司
开　　本：889×1194　1/16
印　　张：21.5
字　　数：771千字
版　　次：2017年12月第1版　2017年12月第1次印刷
印　　数：0001～1800册
ISBN　978-7-5144-2834-6　定价：180.00元

龙湾区史志编纂委员会

主　　任　王慧杰

副 主 任　池晓荣　陈军苹

成　　员

黄建斌（龙湾区委办）
张崇林（龙湾区府办）
范朝阳〔龙湾区纪委（监察局）〕
王进才（龙湾区委组织部）
董朝贤（龙湾区委统战部）
张雪梅（龙湾区直机关党工委）
孙作材（龙湾区委史志办）
叶自力（龙湾区发改局）
郑小强（龙湾区教育局）
张婵娟（龙湾区民宗局）
上官光架（龙湾区司法局）
潘源源（龙湾区人力社保局）
郑祥迪（龙湾区城管与执法局）
倪士章（龙湾区水利局）
潘旭宏（龙湾区文广新局）
包双一（龙湾区审计局）
南君晓（龙湾区环保局）
陈汉杰（龙湾区市场监管局）
吴天峰（龙湾区旅游局）
姜扬瓯（团龙湾区委）
钱向光（龙湾规划分局）
叶庆权（永中街道党工委）
姜祥林（海滨街道党工委）
林建兴（状元街道党工委）

陈　立（龙湾区人大办）
潘　伦（龙湾区政协办）
蔡祎玥（龙湾区人武部）
林新林（龙湾区委宣传部）
许　峰（龙湾区委政法委）
王永林（龙湾区档案局）
陈思崇〔龙湾区委农办（区农林局）〕
孙方忠（龙湾区经信局）
朱智猛（龙湾区科技局）
沈永国（龙湾区民政局）
周德望（龙湾区财政局）
陈和斌（龙湾区住建局）
潘建华（龙湾区交通局）
李　谊（龙湾区海洋与渔业局）
黄建芳（龙湾区卫计局）
陈志楠（龙湾区统计局）
郭洪聪（龙湾区安监局）
叶铭克（龙湾区体育局）
郑　靖（龙湾区总工会）
倪瑞瑾（龙湾区妇联）
林国初（龙湾国土资源分局）
王云师（蒲州街道党工委）
邵建乐（永兴街道党工委）
李显淼（瑶溪街道党工委）

办公室主任　王进才（兼）

常务副主任　孙作材

LONGWAN YEARBOOK 2017 龙湾年鉴

《龙湾年鉴》编辑部

主　　编　孙作材

副 主 编　王婷婷　高雍和

编　　辑　张丽君　潘伟光　徐　亮　孙建胜　吴道边

林小英　朱筱霞　章温嫦　叶茂恒　郑福云

编　　务　林小英

目录英译　王婷婷

排　　版　郭红梅

校　　对　吴道边

LONGWAN YEARBOOK 2017 龙湾年鉴

编辑说明

一、《龙湾年鉴》旨在记载龙湾区自然、政治、经济、文化和社会生活等方面的基本情况，为领导决策提供依据，为中外人士了解和研究龙湾提供资料，也为地方留下宝贵史料。

二、《龙湾年鉴（2017）》坚持以马克思列宁主义、毛泽东思想、邓小平理论、“三个代表”重要思想、科学发展观、习近平新时代中国特色社会主义思想为指导，坚持辨证唯物主义和历史唯物主义立场、观点和方法。

三、《龙湾年鉴（2017）》采用条目式纪事体，分类编纂。基本结构为类目、分目、条目3个层级。全书共设类目35个，下设分目225个、条目1050个、表格78张。本卷年鉴记述时限为2016年，“特载”“图片”时间截至2017年2月。

四、龙湾区辖永中、蒲州、海滨、永兴、状元、瑶溪、沙城、天河、海城、星海10个街道，其中沙城、天河、海城、星海4个街道委托温州经济技术开发区管委会管理。《龙湾年鉴（2017）》所载内容凡未特别说明的事项或数据，一般不包括温州经济技术开发区，如包括温州经济技术开发区则注明以示区别。基本地情、人文风情、龙湾轶闻反映的为龙湾区行政区域内容。

五、《龙湾年鉴（2017）》采用的稿件由龙湾区各街道、各单位提供，并经供稿单位审核。文中所列数据以区统计局正式公布的为准。凡区统计局未予统计和提供的则以主管部门统计为准，有些数据因统计口径不同而有所差异时，以主管部门的数据为准。

六、根据行文实际需要，年鉴部分机构使用简称，“机构全称与简称对照表”列于附录中；缩略语不随文注释，“缩略语与其注解对照表”列于附录中。文中“年初”“年内”“年末”指2016年年初、年内、年末，“上年”指2015年。

《龙湾年鉴》编辑部

2017年11月

龙 湾 区 行

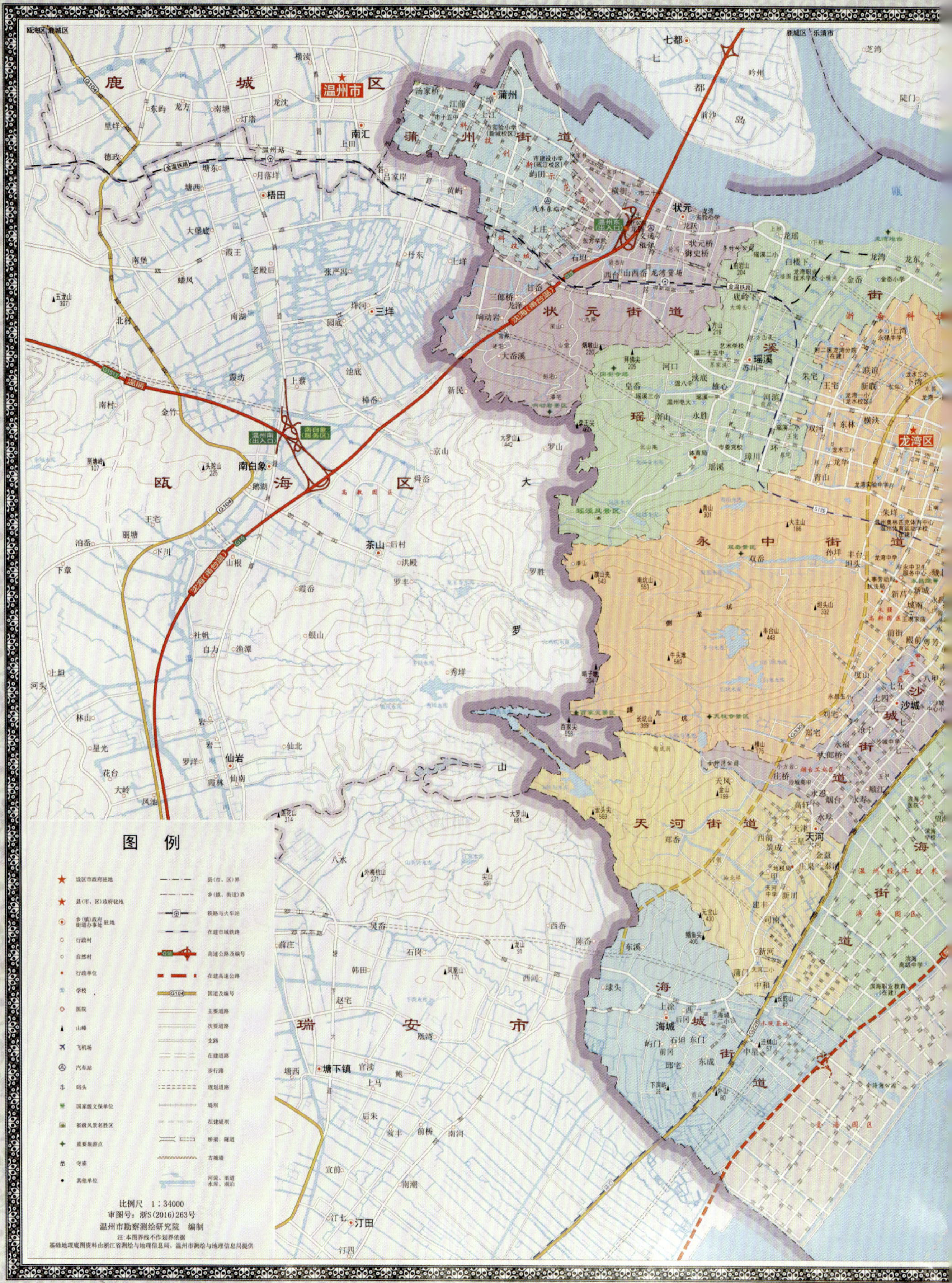
鹿城区
温州市
瓯海区
瑞安市
蒲州街道
状元街道
瑶溪街道
永中街道
沙城街道
天河街道
海城街道
龙湾区
七都
灵昆
状元
蒲州
瑶溪
永中
沙城
天河
海城
南白象
茶山
仙岩
塘下镇
图 例
设区市政府驻地
县(市、区)政府驻地
乡(镇)政府 街道办事处 驻地
行政村
自然村
行政单位
学校
医院
山峰
飞机场
汽车站
码头
国家级文保单位
省级风景名胜区
重要旅游点
寺庙
其他单位
县(市、区)界
乡(镇、街道)界
铁路与火车站
在建市域铁路
高速公路及编号
在建高速公路
国道及编号
主要道路
次要道路
支路
在建道路
步行路
规划道路
堤坝
在建堤坝
桥梁、隧道
古城墙
河流、渠道 水库、湖泊
比例尺 1：34000
审图号：浙S(2016)263号
温州市勘察测绘研究院 编制
注:本图界线不作划界依据
基础地理底图资料由浙江省测绘与地理信息局、温州市测绘与地理信息局提供

政区划图

乐清市
东横河
西横河
中垟田
万仓
上垟田
七西
七里港捕捞队
马道头
黄华
黄浦
黄华关
长林东
长林西
南岳
华东
岐头一
岐头二
岐头三
岐头西
岐头山
124
乐清湾
乐清市 / 洞头区
江
双昆
周宅
北段
九村
上岩头
灵
昆
岛
沙塘
海思
叶先
王相
灵昆
树排沙
瓯江口新区
洞头区
温州湾
海滨街道
小陡
蓝田
城东
宁村
北新
海滨
沙北
沙中
建新
梅头
温州龙湾国际机场
五溪
永兴街道
龙湾瓯飞工程
二期
一期
围垦
期
小霓屿
黄屿
瑞安市
洞头区

温州市龙湾区影像图

鹿城区
七都岛
瓯江
温州大桥
蒲州街道
温州经济技术开发区
汽车东站
温州农业新技术开发示范区
状元镇
龙湾交通中心
龙湾集装箱码头
瑶溪镇
龙湾区
瑶溪风景区
瓯海区
龙湾区
龙湾中心工业区
沙城镇
天柱寺风景区
天河镇
温州经济技术开发区
(滨海工业园区)
梅头东站
梅头客运站
海城街道
瑞安市

乐 清 市
北段码头
宏丰码头
双昆山
瓯江北口
灵昆岛
洞 头 区
灵昆镇
灵霓大堤
瓯江南口
温州龙湾国际机场
海滨街道
温 州 湾
东 海
图 例
区人民政府驻地
蒲州街道
乡（镇）驻地 街道办事处
山 名
雁湖公园
公 园
风景区
风 景 区
龙湾交通中心
汽 车 站
宏丰码头
码 头
温州永强机场
飞 机 场
区 界
乡（镇）界
铁 路
高速公路
主要道路
次要道路
一般道路
比例尺 1:85000
0 0.85 1.70 2.55 3.40 4.25KM
温州市勘察测绘研究院
温州市龙湾区史志办
联合编制 2007年12月
审图号：浙S（2008）15号
注：不作划界依据

温州浙南科技城管理委员会授牌仪式　　（温州高新技术产业开发区供稿）

瓯江口跨海南大桥工程　　（周凌慧/摄）

温州奥体中心　　（杨　豪/摄）

龙湾区首届书法文化艺术节　　（江国荣/摄）

青山控股总部大楼　　（杨　豪/摄）

活力龙湾

2016年，龙湾区加快搭建创新平台，加速构建现代都市，持续深化各项改革，实体经济运行平稳，民生服务得到提升。全区实现地区生产总值384.44亿元，同比增长9.0%；规模以上工业增加值92亿元，同比增长8.4%；完成限额以上固定资产投资347.49亿元，同比增长13.7%。年内，龙湾区获评省级电子商务示范区、全省“小微企业三年成长计划”工作优秀区。

龙湾区举行教育战略合作项目集体签约仪式　　（杨　豪/摄）

龙岗寺　　（徐　乐/摄）

永昌堡一角　　（陈王芬/摄）

瑶湖　　（娄俊杰/摄）

黄石山公园　　（江国荣/摄）

龙湾城市中心区F地块主题公园　　（杨　豪/摄）

美丽龙湾

2016年，龙湾区坚持城乡统筹发展，深入推进“大拆大整”“三改一拆”“五水共治”，着力提升城市品质。市域铁路龙湾段、瓯海大道东延及枢纽集散系统、温州大道东延、奥体中心等重点工程进展顺利，中心区建设全面提质提效。推进塘河“水岸同治”工程，完成河泥荡文化公园、雁湖公园、龙翔湖公园、市民广场的绿化补植工作，改造提升黄石山公园。年内，河泥荡文化公园获评全市十大最美公园、省级优质公园。

钟秀园 （周　影/摄）

郑宅精品公园　　（区城管与执法局供稿）

天柱寺景区　　（江国荣/摄）

大罗山步道　　（郭庆良/摄）

双岙文明公园　　（区城管与执法局供稿）

美丽龙湾

美丽街区——宁村　　（杨　豪/摄）

水心朱宅老街　　（区新闻中心供稿）

“美德少年”心约会主题活动 （杨 豪/摄）

为城市美容师拍写真 （叶晓东/摄）

红色送学 （区新闻中心供稿）

“礼让斑马线 文明伴我行”活动 （杨 豪/摄）

学生代表参观龙湾区环境监测站 （郑 懿/摄）

幸福龙湾

2016年，龙湾区突出以人为本，扎实做好各项民生工作。城镇常住居民人均可支配收入48217元，同比增长8.7%；农村常住居民人均可支配收入28855元，同比增长7.7%。全年民生支出17.18亿元，占区财政总支出的79.4%。深化省教育现代化区和“品质教育·学在龙湾”品牌建设，创成“省教育基本现代化区”。新建文化驿站1个、城市书房2家、省级农村电影室内固定放映点暨“罗峰剧场”5家，文化设施不断提升。实施“智慧养老”全国试点，社会保障和救助体系稳步推进。

新农民大课堂 （杨 豪/摄）

“1+100”走街入户进园联系服务青年活动　　（周凌慧/摄）

蒲江社区邻里节　　（叶晓东/摄）

暖冬“家·人”活动　　（周凌慧/摄）

晨练　　（叶晓东/摄）

龙湾肿瘤防治宣传周义诊　　（叶晓东/摄）

幸福龙湾

中国流动科技馆走进龙湾　　　　（杨　豪/摄）

小学新生入学　　　　（叶晓东/摄）

2016年10月16日，民革中央副主席修福金（右二）到龙湾调研

2016年4月30日，中国作协党组成员、副主席、书记处书记吉狄马加（中）到龙湾调研

2016年11月9日，浙江省副省长冯飞（右二）到龙湾调研

2016年12月10日，温州市委书记徐立毅（前左三）到浙南科技城调研

2016年3月24日，温州市委副书记、市长张耕（前右一）到浙南科技城调研

2016年11月23日，龙湾区委书记陈应许（中）到浙南科技城调研

2017年2月4日，龙湾区委副书记、代区长周一富（右二）调研阀门产品

2016年7月14日，龙湾区人大常委会主任周赞（前中）带队督查城中村改造

2016年9月3日，龙湾区政协主席徐国信（右二）到永中街道新城村督查消防安全工作

2016年12月28日至30日，中国共产党龙湾区第八次代表大会在区文化中心举行

2017年2月15日至17日，龙湾区第八届人民代表大会第一次会议在区文化中心举行

2017年2月14日至16日，政协第五届龙湾区委员会第一次会议在区文化中心举行

要 目

目 录

特 载

大事记

区情概览

中共龙湾区委员会

龙湾区人民代表大会

龙湾区人民政府

政协龙湾区委员会

纪检 · 监察

民主党派 · 人民团体

法　治

军　事

农业·水利

工　业

功能区

建筑业·房地产业

商贸服务业·旅游业

国土资源管理·环境保护

城市建设与管理

交　通

邮政·信息化

财政·税务

金融·保险

经济管理与监督

科　技

教　育

文　化

卫　生

体　育

社会生活

街　道

人物·先进名录

统计资料

龙湾轶闻

附　录

索　引

CATALOGUE

特　　载

中共龙湾区委工作报告

突出转型主线　勇立发展潮头
为打造迈入全面小康社会标杆城区而努力奋斗
——在龙湾区第八次代表大会上

(2016年12月28日)

中共龙湾区委书记　陈应许

中国共产党温州市龙湾区第八次代表大会，是在龙湾区顺利开启“十三五”发展新征程、全力建设更高水平小康社会的关键时期召开的一次十分重要的会议。大会的主要任务是：高举中国特色社会主义伟大旗帜，深入贯彻落实习近平总书记系列重要讲话精神，回顾总结区第七次党代会以来的工作，研究部署今后五年我区的奋斗目标和主要任务，选举产生中共温州市龙湾区第八届委员会和纪律检查委员会，团结带领全区广大共产党员和人民群众，突出转型主线，勇立发展潮头，为打造迈入全面小康社会标杆城区而努力奋斗。

过去五年的主要工作

区第七次党代会以来的五年，是龙湾应对重大挑战、经受重大考验、实现重大跨越的五年。五年来，我们深入贯彻落实中央和省、市委决策部署，团结带领全区广大党员群众，攻坚克难，开拓奋进，较好地完成了区第七次党代会提出的主要目标任务，2011年—2015年连续五年获得全市县（市、区）综合考绩优秀。

五年来，我们突出稳中求进，综合实力稳步提升。面对经济下行压力，我们主动适应新常态，着力稳增长、调结构，推动综合实力持续增强、发展地位持续提升。预计2016年区本级实现地区生产总值381亿元，年均增长8.7%，人均生产总值（户籍人口口径）突破24000美元。五年累计实现财政总收入183.4亿元，年均增长3.2%，其中一般公共预算收入102.1亿元，年均增长8.7%；全社会固定资产投资1342.5亿元，年均增长25.7%；社会消费品零售总额1478.9亿元，年均增长10.8%；外贸出口总额95.5亿美元，年均增长2%。

五年来，我们突出创新转型，产业升级步伐加快。大力推进平台建设，抢抓国家级高新区获批、浙南科技城落户机遇，快速搭建浙南科技城体制框架，开工创新创业新天地等首批八大工程，精准对接引进34个科创项目，高新区和浙南科技城建设迈出坚实步伐。全面提速空港新区开发建设，基本建成新区道路网框架，启动建设空港现代物流园等项目，打造传统产业转移升级主平台。持续强化招商引资，五年累计到位内资254亿元、外资5532万美元。加速集聚新兴产业，文昌创客小镇等众创空间建设全面提速，激光与光电、生命健康、新材料等新兴产业规模逐步壮大。持续优化产业结构，时尚商圈加快建设，金融、物流、信息、建筑、旅游和休闲农业等发展态势良好，三产占比提升6.86个百分点。整合提升阀门、特种不锈钢等传统产业，重点区域传统产业疏导全面推进，小微园建设初见成效，“四换三名”“三转一市”成效明显，传统产业转型步伐加快。全面集聚创新要素，创成省级创新型试点城区、国家知识产权试点园区，建成国际激光与光电孵化器等创新创业平台，引进北航温州研究院等高端研发平台，集聚国家和省市级研发机构84个、“千人计划”专家39人。

五年来，我们突出品质提升，城区建设扎实推进。坚持规划引领，编制高新区、城市中心区、空港新区等空间发展规划，完成系列专项规划和控规修编，城市框架不断拉开。坚持城乡统筹，纵深推进“大拆大整”“三改一拆”，全力

龙湾中心区一角

（江国荣/摄）

开展新一轮城中村改造，累计拆除违法建筑666万平方米，改造城中村1008万平方米，塑造了“教新样板”、“朱垟新速”等一系列典型，城乡一体化加速推进。坚持基础先行，累计完成基础设施投资438.32亿元，布局和实施了一大批交通、围垦、水利、通讯等重大项目，基础设施不断完善。开工建设瓯海大道东延及枢纽集散系统、温州大道东延等重点项目，建成投用南洋大道、曹龙大道、通海大道等主干道，完成塘永公路永梅段整治，新建、改建、提升农村公路80公里，实现公交行政村2公里全覆盖和社区巴士街道全覆盖，内联外畅的交通网初步成型。坚持龙头崛起，中心区面积由14.58平方公里扩大到51.8平方公里，建成青山总部大楼、建设总部大楼等总部楼宇，投用区规划展示馆、区图书馆等公建项目，引进万达、万科、绿城等地产品牌，温州城市东部中心形象加快凸显。坚持建管并举，开展城市管理“治乱”专项行动，完成瓯海大道龙湾段、滨海大道等重点道路综合整治，率先启动“智慧城市”示范区建设，城市管理水平不断提升。

五年来，我们突出污染治理，生态环境明显改善。深入开展“五水共治”，全面落实河长制，125条黑臭河完成整治验收，“清三河”达标县创建工作成效显著，2015年荣获“大禹鼎”称号。强势推进重污染行业整治，合成革生产线削减70%以上，大气环境质量优良率从67.2%提高至89.8%。深化“两无三化”“四边三化”、美丽乡村建设等工作，五年新增城区绿地1410.6公顷，建成黄石山等87个公园，城市公园绿地面积达505.4公顷，创成省级美丽宜居示范村4个、市级精品（示范）村19个。持续深化“六城联创”，建立创卫网格化管理和村居卫生长效管理机制，成功创成全国文明城市、国家卫生城市、国家森林城市、省级示范文明城区，顺利通过国家环保模范城市、国家园林城市技术评估。

五年来，我们突出深化改革，发展活力不断增强。围绕重点领域和关键环节，出台改革实施方案18项，一大批事关全局的改革项目顺利实施。紧抓规范农村“小微权力”运行、中小企业供应链融资改革等市级“1+3”重点特色项目，打造全面深化改革的“龙湾样本”。推动政府机构改革和职能转变，削减行政权力5081项，“减权”比率达到64%。民主法制、社会体制等各领域改革扎实推进，党的建设制度、纪检体制等改革取得阶段性成果，农村集体资产产权制度改革全面完成，文化体制改革走在全市前列，“龙湾好人”关怀帮扶机制被评为第三届浙江省公共管理优秀创新案例。

五年来，我们突出以人为本，社会民生协调发展。每年坚持实施一批为民办实事项目，对民生事业的财政投入累计达82亿元。2016年，全区城镇常住居民人均可支配收入达48263元，农村常住居民人均可支配收入达29212元，五年年均分别增长8.9%、9.6%。坚持教育优先，积极引入优质民办教育，创成全国义务教育均衡发展区和省教育基本现代化区。鼓励社会力量办医，扎实推进出生人口性别比治理，创成省级卫生强区、慢性病综合防控示范区和计划生育优质服务区。健全社会保障体系，全面消除“年收入低于4600元”低收入农户，构建形成居家养老“15分钟服务圈”。加强公共文化网络体系建设，建成区博物馆等一批文化设施，新建文化礼堂50个，获得“中国书法之乡”等文化金名片。深化“平安龙湾”建设，顺利完成G20杭州峰会等重大维稳安保任务。加大信访积案化解力度，加强宗教领域管理，抓好安全生产、消防安全、食品药品安全、流动人口管理、和谐劳动关系、防汛防台等各领域工作，有效维护了社会安全稳定。高质量完成“六五”普法工作，被评为全国法治县（市、区）创建活动先进单位。

五年来，我们突出从严治党，党的建设全面加强。深入学习贯彻习近平总书记系列重要讲话精神，落实意识形态工作责任制，全面加强思想理论武装工作，强化理想信念教育。精心组织开展党的群众路线教育实践活动、“三严三实”专题教育、“两学一做”学习教育，切实解决了一批实际问题，形成了一批制度成果。深化干部人事制度改革，推进领导干部能上能下，不断规范选人用人程序，加强干部日常监督管理，建立完善一线组团历炼干部机制，开展“三联四推五提升”专项活动，进一步激发干部队伍整体活力。深入实施“示范、达标、整转”三大行动，开展“五星争创”活动，实施红色细胞工程，建立党内关爱基金，扎实推进村民中心等“红色阵地”建设，基层党组织战斗力持续增强。加强党管人才力度，出台区“1+6+N”人才政策体系，积极创建省“千人计划”产业园。严格执行中央“八项规定”，坚决抓好省委巡视组反馈意见整改落实，形成为民、务实、清廉的风尚。大力健全惩治和预防腐败体系，严格落实“两个责任”，开展作风巡察等专项行动，源头防腐力度持续加大。坚持以零容忍态度惩治腐败，严肃查办了一批违纪违法案件，促进党风政风明显好转。支持人大、政府、政协履行职能，发挥民主党派、工商联和无党派人士的独特作用，加强人武、双拥、档案、史志、人防和港澳台侨、民族宗教、老干部等工作，推动工青妇、科协、残联、慈善、红十字等群团组织健康发展，形成了共谋共进的良好氛围。

回顾五年来的工作，我们始终把创新转型作为根本动力，大力实施创新驱动发展战略，促成了国家级高新区、浙南科技城的落地建设，打出了转型升级系列组合拳，龙湾转型发展进入了快速道；我们始终把统筹协调作为重要路径，坚定新型城市化发展方向，加快实现城乡规划、产业布局、基础设施、公共服务和社会治理一体化，城乡均衡协调发展特色更加凸显；我们始终把绿色发展作为基本取向，坚持绿水青山就是金山银山理念，扎实开展环境综合整治和自然生态修复，突出抓好水体和大气污染治理，区域生态环境不断改善；我们始终把民生优先作为目标追求，顺应人民群众对美好生活的向往，每年实施一批为民办实事项目，增投入、补短板、兜底线，不断增强群众的幸福感和获得感；我们始终把党的建设作为坚强保障，认真落实管党治党责任，坚定不移打基础、驰而不息正作风、旗帜鲜明反腐败，党的思想、组织、作风和反腐倡廉建设全面加强。这些经验弥足珍贵，必须在今后工作中予以坚持和不断完善。

五年成绩来之不易，这是省委、市委正确领导的结果，是全区各级党组织、广大党员干部和全区人民开拓进取的结果，是历届区委继往开来、区级领导班子团结拼搏、离退休老同志关心帮助和社会各界共同努力的结果。

在充分肯定成绩的同时，我们也清醒看到发展中存在的差距和不足，主要是：面对经济发展新常态，“两链三险”尚未根本解决，部分企业生产经营依然困难，龙头企业培育不足，短中期经济下行压力较大。面对转型升级新任务，平台建设进度仍需加快，创新要素特别是科技人才支撑不足，新旧动力转换接续不畅、阵痛明显。面对区域竞争新形势，“半城市化”问题突出，中心城区首位度不高，城市规划建设管理水平有待提升。面对人民群众新期待，空气污染、水体污染仍有反弹，区域环境整治任重道远。优质公共服务供给与人民群众的期望还有较大差距，安全生产、消防安全形势仍较严峻，维护社会和谐稳定的压力不小。面对从严治党新要求，基层基础还不够扎实，工作作风有待改进，党风廉政建设还需加强，干部队伍的精气神有待进一步提升。对于这些问题，我们必须高度重视，并在今后的工作中切实加以解决。

今后五年经济社会发展的战略目标

未来五年，是龙湾城市崛起的关键期、转型升级的突围期、高水平小康社会建设的攻坚期。我们必须清醒认识和把握龙湾当前所处的历史方位，更好地肩负起推动龙湾转型发展的光荣使命和重大责任。一是现实机遇叠加，我们必须乘势而为。“一带一路”、长江经济带等国家战略向纵深推进，大众创业万众创新、供给侧结构性改革等系列措施加快落地，浙江高水平全面建成小康社会的宏伟蓝图正在加速绘就，温州“三大转型”、打造“三个城市”正在加速实施，多重叠加的重大机遇，为我们在新一轮区域竞跑中勇立潮头注入了强劲动力。二是发展优势凸显，我们必须率先作为。龙湾是温州城市向东发展的主战场、主阵地、主平台，随着浙南科技城建设的全面铺开，机场、海港、高速、高铁、市域铁路等立体综合交通的加快形成，湾区经济建设的大力推进，龙湾具备了独一无二的区位优势、平台优势、交通优势和空间优势。发展机遇前所未有，时间窗口稍纵即逝，我们必须拿出弄潮儿的勇气，树立起标杆的意识，担当起劈波斩浪的责任，推动转型发展更快一步、更进一步。三是创业氛围浓厚，我们必须积极有为。当前，全区上下的干事创业热情充分点燃，在外人士回乡发展的强烈愿望明显激发，人心思进的氛围日益浓厚。特别是经过“大拆大整”、城中村改造、项目攻坚等工作的历练，一支敢于担当、勇于创新、善于突破的干部队伍快速成长，这些都是龙湾加快发展的动力之源和底气所在。我们坚信，只要乘势而上主动担当，抢抓机遇积极作为，就一定能够再创一个黄金发展期。

今后五年全区工作的总体要求是：高举中国特色社会主义伟大旗帜，以邓小平理论、“三个代表”重要思想、科学发展观为指导，全面贯彻党的十八大和十八届三中、四中、五中、六中全会精神，深入贯彻习近平总书记系列重要讲话精神，紧紧围绕“四个全面”战略布局，牢固树立“五大发展理念”，始终紧扣经济、城市、社会“三大转型”，以国家级高新区为抓手，以浙南科技城为平台，以加快城市化进程为路径，以加强干部队伍建设为关键，加快打造温州科技创新中心、温州东部城市发展中心、温州东部综合交通中心、温州东部现代服务业中心、温州东部公共服务中心，为打造迈入全面小康社会标杆城区而努力奋斗。

今后五年经济社会发展的具体目标是：

1.综合实力实现大跨越。到2021年，全区地区生产总值年均增长7.5%，人均地区生产总值达到24.6万元，一般公共预算收入年均增长7%，限上固定资产投资年均增长13%，限上批零住餐销售总额年均增长10%，外贸出口总额年均增长5%，第三产业增加值占GDP比重达到55%，综合实力在全省各县（市、区）中晋级升位，加快打造温州东部现代服务业中心。

2.创新能力实现大提升。到2021年，浙南科技城基本成型，国家高新区排名有较大进位，全区R&D经费支出占GDP比重达到3.1%，万人发明专利授权量达到14件，高新技术产业增加值占规模以上工业增加值比重达到50%，全区科技创新人才总量达8万人，其中“千人计划”人才80名，加快打造温州科技创新中心。

3.城市建设实现大蜕变。到2021年，新型城市化有序推进，城中村改造取得明显成效。融入全省1小时交通圈，基本形成区内15分钟交通圈，加快打造温州东部综合交通中心。浙南科技城、都市中心、临空经济、时尚创新等四大板块基本成型，城市基础设施保障能力和服务水平明显提升，加快打造温州东部城市发展中心。

4.生态环境实现大变样。到2021年，确保完成上级下达的节能减排减碳总量及强度控制目标，地表水省控以上断面Ⅰ—Ⅲ类水质比例达到100%，地表水劣Ⅴ类水质全面消除，PM2.5平均浓度降至35微克/立方米以下（达到空气质量指数级别优），城市污水处理率95%以上，建成区绿化覆盖率40%以上，建成区公园绿地面积530公顷以上，城乡生态环境得到根本改观，实现天蓝、地净、水清、山绿。

5.人民生活实现大改善。到2021年，社会治理创新走在前列，公众安全感、社会和谐程度持续提升。城乡居民收入普遍较快增长，城镇常住居民人均可支配收入和农村常住居民人均可支配收入年均分别增长8%、9%。社会就业更加充分，覆盖城乡的社会保障和公共服务体系日益完善，全区义务教育等级学校占比达100%，每千人执业（助理）医师数达到3.5人，每百名老人养老机构床位数达到7张，加快打造温州东部公共服务中心。

今后五年经济社会发展的主要任务

宏伟蓝图已绘就，奋发有为正当时。未来五年，更加需要我们苦干实干、拼搏奋进，推动龙湾经济社会发展迈上新的台阶。

*（一）坚持创新驱动，着力打造创新转型新引擎。*围绕浙南科技城这一特色平台，举全区之力推进开发建设，初步建成平台领先、人才汇聚、产城融合的浙南地区科技创新标杆，驱动高新区实现跨越式发展。

1.基本建成科技型新城。坚持滚动开发。以创新创业新天地、互联网创新创业基地为示范载体，引导社会多元投资主体积极参与开发建设，每半年开工一批新项目，连片推进基础设施完善和服务功能优化，率先建成以南、北两大核心区为龙头的创新平台，努力打造以科技创新为导向的国家级产城融合示范区，五年实现固定资产投资750亿元以上。坚持城市更新。通过破立结合、拆整并进，加快旧工业区企业厂房征收拆迁，全面完成区域内工业企业搬迁改造和落后产能淘汰，强化工业污染治理和生态修复，清退外迁港口、仓储、物流等所有不符规划的功能区块，推进土地开发利用，高效拆出新空间，快速整出新面貌。坚持要素集聚。常抓不懈招商引资这一生命线工程，加快引进一批科技含量高、产业链条长、市场前景好的产业大项目，吸引国内外高水平科研机构和领军企业入驻发展，打造科研机构和总部企业的集聚区，五年引入各类创新创业项目400个以上。

2.高位构筑产业新体系。着力推进新兴产业品牌化发展。大力发展以企业总部园、信息产业园、科技服务园为支点的总部经济、楼宇经济，重点培育激光与光电、新材料、生命健康、先进装备制造、信息技术等五大新兴产业，配套发展信息服务、科技金融等生产性服务业，打造若干完备的高新技术产业链。着力推进科技企业集群化发展。加快实施高新技术企业攀登计划和科技型中小企业培育计划，努力形成一批“专、精、特、新”的科技企业群体，全区高新技术企业、科技型企业分别增至100家、400家。着力推进科创平台专业化发展。加快现有平台整合提升，全力搭建以特色小镇、科技孵化器、主题科创社区等为依托的多层级创新创业空间，构建完善的“苗圃—孵化器—加速器”接力式孵化链，建成重大科创公共服务平台30个。

3.多极构建创新生态链。培育多元创新主体。建立以企业为主体、市场为导向、产学研结合的区域创新体系，依托高校院所打造协同创新研发梯队，推动企业重点实验室、工程（技术）研究中心建设，引进培育各类研发机构150个。全力打造人才生态示范区。深入实施人才优先发展战略，搭建全方位人才服务体系，强化“人才+资本”“企业+人才”等模式，大力引进“国千”“省千”、市“580海外精英”人才和领军型创新创业团队，创成省“千人计划”产业园，形成“扶持人才—带动项目—培育产业”的链式效应，集聚科技创新人才3万人。强化创新服务保障。建设产业技术创新联盟、国家知识产权示范园区和省级科技大市场试点区，构建集科技金融、科技中介、成果转化、大数据服务等为一体的创新服务体系。深化科技金融结合示范区建设，加快发展天使投资、风险投资、科技信贷、股权交易等创新金融新业态。

*（二）坚持振兴实体，着力增强区域经济新动能。*把振兴实体经济作为加快转型发展的重中之重，树立服务理念，加大改革力度，不断增强区域经济发展动力。

1.着力优服务、激活力。增强改革推动力。紧扣制约发展的矛盾问题，全方位推进各领域改革，努力在重点领域和关键环节上取得突破，形成一批具有龙湾特色的改革成果。以供给侧结构性改革为重点，突出问题导向，注重精准施策，有力、有度、有效落实好“三去一降一补”重点任务，着力为实体经济松绑助力。突出抓好国家、省和市改革试点工作，务求形成可复制、可推广的经验做法，放大改革探索的先行效应。增强政策驱动力。充分利用“政区合一”管理体制、浙南科技城等叠加效应，增创政策优势和服务优势，促进市内外优质资源加速向龙湾区集聚。落实“便捷式、精准化”服务要求，构建“亲”“清”新型政商关系，努力打造综合成本“洼地”。增强金融支撑力。积极创新金融服务，稳步扩大信保基金，缓解企业担保难、融资难问题。扎实推进企业上市行动计划，打造资本市场“龙湾板块”。切实加强金融风险防控，有序降低实体经济和金融部门杠杆水平，确保区域金融市场有序发展。

2.着力优投资、扩消费。强化有效投资。围绕产业转型、城市建设等重点领域，谋划、实施一批重大项目，发挥国有资本导向作用，挖掘释放民间投资潜力，不断提高投资的有效性和精准性。挖掘存量土地潜力，推进低效用地再开发，加快转而未供和供而未用土地开发建设约1万亩，不断提高土地利用强度和效率。强化招商选资。坚持内外资并举、引资引智并重，充分发挥浙南科技城、空港新区等产业平台作用，整合资源精准招引大项目好项目，促进在外龙商贸易回归、资金回流、项目回投、总部回迁。强化全产业链招商，加快培育优势特色产业集群。强化消费升级。以状蒲片为核心，建设世界时尚产品博览园等时尚消费平台，打造温州东部时尚商圈。以万达金街、罗东大街等为重点，建成一批品质夜市消费街区，推动餐饮购物、休闲娱乐等业态联动发展。加快推进都市农业示范园建设，积极发展休闲生态旅游和民宿经济，不断丰富旅游产品供给。

3.着力优存量、提效益。提升传统产业。扎实开展传统产业疏导，加大“四无”生产经营单位整治，提升小微园层次，倒逼企业转型升级。加快电气、鞋服、制笔等产业转型升级，推动传统产业高新化发展，形成一批规模大实力强的产业集群。加强高新技术和先进设备应用，加大企业技术改造力度，建设“工匠式”产业工人队伍，推动“龙湾制造”向“龙湾智造”转型。培育龙头企业。强化领军企业、高成长型企业培育，深化“四换三名”“三转一市”，引导企业兼并重组，打造一批行业龙头企业。打造“龙湾企业家训练营”品牌，培育一支高素质龙湾企业家队伍。扩大对外开放。发挥产业集群优势，以自有品牌、自主知识产权和自主营销为重点，加强与东盟、中东欧国家开展多领域合作。引导企业积极参与“一带一路”，积极打造沿线国家经贸合作平台和载体，培育有影响力的本土跨国公司。

（三）坚持统筹融合，着力提升城市发展新能级。抢抓城市向东发展、市区一体化机遇，以提升中心城区首位度为重点，走出一条具有龙湾特色的城市发展道路。

1.打造融合之城。着力提升规划水平。高起点、高质量编制各类规划，按照“多规合一”的要求，进一步推动多规融合、无缝对接，把城市形态与业态有机结合，打造“产城一体”的城市空间新格局。着力加速城中村改造。以大破大立的决心和勇气推进“大拆大整”，突破自然村落的点线束缚，着力形成区域开发、整体改造、滚动推进的良性循环。集中攻坚城中村改造，全面完成状蒲片区、浙南科技城、城市中心区等重点范围内的改造任务，切实改变“半城市化”现象。着力打造重点区块。以蒲州、状元为单元，加快城市有机更新，大力发展时尚、文创、电商等业态，打造时尚创意板块。以浙南科技城为亮点，高标准建设城市配套，高起点布局新型业态，打造科技创新板块。以城市中心区为龙头，加快新老城区融合，集聚人气商气，做优城市品位，打造都市中心板块。以龙湾国际机场为核心，利用综合交通优势，布局通用航空、现代物流等业态，建设现代物流园、通用航空产业园，争创综合保税区，构筑综合物流服务网，打造临空经济板块。以市域铁路为纽带，实施TOD（公共交通引导开发）和SOD（服务引导开发）的城市开发理念和模式，沿市域铁路S1线、S2线形成若干居住组团，以线带面，提升城区活力。

永兴南园小微创业园　（杨　豪/摄）

2.打造品质之城。持续完善城市功能。合理确定公共服务设施建设规模和标准，精心布局实施一批教育、文化、健身、休闲、养老等公共配套项目，建成附二医瑶溪分院、新奥体中心等大型公建项目，形成布局均衡、衔接配套的城市公共服务设施网络。顺应温州城市东移趋势，着力在交通、信息、能源、环境等领域推进一批重大项目，加强城市抗震、防洪、排涝、消防等减灾体系建设，加快“海绵城市”建设，提升城市综合承载力。持续挖掘城市内涵。做足城市设计文章，实行重点区域城市设计全覆盖，重大建筑的形体、色彩、体量等要融入城市总体风格。注重文化内涵提炼，挖掘永昌堡、寺前街等城市文化记忆，加强历史建筑的保护与移植，打造具有历史韵味的特色街区。做好沿大罗山、沿江、沿海岸线的设计、保护与开发，加大美丽乡村建设力度，打造一批集田园风光、现代农业、生态家园于一体的美丽村庄。持续提升城市管理。进一步理顺城市管理体制，推行跨部门综合执法，深化城市管理“治乱”专项行动，提升精细化管理水平。完成城区主要道路综合整治及沿线架空管线“上改下”，做好浙南科技城、城市中心区的综合管廊建设。推进智慧城市建设，促进大数据、物联网、云计算等现代信息技术与城市管理服务融合，创造数据开放、应用融合、全区互联的智慧生活。

3.打造畅通之城。扩张对外交通网。推进对外综合交通运输体系建设，配合做好龙湾国际机场扩建升级、市域轨道交通、甬台温高速公路复线、金丽温高速东延线等工程建设，加快228国道、330国道建设，融入1小时省内交通圈。完善内部交通网。重点实施温州大道东延、瓯江路东延、环山北路龙湾段、瓯海大道东延及枢纽集散系统等道路项目。完善各片区市政道路网络和区间联系，打通断头路、改造卡口路，抓好停车设施建设，加强交通治乱、治堵工作，建设区内15分钟交通圈。推进“公交优先”。提高城乡公交出行分担率，形成以轨道交通和常规公交为主体，社区巴士、出租车和公共自行车为辅助的公共交通体系。完善市域铁路S1线、S2线与常规公交的线路衔接，提高浙南科技城、瑶溪南片、空港新区等片区的公交便利度。优化人行道、景观步道等城市慢行系统规划布局，推进城市绿道和慢行系统有机融合。

（四）坚持综合治理，着力构建生态宜居新家园。牢固树立绿色发展理念，从群众反映最强烈的环境问题入手，精准发力、铁腕治污，打造空气清新、水韵悠长、绿意盎然的生态宜居环境。

1.着力净化生态源头。牢固树立生态理念。全面倡导绿色、低碳、健康的消费模式和生活方式，积极开展生态文化进社区、进学校、进企业等活动，有效形成政府坚持生态方向、企业坚守环保底线、公民践行绿色风尚的良好局面。大力推进绿色生产。加快淘汰落后产能，深化印染、合成革、化工、制革等高耗能重污染行业整治提升，把好产业准入关口。实施绿色制造工程，全面推行“清洁生产”。积极发展循环经济。落实能源和水资源消耗、建设用地等总量和强度双控行动，强化约束性指标管理，加大节能减排力度，推动资源利用方式根本转变。

2.打造绿色生态环境。让空气更清新。坚持标本兼治、综合施策，加强能源、工业、农业、交通、建筑等多领域协同并治，完善大气污染日常监测、监控、预警及应急体系，确保雾霾天气出现频率明显下降，城市空气质量优良率提高至90%以上。让河道更清澈。持续深化“五水共治”和河长制，扎实巩固黑臭河整治成果，同步推进工业点源、农业面源、生活污染源治理，水环境、水生态得到显著改善。让城区更美化。按照“因地制宜、合理布局、提升层次”的要求，打造以大罗山为城市绿心，城市公园为城区绿片，瓯海大道、机场大道等为城市绿轴，沿海沿堤防护林为绿色屏障的城市绿地系统。

3.致力筑牢生态屏障。严守生态红线。实施最严格的环境保护制度、水资源管理制度、耕地保护和节约集约用地制度，加快推进省级生态文明示范区建设，切实维护好区域生态空间。强化环境执法。实行多部门联动执法，健全网格化环境监管长效机制，严厉精准打击各类环境违法行为，推动环境监管横向到边、纵向到底。加强社会共治。实行环保信息公开、环境信息举报、环境公益诉讼制度，落实重大项目、环保设施布局决策的公众参与，构建全民参与的社会共治体系。

（五）坚持普惠共享，着力共建幸福和谐新龙湾。牢固确立共享发展理念，持续加大民生投入，扎实办好民生实事，让群众有更多的获得感。

1.发展民生事业。打造市区东部教育高地。扎实推进“品质教育·学在龙湾”品牌建设，全面优化教育资源布局，实现优质教育资源均衡化，大力发展优质民办教育，推进义务教育学校升等创优，积极发展职业教育，全面提升教育整体水平，创成省级教育现代化区。建设健康城区。深化公立医院改革，积极发展中医药事业，建设完善“智慧医疗”体系，确保每千人床位数达到6张。构建全民健身服务体系，确保人均体育场地面积2.1平方米以上。完善社保体系。创新精准扶贫体制，落实就业扶持政策，促进城乡居民收入持续普遍较快增长。构建多元化养老服务设施供给体系，加快打造“健康养老”示范城区。

2.创新社会治理。强化源头治理。完善现代社会治理体系，健全重大矛盾纠纷排查预警和调处化解综合机制，着力从源头上预防和减少社会矛盾。加强和改进信访工作，逐步建立涉法涉诉信访依法终结机制，积极化解信访积案。完善基层社会治理“一张网”，切实提升街道社会服务管理中心规范化建设水平。强化平安建设。深化平安龙湾建设，完善立体化社会治安防控体系，严厉打击各类违法犯罪活动，坚决维护社会安全稳定。完善食品药品监管网络，深化安全生产标准化建设。强化法治建设。坚持法治政府、法治社会一体建设，普法、用法、执法一体加强，深化司法体制改革，完善基本公共法律服务体系，推进“七五”普法工作，全面加快法治龙湾建设。

3.推动文化繁荣。完善文化服务体系。巩固“城市15分钟文化圈”，确保每万人拥有群众文化设施建筑面积2500平方米以上。开展基层公共文化服务标准建设，确保“五有”街道文化中心全覆盖、社区文化服务中心覆盖率80%以上。打响特色文化品牌。加强国家历史文化名城建设，深入挖掘、弘扬地方民俗风情和乡土文化，打响“古堡文化”“名人文化”“民俗文化”“书法文化”四大品牌。加快推进诚信体系建设，完善志愿服务制度，大力弘扬“最美龙湾人”精神，打造“德暖龙湾”品牌。加强意识形态管理。牢牢把握意识形态工作的领导权、管理权、话语权，筑牢意识形态防线，守好意识形态主阵地。实施网络空间清朗工程，加强网上文化阵地建设，发展积极向上的网络文化。

全面加强和改善党的领导

实现今后五年奋斗目标，核心在党，关键在干部队伍。我们要坚决贯彻中央和省、市委关于全面从严治党的各项要求，扎实推进党的思想、组织、作风、制度和反腐倡廉建设，不断提高党的建设科学化水平，为龙湾各项事业发展提供坚强保障。

一、永葆绝对忠诚的政治本色。增强“四个意识”。把学习习近平总书记系列重要讲话精神作为首要政治任务，切实增强“四个意识”，特别是核心意识和看齐意识，坚定地向以习近平同志为核心的党中央看齐，在思想上坚决拥护核心、政治上维护核心、行动上紧跟核心。坚定理想信念。抓好思想教育这一根本，完善理论中心组学习制度，坚持领导干部讲党课、作专题报告制度，进一步提高思想觉悟和理论水平，增强道路自信、理论自信、制度自信和文化自信。严守纪律规矩。以党章为根本遵循，坚持党的政治路线、思想路线、组织路线和群众路线，严格落实民主生活会和组织生活会制度，着力解决自身存在的突出问题，不断增强自我净化、自我完善、自我革新、自我提高的能力。

二、打造干事担当的龙湾铁军。坚持“好干部”标准。树立“从实绩看德才、凭德才用干部”鲜明导向，进一步细化干部选拔资格条件，大力培养“狮子型”干部，注重使用“老黄牛式”干部，积极做好结构性干部培养选拔工作规划，优化领导班子结构，不断增强整体功能。坚持“组团式”历炼。把工作落实、项目攻坚作为干部检验作风的大考场、比拼实绩的大擂台，大力开辟“一线炼才”平台，进一步完善各级干部挂钩重点工作、重点项目的实施办法，推动干部力量下沉、组团攻坚，在直面问题、解决难题、推动发展中锻炼干部队伍，全面提升干部队伍的执行力和落实力。坚持“上下管育爱”制度。动真格推进干部能上能下、能进能出，对确实存在问题的干部从严问责、从严执行，切实做到能者上、庸者让、劣者汰。健全完善干部谈话谈心制度，近距离了解干部、针对性关爱干部。建立健全鼓励创新、宽容失败的容错免责机制，为敢于担当的干部撑腰。

三、夯实坚强有力的基层基础。压实基层党建责任。牢牢抓住街道党工委书记和村（居）党组织书记两支队伍，全面落实“一把手”第一责任人职责，分层分级严明和落实街道干部抓基层党建工作责任，探索实践基层党建责任追究办法，构建基层党建新格局。打响基层组织品牌。以建设“基层党建示范区”为目标，全力做好村级组织换届选举，持续在基本制度、基本阵地、基本队伍、基本活动、基本保障等五个方面加码加力。深入实施“红色动力工程”，大力开展“红动龙湾”基层党建特色示范带（群）建设。全面开展“整乡推进、整县提升”，有效实现基层组织建设全面过硬。提升基层服务水平。坚持基层党建与基层治理融合式发展理念，探索推进“党建+”模式。严格党员管理发展，完善“红色基金”制度，提升区街智慧民情处置平台，优化联系服务群众网络。以构建大统战格局为主线，巩固扩大一民主党派一品牌一监督、网络人士统战工作等成果，努力在多党合作、工商联合、民族宗教、对台事务、外事侨务等方面实现新突破。

四、营造干净自律的浓厚氛围。从严监督管理。严格落实“两个责任”和“一案双查”、责任倒查等制度，对管党治党重视不到位、履职不尽责、造成不良影响的严肃追责。持续改进作风。坚持抓常、抓细、抓长，高标准执行中央“八项规定”，始终保持正风肃纪高压态势，以关键节点的治理带动日常风气的持续好转，不断巩固和深化作风建设成果。认真践行党的群众路线，完善领导干部直接联系服务群众机制，坚持“走村不漏户、户户见干部”，以实际成效取信于民。坚决惩治腐败。强化纪律的刚性约束，认真贯彻落实《关于新形势下党内政治生活的若干准则》、《中国共产党廉洁自律准则》《中国共产党党内监督条例》《中国共产党纪律处分条例》等党内法规，坚决查处违反政治纪律、组织纪律等行为。深化纪检监察体制改革，充分发挥巡察“利剑”和派驻“探头”作用，加快形成不敢腐、不能腐、不想腐的有效机制。

实干创造未来，奋斗成就梦想。让我们紧密团结在以习近平同志为核心的党中央周围，在省委、市委的坚强领导下，团结带领全区广大干部群众，聚精会神谋发展、激情奋进创新业、勇立潮头铸辉煌，全速推进“三大转型”，加快建设“五个中心”，为打造迈入全面小康社会标杆城区而努力奋斗！

龙湾区人民政府工作报告

——在龙湾区第八届人民代表大会第一次会议上

(2017年2月15日)

龙湾区人民政府代区长 周一富

一、2012年换届以来工作的回顾

过去的五年是不平凡的五年。面对错综复杂的宏观经济环境和繁重艰巨的改革发展任务，我们深入贯彻落实科学发展观，认真落实省市重大决策部署，以转型发展为主线，以新型城市化为引领，以改革创新为动力，全面实施“投资驱动、产业转型、都市构建、生态优先、文化引领、民生和谐”六大战略，同步推动经济、社会、政府转型，抢抓机遇、克难攻坚、奋发进取，较好地完成了区七届人大一次会议确定的目标任务，为龙湾实现新一轮发展奠定了坚实基础。

过去的五年，是龙湾综合实力显著增强的五年。经济平稳发展，区本级地区生产总值从280.3亿元增加到384.4亿元，年均增长8.7%；财政总收入从30.3亿元增加到39.5亿元、一般公共预算收入从14.6亿元增加到25.1亿元，年均分别增长3.7%、8.7%；社会消费品零售总额从238.5亿元增加到370亿元，年均增长11.2%；外贸进出口总额从22.3亿美元增加到24.6亿美元，年均增长2.6%。累计完成限上固定资产投资1346亿元，年均增长25.9%。城镇常住居民人均可支配收入达到48217元，农村常住居民人均可支配收入达到28855元，年均增长分别达到8.8%、9.3%。创新能力稳步提高，获批成立国家级高新区和浙南科技城，创成国家知识产权试点区、省创新型试点城区，建成海洋科技创业园等创新创业平台5个，引进北航温州研究院等高端研发平台4个，培育高新技术企业42家、省级科技型企业215家，引进“国千”20人、“省千”19人、“市580海外精英”22人，高新技术产业增加值占规上工业增加值比重达到34.2%，R&D经费支出占GDP比重达到2.08%。

过去的五年，是龙湾经济结构不断优化的五年。浙南科技城建设扎实起步，激光与光电、生命健康等新兴产业规模逐步壮大。空港新区基本成型，传统产业疏导提升步伐加快，铜加工、不锈钢、制笔等产业转型升级有序推进，“四换三名”“三转一市”持续深化，“新三板”挂牌企业8家，企业境外上市1家，获评省工业强县综合评价先进区、省“腾笼换鸟”先进区。建筑业产值从72.6亿元增加到157亿元，年均增长21.7%。服务业增加值占GDP比重提高了7.08个百分点，旅游总收入年均增长22.1%，三次产业结构由1.5 61.8 36.7调整为0.6 55.6 43.8。成功引进雅林现代农业园等一批重大项目，温州首个大型城市综合体龙湾万达广场开铺运营，青山集团旗下企业实现回归。利用外资6065万美元、内资265.4亿元、市外房地产资金231.7亿元。荣获“中国建筑电器产业基地”国字号金名片，浙江制造标准、市长质量奖实现零的突破，新增中国驰名商标4枚、省名牌产品11个。

过去的五年，是龙湾城区面貌大为改观的五年。完善区域规划，中心区由14.58平方公里扩大到51.8平方公里，浙南科技城、城市中心区、空港新区、状蒲片等“四大板块”功能日益凸显。投用公检法综合大楼、1101工程、中心区F地块大型地下停车场等项目，公建设施日益完善。建成建设总部大楼、金属大厦等总部楼宇，投用万康财富广场、农商银行大楼等商业项目，引进万科、绿城、中梁等地产品牌，人气商气不断集聚。瓯海大道东延及枢纽集散系统高架路、通海大道东段、曹龙大道等道路实现通车，新增优化公交线路51条，实现社区巴士街道全覆盖，投用110千伏海滨变，提升110千伏瑶溪变，基础配套不断夯实。率全市之先启动“智慧城市”示范区建设，实现4G网络全覆盖，建成智慧城市一期工程，城市管理日益加强。

过去的五年，是龙湾人居环境持续改善的五年。深入开展环境综合治理，完成电镀、化工、印染等六大重污染行业整治提升，合成革生产线削减70.7%，空气质量优良率从67.2%提高到89.6%。实施“五水共治”，落实“河长制”，勇夺“大禹鼎”，累计完成投资34.3亿元，整治验收黑臭河125条、垃圾河7条，疏浚河道190公里，新建排污管网163公里。温州城市东片防洪一期等工程建成投用，东片污水处理厂完成一级A提标改造。深入推进“三改一拆”“两无三化”“四边三化”，完成城中村改造9579户、建筑面积215.4万平方米，涌现出了“教新样板”“朱垟新速”等先进典型，累计拆除违法建筑690万平方米，获评无违建创建先进区。实施“千百工程”，深入推进美丽乡村创建，创成双岙、瑶溪等19个精品村。建成黄石山、茅竹岭等各类公园87个，贯通绿道34公里，人均绿地面积由12.3平方米提高到21.5平方米，圆满完成“六城联创”任务。

过去的五年，是龙湾民生事业全面发展的五年。民生事业累计投入81.6亿元，占财政总支出的77%。每年办成十大民生实事，有效解决一批事关群众切身利益的热点难点问题。新增校舍面积22万平方米、省级义务教育标准化学校34所，创成全国义务教育发展基本均衡区。深化医药卫生体制改革，扎实推进出生人口性别比治理，创成省级卫生强区、慢性病综合防控示范区和卫生应急工作示范区。体育设施实现村级全覆盖，人均体育场地面积达到1.77平方米，创成省级体育强区。加强公共文化网络体系建设，新建文化礼堂50家，建成区图书馆等一批文化设施，获评“中国书法之乡”“省文化先进区”。率全省之先实施新农合大病补充医疗保险，“五险”参保95万人次，公积金缴存2.06万人。城镇登记失业率控制在4%以内，家庭人均年收入4600元以下贫困现象全面消除。建成居家养老服务照料中心89家，基本实现村级全覆盖。

过去的五年，是龙湾政府效能不断提升的五年。推动政府机构改革和职能转变，组建市场监管局、卫计局、外侨办，挂牌综合行政执法局，整合重组国有企业24家。深入推进行政体制改革，规范权力运行，削减行政权力5081项，“减权”率达到64%。大力开展“五单一网”建设，全面实行“五证合一、一照一码”登记制度改革，建立“负面清单”外高效联合审批机制。深化“三公”改革，“三公”经费开支下降48.1%。加强法治政府建设，圆满完成“六五”普法，获评全国“法治区创建”先进单位。主动接受人大依法监督和政协民主监督，累计办理人大代表建议641件、政协提案940件。全面落实中央“八项规定”精神，扎实开展党的群众路线教育实践活动、“三严三实”专题教育和“两学一做”学习教育，从严从实整治“四风”问题，反腐倡廉取得实效。深入开展“效能龙湾　361°服务”“千人评议机关中层和基层站所”活动，服务效能不断提升。

2016年是“十三五”的开局之年。一年来，我们紧紧围绕市委、市政府和区委的决策部署，全力以赴抓落实，各项工作取得新成绩。

（一）创新平台加快搭建。浙南科技城南、北起步区开发建设全面铺开，完成投资64.7亿元。创新创业新天地、互联网创新创业基地等首批八大项目集体开工，北起步区一期征迁工业企业48家、收储土地507亩，完成“五村二区块”城中村改造。文昌创客小镇先导区建设初具形象，获首个市级众创社区资质认定。加强招商引智，引进海龟科技园等科创项目34个、市领军型创新创业团队3支，引育“千人计划”人才18名，培养高技能人才562名。加快产学研平台建设，创成省级科技大市场试点区，培育国家级企业孵化器1家、省级3家、市级5家，建成国家级众创空间1家、省级2家、市级6家，引入浙工大温州科技研究院等研发机构5家，新增省级研究院（企业研发中心）2家。高新技术产业快速发展，高新技术产业增加值达到31.46亿元，科技进步综合变化水平位居全省首位。

（二）实体经济运行平稳。扎实推进企业转型升级，完成“个转企”135家、“规下转规上”28家、“限下转限上”141家、企业股改15家、“机器换人”112项，建成激光与光电产业小微园和机械装备小微园。加快工业企业搬迁改造，完成企业搬迁314家、关停淘汰278家，腾出工业用地984.3亩。深入开展助企服务，完善政银企合作机制，累计使用应急转贷资金14.5亿元，不良贷款余额和贷款不良率实现“双降”，区域金融风险得到有效化解。落实外贸扶持资金1800万元，实现贸易回归12亿元，境外投资5.2亿美元。大力培育电商企业，国技互联、绿森数码等企业获评省电子商务百强企业，建成全市首个农业电子商务产业园，创成省级电子商务示范区。加快时尚商圈建设，投用广大城市蜂窝、白鹿堡啤酒馆等项目，完成富得宝等11家企业“退二进三”。

（三）现代都市加速构建。中心区建设全面提质提效，建成机场航空总部大楼、青山总部大楼，有序实施奥体中心、区便民服务中心、区规划展示馆等工程，加快建设龙府锦园、奥体城等项目。开展城中村改造攻坚行动，完成10个整村（区块）5832户改造，拆除旧房114万平方米，实现“当年签约、当年腾空、当年拆除”的目标，货币化安置率达50.6%。永强大道、龙海路等道路架空线路“上改下”有序推进，瓯海大道、滨海大道等道路完成综合整治。完成农村公路大中修11公里，打通断头路2条，白楼下高架桥修复工程竣工投用。城市环卫设施逐步完善，建成永强垃圾焚烧发电厂二期扩建工程，投用垃圾中转站3座。

（四）人居环境不断优化。开展“大拆大整”专项行动，整治“四无”企业9834家，处置违法建筑144万平方米，搬迁整治旧市场28家，腾空龙泽社区危旧房，成功拆除原海洋渔业公司职工宿舍。实施新一轮重污染行业整治，改造提升铸造、金属表面处理等重污染企业39家、淘汰关停215家，完成年度节能减排任务。创成“清三河”达标县，完成“最后一米”截污纳管43公里，同步推进“水岸同治”“活水畅流”工程，整治养殖场111家，市控瑶溪站位、十字河站位稳定消除劣Ⅴ类水质断面。健全城市管理“治乱”长效机制，“停车序乱”“占道混乱”“卫生脏乱”“绿地杂乱”“设施破乱”专项治理扎实推进。

（五）民生服务得到提升。当年民生支出17.2亿元，占一般公共预算支出的79.4%。实施基础教育提升三年行动计划，引进上海欧顿等优质教育资源，创成省教育基本现代化区。完善基层卫生服务能力，加快附二医龙湾分院、口腔医院龙湾分院、龙一医等项目建设。全面实施二孩政策，创新计划生育服务管理，获评新一轮全国计划生育优质服务先进单位。实施文化、体育惠民工程，新增城市书房2家，改造提升温州国际网球中心配套设施、国家级大罗山登山步道，建成健身苑点18个、健身步道2条。有序推进农贸市场改造，提升15个、新建3个、关闭4个。实施“智慧养老”全国试点，构建“一个平台一张网”居家养老新模式。“平安龙湾”建设扎实推进，消防安全、安全生产、社会治安持续平稳，圆满完成G20杭州峰会、世界互联网大会等系列重大维稳安保任务，治安刑事警情下降20.6%。精神文明建设不断加强，法律援助得到强化，人民武装、双拥、老龄、妇女、儿童、残疾人、红十字事业和外事侨务、对台、民族、宗教、人防、应急、移民、扶贫，以及防汛防台、殡葬改革、海防打私、区志档案等工作取得新成效。

（六）各项改革持续深化。坚持问题导向，编制“三年行动计划”22个，全力破解制约经济社会发展难题。大力推进中小企业供应链融资改革，逐步修复区域金融生态。深化公立医院综合改革，获批省级医养结合示范点项目1个。加快政府职能向社会组织转移，签订转移协议54个，划转行政处罚事项586项。深化行政审批制度改革，建立浙南科技城快速审批机制，推行“互联网+政务服务”运作模式，开展电子证照系统建设市级试点，招投标市场专项整治取得成效。强化财政资金绩效管理，节约财务成本2.16亿元。完成新一轮公车改革，进一步缩减财政经费支出。

过去五年的成绩来之不易。这是市委、市政府和区委正确领导的结果，是全区人民共同奋斗的结果。在此，我代表区人民政府，向在各行各业辛勤劳动的全区人民和外来建设者，致以崇高的敬意！向给予政府工作大力支持的人大代表、政协委员、各民主党派、工商联、无党派人士、各人民团体、离退休老同志、驻区部队、武警官兵，向所有关心支持龙湾发展的海内外各界人士，表示衷心的感谢！

五年的实践，使我们对发展中存在的问题与困难有了更加客观清醒的认识，主要表现为：区本级地区生产总值、R&D经费支出占GDP比重等指标未达预期目标；经济稳定向好态势还不够巩固，投资增长后续乏力，“两链三险”依然突出，部分企业生产经营尚未走出困境；产业发展结构性矛盾比较突出，新产业、新业态培育滞后，新旧动能转换尚未完成；土地等资源要素制约加剧，环境承载压力较大，各类人才储备不足；城市管理水平与发展定位尚不匹配，基本公共服务供给水平不高，教育、医疗等民生工作还有不少短板；政府自身建设仍需加强，一些单位和工作人员不作为问题没有根本改变，服务质量与发展需求、群众要求存在差距。对此，我们一定高度重视，认真加以解决。

二、今后五年指导思想和主要任务

未来五年，是龙湾转型发展、创新发展的关键期，是实现新旧动能转换的攻坚期，是全面建成小康社会的决胜期。未来五年，国内经济发展步入新阶段，生态文明建设提到新高度，轻轨高铁和智慧城市融入新生活，区域竞争与合作发展呈现新态势。未来五年，浙南科技城基本成型，温州东部综合交通枢纽形象初显，龙湾作为温州城市向东发展的主战场、主阵地、主平台，发展优势更加凸显。为此，我们将深入贯彻党的十八届六中全会精神，认真落实区第八次党代会总体部署，牢牢把握龙湾所处的历史方位，切实增强大局意识、机遇意识和责任意识，真抓实干，积极作为，奋力开创龙湾发展新局面。

今后五年，全区经济社会发展的指导思想是：高举中国特色社会主义伟大旗帜，坚持以邓小平理论、“三个代表”重要思想、科学发展观为指导，全面贯彻党的十八大和十八届三中、四中、五中、六中全会精神，深入贯彻习近平总书记系列重要讲话精神，统筹推进“五位一体”总体布局和协调推进“四个全面”战略布局，始终紧扣经济、城市、社会“三大转型”，以国家级高新区建设为抓手，以浙南科技城为平台，以加快城市化进程为路径，以加强干部队伍建设为关键，加快建设温州科技创新中心、温州东部城市发展中心、温州东部综合交通中心、温州东部现代服务业中心、温州东部公共服务中心，为打造迈入全面小康社会标杆城区而努力奋斗。

根据上述指导思想，建议到2021年全区经济社会发展的主要目标是：

——综合实力跃上新台阶。主要经济指标走在全市前列，区本级地区生产总值年均增长7.5%以上，到2021年突破550亿元，人均生产总值达到24万元。限上批零销售总额年均增长10%，第三产业增加值占GDP比重达到55%。一般公共预算收入年均增长7%以上，到2021年达到35.2亿元。限上固定资产投资年均增长13%左右，到2021年突破640亿元。

——发展动力实现新转换。浙南科技城基本成型，高新区实现跨越式发展。全区R&D经费支出占GDP比重达到3.1%以上，专利授权量累计3万件以上，高新技术产业增加值占规上工业增加值比重达50%。新增省级以上研发机构10家以上，累计引进“千人计划”人才80人以上，到2021年科技创新人才总量达8万人以上。

——城区功能得到新优化。加速全域空间开发，“四大板块”功能更加凸显，城市基础设施不断完善，新型城市化进程加快推进，城中村改造26个村以上。立足打造温州东部综合交通中心，建成市域铁路S1、S2线，形成区内15分钟交通圈、市区半小时交通圈，积极融入全省1小时交通圈。

——生态文明取得新突破。深入实施生态文明战略，严格执行环境功能规划，加强生态环境保护和治理，不断优化人居环境。到2021年，公园绿地面积达530公顷以上，地表水质得到全面提升，PM2.5浓度持续降低，全面完成上级下达的节能减排任务，实现天更蓝、地更净、水更清。

——民生保障再创新成绩。到2021年，城镇常住居民、农村常住居民人均可支配收入达到70847元、44397元，年均分别增长8%、9%。全区义务教育等级学校占比达100%，新增城镇就业3.5万人，实现户籍人口养老、医疗保险全覆盖，新开工安置房370万平方米以上。文化、体育、卫生等各项事业实现标准化发展，社会治理的制度化、规范化水平不断提高，群众权益得到有效保障。

实现上述目标，我们必须做好以下工作：

（一）致力创新驱动发展，构建现代产业新体系

加快高新区跨越式发展，全面提速浙南科技城建设，统筹创新资源，强化要素支撑，完善服务体系，着力打造温州科技创新中心和温州东部现代服务业中心。

全力推进高新区进等升位。按照“三年打基础、五年促提升、八年创特色”的实施步骤，到2021年，实现全国高

新区排名前55位，跻身国家级创新型特色高新区行列。实施战略性新兴产业八年五倍增计划，大力培育激光与光电、信息技术等重点新兴产业，打造具有国内影响力的产业集群。深入实施高新技术企业和科技型中小企业双倍增计划，新增高新技术企业50家以上，高新技术产业增加值达到100亿元以上。加快集聚科研服务平台、创业服务机构，组建产业技术创新战略联盟、高新技术产业技术联盟，建设科技金融总部园，打造温州科技金融试点区。健全区域创新体系，完善“苗圃—孵化器—加速器”接力式孵化链，加快科创公共服务平台建设，引进培育各类研发机构150个，创成国家知识产权示范区。

全力打造创新主平台。按照“一三五八”建设时序，举全区之力推进浙南科技城开发建设，聚力打造南、北核心区和茅竹岭东单元三大区块，实施重大项目75个以上，投资385亿元以上。建成创新创业新天地、互联网创新创业基地等科创平台，力争创成国家级产城融合示范区。集聚创新资源，全力搭建以特色小镇、主题科创社区、新型孵化器、众创空间等为依托的多层级创新创业平台，争取五年引入社会投资400亿元以上、创新创业项目200个以上，建成科创公共平台30个以上。

全力推动产业转型升级。优化“四大板块”产业规划布局，将城市有机更新与经济业态升级有机结合，整体谋划各重点区域产业定位、发展目标、推进策略。加快空港新区产业平台建设，大力发展临空经济，引进生物医药、现代物流等新兴产业，推进阀门、鞋服、制笔等产业优化升级，集聚机械装备等传统优势制造业，推动“龙湾制造”向“龙湾智造”转型。深化领军企业、高成长企业培育，提升小微企业发展水平，促进企业梯次发展。加快“建筑强区”建设，建筑业产值突破200亿元。依托浙南科技城、城市中心区、状蒲片等重点区块，大力发展商贸服务、信息服务、中介服务、科技金融等生产性服务业，加快提升现代商贸、电子商务、时尚消费、总部楼宇、都市旅游、新型养老等都市新业态，全力谋划建设以永昌堡、奥体中心为核心的各类特色小镇，推动现代服务业集聚发展。牢牢把握农业供给侧结构性改革方向，推行种养结合高效生态循环农业模式，突出绿色优质农产品供给，发展农业电商和农业物联网，优化休闲农业布局，加快都市农业发展。

（二）致力优化功能品位，提升城市发展新能级

发挥区位优势，整合空间资源，实施TOD、SOD城市开发模式，加快建设融合之城、畅通之城、品质之城，着力打造温州东部综合交通中心和温州东部城市发展中心。

加快空间布局优化。突出“四大板块”规划功能，做好沿山、沿江、沿海岸线的设计、保护与开发，加快高端要素集聚，推进全域协同发展。以浙南科技城、城市中心区、状蒲片、机场周边等区域为重点，集中攻坚城中村改造，实施工业企业搬迁，形成连片拆除、整体做地、滚动开发的城市发展格局。着力打造都市中心板块，加快新老城区融合，形成“一核两带多点”的商业辐射格局。全面强化城市中心区行政管理、商业、金融、文化和品质生活等五大功能，进一步增强区域辐射力、带动力。加大土地清理力度，全力做好做地、储备、出让，加快城镇低效用地再开发，推进土地集约节约利用。

构建现代交通网络。配合做好龙湾国际机场扩建升级、市域轨道交通、甬台温高速公路复线、金丽温高速东延等工程建设，积极推进杭温高铁东站选址落户，联动谋划高铁新城建设。重点实施330国道、228国道、温州大道东延、瓯江路东延、茅永公路改建、温州东至机场公路等项目，进一步畅通城市道路网。完善浙南科技城、城市中心区、空港新区等区间道路网，加快打通断头路，新建一批过街设施。大力推进公交优先，建成汤家桥公交总站综合体，实施朱垟公交停保场项目，市域铁路与常规公交、BRT实现高效衔接。

完善城市基础配套。大力发展教育、医疗、文体等公共配套设施，投用区第二实验小学、空港新区九年一贯制学校、新职业技术学校，建成附二医龙湾分院、奥体中心等公建项目，启动建设区综合博物馆。完成220千伏龙东变、110千伏永十七变、110千伏兴南变等工程，加快城市燃气管道建设与改造，不断优化能源供给系统。加快云、网、端三级信息基础设施项目建设，投用视频联网、免费WIFI全覆盖等项目，打造“智慧龙湾”运营服务中心、智慧社区等平台。

（三）致力提升区域环境，塑造城市生态新面貌

坚定走“绿水青山就是金山银山”的科学发展道路，大力倡导绿色发展方式，强化生态环境治理，努力打造“两美”龙湾示范区、美丽温州先行区。

强化环境综合治理。深入实施“五水共治”，加快“活水畅流”，强化管网监管，实现污水应收尽收，黑臭河和地表水劣Ⅴ类水质断面全面消除。加快水利重点工程建设，基本建成温瑞平原东片排涝工程和瓯江标准海塘提升改造工程，有效提升主城区防洪排涝能力。深入实施大气污染防治六大行动，综合推进燃煤锅炉、施工扬尘、餐饮油烟等治理，PM2.5平均浓度降至35微克/立方米以下，空气质量优良率达到90%以上。深入推进重污染行业结构调整，力争2018年基本解决传统行业污染问题。加强农用地环境监管，深化农业面源污染治理，开展土壤修复。深入推进“一打三整治”专项行动，逐步提升海洋生态环境。

提升城市管理水平。大力推进“大拆大整”“三改一拆”“四边三化”等行动，构建全覆盖、网格化的违建防控治理体系，创成“基本无违建区”。深化城市“五乱”治理，全力提升城市精细化管理水平。建立覆盖全区的餐厨垃圾管理网络，进一步完善生活垃圾分类处置体系。深入实施“绿满龙湾”行动，投用黄石山二期等公园，建成布局错落有致、色彩搭配多样的城市绿地系统，实现“绿在城中”向“城在绿中”转变。

完善生态文明机制。坚守生态红线，严格环境执法，落实环境保护、水资源管理、耕地保护和节约集约用地制度，

争创省级生态文明示范区。健全能源消费总量、单耗和煤炭消费总量“三控”制度，推行用能预算管理，完善用能权指标交易机制。调整能源结构，推进煤改气、油改气和电能替代，加快新型清洁能源利用。推行排污权竞价机制，建立企业排污双证许可制度。

（四）致力改善民生福祉，打造幸福生活新品质

牢固树立人民至上的理念，顺应民生发展需求，加快完善公共服务体系，不断提升群众安全感和幸福感，着力打造温州东部公共服务中心。

发展民生事业。以打造“市区东部教育高地”为目标，优化教育资源布局，等级幼儿园覆盖面、义务教育标准化学校比例均达到95%以上，持续推进与名校合作办学，发展优质民办教育、职业教育，打响“品质教育·学在龙湾”品牌。完善分级诊疗体系，积极发展中医药事业，推进“智慧医疗”建设，千人床位数、医生数、护士数分别达到6张、3.5人、3.6人。挖掘地方民俗风情和乡土文化，注重城中村改造中的文物与历史建筑保护，进一步打响古堡、名人、民俗、书法文化品牌。加强公共体育设施建设，人均体育场地面积达到2.1平方米以上。优化农贸市场规划布局，新建改造提升农贸市场20个以上。健全社区服务体系，强化服务功能，把社区建成管理有序、服务完善的社会生活共同体。

强化社会保障。完善就业服务体系，加强就业再就业工作，落实更加积极的就业扶持政策，妥善解决农村转移劳动力、就业困难人员、高校毕业生等群体的就业问题。加快推进各类养老保险制度并轨，完善城乡居民医保制度，发展补充社会保险和商业保险。大力发展养老服务业，加快智慧养老服务运营中心建设，建成区社会福利中心，实现每千名老年人拥有社会养老床位达到60张。深化殡葬改革，创新殡仪服务。社会救助、社会慈善、社会福利和社会优抚加快发展，最低工资及五保供养、城乡居民最低生活保障标准逐年提高。

完善社会治理。健全基本公共法律服务体系，全力做好“七五”普法工作，加快法治政府建设步伐。完善重大矛盾纠纷排查预警和调处化解综合机制，健全人民调解、行政调解、司法调解联动体系，加强和改进信访工作，畅通社情民意诉求渠道。化解与处置劳资纠纷，构建和谐劳动关系。深入实施人口计生新政策，不断优化人口结构，全面提高人口素质。健全食品药品监管网络，深化安全生产“两化一网”建设，夯实消防安全基层基础，优化防灾减灾应急体系，抓好信息安全风险评估、应急管理等工作。完善立体化社会治安防控体系，创新社会治安物联网管控模式，严厉打击各类违法犯罪活动，坚决维护社会和谐稳定。

（五）致力增强发展活力，激发改革开放新动力

紧扣制约发展的突出问题，全方位推进各领域改革，在重点领域和关键环节改革上取得突破。

推进重点改革。以供给侧结构性改革为重点，着力抓好“三去一降一补”工作，加快淘汰落后产能和化解严重过剩产能，落实企业减负系列政策。全面深化金融综合改革试验区建设，优化金融生态环境，加强信用体系建设，防范化解企业担保圈风险，依法严厉打击恶意逃废债。深化国资国企改革，强化国有资产监管，完成街道农投公司整合工作。推进农村产权制度改革，完善“三位一体”农村合作体系，完成农村土地确权、登记、颁证工作。深化医药卫生体制改革，实行医疗、医药、医保“三医”联动，推进分级诊疗改革省级试点。抓好社会力量办医改革，探索破除制约民办医疗机构发展瓶颈。

推进对外开放。积极参与打造“一带一路”战略桥头堡，主动对接长三角和海西区建设，依托区位优势，加快“引进来、走出去”步伐，谋划打造高能级对外开放合作平台，全面提升龙湾国际化水平。发挥“四大板块”功能优势，强化以商引商、以外引外、以民引外，积极吸引外商直接投资、增量资金投资、境外上市企业投资、金融租赁外资，提高利用外资的质量和水平。积极开辟跨境电子商务贸易，创成国家跨境电子商务试点城区。

推进职能转变。按照群众和企业到政府办事“最多跑一次”的目标，全面推进简政放权、放管结合、优化服务，加快政府职能向公共服务型转变。深化“五单一网”建设，整合政务服务资源，推行“便捷式、精准化”服务，推进行政审批服务标准化建设，着力构建“亲”“清”新型政商关系，全力打造“审批手续最简、办事效率最高、服务质量最佳、投资环境最优”的标杆城区。推进政府机构改革，注重机构和职责整合，加快形成精干高效的政府组织体系。强化权力运行制约和监督，扎实推进改进作风常态化、长效化建设，努力实现干部清正、政府清廉、政治清明。

三、2017年的主要工作安排

2017年是全面实施“十三五”规划的重要一年，也是本届政府任期的起始之年。综合分析发展环境和自身条件，建议今年我区经济和社会发展的主要预期目标为：区本级地区生产总值同比增长8%以上；一般公共预算收入增长7%；限上固定资产投资增长13%；社会消费品零售总额增长10%；出口总额增长5%；城镇常住居民、农村常住居民人均可支配收入分别增长7.5%、8%；R&D经费支出占GDP比重达2.2%；节能减排完成上级下达的任务。

围绕上述目标，今年重点抓好以下七方面工作：

（一）以“大拆大整”为主线，着力加快倒逼转型发展。坚持破立结合，“拆、整、改、建”环环相扣，确保上半年大见成效、年底再上新台阶。全力推进城中村改造。抢抓棚户区改造国家政策鼓励与支持的“窗口期”，强化资金、力量保障，集中攻坚、合力推进，完成永中普门、蒲州上江、海滨沙北、状元横街、瑶溪朱宅等24个整村（区块）旧房签约、腾空、拆除，改造城中村13000户以上，拆除旧房290万平方米，实现“三年计划两年基本完成”。强势推进“四无”整治。通过堵疏结合、示范引领，加快淘汰落后产能，扶持合法企业做大做强，倒逼产业转型升级。深入实

施工业企业搬迁改造三年行动计划，关停永兴老工业区、海滨高坦等旧工业小区10个，取缔“四无”企业3000家，搬迁改造企业400家，培育新增小微企业800家，10月底前全面完成“四无”整治任务。深入推进城乡危旧房改造。严格落实“五个一律”措施，加强动态监管、跟踪检测，全面完成D级农村危房和涉及公共安全的C级农村危房治理改造，城镇危旧房治理改造率达100%。大力推进拆用结合。坚持以拆促建、以拆促改，全力打好拆用组合拳，拆除违法建筑100万平方米以上。坚持“即拆即清、应耕则耕、应绿则绿、应建则建”原则，加快拆后土地整体开发和统筹使用，利用拆后土地建设停车场、公园绿地等功能性、公益性项目，低效用地再开发2000亩，开工建设小微企业创新创业园15万平方米以上。

（二）以创新驱动为引擎，着力加速发展动能转换。坚持创新驱动主方向，全力建设科创主平台，集聚各类创新要素，着力打造温州自主创新的战略高地。加快高新区跨越式发展。按照国家级高新区排名提升至前80位的目标，聚焦国家高新区评价指标体系，加快补齐短板。全力推进文昌创客小镇建设，力争创成省级特色小镇。整合提升国家级科技企业孵化器、温州海创园等创新创业平台，加快打造大学生创业基地、国际激光与光电产业联合研究院，新增省级科技企业孵化器1个、大院名校研发平台3个、众创空间21万平方米以上。精准实施高新技术企业攀登计划和科技型中小企业培育计划，新增高新技术企业10家、省级科技型中小企业50家、市科技（创新）型企业60家。强化产学研合作，引进培育企业研究院、研发中心10家以上，创建科技成果转换中心，推动中科院温州生材所等研发机构创新成果产业化。加快浙南科技城建设。突出基础设施先行、社会投资项目优先，按照“谋划一批、开工一批、建成一批”的思路，投入100亿元，加速实施创新创业新天地等15个项目，开工建设市检验检测高技术服务产业集聚区、国际人才公寓等15个重大项目，投用互联网创新创业基地等2个科创平台。全力腾挪发展空间，完成北起步区二期工业企业征迁，征收工业用地800亩。加强项目招引，着力抓好浙南科创小镇、科研型企业总部园等平台招商，引进各类创新创业项目50个以上。深入实施人才优先发展战略，完善人才服务体系，力争引进海外高层次人才12名以上、海内外创业团队10个以上，培养选拔高技能人才400人以上，创成省“千人计划”产业园。投用互联网创新创业基地青年创业公寓，加快形成人才集聚效应。加快科技金融结合步伐。发挥财政科技投入的引导和激励作用，投入高新技术产业财政引导资金3亿元以上，引导企业研发投入8.5亿元以上。鼓励设立科技银行，加快打造集产业基金、信贷、创投、担保、风险池等为一体的科技金融服务体系，加大支持科技型中小企业、高新技术企业力度。建立完善科技及产业投资引导基金，吸引更多基金公司和机构落户龙湾，推动基金对接实体经济和科创企业。支持企业走股改上市之路，新增“新三板”挂牌企业3家以上、股改20家以上。

（三）以项目建设为重点，着力扩大有效投资。坚持投资驱动，谋划大产业、招引大项目，全力提升城区发展品质。主抓固定资产投资。优化投资结构，加快推进重点项目建设，完成投资392.7亿元以上。投用区规划展示馆、便民服务中心等公共配套设施，加快奥体中心二期、附二医龙湾分院等大型公建项目。建成瓯海大道东延及枢纽集散系统、环镇路等道路工程，推进瓯江南口大桥南接线和市域铁路S1、S2线等项目，做好瓯江路东延、永定路东延等项目前期，完善天城围垦北片、瑶溪北片、中心区刘宅片等区间道路网。推进温州大道东延、文昌路综合管廊工程建设，完成瓯江路、永宁西路等道路架空线路“上改下”，整治提升温州大道、龙腾南路等道路。加快实施汤家桥公交总站工程，建设智慧交通二期项目，完善综合信息平台。温瑞平原东片排涝工程、瓯江标准海塘提升改造工程实现开工，完成水利工程投资2.6亿元。强化招商引资。完善招商工作机制，发挥浙南科技城、空港新区、文昌创客小镇等产业平台作用，做好产业项目策划、包装与储备。严格按照“税收贡献度、项目先进性、地区影响力”标准，扎实推进招商引资工作，争取10亿元以上重大产业项目实现零的突破。全年到位内资60亿元，利用外资3000万美元。突出要素保障。结合城镇低效用地再开发政策，加快盘活存量建设用地和土地开发提速，多措并举落实项目用地占补平衡，完成海滨围垦等“旱改水”项目。全力做好做地、储备、出让工作，经营性用地储备336亩、出让310亩，工业性用地出让600亩以上。加快PPP项目谋划，拓展融资渠道，创新筹资模式，争取上级资金补助和国家政策性银行融资支持。整合干部力量和技术资源，实施项目组团攻坚，全力做好政策处理，加快项目审批建设。

（四）以提质增效为核心，着力振兴实体经济。坚持把实体经济发展摆在更加突出的位置，全域规划产业布局，推动三次产业高水平协调发展。做精做强工业经济。深化工业强区战略，加快阀门、特殊钢、鞋服、制笔等传统优势产业提升发展，加大激光与光电、信息技术、新材料等新兴产业培育力度，规上工业产值增速达到7%以上。深化“亩产论英雄”分类评价实施行动，优化“五帮五助”助企服务，落实企业降成本政策，支持领军企业、高成长型企业、高新技术企业、科技型中小企业及功勋企业做大做强。深入实施小微企业培育三年行动计划，完成“个转企”100家、“规下转规上”20家、“限下转限上”50家，加快特殊钢、铸造、铜加工等小微园项目建设。大力推进“互联网+”“机器人+”“标准化+”，实施重点技术改造项目100项，新增工业机器人120台以上，争创中国驰名商标1枚、省名牌产品2个、浙江制造标准1个、市长质量奖1个，制笔行业创成省级区域名牌产品。加速发展现代服务业。实现服务业增加值184亿元，同比增长10%。全面提速现代物流园区建设，基本建成圆通、申通、邮政等物流项目，力争引进4A级物流企业1家。积极发展总部经济，加快蒲州片总部楼宇群、青山集团旗下企业等项目建设，力争新增符合国际标准的甲级写字楼1家。

全力推进状蒲片时尚商圈建设，加快附属配套设施整治，有效提升南北起步区商圈整体形象。推进时尚研究院、国际名品直销街区等重点项目建设，加速企业收租收储，基本建成“一园四街多点”的时尚集聚区。加快都市旅游业发展，挖掘名人民俗文化和大罗山山水旅游资源，推进钟秀园、炮台山等项目建设，高起点启动以永昌堡、奥体中心为核心的特色小镇项目前期工作。统筹发展都市休闲农业。深入推进农业绿化、农村美化、农民转化，加强农村环境整治改造和美丽田园建设，创成省级美丽宜居示范村4个。加快推进现代农业示范园建设，完成雅林现代农业园续建项目，推进现代生态畜牧园和农业小微园项目建设，积极发展都市休闲和民宿经济。

（五）以综合治理为手段，着力优化生态环境。坚持绿色发展理念，注重多管齐下，构建生态宜居新家园。深化重污染行业整治。保持环境执法高压态势，完善环境监管网格化管理机制，严控污染物总量，确保完成年度减排任务。深入推进重污染行业整治提升三年行动计划，改造提升重污染行业企业80家以上。强化生态治理。巩固“清三河”治理成果，深化“五水共治”，全面落实“河长制”，改善河网水质，打造精品示范河道6条，剿灭永中、屿田等市控站位劣V类水质断面。深入实施大气污染防治六大行动，加快推进工业废气、餐饮油烟和废弃物燃烧治理，基本完成燃煤锅炉、窑炉天然气改造，全面淘汰黄标车。严格落实“土十条”，统筹抓好土壤污染防治、化肥农药减量等工作，持续降低海滨围垦土地盐碱度。提升人居品质。扎实推进“绿满龙湾”行动，新增绿地1275亩、绿道5公里，建成区绿地率达38%以上，主要道路、公园彩化率达25%以上。强化市容环境管理，大力开展背街小巷和重点区域整治，加大亮化城区、美丽街区创建力度，永中、瑶溪启动国家生态文明示范街道创建。深化爱国卫生运动，通过国家卫生城市、全国文明城市复评。

（六）以改善民生服务为导向，着力增强群众获得感。坚持公共服务标准化，切实办好惠民工程，全力实施十大民生实事。加快公共服务供给。统筹教育均衡发展，完善校网布局，妥善解决拆迁户子女就学问题，投用新永强中学、区三小、区十七幼，提升永兴一小、区十六幼等学校办学等级，推进上海世外项目落地。深化公立医院综合改革，加强区域医联体建设，加快龙一医迁扩建、王侨骨伤医院等项目建设。完善计划生育服务管理，强化妇幼保健，促进计划生育工作创新转型发展。深入推进旧市场整治，改造提升18家、关闭9家、新建2家，农贸市场改造完成率达85%以上。完善文体服务体系，新增文化礼堂5个，改造提升健身苑点241处。新增优化公交线路3条，投用公交50辆、公共自行车1500辆，新增停车泊位5000个。健全社会保障体系。做优就业创业服务平台，登记失业率控制在3%以内。运用全民参保登记成果，户籍法定人员基本养老保险参保率达到85%以上，基本医疗保险参保率达到98%以上。启动区社会福利中心项目，推进智慧养老一期工程，投用智慧养老综合服务平台及运营中心。大力发展慈善事业，强化残疾人等弱势群体权益保障。提升社会管理水平。完善基层社会管理、安全防范、治安防控，解决历史遗留问题，化解信访积案，改善劳资关系，做好安全生产、消防安全、特种设备安全、食品药品安全、网络安全等工作，确保社会和谐稳定。强化应急管理，全面提升国防动员、军民融合水平。优化社区布局，加强村民自治机制建设，完成村级组织换届工作。支持工会、共青团、妇联、红十字、社科联、文联等人民团体建设，继续做好移民、民族、宗教、外事侨务和对台等工作。

（七）以优化效能为目标，着力加强政府自身建设。始终把学习作为重要政治责任，强化理念创新、制度创新、谋事创新，加快破除路径依赖，不断提高政府在新常态下解决问题的能力。建设服务政府。致力补短板促提升，深入实施系列三年行动计划。加快推进以让群众和企业“最多跑一次”为目标的审批制度改革，倒逼简政放权，推行“一窗式”受理、“一站式”服务新模式。扩大网上便民服务范围，实现窗口审批和网上办事有效对接。推进“四个平台”建设，增强街道管理功能，提升服务群众水平。承接各领域重点改革举措落地，全面梳理完善各类政策，强化“店小二”式的全程、真情、精准服务。建设法治政府。全面推行综合行政执法，提高行政执法能力，严格落实重大行政决策法定程序，完善政府法律顾问制度，健全科学决策机制，绝不能让权力任性而为。优化复议应诉机制，依法有效预防和化解矛盾纠纷。规范行政执法行为，强化行政执法监督，确保行政执法公平公正。建设廉洁政府。把纪律挺在前面，严格执行《准则》《条例》，持之以恒整治“四风”，全面落实党风廉政建设责任制。强化行政权力监督和制约机制，自觉接受人大依法监督、政协民主监督以及监察监督、司法监督，加强政府内部层级监督和审计监督，主动接受社会监督、舆论监督，切实提升监督的时效性。建设高效政府。按照打造“龙湾铁军”的要求，弘扬敢于担当、勇于破难的精神，严格目标管理责任制，对年度重点任务定责任、定时限、定要求，全力推动政府工作提速、提质、提效。

龙湾所处历史方位的使命担当催人奋进，全面建设“五个中心”的目标前景令人振奋。让我们在中共龙湾区委的坚强领导下，凝心聚力，奋勇争先，以优异的成绩迎接党的十九大胜利召开，为打造迈入全面小康社会标杆城区而努力奋斗！

龙湾区人大常委会工作报告

——在龙湾区第八届人民代表大会第一次会议上

（2017年2月16日）

龙湾区人大常委会主任　周　赞

过去五年的主要工作

过去五年，是全区上下齐心协力，克难攻坚，各项事业实现新发展，人大工作和民主法治建设取得新进步的五年。五年来，在区委的正确领导下，常委会认真贯彻中央和省市区委决策部署，紧紧围绕全区工作大局，依法履职，务实创新，主动作为，共召开常委会会议40次、主任会议98次，听取和审议“一府两院”工作报告126项，组织开展执法检查和视察、调研330余次，作出决议、决定和审议意见102项，任免国家机关工作人员429人次，有效发挥了地方国家权力机关的职能作用，为推动龙湾经济社会发展和民主法治建设作出了应有贡献。

一、过去的五年，我们围绕中心，服务大局，在推动经济转型发展上取得新成效

常委会始终站在全局的高度，把依法监督与推动工作有机结合起来，主动服务于深化改革新任务和经济发展新常态。

依法决定重大事项。常委会及时评估审查“十二五”规划实施情况，在科学研判、合理可行的前提下，批准部分指标调整方案，促进规划有效实施。认真审议“十三五”规划纲要，就振兴实体经济、保护生态环境、优化投资结构、改善金融信用环境等方面提出建议，增强规划的科学性和可操作性。对土地利用总体规划修编、行政区划调整等7个重大问题，适时作出决议决定；审查批准区政府年度经济社会发展计划、财政预决算报告；听取和审议政府投资计划安排情况报告，审查批准农房集聚区建设、城中村改造等6个重大项目投融资议案，为推动经济社会发展提供了保障。

助力经济提质增效。常委会顺应经济转型发展要求，加强对浙南科技城、高新技术产业、固定资产投资、电子商务、小微园、时尚商圈、时尚农业、海涂围垦造地、城镇低效用地再开发等工作的监督，督促政府重视创新驱动、内生增长，推动创新型经济和服务型经济加快发展。突出对实体经济的监督，连续三年组织开展多层面的专题调研，跟踪督办审议意见，督促区政府出台了一系列振兴实体经济政策措施，助推我区经济走出低谷、企稳向好。将浙南科技城开发建设列为2016年重点监督议题，围绕项目招商、政策配套、产业培育、创新平台、人才引进等方面，提出切实可行的意见，协力推进浙南科技城建设。关注招商引资工作，重点检查“龙商回归”签约项目落地情况，推动政府落实优惠政策，破解要素制约，优化服务环境，提高签约项目落地率和投产率。

助推改革举措落地。根据区委贯彻党的十八届三中全会精神的总体部署，作出关于全面深化改革的决定，积极当好改革的参与者、推动者、实践者。着力监督推动重大改革举措落地见效，特别是面对2012年局部金融风波的影响，常委会从金融综合改革司法保障切入，深入企业、有关部门和金融单位，详细了解政银企对接、信用体系建设、金融司法保障等情况，及时向区委汇报各方反映的共性问题和建议，为维护金融秩序稳定发挥了积极作用。针对群众反映的行政审批项目偏多、流程不优、“中梗阻”等问题，采取明察暗访、问卷调查、电话回访、座谈交流等方式，全方位、多层面了解情况，听取18个部门审批制度改革和效能建设情况报告，并进行满意度测评，督促区政府及其部门进一步简政放权，削减行政权力5081项，“减权”比率达到64%，促进了我区审批提速、办事提效、服务提质。

深化预算决算监督。积极探索人大预算审查监督工作新路子，制定出台《区级预算审查监督办法》，以部门预算监督为抓手，建立健全工委审查、专家审查、公开听证等审查监督机制，逐年扩大审查范围，每年确定5个单位上常委会会议进行重点审查并票决，为人代会审查部门预算提前把好关。五年来，共调整部门预算项目148个，调增项目经费1393万元，调减项目经费3530万元，盘活存量资金4.6亿元，促进预算管理更加规范、预算安排更趋合理。发挥审计监督作用，每年听取和审议预算执行审计报告、审计整改落实情况报告，持续推动审计结果公开、财政资金使用管理规范。

二、过去的五年，我们关注热点，维护民利，在促进民生事业发展上实现新进展

常委会从群众最关心的利益问题切入，支持政府回应人民期待，补齐民生“短板”，让改革发展成果更公平地惠及全区人民。

积极推进生态环境改善。常委会将环境综合治理作为七届人大重点监督内容，一年一主题，年年有监督，持续跟踪问效。五年来，区人大常委会和街道人大工委联动监督，相继开展以电镀基地、合成革项目为重点的“六大”行业整治督查，以“五水共治”、饮用水水源保护为重点的水环境治理监督，以依法治污、“臭气”整治为重点的环保法、大气污染防治法执法检查，以“四边三化”“祛疤栽花”为重点的绿化工作视

察，将发现问题、强化整改贯穿监督全过程。开展治水治污专题询问，政府及部门负责人当场解答，推动问题解决。在全区上下的共同努力下，125条黑臭河完成整治验收，创成“清三河”达标县，新增城区绿地1410公顷，大气环境质量优良率从67.2%提高至89.6%，环境质量稳步提升。区人大常委会治水治污监督工作，得到省人大常委会主要领导的多次批示肯定。

合力推进城市化建设。根据区委统一部署，组织开展“大拆大整”工作专项督查，推进城中村改造、危旧房排查整治、拆违等七大攻坚任务的落实。同时对城市规划、“三改一拆”“退二进三”等工作开展监督，促进城区人居环境改善、城市品位提升。围绕加快推进城市转型发展，开展城市精细化管理专项监督，常委会班子成员带队赴街道、村居实地检查，听取市民意见建议，督促政府加快城市配套设施建设，完善长效管理机制，规范城市环境秩序，推动停车难、垃圾消纳难等问题的解决。区政府以“治乱”专项行动为抓手，加大市容管理法治化、停车序化、建筑工地标化、街景美化和环境洁化力度，城市综合管理水平明显提升。

持续推进社会事业发展。围绕“食有所安”，连续五年对食品安全开展监督，综合运用执法检查、明察暗访、专题询问、挂牌督办、满意度测评等手段，严督重推，促进政府理顺监管体制、改造提升农贸市场、加强农产品源头治理、加大食品安全违法打击等工作，全力捍卫“舌尖上的安全”。围绕“学有所教”，就群众关心的教育均衡化发展问题，提出审议意见，推动政府加大教育经费投入，引入优质民办教育，建成投用了一批基础教育学校，创成全国义务教育发展基本均衡区。围绕“病有所医”，要求政府完善医疗服务体系，鼓励社会资本办医，满足群众多元就医需求。围绕“老有所养”，督促政府创新养老服务模式，加快养老设施建设，构建形成了居家养老“15分钟服务圈”，我区养老服务能力进一步提升。围绕“民有所乐”，对民俗文化保护与开发、公共文化及体育设施建设开展专题视察，促进文体事业新发展。

扎实推进惠民工程建设。常委会连续三年监督重点民生实事工程，先后组织代表集中视察保障房建设、永强中学迁建、区一医迁建、瓯海大道东延等重点项目，并对进展情况开展“回头看”，督促政府加大建设力度，一批民生项目加速推进。关注居民群众出行，多次督查江滨路龙湾段、永强大道建设，使群众期盼多年的重点道路建成通车。实地视察公共交通、道路网、市域铁路以及停车设施，推动综合交通建设。近年来，我区开工建设瓯海大道东延及枢纽集散系统、温州大道东延等重点项目，建成投用曹龙大道、通海大道等主干道，实现公交行政村2公里全覆盖、社区巴士街道全覆盖，内联外畅的交通网初步成型，群众出行更加便捷。

三、过去的五年，我们深化普法，促进和谐，在推进民主法治建设上迈出新步伐

常委会坚持运用法治思维和法治方式，监督和支持“一府两院”依法行政、公正司法，不断优化全区法治环境。

强化法治教育，推进普法宣传全民化。坚持把全民普法和守法作为法治建设的重要一环，开展“六五”普法中期督查，及时作出“七五”普法决议，为加快依法治区提供法制保障。深入开展“国家宪法日”宣传活动，举办宪法法律知识讲座，凝聚全社会的法治共识，引导群众自觉守法用法，为加快法治龙湾进程筑牢社会基础。利用人大执法检查和视察调研等活动，开展法治宣传教育，使人大履职的过程，成为宣传和普及宪法法律、弘扬法治精神的过程。我区高质量完成“六五”普法工作，被评为全国法治县（市、区）创建活动先进单位。

加大执法检查，推进依法行政规范化。常委会先后对警察法、宗教管理条例、残疾人保障法等12部法律法规实施情况进行检查，跟踪落实审议意见，促进解决执法中存在的问题。在警察法执法检查中，着重就公安队伍建设、警察履职、警务保障和社会治安等方面的问题，要求公安部门优化警力配置，加强协警管理，提高警务保障能力。针对旅游法实施中的问题，督促政府强化规划引导，整合旅游资源，加快旅游业发展。紧扣法治政府建设，先后对区经信局、区交通局等15个部门开展工作评议，督促部门查找问题和不足，抓好自查整改，提高依法行政、依法办事水平。开展规范性文件备案审查，听取专项工作报告，对区政府报送的106件规范性文件进行备案审查，有效维护了法制统一。

维护公平正义，推进司法监督常态化。探索开展法官、检察官履职评议，通过谈话了解、民主测评、查阅卷宗等手段，充分掌握评议对象的履职情况，听取和审议评议对象履职情况报告，对“两院”及评议对象提出整改意见，以点带面推动“两院”加强队伍建设，增强“两官”责任意识和使命意识，提高履职能力，推进司法公正。坚持把对人与对事监督有机结合，组织检查法官法、检察官法、律师法实施情况，对区法院行政审判和区检察院公诉、职务犯罪预防等工作开展监督，督促“两院”强化法治理念，完善办案机制，规范执法行为。借助省市区三级人大联动之力，开展公检法司机关工作人员依法履职、公正司（执）法情况专项监督，助推司法改革，提升司法公信力。监督社区矫正工作，促进政府进一步提升社会综合治理水平，维护社会和谐稳定。扎实做好信访工作，共受理群众来信来访152件（次），做到依法处理、及时转办、强化督查，促进群众合理诉求问题的解决。

严格依法办事，推进人事任免程序化。坚持党管干部原则与依法行使人事任免权的有机统一，及时贯彻党委人事安排意图，从组织上保证国家机关正常运转。完善人事任免工作办法，认真做好日常人事任免工作，坚持任前了解、法律考试、表态发言、投票表决、颁发任命书等程序，促进任免工作制度化、规范化。在全市率先试行新任命国家工作人员宪法宣誓制度，精心设计宣誓仪式，规范宣誓程序，充分彰显宪法宣誓的庄重性，促进国家工作人员接受监督、履行承诺、担当使命。

四、过去的五年，我们优化服务，强化保障，在发挥代表主体作用上谋求新突破

常委会坚持依靠代表、服务代表，搭平台、创载体、重督

办、促履职，代表主体作用得到进一步发挥。

搭建履职平台，代表履职条件明显改善。按照“全覆盖、制度化、常活动”的原则，从2013年开始，通过试点探索、全面铺开、规范提升三个阶段，深入推进代表联络站建设，建成联络站18个，其中网上联络站1个，实现街道层面全覆盖、线上线下互动，促进代表收集民意、多办实事。代表进站560余人次，接待群众1120余人次，收集意见建议350多条，帮助解决问题223个。加强代表学习培训，为代表订阅人大刊物，向代表通报人大工作情况，为代表履职搞好服务。建立常委会组成人员联系代表、代表联系群众制度，推广代表履职服务平台，实行代表履职考勤，开展代表向选民述职、优秀代表建议评选等活动，提高代表履职主动性和积极性。

丰富活动载体，代表参政议政不断深化。组织各级代表开展督查“已治理的河”、查找“短板”等主题监督活动10多项，使代表履职与人大监督有效融合。开展“两联两进”活动，常委会班子成员率先垂范，带头深入基层，走访代表与群众；广大代表进村居、进企业，了解社情民意，推动解决了一批实际困难。组织代表开展会前视察、列席常委会、参与专项监督、工作评议等活动，丰富代表履职内容。组织代表参加法院和检察院“公众开放日”、旁听庭审及交警“警营开放日”活动，加强司法民意沟通，拓宽代表监督渠道。

完善督办机制，代表建议得到较好解决。修订代表建议、批评和意见处理办法，建立代表建议快速交办和交办联审机制，充分运用评议、满意度测评、专题询问等督办方式，发动代表参与，提高督办实效。将代表建议办理纳入“五型”机关创建考核内容，启动并完善代表建议网上办理系统，单位建议办理情况、代表评议结果均在网上公开，接受代表和社会监督，代表建议办理速度、办理质量明显提高。五年来，共收到代表建议745件，经各承办单位认真办理，已解决或列入解决计划的679件，其余受政策或条件限制暂时不能解决的，供区政府决策参考。同时，认真做好全国、省市人大代表建议的征集工作，积极向上争取支持。

精心组织指导，代表换届选举顺利完成。区第八届人大代表换届选举，是我国代表法、选举法修改后和我区部分街道托管体制下的首次换届选举，是全区人民政治生活中的一件大事。区委、经开区党委高度重视，建立代表换届选举领导小组和联席会议，切实加强党的领导，及时动员部署，解决工作中遇到的困难和问题。常委会准确把握宪法、法律的各项规定和省市区委、省市人大常委会有关要求，提出做好全区人大换届选举工作的意见，班子成员分批次到各街道调研、指导、督查代表换届选举各阶段工作。在区委统筹领导下，经过各方面的努力，顺利完成区人大代表换届选举工作。新一届区级人大代表结构更加优化，代表整体素质进一步提高，为加强我区基层政权建设、保障人民当家做主打下了良好基础。

五、过去的五年，我们转变作风，创新进取，在提升依法履职能力上再添新举措

常委会主动适应形势任务的发展变化，扎实推进思想、作风、和廉政建设，为各项工作的顺利开展提供了保障。

强化思想作风建设。坚持党组中心组理论学习、机关集中学习制度，创建“人大讲堂”平台，重点学习了党的十八大和中央各次全会精神、习近平总书记系列重要讲话精神，省市区委重大决策部署，以及宪法法律和人大业务知识，提高履职能力和水平。牢固树立“四个意识”，强化理想信念教育。深入开展党的群众路线教育实践活动、“三严三实”专题教育和“两学一做”学习教育，坚持问题导向，改进工作作风，抓好整改提高。大兴调查研究之风，形成视察调研报告120多份，为区委区政府科学决策提供了参考。常委会班子成员认真落实领导干部挂钩联系制度，积极参与“三联四推五提升”等专项活动，指导做好联系街道和村居有关重点项目、重点企业、“大拆大整”“五水共治”、创卫创模、信访维稳等工作，全力助推区委中心工作落实。

重视组织制度建设。2012年，面对新一届人大常委会工作的新形势新要求，及时作出关于加强自身建设的决定，重点修订了常委会议事规则、组成人员守则、加强同人大代表联系的实施办法等9项制度。近年来，认真执行中央“八项规定”和省市区委有关要求，坚决贯彻党内法规和规定，深入推进廉政建设，切实加强常委会党组及机关建设，制定出台党组议事规则，建立健全增强监督实效、厉行节约反对铺张浪费、机关办文办会办事规程等16项制度，进一步完善议事与决策机制，使各项工作有章可循，提高了人大工作制度化、规范化水平。

创新改进监督方式。在法律和制度的框架下，不断探索行之有效的监督形式和方法。实施询问常态化，在听取和审议“一府两院”相关工作报告时，适时开展“询问”，报告人和审议人形成良好互动，提高了审议质量。推行代表约见制度，支持代表就群众关心的热点问题，约见区政府部门主要负责人，促进相关工作落实。同时，积极改进满意度测评、强化审议意见督办、完善跟踪监督方式，人大监督实效进一步增强。坚持公民旁听人代会制度，邀请公民参与听证、询问及民生议题监督活动，向社会公开征集监督议题、公布监督计划和审议意见，提高人大工作透明度。

加强工作联系联动。发挥街道人大作用，开展街道人大工作专题调研，制定出台街道人大工委工作办法，街道人大组织、队伍和制度建设进一步加强。坚持街道人大负责人参加常委会重大活动、列席常委会会议，通过召开联席会议、联动监督、业务培训等方式，加强对街道人大工作的指导，增强人大工作合力。自觉接受上级人大常委会的指导和监督，积极配合开展执法检查、视察和调研工作。加强与兄弟县（市、区）人大的交流，汲取先进经验，谋求互促共进。密切与宣传部门、新闻媒体的联系与协作，加强人大制度理论研究和宣传，提高全社会的民主法治意识。

五年工作主要体会

回顾五年来的工作实践，我们深切体会到，必须始终坚持“五同”理念，与时俱进推进人大工作发展。

一是与党委同向，认清履职方向，做到政治坚定。五年来，我们准确把握地方人大的定位和特点，坚持重要工作和重大问题及时向区委请示报告，把党的领导贯彻到人大依法履职的全过程，深刻领会党委主张，贯彻党委意图。五年来，区委高度重视人大工作，召开全区人大工作会议，研究部署加强人大工作和建设的意见，支持人大依法履职。实践证明，坚持正确的政治方向，是做好人大工作的根本保证。

二是与政府同力，把握履职要务，做到助推有为。人大与政府尽管职责有别，但目标一致，都是为了发展。五年来，我们始终把人大工作放在改革发展全局中来谋划和开展，紧紧围绕振兴实体经济、全面深化改革、城市开发建设等重点工作，履行法定职责，助力转型赶超发展。实践证明，只有紧紧围绕政府重点工作，寓支持于监督之中，凝聚改革发展的强大合力，人大工作才能有所作为、有所贡献。

三是与人民同心，树牢履职根本，做到利民惠民。五年来，我们充分发挥人大自身优势，深入群众，正确反映群众的利益诉求，把环境治理、食品安全、交通建设、医疗教育等群众关切的问题作为监督重点，推动工作落实，让发展成果更好地惠及百姓。实践证明，只有植根于人民群众之中，倾听群众呼声，反映群众愿望，人大工作才能得到人民群众的支持和认可。

四是与法律同轨，严格履职程序，做到依法规范。五年来，无论是决定重大事项、开展监督工作，还是行使人事任免权，常委会都充分发扬民主，严格依法办事，保证在法律规定的范围内履行职权。实践证明，只有善于运用法律手段确保党委决策的贯彻执行，确保行政权、司法权的正确行使，确保公民合法权益得到尊重，才能更好地发挥人大制度优势，维护法律权威。

五是与时代同步，善谋履职举措，做到彰显特色。五年来，我们注重人大工作的传承创新，探索尝试了部门预算监督、代表约见制度、询问常态化、审议意见督办等，进一步增强了监督实效。结合龙湾实际，我们积极探索做好街道托管体制下的人大工作，确保各项工作顺利开展。实践证明，只有把握规律性，体现时代性，富于创造性，才能使人大工作具有蓬勃的生机和活力。

回顾过去五年，我们做了一些工作、积累了一些经验，也取得了积极成效。但我们也清醒地认识到还存在一些不足，主要是：对重点领域和关键环节的监督力度需进一步加大；审议意见和代表建议落实的督办方式需进一步改进；联系代表和群众及指导街道人大工作需进一步加强；常委会议事水平和人大机关服务质量需进一步提高；做好街道托管体制下的人大工作需进一步探索。我们将在今后的工作中认真对待，切实加以改进。

今后五年的工作思路

今后五年，是全面建成小康社会的决胜期，也是我区加快转型发展的关键期。区第八次党代会描绘了龙湾未来发展的宏伟蓝图，提出了建设“五个中心”、打造迈入全面小康社会标杆城区的战略目标，这是全区今后五年的中心工作，也是人大依法履职的重点。我们将深入贯彻落实中央和省市区委决策部署，以“四个全面”为统领、以“五大发展理念”为引领，坚持“五同”理念，依法履行职权，服务工作大局，保障改善民生，推进民主法治，充分发挥地方国家权力机关作用，为推进“三大转型”、建设“五个中心”提供有力保障。

一、紧扣发展大局，在增强监督实效上下功夫。按照区第八次党代会确定的目标任务，结合人大工作实际，牢牢抓住“十三五”规划实施、浙南科技城建设、“大拆大整”、城市建设、综合交通体系建设、行政审批改革、财政预决算等重点领域，聚焦河道、大气、土壤污染防治和重点工程、学前教育、医疗卫生、食品安全等民生实事，认真审议工作报告，适时作出重大决定，加快推进“三大转型”。进一步完善监督机制，改进视察调研、专题询问、执法检查、工作评议等方式方法，切实增强人大监督实效。

二、坚持依法治区，在加快法治进程上下功夫。深入贯彻全面依法治国方略，以提高常委会组成人员、国家机关干部法治思维和依法行政能力为重点，加强法治宣传教育，督查“七五”普法实施，强化执法检查，维护宪法法律权威。贯彻落实中央深化国家监察体制改革部署，在区委的领导下，做好我区试点工作的落地，监督和支持区监察委员会依法履职、开展工作。深化司法监督工作，继续开展“两官”履职评议，监督推动法院执行、检察院侦查监督工作，促进司法公正、社会公平。加强规范性文件备案审查工作，提高备案审查质量。积极配合省、市人大常委会开展执法检查和立法调研活动，为省市立法工作提供支持。

三、注重载体创新，在改进代表工作上下功夫。健全学习培训机制，有计划地做好新一届人大代表的培训工作。完善常委会组成人员联系代表、代表联系群众制度，推进代表联络站、代表履职平台规范化运作，拓宽代表履职渠道。坚持向代表通报工作，组织代表列席人大常委会、参与视察调研等活动，支持和保障代表依法履职。改进代表建议交办、督办工作，提高办理质量和实效。加强代表履职管理，完善代表履职考勤办法，开展代表述职活动，切实提高代表履职能力。

四、强化责任担当，在加强自身建设上下功夫。始终坚持党对人大工作的领导，切实增强“四个意识”，落实全面从严治党要求，确保人大工作正确的政治方向。加强常委会组成人员的思想政治、业务能力和党风廉政建设，增强做好人大工作的使命感和责任感。进一步重视常委会机关建设，健全工作机制，加强工作创新，提高常委会机关服务水平。改进人大宣传工作，营造我区良好的民主法治氛围。加强对街道人大工作的指导，激发基层活力，提升人大整体工作水平。

新起点开启新征程，新目标赋予新使命。让我们紧密团结在以习近平同志为核心的党中央周围，在中共龙湾区委的坚强领导下，求真务实，开拓创新，凝心聚力，奋发有为，不断开创人大工作新局面，为打造迈入全面小康社会标杆城区而努力奋斗！

政协龙湾区常委会工作报告

——在政协第五届龙湾区委员会第一次会议上

(2017年2月14日)

龙湾区政协主席　徐国信

四届政协工作回顾

区政协四届一次会议以来的五年，是我区实现重大跨越的五年，也是人民政协事业继承发展、开拓创新的五年。五年来，常委会在中共龙湾区委的领导下，坚持围绕中心，服务大局，突出团结和民主两大主题，切实履行政治协商、民主监督和参政议政职能，为我区经济和社会各项事业的发展做出了积极贡献。

一、围绕中心，扎实履职，助力全区工作蓬勃发展

五年来，常委会紧紧围绕党委、政府中心工作，关注社会热点问题，结合区情实际，积极开展常态化协商、调研视察和各类主题活动。

协商共议谋发展。坚持把发展作为第一要务，为党政决策当好参谋助手。按照“全委会整体协商、常委会重点协商、主席会专题协商”的原则，常委会认真筹划每年全会工作，组织委员集中听取政府工作报告和其他重要报告，对事关全区经济建设和社会发展的重大问题开展集体协商，通过大会发言、提案等方式，对我区经济、政治、文化和社会发展提出意见建议。闭会期间，分别围绕高新区产业发展规划、治水治气、规范农村小微权力运行、科学编制“十三五”规划等重点工作，多次召开常委会、主席会专题协商议政。五年来，共收到大会发言材料175篇，27位委员在大会上进行发言，7篇发言转化为当年的重点提案，由区委、区政府主要领导领办，并取得了良好的成效。

调研视察促发展。坚持把调研视察作为参政议政的重要手段及履行职能的重要载体，紧紧围绕区委、区政府重大战略部署和决策，每年选择经济社会发展中迫切需要解决的问题，组织精干力量，精心设计方案开展调研，积极为党政决策提供依据和参考。针对加强委员履职管理、优化行政审批服务、城市发展规划、网络经济发展、创卫工作长效管理机制建设等重点课题开展调研，提出247条具有操作性的意见建议，形成21篇调研成果，区委、区政府主要领导多次批示，并在具体工作部署中多次要求有关部门认真研究吸纳，有效推进部门改进和完善工作，促进相关问题的解决和落实。

深入基层助发展。在全体政协委员中开展“双联双推”主题实践活动，充分发挥政协委员在服务社会民生、助推经济发展中的优势和作用，动员委员以实际行动深入基层、回报社会、助推发展，先后组织200余名委员走进村居和企业，解决群众和企业问题57件。以区委开展的“三联四推五提升”工作为载体，到联系街道开展国卫巩固、消防安全排查、大拆大整督查等活动，加快推进挂钩项目的落地，帮助研判工作、解决难题，督促基层工作落到实处。选派政协机关干部担任农村指导员，参与“城中村”改造和“千名干部进千企解千难”专项行动，联系领导、结对干部定期到村居察看项目、帮助企业解决问题，为助推新型城市化建设、实体经济转型和小微企业发展作出积极的努力。

二、立足职责，锐意进取，推动履职形式开拓创新

五年来，常委会面对新形势赋予人民政协的新任务和新要求，以政协章程为基本遵循，积极探索履行职能的新途径、新方法，不断提高履职实效。

丰富民主协商形式。建立“每月协商制”，每年年初制订《年度协商计划》，明确协商议题、协商形式、参与主体和时间安排，由主席或副主席牵头开展调研，进行专题协商。形成课题选择、开展调研、专题协商、成果报送、政府承办、书面反馈等一整套规范、高效的协商流程，推动协商民主制度建设和政治协商工作规范化发展。同时，协助区委研究出台区属部门与区政协各委室对口联系制度，为区政协委室与区党政部门开展常态化的沟通协商，打下了良好的基础。五年来，共开展对口协商38次。推荐委员担任人民陪审员、人民监督员、信访监督员、行风监督员，鼓励他们积极参与监督、评议等活动，寓监督于协商之中，为推进部门工作发挥了独特的作用。

拓宽民主监督范围。每年选择4个部门开展民主监督，并在2015年开始将街道办事处纳入监督范围，做到民主监督“常用常新”。共对区委农办（农林局）、永中街道等20家单位进行民主监督，通过工作交流、征求意见、走访视察、问卷调查等途径，深入了解被监督单位工作情况，并以民主监督建议书的形式，提出整改意见，帮助街道及部门改进和完善工作。围绕“四单一网”“一打三整治”“两路两侧”等工作开展专项民主监督，合力促进政府行政审批制度改革、海洋渔业转型发展和城乡环境改善提升。积极与省、市政协联动开展“五水共治”民主监督，并将大气污染防治同步纳入监督，围绕“治水治气”主题开展系列专项集体民主监督活动。委员们前期跑基层、找不足、提建议，后期看效果、促落实、保长效，提出的39条意见建议被政府有关部门采纳，形成的《关于加强大气污染防治工作的建议案》获得区委主要领导批示，汇聚推进“治

水治气”工作的强大合力。

创新提案工作机制。认真落实提案征集措施，不断完善办理机制，努力增强提案办理效果，特别是涉及一些热点难点工作的重点提案，由区委、区政府领导领办，主席、副主席督办，促使一批事关经济社会发展和人民群众切身利益的问题得到全面解决。召开提案办理专题协商评议会，选取部分提案进行集体协商，组织委员对提案办理落实情况进行实地视察，并将提案办理情况列入“五型机关”考核，着力巩固提案办理成效。切实加强提案办理协商，通过“提”“办”双方面商、党政领导领办重点提案、对办理结果进行满意度测评等措施，进一步提高提案办理效果。五年来，共收到委员以提案形式提出的意见建议1061件，立案987件，办复率为100%，满意率为95.7%。

三、关注民生，建言献策，坚持民生导向持续发力

五年来，常委会积极践行“亲民政协、为民履职”工作定位，坚持把群众利益作为第一选择，把群众满意度作为第一标准，真心实意为群众排忧解难，使政协工作更加贴近民众、体察民情、反映民意。

搭建联系群众平台。在社区设立政协委员工作室，推进政协组织向基层延伸，不断增强政协工作的群众基础和民意基础，使政协工作真正做到“上接天线”“下接地气”。建立委员在社区听民意、解民忧的工作机制，定期安排委员轮值坐岗，促使委员深入基层、深入实际，为民代言、为民履职，发挥政协委员在服务发展、联系群众、解释政策、收集信息、构建和谐等方面的积极作用。积极引导委员开设个人网上工作室，更广泛地倾听网民的声音、收集网民的意见、汇集网民的智慧，扩大政协在网络社会中的影响力，促使政协在更大、更广、更深的领域，发出声音、发挥作用。

积极反映社情民意。发挥政协反映社情民意信息工作的独特优势，不断拓宽信息搜集和反映渠道，收集各行各业的意见，并提出有较强针对性的对策建议，为党委政府提供多角度、有分量、有价值的信息，协助党委政府科学民主决策。五年来，共编发《社情民意》专刊59期，向省、市政协报送社情民意信息359篇，其中被全国政协采用3篇，省政协采用10篇，市政协采用44篇。坚持每年开展“下基层、听民声”系列活动，共组织160多名政协委员走进城北村等15个村居及永中派出所等3个基层站所，广泛听取各界的呼声，积极反映群众的诉求，促进事关群众实际利益的问题得到解决。

热心慈善公益事业。积极倡导广大政协委员和机关干部在承担社会责任、服务民生等方面勇于实践。发动委员大力支持慈善和社会公益事业，参加“五水共治”捐资、“万棵树木认种认养”活动，并长期坚持开展献爱心助学、义诊送药、文史资料进校园、为状元亭捐资等活动。五年来，共为“五水共治”工作募集捐款700余万元，为状元亭募集捐款100余万元，捐资助绿70余万元，其他各类捐款百余万元。组织机关党员同志，建立志愿者服务队伍，每位党员到所在社区报到并认领志愿服务项目，积极参与访贫问苦、扶老助残、帮困解难等公益活动。

四、团结民主，汇聚力量，增进社会各界发展共识

五年来，常委会始终把加强团结和发扬民主贯穿于政协工作的各个方面，努力做到“以道相交同甘苦、以诚相交见肝胆、以志相交共奋斗”，在履行职能中求同存异、扩大共识。

发挥界别活动优势。健全政协领导班子成员联系界别制度，指导和推动界别开展工作，进一步丰富委员的经常性活动。支持和鼓励委员以界别小组为单位，以“界别活动周”的形式开展各具特色的专题视察、学习考察、联谊交流、服务群众等活动，充分发挥政协界别优势和独特作用。比如，中共界别针对我区时尚产业发展开展调研；无党派人士界别常年开展慰问帮扶活动；医药卫生界别每年坚持开展“送医送药”活动。各界别委员的经常性活动，不仅彰显了政协界别特色，也树立了人民政协为人民的良好形象。

广泛开展联络联谊。加强与各民主党派、工商联、无党派人士和各人民团体的联系，组织开展重大节日走访慰问、课题调研、工作视察、专题座谈等活动，增强政协参加单位的向心力和凝聚力。加强与港澳台同胞、海外侨胞和龙湾籍在外人士的联络联系，使他们关心关注家乡，为家乡发展建设献计出力。开展“同心同行·共建和谐”活动，定期联系走访宗教界代表人士，宣传党的宗教政策，着力巩固和扩大爱国统一战线。注重发挥政协书画院、政协之友社桥梁和纽带作用，组织书画交流和学习考察活动，激发政协委员和社会各界人士热爱龙湾、关心龙湾，参与龙湾发展的热情。密切与兄弟县（市、区）政协联络联系，加强工作及经验交流，取长补短，进一步提高业务工作水平。热情接待各地政协学习考察团，在沟通交流中加强了解、增进友谊，提升龙湾的知名度和美誉度。

弘扬文化资政育人。发挥文史资料“资政、存史、团结、育人”的作用，组织专家编撰出版《龙湾老行当》《龙湾老城堡》《龙湾老街巷》《龙湾老桥梁》《龙湾老地方》等系列“老字号”丛书，深入挖掘龙湾历史文化遗产，传承龙湾历史文脉。连续五年组织开展中小学生书法选拔赛，选派优秀选手参加省、市“兰亭奖”书法现场赛，其中多名选手获得奖项，为龙湾赢得了荣誉。开展“治水治气”书画摄影比赛活动，并向省、市政协推荐优秀书画和摄影作品，展示了我区干部群众积极投身“治水治气”的良好精神风貌。认真做好浙江“百名新乡贤”事迹案例征集和推荐工作，将德高望重、热心公益、为一方作出积极贡献的政协委员作为“新乡贤”候选人推荐给省政协，充分发挥“新乡贤”的示范引领作用。

五、完善机制，夯实基础，实现自身建设与时俱进

五年来，常委会把加强政协自身建设作为重要的基础性工作来抓，在实践中不断探索履行职能的制度化、规范化、程序化建设，完善和修订各项工作制度，为政协有效履职提供了坚强保证。

夯实政治理论基础。认真学习贯彻党的十八大、十八届历次全会精神和习近平总书记系列重要讲话精神，不断强化政治意识、大局意识、核心意识和看齐意识。扎实开展党的群众

路线教育实践活动、“三严三实”专题教育和“两学一做”学习教育，集中学习、查摆问题、整改落实，着力深化机关作风建设，提升政协履职效能。举办政协理论知识培训班、优秀政协委员培训班和政协常委读书会，邀请专家学者作专题培训讲座，着力提升政协委员和常委政治素质与业务能力。加强人民政协理论方面的探讨和交流，每年撰写论文参加省、市政协理论研讨会，共有17篇论文在省、市获奖，其中《互联网+政协，提升履职能力现代化水平》获浙江省人民政协理论研讨会第七次理论研讨会一等奖。及时总结第四届政协相关工作做法，编印《民主协政—政协第四届温州市龙湾区委员会履职成果选》，为新一届政协工作开展提供经验参考。

加强委员服务管理。与区委组织部、区委统战部联合出台《关于加强政协委员管理的办法》，建立委员履职与正常退出关联机制。完善委员管理信息系统，将委员出席会议、参加活动、提交提案、撰写信息等情况作为评价委员的重要依据，对委员履职情况进行量化管理，激发委员履职积极性。开展委员年度述职工作，并评选优秀政协委员、提案先进个人及优秀提案，充分调动委员履职积极性、主动性和创造性。建立委员片区活动小组，加强委员与街道、村居（社区）之间的联系，方便委员参与基层活动、反映社情民意，切实发挥委员主体作用。

提升机关工作水平。重新修订全体会议工作规则、常委会工作规则等18项政协工作规程，以及政协机关工作纪律、工作月报制等12项机关工作制度，促进政协工作有据可依、有章可循。严格落实党建责任制相关规定，狠抓机关党支部建设，发挥工会组织作用，深入开展“创先争优”“文明单位”创建、“道德讲堂”等活动，进一步激发党员干部服务委员、服务群众、服务社会的积极性，提高了政协组织的战斗力、凝聚力。以打造“数字政协”为目标，加快区政协机关信息化建设，整合提升提案管理、委员履职和社情民意信息系统，为委员提供便捷的参政议政平台。建立区政协机关官方微博、微信公众账号，及时发布工作动态和工作信息。加强与新闻媒体的合作联系，广泛宣传政协工作和委员风采，树立好形象，传播正能量。五年来，在省、市、区报刊媒体上发表新闻稿件155篇，在网络媒体上发布信息178条，有效扩大了政协组织的影响力。

常委会所取得的成绩，是中共龙湾区委正确领导的结果，是区人大、区政府大力支持的结果，是全体政协委员和各民主党派、工商联、各人民团体、社会各界人士积极进取、团结奋斗的结果。

回顾四届政协五年来的工作，我们也清醒地认识到工作中还存在一些差距和不足，主要是政治协商的形式和内容需要进一步丰富；政协委员履职的机构和平台需要进一步拓展；参政议政的建议和成果需要进一步转化；委员履职的主动性和创新性需要进一步提高。对这些问题，我们要认真研究，并在今后工作中切实加以改进，将人民政协事业不断推向前进！

五年工作的基本经验

回顾五年来的工作，我们深切感受到，过去的五年，是履职成果丰硕的五年；是坚持为民履职的五年；是凝聚团结共识的五年；是强化自身建设的五年。五年来，常委会在实践中不断探索，在探索中不断创新，在创新中不断发展，积累了丰富的经验和体会，为进一步做好政协工作提供了有益的借鉴和启迪。

——*必须坚持党的领导，确保政协工作方向正确。*人民政协事业是党的事业的重要组成部分，党的领导是人民政协事业发展进步的根本保证，我们必须毫不动摇地坚持中国共产党的领导。五年来，常委会认真贯彻区委的决策部署，全面落实党委的工作要求，增强大局意识，始终做到与党委目标同向、任务同担、工作同心。区委、区政府高度重视政协工作，认真贯彻落实上级有关加强人民政协工作的意见精神，坚持重大问题与政协协商、重要工作请政协参与、重要情况向政协通报，大力支持政协改善履职条件。

——*必须坚持围绕党政中心，确保履职工作精准高效。*服务发展是政协履职的第一要务。五年来，常委会主动把政协工作放到全区工作大局中去谋划和推进，自觉围绕区委、区政府的中心工作和决策部署去献计出力。无论是开展协商讨论、民主监督，还是调研视察、建言献策，都能根据区委、区政府各个阶段的工作重点来安排，主动与党委政府的中心工作寻求对接、做好配合，努力使政协履职成果成为促进全区经济社会发展的重要力量。

——*必须坚持特色优势，确保协商民主深入推进。*社会主义协商民主是中国社会主义民主政治特有的形式和独特优势，是党的群众路线在政治领域的重要体现。五年来，常委会注重发挥政协作为专门协商机构的作用，把协商民主贯穿履行职能全过程，进一步规范协商内容和协商程序，丰富协商形式，加大协商密度，深入开展专题协商、对口协商和提案办理协商，不断推进协商民主广泛多层制度化发展。

——*必须坚持大团结大联合，确保汇聚发展合力。*团结和民主是政协工作的两大主题，政协在团结各界人士、整合各方资源上具有不可替代的作用。五年来，常委会以团结汇聚力量促发展，以民主广纳才智谋和谐，使人民政协团结各界、协调关系、化解矛盾、凝聚人心的作用得到了较好发挥。开展了具有政协特色的活动，通过界别提案、专题视察、反映社情民意信息等工作，鼓励各方面代表人士畅所欲言，努力营造民主和谐团结向上的氛围，汇聚团结奋斗的正能量。

——*必须坚持改革创新，确保政协队伍永葆生机。*高素质的政协队伍是高水平履行人民政协职能，充分发挥人民政协作用的基础和条件。五年来，常委会继承传统，开拓创新，不断完善委员奖励与退出机制，努力建设一支“素质好、履职好、形象好”的委员队伍。加强政协机关思想建设、制度建设、作风建设，切实提高机关干部的凝聚力和战斗力，努力提升政协工作水平。

五届政协工作的建议

今后五年，是我区深入实施“十三五”规划、实现全面小康社会标杆城区目标的关键时期。新形势、新任务对人民政协工作提出新的更高的要求，也为人民政协事业的发展提供了新的机遇。我们将以邓小平理论、“三个代表”重要思想、科学发展观为指导，全面贯彻党的十八大和十八届历次全会精神，深入学习贯彻习近平总书记系列重要讲话精神，紧密团结在以习近平总书记为核心的党中央周围，紧紧围绕区第八次党代会提出的各项目标和任务，坚持团结和民主两大主题，始终把推动我区转型发展作为履职的首要任务，扎实履行政治协商、民主监督、参政议政三大职能，为我区打造迈入全面小康社会标杆城区作出更大贡献。

一、坚持一个核心，强化思想引领，明确政协履职发展新定位。深入学习贯彻十八届六中全会、十九大和习近平总书记系列重要讲话精神，围绕党的十八大以来出台的方针政策，积极组织开展主题鲜明、务实有效的学习教育活动，进一步巩固思想政治基础，切实与以习近平同志为核心的党中央保持高度一致，增强“四个意识”，始终保持政协工作的正确方向。全面落实习近平总书记提出的“懂政协、会协商、善议政”的要求，准确把握新时期人民政协工作的新要求，坚持将学习教育与推进履职实践相结合，紧紧围绕区第八次党代会目标任务，强化政协履职重点，领会新思想，把握新要求，始终做到与党和政府同心同向、同力同行。全面落实政协党组从严治党主体责任，进一步加强政协机关的思想、组织、作风、反腐倡廉和制度建设，认真执行《准则》和《条例》，努力建设清正、廉洁、高效的政协机关。

二、聚焦改革发展，增强履职实效，服务龙湾事业新跨越。全面贯彻落实区第八次党代会精神，围绕区委、区政府决策部署，深刻领会和全面把握我区改革发展的宏伟目标和主要任务，切实强化政治协商、民主监督、参政议政三大职能，精心组织实施，进一步提高政治协商程序化、民主监督组织化、参政议政精准化水平。积极创新协商平台、拓展协商渠道，通过网络问政、报纸专刊等多种形式，引导社会各界有序参与政协协商。进一步加强民主监督组织协调、知情反馈、沟通联系等环节工作，加大专项集体民主监督力度，运用好民主监督建议书等有效形式，督促工作落实。加强和改进参政议政工作，着力提高调研能力，强化知情明政、成果论证、协商督办等工作，完善政协协商成果采纳和反馈机制，通过专题报告、政协信息、大会发言、提出提案、新闻宣传等多种途径推动协商成果转化。提高提案质量和办理水平，加大对提案工作的宣传，加强对提案办理的专项监督和民主评议，对重要成果落实情况开展跟踪调研、督查，提升履职实效。

三、关注民生福祉，反映基层诉求，共建民生幸福新高度。坚持把关注民生、服务民生、改善民生作为政协履职的第一选择，注重倾听群众呼声，积极反映并推动群众最关心、最直接、最现实利益问题的解决。顺应我区打造温州东部五大中心、构建生态宜居新家园、共建幸福和谐新龙湾之势，围绕浙南科技城建设、“大拆大整”专项行动、公共配套项目实施、特色街区打造、智慧城市建设、内外交通网建设、生态环境治理、民生和文化事业发展等开展调研视察或专题协商，积极建言献策，为各项民生事业发展提供智力支撑。搭建委员服务民生履职平台，开展“委员服务月”和“界别活动周”活动，推动委员深入基层调研走访，参与基层事务协商，促进社会和谐稳定。推进政协委员工作室和政协委员网上工作室建设，认真倾听群众的意见诉求，积极反映社情民意，搭建基层群众与党委政府之间的“连心桥”。

四、注重发挥优势，增进团结联谊，广泛凝聚发展新合力。坚持和完善中国共产党领导的多党合作和政治协商制度，积极探索新形势下团结联谊工作的有效方法，充分发挥组织上的广泛代表性和政治上的包容性，切实做好凝聚人心、团结力量、协调关系等工作。健全政协班子成员联系常委、党派、界别制度，建立常委和专委会联系委员制度，强化政协机关与部门、民主党派、工商联、群众的沟通，积极支持各民主党派结合自身优势开展工作，联合各民主党派开展重大课题调研、视察和监督工作，团结引导各党派团体和各界人士把思想和行动统一到区委的决策部署上来，集思广益、广开言路，为我区改革稳定发展凝聚广泛共识、汇聚发展合力。进一步发挥政协文史资政作用，积极挖掘史料，继续做好龙湾“老字号”文化品牌，弘扬新风正气，提升文化软实力。

五、加强自身建设，强化管理服务，全面提升政协工作新水平。突出委员主体作用，加强委员履职管理服务，以建立委员履职档案为抓手，健全委员管理、服务、考核、退出等系列机制，完善委员述职、评议相关制度，夯实委员履职保障。加强专委会建设，提高专委会组成人员政治和业务素质，发挥专委会在专业领域的特点优势，丰富专委会的活动内容和形式，规范专委会工作程序。进一步发挥界别作用，活跃界别工作，注重以界别为履职主体参与各项政协工作，强化界别特色。积极探索政协工作向基层延伸的有效方法和途径，进一步完善政协基层组织架构，丰富基层政协工作载体，立足基层一线，广泛收集社情民意，提高履职成效。加强机关党风廉政建设，全面落实从严治党新常态，巩固深化党的群众路线教育实践活动、“三严三实”专题教育和“两学一做”学习教育成果，改进机关工作方式，提高机关服务保障效能，着力推进“数字政协”建设。

人民政协事业前程远大，政协工作任重道远。在这承前启后、继往开来的盛会上，我们看到英姿焕发的新生力量充实到政协队伍中来，为政协工作增添了新活力、新气象。让我们在中共龙湾区委的正确领导下，凝聚各界智慧，汇集各方力量，最大限度地调动社会各方面的积极性和创造性，和衷共济，开拓进取，为推进全区政协事业的新发展，为我区打造迈入全面小康社会标杆城区作出更大贡献！

大事记

1月

1月4日　温州市委、市政府召开浙南科技城建设动员大会。市委副书记、代市长徐立毅作动员部署并为浙南科技城授牌。浙南科技城位于龙湾区，西起茅竹岭、东至滨海大道、北临瓯江、南至瓯海大道，总面积约28平方公里。主要涵盖原温州工业园区并涉及龙湾瑶溪、永中和海滨三个街道。按照“立足温州、辐射浙南、影响全省”的目标要求，以“一年启动，三年初见成效、五年基本成型、八年争取建成”的进度，打造全省具有较大影响力和竞争力的科技创新平台。

1月8日　龙湾区举行纪念张璁诞辰540周年纪念大会暨温州·张璁文化高峰论坛系列活动。

1月10日　“龙湾法院发出离婚判决后人身保护令”登上全国2015妇女权益年度十大新闻榜。

1月14日　区委七届九次全体（扩大）会议在区行政管理中心4楼召开。会议审议通过《关于制定龙湾区国民经济和市场发展第十三个五年规划的建议》。

1月16日　龙湾区养老服务组织孵化中心正常运营，这是浙江省首个养老服务组织孵化中心。孵化中心总建筑面积1020平方米，内设孵化区、展示区。

1月18日—20日　龙湾区政协四届五次会议在区文化中心举行。参加会议委员262人，列席人员150人，15名公民应邀参加旁听。会议审议通过政协第四届龙湾区委员会第五次会议提案审查情况的报告、政协第四届龙湾区委员会第五次会议决议。

1月19日—21日　龙湾区七届人大五次会议在区文化中心举行。参加会议代表202人。大会审议通过关于龙湾区人民政府工作报告的决议、关于龙湾2015年国民经济和社会发展计划执行情况和2016年国民经济和社会发展计划的决议、关于龙湾区2015年区本级财政预算执行情况及2016年区本级财政预算的决议、关于龙湾区人大常委会工作报告的决议、关于龙湾区人民法院工作报告的决议、关于龙湾区人民检察院工作报告的决议。会议补选2名区人大常委会委员。

1月21日　温州农业电子商务产业园在龙湾区举行开园仪式。温州农业电子商务产业园位于瑶溪街道白楼下，总建筑面积24000平方米。

1月22日　温州龙湾国际机场汉莎航空食品有限公司混合所有制管理机制试点方案获温州市政府批准，试点期限为两年，自正式生产经营之日开始计算。

1月25日　龙湾区委常委会（高新区党委会）召开“三严三实”专题民主生活会。会议深入学习习近平总书记关于党员领导干部践行“三严三实”的新思想、新观点、新要求，并按照“三严三实”专题教育的要求，联系实际，开展批评和自我批评，深入查摆班子成员存在的不严不实问题，深刻剖析问题产生的根源，明确努力方向和整改措施。

1月28日—29日　龙湾海滨围垦工程正式通过竣工验收。这是龙湾在建的4个省级围垦工程中首个获得验收通过的项目。龙湾区海滨围垦工程于2008年11月7日正式开工，围涂面积为657.33公顷，投资约1.81亿元，位于龙湾区瓯江口南侧的东海岸。

1月31日　中国科学院温州生物材料与工程研究所“十三五”规划研讨会暨一期工程奠基仪式在浙南科技城举行。该工程占地31.18亩，投资概算为2.95亿元，将用于建立完善的材料医药制备平台、生物医学平台、器件制备及检测平台、实验动物中心等科研平台。

2月

2月1日　省委副书记、省长李强在市委书记徐立毅，市委副书记、代市长张耕的陪同下，考察龙湾区朱垟村城中村改造项目和温州奥体中心项目。

2月2日　龙湾区F地块大型地下停车场及配套工程正式竣工投入使用，是全省规模最大的兼顾人防工程。该工程2011年开工建设，建筑面积约10万平方米，总投资约6.4亿元，可提供社会停车泊位1800多个。

2月15日　温州历史名人王梦竹纪念馆在永中街道城北村开馆。王梦竹（1406—1483），名由，字秉璠，号梦竹，别号苍雪道人，永嘉场华盖乡二都英桥里人。曾是英桥王氏乃至永嘉历史上第一个进入仕途的温州历史名人，以清廉、高节、谦虚的为人品格闻名乡间。

2月16日　龙湾区召开浙南科技城建设推进大会。

2月19—21日　龙湾区2016年迎春大型公益招聘会在龙湾人力资源市场举行。该次招聘会为期3天，共有151家单位进场招聘，提供1600余个岗位，吸引约3000人进场求职，现场达成招聘意向

156人。同时区人力资源市场与温州人才网合作，同步举行网上人才交流大会，110家单位报名参加，提供1300余个岗位，点击量超过3800人次。

2月24日 龙湾区政府印发《关于在全区开展第三次农业普查的通知》，龙湾区正式启动第三次农业普查。第三次全国农业普查的标准时点为2016年12月31日，时期资料为2016年度资料。普查对象是龙湾区境内的农村住户。

2月29日 浙江省委、省政府在杭州举行“五水共治”工作会议。会上，龙湾区荣获全省“五水共治”工作优秀县（市、区）大禹鼎，治水工作获得高度肯定。

3月

3月3—4日 全区纪检监察系统深化“树新形象、做好榜样”主题教育实践活动部署会议暨全区纪检监察工作研讨班在市委党校多功能厅举行。

3月8日 龙湾区人民法院依《中华人民共和国反家暴法》发出省内首张罚单。

3月9日 龙湾区召开2016年度农村基层作风巡查专员工作业务培训会，标志着全区2016年巡查工作正式启动。区委设立3个农村基层作风工作巡查组，以基层干部“四风”问题、村级三资管理问题、基层组织软弱涣散问题为切入点，分赴龙湾区31个村进行农村基层作风巡查。6个街道成立17个巡查组，对55个未纳入巡查范围的村进行巡查，通过区和街道两级巡查，在2016年10月前实现巡查工作全覆盖。

3月14日 龙湾区委理论学习中心组扩大学习会在区文化中心召开。浙江财经大学法学院院长李占荣博士应邀作依法治区专题讲座，共600余人参加学习。同时学习会还传达省委书记夏宝龙在省纪委派驻机构全覆盖工作动员部署会上的讲话精神。

3月16日 温州市委副书记、市长张耕到浙南科技城考察，并听取总体建设情况汇报。

3月16日 全区“五水共治”暨“三改一拆”工作会议召开。会议认真践行“绿水青山就是金山银山”的绿色发展理念，深入贯彻省委省政府“决不把脏乱差、污泥浊水、违章建筑带入全面小康”的部署，全力打好龙湾区“五水共治”“三改一拆”攻坚战、决胜战。

3月21日 龙湾区开展“三问自己·如何担当”解放思想大讨论活动。该次大讨论活动的主要内容：强化学习，深刻领会精神；深入调研，认真查找问题；围绕主题，集中开展讨论；实干争先，身体力行实践。活动分为学习动员阶段、对标讨论阶段、总结提高阶段，为期2个月。

3月21日 龙湾区委理论学习中心组扩大学习会在区行政管理中心大楼四楼多功能厅召开。会议邀请全国人大代表黄作兴传达十二届全国人大四次会议精神，传达习近平总书记、张德江委员长等中央领导的重要讲话精神和大会的主要内容，传达与会代表关注的热点问题。

3月21日 龙湾区永中街道社区卫生服务中心与温州医科大学附属眼视光医院签订社区医疗服务合作协议，成立区首家温州医科大学附属眼视光医院社区医疗服务点。

3月26日 “创业温州薪火相传”2016温州创客大赛红连文创赛启动盛典暨薪火工坊开园仪式在红连产业园举行。该赛事由市委宣传部、市科技局、温州众创空间联盟主办，龙湾区委宣传部、区创客小镇领导小组办公室、蒲州街道办事处和红连薪火工坊承办。薪火工坊作为浙江红连文化发展股份有限公司旗下品牌，是温州首批众创空间之一，面积达6000平方米，第一期已吸引60支优秀团队入驻孵化。

3月29日 瓯海大道实施为期116天左右的提升工程。工程施工分2期进行，第一期时间为3月29日—5月28日，为期60天。第二期时间为5月29日—9月7日，为期100天。封闭路段为瓯海大道高架南北两幅104国道至秀浦路，辅道龙永路至文昌路；半封闭施工道路为：地面辅道南北南侧永强大道至温瑞大道。封闭施工期间，大货车禁止通行，禁止通行时间是早上7点到晚上8点。

3月30日 潘超俊先进事迹报告会在区文化中心举行。区机关干部、公安干警、部队官兵、媒体记者等400余人参加报告会。潘超俊于2015年突发心肌炎不幸辞世，曾连续3年被评为市级优秀公务员，荣获市级优秀党务工作者、龙湾区劳动模范等称号，并多次立功、嘉奖。

3月31日 区城市东片防洪工程建设指挥部与区海涂围垦工程建设指挥部合并为区城市东片防洪工程建设指挥部。

3月31日 浙江省第七届中青年书法篆刻展颁奖仪式在桐庐举行，龙湾区书协主席邱朝剑获“陆维钊奖”，他是浙江省集两项书法赛事最高奖的第一人。

4月

4月5日 温州市委书记徐立毅到龙湾区调研，了解创新发展、转型发展的工作进展情况。市委常委、秘书长仇杨均，区委书记王军，区委副书记、区长陈应许陪同调研。

4月14日 龙湾区首届机关单位健康美食烹饪大赛在区图书馆大楼一楼举行。区农林局、区新闻中心、区体育局等12支队伍参加“厨王争霸赛”，龙湾区人民法院获一等奖。

4月14日 共青团温州市龙湾区第九次代表大会在区文化中心召开。参加会议正式代表165名，列席代表41名，特邀代表61名，学生列席代表470名。姜扬瓯代表共青团龙湾区第八届委员会作《凝心聚力促发展，改革创优强作为 为龙湾打造迈入全面小康社会标杆城区贡献青春力量》的工作报告。会议选举产生委员21名、候补委员10名、常委7名，姜扬瓯当选新一届团区委书记，张萍萍当选团区委副书记。

4月15日 龙湾区第六次妇女代表大会在区文化中心召开。参加大会妇女代表151名。区妇联主席倪瑞瑾代表区妇联第五届执行委员会向大会作工作报告。会议选举产生区妇联第六届执行委员会委员19名、常务委员7名、主席1名、专职副主席2名，倪瑞瑾当选新一届妇联主席，王颖、陈向群当选副主席，唐玉燕、林慧慧当选为兼职副主席。

4月21日　温州龙湾国际机场被中国安全生产协会命名为“2015年全国安全文化建设示范企业”。

4月21—22日　2016年全省文联组联工作会议暨文艺志愿服务工作现场会在龙湾召开。龙湾区文联代表温州各县市（市、区）文联就“文企联动”工作作交流发言。

4月22日　龙湾区委理论学习中心组扩大会议暨区第五届公民道德教育公益论坛在区文化中心开幕。该次论坛为期3天，共有3000余人次参加，以“弘扬中华优秀传统文化·做一个有道德的人”为主题。

4月27日　圆通速递温州转运中心项目正式落户龙湾。该项目总投资3.6亿元，用地面积112.81亩，计划2018年建成。

4月27日　龙湾区启动开展“平安大巡防”“矛盾大调处”“隐患大整治”“基础大建设”“素质大提升”五大平安创建专项行动。

4月28日　龙湾区委印发《关于在全区党员中开展“学党章党规、学系列讲话，做合格党员”学习教育实施方案》。活动时间为4月至12月，活动对象为全区党员。

4月28日　龙湾区委召开全区“两学一做”专题党课暨学习教育部署会。区委书记王军上专题党课，区委常委、组织部部长池晓荣主持并部署“两学一做”学习教育工作。陈应许、周赞、徐国信等区四套班子领导参加会议。

4月30日　中国作协党组成员、副主席、书记处书记吉狄马加到龙湾调研。

4月　龙湾区档案局（馆）在海滨街道启动“村档街管”试点工作，龙湾区作为全市首批四个试点县（市、区）之一。

5月

5月6日　区委理论学习中组扩大学习会在区文化中心召开。温州市委宣传部副部长胡瑞怀应邀作习近平系列重要讲话精神专题报告会。区委理论学习中心组成员，全区科（局）级领导干部及区“两学一做”学习教育协调小组成员共600余人参加学习。

5月9日　温州越秀学校与台湾逢甲大学首届文化交流论坛暨两校第二次道学研讨会在温州举行，两校共同签署合作协议。台湾逢甲大学是一所位于台湾台中市的综合性私立大学，先后与大陆多所“211”“985”高校合作，此次与中学牵手，尚属首次。

5月9日　龙湾区召开G20杭州峰会维稳安保工作誓师大会。

5月10日　全国政协常委、省工商联主席、正泰集团董事长南存辉为浙南科技城担当“招商大使”，邀请国际投行安永以色列团队到浙南科技城开展项目推介活动。

5月10日　2016年全区村主职干部培训班在温州市城市大学开班。区委书记王军作开班专题授课。全区各村党组织书记、村委会主任和农村指导员共205人参加培训。该次培训班为期3天，培训内容涉及“两学一做”专题教育、党风廉政教育、村级组织建设、基层党建工作等。

5月11日　温州市第二农村基层作风巡查组到龙湾区召开见面会。巡查组组长吴东介绍巡查组驻龙湾巡查工作的目标、对象、内容、步骤方法和具体安排，区委书记王军对进一步抓好全区农村基层作风巡查工作做表态发言。2016年农村基层巡查的重点内容主要包括八个方面：遵守和维护党的政治纪律情况；农村“三资”管理情况；农村基层民主管理情况；村级组织建设情况；农村基层作风建设情况；农村基层信访稳定情况；乡镇（街道）和基层站所履职情况；其他损害党群干群关系、侵害群众利益的不正之风和腐败问题。

5月15日　2016年全国“最美家庭”揭晓暨第十届全国五好文明家庭表彰大会在北京人民大会堂召开，状元街道林小兰家庭获全国“最美家庭”称号。

5月17日　龙湾博物馆举办“翰墨珠玑　德润乡里——王珠润绘画精品展暨捐赠仪式”。王珠润将其28件绘画精品捐赠给龙湾博物馆。王珠润，74岁，毕业于现中国美术学院附中，回乡任中学美术教师至退休，擅山水、人物和花鸟画。

5月17日　中国科学院上海国家技术转移中心温州分中心揭牌启动仪式暨科技成果讲坛在浙南科技城举行。

5月18日　温州市委印发《关于项有迪违规当选龙湾区第七届人大代表问题的通报》，根据中央纪委、省委和省纪委要求，温州市严肃查处项有迪违规当选龙湾区第七届人大代表问题，相关单位及20名责任人受到处理。2011年12月8日，项有迪当选龙湾区第七届人大代表。2012年3月，项有迪因涉嫌组织、领导黑社会性质组织罪被依法逮捕，后被判处有期徒刑十二年。

5月22日　浙江省首个农产品安全（杨梅）自律承诺基金会正式落户龙湾瑶溪，4家杨梅农业专业合作社各出资1万元成立先行赔付承诺金。该项基金由温州市瑶溪杨梅专业合作社、璋川农副产品专业合作社、康隆杨梅专业合作社和炫阳农副产品专业合作社根据自愿原则成立。

5月22日　全区6个街道的文艺志愿者服务队成立，实现基层文艺志愿组织全覆盖。

5月25日　市人大常委会主任葛益平到龙湾调研人大工作，实地考察永中永昌代表联络站建设情况，对做好下步龙湾人大工作提出具体指导意见。区领导王军、周赞陪同。

5月25日　省政协副主席、省侨联主席吴晶一行专程到龙湾调研“海外万家中餐馆，同讲浙江好故事”工作。

5月26日　龙湾首家“掌上医院”正式上线。龙湾区第一人民医院“掌上医院”系统最大的亮点是患者可以通过自己的手机，预约挂号、查询报告单和缴费支付，大大减少排队的时间，方便病人就诊。

5月28日　国家粮食局科学研究院科技示范基地揭牌仪式在温州市粮油储运有限公司举行，这标志全国首个地级市国家粮食局科学研究院科技示范基地落户龙湾区。

5月28—29日　温州市首届市民运动会暨温州市第一届青少年轮滑联赛（龙

湾站）在龙湾区外国语小学举行。龙湾站共有来自全区11所学校14支代表队百余名轮滑小选手参加11个项目的角逐。龙湾区外国语小学获团体总分第一名。

5月　龙湾区发布《龙湾区“河长制”建设“双百双清”行动实施方案》，确保到2016年底全区223条河道全面实现“双清”，力争创成“清三河”达标县，再夺大禹鼎。双百即“百名河长治百河”，双清即“水清岸清”，具体任务为：百名河长包百河、百名河长下百河、百名河长清百河、百名河长晒百河。龙湾区三级河长将逐一签订挂钩河道“三包责任书”。

6月

6月3日　国家民族事务委员会副主任李昌平率队到龙湾区调研指导“民族六进”工作。

6月3日　永中街道桥北村和状元街道大岙溪村召开第一次妇女代表大会，龙湾区首批“会改联”试点村级妇女联合会正式成立。

6月6日　温州市户外运动协会龙湾区第66爱心分会成立。该爱心分会是温州户外运动协会的分支机构，由42位爱心人士与100名户外运动者组成，服务于社会及公益事业。

6月7日　浙南科技城与温州大学战略合作框架协议签约仪式在温州会展中心举行。

6月10日　杨春菊在杭州完成造血干细胞捐献，所采集的233毫升造血干细胞混悬液，用于救助一名江西籍的12岁患再生障碍性贫血的小女孩，成为龙湾区第三例造血干细胞捐献者，也是温州市首例女村干部造血干细胞捐献者。

6月12日　龙湾区职业技术学校与加拿大蒙特利尔英语教育局举行教育合作签约仪式。

6月13—16日　龙湾区委书记王军率区党政代表团到北京、上海进行招商考察。

6月14日　龙湾区首届书法文化艺术节开幕式暨龙湾区第二届千人书法展演活动在永兴二小正式启动。千余名区书协会员、中小学教师和学生现场展示书法。

6月14日　龙湾区首个中共党史教育基地在永强供电公司“永电之光”展示厅举行挂牌仪式，该展厅面积350平方米，设有序厅、企业历史、今日辉煌、展望未来等4个展厅。

6月15日　文昌创客小镇正式进场施工建设，这是龙湾区开建的首个特色小镇。文昌创客小镇位于龙湾区状蒲片区，小镇总体规划范围约3.42平方公里，东至屿田河和上庄河，西至上江河，南至瓯海大道，北至机场大道。

6月29日　龙湾区第一人民医院、龙湾区人民医院与全部街道社区卫生服务中心组建成两大医联体，构建“1+1+X”分级诊疗新模式。

6月30日　龙湾区举行庆祝建党95周年暨“两优一先”表彰大会。区委书记王军作题为《“学党史、感党恩、跟党走”》专题党课。会议还表彰2015年度先进基层党组织、优秀共产党员和优秀党务工作者。

6月30日　龙湾区交通工程建设办公室（区铁路建设办公室）设立，主要负责全区交通工程建设、铁路建设工作。

6月　区编办为区人民检察院颁发全区首张机关、群团统一社会信用代码证书，这标志着机关、群团统一社会信用代码赋码工作正式启动。

7月

7月4日　温州医科大学工程研究院揭牌仪式在浙南科技城举行，标志着温州医科大学生物医学工程研究院正式落户浙南科技城。

7月5日　江西省温州商会正式成立，龙商代表方永棣当选首任会长。

7月9日　龙湾对口支援帮扶地区四川阿坝州壤塘县代表团一行16人由县长张德发带队到龙湾开展东西扶贫对接工作并进行考察学习。

7月10日　永中街道朱垟村率先完成旧房拆除任务，成为温州市首个完成民房和特殊建筑拆除任务的整村改造项目。

7月14日　全市第二批“比亮点、学先进、树标杆”现场观摩活动开展。该次观摩活动中，龙湾区晒出浙南科技城创新创业新天地项目、永中街道朱垟村整村拆迁工程、瓯海大道东延及枢纽集散系统工程三大亮点项目。

7月15日　“沙孟海奖”第九届全浙书法大展评选结果公布，龙湾区书协主席邱朝剑获第九届全浙书法大展最高奖“沙孟海奖”，蝉联本项大赛两届最高奖。

7月19日　浙江省委副书记、代省长车俊一行到温州龙湾国际机场视察T2航站楼建设情况，要求温州加快现代综合交通体系建设，补齐交通基础设施短板。

7月20日　区委理论学习中心组扩大学习会召开。会议贯彻落实中央和省、市委关于严肃换届纪律的一系列指示精神，与会人员还观看警示教育片《镜鉴》，并签订《严守换届纪律承诺书》。区委理论学习中心组成员及全区正科长级以上干部参加会议。

7月23日　浙南科技城召开创新资本对接会。周丽霞等24位专家参加对接会。会上，金慧丰投资、龙翌资本和MC创投梦工场等3家国内知名创投机构与浙南科技城建立战略合作关系。

7月26日　龙湾城市中心区管委会短期融资券项目审批成功，获资10亿元，成为温州市区级平台首支短期融资券项目。

7月29日　温州市首个家风家训馆——英桥王氏家风家训馆在永昌堡博物馆揭牌并开馆。该馆充分展示王氏家规和家风中诚信、守法、清廉等内容。

7月29日　温州龙湾国际机场进境食用水生动物指定口岸资质获国家质量监督检验检疫总局审核通过，口岸类别为A类（航空），允许进境类别为鱼类、甲壳类、软体类。

8月

8月1日　由文化部外联局、国际合唱联盟、中国对外文化集团公司等共同主办的第十三届中国国际合唱节在北京闭幕，龙湾区文联永电合唱团获第十三届中国国际合唱节成人女声组银奖。

8月3日　市政协市区委员活动日在龙湾区举行。在市区的市政协委员、省政协委员等对龙湾区重点工程建设情况开展考察。

8月9日　省人大常委会副主任厉志海率队到龙湾区督导信访工作。市人大常委会副主任黄德康、区委书记王军、区人大常委会主任周赞等参加督导。

8月10日　浙南科技城首批八大重点项目正式开工。该次项目涉及科创平台、市政交通、环境改造等领域，包括浙南科技城创新创业新天地、互联网创新创业基地、中科院生物材料与工程研究所、温州大道东延、曹龙路改造提升系统等重点项目，项目总投资51.45亿元。

8月12日　全区农村基层党建工作推进会召开。会议认真贯彻落实省、市有关会议精神，全面总结龙湾区基层党建工作经验，加快推进全区基层党建工作年度目标任务的完成。

8月15日　中央党校"社会主义与儒家文明"课题调研组到龙湾区调研文化礼堂建设。

8月16日　区委副书记、区长陈应许到市政府现场接听市长专线电话，对市民提出的问题进行解答，并听取广大群众对龙湾区"惠民生、解民忧"和经济社会发展等方面工作的意见和建议。

8月18日　市第二农村基层作风巡查组反馈龙湾区基层作风巡查情况，区委书记王军出席会议并讲话。会上，市第二巡查组副组长黄涛对巡查工作开展情况做回顾总结，全区4个巡查组做详细汇报。

8月18日　龙湾区教育战略合作项目签约仪式举行。副市长郑朝阳，温州大学校长李校堃，区委书记王军，区委副书记、区长陈应许等领导出席签约活动。该次教育战略合作推出的11个教育合作项目分别为区政府和市教育局、温州大学、温州城市大学、上海世外教育服务发展有限公司合作项目，区教育局和鹿城区教育局、上海闵行区欧顿锦绣幼儿园合作项目，龙湾中学和余杭高级中学、温十五中和衢州第二中学、永强中学和温州中学、永强中学和宁波鄞州中学、海滨中学和市外国语学校合作项目等。

8月19日　龙湾区行政审批服务中心不动产登记分中心揭牌仪式暨不动产权证书首发仪式在市不动产登记中心分中心举行，标志着龙湾区正式开启土地证、房产证"两证合一"时代。

8月21日　"智汇温州·活力浙南"高层次人才项目对接会在市人民大会堂举行。国家"千人计划"专家潘之杰、张亮、尹振宇等人与浙南科技城管委会达成合作。

8月29日　民航局副局长李健一行到温州龙湾国际机场开展G20峰会安保与运输保障工作督查。

8月29日　龙湾区慈善总会正式发文设立"潘罗敏慈善艺术工作室"，并成立"潘罗敏慈善艺术基金"，这是国内首个以艺术家个人名义命名注册登记的慈善艺术工作室。

8月31日　温州首支交警摩托车巡逻队——"温州交警龙湾铁骑队"授旗仪式在龙湾区政府大院举行。铁骑队由52名警务人员组成。

9月

9月9日　中共龙湾区委、中共温州浙南产业集聚区（经开区）管委会委员会召开联席会议，研究龙湾区人大代表换届选举有关工作。

9月14日　中华全国总工会兼职副主席巨晓林率队到区职工服务中心和浙江康德莱医疗器械股份有限公司考察调研。

9月16日　"龙行天下，情系故里"世界温州人大会龙湾区（高新区）分会在区文化中心召开。来自海内外400余位龙湾籍代表参加会议。大会表彰6位回归功勋人物、6位回归先进人物、6家商会。在分会现场进行签约，总投资约5.16亿元。

9月20日　温州市首家城市书站——龙湾农商银行家景分馆免费对公众开放。家景城市书站位于龙湾区括苍西路281号家景花园一楼，面积约40平方米，藏书3000余册，阅览座席10余个。

9月22日　"美丽乡村精彩中国"2016年全国乡村（城市）学校少年宫国庆献礼作品展在龙湾展出。

9月26日　由龙湾区委和龙湾区人民政府联合主办，区委宣传部、区文联承办的"不忘初心　继续前进"纪念红军长征胜利80周年文艺演出在市民广场上演。该文艺演出是龙湾区纪念红军长征胜利80周年活动的重要内容之一。活动期间，龙湾区还开展图片巡回展、书法美术作品展，张贴悬挂《纪念中国工农红军长征胜利80周年主题宣传图片》、观看电视文献纪录片《长征》，组织专题讲座等多形式的群众性主题教育活动。

9月29日　龙湾区首个由海外高层次人才在本地投资设立的内资企业"浙江光尖电子技术有限公司"正式注册成立。

10月

10月10日　温州金顺快运有限公司在龙湾区国家纳税服务厅成功领到龙湾区第一张网络申请的增值税专用发票。

10月12日　全区G20杭州峰会维稳安保工作总结大会召开。会议表彰25个先进集体和120名先进个人。

10月15日　全国人大常委会委员、外事委员会副主任委员、民革中央副主席修福金率队到龙湾调研，实地考察泰昌集团、永昌堡、龙湾民革党员之家等地，并召开座谈会。

10月17日　龙湾区委、区政府出台《关于在全区开展"大拆大整"专项行动的实施方案》。专项行动时间为2016年10月中旬至2017年底。

10月18日　龙湾区第七届人民代表大会常务委员会第三十六次会议决定，设立龙湾区选举委员会，设立选举办事处，12月15日为龙湾区人民代表大会代表换届选举日；会议通过《关于开展第七个五年法治宣传教育的决议》。

10月20日　"永昌缘 两岸情"基层文化交流系列活动在龙湾举办，活动为期5天。

10月21日　龙湾区委出台《龙湾区推进干部能上能下实施办法（试行）》

《龙湾区治理干部为官不为实施办法（试行）》。

10月25日　中广核俊尔新材料有限公司院士专家工作站被中国科协评为“2016年全国示范院士专家工作站”，这是温市首个获此殊荣的院士专家工作站。

10月26日　龙湾区人大换届选举工作会议召开。会议认真贯彻落实中央和省、市委有关人大换届选举工作会议及文件精神，对区人大换届选举工作进行安排部署。

11月

11月1日　龙湾区委召开领导干部大会，传达学习党的十八届六中全会精神，并对贯彻落实全会精神进行部署，切实把全会精神贯彻落实到位。区委书记王军出席会议并作重要讲话，区委副书记、区长陈应许传达党的十八届六中全会《公报》主要内容、中央全会新闻发布会主要情况和省、市领导干部会议精神。周赞、徐国信、黄阳栩等区四套班子领导参加会议。

11月1日　全国各地温州商会会长（秘书长）、新生代温商等100余人实地考察浙南科技城并举行座谈会。

11月3日　龙湾区人民政府与兴业银行温州分行举行战略合作签约仪式。在未来三年中，兴业银行温州分行提供总额100亿元以上信贷增量支持。

11月4日　龙湾区委召开七届十一次全体会议。会议审议通过《关于召开中国共产党温州市龙湾区第八次代表大会的决议（草案）》。

11月6日　温州市第一届市民运动会暨第一届青少年轮滑联赛（总决赛）在龙湾万达广场举办。全市各县（市、区）的44支代表队近300人参加24个项目组别比赛。

11月9日　龙湾区首届“罗峰奖”全国非虚构散文创作大赛在龙湾区实验中学举行颁奖典礼。该届“罗峰奖”全国非虚构散文创作大赛由浙江省作家协会、温州市文学艺术界联合会和中共龙湾区委宣传部共同主办，于7月面向全国征稿，共收到稿件282篇，63篇作品获奖。

11月9日　浙江省副省长冯飞率队到龙湾调研“四无”生产经营单位集中整治工作，实地走访浙南科技城和永兴小微企业园。

11月9日　浙江省副省长高兴夫一行到温州龙湾国际机场考察机场综合交通枢纽建设情况。

11月11—14日　香港温州同乡会龙湾分会会长张积江带领香港经贸团一行12人到龙湾，双方进行招商引资座谈交流并实地考察永昌堡、雅林现代农业园等地。

11月12日　龙湾区开展第五届职工健身登山日活动，龙湾区各机关事业单位400余名职工参加活动。

11月12日　由温州市委组织部牵头主办的2016中国·温州民营企业高层次人才洽谈会举行，浙南科技城与3名国家“千人计划”人才项目成功签约。

11月15日　全区领导干部大会召开，宣布省委、市委关于对龙湾党政主要领导人事调整的决定。市委常委、组织部部长姚高员宣读文件。陈应许任中共温州市龙湾区委书记、中共温州高新技术产业开发区委员会书记，王军不再担任中共温州市龙湾区委书记、常委、委员职务，中共温州高新技术产业开发区委员会书记、委员职务；周一富任中共温州市龙湾区委委员、常委、副书记，担任中共温州高新技术产业开发区委员会委员、副书记，提名为温州市龙湾区区长候选人。市委书记徐立毅出席会议并作重要讲话。

11月16日　龙湾区欧顿雍华实验幼儿园正式开园，该园是龙湾区首家拥有台资背景的品牌幼儿园。幼儿园设12个班级，可容纳360余名幼儿入园。

11月17日　河泥荡文化公园获温州市“十大最美公园”称号。

11月17日　浙南科技城海龟科技园正式开园。该园区总面积约7600平方米，对入驻园区的创业者，政府提供优惠政策，浙江海龟科技提供全方位的咨询、管理、创业孵化、投资等服务。

11月17日　龙湾社区矫正中心正式揭牌启用，该中心按照“三区十室”的功能设置。

11月18日　龙湾区第七届人民代表大会常务委员会第三十七次会议决定，任命周一富为温州市龙湾区人民政府副区长，代理温州市龙湾区人民政府区长职务；同意陈应许辞去温州市龙湾区人民政府区长职务。

11月18日　全市首个政府版食品安全“大众点评”系统正式上线，当日在龙湾区蒲州街道楠溪江路陈杰面馆、旭辉鱼圆等20家食品经营单位开展试点。

11月21日　温州市人民政府任命周一富为温州高新技术产业开发区管委会主任，免去陈应许的温州高新技术产业开发区管委会主任职务。

11月22日　龙湾首个校地联动的幸福志愿站——红阳幸福志愿者站在水潭村挂牌。红阳幸福志愿站的建立是永兴街道助老扶残模式的新探索。

11月23日　区委副书记、代区长周一富接待鲁能集团项目投资考察团。

11月24—26日　龙湾区第二十六届中小学生田径运动会在龙湾中学举行。全区55所中小学校的57支代表队、974名运动员参赛。

11月28日　龙湾区社区巴士瑶溪线4号线开通，线路起始于瑶溪街道龙东村，终点位于丰台村，线路全程约19.7公里，配置车辆8辆。全区社区巴士线路达6条、车辆达50辆，实现了龙湾区社区巴士6个街道全覆盖。

11月28日　龙湾区图书馆理事会成立仪式在区图书馆举行，刘少云当选为理事长。这是龙湾文化系统首试法人治理结构管理，标志着区图书馆法人治理工作取得初步成效。

11月29日　中央纪委监察部网站和客户端共同推出《中国传统的家规》第72期《兴古堡守卫家国　立族约丕振门风》，专题讲述龙湾英桥王氏家风家训故事，并面向全国推广。《王氏族约》为英桥王氏八世祖王澈所著，共十章计12000余字。族约主要包括六大内容，以古代圣贤格言、事例来说明做人、修身、治家的道理，传递修身正心、崇文重教、戒贪去奢、敦亲和邻、保乡爱国等浩然正气。

12月

12月2日　龙湾区首个警务综合服务岗亭“永中派出所·警信亭”在龙湾万达广场、温州奥体中心交叉地段正式投入使用。该岗亭将担负第一时间报警、接处警服务等六项职能，最终形成以警务综合服务岗亭为依托，五分钟快速处警网络，十五分钟环线巡控圈。

12月4日　奥康国际·2016温州马拉松在温州市区举行。11353名运动员参加全程马拉松、半程马拉松、迷你马拉松和家庭跑等四项比赛。线路起点世纪广场，途经龙湾上江路、文昌路、会展路，终点温州国际会展中心。

12月4—6日　2016亚洲气步枪锦标赛在伊朗首都德黑兰举行，龙湾区运动员王璐瑶获2枚金牌。

12月5日　永中街道朱垟村城中村改造工程通过采购方式正式与温州建设集团有限公司签约PPP合同，该项目是龙湾区第二个通过财政部审核的PPP项目。

12月11日　杭州市龙湾商会举行一届一次会员大会暨风云龙商颁奖盛典。浙江泰亨实业有限公司董事长李崇权当选为杭州龙湾商会首届会长。

12月13日　浙江省第19督查组对龙湾区启动2016年度第三轮“三改一拆、四边三化、五水共治”工作进行督查，并召开龙湾区“两代表一委员”座谈。

12月14日　龙湾区举行党的十八届六中全会精神专题报告会，邀请市委党的十八届六中全会精神宣讲团成员、市直机关党工委副书记吴作俊作专题报告。

12月14日　龙湾区首届书法文化艺术节闭幕式暨温州市首届农民书法大赛作品展在温州市展览馆举行。该次大赛由市文联、龙湾区委宣传部、龙湾区委农办、龙湾区文联共同主办，以“描绘美丽乡村，歌颂美好家园”为主题，共收到322件参展作品。最终评选出获奖作品28件、优秀作品12件、入展作品164件。

12月14日　“中国梦·乡村行”第二届“浙江书法村”作品联展在温州市展览馆开幕。该活动由省文联、省书法家协会、龙湾区委、龙湾政府共同主办。

12月15日　龙湾区人民代表大会代表举行换届选举。

12月15日　龙湾区委决定撤销中共温州市龙湾区归国华侨联合会党组。

12月16日　龙湾区志愿文化节开幕式暨“新青年下乡”服务技能嘉年华在河泥荡文化公园举行，志愿者代表300余人参加活动。该活动历时一个多月，涵盖全区所有街道。

12月21日　浙南科技城温州互联网创新创业基地与9家互联网企业签约。该基地由11栋建筑物组成，总用地面积约163亩，建筑面积达8.1万平方米，总投资4.55亿元，委托跨星独家运营，致力于打造浙南最具影响力的互联网创业特区。

12月21日　龙湾区金岙小学被国家民委命名为“第四批全国民族团结进步创建活动示范单位”，是温州市唯一获此殊荣的学校。

12月22日　龙湾区党外人士之家、龙湾区政协画院在龙湾文化水街揭牌成立。其中，龙湾区党外人士之家是温州市首家政府主导的县级党外人士之家。

12月22日　全区“大拆大整”专项行动推进会召开。

12月23日　全国政协经济委员会副主任石军率队到龙湾开展“加强电子商务监管”的专题调研。

12月23日　温州龙湾国际机场年旅客吞吐量首次突破800万人次。

12月24日　龙湾区残疾人小康·阳光庇护中心正式揭牌开业。该中心建筑面积1000多平方米，为残疾人提供生活照料、医疗康复、文化娱乐、体育健身等服务。

12月26日　龙湾区（高新区）开展人才公寓首批入住摸文定位仪式。首批32名符合条件的高层次人才经过抽签，顺利分配到房源。

12月26日　龙湾区“清三河”达标县创建工作通过省治水办复核。

12月28日　坐落于温州高新区高新大厦一楼的浙南科技城人才综合服务大厅正式投入运行。

12月28日　龙湾区档案馆创成温州市第二个省级中小学档案教育社会实践基地。

12月28—30日　中共温州市龙湾区第八次代表大会在区文化中心举行。参加大会代表229人，列席人员179人。区委书记陈应许代表中共龙湾区委七届委员会作题为《突出转型主线勇立发展潮头为打造迈入全面小康社会标杆城区而努力奋斗》的报告，张宏琴代表中共龙湾区第七届纪律检查委员会作题为《坚守责任担当全面从严治党为打造迈入全面小康社会标杆城区提供坚强纪律保证》的工作报告。大会通过关于七届区委报告的决议和关于区纪委工作报告的决议。大会选举产生中共温州市龙湾区第八届委员会委员38人、候补委员8人，区纪律检查委员会委员25人，龙湾区出席中共温州市第十二次代表大会的代表17人。

12月30日　中共温州市龙湾区第八届委员会第一次全体会议召开。会议选举产生中共温州市龙湾区第八届委员会常务委员会委员、副书记、书记。陈应许、周一富、王慧杰、伊柏峰、池晓荣、张宏琴、贾黎春、黄挺义、陈林彬、叶庆权当选常务委员会委员。陈应许当选中共龙湾区委书记，周一富、王慧杰当选中共龙湾区委副书记。会议通过中共温州市龙湾区第八届纪律检查委员会第一次全体会议选举结果，张宏琴当选为区纪委书记，范朝阳、陈健当选为区纪委副书记。

12月30日　永中街道新联村、联谊村，海滨街道教新村，状元街道三郎桥村、瑶溪街道黄山村、黄石村6个整村，瑶溪街道金岙小横浃和龙东下塘等2个区块实现签约、腾空、拆除100%。

12月31日　温州民科产业基地开发有限公司12亿元企业债项目获国家发改委正式批文。

黄石山后三河

朱宅水心河

区情概览

基本地情

【位置·交通】 龙湾区位于瓯江入海口南岸，位于北纬27°48′—28°01′、东经120°43′—120°55′。东濒东海，原与洞头区隔海相望，现通过灵昆大桥与洞头区相连；西靠瓯海、鹿城2个区；南接瑞安市；北临瓯江，与乐清市、永嘉县隔江相望。龙湾区是温州市区的东大门，机场大道、温州大道、瓯海大道横穿全区，将龙湾区中心与温州市中心紧密联系起来。龙湾区又是浙南闽北的海陆空立体交通枢纽：区内有温州龙湾国际机场、温州港万吨级码头、金温铁路货运终点站等，甬台温高速公路和规划中的沿海高速公路纵贯其中。龙湾区人民政府驻永中街道。

【地质】 龙湾境内出露地层为中生界侏罗世、白垩世火山沉积岩和第四纪沉积层。大罗山丘陵区属侏罗系西山头组，主要由酸性火山碎屑岩组成，间夹沉积岩，局部地段夹少量中性熔岩。燕山晚期钾长花岗岩侵入体分布广泛。状蒲平原和永强滨海平原，属第四系海积一冲积沉积层，由灰、青色淤泥质亚黏土、黏土夹粉细砂等组成，局部产贝壳、泥炭，厚度50米以上。

【地形·地貌】 龙湾区东部是地势低平、河网密布的滨海平原，西部是以岩体裸露为特征的大罗山，大罗山以西为温瑞平原。

滨海平原　西起大罗山，东到海岸，北靠瓯江，南至瑞安市的莘塍平原，面积约有150平方公里。平原南北长、东西窄，永强塘河于平原西部纵贯南北。平原地区气候宜人、物产富饶，有“鱼米之乡”的美誉。

大罗山　大罗山位于温州市区东南，东近东海，北达瓯江口，南连瑞安市，西接瓯海区，山体面积114平方公里。大罗山，因其峰峦状似罗伞，又形如大箩，故名大罗山。大罗山顶海拔704米，位于龙湾、瓯海交界。大罗山岩石结构大多为花岗岩，山体由于风化、侵蚀作用，岩体大多裸露，山势婉约柔和。大罗山历史文化积淀深厚、山水风光隽秀。山中有仙岩、茶山、瑶溪和天柱寺四大景区，其中瑶溪和天柱寺景区在龙湾区境内。

河流水系　龙湾区河流纵横交错，河网密布。全区有主要河道267条，总长度416公里，总面积837万平方米。其中，属温瑞塘河水系42条河道，总长度69公里，面积173万平方米；永强塘河水系有225条河道，长度347公里，面积664万平方米。轮船河、上横河、中横河、瑶溪河等为主要河流（道）。

岛屿　北策岛，旧称北插山，北面与洞头半屏岛相望，南面与南策岛、东策岛相邻，地理位置为北纬27°46′27″、东经121°07′55″。北策岛（0.74平方公里）与东侧虎洞岛（0.18平方公里，别名月土尔山）相连，通称“北策山”。两岛之间有一滩坝，大潮时坝身被淹没，平潮时坝身凸显，为两岛互通之要道。整个北策岛面积约0.92平方公里，最高处海拔158.2米，因处福州与上海航道干线，又称“北策门航道”。1963年，海军某部在山上建造“北策岛灯桩”；1983年3月，移交温州航标处管理。北策岛为区境永兴街道水潭村王氏先祖山地，该村渔民世世代代在北策山捕鱼、种山。由于渔业萎缩，渔民投身商海大潮，在岛上养羊、张网作业的仅王茂文等人。为进一步开发北策山资源，2003年、2008年，龙湾区人民政府和区农林局先后拨款修建码头、架设电柱，为北策山开发奠定基础。

【气候】 一般气候特点　龙湾区属中亚热带海洋季风气候区。气候温暖，夏季较长，冬季稍短，春秋均匀。气温7月最高，1月最低，年温差不大。凌晨5、6时最低，午后13、14时最高。无土壤冻结期，积温充足。雨量充沛，但降水量分布不均匀，冬季多锋面雨，春夏之间梅雨，夏秋多雷雨和台风雨。冬季盛行北到东风，夏季盛行偏南至西南风。风向多与山河海陆走向一致。光照丰富。相对湿度最高值在梅雨期的6月，11月至翌年1月相对湿度最低。

气温　全年平均气温19.6℃，较历年平均值偏高0.6℃。从月季变化上看，2016年最低月平均气温出现在1月。2月到7月月平均气温保持稳定较快地升高，7到8月月平均气温略有回落，8月到12月保持稳定较快地升高。从各月份的距平上看，2、9月份偏低，其他月份均偏高，其中以12月份偏高最为明显。全年出现37℃以上高温天气8天、0℃以下的低温天气3天。

降水　全年降水量1918毫米，较历年同期平均值偏多151.5毫米。从各月份的距平上看，各月降水量与历年同期平均值相比9月份显著偏多，1、4、11月份明显偏多，5、10月份略偏多；2月份略偏少，3、6、7、8、12月份明显偏少。降水日数（降水量≥0.1mm的日数）为188天。

日照　全年总日照时数1299.5小时，较历年同期平均值偏少270.5小时。月季变化上看，2、3、7、8月较历年平均值偏多；10月份显著偏少，其他月份明显偏少。全年各月的变化波动较大，10月份由于严重的连阴雨，月日照时数达全年最低。

低温、高温及灾害性天气　2016年1月21—25日出现明显降温过程。过程降温幅度为6.0℃—7.3℃，极端最低气温出现在1月25日早晨。受冷空气影响，2月13—15日出现剧烈降温，日平均气温下降幅度为10.5℃—13.2℃。受强冷空气影响，3月8日开始大幅降温，日平均气温下降幅度为10.5℃—15.6℃。6月，35℃以上高温日数为7天，37℃以上高温为4天。7月25日—8月6日，35℃以上高温日数为12天，37℃以上高温为1天。7月—8月，龙湾区极端最高气温以7月27日的38.1℃为最高。全年有“尼伯特”“莫兰蒂”“马勒卡”“鲇鱼”台风外围影响龙湾区，台风总体影响程度较轻，未出现重大灾害。

【物候】　物候是生物的周期性现象（植物的发芽、开花、结果，候鸟的迁徙，某些动物的冬眠等）与季节气候的关系。过去人们借以物候现象进行农事活动：如梨始花就作为早稻播种时节的标志；朴树始花，即可进行早稻浸种催芽；柑橘开花就进行大田插秧；海桐盛花，种麻时间到了等。利用物候还可以预测一些害虫活动，并对养蜂、林业、医学、运输业也有一定的参考价值。但是物候也受纬度、海拔、地形等地理因素的影响，所以在物候的观察、应用上，也就有很大的局限性。龙湾主要农时为4月下旬，割油菜籽，早稻插秧。5月上旬，早稻插秧后期；中旬，红薯作垄压藤。5月下旬至6月上旬，早稻分蘖盛期。5月底至6月中旬，二季茶采收。6月中旬，早稻扬花。7月上旬至中旬，早稻开始收割、荸荠下种。7月中旬，收获席草。7月底至8月下旬，黄豆、菱角上市。8月上旬至下旬，晚稻分蘖盛期、薯块膨大。8月底至9月初，种白菜。9月上旬至下旬，红薯始收。9月上旬至10月上旬，收芋艿。10月上旬，播种冬菜，中下旬播种油菜，菱角丰收。10月上旬至11月下旬，采摘瓯柑。10月下旬至11月下旬，晚稻收割。11月初至12月，种冬麦。11月中旬至12月底，种大麦。

表1　龙湾区物候历（公历）表

物候季	月份	物候现象	平均日期（日/月）	最早日期（日/月）	最晚日期（日/月）	多年变幅（天）	主要农事
初春	2月	桧柏发芽	17/2	9/2	26/2	17	平整秧田
		侧柏盛花	24/2	10/2	5/3	17	
		山桃始花	25/2	10/2	11/3	29	
		终霜	25/2	19/2	3/3	11	
		垂柳发芽	28/2	14/2	14/3	28	
	3月	梅盛花	1/3	20/2	9/3	26	
		玉兰盛花	2/3	21/2	11/3	18	
		白蚁出飞	4/3	17/2	20/3	31	
		樱桃始花	4/3	18/2	15/3	25	
		枫杨发芽	5/3	28/2	13/3	18	
		雷电始动	5/3	14/2	29/3	43	
		粉蝶始见	13/3	1/3	25/3	25	
		水蜜桃始花	14/3	5/3	23/3	18	
		垂柳始花	15/3	3/3	27/3	24	
仲春	4月	樟叶落	7/3	11/3	1/4	21	早稻浸种催芽
		朴树始花	21/3	18/3	25/3	7	
		梨始花	25/3	21/3	29/3	8	早稻播种
		榆发芽	25/3	11/3	10/4	30	
		碧桃始花	27/3	14/3	1/4	18	
		法国梧桐展叶	3/4	27/3	10/4	14	
		荠菜始花	4/4	30/3	8/4	9	
		枫杨始花	8/4	1/4	15/4	14	
		蛙始鸣	12/4	6/4	23/4	17	

物候季	月份	物候现象	平均日期（日/月）	最早日期（日/月）	最晚日期（日/月）	多年变幅（天）	主要农事
仲春	4月	紫燕始见	13/4	5/4	20/4	15	油菜终花
季春	4月	樟叶盛	16/4	1/4	1/5	30	冬小麦扬花
		柳絮飞	16/4	4/4	28/4	24	
		鸢尾始花	19/4	12/4	26/4	14	
		蔷薇盛花	20/4	17/4	22/4	5	
		梧桐放叶	21/4	16/4	26/4	10	
		荷叶生	24/4	17/4	4/5	17	
	5月	柑橘盛花	26/4	22/4	30/4	8	早稻插秧播种黄麻割油菜籽
		海桐盛花	27/4	18/4	7/5	19	
		黄檀发芽	2/5	22/4	12/5	20	
		苦楝始花	2/5	25/4	12/5	17	
		石榴始花	4/5	27/4	10/5	13	
		枇杷果黄	9/5	1/5	18/5	17	
		苦楝花残	10/5	7/5	13/5	6	
		黄瓜上市	10/5	1/5	19/5	18	早稻插秧后期甘薯作垄压藤
		百合始花	11/5	2/5	20/5	18	
		夹竹桃始花	19/5	11/5	26/5	15	
		杏实熟	20/5	17/5	22/5	5	
		大山朴盛花	24/5	16/5	1/6	10	
		山桃果熟	31/5	23/5	8/6	15	
初夏	6月	女贞始花	7/6	29/5	15/6	17	早稻分蘖盛期
		紫李实熟	7/6	5/6	11/6	8	
		杨梅成熟	8/6	30/5	17/6	18	

续表

物候季	月份	物候现象	平均日期（日/月）	最早日期（日/月）	最晚日期（日/月）	多年变幅（天）	主要农事
初夏	6月	玉瓯始花	8/6	1/6	14/6	13	二季茶采收
		蜀葵花到顶	15/6	10/6	19/6	9	
仲夏	6月	蝉初鸣	17/6	10/6	23/6	13	早稻扬花
		梧桐始花	20/6	15/6	25/6	10	
		黄檀始花	25/6	17/6	2/7	15	
		梧桐盛花	16/6	23/6	28/6	5	
	7月	葡萄成熟	6/7	1/7	12/7	12	早稻开始收割
		甜瓜成熟	12/7	7/7	15/7	8	荸荠下种
		莲始花	20/7	29/6	5/8	36	收获席草
		茭白拔节	22/7	15/7	29/7	14	
	8月	紫薇始花	11/8	28/7	28/8	28	种植黄豆 菱角上市
		枫杨落果	15/8	8/8	21/8	13	
		梧桐实熟	18/8	8/8	21/8	13	晚稻分蘖盛期
		鸡冠出顶	18/8	5/8	1/9	25	薯块膨大
		木槿始花	20/8	2/8	1/9	35	
季夏	9月	木槿盛花	7/9	24/8	1/9	7	种白菜
		鸣蝉绝响	15/9	5/9	24/9	19	甘薯始收
		木芙蓉始花	30/9	20/9	10/10	20	收芋艿
初秋	10月	丹桂始花	7/10	4/10	9/10	5	播种冬菜
		黄檀叶落	7/10	2/10	12/10	10	
		榔榆始花	9/10	3/10	14/10	11	
		黄檀实熟	15/10	10/10	20/10	10	播种冬菜
		橘实黄	17/10	10/10	23/10	13	菱角盛收

物候季	月份	物候现象	平均日期（日/月）	最早日期（日/月）	最晚日期（日/月）	多年变幅（天）	主要农事
初秋	10月	燕南飞	17/10	14/10	20/10	6	
		梧桐叶落	30/10	6/10	23/11	48	摘蜜柑
仲秋	11月	菊始花	4/11	22/10	17/11	26	
		水杉叶全变色	5/11	11/10	1/12	50	
			8/11	24/10	22/11	29	晚稻收割
			18/11	1/11	4/12	32	
			19/11	2/11	1/12	22	种冬麦
季秋	12月		7/12	30/11	14/12	14	种大麦
			7/12	7/11	2/1	16	
冬季	12月		9/12	6/12	12/12	6	
			12/12	4/12	20/12	16	
			12/12	28/11	24/12	27	
			15/12	6/12	22/12	17	
			18/12	9/12	26/12	17	
			20/12	13/12	26/12	13	
	1月		1/12	24/12	12/1	19	
			2/1	9/12	26/1	48	
			7/1	29/12	16/1	18	
			9/1	18/12	30/1	43	
			10/1	2/1	17/1	15	
			13/1	2/1	25/2	24	
	2月		14/2	4/2	24/2	20	
			20/1	10/2	1/3	20	

【建置沿革】 春秋战国时期，龙湾为越国辖地。秦朝兼并六国后，龙湾为秦闽中郡属地。汉朝汉惠帝三年（前192）在瓯江中下游地区建立“东瓯国”，封驺摇为东海王，世称东瓯王。东瓯国消亡后，龙湾属会稽郡的回浦县。后又属章安县、永宁县，归临海郡。东晋明帝太宁元年（323），东瓯一带从临海郡分出，建立永嘉郡，龙湾归属永嘉郡（郡治今鹿城区）。唐高宗上元二年（675），析括州之永嘉、安固（今瑞安市）两县置温州，这是“温州”得名之始。龙湾（除海城街道）作为温州城的东部城郊，一直稳定不变。清朝，龙湾现辖区分属永嘉县（即温州）的华盖乡、膺符乡和德政乡。民国时期，龙湾属永嘉县永强区和梧田区的5个乡。中华人民共和国成立后，龙湾隶属变革频繁，基本属温州市郊的一部分。1984年12月26日，经浙江省人民政府核准，析温州市郊区的状元镇、龙湾乡和瓯海县永中镇的黄石、黄山两村，始建龙湾区，隶属温州市。2001年8月21日，经国务院批准，温州市区行政区划调整。析瓯海区的永中、天河、沙城、灵昆4个镇和瑞安市塘下镇的上涂、西一、中星、东门、埭头、石坦、屿门、邱宅、东溪、东成10个村，即瑞安市塘下镇梅头办事处辖地归属龙湾区。同时，析龙湾区蒲州镇的蒲州、上蒲州2个村归属鹿城区。

【行政区划】 龙湾区是温州市四大城区之一，1984年设区。2001年8月21日，市区行政区划调整、扩大后，由原来的5个镇增加到9个镇和1个办事处。2002年2月，区内区划调整，辖5个街道办事处和5个镇。2011年4月，区内行政区划调整，增设星海街道；5个镇建制变更为街道建制。2012年4月1日，沙城、天河、海城、星海街道委托温州经济技术开发区管委会管理，灵昆街道委托瓯江口新区开发建设管委会管理，龙湾区与温州高新技术产业开发区实行“政区合一”管理体制。2015年7月，灵昆街道划归洞头区管辖。至2016年年末，区域陆地面积323.09平方公里，户籍人口331145人，龙湾区辖永中、蒲州、海滨、永兴、海城、状元、瑶溪、沙城、天河、星海10个街道办事处；全区有17个居委会、44个社区、138个村委会。

表2　2016年龙湾区行政区划情况表

名称	政府驻地	土地面积(平方公里)	户数(户)	户籍人口(人)	村民委员会(个)	居民委员会(个)	行政村、居民区名称
全区合计		323.09	80519	331145	138	17	
永中街道	永强大道4318号	44.30	19069	74245	34	6	普门、沧河、镇南、镇北、寺西、上京、棋盘、桥北、石浦、郑宅、刘宅、度山、前街、殿前、城南、新城、城北、衙前、朱垟、丰台、坦头、孙垟、双岙、新莒、王宅、青山、东林、双何、横泱、新联、联谊、上湾、下湾、龙华及街南、街北、罗东、永上、永昌、罗东锦苑社区
蒲州街道	蒲江北路67号	10.19	7129	23153	6	2	下埠、上江、上庄、屿田、江前、汤家桥及蒲江社区、天鹅湖社区
海滨街道	沙村路29号	50.00	7976	31827	13		沙中、蟾钟、沙南、建新、渔池、沙北、教新、北新、城东、宁村、江一、蓝田、小陡
永兴街道	纪兴路1号	56.01	8162	38903	14		乐二、沙园、南桥北、萼芳、榕树下、祠南、乐一、永乐、永民、大塘、小塘、下兴、五溪、水潭
海城街道	镇前街2号	44.29	7325	33701	10	2	上涂、东溪、埭头、屿门、石坦、邱宅、东门、中星、西一、东成及前冈、后冈居委会
状元街道	龙飞东路78号	18.00	7994	28850	10	3	状元桥、横街、石坦、西台、山西岙、甘岙、御史桥、三郎桥、大岙溪、响动岩及龙腾、龙泽、状元居委会
瑶溪街道	河头龙西路2号	33.46	8379	33348	19		苏川、泱底、河口、皇岙、南山、雄心、永胜、瑶溪、璋川、环一、河滨、朱宅、白楼下、底岭下、金岙、龙湾、龙东、黄山、黄石
沙城街道	永强大道2968号	24.61	8274	39224	15	1	七四、七三、永福、八甲、七五、大郎桥、七二、烟台、七一、永寿、永恩、沧宁、永埠、庄桥、顺江及沙城居委会
天河街道	环镇路2号	27.33	6098	27542	17	1	天津、新川、庄泉、二甲、司南、金益、中和、新河、高轩、郑岙、蒲门、西前、筑成、建丰、天凤、三星、泰河及天河居委会
星海街道	滨海六路旭日小区25幢	14.90	113	352		2	望海社区、旭日社区

人文风情

【人口】　2016年年末，龙湾区户籍总人口331145人，比上年增加2804人。期末总户数为80519户，比上年增加2114户。全区城镇人口259878人，城镇人口占总人口比重为78.5%。0岁至17岁人口66209人，占总人口的19.99%；60岁及以上人口为54899人，占总人口的16.58%，比重比上年提高0.7个百分点，人口老龄化水平持续提高。男性为171607人，女性为159538人，性别比（女性为100）为107.6　100，与上年持平。当年出生人口4111人，死亡人口1385人。人口出生率为12.47‰，人口死亡率为4.20‰，人口自然增长率为8.27‰。

【方言】　龙湾区紧邻温州城区，语言当然与温州话一样同属于吴语系统。但以“永嘉场腔”为代表的永强方言（状蒲片、海城片分别近似城区与瑞安，灵昆片接近乐清），由于山海阻隔、生存环境的间隔与千百年自给自足经济的局限，在发音腔调上自成一格，与温州话中的“城底话”有着明显的区别，如城底话念“水”为“死”，永强话念“许”；城底话念“路”似“乱”，永强方言念lu与“护”同韵。永强话与温州话的词汇虽大同小异，但在口头用语上也有差异，如城底话中对小孩的称呼常为“碎个儿”，而永强则称“蟹饭卒”；城底话称佐饭的菜肴为“肴配”，永强常单用个“配”字。至于俚语、谚语、歇后语等俗语及歌谣，是龙湾区历代祖先的生存感悟与智慧的结晶，也是地域文化最直观表现形式。永强话中的俗语以其设喻之妙、托意之巧在温州话的俗语之林中独树一帜。龙湾区各街道之间可以互相通话，但又有自己特色。永强片6个街道为永强话，海城街道带有明显瑞安腔，状元蒲州片则等同于城区和下河乡腔调。辖区内语言腔调不同，大部分是指韵母的不同差异。永强话往往介在瑞安话同温州城区腔之间。

【历代名人】 龙湾，钟灵毓秀，人杰地灵；人才荟萃，俊采星驰。邑人项乔《瓯东私录》谓："场蕞尔一区耳，本朝以来，山海之秀，钟于人文，陈启、胡奥、李观之后，为宰相一人，为大司成者二人，为郎署、为藩、为臬、为府州县二十余人，为乡贡、岁贡、例贡三四十人，为校官弟子员者二百余人。"在茫茫历史长河中，曾出南宋丞相陈宜中、状元赵建大；明代嘉靖内阁首辅大学士张璁；王瓒在明弘治年间殿试得一甲二名（榜眼），主修弘治《温州府志》；王名世为明朝武举第二位"武三元"；明代有抗倭名将王德、王沛；乡绅王叔果、王叔杲募捐兴建永昌堡。在文化艺术方面，宋代诗人卢祖皋；明代"一代书宗"姜立纲；民国词宗夏承焘，戏曲大家王季思。在社会主义现代化建设中，龙湾区涌现出一批科学家，张肇骞、金振民、孙大业、张淑仪等4位院士为其中的杰出代表。

【地方特产】 杨梅 是龙湾区重要的特色农产品之一，栽培历史已有百年，是中国杨梅优良品种产地之一。杨梅品种主要为丁岙梅。果实圆球形，单果11.3克，果柄长2厘米，果蒂红黄色，含酸量0.83%，可食率96%，6月中下旬成熟。株产约75公斤。2003年5月，中国优质农产品开发协会授予龙湾区"中国杨梅之乡"称号。以大岙溪和响动岩基地为主的杨梅产业带，成为浙江省标准化杨梅精品产区、浙江省森林食品基地和浙江省无公害农产品基地。"龙森"牌杨梅获"横河杯"全国十大精品杨梅称号；"瑶溪"牌杨梅通过国家有机产品认证，获"有机产品"称号。

柑橘 龙湾境域柑橘栽培已有2400余年历史。公元1178年，温州知州韩彦直完成世界第一部柑橘学专著《永嘉橘录》，记述境域8个柑品种和14个橘品种，比欧洲最早柑橘专著早469年。明代，日本高僧智慧把温州柑橘带到日本，培育成著名"温州蜜柑"。美国著名"卡拉橘"即由"温州蜜柑"嫁接而成。瓯柑皮色鲜艳，清甜多汁，具有祛热生津、化痰止咳、清凉解毒等特殊医药功能，民间素有"端午瓯柑似羚羊"之说。柑橘产地主要分布在状元、蒲州、瑶溪，尤以状元街道、蒲州街道交界地段所产瓯柑为佳。

黄叶早 20世纪60年代，龙湾境域度山、郑岙、南山、瑶溪开始种植"温红""温绿"传统茶叶。1984年，龙湾区进行名茶开发项目。状元街道响动岩村以"黄叶早"良种为基础，提高单产，改进品质，声名鹊起，获浙江省茶叶品味评品会二等奖称号。"黄叶早"早茶，2月下旬发芽，3月上旬采摘，3月中下旬可上市，比其他早茶提早15天采摘。"黄叶早"发芽整齐、轮次分明、老嫩均匀，持嫩性强，抗旱防病能力强，制成干茶条索细紧，色泽翠绿带黄，汤色嫩绿微黄、鲜艳明亮，茶味鲜嫩爽口、香馥如兰。

【特色小吃】 胶冻 人们喜欢的小凉饮，四季皆宜。品种有鱼胶冻、岩衣冻、青草糊、水糊糊等。20世纪80年代前，一二角钱可买一小碗胶冻；80年代后，胶冻五角一小碗，鱼胶冻一元一小碗。鱼胶冻一般用1两黄鱼胶和1.5公斤水煮、冬季每两可用2公斤水煮，放晾即可。岩衣冻是以漂洗过的海洋藻类干岩衣，0.08公斤加5公斤水煮，放晾即可。一扁木盆胶冻，可切成小块或小长条食用。青草糊由干青草制成，0.3公斤干青草加5公斤水可煮成一扁木盆青草糊，含青草气和粽香，十分可口。水糊糊由薜荔果制取的"白凉粉"（广西灵山县产为优），每小盒0.1公斤，先兑0.2公斤水搅成糊状，再加开水2公斤烧沸，冷却后即成。水糊糊不坚韧，须用汤匙捞取。胶冻或青草糊煮透之后，要经细纱布袋过滤，以确保清洁，提高产品质量。胶冻担只要备带10多个小碗、白糖、薄荷水、小汤匙及洗碗具的洁水就可以"营业"。有的胶冻担为提高经营效益，常带售甘蔗、瓜子、花生、糖果等。胶冻担沿街、村落、晒场叫卖外，常至庙会、演戏场所、物资交流等人群集中的地方销售。繁忙季节，两村每天有一百多担在营业，占农户的三分之一。殿前村王碎弟号称"花生大王"，胶冻担销售花生果，均由他家批发，而永强大部分糖果店的花生也都向他家采购。

馄饨 馄饨虽然现在很普遍，可寺前街学林的馄饨可不一样，百年传统风味一直不变，名扬温州各地，妇孺皆知。学林馄饨的特色，每碗八只，其中四只大些，放在上面。馄饨皮是用特级白面粉加蛋清精制而成，薄如蝉翼，透明如玻璃。馅心是当天宰杀的鲜猪后腿精肉。煮一碗馄饨，换一次汤。因此每碗馄饨总是汤清、皮薄、肉鲜、味美、又加上绿色的葱花，黄色的蛋丝，紫色的紫菜，以及虾米、榨菜、红色肉松等浇头，色泽艳目，香气扑鼻，味道可口。

麦芽糖 俗称"糖儿"，是利用粮食（主要为小麦）制取的。具体制作过程：麦芽拌大米饭发酵24小时，酿成饴糖，经炒炼、捶、捣、拉，制成白色坚韧的米糖，圈为圆饼（一般为2.5公斤），撒上芝麻、红绿瓜子等，色、香、味俱全。一爿糖儿置于糖担上，用毛巾或竹匾遮盖，防尘染。兑糖时，用糖刀与小铁锤将糖儿剖下，与用户调换废铜旧铁、牙膏壳、猪骨、头发等物。20世纪末期，一爿米糖成本10多元，兑换的废旧物品可值上百元。蒲州屿田、上庄兑糖历史有100多年，民国初期，糖贩盛行。温州糖贩来自龙湾，龙湾糖贩源于蒲州。屿田、上庄为兑糖"专业"村，辐射状元、石坦、三郎桥等20多个村庄，糖贩多时2000多人。村民农忙时田间劳作，农闲时挑担走巷，足迹遍及洞头、玉环、坎门、青田、丽水、缙云、景宁、龙泉、庆元、义乌、舟山、宁波，甚至延伸至福建省。至今仍有少数人延续兑糖行当，不见挑担，而改骑三轮车上门兑糖。

【文物保护单位】 约在四千年前，龙湾域区已有先民生息繁衍，历代遗存文物古迹较为丰富。中华人民共和国成立后，域内多处文化遗址、碑志题刻、古墓葬、寺观宗祠、古桥、古牌坊和古建筑等文物古迹被列为国家级、省级、市（区）级文物保护单位。至2016年，全区有全国重点文物保护单位2处、浙江省重点文物保护单位3处、市（区）级文物保护单位30处。

【名胜古迹】 永昌堡　位于龙湾区永中街道新城村，是浙江省现存唯一一座由民间自发兴建的私家抗倭城堡，历经四百多年沧桑。1981年起，先后被列为温州市文物保护单位、浙江省文物保护单位、省爱国主义教育基地、省国防教育基地、第五批全国重点文物保护单位和温州市十大旅游景点之一。永昌城堡雄伟壮观，南北长778米，东西长445米，城高8米，周长2866米。堡内文化教育公园里的九峰峥嵘、华阳古洞、古堡炮台、吉祥金鱼等景点，公园北首的仿古式藏书楼，堡内11座形态各异的明代石拱桥

表3　2016年龙湾区内各级文物保护单位一览表

序号	文保单位	行政区域	级别	时代	类别	公布时间
1	永昌堡	永中街道新城村	国保	明	古建筑	2001年6月25日
2	国安寺塔	瑶溪街道皇岙村	国保	宋	古建筑	2013年3月5日
3	张璁祖祠	永中街道普门村	省保	明	古建筑	2011年1月7日
4	王瓒家庙	永中街道殿前村	省保	明	古建筑	2011年1月7日
5	汤和庙	海滨街道宁村村	省保	明	古建筑	2011年1月7日
6	龙湾炮台	瑶溪街道龙湾村	市、区保	清	古建筑	2003年9月12日
7	龙岗山遗址	瑶溪街道永胜村	市、区保	战国	古遗址	2003年9月12日
8	半山摩崖题刻	瑶溪街道永胜村	市、区保	明	石刻	2003年9月12日
9	张天麟家庙	永中街道普门村	市、区保	明	古建筑	2003年9月12日
10	石胜观摩崖造像	永中街道双岙村	市、区保	宋	石刻	2003年9月12日
11	第一山摩崖题刻	永中街道郑宅村	市、区保	明	石刻	2003年9月12日
12	峰门山摩崖题刻	永中街道前街村	市、区保	宋	石刻	2003年9月12日
13	诸募桥	永中街道度山村	市、区保	宋	古建筑	2003年9月12日
14	东引桥	永中街道城南村	市、区保	明	古建筑	2003年9月12日
15	望海桥	永兴街道水潭村	市、区保	清	古建筑	2003年9月12日
16	横塘桥	永中街道城北村	市、区保	明	古建筑	2003年9月12日
17	王德墓	永中街道上朱垟村	市、区保	明	遗址	2003年9月12日
18	东海大堤	永中蓝田—海城	市、区保	明、清	遗址	2003年9月12日
19	王诤墓	状元街道山西岙村	市、区保	明	古墓葬	2003年9月12日
20	东溪碑群	海城街道东溪村	市、区保	明	石刻	2003年9月12日
21	抗倭忠烈塔	瑶溪街道黄石村	市、区保	明	古建筑	2013年12月26日
22	河头寮	瑶溪街道苏川村	市、区保	清代	古建筑	2013年12月26日
23	龙湾陡门（华光庙）	瑶溪街道龙湾村	市、区保	明	古建筑	2013年12月26日
24	尖刀岩摩崖题刻	瑶溪街道瑶溪村	市、区保	明	石刻	2013年12月26日
25	茅竹岭古道	瑶溪街道白楼下村	市、区保	明	古遗址	2013年12月26日
26	王瓒墓（含祖墓）	瑶溪街道皇岙村	市、区保	明	古墓葬	2013年12月26日
27	王阊墓神道门	永中街道坦头村	市、区保	明	古墓葬	2013年12月26日
28	上岸桥（姜合桥）	永中街道郑宅村	市、区保	北宋	古建筑	2013年12月26日
29	镇东桥	瑶溪街道雄心村	市、区保	明	古建筑	2013年12月26日
30	榜眼桥	永中街道殿村	市、区保	明	古建筑	2013年12月26日
31	周氏宗祠	海滨街道沙北村	市、区保	清	古建筑	2013年12月26日
32	沧河天主堂	永中街道沧河村	市、区保	民国	近现代	2013年12月26日
33	黄石粮仓	瑶溪街道黄石村	市、区保	近现代	石构建筑	2013年12月26日
34	永中镇政府旧址	永中街道桥北村	市、区保	民国	近现代	2013年12月26日
35	玄真观民国厢房	瑶溪街道瑶溪村	市、区保	民国	近现代	2013年12月26日

及上下二河十浃相辉映，构成一幅江南水乡图。周边的状元府、都堂第、王绍志故居等18幢明清年代古民居更流溢出城堡古色古香的气息。

国安寺塔　在瑶溪镇皇岙村国安寺前。宋元祐五年至九年间（1090—1094）建。楼阁式青石仿木结构，平面呈六边形，九层实心，高18.6米。台基用长方形条石铺就，周边雕刻“九山八海”纹，须弥座上下枭刻仰覆莲，束腰各面浮雕形态各异的狮兽，底层偏高，置木构副阶。塔身每层面为青石板，上浮雕佛像1062尊，分二排驾坐于壶门内莲花座或须弥座上，并雕有身光和垂幔。斗拱粗壮，拱瓣清晰。塔刹早被毁。1987年，落架大修时恢复。1989年，被列为浙江省第三批重点文物保护单位；2013年，被列为第七批全国重点文物保护单位。

张璁文化遗址　是明嘉靖内阁首辅张璁在瑶溪一带留下的治学活动遗址。主要有罗峰书院、贞义书院、万竹亭等。原有大批园林主要分布在钟秀园内，历经沧桑遗存不多，但部分诗碑、刻字及石桥仍存。其中“兄弟岩诗碑”和“观荷亭记碑文”保存在瑶溪张氏宗祠内。

玄真观　原为“李主事祠”，为两进砖瓦土木结构，面积1300平方米。前进上书隶书“玄真观”，后进为玄真观主祠，上面悬挂“佛师帝主”匾，内有木雕佛像。观前有两对从李阶墓前移来的石马、石羊。石兽精雕细琢，神态自然，栩栩如生。玄真观背依青山、面临瑶湖，环境清幽宜人。李主事祠建于明正德年间（1506—1521）。民国28年（1939）重建时，易名玄真观。中华人民共和国成立后，于1990年再次重建。相传张璁少年时曾在瑶溪李阶门下就读，李阶为明正德六年（1511）进士，任礼部员外郎，后归隐。

龙岗山新石器文化遗址　位于龙岗山坪，属大罗山支脉，面积1500平方米，遗物丰富。石器有柳叶形石炭、穿孔石矛、通“精磨”，印纹硬陶器皿有釜、瓿、壶、罐、齿轮等。柏印纹饰有篮纹、直条纹、编织纹、方雷纹及刻画的曲线纹。经考证，该遗址为距今四五千年的新石器文化遗址。根据出土器物特征，上限在新石器时代晚期，下限至战国年间，可印证早在原始社会的新石器时代与奴隶社会的前期，就有人类在瑶溪一带居住活动。

石胜观　是一座具有悠久历史的道教场所，建于唐代，占地1360平方米。民国10年（1921），在大殿后修建三间斗姥阁，初具规模。被誉称浙东第一支笔的王梅庵题山门匾额“石胜道观”四个大字。殿阔楹高、雄伟庄严，加以溪水潺潺、松涛阵阵，为双岙风景区的核心景点。

龙湾炮台山　属大罗山分支余脉，位于瓯江口南岸。面积7000平方米，距市区12公里。东北面突兀于滔滔江面，与乐清磐石山的“镇瓯炮台”隔江相望，相距约1公里；南面山麓有陡门，与龙湾村落毗邻；西面为江湾。因山中存有清光绪年间建造的抗倭炮台遗址，故称炮台山。炮台山扼守着东瓯大门，是温州历史上兵家必争之地，也是浙南人民抗击外来侵略的要隘。

王氏家庙　又称王瓒家庙，建于明嘉靖初年。家庙三进五开间，正厅通面宽11.5米、进深12.85米。屋前有较为精致的石牌坊，主体建筑现存两进院落。王氏家庙为保存较为完好的明代建筑，系王瓒旧居。王瓒为殿前村人，明弘治八年（1495）中举人，次年得榜眼授翰林院修编，后任侍郎。明嘉靖三年（1524），率钦命遣赠礼部尚书赐谥文定。王瓒为官30年，刚正不阿，两袖清风。后人为纪念其丰功伟绩在家庙外建榜眼桥，至今保存完好。

【非物质文化遗产】　龙湾非物质文化遗产具有明显屏山襟水的地域特色及钟灵毓秀与底蕴丰富的历史特征，有国家级“非遗”名录1项，浙江省“非遗”名录4项。

汤和信俗　明初，朱元璋派汤和赴东南沿海部署防倭。汤和在这一带修建了59座城堡，宁村即所城之一。明嘉靖四十年前后倭寇平定后，宁村人民为感激汤和为其立庙，并定于每年农历七月十五日举行“汤和出巡”和“教场祭鬼”等仪式，形成永强全民公祭抗倭英烈与遇难同胞活动，后逐渐演绎为“东瓯王汤和节”，至今已有400余年历史。每次活动参与人员上万人，所需费用全部由参与者自愿筹集。2008年被列入第二批国家级非物质文化遗产名录。

张阁老传说　张璁（1474—1539），龙湾区永强三都（普门村）人，明嘉靖时官至内阁首辅，故温州民间称他为“张阁老”。张阁老在民间的轶闻、掌故，经老百姓口耳相传，形成民间口头文学“张阁老传说”。据不完全统计，传说故事量108则。传说最大特点是凸现乡情、人情、亲情。表现形式除口耳相传外，还有温州鼓词等。20世纪40年代以来，陆续有文人整理成书出版，是张璁文化的重要组成部分。2007年被列入第二批浙江省非物质文化遗产名录。

拼字龙灯舞　起源并流行在龙湾区永强一带。据传，明朝时当地张姓望族为给告老还乡的张阁老送寿礼，创作了此拼字龙灯舞。至今已有450余年的历史。此龙道具特点是：以竹木为骨架，用软柔的绸缎涂上颜料、画上龙鳞。全身共十一节，龙头、龙尾、龙身各自分离，龙身九节相连。为拼字需要，龙身节与节之间，距离为三米五十厘米，中间第四、五节较长，为四米五十厘米；龙尾龙珠各自分离，不和龙身连在一起。表演时一人舞龙头，一人舞龙尾，九人舞龙身。表演动作分拼字和过渡两部分，拼字要求在东、南、西、北四个方向进行，每字一个面向，拼完一字做“龙翻身”“龙弹尾”或“龙交尾”（或称“开四门”和“定方位”）过渡动作并变换方位，接着朝另一方向拼第二个字。拼字时除龙身有龙布衣相连外，龙头、龙尾为补添某字的一点而作，如太字的一点，光字的二点均由头、尾缀上。每字拼成时，众齐喊“噢”一声即完成。整个舞龙步法以小跑为主，上肢动作变化较大，整体观念强，使龙舞的变化和拼字浑然一体。在龙舞中表达人们对太平生活的追求和期望。2007年被列入第二批浙江省非物质文化遗产名录。

玻璃银光刻　俗称“镜画”，是在镜背面，用银色线条刻画作画的民间美术。20世纪50年代由上海传入温州，70年代传入龙湾区。传承人项有礼运用“月份牌”年画技法进行创作，表现题材以传统人物、吉祥、喜庆、图案为主。现仅有传承人项有礼以家庭作坊形式延续濒临失传的技艺。2007年被列入第二批浙江非物质文化遗产名录。

永嘉场撞歌　撞歌即斗歌。龙湾流传“撞歌撞、撞歌撞、撞歌撞着个放牛郎”的谚语。撞歌主要是牧童斗唱歌谣。明朝姜准撰《岐海琐谈》有“儿童结伙踏歌，一唱百应，遇别伙歌者，与之较胜”的记载。20世纪上半叶，永嘉场流行牧童放牛自找乐子的斗歌，有田间农夫随缘酬唱，青年男女“打情骂俏”，宴宾助兴“出口成章”的斗歌，是丰富社会生活情趣的润滑剂。2009年被列入浙江省非物质文化遗产名录。

郑家园麦麦酒　郑家园麦麦酒起源于元末。白水郑氏始祖郑祥于元末由福建搬迁至大罗山百家尖，见永嘉场当地独特的习俗（产妇生孩子后，娘家要送麦麦酒），于是采用大罗山特有的水及原材料，融合闽南一带的酿酒技艺，首创郑氏家酿麦麦酒。嘉庆初年，十四世郑绍瑞在永嘉场老城开办“郑家园酒坊”，采撷世代相传制酒技艺，建立有别于他家的“郑家园”制酒作坊，正式创下“郑家园”品牌，至今已有200余年。经世代传承和创新，口感独特，味道醇厚，深受消费者青睐，从而形成郑家园“月子”套餐系列，使之成为温州世代传承、男女皆爱的味觉记忆。2014年，郑家园麦麦酒在永昌堡建立温州麦麦酒文化展示基地。2015年，“郑家园”荣获浙江老字号称号。2016年11月，郑家园麦麦酒酿造技艺被列入浙江省非物质文化遗产名录。

【旅游景点】　瑶溪风景名胜区　位于瑶溪街道境内，属大罗山脉，1991年被省人民政府列为省级风景名胜区。景区面积13.5平方公里，距温州市中心16公里，距温州机场4公里，交通十分便捷。瑶溪因“溪石皆玉色”而得名，碧溪幽谷，苍崖峡峪，孤峰峭壁，石柱叠岩，素有“桃源仙境”之盛誉。分瑶溪泷、钟秀园、龙岗山、千佛塔和青山湖等五大景区，有100多个景点，尤以幽谷金钟、水石同踪、铁壁潭影、梅林情深、山色湖光、鹭鸶闲云、烟雨朦胧、仙叠龙岗、千佛春秋和钟灵毓秀为其十大著名景观。瑶溪又是温州历史文化名胜荟萃之地，龙岗山遗址，距今四五千年；唐立国安寺，宋造千佛塔，明建玄真观，明清以来名士云集；尤其是明朝大学士张璁曾在此居住长达36年，留下许多文物古迹和动人传说。众多摩崖碑刻、文物古迹点缀于碧水玉石之间，自然风光与人文英华浑然一体，交相辉映，构成一幅奇异瑰丽的画卷。瑶溪伏夏清凉、隆冬燠温，林果四时丰饶。景区内建有四星级旅游涉外饭店温州瑶溪王朝大酒店，是会议商务、度假休闲、观光旅游的理想之地。

天柱寺风景区　位于瓯江口南岸，大罗山东麓，总面积12平方公里。登上山冈，遥眺东海，令人心旷神怡，精神为之一振。景区地理位置优越，距市区中心28公里，离温州机场5公里，交通便捷。景区所辟交通主干道与永强大道、天中公路相通，游客往来方便。天柱寺风景区名胜古迹星罗棋布，人文景观丰富，以“峰奇、石怪、瀑飞、水碧、庙古”见胜。有荥阳园、观海坪、天柱寺、盘谷湖、五折瀑、天柱峰、弥勒峰、观音峰、美人峰、鲤鱼倒游、狮子壁、陶成洞、老虎洞、爬山石、母子岩、骆驼石、八戒贪吃、仙人影、第一山、百家尖等四五十个景点。诸景相得益彰，交映生辉，形成一派风光秀丽、景色宜人、葱茏苍翠、清幽静谧的自然环境。历代文人墨客留下许多墨宝真迹和名句佳作，为天柱寺胜景笼上一层浓郁的文化色彩。

郑家园麦麦酒　（区委史志办供稿）

文明龙湾

【文明城市创建】　2016年，龙湾区成立全区深化“六城联创”专项工作领导小组，制定出台《龙湾区道路“路长制”实施方案》《龙湾区城市管理“治乱”专项行动宣传方案》《龙湾区城市管理“治乱”专项行动督查方案》等配套文件，建立领导小组会议、联席会、碰头会、点评会等会议制度，实现全区各级道路路长全覆盖。建立月度考评排名加减分动态管理办法，限时解决治乱工作道路整治、农贸市场提升、居民小区管理等300多个问题重点难点问题，全区基本实现“年底明显提升”的既定目标。制定《龙湾区城市文明程度指数测评体系责任分解表》，组织第三方社会机构独立对全区各文明指数测评点进行季度测评，定时或不定时组织工作人员对省文明指数测评500多个实地测评考察点开展地毯式督查。出台《“践行五大行动，打造文明标杆”主题活动的实施意见》《“礼让斑马线 文明伴我行”文明交通主题实践活动实施方案》，发动全区党员干部、志愿者、学生开展礼让斑马线系列主题实践活动。开展“文明餐桌”行动示范食堂互学互评活动，分发文明餐桌提示牌6000余个。建立“文明龙湾”微信公众号，打造“文明新风”公益广告长廊，在全区各宣传阵地大范围宣传，做到公益随处可见，有效巩固提升文明创新成果。积极做好全国文明城市复评、省、市文明指数测评等迎检工作，2016年城区文明指数测评位列全市第二。

4月22日，龙湾区第五届公民道德教育公益论坛开幕　（雨　林/摄）

【社会主义核心价值观培育】　2016年，龙湾区进一步铺开中华优秀传统文化培育，全年开展“道德六进”“核心价值观六进”系列活动90余场。连续3天举办第五届公民道德教育公益论坛，创新性将论坛与区委理论中心组扩大学习会、好人宣讲、家风家训传承等活动相结合，形成鲜明的区域和时代特色。以“我们的节日”为主题，开展“春节公益行”“元宵邻里欢”“清明文明祭”“端午颂家风”“中秋汇爱心”“重阳齐祝寿”等传统节日主题活动，丰富节日期间基层群众精神文化生活。建设温州首个家风家训馆——英桥王氏家风家训馆，拍摄制作《风清气正七百年》宣传片。英桥王氏家风家训馆相关报道相继登上中国文明网首页要闻头条、专题展示和中纪委网站专题报道。开展家风家训“挂厅堂、进礼堂、驻心堂”三进活动，举办龙湾区优秀家风文化研讨会、“写家规晒家训 树家风 传美德”暨纪念“5·15”国际家庭日和“最美家庭”和“最美家风”选树等系列活动，吸引1102户家庭参与。加大“龙湾好人”关怀慰问，成功解决“最美环卫人”张红军女儿李娟新学年助学学费问题。开展好人宣讲活动，将近2年新涌现的31名“龙湾好人”事迹编印成书，在全区6个街道举行先进事迹巡回报告会，营造“人人争做龙湾好人”的社会氛围。蒲州街道表彰首届“蒲州好人”、永兴街道评选表彰“最美志愿者”“最美老人”、状元街道评选第二届“状元公、状元婆”、海滨街道表彰“最美海滨人”。全年共向上级推荐好人43名，共涌现出中国好人候选人1名、浙江好人2名、温州好人14名。

【未成年人思想道德建设】　2016年，龙湾区打造“与爱童行”亮点项目，专门针对辖区内特殊未成年人群体实施专项关爱帮扶，社会各界及爱心企业捐助款40.8万元，资助特殊困境儿童近80名。推进社区“春泥计划”精品工程建设，打造了市级未成年人优秀阵地20个，各具特色的社区未成年人活动中心29个、“春泥乐园”31个。成功承办了由中国未成年人网主办的“美丽乡村 精彩中国”2016年全国乡村（城市）学校少年宫国庆献礼作品展，区文明办获评全国乡村（城市）学习少年宫作品展览活动优秀组织奖。打造具有龙湾特色“一社一品”的春泥特色学堂，开展“百万父母进家长学校”“智慧父母成长营”等家庭教育活动，全年共开展春泥计划“缤纷假日”系列活动960余场，参与未成年人人数达2.7万人次。以“做一个有道德的人”为主题，开展红色主题教育、传统文化教育、文明习惯的养成教育、安全主题教育、“学雷锋”志愿服务教育等五大教育实践主题活动，顺利承办温州市庆祝中国共产党成立95周年暨“童心向党”歌咏活动，5首“童心向党”歌咏在中国文明网、中国未成年人网与各大网站展播。年内，未成年人思想道德考核位列全市第一。

【基层文明建设】　2016年，龙湾区文明办制定《关于在全区农村进一步深化移风易俗工作实施方案》，以农村婚丧礼仪、殡葬改革为重点开展专项整治，全区私坟新建数远远少于往年同期。整合文化礼堂、道德讲堂、农家庭院等宣传阵地场地，开展乡风评议、“道德讲堂进农村”、第三届清明文化活动、“成人礼”“开蒙礼”“敬老礼”“祈福礼”等一系列礼仪活动，在水潭村、乐二村、永乐村、蟾钟村等村居开设固定的道德讲堂，开办“弘德国学班”“弘德夏令营”“红色学堂”，引导基层组织设立33个民间道德奖，不断推进基层道德文明建设。

把“五美乡村”创建作为农村精神文明建设重点，制定《龙湾区五美乡村创建实施意见》，成功实现各级文明单位与95个行政村（社区）、29个社区结对。年内，朱宅村创成五美乡村示范村，双岙村、浃底村创成五美乡村精品村，新城村、状元桥村创成五美乡村先进村，罗东锦苑社区创成五星级幸福社区。（陈建平）

经济建设

【综合实力】 2016年，面对错综复杂的宏观经济环境，以建设迈入全面小康社会标杆城区为目标，深入推进“五个龙湾”建设，全力稳增长、建平台、抓项目、促转型、补短板，全年经济运行平稳，多项经济指标好于全市平均水平，实现“十三五”良好开局。

地区生产总值 全年全区实现地区生产总值384.44亿元，按可比价格计算，同比增长9.0%。其中第一产业增加值2.33亿元，同比增长3.5%；第二产业增加值213.78亿元，同比增长7.6%；第三产业增加值168.33亿元，同比增长11.0%。第一、二、三产业增加值占全区生产总值的比重为0.6∶55.6∶43.8，人均生产总值（按年平均户籍人口计算）为167769元，同比增长8.6%。

财政收入 全年全区实现财政总收入39.47亿元，同比增长3.5%，其中一般公共预算收入25.07亿元，同比增长8.0%。一般公共预算支出27.39亿元，同比增长4.9%，其中一般公共服务支出3.35亿元，公共安全支出2.85亿元，教育支出6.36亿元，科学技术支出0.88亿元，文化体育与传媒支出0.57亿元，社会保障和就业支出1.35亿元，医疗卫生支出2.84亿元，节能环保支出0.57亿元。

固定资产投资 全年全区限额以上固定资产投资347.49亿元，同比增长13.7%。其中，工业投资75.38亿元，同比增长6.1%；工业技术改造投资58.59亿元，同比增长14.6%；完成基础设施投资112亿元，同比增长29.6%；完成房地产开发投资89.47亿元，同比下降1.0%。限上固定资产投资项目总共376个，同比减少138个项目，其中房地产项目42个、工业项目185个、基础设施项目112个。

【农业】 2016年，全区实现农林牧渔业总产值3.92亿元，按可比价格计算，同比增长10.5%。其中农业产值2.14亿元，同比增长18.1%；林业产值为100万元，同比增长5.6%；牧业产值0.90亿元，同比下降0.4%；渔业产值0.85亿元，同比增长5.3%；农林牧渔服务业产值122万元，同比增长4.3%。农作物播种面积5.57万亩，同比下降1.4%，其中粮食播种面积1.71万亩，同比下降16.0%。粮食产量7200吨，同比下降11.9%；蔬菜产量4.94万吨，同比增长21.0%；油料产量102吨，同比下降10.5%。生猪存栏5600头，出栏2.54万头；奶牛存栏743头；羊存栏700头，出栏500头；家禽存栏18.87万只，出栏20.08万只；肉类总产量2437吨，禽蛋产量2870吨，牛奶产量2687吨。

【工业与建筑业】 2016年，全区实现规模以上工业总产值421.72亿元，同比增长6.0%；规模以上工业增加值92亿元，同比增长8.4%。分轻重工业看，轻工业产值160.34亿元，同比增长8.4%；重工业产值261.37亿元，同比增长4.6%。实现规模以上工业新产品产值125.60亿元，同比增长8.3%。制造业中，高新技术产业增加值31.46亿元，同比增长12.4%，占规模以上工业的比重为34.2%。建筑业实现总产值157.28亿元，同比增长12.4%；房屋施工面积1394万平方米，同比下降0.9%；竣工面积421万平方米，同比下降5.4%。

【第三产业】 商品贸易 2016年，全区限额以上批发零售、住宿餐饮业销售（营业）额903.40亿元，同比增长24.5%。全社会消费品零售总额369.96亿元，同比增长14.5%，其中限额以上消费品零售额232.37亿元，同比增长16.4%。分行业看，限额以上批发业零售额2.15亿元，同比下降48.9%；限额以上零售业零售额225.63亿元，同比增长13.0%；限额以上餐饮业零售额4.59亿元，同比增长18.6%。

表4 主要农作物生产情况表

指标名称	单位	2016年	同比增长（%）
粮食播种面积	万亩	1.71	-16.0
粮食产量	万吨	0.72	-11.9
蔬菜播种面积	万亩	3.13	13.9
蔬菜产量	万吨	4.94	21.0
油料播种面积	亩	825	-1.8
油料产量	吨	102	-10.5

表5 主要畜牧产品情况表

指标名称	单位	2016年	同比增长（%）
肉类产量	吨	2437	-11.2
猪肉产量	吨	2146	-12.3
禽肉产量	吨	247	0.4
禽蛋产量	吨	2870	-4.7
牛奶产量	吨	2687	9.6
年末生猪存栏	头	5600	-71.4
年末牛存栏	头	790	-13.5
年末家禽存栏	只	188700	-20.0

金融　2016年，全区金融机构存款余额692.56亿元，同比增长7.7%，其中城乡居民储蓄存款余额398.62亿元，同比增长9.5%。年末贷款余额724.39亿元，同比增长7.2%。

交通运输　2016年，全区公路密度82.17公里/百平方公里，公路通达率100%。公路里程271.15公里，其中境内高速公路里程15.75公里，一级公路54.09公里，二级公路17.05公里，三级公路7.40公里，四级公路151.32公里，准四级公路25.54公里。

旅游　2016年，全区共接待境内外旅游者322.98万人次，同比增长20.7%。其中接待国内旅游者319.56万人次，同比增长19.5%；接待境外入境旅游者3.41万人次，同比增长17.1%。全年旅游总收入31.86亿元，同比增长34.3%。其中，国内旅游收入30.8亿元，同比增长20.7%；国际旅游外汇收入1539.52万美元，同比增长14.3%。

邮政业务与电力　2016年，全区实现邮政业务收入4800万元，同比增长19.1%，其中快递业务收入2086万元，同比增长75.3%。全年全区累计供电总量32.14亿千瓦时，同比增长6.6%，其中工业用电25.18亿千瓦时，同比增长5.1%。

【对外贸易】　2016年，全区外贸进出口总额169.94亿元，同比下降3.1%。其中出口额122.68亿元，同比增长5.0%；进口额47.26亿元，同比下降19.3%。新批外商直接投资项目7个，比上年增加2个；合同使用外资580万美元，同比下降37.1%；实际使用外资1068万美元，同比增长9.3%。

政治建设

【党的建设】　2016年4月至12月，全区党员中开展“学党章党规、学系列讲话，做合格党员”学习教育。区委印发《龙湾区（高新区）治理干部为官不为实施办法（试行）》《龙湾区（高新区）推进干部能上能下实施办法（试行）》，推进干部能上能下，形成能者上、庸者下、劣者汰的用人导向和从政环境。贯彻落实“上、下、管、育、爱”五位一体的选人用人制度体系，严格把好“两代表一委员”资格审查关，做好区党代会、区人大和区政协换届选举工作。开展干部挂职锻炼，全年选派49名优秀年轻干部到地方挂职（任职）锻炼，选派148名干部参与到区委中心工作集中攻坚。加强基层党组织和队伍建设，推进“农村基层党建深化年”活动，全面落实“整乡推进、整县提升”工作。建立党员政治生日制度，推行党员志愿服务，招募登记志愿者2569名。狠抓作风建设，开展以“敢担当、树标杆”为主题的作风建设“六大行动”。开展落实“两个责任”，率全市之先推行“两个责任”履责全程纪实管理办法，全年8名副科级以上领导干部因落实“一岗双责”不力受到追责。开展作风巡察等专项行动，完成农村基层作风巡察全覆盖。

【人大监督】　2016年，龙湾区七届人大常委会第七十九次主任会议后，区人大及其常委会围绕全区关系改革发展稳定大局和群众切身利益、社会普遍关注的重大问题，对浙南科技城、时尚商圈建设、“五水共治”“大拆大整”专项行动等进行监督调研，提出意见建议，推动工作落实。抓好代表联络站建设，首次开展担任区人大代表的四套班子领导和法检“两长”进代表联络站活动。继续开展“两联两进”活动，提出对策建议180余条。全年区人大常委会组成人员走访代表、选民120余人次，各街道人大工委组织代表进村（居）180余次。温州市严肃查处了项有迪违规当选龙湾区第七届人大代表问题，相关单位及20名责任人受到处理。完成区第八届人民代表大会换届选举工作，产生区第八届人民代表大会代表207名。年内，区人大常委会开展视察、执法检查、调研67次，听取和审议专项工作报告28项，作出决议、决定和审议意见22项，开展专题询问1次，任免国家机关工作人员75人次。

【法治建设】　2016，龙湾区制定《关于在全区公民中开展法治宣传教育的第七个五年规划（2016—2020年）》《关于建立七五普法责任清单制度的意见》。推行区政府领导干部集体学法制度，在区政府第48次常务会议上，邀请北京德恒律师事务所律师薄士坤就《社会治理中政府方的行政法律风险及应对建议》进行讲授学习。健全“以案释法”、社会法治宣传教育机制及媒体公益普法制度，组建“以案释法”讲师团队85人、“七五”普法联络员队伍72人。举办以“弘扬宪法精神、共筑法治青春”为主题的第六届“法在心中”活动，开展文艺演出、法治电影下基层、送法律进农村、社区等系列活动100余场次。开展全区领导干部、公务员、事业中层法律知识考试，参考2600余人次。加强各类法治创建活动，申报省级民主法治村1个，市级民主法治村3个。加强法学会建设，吸收新会员16人次，出版《龙湾法学论丛》。在各街道办事处增设法制机构，并在区有关单位增设法制机构，率先实现了区执法单位、街道法制科室的全覆盖。

【政治协商】　2016年，龙湾区政协坚持把调研视察作为参政议政的重要手段及履行职能的重要载体，积极为党政决策提供依据和参考。开展“双联双推”主题实践活动，充分发挥政协委员在服务社会民生、助推经济发展中的优势和作用，先后组织200余名委员走进村居和企业，解决群众和企业问题57件。协助区委研究出台区属部门与区政协各委室对口联系制度，促进区政协委室与区党政部门开展常态化的沟通协商。通过向政协委员以及广大群众征集协商议题，制订并公布《2016年度协商计划》，明确协商时间、协商内容、协商部门，规范协商程序，促使协商工作落地实施。全年围绕道路综合整治“三年计划”、农产品质量与安全问题、律师队伍建设、“特色小镇”建设等内容，召开常委会专题协商1次、主席会专题协商1次、各专委会对口协商12次。区政协四届五次会议期间，共收到以提案形式提交意见、建议185件，经审查共立案178件（并案后169件）。

文化建设

【教育事业】 2016年，龙湾区出台《龙湾区基础教育提升三年行动计划（2016—2018年）》，努力打造"家门口的好学校"。出台《龙湾区"品质教育·学在龙湾"品牌建设实施方案》，以"1+4+N"模式系统推进，明确打造"温州市区东部教育高地"这一目标，推出"三名"引领、新优质拓展工程、素质提升、特色培育四大工程，启动理论建设、实践探索、教育队伍建设等N个专项行动，全面深化教育综合改革，推动全区学校优质发展、内涵发展、特色发展。实施品牌合作，促成上海欧顿教育集团引资项目落地，顺利引进上海世外教育集团。创成省教育基本现代化区。年末，全区拥有普通中学学校17所，在校生1.48万人；中等职业教育学校1所，在校生1395人；普通小学学校24所，在校生3.37万人。其中小学毕业生升学率100%、初中毕业生升学率98.4%。教师队伍不断充实，年末全区拥有小学专任教师1745人、中等职业教育专任教师111人、普通中学专任教师1257人。全年全区供稿财政教育经费支出6.36亿元。

【文化事业】 2016年，龙湾区出台《龙湾区文化发展"十三五"规划》《关于加快构建现代供稿文化服务体系的实施意见》《龙湾区（高新区）促进文化产业发展实施办法》等重要政策文件，不断强化文化发展的保障力度。深入推进文化体制改革，文化系统首试法人治理结构管理，于11月28日龙湾区图书馆理事会举行成立仪式。推进基础设施建设升级，巩固提升15分钟文化圈，新建城市书房2家。举办首届龙湾区文化遗产保护论坛，申报市第十批非遗名录3项、市级非遗传承基地2处、市第四批非遗传承人4人。做好文物保护文章，启动全市首例涉"大拆大整"三普文物信息登录点保护迁移工作。新建8家农村文化礼堂，组建40个"民星团"，开展菜单式服务进文化礼堂活动60余场。推出"四季"公益培训品牌，累计培训15000人次。年末，全区拥有公共图书馆1个，博物馆1个。公共图书馆图书总藏量（含电子书）40.3万册，其中区图书馆藏书30万册，分馆及社会图书馆10.39万册。年末广播节目综合人口覆盖率为100%，电视节目综合人口覆盖率为100%，有线电视入户率100%。全年订销报纸杂志累计份数67.8万份。

【卫生事业】 2016年，龙湾区出台《龙湾区卫生事业"十三五"规划》，区第一人民医院、区人民医院与全部街道社区卫生服务中心建成两大医联体。率全省之先升级健康证，在全市卫生计生综合监督工作经验交流现场会上作典型经验交流。完善基层卫生服务能力，加快附二医龙湾分院、口腔医院龙湾分院、龙湾区第一人民医院等项目建设。区人民医院作为温州首家省级医养结合示范点试行1年后拓展功能，在山西岙、状元桥开通"居家医养结合服务点"，引进温州乐龄养老产业发展有限公司，拟投资6亿元打造温州高端健康养生养老产业示范区。6个街道全面创成"浙江省卫生街道"。年末，全区拥有区级医院2家（龙湾区第一人民医院和龙湾区人民医院，其中龙湾区人民医院和状元街道社区卫生服务中心合署办公），公共卫生机构3家（卫生监督所、疾控中心、妇幼保健计划生育服务中心各1家），社区卫生服务中心6家。年末拥有床位687张，执业医师（助理）795人，注册护士687人。

社会建设

【社会保障】 2016年，龙湾区根据省、市有关文件要求进一步完善城乡统筹的社会保障体系，推动各类养老、医疗保障制度之间实现无缝衔接转换。城镇职工基本养老保险参保人数19.60万人；城乡居民社会养老保险参保人数3.53万人；城乡居民基本医疗保险参保人数16.71万人；城镇职工基本医疗保险参保人数10.24万人。失业保险参保人数8.47万人，工伤保险参保人数19.04万人，生育保险参保人数8.13万人。全年基本建成公租房800套，竣工432套。

社会福利　2016年，全区共有社会福利院1家，床位289张。城市居民最低生活保障人数282人，农村居民最低生活保障人数2225人，农村五保供养人数23人。全年发放高龄老人补贴104万元，受惠人数达858位。特困老年人的社会救助工作得到加强，有264名老年人享受最低生活保障。发放医疗救助资金503余万元，救助困难群众2738人次。推进养老补贴向适度普惠型发展，把年满85—89周岁非在机构养老的高龄老人纳入养老服务补贴范畴。

就业　2016年，龙湾区人力资源社保局整合发布各类就业岗位信息11.3万条，实现对接就业1.23万人。全区新增城镇就业8670人。建立高校毕业生见习基地33家，发布1598个见习岗位，吸纳262名高校毕业生进基地实习。举办聋人就业洽谈对接会，按比例吸纳残疾人20人。

生活质量　2016年，全区城镇常住居民人均可支配收入达48217元，同比增长8.7%；城镇居民人均消费支出35312元，同比增长8.2%；农村常住居民人均可支配收入达28855元，同比增长7.7%，农村居民人均消费支出19510元，同比增长7.3%。

【社会治理】 2016年，龙湾区建立备查式、制定流转式、创建滚动式的表单，探索应用"表单式管理"办法，有力促进信息搜集研判、责任包干落实、工作督导督查等各工作模块之间无缝衔接，有效提升维稳安保工作精细化水平。做精系统平台，通过实时处置流转、每日要情通报、半月研判分析、每月考核评比，积极发挥浙江省平安建设信息系统的收录、分析、预警、协调功能，全年系统共受理信息65850条，办结65850条，办结率100%。对接公共安全视频监控，3个街道已经联入联网公共安全视频监控。完善治安防控体系建设，全面开展"平安大巡防"活动，通过逐级示范带动、创新管理模式、健全工作机制，有效破解"群众参与难""巡防持续难""合力形成难"等问题，有力

镇中社区平安大巡防专职巡防队　　（区新闻中心供稿）

推进社会治安形势持续好转。全年全区共接报警情31479起，同比下降9.4%，发刑事案件+治安类警情20183起，同比下降20.8%。协同各街道和相关部门共组织开展科普反邪、普法反邪、反邪反家暴等各类宣传活动28场次，组织开展反邪宣讲活动（警钟）6场次，观看“邪教的谎言”7场，机关大楼视频网60天连续播放《反邪教专题宣传片》，关注警钟微信号1216人次，受教育人数达28969人次。

生态文明建设

【生态建设】　2016年，龙湾区出台《龙湾区2016年度大气污染防治实施计划》，实施能源结构调整、机动车船污染防治等6大专项行动，全区环境空气质量明显提升。全年全区环境空气质量达到Ⅰ级标准的有78天，达到Ⅱ级标准的有240天。全区96个村（片区）基本实现污水管网全覆盖。创成“清三河”达标县，与2015年水质相比，氨氮平均浓度下降43.1%，总磷平均浓度下降9.2%，高锰酸盐指数平均浓度下降13.9%。瑶溪站位、状元十字河站位按计划实现稳定消除劣Ⅴ类，黄石山后河（永中段）生态整治工程获评省河道生态建设优秀示范工程。全区河道观感明显改善，群众满意度达74%，满意度在全省排名上升31位。

【节能减排】　2016年，龙湾区出台《龙湾区（高新区）重污染行业整治提升三年行动计划（2016—2018年）》，改造提升铸造、金属表面处理等重污染企业39家、淘汰关停215家，完成年度节能减排任务。出台《龙湾区（高新区）工业企业搬迁改造三年行动计划》，搬迁企业314家，搬迁安置企业11家，“退二进三”企业25家，关停淘汰企业278家。全年全区单位GDP能耗下降5.1%，单位GDP电耗下降2.2%，单位工业增加值能耗下降10.5%，三项指标降幅均超全市平均水平。对全区范围内所有新建、改建和扩建项目和排污单位需要新增化学需氧量、氨氮、二氧化硫及氮氧化物四类污染物排污权指标的工业企业实行电子竞价，全年共有7家企业参与竞价，竞价成功6家。龙湾区超额完成年度减排工作目标，即化学需氧量、氨氮、二氧化硫、氮氧化物排放量分别比2015年削减2.8%、2.8%、1.8%和1.5%。

【城乡绿化】　2016年，龙湾区造林面积696亩，完成平原绿化1336.5亩。推进“美丽公园、美丽广场”创建工作，完成河泥荡文化公园、雁湖公园、龙翔湖公园、市民广场的绿化补植工作，改造提升黄石山公园等公园绿地，全区修剪灌木397万平方米、病虫害防治打药271.4万平方米，清除杂草370万平方米，完成街旁小游园建设7个。完成瓯海大道龙湾段绿化提升，成为“三季有花、四季有景”的景观大道。做好道路绿化隔离带冲洗，对瓯海大道、机场路、龙江路、龙祥路等14条道路绿化隔离带进行定期冲洗，共冲洗约1422余车次。推进塘河“水岸同治”工程，完成绿化面积5000平方米。全年全区新增城区绿地77.59公顷，完成立体绿化5530平方米，省级绿道1公里。雁荡西路获评市级绿化美化示范路，河泥荡文化公园获评全市十大最美公园、省级优质公园。

机　构

区级领导机构及负责人

中共龙湾区委员会

书　记　王　军（11月免）
　　　　陈应许（11月任）
副书记　陈应许（11月免）
　　　　周一富（11月任）
　　　　黄阳栩（11月免）
　　　　王慧杰（11月任）
常　委　王人杰（11月免）
　　　　王慧杰（11月免）
　　　　伊柏峰（12月任）
　　　　池晓荣
　　　　陈　栋（5月免）
　　　　张宏琴
　　　　贾黎春
　　　　厉良中（12月免）
　　　　黄挺义
　　　　郑建廷（挂职，4月免）
　　　　陈林彬（12月任）
　　　　叶庆权（12月任）

龙湾区人民代表大会常务委员会

主任、党组书记　周　赞
副主任、党组副书记　张光羽
副主任、党组成员　陈文斌
　　　　林春霞（女）
　　　　薛克风

副主任　姜法宏
常　委　朱德利（5月免）
　　林兆申
　　曾焕强
　　朱志清
　　叶雯文（女，5月任）
专职常委　廖海容（女，5月免）
　　沈爱巧
　　朱志清（7月任）
　　苏鹭平（11月免）
　　姜青青（女，5月任）
　　王来雨（女）

龙湾区人民政府

区长、党组书记　陈应许（11月免）
党组书记、代区长　周一富（11月任）
常务副区长　王慧杰（11月免）
　　贾黎春（11月任）
党组副书记　赵典霖　王慧杰
副区长、党组成员
　　陈　栋（5月免）
　　郑建廷（挂职，4月免）
　　伊柏峰　张崇波
　　朱大志（11月免）
　　丁建华　（挂职）
　　崔丽华（挂职，10月任）
副区长　戴旭强（12月任）
　　顾　威
　　盛嘉伟（挂职，7月免）
　　陈军苹（12月任）
党组成员　赵典霖　贾黎春（9月任）
　　李道钮　陈林彬
　　朱启荣（5月任）
　　郑　凯（5月任）

政协龙湾区委员会

主席、党组书记　徐国信
副主席、党组副书记　黄秀清
副主席、党组成员　张文根
　　胡郑梅（女）
　　张良飞
副主席　周筱云（女，兼，4月免）
　　张积敏（兼）
秘书长、党组成员　包双二
常　委　陈文汉（7月免）
　　方　华（女）
　　黄剑峰
专职常委　朱学林（4月免）
　　黄剑峰（4月任）
　　李　胜（4月任）

区纪委工作机构及负责人

中共龙湾区纪律检查委员会

书　记　张宏琴
副书记　孙景绍（12月免）
　　李　胜（4月免）
　　范朝阳（5月任）
　　陈　健（12月任）
常　委　陈　健
　　林碧清（女）
　　项　波（12月任）
　　吴克华（5月任）
　　张　烈（12月任）
办公室主任　吴克华（7月免）
干部室主任　郑二节（女）
区党风政风监督室（区政府纠风办）主任
　　朱景所（7月免）
信访室（申诉复查室）主任
　　孙文元（7月任）
案件监督管理室主任　陈荆州（7月任）
第一纪检监察室主任　张　烈
第二纪检监察室主任　于承春
第三纪检监察室主任　朱景所（7月任）
案件审理室主任　张作尧

区纪委派驻纪检组

第一纪检组（驻区委办纪检组）
组　长　程海彬
副组长　李新木
第二纪检组（驻区府办纪检组）
组　长　李昌鹤
副组长　潘敦雄
第三纪检组（驻区委组织部纪检组）
组　长　戴普芳
副组长　陈恩贤
第四纪检组（驻区委宣传部纪检组）
组　长　何品豪
副组长　周德备
第五纪检组（驻区委统战部纪检组）
组　长　项炳勛
副组长　诸海灵
第六纪检组（驻区委政法委纪检组）
组　长　黄光辉
副组长　胡丕剑
第七纪检组（驻区委农办纪检组）
组　长　邹耀莲（女）
第八纪检组（驻区发改局纪检组）
组　长　杨淑琼（女）
第九纪检组（驻区教育局纪检组）
组　长　邓李梅（女）
第十纪检组（驻区住建局纪检组）
组　长　王小坚
第十一纪检组（驻区城管与执法局纪检组）
组　长　黄克华

区人武部、法院、检察院及负责人

区人民武装部

部　长　厉良中（6月免）
政　委　朱赞宇
副部长　吴长理（6月免）

区人民法院

院长、党组书记　李　敏
副院长、党组副书记　陈　武
副院长、党组成员　周　辉
　　张　敏
　　王美蓉（女）
　　张苗中
党组成员、纪检组组长　孟德华（女）
党组成员、专职审判委员会委员
　　黄跃锋
　　朱黎明
党组成员、状元法庭庭长　林　华
党组成员、政治处主任　李以后
执行局局长　方宏斌

区人民检察院

检察长、党组书记　梅山群
副检察长、党组副书记　项振升
副检察长、党组成员　胡加明
　　林一鸣
　　王星火
党组成员、纪检组组长　冯显清
检委会专职委员　张苗立
党组成员、政治处主任　黄小闽
反贪污贿赂局局长　赵晓欢
反渎职侵权局局长　潘宏勇
经开区检察室主任　曹大波
党组成员　潘晓乐

区委工作部门、直属单位及负责人

区委办公室（区委政研室、机要局、保密局）

主　任　王旭辉
副主任　潘乐仲（11月任）
　　　　王会飞（兼）
　　　　王永林（兼）
　　　　张小龙　项华琛（7月任）
　　　　孙晓武　翁　骥
室务会议成员　程海彬
深改办专职副主任　张小龙（兼）
区委政研室副主任　张小龙
室务会议成员、保密局局长　黄友祺
区委政研室副主任　黄庆华
机要局（密码管理局）局长　李剑儒

区档案局（档案馆）

局长（馆长）　王永林
副局长（副馆长）　李胜春

区考绩办

主　任　王朝晖
副主任　吴尊林

区委组织部

部　长　池晓荣
常务副部长　潘文汉（5月免）
　　　　　　孙士岳（5月任）
副部长　潘源源（兼）
　　　　王进才
　　　　张崇林（兼，5月免）
　　　　张崇林（5月任）
　　　　潘文汉（兼，5月任）
　　　　王莲莲（女，兼）
　　　　孙士岳（兼，5月免）
　　　　王海霞（女，兼）
部务会议成员　戴普芳
副部长　季克霖（5月免）
　　　　季克霖（兼，5月任）
部务会议成员、组织员管理办主任
　　　　张小柳（女）
部务会议成员　王　亚（女）
　　　　朱建武

区委“两新”工委

书　记　孙士岳（5月免）
　　　　季克霖（5月任）
副书记　王　亚（女）
委　员　苏本云（兼，4月免）
　　　　郑　靖（女，兼）
　　　　张雪梅（女，兼）
　　　　童凌志（兼）
　　　　王学朝（兼）
　　　　娄长崇（兼）
　　　　余武忠（兼）
　　　　林碧清（女，兼）
　　　　王　颖（女，兼）
　　　　方崇敏（兼）
　　　　张萍萍（女，兼）
　　　　陈剑秋（兼）

区委老干部局

局　长　王海霞（女）
副局长兼区关工委办主任
　　　　章魁杰（4月任）

区委史志办

主　任　王进才（兼）
副主任　孙作材

区委宣传部

部　长　王人杰
常务副部长　张延文（11月免）
　　　　　　林新林（11月任）
副部长　上官光架
　　　　夏哲宇（兼）
　　　　张雪梅（女）
部务会议成员、互联网信息办公室主任
　　　　陈　佳（4月任）
互联网信息办公室专职副主任　项显宇
部务会议成员　何品豪　夏　静（女）

区文明办

主　任　上官光架
副主任　郭洪聪（4月免）
　　　　高乐耕　谢时平

区新闻中心

主　任　夏哲宇
副主任　丁欣华　兰小春

区委统战部（台办）

部　长　贾黎春
常务副部长　董朝贤
台办主任　项振康（兼）
副部长　项振康
　　　　王小云（女）
　　　　范定绍（兼）
　　　　张婵娟（女）
　　　　陈　佳（4月免）
　　　　涂克军（4月任）
台办副主任　孙　成
部务会议成员　项炳勋　温　江

区委政法委员会

书　记　黄阳栩（11月免）
副书记　王慧杰（兼）
　　　　黄挺义（兼）
　　　　张光羽（兼）
常务副书记　黄建斌
副书记　方宏辉　姜宝银（兼）
　　　　王建华（兼）
委　员　梅山群
　　　　李　敏（兼）
　　　　包双一
　　　　吴长理
　　　　黄光辉
委员、政治处主任　刘伟策

区社会管理综合治理委员会办公室

主　任　方宏辉（兼）

区防范和处理邪教问题领导小组办公室

主　任　王建华

区委维稳办

主　任　姜宝银

区委社工委

办公室主任　沈永国
办公室专职副主任　林光新（11月免）

区直机关党工委

书　记　王莲莲（女）
副书记　陈发林
委　员　上官光架（兼）
　　　　孙景绍（兼）
　　　　吴天峰（兼，4月免）
委员、纪工委书记　陈垂梯
委　员　徐苏晨

区委、区政府信访局

局长、党组书记　王会飞
党组副书记、副局长　季绍有（5月免）
副局长、党组成员　周东朝
党组成员、纪检组组长　董建烽
党组成员　王　典

区编委办

主　任　张崇林（5月免）
　　　　潘文汉（5月任）
副主任　陈宗杰　许绍尧
　　　　张艳华（女）
室务会议成员　李慧峰

区人大机关及负责人

办公室

主　任　朱德利（5月免）
　　　　陈　立（11月任）
副主任　林　敏
　　　　吴建芳（女）

法制工作委员会

主　任　林兆申（11月免）
　　　　林舜平（11月任）
副主任　苏鹭平（11月免）
　　　　林能杰（11月任）

财政经济工作委员会

主　任　曾焕强
副主任　姜青青（女，11月免）
　　　　王　斌（11月任）

教科文卫民侨工作委员会

主　任　叶雯文（女，11月免）
　　　　姜青青（女，11月任）
副主任　娄锦敏

城乡建设与环境保护工作委员会

主　任　朱微明（7月任）
副主任　张加福

代表工作委员会

主　任　朱志清（7月免）
　　　　李蝉华（女，7月任）
副主任　王来雨（女，11月免）
　　　　黄爱勇（11月任）

农村和资源保护工作委员会

主　任　沈爱巧
副主任　李春莲（女）

区政府工作部门、直属单位及负责人

区政府办公室（人防办、法制办、应急办）

主任、党组书记　陈林彬
副主任　张韩杰
　　　　蔡文年（5月任）
　　　　张纯恩（5月免）
副主任、党组成员　冯　丹（女）
　　　　朱德旭
　　　　周　威
　　　　王海省
党组成员　李昌鹤　蔡文年　张纯恩
法制办副主任　高　强（4月任）
党组成员、法制办副主任兼副主任
　　　　吴天峰（4月免）
区应急办主任　蔡文年（5月免）
　　　　张纯恩（5月任）
法制办副主任　李辉星
区土地储备中心副主任
　　　　叶晓东（女，9月免）
区长专线受理中心主任　郭艳颖（女）

区行政审批管理办公室

主任、党组书记　林宝夏
副主任、党组成员　沈永强
副主任、党组成员、区公共资源交易管委办副主任　李显国
区公共资源交易分中心主任
　　　　李显国（兼，7月免）
副主任、党组成员　王甫爱
区行政审批服务管理中心（市行政审批与公共资源交易服务管理中心龙湾分中心）主任　陆振山（7月任）
副主任、党组成员、区公共资源交易管委办副主任　陈凌云

区金融办

主任、党组书记　姜祥林（5月免）
　　　　王晓春（5月任）
党组副书记、副主任　王晓春（5月免）
副主任　姚黎群（女，5月任）
党组成员　姚黎群（女）
纪检组组长　姚黎群（女，5月免）
副主任、党组成员　陈　祥

区征管办

副主任　曾松国（7月免）
　　　　汪德雄（7月免）

区发展和改革局

局长、党组书记　叶自力
副局长、党组副书记　陈志楠（4月免）
　　　　朱德利（5月任）
副局长、党组成员　徐启聚
　　　　林仲武（5月免）
副局长　周建林（7月任）
　　　　王　振
党组成员　杨淑琼（女）
　　　　周建林　金上钟
纪检组组长　周建林（7月免）

区重点工程管理办公室

主　任　陈志楠（4月免）

区第三产业发展办公室

主任、党组书记　黄克文
党组成员、纪检组组长
　　　　潘瑞国（7月免）
副主任　朱晓芬（女）

区经济和信息化局（商务局）

局长、区经信局（商务局）党委书记
　　　　吴向兵
区经信局（商务局）党委副书记
　　　　范长安
副局长、区经信局（商务局）党委委员
　　　　黄新宇　刘锦浦　王振玉
区经信局（商务局）党委委员、纪委书记
　　　　陈剑秋
总工程师　董红梅（女）

区商务局

局长、区经信局（商务局）党委副书记
　　　　范长安
副局长、区经信局（商务局）党委委员
　　　　周可友
　　　　蔡小芳（女，4月免）
　　　　项黎明
副局长　曹　立

区协作办（招商局）

主任（局长） 项 晓（女）
党组书记、副主任（副局长） 金龙山
副主任（副局长）、党组成员
周玉艾（11月免）
党组成员、纪检组组长 朱东敏
党组成员 姜春芽（11月任）

区教育局

局长、党委书记 梅银松（4月免）
郑小强（4月任）
副局长、党委副书记 王学朝
副局长 陈丕侠（4月任）
副局长、党委委员 徐志毅
王 颖
党委委员、纪委书记 娄小龙
党委委员 黄丽秋（女）
邓李梅（女）
柯晓平
黄紫微（女）
陈 良
王飞武

区政府教育督导室

主 任 朱大志（兼）
副主任 梅银松（兼，4月免）
黄丽秋（女）

区科技局

局长、党组书记 赵春斋
副局长、党组副书记 娄长崇
副局长、党组成员 王少珍（女）
高 强（4月免）
副局长 杨国平
党组成员、纪检组组长 王绍国

区民宗局

局长、党组书记 张婵娟（女，兼）
副局长、党组成员 周清泉
李博铭（11月任）
唐建国

区监察局

局 长 孙景绍
副局长 陈 健
林碧清（女）
张霞鸿（女）

区民政局

局长、党组书记 沈永国
副局长、党组副书记 吴进军
张崇强（7月任）
副局长、党组成员 苏本云（4月免）
王勤锷
党组成员、纪检组组长 王靖海
党组成员 林光新（11月免） 郑元华

区老龄委

主 任 顾 威（兼）

区老龄委办

主 任 刘炜敏（女）

区司法局

局长、党组书记 包双一
副局长、党组副书记 缪克鸠
副局长、党组成员 林立新
副局长 叶丽蓉（女）
党组成员、纪检组组长
林能杰（11月免）
党组成员、政治处主任 林元洪

区财政局

局长、党组书记 余安江
党组副书记 潘建华 吴鸿炜
副局长 方 微（女）
副局长、党组成员 方崇敏 陈启兴
党组成员 施寒毅 周向前（2月免）
党组成员、总会计师 吴祖岭（4月任）
预算编制局局长 李晓青（女，7月任）
预算执行局局长 陈银晔（女，7月任）
财政监督局局长 朱爱忠（7月任）

区国资办

主 任 余安江
副主任 吴鸿炜 施寒毅

区人力资源和社会保障局

局长、党组书记 潘源源
副局长、党组副书记 朱明锡
副局长、党组成员 陈 立（11月免）
苏鹭平（11月任）
杨向荣
林文辉
党组成员 潘崇华

区住建局

局长、党委书记 陈和斌
副局长、党委委员 张 和 张爱武
王益元 张祥鹏
党委委员 邵建寨（7月免）
王小坚
党委委员、纪委书记 杨晓霞（女）
党委委员、总工程师 王 皓

区城中村改造办公室（区工务局）

主任（局长）、党组书记 陈 升
副主任（副局长）、党组副书记
张 建（2月免）
倪庆芳（4月任）
党组成员、纪检组组长 黄玉增
副主任（副局长）、党组成员
王 朝（7月免）
严 春
郭 林（5月任）
党组成员、总工程师 张建达

区公用事业工程建设指挥部

指挥、党组书记 邵建寨（7月免）
副指挥、党组成员 冯茂峰（7月免）
黄韶琳（7月免）
党组成员 黄勤忠（7月免）

区城市管理与行政执法局

局长、党委书记 李显淼（11月免）
郑祥迪（11月任）
党委委员、纪委书记 周启敏
副局长、党委委员 黄明高 周安敏
吴良文（5月免）
林 丽（女）
副局长 冯宪尧（5月任）
党委委员 黄克华
冯宪尧
吴家强（5月任）
区园林绿化管理处主任
冯宪尧（5月免）
吴忠南（5月任）

区交通运输局

局长、党组书记 孙方忠
副局长、党组副书记 王胜耀
党组成员 王显峰（7月免）
副局长、党组成员 谢恩赐 陈晓亮

党组成员、总工程师　木鑫泽

区交通工程建设指挥部

指　挥　王显峰（7月免）
副指挥　周建中（7月免）
王金海（7月免）
陈晓毅（7月免）

区交通工程建设办公室（铁路建设办公室）

主任、党组书记　王显峰（7月任）
副主任、党组成员　林　森（7月任）
王金海（7月任）
陈晓毅（7月任）
党组成员、纪检组组长
林昌俊（7月任）
党组成员、总工程师　潘修程（7月任）

区公路管理局（公路路政管理大队）

局长（大队长）　谢恩赐

区市域铁路建设办公室

副主任　林　森（7月免）
余赛勇（7月免）

区委农办（区农林局）

主任（局长）党组书记
郑小强（4月免）
朱进国（4月任，11月免）
陈思崇（11月任）
副主任（副局长）、党组成员
黄新民（11月免）
王学选　李启光　章新华
纪检组组长　王洪彬（11月免）
专职副主任　王洪彬（11月任）
党组成员　邹耀莲（女）
王洪彬　罗利敏

区畜牧兽医局

局　长　林光兄

区水利局

局长、党组书记　倪士章
副局长、党组副书记　朱进华
副局长、党组成员　周兆弟（7月免）
王　朝（7月任）
副局长　吴一禾（7月免）
总工程师　吴一禾（7月任）
党组成员　吴一禾
吴伊峰
张纯权

区防汛防旱指挥部办公室

主　任　吴伊峰

区城市东片防洪工程建设指挥部

副指挥　林小勇　孙秋根

区海洋与渔业局

局长、党组书记　李　谊
副局长、党组成员　林　强
赵钦升
林为界
党组成员、纪检组组长　贾德任
党组成员、总工程师　蔡　政
党组成员　王芝龄

区文化广电新闻出版局

局长、党组书记　潘旭宏
副局长、党组成员
张明春　陈　佐
项玉燕（女，4月免）
孙晓峰（女，4月任）

区卫生和计划生育局

局长、党委书记　黄建芳
党委副书记　郑晓燕（女，4月任）
副局长、党委委员
郑晓燕（女）
陈建勇　王仁光
姜　翰
张玲燕（女，4月免）
汪月强
党委委员、纪委书记　余武忠
创卫办（爱卫办）专职副主任
郑祥聪（7月任）
党委委员　钱　珍（女）
项金武

区审计局

局长、党组书记　周德望
副局长、党组成员　袁建军　季昌岳
副局长　曹雄伟
区经济责任审计联席会议办公室主任
陈景双（女）

区统计局

局长、党组书记　周德望（4月免）
陈志楠（4月任）
党组副书记、副局长　汪　宇
副局长　林海尧（4月任）
总统计师　林海尧（4月免）
党组成员、纪检组组长
郭　林（5月免）
党组成员、总统计师
陈　达（4月任）
党组成员　林海尧
林　晖（女）

区环保局

局长、党组书记　南君晓
副局长、党组副书记　张　祥
副局长、党组成员　董　峰
陈征帆（4月任）
副局长　朱邦丰（2月免）
党组成员、纪检组组长
孙晓峰（女，4月免）
总工程师　方培达
党组成员　张宣讯
环境监察大队大队长
张宣讯（11月任）

区外事侨务办公室

主　任　王小云（女）
副主任　王向阳
陈春妹（女，7月任）
张美玲（女，7月免）

区安全生产监督管理局

局长、党组书记　朱智猛
副局长、党组成员　夏朝峰
徐　波
厉接孝
党组成员、总工程师
邓仁美（女，11月任）

区市场监督管理局

党委书记　陈汉杰
局长、食安办主任　吴振弟
副局长、党委委员　郑文伟
童凌志
叶永通
涂克军（4月免）

食安办副主任　陈晓宝（女）
党委委员　陈征帆（4月免）
　　冯微奇（4月任）
　　单　武（5月任）

区质量技术监督局

局长、党组书记　王星云
副局长、党组副书记　章方森
党组成员、纪检组长　王小春（女）
副局长、党组成员　项　波
　　居述东
　　董夫钗

区体育局

局长、党组书记　叶铭克
副局长、党组成员　马　辉　张　成
副局长　徐小茶（女）
党组成员　张维增　刘　辉

区风景旅游管理局

局长、党组书记　王进光（4月免）
　　吴天峰（4月任）
副局长、党组成员　张恩东（11月免）
　　沈　跃
党组成员　林铁强
　　陈晓明（7月任）

区供销合作社联合社

主任、党组书记　王爵清
副主任、党组成员　王晓明
　　吴开明
　　许善东
党组成员、纪检组组长　周德兴
党组成员　林正坤

区移民办

主任、党组书记　张福康
副主任、党组副书记　周兆弟（7月任）
副主任、党组成员　姚海平
副主任　项铣招（女，7月免）
党组成员　李中旺

区机关事务管理局

局长、党组书记　许　峰
副局长、党组成员　陈强炜
　　潘崇银（4月任）
副局长　林炳平（7月任）
纪检组组长　林炳平（7月免）
党组成员、接待办主任　程晓榕（女）
党组成员　林炳平
　　张鲜艳（女）
　　徐忠良

区新居民服务管理局

局长、党组书记　朱钱合
副局长、党组成员　吴锡和（兼）
　　石崇侠
副局长　王仁光（兼）
　　王　颖（兼）
　　林文辉（兼）　南　翀

区海涂围垦工程建设指挥部

常务副指挥、党组书记
　　章　文（11月免）
副指挥、党组成员　潘成春　张福尧
　　朱秀华（女）
党组成员、纪检组组长　张洁敏（女）
党组成员、总工程师　周成铃

区温瑞塘河保护管理委员会

主任、党组书记　张崇海
副主任、党组副书记　冯茂峰（7月任）
副主任、党组成员　陈向爱（4月免）
　　李成迪（7月免）
　　邵中稿
　　陈王凡（女，4月任）
党组成员、纪检组组长　孙勤义
党组成员　邵朝臣（4月任）

区瓯飞办

主　任　王仁勇
副主任　余海敏

区永昌堡保护修建管委会

主任、党组书记　王国建（7月免）
副主任、党组成员　张明晓（7月免）
党组成员　陈晓明（7月免）

温州臻龙建设投资集团有限公司

董事长　潘建华（9月免）
副总经理　庄海斌

温州市公安消防局龙湾区分局

政　委　叶东瀛（2月免）
　　张建星（3月任）
局　长　王　成（3月任，12月免）
副局长　房敏卿（3月任）

区政协机关及负责人

办公室

主　任　潘　伦
副主任　王　霞（女，7月任）

提案委员会

主　任　陈文汉（7月免）
　　王英姿（女，7月任）

经济建设委员会

主　任　陈品富
副主任　朱伟英（女，7月免）

教科文卫体委员会

主　任　朱学林（4月免）
　　朱伟英（女，7月任）
副主任　陈德明

港澳台侨委员会

主　任　方　华（女）

社会法制与民族宗教委员会

主　任　周德新

委员工作委员会

主　任　黄剑峰（4月免）
　　王进光（4月任）

人口资源环境委员会

主　任　张志福（11月免）
　　林光新（11月任）

人民团体、群众团体及负责人

区总工会

主　席　张文根
常务副主席、党组书记　郑　靖（女）
副主席、党组成员　徐定海
　　项森崇（7月任）
　　陈兆军
经费审查委员会主任　项森崇（7月免）
经费审查委员会主任　项森崇（兼，7月任）

共青团龙湾区委员会

书记、党组书记，区青联主席　姜扬瓯
副书记、党组成员，区青联副主席
　　张萍萍（女）
副书记、党组成员　王晟盛（11月任）

区妇女联合会

主席、党组书记　倪瑞瑾（女）
副主席、党组成员　王　颖（女）
　　陈向群（女）

区科学技术协会

主席、党组书记　章魁洪
副主席、党组成员　范祯燊
副主席　徐启聚（兼）　徐志毅（兼）
　　王少珍（女，兼）
党组成员　章学逢（11月任）

区归国华侨联合会

主　席　李月萍（女）
专职副主席　潘林海（2月任）
副主席　叶晓宾（女，兼）
　　王香梅（女，兼）
　　吴永龙（兼）　陈　旭（兼）
　　周建国（兼）

龙湾区工商联（总商会）

主　席　王忠芳（11月免）
主席（会长）　沈应琴（11月任）
常务副主席（常务副会长）、党组书记
　　范定绍
副主席（副会长）、党组成员
　　章雅丽（女）
党组成员　杨剑光（7月任）

区文学艺术界联合会

主　席　曹丹艳（女）
副主席　陈　佐（兼）　张维丰

区残疾人联合会

主席团主席　顾　威（兼）
主席团副主席　严永明　蔡文年（兼）
　　王忠生（兼）
执行理事会理事长、党组书记　严永明
执行理事会副理事长、党组成员
　　陈光宇
党组成员　朱晓宏（11月任）

区红十字会

会　长　朱大志（兼）
常务副会长　王英姿（女，7月免）
　　张崇微（女，11月任）
副会长　周　龙

区计划生育协会

会　长　朱大志（兼）
专职副会长　钱　珍（女）
副会长　孙士岳（兼）

区社会科学界联合会

主　席　张雪梅（女）
副主席　陈王凡（女，4月免）
　　陈向爱（4月任）
　　吴鸿炜（兼）

民主党派及负责人

中国国民党革命委员会温州市龙湾区基层委员会

主　委　张雪梅（女）
副主委　魏丽华（女）
　　王明华　吴槐桦（女）

中国民主同盟温州市龙湾区基层委员会

主　委　郑银凤（女）
副主委　陈金杰　张霞鸿（女）
　　叶道标

中国民主建国会温州市龙湾区基层委员会

主　任　张积敏
副主任　朱邦丰　罗　彬（女）

中国民主促进会温州市龙湾区基层委员会

主　任　曹丹艳（女）
副主任　王崇焕　钟杭玲（女）
　　潘淑贞（女）　王成福

中国农工民主党温州市龙湾区基层委员会

主　委　金叶道
副主委　邢庆武　陈　音（女）
　　余海敏

中国致公党温州市龙湾区基层委员会

主　委　高明章
副主委　黄根云　朱晓芬（女）

九三学社温州市龙湾区基层委员会

主　委　陈继远
副主委　陈　宏（女）　李国斌

垂直管理单位与金融系统及负责人

区公安分局

局长、党委书记　黄挺义
政委、党委副书记　陈国利
党委副书记、常务副局长　陈成跑
副政委、党委委员　赖立位（2月免）
副局长、党委委员　陈碎丰　吴锡和
　　陈建武　吴志康
　　程　远
　　（挂职5月任）
党委委员、纪委书记　王献雷（2月免）
　　张慧剑（2月任）
党委委员　戚永蓬　马剑敬
　　黄晓慧（女）

温州市规划局龙湾分局

局　长　朱为华
副局长　黄东舟　蔡　钦　尚　旭
　　金　苏（10月任）

温州市国土资源局龙湾分局

局　长　林国初
副局长　黄顺杰　季胜海　石素丹

温州市房产管理局龙湾分局

局　长　林舜平
副局长　王东升　赵建清
　　孙宝武（9月免）

温州电力局龙湾供电分局

局　长　李　健
副局长　谢鹏林

温州市公安局交通警察支队三大队

大队长　周振宏（4月免）
　　谷文林（4月任）

温州市住房公积金管理中心龙湾管理部

主　任　洪文泳
副主任　杨洁晓

中国电信龙湾分局

局　长　卢声波
党委书记　卢声波
副局长　朱宝进　叶爱娥（女）

中国移动龙湾分公司

总经理　王　浩
副总经理　张　岳　戴永高

中国联通龙湾分公司

总经理　郑远秋
副总经理　陈　盛（1月免）
　　李芳珍（女）
　　卢正宇（1月任）
　　陈　康（10月任）

中国银行龙湾支行

行　长　夏建锋（7月任）
　　林　峰（7月免）
副行长　王秀丽　周剑英（7月免）
　　李　丰（2月任）

中国农业银行龙湾支行

行　长　吴宝善
副行长　叶联敏　黄　斌
　　陈炜炜（女）　林晓华（女）

中国建设银行龙湾支行

行　长　王　骏（9月免）
　　李曙锋（9月任）
副行长　董善泽　董小玲　徐昭雄

中国工商银行龙湾支行

行　长　叶笃林

交通银行龙湾支行

行　长　林　伟
副行长　张　翔

中信银行龙湾支行

行　长　王东来（9月免）
　　张贵林（9月任）
副行长　张贵林（9月免）　叶天翔

浦东发展银行龙湾支行

行　长　朱培海
副行长　项克峰

广东发展银行龙湾支行

行　长　王朝晖
副行长　王淑媚（女）

平安银行龙湾支行

行　长　钱贤德（9月免）
　　包艳艳（女，10月任）

招商银行龙湾支行

行　长　王小敏
副行长　严欢燕（女，6月免）
　　邱旭烨（女，6月任）

民生银行龙湾支行

行　长　张邦业
副行长　姜彩莲（女）　翁雅静（女）
　　王　平（女）

兴业银行龙湾支行

行　长　朱　毅
副行长　张　盛

福建海峡银行龙湾支行

行　长　章玉和（1月免）
　　陈振宇（1月任）

浙商银行龙湾支行

行　长　李　超
副行长　陈　辉

温州银行股份有限公司龙湾支行

行　长　廖观清（4月免）
　　王　洁（女，4月任）
副行长　徐海慧（女，3月免）
　　陈智才（3月任）

龙湾农村商业银行

董事长　刘少云
行　长　胡荣安
监事长　郭献武
副行长　黄文海　王和乐

中国人民财产保险股份有限公司龙湾支公司

总经理　袁旭东（6月免）　陈　旭（6月任）
副总经理　王银友（7月免）
　　陈宪宏（7月任）

中国人寿保险股份有限公司龙湾支公司

经　理　黄　巍

功能区及负责人

中共温州高新技术产业开发区委员会

书　记　王　军（11月免）
　　陈应许（11月任）
副书记　陈应许（11月免）
　　周一富（11月任）
　　赵典霖
委　员　李道钮　朱启荣（5月任）
　　郑　凯（5月任）

温州高新技术产业开发区管理委员会

主　任　陈应许（11月免）
　　周一富（11月任）
副主任　赵典霖　李道钮
　　朱启荣（3月任）
　　郑　凯（3月任）

温州高新技术产业开发区管委会综合协调处

处　长　李美广（2月免）
副处长　戴进军（2月免）
　　王建敏（2月免）
　　邵雪梅（女，2月免）

温州高新技术产业开发区管委会招商引资处

处　长　朱　奇（2月免）
副处长　黄爱勇（2月免）
　　王　扬（2月免）

温州高新技术产业开发区管委会产业规划处（创新发展处）

处　长　唐俊杰（2月免）
副处长　王小湖（2月免）
　　林建祥（2月免）
　　郑德仕（2月免）

温州高新技术产业开发区管委会科技孵化处

处　长　陶祝波（2月免）
副处长　曾国海（2月免）
　　黄家建（2月免）
　　潘林海（2月免）

温州高新技术产业开发区管委会创业服务中心

主　任　王　勇（2月免）
副主任　王　斌（2月免）
　　　　张崇海（2月免）

温州浙南科技城管理委员会党政办公室

主　任　李美广（2月任）
副主任　戴进军（2月任）
　　　　吴良文（5月任）
　　　　蔡秦淮（5月任）

温州浙南科技城管理委员会经济发展局（科技局）

局　长　朱邦丰（2月任）
副局长　黄家建（2月任）
　　　　郑德仕（2月任）

温州浙南科技城管理委员会财政局

局　长　王　勇（2月任）
副局长　曾国海（2月任，9月免）
　　　　周向前（2月任）

温州浙南科技城管理委员会规划建设局（市规划局浙南科技城分局）

局　长　唐俊杰（2月任）
副局长　黄爱勇（2月任，11月免）
　　　　林建祥（2月任）
　　　　郑　正（2月任）

温州浙南科技城管理委员会招商局

局　长　孔德亮（2月任）
副局长　王建敏（2月任）
　　　　邵雪梅（女，2月任）
　　　　王　扬（2月任）

温州浙南科技城管理委员会机关党委

专职副书记　董建树（5月任）

温州浙南科技城创业服务中心

主　任　张　建（2月任）
副主任　张崇海（2月任）　徐长存（2月任）

温州浙南科技城人才服务中心

主　任　朱　奇（2月任）
副主任　虞成亮（2月任）
　　　　唐爱华（女，11月任）

温州浙南科技城建设投资集团有限公司

董事长　曾国海（9月任）
副总经理　何　从（9月任）
总工程师　诸朝辉（11月任）
总会计师　杨　瑜（女，11月任）

温州空港新区管委会

主任、党委书记　韩包斌
常务副主任、党委副书记　高皓达
副主任、党委委员　孔德亮（2月免）
党委委员、总工程师　宋培鸽
副主任　陈丕侠（4月免）
副主任、党委委员　管小鹏（11月免）
　　　　张恩东（11月任）
　　　　郑玲莲（女）
　　　　潘忠玉（4月任）
党委委员、纪委书记　姜祥凯

温州空港新区管委会办公室

主　任　姜祥凯（兼）
副主任　张单娇（女，4月免）
　　　　王　林（4月任）

温州空港新区管委会经济发展处

处　长　孔德亮（2月免）
　　　　潘忠玉（4月任）
副处长　王小聪（7月免）
　　　　朱剑锋（7月任）

温州空港新区管委会政策法规处

处　长　管小鹏（11月免）
　　　　张恩东（11月任）
副处长　夏海波

温州空港新区管委会规划技术处

处　长　宋培鸽
副处长　潘微微（女）

温州空港新区管委会招商投资处

处　长　郑玲莲（女）

温州空港新区管委会工程建设处

处　长　陈丕侠（4月免）
副处长　王良波（4月任）　鲁传义

温州空港新区管委会监察室

副主任　徐宗帅（7月任）

龙湾城市中心区管委会

主　任　胡中海
党组书记　胡中海（7月任）
党工委副书记　胡中海（7月免）
副主任、党工委副书记
　　　　张崇强（7月免）
党组副书记、纪检组组长
　　　　蔡爱霞（7月任）
副主任　郑　菲（女）
　　　　魏国敏
党工委委员　郑　菲（女，7月免）
　　　　庄海斌（兼）（7月免）
　　　　魏国敏（7月免）
　　　　缪欢益（7月免）
副主任、党组成员　曾松国（7月任）
副主任、党工委委员　王良波（4月免）
党工委委员、纪工委书记
　　　　林昌俊（7月免）
党组成员　郑　菲（女，7月任）
　　　　魏国敏（7月任）
　　　　缪欢益（7月任）
　　　　黄勤忠（7月任）
总工程师　缪欢益

街道机构及负责人

永中街道

党工委书记　叶庆权
党工委副书记　林建兴（11月免）
　　　　邵建寨（11月任）
　　　　项东军（7月免）
　　　　张　文
纪工委书记　徐宗帅（7月免）
　　　　戴　静（7月任）
党工委委员　周旭晨　王　洲
　　　　孙宝武（7月任）
　　　　陈　军
　　　　徐宗帅（7月免）
　　　　王晓林（7月任）
　　　　叶笃祥
　　　　戴　静
　　　　徐　芳（女，7月任）
人大工委主任　李蝉华（女，7月免）
　　　　项东军（7月任）
人大工委副主任　张明晓（7月任）
　　　　姜蓉曼（女，兼）
办事处主任　林建兴（11月免）

邵建寨（11月任）
办事处副主任　王　洲
朱剑锋（7月免）
娄克华　张　韬
王晓林（7月免）
朱邦正

蒲州街道

党工委书记　王云师
党工委副书记　郑祥迪（11月免）
王余余（女）
周光峰
纪工委书记　孙俊巧（女）
党工委委员　娄晓杰
戚永蓬
潘国武
倪庆芳（4月免）
孙俊巧（女）
孔令明
人大工委主任　杨洪法
人大工委副主任　陈根生
诸海疆（女）
办事处主任　郑祥迪（11月免）
周光峰（11月任）
办事处副主任　潘国武
倪庆芳（4月免）
王长耀
鲁苏琼（女）
周　慧（4月任）

海滨街道

党工委书记　范朝阳（5月免）
姜祥林（5月任）
党工委副书记　林　华
潘忠玉（4月免）
章　炜
张玲燕（女，4月任，11月免）
纪工委书记　邵震环
党工委委员　吴寒秋
陈春妹（女，7月免）
方益察　张志霄
王小友　邵震环
人大工委主任　朱学东
人大工委副主任　严国芳
孙晓瑜（女）
办事处主任　林　华
办事处副主任　廖海容（女，5月任）
冯小华
王小友
郑国隆

永兴街道

党工委书记　陈思崇（11月免）
邵建乐（11月任）
党工委副书记　邵建乐（11月免）
张玲燕（女，11月任）
卢金华
蔡爱霞（女，7月免）
纪工委书记　潘建平
党工委委员　刘　健（11月免）
陆振山（7月免）
王小聪（7月任）
潘建平
余赛勇（7月任）
林　锋
陈凌纯（7月任）
冯显跃（11月任）
邱黎杰
叶志斌（7月任）
人大工委主任　朱微明（7月免）
王国建（7月任）
人大工委副主任　杨选荣（7月免）
周胜耀
王炳武（7月任）
办事处主任　邵建乐（11月免）
张玲燕（11月任）
办事处副主任　陆振山（7月免）
王小聪（7月任）
胡显东（7月免）
徐　芳（女，7月免）
吴夏维
杨选荣（7月任）
项铣招（女，7月任）

状元街道

党工委书记　林新林（11月免）
林建兴（11月任）
党工委副书记　潘建潮
张安畴
冯宪芙
纪工委书记　张凌哲（女）
党工委委员　孙文元（7月免）
张凌哲（女）
陈财力
左冠怀
邵建龙
张　颖
杨张成
人大工委主任　潘　虎
人大工委副主任　张建立
徐　伟（女）
办事处主任　潘建潮（7月任）
办事处副主任
潘建潮（保留正科长级，主持办事处工作，7月免）
孙文元（7月免）
陈财力
左冠怀
郑祥潇

瑶溪街道

党工委书记　潘乐仲（11月免）
李显森（11月任）
党工委副书记　项华琛（7月免）
邵建寨（7月任，11月免）
章　文（11月任）
邱朝瀚
陈学显
纪工委书记　王　奔
党工委委员　刘　健（11月任）
王　奔
陈显尧
胡显东（7月任）
何继业
姜春媚（女）
冯显跃（11月免）
万晓敏（女，7月任）
人大工委主任　张崇微（女，11月免）
管小鹏（11月任）
人大工委副主任　张单娇（女，4月任）
陈达生
办事处主任　邵建寨（7月任，11月免）
章　文（11月任）
办事处副主任
项华琛（保留正科长级，主持办事处工作，7月免）
陈显尧
林建达
陈凌纯（7月免）
李嘉木
叶英岳（7月任）

中共龙湾区委员会

重要会议

【区委七届九次全体（扩大）会议】 2016年1月14日，区委七届九次全体（扩大）会议在区行政管理中心大楼四楼多功能厅召开。会议听取并讨论区委书记王军代表区委常委会所做的《加快转型　奋力赶超　确保“十三五”开好局起好步》的报告，审议通过《中共龙湾区委关于制定龙湾区国民经济和社会发展第十三个五年规划的建议》。会议明确2016年全区工作的指导思想，贯彻落实中央一系列重大决策部署，按照省委“八八战略”和市委“五化战略”的部署要求，围绕赶超发展目标，紧扣转型升级主线，全力攻坚浙南科技城起步区建设、东部交通枢纽打造、现代服务业发展、生态环境整治等“四大重点”，加快建设浙南科技城、城市中心区、空港新区、时尚版块等“四大版块”，全面加强社会和谐、基层基础、干部队伍、作风纪律等“四大保障”，推动经济转型、城市转型、社会转型互促共进，加快龙湾赶超发展进程，确保“十三五”开好局起好步。

【区委七届十次全体（扩大）会议】 2016年7月7日，区委七届十次全体（扩大）会议在区行政管理中心大楼四楼多功能厅召开。会议听取并讨论区委书记王军代表区委常委会所做的《精准发力补短板　统筹施策促转型　确保如期打造迈入全面小康社会的标杆城区》的报告，审议通过《中共龙湾区委关于补短板的实施意见》。会议强调，要贯彻落实中央和省委、市委系列决策部署，紧扣经济、城市、社会“三大转型”，把握补短板的正确方向、科学方法和工作重点，坚持五大发展理念为引领，坚持问题为先、效果为要，全力补齐科技创新、服务业发展、综合交通、城市化、生态环境、公共服务有效供给、改革落地、基层社会治理、作风建设等“九大短板”，扎实推进“补短板”在龙湾的实践。

【区委七届十一次全体会议】 2016年11月4日，区委七届十一次全体会议在区行政管理中心大楼四楼多功能厅召开。会议审议通过《关于召开中国共产党龙湾区第八次代表大会的决议（草案）》，号召全区各级党组织、全体共产党员要以高度的责任心和担当意识、纪律意识、规矩意识，精心组织，加强领导，既要全力以赴推进各项既定的年度工作，还要扎扎实实地做好大会的各项筹备工作，确保龙湾区第八次党代会顺利召开。区委书记王军主持会议。区委常委和区委委员、区纪委委员等参加会议。

【中国共产党龙湾区第八次代表大会】 2016年12月28—30日，中国共产党龙湾区第八次代表大会在区文化中心举行。会议回顾总结区第七次党代会以来的主要工作，研究确定今后五年全区工作的指导思想、战略目标、主要任务和重大举措。区委书记陈应许代表中共龙湾区第七届委员会作题为《突出专项主线　勇立发展潮头　为打造迈入全面小康社会标杆城区而努力奋斗》的报告，区纪委书记张宏琴代表中共龙湾区第七届纪律检查委员会作题为《坚守责任担当　全面从严治党　为打造迈入全面小康社会标杆城区提供坚强纪律保证》的工作报告。大会通过关于七届区委报告的决议和关于区纪委工作报告的决议。大会选举产生中共龙湾区第八届委员会委员38人、候补委员8人，区纪律检查委员会委员25人，龙湾区出席中共温州市第十二次代表大会的代表17人。参加大会代表229人，列席人员179人。

【龙湾区委常委、高新区党委会议】 2016年，召开龙湾区委常委、高新区党委会议21次。

第一次龙湾区委常委、高新区党委会　1月11日召开。会议原则通过《中共龙湾区委关于制定龙湾区国民经济和社会发展第十三个五年规划的建议（送审稿）》《区委七届九次全体（扩大）会议工作报告（送审稿）》。会议原则通过《区委七届九次全体（扩大）会议日程和分组讨论安排（送审稿）》，决定1月14日召开中共龙湾区委七届九次全体（扩大）会议。会议原则通过《区第七届人民代表大会第五次会议筹备方案（送审稿）》《区政协第四届委员会第五次会议筹备方案（送审稿）》。会议原则通过区第七届人民代表大会第五次会议主席团成员、秘书长建议名单，主席团常务主席建议名单，主席团执行主席分组建议名单，计划和预算审查委员会委员建议名单，副秘书长建议名单，邀请上主席台就座人员建议名单，各代表团团长、副团长建议名单，列席人员建议名单，选举办法（草案）；政协第四届龙湾区委员会第五次会议邀请上主席台就座人员建议名单，列席人员建议名单。会议原则通过《关于完善人才政策 推进“人才特区”建设的实施办法（送审稿）》《关于做好2015年度龙湾区（高新区）功勋企业、优秀企业、功勋企业家、优秀企业家、纳税50强和工业产值增幅50强评选的通知（送审稿）》。

第二次龙湾区委常委、高新区党委会 1月15日召开。会议原则通过《政府工作报告（送审稿）》《龙湾区2015年国民经济和社会发展计划执行情况与2016年国民经济和社会发展计划草案的报告（送审稿）》《龙湾区（高新区）2016年重点建设项目计划表（送审稿）》《关于龙湾区2015年区本级预算执行情况和2016年区本级预算草案的报告（送审稿）》。会议原则通过《龙湾区国民经济和社会发展第十三个五年规划纲要（送审稿）》《2016年龙湾区十大民生实事项目安排方案（送审稿）》，并要求按照会议讨论意见修改完善，提交区“两会”审议。会议原则同意《2015年度龙湾区千人评机关中层和基层站所活动结果（送审稿）》。会议传达全省农村工作会议精神及龙湾区贯彻意见。会议研究全民大巡防工作。

第三次龙湾区委常委、高新区党委会 1月26日召开。会议原则通过《区纪委七届六次全会工作报告（送审稿）》、区纪委七届六次全会会议方案。会议原则同意龙湾区第四届“劳动关系和谐企业”评选结果。会议传达全省宣传思想工作会议精神及龙湾区区贯彻意见。会议传达全国、全省计生工作会议精神及龙湾区贯彻意见。会议传达中央、省、市纪委全会精神及龙湾区贯彻意见。

第四次龙湾区委常委、高新区党委会 2月4日召开。会议原则同意《2015年度高新区管委会内设处室和下属单位绩效考核结果》《2015年度街道工作绩效考核结果》《2015年度城中村改造专项行动考核结果》《2015年度区部门工作绩效考核结果》《浙南科技城建设2016年工作要点（送审稿）》《2015年度龙湾区（高新区）功勋企业、优秀企业、功勋企业家、优秀企业家、纳税50强和工业产值增幅50强名单（送审稿）》《2015年度招商引资工作先进单位和先进个人（送审稿）》《第三届龙商回归功勋（先进）人物评选有关事宜（送审稿）》《2015年度系列十佳基层干部评选结果（送审稿）》《龙湾区（高新区）三级干部大会暨考绩总结表彰大会方案（送审稿）》。会议原则通过《2016年度龙湾区（高新区）重要工作责任分解（送审稿）》《2016年度“三联四推五提升”专项活动方案（送审稿）》。会议传达省“两会”和省委、省政府主要领导在省“两会”期间在温州代表团审议时重要讲话精神及龙湾区贯彻意见。会议传达《关于进一步做好2016年市管干部个人有关事项填报工作的函》文件精神。会议传达全国、全省、全市政法工作会议精神及龙湾区贯彻意见。会议研究干部人事工作。

第五次龙湾区委常委、高新区党委会 3月4日召开。会议传达市十二届人大六次会议精神、市政协十届五次会议精神、全省社会治安防控体系建设现场推进会精神、全市宣传思想工作和落实党委（党组）意识形态责任制会议精神。会议传达全国、省、市组织部长会议精神。会议传达全国、全省统战部长会议精神。会议专题学习《浙江省委党委（党组）意识形态工作责任制实施细则》。会议原则同意《2016年度“打黑除恶”专项行动实施方案》。会议原则通过《关于开展“敢担当、树标杆”作风建设六大行动的实施意见（送审稿）》《关于深入实施作风巡查工作的意见（送审稿）》《区农村基层作风巡查工作实施办法（送审稿）》《区直单位作风巡查工作实施办法（送审稿）》《关于开展基层老年人协会整治提升活动的实施方案（送审稿）》。会议研究案件工作。

第六次龙湾区委常委、高新区党委会 4月1日召开。会议传达中央〔2015〕18号文件、省委〔2015〕21号文件主要精神。会议传达《温州市推进领导干部能上能下实施办法（试行）》和《温州市治理领导干部为官不为实施办法（试行）》文件精神。会议传达全市统战部长会议精神。会议传达习近平总书记在全国政协民建工商联界别委员组委会上重要讲话精神。会议原则通过《龙湾区平安建设抽查暗访工作实施方案（送审稿）》。会议研究平安建设、浙南科技城建设、干部人事工作。

第七次龙湾区委常委、高新区党委会 4月28日召开。会议传达省委十三届九次全体（扩大）会议精神。会议传达全省、全市“两学一做”专题党课暨学习教育部署会精神。会议原则通过《2016年龙湾区（高新区）街道考绩办法（送审稿）》《2016年龙湾区（高新区）部门考绩办法（送审稿）》《关于在全区党员中开展“学党章党规、学系列讲话，做合格党员”学习教育的实施方案（送审稿）》《关于加强区纪委派驻机构建设的通知（送审稿）》。会议原则同意《中共龙湾区委关于温州市纪委评议意见汇总的整改落实方案（送审稿）》。会议专题研究浙南科技城建设工作。

第八次龙湾区委常委、高新区党委会 5月13日召开。会议原则通过《龙湾区（高新区）“短板”查补情况（送审稿）》《浙江省“千人计划”产业园创建工作实施方案（送审稿）》《2016年度温州高新区（浙南科技城）下属单位考绩办法（送审稿）》《龙湾区平安建设责任追究办法（试行）（送审稿）》《担任人大代表职务的区领导进代表联络站活动方案（送审稿）》。会议原则同意《省市优秀共产党员、优秀党务工作者和先进基层党组织推荐名单（送审稿）》。会议研究干部人事工作。

第九次龙湾区委常委、高新区党委会 5月26日召开。会议传达全省、全市G20峰会维稳安保工作“十大专项行动”推进会精神。会议原则通过《龙湾区“平安护航G20大会战”十大专项行动（送审稿）》《2016年度落实党风廉政建设责任制考核办法（送审稿）》《党风廉政建设区委“第一责任人”、党政班子成员“一岗双责”责任清单（送审稿）》《关于建立落实党风廉政建设责任制情况抄告制度的通知（送审稿）》《2016年度龙湾区千人评议机关中层科室和基层站所活动工作方案（送审稿）》。会议传达习近平总书记在全国宗教工作会议上的重要讲话精神、《中国共产党地方委员会工作条例》主要内容、《中共温州市委关于项有迪违规当选温州市龙湾区第七届人大代表问题的通报》精神。会议研究浙南科技城建设工作、干部人事工作。

第十次龙湾区委常委、高新区党委会　6月24日召开。会议原则同意龙湾区优秀共产党员、优秀党务工作者和先进基层党组织送审名单。会议传达全省宗教工作会议精神。会议传达市委第一督查组到龙湾区开展贯彻落实中央和省委有关县乡人大工作和统战工作系列重大决策部署专项督查情况。会议原则通过《龙湾区工业企业搬迁改造三年行动计划及2016年实施方案（送审稿）》《龙湾区（高新区）城中村改造三年行动计划实施方案（送审稿）》《温州空港新区建设三年行动计划实施方案（送审稿）》。会议原则同意《有关单位调整机构设置、领导职数的建议（送审稿）》。会议研究浙南科技城建设工作。

第十一次龙湾区委常委、高新区党委会　7月5日召开。会议原则通过《中共龙湾区委关于补短板的实施意见（送审稿）》《区委七届十次全体（扩大）会议工作报告（送审稿）》。会议原则通过《区委七届十次全体（扩大）会议日程和分组讨论安排（送审稿）》，决定7月7日召开中共龙湾区委七届十次全体（扩大）会议。会议传达全省G20峰会维稳安保临战阶段工作部署会议精神、中办发电〔2016〕13号文件精神。

第十二次龙湾区委常委、高新区党委会　7月20日召开。会议原则通过《区工商联（总商会）换届工作的实施意见（送审稿）》。会议传达《中国共产党党组工作条例》主要内容。

第十三次龙湾区委常委、高新区党委会　8月4日召开。会议传达《中国共产党问责条例》主要内容。会议原则通过《街道纪工委书记、副书记提名考察办法（试行）（送审稿）》《区纪委派驻纪检组组长提名考察办法（试行）（送审稿）》《G20杭州峰会龙湾区信访工作实施方案（送审稿）》《中共龙湾区委2016年度政党协商计划（送审稿）》。会议听取关于温州浙南科技城建设投资集团有限公司筹建情况的汇报。会议传达全市农村基层党建工作推进会的会议精神。会议书面传达全市宗教工作会议精神。会议研究浙南科技城建设工作。

第十四次龙湾区委常委、高新区党委会　9月2日召开。会议听取关于上海世界外国语学校合作办学有关事宜的汇报，原则同意区政府常务会议研究确定的5个方面条件。会议原则同意《龙湾区公务用车制度改革实施方案（送审稿）》。会议传达学习《中共中央关于辽宁拉票贿选案查处情况及其教训警示的通报》。会议传达全省政协主席读书会精神、全省各级人大常委会主任读书会精神。会议原则同意机构设置建议方案，由区编委发文实施。会议听取关于区第七次党代会有关代表拟终止代表资格、停止执行代表职务有关工作的汇报，原则通过区委组织部提交的送审名单。会议研究浙南科技城建设工作、干部人事工作。

第十五次龙湾区委常委、高新区党委会　10月13日召开。会议原则通过《关于进一步完善计划生育利益导向机制的通知》《2016年度龙湾区（高新区）街道和部门考绩办法补充意见（送审稿）》。《关于在全区公民中开展第七个法治宣传教育的五年规划（2016—2020）（送审稿）》《龙湾区推进干部能上能下实施办法（试行）（送审稿）》《龙湾区治理干部为官不为实施办法（试行）（送审稿）》《关于做好区人民代表大会换届选举工作的意见（送审稿）》。会议原则同意12月下旬召开区第八次党代会。会议书面传达全省党委办公室工作会议精神、《中共浙江省委办公厅关于转发中宣发〔2016〕30号文件的通知》精神。会议研究浙南科技城建设工作、干部人事工作。

第十六次龙湾区委常委、高新区党委会　10月16日召开。会议原则通过《区工商联（总商会）第五届执委会主席、常务副主席、副主席、秘书长候选人预备人选建议名单》《关于开展"大拆大整"专项行动的实施方案（送审稿）》。

第十七次龙湾区委常委、高新区党委会　11月4日召开。会议原则通过中国共产党龙湾区第八次代表大会的召开时间、指导思想、主要议程、代表名额及构成比例、分配原则、代表的推荐选举、代表候选人资格审查、区"两委"委员的名额及差额比例、代表提案工作。会议原则通过《龙湾区（高新区）安全生产"党政同责、一岗双责"暂行规定（送审稿）》《关于组织开展经济社会发展重点工作百日攻坚行动的通知（送审稿）》《区深化行政管理体制改革推进综合执法实施方案（送审稿）》。会议集中观看《永远在路上》警示教育片。

第十八次龙湾区委常委、高新区党委会　11月22日召开。会议原则通过了《区人大代表候选人职务名单》《曾受处罚处分人员拟推荐提名为区人大代表人选建议名单》《区第八届人大代表候选人初步建议人选名单》《市人大连任代表人选建议名单》《区人大连任代表人选建议名单》。会议学习传达省委、省政府主要领导系列重要批示指示和讲话精神及市委常委（扩大）会议精神。会议学习传达《关于新形势下党内政治生活的若干准则》《中国共产党党内监督条例》有关精神。

第十九次龙湾区委常委、高新区党委会　11月29日召开。会议传达省委十三届十次全体（扩大）会议精神、全国安全生产电视电话会议精神。会议原则通过《区人大常委会预算工作委员会更名的建议（送审稿）》《龙湾区第八届人大代表初步候选人名单（送审稿）》。会议研究干部人事工作。

第二十次龙湾区委常委、高新区党委会　12月14日召开。会议原则通过《龙湾区城中村改造专项行动考核奖励办法（送审稿）》《2016年度区部门考绩A类单位分组考核实施方案（送审稿）》《进一步规范科级非领导职务管理工作原则性意见（送审稿）》。会议原则同意《龙湾区出席中国共产党温州市第十二次代表大会代表候选人初步人选建议名单（送审稿）》《中共龙湾区第八届委员会书记预备人选名单（送审稿）》《中共龙湾区第八届委员会副书记预备人选名单（送审稿）》《中共龙湾区第八届委员会常委预备人选名单（送审稿）》《中共龙湾区第八届委员会委员预备人选名单（送审稿）》《中共龙湾区第八届委员会候补委员预备人选名单（送审稿）》《中共龙湾区纪律检查委员会书记预备人选名单（送审稿）》《中共龙湾区纪律检查委员会副书记预备人选名单（送审稿）》《中共龙湾区纪律检查委员会常委预备人选名单（送审稿）》《中共龙湾区纪律检查委员会委员预备人选名单（送审稿）》。

第二十一次龙湾区委常委、高新区党委会　12月21日召开。会议传达关于对党的十九大代表候选人初步人选推荐和温州市出席省第十四次党代会代表选举工作部署会议精神及龙湾区贯彻意见。会议传达中央经济工作会议和全市领导干部会议精神及龙湾区贯彻意见。会议原则同意通过《金海岸项目海域使用权证收回协议（送审稿）》。会议原则通过《政协第五届龙湾区委员会人事安排的意见（送审稿）》。会议原则通过中共龙湾区第八次代表大会主席团和秘书长建议名单、主席团常务委员会建议名单、主席团执行主席分组建议名单、代表资格审查委员会建议名单，区第八次党代会提案工作委员会建议名单，区第八次党代会列席人员建议名单、特邀人员建议名单、邀请上主席台就座人员建议名单，区第八次党代会秘书处工作机构（草案）、秘书处各工作小组主要工作职责；原则通过龙湾区出席中国共产党温州市第十二次代表大会代表候选人初步人选增补名单。会议原则通过区第八次党代会工作报告（送审稿）、区纪委工作报告（送审稿）。（邱威豪）

重要决策

【“大拆大整”行动方案出台】　2016年10月17日，区委、区政府联合印发《关于在全区开展“大拆大整”专项行动的实施方案》。时间为2016年10月起至2017年底，在全区范围组织开展“大拆大整”专项行动。强力推进城乡危旧房隐患排查和治理改造、违法建筑拆除、城中村改造，推进流动人口管理、“四无”生产经营单位集中整治、居住出租房消防安全整治、旧市场搬迁整治提升，突出抓好养老院、宗教场所以及其他公共活动场所的安全管控，从根本上消除各类安全隐患，解决制约龙湾转型升级的顽疾。全区前期排查出3.35万平方米城镇C、D级危旧房，在2016年底前完成治理任务65%以上，2017年上半年完成90%，2017年底全面完成。

【城中村改造攻坚专项行动】　2016年2月20日，区委、区政府联合印发《2016年龙湾区城中村改造攻坚专项行动方案》。确定从2016年1月起至2016年12月底行动时间内，完成永中街道新联村（416户）、联谊村（376户），蒲州街道江前村（242户），海滨街道教新村（107户），永兴街道五溪村（522户），状元街道三郎桥村（750户），瑶溪街道黄山村（455户）、黄石村（550户）等8个整村和瑶溪街道龙东村下塘区块（105户）、金岙村小横浃区块（15户）等2个区块的年度签约任务；全区全年完成城中村改造户数（按考核办法折算）3000户以上。

【“敢担当、树标杆”作风效能建设六大行动】　2016年3月15日，区委、区政府联合印发《关于开展“敢担当、树标杆”作风效能建设六大行动的实施意见》。围绕区委、区政府重大决策部署，针对干部队伍存在的执行不力、担当不够，项目推进不快、审批办事不便等突出问题，在全区开展作风建设“六大行动”，严肃整治慢作为、不作为、乱作为及其他“四风”问题。以“担当”倒逼提升服务，以“标杆”引领服务品牌，全力推动区委、区政府中心工作落实，为新常态下龙湾赶超发展提供强有力的作风效能保障。（邱威豪）

“两学一做”学习教育

【概况】　2016年，根据中央和省、市委统一部署，龙湾区自4月起开展“学党章党规、学系列讲话，做合格党员”学习教育（以下简称“两学一做”学习教育），全区1000多个党组织、15000多名党员参加。开展“两学一做”学习教育，是落实党章关于加强党员教育管理要求、面向全体党员深化党内教育的重要实践，是推动党内教育从“关键少数”向广大党员拓展、从集中性教育向经常性教育延伸的重要举措，是加强党的思想政治建设的重要部署。各级党组织精心组

6月28日浙江省三改一拆督查组到龙湾区蒲州街道视察　（江国荣/摄）

4月28日，龙湾区召开"两学一做"学习教育部署会 （区新闻中心供稿）

织、扎实推进，圆满完成"两学一做"学习教育的各项目标任务。

【学习专题】 2016年，龙湾区在"两学一做"学习教育中把党的思想建设放在首位，在全体党员中发放"红色教材"15000余套，889个党组织开展专题学习讨论2667场，43405人次参加，由各基层党（工）委统一组织因病、因事等原因未能及时参加学习教育动员部署会、专题党课等的党员集中"补课"，已组织统一补课26场次，覆盖897人次。分层分级分批召开"两学一做"学习教育专题培训会，组织开展"红色送学"活动，邀请市委党校专家教授巡回到20个基层党（工）委进行专题授课，层层遴选党性强、素质好、水平高的优秀基层党员，组建成立"红色民星讲师团"。由区领导、区属各单位党委（党组）"一把手"带头到基层上党课，鼓励普通党员结合成长经历上好"微党课"，全区开展各类党课2000余场。

【党员带头做】 2016年，龙湾区在"两学一做"学习教育中坚持围绕中心、服务大局。深化"三联四推五提升"专项活动，开展"三先创优"活动，建立区级领导"两学一做"学习教育联系点，带头组团攻坚，听民情摸实情、敢担当破难题，破解各类难题45个；深化"联村、包村、蹲村、强村"活动，推动全体在职党员干部到社区报到，不断推动机关力量下沉，帮助联系村办实事、办好事，全区1898名机关党员和3133名基层党员群众结对，已认领各类微心愿2000余个，落实为民办事410件；及时响应群众需求，因地制宜分类推进各类特色服务，以居家养老、爱心食堂、村民中心为平台，建立党员志愿者服务队，相继创建"幸福学堂""红色商铺"、状元亭、辣妈缝补坊等30多个特色服务品牌，开展各类服务1200余场，受众10万余人次。

【问题清单】 2016年，龙湾区要求各基层党组织深入查摆存在问题，形成问题清单、整改清单和责任清单；每名党员条目式列出问题清单和整改清单，以问题整改促进规范管理。全区889个党组织已列出三张清单889份，共查摆问题3326个；党员问题清单15135份，查摆问题49382个。建立"两学一做"学习教育日报表和周报表制度，及时掌握各单位开展学习教育的进度和工作安排，针对学习教育开展不平衡、机关单位学习教育灯下黑等问题，加强督促指导，对6个街道96个行政村71个部门单位进行全面督查，梳理汇总各类问题1389个，并在全区范围内进行通报。（王力丰）

政研工作

【概况】 2016年，龙湾区委政研室政研室围绕区委中心工作，做好决策参谋服务、深化改革各项工作，较好地发挥了"智囊团""参谋部"的作用。组织起草《中共龙湾区委关于补短板的实施意见》等文件；撰写《加快转型奋力赶超确保"十三五"开好局起好步》等2篇文章在温州《决策科学》上刊发，《补发展短板建标杆城区》等3篇文章在《温州日报》上刊发。完善工作推进机制，建立或强化改革领导推进机制等六大机制，统筹推进改革"规定动作"和"自选动作"，中小企业供应链融资改革等市级"1+3"重点改革项目率先突破，区级30个年度重点突破改革项目取得阶段性成效。

【决策信息服务】 2016年，龙湾区委政研室深入打造沙龙、刊物、政策咨询会三大决策咨询服务载体，提升战略谋划能力。举办"大拆大整促龙湾转型发展"等多场智行龙湾公共政策沙龙，出版《龙湾区打造温州东部发展主引擎的路径与对策》等《咨询研究》刊物，完成《以供应链金融缓解中小企业融资难的思路研究》等9个重点调研课题，《龙湾区社会信用体系构建研究》获温州市发展研究奖二等奖 。完成龙湾区决策咨询委换届工作。（邱威豪）

组织工作

【概况】 2016年，龙湾区有基层党组织960个，党员15191人。其中，党委62个、党总支20个、党支部908个，区委派出工委7个，另有党组46个。全区96个行政村中，建有党组织129个，其中党委1个、党总支11个、党支部117个。

【基层党建责任制】 2016年，龙湾区委组织部强化落实街道党工委书记基层

表6　2016年龙湾区党员基本情况统计表

项目	数量（人）
党员总数	15191
预备党员	282
女性党员	4703
少数民族党员	48
党员结构	
35岁及以下	4934
60岁及以上	2645
大专及以上学历	7856
初中及以下学历	3897
农村党员	6248
非公有制经济单位党员	3006

党建工作责任制，认真落实基层党建报表、责任清单、联系点和领办项目等“四个一”要求，全面落实驻村干部每月向街道党工委汇报1次基层党建工作制度，通过加大对街道干部抓基层党建工作考核比重和与村（居）基层党建考核挂钩等机制，做到层层落实责任。建立区委基层党建巡查组，开展规范化、常态化的基层党建工作巡查。开展街道季度基层党建量化评分、通报排名工作，指导排名末位街道做好原因剖析并参加全市的末位乡镇（街道）党（工）委书记谈心会。完善基层党建“五查五问五通报”月督查机制，对村干部坐班值班、村党组织规范化建设、街道驻村组联系指导情况等工作进行实地督查，全年共开展督查15次，通报批评驻村干部92人次，约谈8人，诫勉谈话1人，函询1人。

【村级组织建设】　2016年，龙湾区委组织部按照“有人干事、有钱办事、有章理事、有场所议事”的工作目标，全面落实村干部坐班值班和请销假制度，全面推进村级“小微权力”清单，全面落实“五议两公开”，全面规范村级会议，狠抓村级规范化建设。组织开展全区村主职干部、市区派“第一书记”和农村指导员为期三天的集中培训，共204人参加。实施发展壮大村级集体经济“强村计划”，探索建立“区领导+包村部门+街道攻坚组+第一书记”的“红色四方联盟”模式，全面消灭9个经营性收入低于10万元的村，2016年村均经营性年收入达174.4万元。率全市之先开展基层老年人协会规范化建设提升活动，得到市委主要领导的批示肯定，并在全市会议上作典型发言。推行“1+X”模式，整合部门服务资源供给，确保活动清单和服务清单全覆盖，实现村民中心从有形覆盖到有效覆盖。实施“示范、达标、整转”三大行动，制定《村级组织建设达标基本要求58条》，通过整乡、逐村大清底和对标检查行动，确定14个示范类村，62个达标类村和20个整转类村。至12月，全区打造可看可学的示范村20个，成立党建联盟6个；70个村达标验收；6个软弱落后村实现整转。

【村级组织换届准备】　2016年，龙湾区委组织部开展村级组织换届“清底”行动，96个村全部完成村级组织班子满意度测评，建立“一村一档”，排摸换届重难点村15个。确定全区96个村的192名村主职干部初选名单，梳理村级后备干部779名，统筹安排4期87名村级后备干部到街道挂职锻炼。推进“清零、清风、清障、清仓、清账”等专项行动，切实将各类问题解决在换届前。完成15个换届重点难点村问题“清零”；巡查换届重点难点村15个，查处案件2个，查处党员干部7名；打击农村涉黑涉恶和可能干扰村级换届对象6名；审计行政村16个；全面化解信访积案14件。

【换届风气监督】　2016年，龙湾区委组织部建立落实责任清单，实行换届纪律承诺制度和换届风气问责制度，全区累计9次召开换届风气监督相关工作会议，落实换届风气监督责任30余项。组织各单位播放警示教育片《镜鉴》《警钟》60多场次，签订换届纪律承诺书2082份，组织召开区委理论学习中心组扩大学习会、严肃换届纪律集体谈话会。建立换届风气督查组，实施专项巡查机制，设立“12380”举报专线电话，落实专人采用AB岗形式值守，会同区纪委联合建立快速查核机制，实行立项专办、分类办理、快查快结，全年共完成查核报结6件。

【“两新”组织党建】　2016年，龙湾区委组织部推出“党课DIY”“公益套餐”“一月一主题”等创新载体，成立区党员志愿服务总站，引入温州瓯平社工组织，积极组织红色观影、党建主题沙龙、关爱党员职工子女、微心愿征集认领等活动，辐射周边1000多家两新组织，覆盖10万多名党员职工群众，被《浙江日报》《温州日报》先后报道，获中组部充分肯定。社会组织党建

6月8日，龙湾区委组织部开展“党课DIY”活动　（杨　豪/摄）

通过实施分类结对、“阶梯式”组建、“1+X”品牌建设等举措，新组建社会组织党组织7个，涌现“红色田园”“红烛银行”等一批党建品牌。创新做好龙湾建设总部大楼的“红立方”楼宇党建，创新“街道+园区”管理模式，推进小微企业党建工作，在空港新区成立永兴小微企业综合党委。完善全省首个互联网党工委工作体系，率先绘制首张两新组织“党建地图”，落实党组织“三色”预警机制，实行党员在线积分管理。培育“双强好书记”，做好“第一书记”选派工作，建立党建导师团。推广党建公积金做法，共筹集公积金100余万元。完成“一企一品、一域一群”品牌创建13家，其中市级创建7家。

6月17日，龙湾区举行第二届“创新梦·家乡行”暨“智汇龙湾·创业浙南科技城”活动

（杨　豪/摄）

【干部人事工作】　2016年，龙湾区委组织部全面贯彻落实“上、下、管、育、爱”五位一体的选人用人制度体系，协助做好区领导班子的考察工作，建立联席会议机制。按照应审尽审原则，严格把好“两代表一委员”资格审查关，做好区党代会、区人大和区政协换届选举工作。认真执行干部选拔任用工作纪实制度，对新提任干部和转任重要岗位干部，按照“一人一表、一批一档”的要求整理归档，全面如实地纪实选拔任用全过程。全年共进行人事调整8批次涉及245人，其中提任36人，转任重要岗位13人。

【干部教育培训】　2016年，龙湾区委组织部坚持强化党性教育，把“两学一做”纳入干部教育培训内容。全年完成科（局）级领导干部进修班、中青年干部培训班等7期主体班次培训，140余名学员参加市级、城区主体班次培训，6000余名干部参加区属部门培训。

【干部监督管理】　2016年，龙湾区委制定出台《龙湾区治理干部为官不为实施办法（试行）》《龙湾区推进干部能上能下实施办法（试行）》等文件，建立纪检监察、公检法、宣传、信访、审计、考绩等单位的定期信息沟通机制，及时收集干部的“负面信息”，并建立统一“负面信息”库，全年共收录干部负面信息172条。实行干部监督工作联席会议制度和跟踪管理教育监督制度。全年共“下”干部8名。加强干部日常监督，完成38名市管干部、593名区管干部、39名拟提任领导干部个人有关事项报告工作。严格实施干部调整预审报告制度，全年完成7次干部调整预审报批，涉及调整领导干部258名。严格审批因私出国（境），积极实施干部提醒函询诫勉制度，全年函询1名，诫勉1名。抓好省委巡视组反馈问题整改，完成对超权限违规设置17家临时机构整改，涉及超机构规格配备干部33名，对9家企业兼职的13名领导干部进行全面清理，消化超配干部65名，全面完成浙江省整改基数消化任务。

【干部挂职锻炼】　2016年，龙湾区委组织部持续加大干部挂职锻炼工作力度，有计划地选派干部到攻坚一线“接地气”“墩墩苗”，推进干部基层历炼和常态化交流。全年共选派49名优秀年轻干部参与“对标学杭州”专项行动、第二批温州和第一批义乌新“百人计划”、宁夏回族自治区对口支援，以及温州市直门、“两学一做”“三改一拆”领导小组办公室等地方挂职（任职）锻炼。选派148名干部参与到城中村改造集中攻坚，做好助迁工作。

【党管人才工作】　2016年，龙湾区出台《完善人才政策　推进人才特区建设的实施办法》等文件，构建“1+6+X”的人才政策体系，涉及人才奖励、引才奖励、项目扶持、生活配套补助等。深入实施“以情聚才”工程，开展第二届“创新梦·家乡行”暨“智汇龙湾·创业浙南科技城”“四方招才”等活动，为人才和龙湾搭建沟通交流平台。建立龙湾籍在外专家信息库，新建成都、广州（深圳）、西安等人才工作联络站3个，聘任20多位专家作为区“引才大使”“引才顾问”。承办海外高层次人才对接会活动，2016年度与浙南科技城人才服务中心共对接各类高层次专家人才425人，高端人才项目签约37个。引进领军型人才团队项目，入选市领军型创业创新团队3支，入选市领军型高层次人才项目3个。新增“国千”专家12人、“省千”专家5人，累计“千人计划”专家达到39人。建成院士专家工作站4家，省级企业研究院5家，省级企业研发中心29家，市级企业研发中心55家。推进人才联系服务常态化，组建高层次人才联谊会。全年共发放购房补助190万元，租房补贴197.1万元，区人才公寓安排租赁用房42套。

【党员队伍建设】　2016年，龙湾区委组织部严格制定发展党员年度计划，认真落实发展党员五项制度，严把党员入口关。建立党员政治生日制度，在区、街、村三级分别建立“红色基金”，及时对生活困难党员施以援手。推行党员志愿服务，架设区、街（部门）、村三级服务网络，招募登记志愿者2569名，并建立活动登记、服务积分等制度，重点打造状元亭、辣妈缝补坊、“姚川红”等特色品牌30多个。认真落实党员组织关系、党代表和党员违法违纪、党组织按期换届、党费收缴、农村党员干部违建违排等专项排查清理工作。全区共排查出424名失联党员、口袋党员18名、参教信教党员10名；33名受到刑事处罚未给予处置的党员、46名涉及“黄赌毒”未给予处置的党员、4名违法违纪区级党代表，以及38宗农村党员干部违建违排问题和217家未按期换届基层党组织，全部整改到位。全区共补缴党费130万元左右。（王力丰）

宣传工作

【理论学习教育】 2016年，龙湾区委宣传部以区委理论中心组学习为抓手，结合“两学一做”学习教育，制定出台《区委理论学习中心组2016年度学习计划》，全年举办学习习近平总书记系列重要讲话精神、科技创新、全国“两会”精神、意识形态等专题15个，累计学习40次20天，整理编发80余篇理论文章，在“理论中心组学习交流平台——学习在浙里”刊发学习信息共计128期，为中心组成员订购理论书籍共计5000余册。组织开展“大拆大整”大讨论活动、“三问自己·如何担当”“十三五　树标杆　话担当”精品微党课比赛、“时代先锋—优秀共产党员先进事迹”巡回报告会等200余场。以“新农民大课堂”为主阵地，举办党的十八届六中全会精神进文化礼堂巡讲活动等各类主题宣讲活动600余场，组织33名“理论种子”参加全省、全市党的十八届六中全会宣讲培训。年内，宏德宣讲团获评2016年全省基层宣讲工作先进集体。

【重大主题新闻宣传】 2016年，龙湾区委宣传部开展“两学一做”、振兴实体经济、浙南科技城建设、“大拆大整”等系列报道，开辟“治五乱，扮靓龙湾城”“两学一做”龙湾践行、“大拆大整引领转型”等栏目，引导百姓正确认识“大拆大整”“五水共治”和城中村改造工作，为龙湾经济社会发展营造浓厚氛围。与区考绩办联办《百姓聚焦》栏目，关注热点进行监督报道。

【核心价值观宣传教育】 2016年，龙湾区委宣传部开展“核心价值观六进”，举办潘超俊和“最美龙湾人”先进事迹巡回报告会12场。开展纪念中国工农红军长征胜利80周年群众性主题活动，举办晚会、图片展、书画展等系列活动11场。深化“龙湾好人”关爱帮扶工作，慰问65名“龙湾好人”。推进宁村护城河社会主义核心价值观主题文化公园、龙湾抗倭文化园、永兴红色革命活动遗址改造提升工程等建设。

4月14日，龙湾区举行“十三五　树标杆　话担当”精品微党课授课大赛　（杨　豪/摄）

【互联网管理与宣传】 2016年，龙湾区委宣传部召开区委网络安全和信息化领导小组会议，出台《龙湾区网站管理暂行办法》等3个网络管理制度。加强网络舆情监控，编发网络舆情手机日报、专报、抄告单、手机快讯300余期。开展互联网“清朗”专项整治行动、招聘网站违规失信专项整治行动、涉电信网络诈骗整治等多个专项整治行动，进一步打造清朗网络空间。建立舆情处置联动机制，重点引导处置城中村改造、“大拆大整”等舆情10余起。举办“共建共享E家园”为主题的2016年龙湾区网络文化节，开展“网络名人看温州之走进浙南科技城”“市民网络观察团走进安全生产”“我参与，我成长——网络文化节走进校园”等系列网络文化活动。全年“龙湾发布”政务双微平台共发布正能量微博1178条，微信1206条。

【农村文化礼堂建设】 2016年，龙湾区委宣传部出台《龙湾区“十三五”文化礼堂建设规划》和《龙湾区农村社区文化礼堂管理使用分档评定奖补办法（试行）》，全年新建8家农村文化礼堂，完成对全区文化礼堂的考核验收工作及分档评定。实施“一会一礼堂”文艺牵手计划，在18个文化礼堂开设布谷鸟文艺惠民培训班36个班次。组建40个“民星团”，开展菜单式服务进文化礼堂活动60余场。举办龙湾区第二届“我们的村晚”民星秀大赛及巡演、“我们的村歌”创作表演大赛、文艺润心巡演走进文化礼堂等各类文化活动543场。联合团区委、温州城市大学实施新青年下乡“向阳学堂”计划，深入开展惠民活动。

【文化产业项目】 2016年，龙湾区委宣传部培育5000万元以上文化产业项目5个。组织中意婚庆婚礼中心、康泉彩虹湾儿童文化产业园项目等7个项目申报市级重点文化产业项目，康泉彩虹湾儿童文化产业园、城市文化客厅、空中文化走廊等4个项目获评市级重点文化产业项目。组织企业参加2016温州时尚文化产业博览会，龙湾馆被评为优秀展示奖。

【群众性文艺活动】 2016年，龙湾区委宣传部实施“寻找身边的感动”文学精品创作工程，创作广播剧《永昌之魂》获“中国广播剧研究会专家奖金奖”。举办龙湾区首届“罗峰奖”全国非虚构散文创作大赛、“温州百名诗人走进龙湾”活动，承办2016年全省文联组联工作会议暨文艺志愿服务工作现场会。开展“双精工程”名家课堂，举办“春天印象”美术名家走进龙湾系列活动，培养文艺精品创作拔尖人才。深化“中国书法之乡”建设，举办温州市首届农民书法大赛、第二届书法千人展演、首届龙湾区书法文化艺术节、“同一首诗”龙湾区书法展等。

【宣传文化干部队伍建设】 2016年，龙湾区委宣传部加大干部人才交流和实践锻炼力度，3名干部挂职到市级部门锻炼，6名干部挂职到街道村居锻炼。创新干部学习方式，轮流以2名中层干部为小组开展理论学习，全年举行18次。成立龙湾区文化传媒有限公司，开设区级“记者学堂”，组织通讯员到浙江大学参加新闻专业培训。实施“新锐计划”，办好“新锐工作室”，开设文艺研修班。成立全区各街道文艺志愿者服务队，实现规范化文艺志愿者服务组织全覆盖。指导区级文化教育创新团队做好结题工作，培养市级“四个一批”人才2名。举办2016年宣传干部暨新闻发言人培训班1期。（郑雁鸿）

统战工作

【统战部助推经济转型】 2016年，龙湾区委统战部重点助推招商引资“一号工程”，牵头组织并完成2016世界温州人大会龙湾分会，现场签订项目10个，总投资51.6亿元。开展对台推介会6场，海内外联谊活动10场，促成涉侨投资项目落地6个、台资项目落地7个，签署重点项目国际合作备忘录4份。龙湾与西安市雁塔区工商联缔结友好关系，率全省之先推行“公检法司合力助企”行动，帮助解决企业各类案件81件，挽回经济损失400余万元。挂牌成立全市首个“侨资和海创企业服务中心”，开展“侨资企业服务月”“台胞台商服务月”“五帮五促”助企活动。

【统战社会服务活动】 2016年，龙湾区委统战部围绕民生热点，深入发动民主党派、联谊会、非公企业开展社会服务实践活动。举办“孺子牛奖”“雏鹰奖”等奖学活动，发放助学、奖学金9.4万元。突出精准扶贫，全年慰问帮扶困难统战对象163人次，结对帮扶泰顺县彭溪镇玉塔畲族村10万元，助推江前村“大拆大整”慰问金3万元；引导10家区工商联所属协会商会结对平阳、永嘉等10个贫困建制村，永兴商会继续结对助学最美环卫工人张红军子女。各民主党派依托“一党派一品牌”，持续开展“送生殖健康进企业”、环保净山、助学活动、“千万助医行动”等民生服务活动。

【多党合作和民主监督】 2016年，龙湾区委统战部出台《2016年政党协商计划》，更新领导干部与党外人士联谊交友约谈名单，建立党派、无党派直接向区委提出建议的直通车制度。成立全市首个由政府出资建设的“党外人士之家”和永中街道统一战线工作联络室。组织开展“五水共治”“城中村改造”“浙南科技城建设”“环保工作”专项会议考察协商，发动党外人士慰问残疾人拆迁户17人，动员2户归侨拆迁。召开首次纪委、法院、检察院“一把手”工作通报会，支持党外人士开展民主监督。拓展党外人士建言献策渠道，全年提交议案提案127件，形成区委重点社会调研课题成果26篇，社情民意18篇，其中社情民意信息《我国建筑防雷工程市场混乱，收费畸高，亟待完善行业规范》《关于营改增建筑业、餐饮业收税征管困境亟待重视》被全国政协采纳，《疫苗冷链运输监管不可“断链”》被民革中央采纳。

【党外代表人士工作】 2016年，龙湾区委统战部启动党外代表人士专人专档建设，完成第一批重点党外代表人士73人归档。召开组统联席会议，就党外代表人士的发现、培养、选拔、使用、管理等工作进行交流并形成会议纪要，全年上派党外干部1名，下挂党外干部2名，提任科级干部1名。会商有关部门，做好新一届人大代表、政协委员的提名推荐工作。指导完成区工商联（总商会）、区留联会换届。

3月27日，龙湾区网络人士统战理论研究会成立 （区委统战部供稿）

率全国之先成立龙湾区网络人士统战理论研究会，吸纳龙湾区网络“智囊团”成员50人。在浙江大学、宁波大学社会主义学院举办2期理论研修班，培训党外代表人士91人次。

【民族宗教统战工作】 2016年，龙湾区委统战部协助开展民族“六进”工作，金岙小学、龙康社区和中广核俊尔新材料有限公司被确定为市级民族“六进”示范点，金岙小学被国家民委授予全国第四批民族团结进步创建示范单位。成立佛道教专项整治监督团，办理行政执法案件6起，依法处置涉宗违建4处。率全市之先成立佛教财务代理中心，实现全区佛道教二维码管理全覆盖；指导国安寺创成四星级宗教场所。依法加强天主堂管理，并促使多处堂点进入考验期。该项工作受到省委书记夏宝龙、市委书记徐立毅和市委常委、统战部部长施艾珠批示肯定。设立国安寺僧伽培训基地，开展天基两教“红色之旅”，指导完成《龙湾宫观》第一卷。

【港澳台和海外统战工作】 2016年，龙湾区委统战部开展侨界新春联谊会、香港温州同乡会“家乡行”等联谊交流活动16场次，拓展联系海外重点人士、专业人士、华裔新生代、海外侨团168人。指导蒲州街道蒲三社区创成全国社区侨务工作“明星社区”，新增海外领事保护联络处1处。成功举办“永昌缘·两岸情”基层文化系列交流活动，两地签订同名学校《双向结对意向书》和同名社区《结合合作交流意向书》，全年接待台胞台属、台商和台湾知名人士200余人次。（张宝兰）

机构编制管理

【权力责任清单】 2016年，龙湾区编办继续做好权力清单、责任清单的完善。推进权力清单“瘦身”，对现有权力清单中没有法定依据的行政权力做好清理，各部门行政权力的编码、名称和法律依据与浙江省三级基本目录保持一致；推进责任清单“强身”，将部门年度重点工作目标纳入责任清单，并编制基本公共服务清单；推进权责清单向街道延伸，明确街道权力清单114项及各类梳理事项，明确街道责任清单72项。

【综合行政执法改革】 2016年，龙湾区编办印发《龙湾区深化行政管理体制改革推进综合行政执法实施方案》。完成区综合执法局挂牌，确定职能划转21个方面586项职责；配套推进统一政务咨询投诉举报平台建设工作，将区长专线受理中心更名为区“12345”政务服务热线中心，移交至区信访局管理，实现“一个号码找政府”；建立综合行政执法局与各有关主管部门协作配合机制。综合行政执法“一主两配”机制已建立健全，职责划分、人员配置等工作也陆续到位。

【政府职能向社会组织转移工作】 2016年，龙湾区人民政府出台《龙湾区推进政府职能向社会组织转移工作若干制度》，构建具有龙湾特色的职能转移“1234”制度体系，包括一个总体方案，两个办法意见，“职能转移、购买服务、承接组织”三大指导目录，联席会议等四个配套机制。至12月，全区18个政府工作部门与各类社会力量签订54个职能转移协议。

【机关群团统一社会信用代码工作】 2016年，龙湾区编办积极推进机关、群团统一社会信用代码赋码工作，针对初领、变更、补领等申办事项制作简明易懂的流程图，及时通知相关单位，做到相关事项一次性告知。全年完成56家机关群团代码赋码工作。

【事业单位分类整合】 2016年，龙湾区编办按照事业单位认定标准和依据，准确界定职能，对全区事业单位完成分类，总计事业单位 293家，其中承担行政职能的事业单位36家，公益一类的事业单位235家，公益二类的事业单位14家。创新机构编制管理。对区第一人民医院和区人民医院实行编制备案制管理。整合机构编制资源，撤销区城市化办公室、征管办、区公用事业指挥部、交通工程建设指挥部等单位，报批区新闻中心、区交通工程建设办公室（区铁办）、区服务业发展办公室等科级机构规格。完成152家事业单位登记和公示相关工作。

【机关事业编制管理】 2016年，龙湾区编办继续推进机关事业单位控编减编工作，通过对部分职能弱化或者职能相近的单位进行编制整合清理，全年共核减事业编制26名。以控编减编专项督查为契机，形成2012—2016年的编制台账，通过分层次、分类别制定用编计划，优先保障街道、教育、卫生等民生部门的用编需求。部署开展编外用工清理规范工作，完成机关事业单位3000余名编外人员的摸底和申报工作。（傅寿清）

机关党建工作

【主题学习教育】 2016年，龙湾区直机关党工委制定印发《关于在区直机关党员中开展“学党章党规、学系列讲话，做合格党员”学习教育实施方案》等文件。突出经常性教育，向区直机关党员干部发放《中国共产党党章》等“红色读本”和学习笔记本。举办“两学一做”党支部书记集中培训班，开展“千场党课到基层”活动，利用微信群、QQ群、移动E平台等载体，实现学习线上线下互动学习。开展“立标杆、补短板”行动，各机关党组织和党员干部对标党章党规，列出问题清单。全年全区共发放各类党员教育读本5000余册，深入联系村讲党课120余场，列出问题清单800余条，党员查找自身问题5000余条。

【区直机关基层组织建设】 2016年，龙湾区直机关党工委制定《2016年度区直机关基层组织建设工作考核细则》，将部门党组（党委）书记自觉履行抓基层党建工作“第一责任人”职责纳入机关党建考核，实行日常动态管理与年终考核相结合。指导机关党组织换届选举

23家，新组建2家党支部和2家机关党委，撤销4家党支部。强化党组织的星级评定，共评出五星党组织9家，四星党组织73家、三星党组织11家、二星党组织2家。开展机关党建“5+X”特色工作评选活动，评出2016年双十佳区直机关“5+X”服务型党组织20家、2016年度机关服务品牌创建工作先进单位9家。推进重点课题研究，征集党建调研论文64篇，上报市机关工委7篇。

7月1日，龙湾区开展“红七月·服务月”系列服务活动　　（江国荣/摄）

【区直机关党员队伍建设】　2016年，龙湾区直机关党工委组织一场700多名党员参加的“学党史、颂党绩”专题党课，开展“两学一做”网络知识竞赛和“微党课”比赛，征集“微感言”达1000余条。评选表彰12名优秀党务工作者、17名优秀党员、70名“党员先锋岗”、20名“先锋岗位标兵”、十佳党组织书记、双十佳党务干部。成功选举产生区直机关出席区第八次党代会代表62名。开展党组织关系排查，对全区机关党组织的1572名党员开展集中摸排工作，实现个人档案与党务系统、智慧党建平台等信息同步。推行党员“政治生日”制度，全面建立“党员政治生日”册，完善区直机关“智慧党建”党员入党日和每名党员的手机号码信息。全年发展新党员12名，收、补缴党费142余万元。开展“红七月·服务月”系列服务活动，组织32家单位举办“百姓在心中”大型的党员志愿者广场集中服务活动，新成立14支机关志愿服务队，开展各类活动达200余次。

【区直机关党风廉政建设】　2016年，龙湾区直机关党工委以全区纪检体制改革为契机，对70多家机关单位党组织的纪检组织建设、人员配备情况进行摸底。指导区直机关66个机关党组织中的11家机关党委设立机关纪委并配齐机关纪委书记，55家党（总）支部明确纪委委员，机关纪检工作队伍基本建立。召开党风廉政建设责任制工作部署会，签署《党风廉政建设责任书》。制定《2016年度廉政谈心提醒教育工作计划》，70余家区机关党组织全部贯彻落实。开展“以严治家、廉洁齐家”主题教育活动，征集优秀家训320多条，好家风故事90多篇，评选出10篇优秀文章，并在《今日龙湾》开辟专栏分期刊出。将《郑义门》廉洁动漫片上传到区直机关党工委网站和区府OA系统廉政视屏栏目供机关党员学习观看。实施2016年度“千人评议机关中层和基层站所”活动，组织政风行风监督员明察暗访11次，实现对机关中层类、审批服务类、执法监督类攻击共计215家参评单位的日常监督检查全覆盖。

7月6日，龙湾区机关举行“双十佳”表彰大会暨“两学一做”专题党课

（区直机关党工委供稿）

【区直机关文体活动】　2016年，龙湾区直机关党工委充分发挥工、青、妇组织的桥梁和纽带作用，开展系列富有特色的文体活动。组建区直机关网球、乒乓球、羽毛球、排舞、太极拳、游泳、围棋、象棋、篮球、足球10支文体健身队伍，以及机关女职工朗诵队。整合机关文化资源，举办排舞骨干培训班、陈式小架太极拳公益培训班、女性知识专题讲座、趣味运动会、“重走红军路”等10余项。组织32家单位成立机关系统队共600余人参加区第七届运动会，并摘取行业系统

组总成绩冠军。（金军华）

区委办公室工作

【区委办办文办会工作】 2016年，龙湾区委办认真落实《关于进一步精简文件和会议的意见》，严格执行文稿“三级审核校对制”。优化会议审批流程，全面推行并会、套会和半节会制度。理顺“政区合一”办文办会办事的运行机制，建立重要活动和重要事项登记跟踪制度，确保重大活动协调到位率达到100%。严格落实即办制，突出抓好区领导批示件办理工作，实现领导批示件办结率达100%。

【考绩督查工作】 2016年，龙湾区在全市率先出台2016年度街道、部门考绩办法，协助制定《2016年度温州高新区（浙南科技城）管委会下属单位考绩办法》，实现考绩范围全覆盖。全年完成全区6个街道、73个部门共84个项目的考核工作。推行市对区指标挂图作战，按月汇总统计龙湾区在市对区80项考绩指标中的排名情况，获评主要经济指标考核先进单位、平安建设先进单位、“大拆大整”专项行动先进单位、城中村改造专项工作特别奖、科技城建设专项工作特别奖。督促区委区政府年度重点工作、区委区政府主要领导交办事项，先后开展五水共治、城中村改造、浙南科技城做地与征地等重点工作专项跟踪督查，共涉及17个专题领域。全年共制发督查通报104期、督查汇报29期、督查专报12期、督查通知43期，抽查暗访37次，实地督查100余人次。根据市、区指标排序通报，对长期靠后指标、退步较大指标责任单位提请区委、区政府主要领导进行约谈，共组织3批次约谈活动，约谈单位13家（次）。组织开展区“三联四推五提升”专项活动，共破解基层难题600余个。

【区委办信息工作】 2016年，龙湾区委办公室制定实施全区党委信息工作考核办法、重大突发事件和紧急敏感信息报送工作规程、信息报送选题等相关制度，有效破解工作期间和非工作期间紧急信息报送脱节矛盾，确保紧急信息报送工作及时、畅通、有效。选派信息业务骨干赴浙江大学参加为期一周的信息网络舆情培训班业务学习，对相关部门新任信息员开展为期1个月的一对一顶岗培训，对全区纪检系统、质监系统干部现场授课交流指导。全年累计上报中办、省委和市委各类信息1689篇次，刊发《龙湾信息》118期，被省委《浙江信息》、市委《温州信息》、转报省办等录用707篇次，其中上报信息被市委《温州信息》刊发录用量居全市第一，获各级领导高度重视并批示36件次，其中市委领导批示19件次，批示量比2015年增加11件次，同比增长50%。

【保密工作】 2016年，龙湾区进一步规范定密管理，明确区委、区政府文件定密相关事项，严格执行定密程序，严格落实国家秘密密级标志规定。开展互联网门户网站、OA等保密自查活动，提高网络保密安全管理水平。规范涉密人员管理，全面开展涉密人员分类确定和管理工作，全区所有单位均已按照分类确定涉密人员。通过设置办公电脑屏保程序、完善手机短信保密提醒制度、订购发放《机关、单位保密自查自评工作指导手册》、重点涉密单位组织播放保密教育片等多种形式，扩大机关单位干部保密宣传覆盖面。开展保密自查自评工作，对照16项59条具体要求，逐项开展自查自评，对每个涉密部门、涉密部位、涉密环节进行全面彻底排查工作，共检查单位30多家。（邱威豪）

信访工作

【概况】 2016年，龙湾区信访局受理群众信访总量1471件（人次），其中：群众来信网信176件；群众来访290批1295人次。到市上访为96批829人次，到省上访14批21人次，去京上访19批50人次。

【政务咨询投诉举报平台】 2016年，龙湾区率先在全市完成统一政务咨询投诉举报平台机构、编制设置及热线整合工作。龙湾区统一政务咨询投诉举报平台在已整合38条非紧急类政务服务热线的基础上，进一步整合14条非紧急类政务服务热线，同时整合网上信箱、网民留言、短信平台、政务微博、QQ和微信等受理群众政务咨询、投诉举报的网络渠道。实现与市级平台有效互通，实现来信、来访、来电、网络各种渠道的政务咨询投诉举报事项统一接入、统一判重、统一流转等功能。

【领导干部接访下访制度】 2016年，龙湾区信访局组织开展每月15日区领导接访日活动制度。全年12位区领导共接待来访群众209批705人次，当场解释152批414人次，转办45批224人次，领导批示12批67件。全年各街道党政主要负责人接访群众132批次855人次，化解信访矛盾纠纷86件。

【法定途径分类处理信访投诉机制】 2016年，龙湾区信访局根据《关于通过法定途径分类处理信访投诉请求的工作方案》要求，于8月在全市率先完成法定途径分类处理工作。全区22个相关部

表7 2016年与前4年龙湾区信访工作情况数据对比表

年份	来信（件）	联名信		到区来访		到区集体访		到市上访		到市集体访	
		件次	人次	批次	人次	批次	人次	批次	人次	批次	人次
2012年	208	18	1510	270	1455	63	1120	151	564	28	335
2013年	148	10	463	261	1517	55	1217	101	408	23	292
2014年	115	23	5905	155	816	36	633	41	189	8	98
2015年	132	10	1076	293	2197	84	1871	37	195	9	140
2016年	176	18	1017	290	1295	57	939	45	516	14	408

门纳入“法定途径分类清单”范围，完成清单梳理、审核、公示工作，并出台规范性文件在相关网站对外公布，破解群众“投诉无门”和“一案多投”的难题，建立依法分类抓分流，推动形成权责明晰、快速流转的反馈机制。

【信访事项提速增效工作】 2016年，龙湾区作为温州市首个开展提速增效试点地区，区信访局加大对各部门信访件办理的督导检查及培训工作。8月开始，受理告知从原先15天缩短为5个工作日，答复时间从原先60天缩短为30天。提速增效以来共受理信访件111件次，按期办结率100%，形成了以提速增效为常态，“简单信访马上办，一般信访快速办”的工作机制。

【信访积案化解工作】 2016年，龙湾区信访局进一步健全领导包案化解信访难题机制，确定领导包案信访件，由区党政领导亲自包案，逐件分解到各责任单位，通过定人、定责、定措施积极推进疑难信访问题化解。全年29件省、市交办积案和30件区级积案全部落实区、街领导包案。其中17件由区领导包案化解，42件由街道领导包案化解稳控。信访局到6个街道督导督办，25件积案签订承诺息访书，稳控34件。

【第三方力量参与信访活动】 2016年，龙湾区信访局充分发挥“基层民调工作室”“两代表一委员”、法律援助中心、律师等社会力量的优势，扶植培育第三方力量参与信访问题化解，成为破解地方难题、改进辖区信访生态的有生力量。全区72支各具特色的第三方信访队伍活跃在矛盾调处一线，共接待信访群众175批1394人次，化解信访问题119批844人次。（胡　西）

10月9日，龙湾区举办“聚能量·护党旗·展风采”庆重阳系列活动　（江国荣/摄）

老干部工作

【老干部政治待遇】 2016年，龙湾区委老干部局召开党风廉政情况通报会、空港新区建设、统战工作、“两学一做”学习教育情况通报会4场；组织副县以上老干部开展“走基层、看变化、促发展”活动4次；组织老干部参加省管领导提任谈话，区委七届九次、十次会议等重要会议10次。广泛征求老干部在纪检监察、“五水共治”、三改一拆、美丽乡村建设、新型升级、重点工程各方面的意见和建议，建言献策21条。举办理论读书班2期，离退休党支部骨干培训8次。向老干部发放《习总书记系列重要讲话读本》《中国历史上的腐败与反腐败》《趋归：社会主义为什么行》《季羡林谈人生》《文字小讲》等书籍。

【老干部党建工作】 2016年，龙湾区委老干部局开展全区离退休党建基本情况调查，完成全区20个基层党工委、58家机关单位、6个街道调查。将市场监督管理局、龙湾第一人民医院、公安分局退休党支部等3家离退休党支部纳入宏观管理，实现全区10个离退休干部党支部（已单独设立离退休干部党支部）管理全覆盖。开展离退休实地调研，督促各离退休党支部抓好支部规范化建设，确保每个支部“学习有资料、活动有场所、经费有保障、工作有特色”。在离休干部、副县以上退休党员队伍中扎实开展“两学一做”学习教育。永兴街道退休支部组建“五水共治”志愿队，义务参与美丽水乡建设。

【老干部文体活动】 2016年，龙湾区委老干部局结合纪念中国共产党建党95周年暨红军长征胜利80周年，举办书画展览、“说说我的入党故事”“老党员新作为”主题讨论，组织老干部参观区“两新”工厂、红十三军旧址等活动。组织老干部参与和协助市老干部局举办“聚能量·护党旗·展风采”系列活动，举办我的重阳我来过——“瓯越银辉”银色人才志愿行动。组织交谊舞代表队参加全市老干部交谊舞比赛，获2枚金牌1枚银牌。

【老干部生活待遇】 2016年，龙湾区委老干部局按照《关于提高我省部分离休干部医疗待遇》精神，对接人社、卫计部门落实离休干部医疗待遇。制定《龙湾区老干部慰问标准》，落实特困帮扶经费5万元，走访慰问离退休干部及遗孀73人次。举行2期离休干部及副县以上退休干部健康疗养和理论读书班，组织开展离休和副县以上退休干部健康体检活动。对接社会资源，联合中国银行龙湾支行和市关爱“空巢”老人义工队，服务老干部。（郑　敏）

史志工作

【党史基本著述编写】 2016年，龙湾区委史志办修改和完善《中共龙湾历史（1949—1978）》并形成征求意见稿，全书4编14章39节，计18万字。6月，征求意见稿向区内10位老干部、老党员进行征求意见；9月2日，召开《中共龙湾历史

(1949—1978)》征求意见座谈会，提出意见和建议200余条。启动《中共龙湾历史(1978—2002)》编写准备工作，拟定《中共龙湾党史(1978—2002)》纲目。

【党史资料征集】 2016年7月，龙湾区委史志办召开党史三卷(1978—2002)专题编写工作推进会，区委副书记黄阳栩出席会议，街道、区属各单位分管负责人和撰稿人共120余人参加会议。至12月，完成党史专题55个。编辑出版《龙湾区委文件汇编(1984—1992)》，收录文件100个，计39万字。做好个人“口述历史”收集，形成文章10余篇。完成《龙湾区大事记(2016)》资料的收集整理工作。

【龙湾区党史学会工作】 2016年10月15日，龙湾区中共党史学会举行成立大会，首批会员55人。温州市中共党史学会会长、温州市新四军研究会会长乔吉林，区委副书记黄阳栩出席会议并讲话。会议通过章程和选举办法，选出首届龙湾区中共党史学会理事会，潘伟光当选为会长，陈贤宝、孙建胜、郑长青、黄文海当选为副会长。

【龙湾区首个中共党史教育基地】 2016年6月14日，龙湾区委史志办在永强供电公司“永电之光”展示馆举行龙湾区首个中共党史教育基地授牌仪式，区委副书记黄阳栩出席仪式。该馆总投资200余万元，展馆分为历史、今日、未来等三部分，充分展示了在党的领导下永强供电公司发展历程，也展示了社会主义建设中永电人发扬敢为天下先的温州精神。永强供电公司成立于1958年，前身为白水电站。

【《龙湾年鉴(2016)》编纂】 2016年初，龙湾区委史志办对《龙湾年鉴(2016)》框架结构进行适当调整创新，删掉《建置沿革》《自然地理》《机构》，设立《地情概览》，《商贸业·服务业》《旅游业》调整为《商贸服务业·旅游业》，《重要文件》《附录》调整为《附录》，类目由42个减少到35个，使年鉴框架结构更加科学、合理。12月，《龙湾年鉴(2016)》由线装书局出版发行。全书设类目35个、分目227个、条目1083个，表格79张，字数约84.2万字。7月11日，《龙湾年鉴(2014)》获全国地方优秀成果(年鉴类)县区级综合年鉴一等奖。

【龙湾史志文化丛书编纂】 2016年，龙湾区委史志办修改和完善《龙湾简志》并形成送审稿，全书6编28章，计20万字。启动《龙湾区人物志》编写工作，完成人物入志标准专家论证，梳理出20条标准，至12月完成200名人物撰写工作。《永强壮歌》由新疆文化出版社出版，全书20万字。

【史志期刊编辑】 2016年，龙湾区委史志办强化精品意识，努力提升期刊水平。加强编辑力量配备，一名老同志充实到史志期刊编辑部。发动在外龙湾人、历史学会及其他史志爱好者投稿，形成多渠道稿件来源。加强稿件审稿工作，实行初审、复审、终审“三审”工作模式。全年出版《龙湾史志》4期、《龙湾史谭》2期。

【史志宣教活动】 2016年，龙湾区委史志办举办《地方志工作条例》颁布实施十周年纪念活动，开展解读条例、现场宣传咨询、知识竞答等活动，共发放资料和宣传品1600余份，1000余人参加活动。联合有关单位举办“同一首诗”纪念红军长征胜利80周年书法展、“记忆龙湾”——老物件随手拍活动，参加社科普及周、“红七月·服务月”等活动。结合“两学一做”学习教育，开展“看发展，讲党史，跟党走”活动，动员党员干部到党史教育基地——“永电之光”展示馆参观，弘扬龙湾党史文化。参与农村文化礼堂建设，挖掘利用史志资源，提高农村文化礼堂的史志文化含量，《“三好并举”助推农村文化礼堂》获省地方志系统服务农村文化礼堂“十佳”典型案例。落实史志文化进万家，全年向社会各界赠送《龙湾史志》等各类史志书籍9000余册。(王婷婷)

6月14日，龙湾区首个中共党史教育基地授牌仪式在永强供电公司“永电之光”展示馆举行

(区委史志办供稿)

9月26日，龙湾区举行“不忘初心 继续前进”纪念红军长征胜利80周年文艺晚会

（项绍雄/摄）

胜利80周年

长征胜利80周年
不忘初心 继续前进
龙湾区纪念红军长征胜利80周年文艺晚会

龙湾区人民代表大会

重要会议

【区第七届人民代表大会第五次会议】 2016年1月19日至21日，龙湾区第七届人民代表大会第五次会议在区文化中心举行。出席大会代表 202名，列席人员264名。大会分别举行4次全体会议、4次主席团会议、1次计划与预算审查委员会会议。1次议案处理协调工作会议。会议听取和审查区长陈应许所作的政府工作报告；审查和批准龙湾区国民经济和社会发展第十三个五年规划纲要，龙湾区2015年国民经济和社会发展计划执行情况与2016年国民经济和社会发展计划草案的报告，龙湾区2015年预算执行情况和2016年预算草案的报告；听取和审查区人大常委会主任周赞所作的龙湾区人大常委会工作报告，区人民法院院长李敏所作的龙湾区人民法院工作报告和区人民检察院检察长梅山群所作的龙湾区人民检察院工作报告，并对以上各项工作报告作出相应决议。大会选举曾焕强、朱志清为龙湾区第七届人民代表大会常务委员会委员。本次大会共收到代表10人以上联名提出的议案8件，其中政治法制方面1件，财政经济方面3件，城建环保方面1件，科教文卫民侨方面1件，农村与农业资源保护方面2件。收到代表提交的建议、批评和意见118件。

1月19日，龙湾区第七届人民代表大会第五次会议在区文化中心举行　（区人大办供稿）

【区七届人大常委会会议】 2016年，区七届人大常委会召开常委会会议10次，即第三十次至三十九次。

第三十次常委会　1月13日召开。会议听取区纪委副书记、监察局局长孙景绍所作的全区纪检监察工作情况的通报；审议通过区人大常委会工作报告（草案）、区七届人大五次会议日程（草案）、区七届人大五次会议有关名单（草案）、区七届人大五次会议选举办法（草案）和关于出席区七届人大五次会议代表资格审查的情况报告。听取关于区七届人大五次会议筹备工作的情况汇报。会议表决通过有关人事任免。任命徐伟为龙湾区人大常委会状元街道工作委员会副主任，张苗中为龙湾区人民法院副院长，免去方宏斌的龙湾区人民法院刑庭庭长职务，李以后的龙湾区人民法院民事审判第一庭庭长职务，姚永峥的龙湾区人民检察院检察员职务。

第三十一次常委会　3月29日召开。会议听取副区长丁建华所作的关于《中华人民共和国环境保护法》执法检查审议意见及专题询问问题落实情况的报告，副区长朱大志所作的关于民办教育综合改革审议意见落实情况的报告，副区长张崇波所作的关于时尚商圈建设情况的报告及区人大常委会财经工委主任曾焕强所作的关于时尚商圈建设情况的视察报告。会议对《中华人民共和国环境保护法》执法检查审议意见及专题询问问题落实情况、民办教育综合改革审议意见落实情况进行满意度测评。会议表决通过有关人事任免。决定撤销梅银松的龙湾区教育局局长职务，免去丁虹的龙湾区人民法院民事审判第一庭副庭长、审判员职务，免去刘斌的龙湾区人民法院审判员职务，免去戴云杰的龙湾区人民检察院检察委员会委员职务。

第三十二次常委会　4月25日召开。

会议听取区海洋与渔业局局长李谊所作的区海洋与渔业局工作情况的报告及区人大常委会农资工委主任沈爱巧所作的区海洋与渔业局工作情况的调查报告，区卫生和计划生育局局长黄建芳所作的卫生和计划生育局工作情况的报告及区人大常委会教科文卫民侨工委主任叶雯文所作的区卫生和计划生育局工作情况的调查报告，区安全生产监督管理局局长朱智猛所作的区安全生产监督管理局工作情况的报告及区人大常委会财经工委主任曾焕强所作的区安全生产监督管理局工作情况的调查报告。会议对区海洋与渔业局、区卫生和计划生育局、区安全生产监督管理局工作进行满意度测评。会议表决通过有关人事任免。决定任命郑小强为龙湾区教育局局长，朱进国为龙湾区农林局局长，陈志楠为龙湾区统计局局长，张单娇为龙湾区人大常委会瑶溪街道工作委员会副主任；免去郑建廷的龙湾区人民政府副区长（挂职）职务，郑小强的龙湾区农林局局长职务，周德望的龙湾区统计局局长职务。

第三十三次常委会　6月21日召开。会议听取副区长伊柏峰所作的关于贯彻实施《中华人民共和国大气污染防治法》情况的报告及区人大常委会城建与环保工委副主任张加福所作的关于《中华人民共和国大气污染防治法》执法检查情况的报告，副区长伊柏峰所作的关于贯彻实施《中华人民共和国防洪法》情况的报告及区人大常委会农资工委主任沈爱巧所作的关于《中华人民共和国防洪法》执法检查情况的报告，副区长伊柏峰所作的关于贯彻实施《中华人民共和国残疾人保障法》情况的报告及区人大常委会法工委主任林兆申所作的关于《中华人民共和国残疾人保障法》执法检查情况的报告。会议听取和审议区财政局局长余安江所作的关于2015年度龙湾区本级财政决算的报告，区审计局局长周德望所作的关于2015年度龙湾区本级财政预算执行及其他财政收支审计情况的报告，区人大常委会财经工委主任曾焕强所作的关于2015年区本级财政决算的审查报告。审议通过《关于批准龙湾区2015年度区本级财政决算的决议（草案）》。会议听取和审议副区长伊柏峰提出的提请土地一级开发的政府购买服务资金列入年度财政预算的议案和提请城中村改造项目融资列入年度财政预算的议案，表决通过《关于同意将土地一级开发的政府购买服务资金列入年度财政预算的决定（草案）》和《关于同意将城中村改造项目融资列入年度财政预算的决定（草案）》。会议表决通过有关人事任免事项。任命任国权为龙湾区人民法院副院长（挂职），任命徐大海为龙湾区人民检察院副检察长、检委会委员（挂职）；免去陈栋的龙湾区人民政府副区长职务，朱德利的龙湾区人大常委会办公室主任职务，潘丽红的龙湾区人民法院审判监督庭副庭长职务；同意朱德利、廖海容辞去龙湾区人大常委会委员职务。

第三十四次常委会　6月30日召开。会议经审议和票决，决定许可对区七届人民代表大会代表方中秋采取刑事强制措施并处行政处罚。

第三十五次常委会　9月7日召开。会议听取区长陈应许所作的关于2016年上半年全区经济社会发展情况和下半年政府工作的报告；书面印发并审议区政府关于2016年上半年国民经济和社会发展计划执行情况的报告和区政府关于2016年上半年财政预算执行情况的报告。会议听取和审议区检察院6名检察官的履职报告及区人大常委会履职评议工作组关于对区检察院部分检察官开展履职评议情况的调查报告，并对被评议检察官进行履职满意度测评；听取和审议区府办主任陈林彬所作的区政府关于区七届人大五次会议代表建议办理情况的报告。会议表决通过有关人事任免。决定任命贾黎春为龙湾区人民政府副区长，朱微明为龙湾区人大常委会城乡建设与环境保护工作委员会主任，李蝉华为龙湾区人大常委会代表工作委员会主任，项东军为龙湾区人大常委会永中街道工作委员会主任，王国建为龙湾区人大常委会永兴街道工作委员会主任，张明晓为龙湾区人大常委会永中街道工作委员会副主任，王炳武为龙湾区人大常委会永兴街道工作委员会副主任；决定免去盛嘉伟的龙湾区人民政府副区长职务（挂职），朱志清的龙湾区人大常委会代表工作委员会主任职务，李蝉华的龙湾区人大常委会永中街道工作委员会主任职务，朱微明的龙湾区人大常委会永兴街道工作委员会主任职务，杨选荣的龙湾区人大常委会永兴街道工作委员会副主任职务，陈衍的龙湾区人民法院审判员职务，邵建和的龙湾区人民法院人民陪审员职务。

第三十六次常委会　10月18日召开。会议听取区委常委、副区长贾黎春所作的关于龙湾区2016年度重点工程建设情况的报告，区人大常委会城建与环保工委主任朱微明所作的关于龙湾区2016年度重点工程建设情况的检查报告，副区长朱大志所作的关于龙湾区食品安全审议意见整改落实情况的报告。会议对上述报告进行认真审议。会议听取和审议区委常委、副区长贾黎春所作的关于龙湾区“六五”普法工作及“七五”普法启动工作情况的报告和区人大常委会法工委主任林兆申所作的关于开展第七个五年法治宣传教育决议（草案）的说明，表决通过关于开展第七个五年法治宣传教育的决议。会议听取区人大常委会代表工委主任李蝉华所作的区人大换届选举有关事项的说明。经审议，表决通过关于提请决定区人民代表大会代表选举日的议案、关于设立区选举委员会的议案、关于设立各选举办事处的议案、关于调整区七届人大常委会代表资格审查委员会成员的议案、关于区八届人大代表名额分配方案（草案）。会议表决通过有关人事任免事项。决定任命崔丽华为龙湾区人民政府副区长（挂职）。

第三十七次常委会　11月18日召开。会议表决通过有关人事任免。决定任命周一富为龙湾区人民政府副区长，代理龙湾区人民政府区长职务；同意陈应许辞去龙湾区人民政府区长职务。任命郑笃兴为龙湾区人大常委会星海街道工作委员会主任，林光辉为龙湾区人大常委会海城街道工作委员会主任，孔繁义为龙湾区人大常委会天河街道工作委员会主任；免去黄国荣的龙湾区人大常委会星海街道工作委员会主任职务，梅显春的龙湾区人大常委会海城街道工作委员会主任职务，郑笃兴的龙湾区人大常委会天河街道工作委员会主任职务。

第三十八次常委会　12月8日召开。会议审议和表决，同意池晓荣辞去区选举委员会主任职务；同意郑炳停、张宏琴、薛克风辞去区选举委员会副主任职务；同意孙士岳、张延文、李蝉华、张崇堂、王来雨、郑靖、姜扬瓯、倪瑞瑾辞去区选举委员会委员职务。决定任命贾黎春为区选举委员会主任。

第三十九次常委会　12月26日召开。会议听取和审议区委常委、常务副区长贾黎春所作的关于2015年区本级财政预算执行及其他财政收支审计发现问题整改落实情况的报告，区财政局局长余安江所作的2017年区级部门预算草案编制情况的报告，区人大常委会财经工委主任曾焕强所作的2017年区级部门预算草案初审情况的报告；表决通过区经信局、区人力社保局、区体育局、区工务局、区温瑞塘河管委会等5个重点审查单位2017年部门预算草案。会议听取和审议区政府党组副书记、浙南科技城管委会主任赵典霖所作的关于浙南科技城建设发展情况的报告，区人大常委会教科文卫民侨工委主任叶雯文所作的关于浙南科技城建设发展情况的视察报告。会议书面审议区检察院关于部分检察官履职评议整改情况的报告。会议听取区人大常委会副主任薛克风所作的关于龙湾区第八届人民代表大会代表资格审查报告的说明，审议通过代表资格审查报告。会议表决通过有关人事任免。决定任命戴旭强、陈军苹为龙湾区人民政府副区长，郑祥迪为龙湾区城市管理与行政执法局局长，陈思崇为龙湾区农林局局长；免去王慧杰、朱大志的龙湾区人民政府副区长职务，李显森的龙湾区城市管理与行政执法局局长职务，朱进国的龙湾区农林局局长职务。任命陈立为龙湾区人大常委会办公室主任，林舜平为龙湾区人大常委会法制工作委员会主任，姜青青为龙湾区人大常委会教科文卫民侨工作委员会主任，林能杰为龙湾区人大常委会法制工作委员会副主任，王斌为龙湾区人大常委会财经工作委员会副主任，黄爱勇为龙湾区人大常委会代表工作委员会副主任，管小鹏为龙湾区人大常委会瑶溪街道工作委员会主任，陈骏韬为龙湾区人大常委会星海街道工作委员会副主任。同意苏鹭平辞去龙湾区人大常委会委员职务。免去林兆申的龙湾区人大常委会法制工作委员会主任职务，叶雯文的龙湾区人大常委会教科文卫民侨工作委员会主任职务，苏鹭平的龙湾区人大常委会法制工作委员会副主任职务，姜青青的龙湾区人大常委会财经工作委员会副主任职务，王来雨的龙湾区人大常委会代表工作委员会副主任职务，张崇微的龙湾区人大常委会瑶溪街道工作委员会主任职务。会议经审议和票决，决定许可对区七届人民代表大会代表陈会荣执行行政拘留。

人大监督工作

【法律监督】　2016年，龙湾区人大常委会组织开展防洪法、大气污染防治法、残疾人保障法贯彻实施情况执法检查，促进有关问题解决，保障法律法规贯彻实施。对区海洋与渔业局、卫计局、安监局开展工作评议，督促部门查找问题和不足，抓好自查整改，促进部门依法行政、改进工作。对部分检察官进行履职评议，通过谈话了解、查阅卷宗、旁听庭审、民主测评等手段，掌握被评议对象履职情况，及时对检察院及评议对象提出整改意见，以点带面推动检察院健全工作制度。专题听取区政府关于“六五”普法工作总结暨“七五”普法工作思路的报告，及时作出关于开展第七个五年法治宣传教育的决议，为推动“七五”普法工作和加快依法治区提供法制保障。贯彻落实宪法宣誓制度，改进任前法律知识考试内容和方式，强化人大任命干部的法律观念和执法意识。对区政府报送的19件规范性文件进行备案审查，维护法制统一。

【财政经济监督】　2016年，龙湾区人大常委会审查2015年国民经济和社会发展计划执行情况与2016年国民经济和社会发展计划草案，全程跟踪、及时把脉，提出具体建议。深化部门预算监督，将2017年部门预算审查范围扩大至30个，其中5个部门预算草案在常委会会议上重点审查并进行票决。组织部分区人大代表、预算审查专家和社会公众代表，对其中2个部门预算草案进行公开听证。跟踪监督审计查出问题整改情况，要求逐一落实整改项目。依法审查批准6个城中村改造项目融资议案，全力保障重点项目建设。主任会议专题听取和审议政府性投资项目安排情况，组织省市区三级人大代表深入重点项目施工现场，集中视察，实地检查，督促区政府切实抓好工程进度、要素保障、政策处理和项目管理。此外，区人大常委会组织开展浙南科技城、时尚商圈建设、“大拆大整”工作等方面的调研督查，为经济转型发展提供助力。

【教科文卫民侨监督】　2016年，龙湾区人大常委会连续5年开展食品安全工作监督，组织人大代表对30余家食品生产经营单位开展密集检查和暗访，督查食安办和有关部门履职情况，向社会各界开展问卷调查和征集意见，常委会会议专题审议和座谈询问，进一步推动区政府健全监管长效机制、加强农产品源头管理、加大食品安全违法打击力度，全区食品安全工作不断加强。对民办教育综合改革情况进行跟踪督查，针对现有政策落实缓慢、优质人才难留、办学条件差和无证办学等问题，提出加强政策研究、优化规划布局、加强政策引导等审议意见。

【城建与环保监督】　2016年，龙湾区人大常委会聚焦城区脏乱差问题，借助市、区人大联动监督之力，开展城市精细化管理专项监督，常委会班子成员分组赴街道、村居一线实地检查，听取市民意见建议，督促区政府加快城市配套设施建设，完善长效管理机制，规范城市环境秩序，推动停车难、垃圾消纳难等问题解决。区政府以“治乱”专项行动为抓手，加大市容管理法治化、停车序化、建筑工地标化、街景美化和环境洁化力度，龙湾区城市管理水平和整体形象明显改进。跟踪监督环境保护法执法检查审议意见落实情况，重点督促落实2015年专题询问所提问题。以省、市、区三级人大联动监督为契机，开展大气污染防治法执法检查，着重检查龙湾区贯彻实施大气法总体情况和《龙湾区大气污染防治实施细则（2014—2017年）》落实情况，督促区政府提高执法能力，加强重点领域、重点行业整治，推动大气环境改善。

12月15日，龙湾区人民代表大会代表换届选举日投票现场　　（区新闻中心供稿）

【农村与资源保护监督】　2016年，龙湾区人大常委会继续助推“五水共治”工作，结合代表“找短板”“已治理的河”监督、区人大常委“五水共治”工作审议意见落实情况督查，制订《关于开展“五水共治”工作专项监督的实施方案》，在全区范围内开展以黑臭河垃圾河治理及涉河污染源整治情况、城乡污水处理能力、构建污水处理设施长效运维机制情况、全社会共同参与治污情况等为主要内容的“五水共治”工作专项监督。认真开展专项督查，抓好国卫巩固、平安建设、五水共治等重点工作，指导解决温州市环山北路龙湾段道路工程存在的难点问题，协调作好龙湾河综合治理及建设工作。

人大代表工作

【代表选举】　2016年，龙湾区人大常委会建立人大换届选举领导小组和联谊会制度。建立区领导包干联系选区制度，将换届选举工作纳入区委“三联四推五提升”专项工作，并列入部门全年考绩，区四套班子领导、相关部门包干挂钩联系村（居）的选举工作，确保领导力量全覆盖。12月15日，为龙湾区人民代表大会代表换届选举日。完成区第八届人民代表大会代表换届选举工作，共选举产生区八届人大代表207名。其中，党政干部52名，比上届减少13名，占25.12%；妇女71名，比上届增加37名，占34.3%；非中共党员57名，占27.54%；工人农民123名（其中一线工人农民111名，比上届增加23名），占59.42%，企业负责人减少15名；连任代表67名，占32.4%；大学本科及其以上文化程度的103名，比上届增加25名，占代表总数的49.76%，基本符合省、市、区委文件对代表构成比例的具体规定。

【代表议案建议办理】　2016年，区七届人大五次会议期间共收到代表建议126件，其中龙湾区人民政府负责办理103件，温州浙南沿海先进装备产业集聚区（经济技术开发区、瓯飞）管委会负责办理23件。为提高代表建议办理质量，区人大常委会主任会议研究确定6件为重点建议，分别由区人大常委会领导督办，龙湾区人民政府领导、功能区领导领办。6月底，126件代表建议全部办理完毕并答复代表，并组织代表对建议办理情况进行评议。在126件代表建议中，问题已经解决或基本解决的建议（A类）有49件，占38.9%；正在解决或已列入计划逐步解决的建议（B类）有57件，占45.2%；受客观条件制约暂时难以办到，有待今后积极创建条件解决，已向代表作了解释的（C类）有20件，占15.9%。代表对建议办理情况反馈意见中，代表满意的86件，占68.2%；基本满意的36件，占28.6%；不满意的4件，占3.2%。

【代表履职工作】　2016年，龙湾区人大常委会积极抓好代表联络站建设，首次开展担任区人大代表的四套班子领导和法检“两长”进代表联络站活动，15位区四套班子领导相继进所联系的代表联络站听取民情民意，帮助基层和群众解决实际问题。常委会班子成员不定期到17个联络站走访督导，促进代表联络站活动常态化、规范化。密切代表与人民群众的联系，继续开展“两联两进”活动，常委会组成人员联系代表，开展不定期走访座谈，听取代表意见和建议；代表密切联系群众，入户察民情听民声，进企业了解经营发展情况，帮助企业和群众解决实际困难问题。全年常委会组成人员走访代表、选民120余人次，各街道人大工委组织代表进村（居）180余次，接待群众530余人次，收集问题370余个。全年各级人大代表参与监督活动360余人次，找到短板问题137个，提出对策建议180余条。（朱全发）

龙湾区人民政府

重要会议

【概况】 2016年，龙湾区政府召开全体（扩大）会议1次、常务会议11次，区长办公会议10次。会议主题涉及法制建设、转型升级、安全生产、深化改革、城乡一体、社会事业、生态文明等方面。

【区政府七届九次全体（扩大）会议】 2016年1月15日，区政府召开七届九次全体（扩大）会议。会议贯彻落实党的十八届五中全会和省、市、区委相关会议精神，回顾总结“十二五”和2015年工作成绩，谋划“十三五”和2016年工作任务。要求围绕当前和今后的发展形势，就龙湾未来五年经济社会发展大局，紧盯重点区域，实现联动发展，全力推进浙南科技城建设、提升中心区品质、抓好状蒲片区众创社区、时尚商圈建设、加速空港新区建设。要求紧盯重点工作，实现重大突破，全力建设温州交通综合枢纽、全力抓好“三改一拆”、全力抓好城区架空管线“上改下”、全力深化“五水共治”等工作。强化土地、资金、人力等要素保障，突出干部队伍建设，全力抓好民生和谐稳定。区长陈应许做重要讲话，区政府党组副书记、温州高新区管委会常务副主任赵典霖，区委常委、副区长陈栋，副区长伊伯峰、张崇波、朱大志、盛嘉伟、丁建华，区政府党组成员、温州高新区管委会副主任李道钮等参加会议。区委常委、常务副区长王慧杰主持会议。

【区政府常务会议】 2016年，区政府召开常务会议11次。

第40次常务会议 1月7日召开。会议审议并原则同意《政府工作报告》《2015年国民经济和社会发展计划执行情况与2016年国民经济和社会发展计划草案的报告》《2015年龙湾区预算执行情况和2016年预算草案的报告》《龙湾区国民经济和社会发展第十三个五年规划纲要》《2016年龙湾区十方面民生实事项目安排方案》《关于完善“1+5”人才政策推进“人才特区”建设的实施办法》《龙湾区农村集体经济合同管理办法》。会议讨论研究2015年度功勋企业、优秀企业、功勋企业家、优秀企业家、纳税50强和工业产值增幅50强评选有关事宜。

第41次常务会议 1月28日召开。会议讨论研究第三届龙商回归功勋（先进）人物评选活动结果和2015年度功勋企业、优秀企业、功勋企业家、优秀企业家、纳税50强和工业产值增幅50强名单等有关事宜。会议讨论研究2015年区政府规范性文件清理有关事宜。

第42次常务会议 3月28日召开。会议讨论研究撤销梅银松职务有关事宜。会议审议并原则同意《关于完善区对街道财政体制的通知》。

第43次常务会议 5月11日召开。会议讨论研究了《龙湾区基础教育提升三年行动计划（2016—2018年）》和2016年具体工作安排有关事宜。

第44次常务会议 5月26日召开。会议审议并原则同意《温州空港新区板块三年行动计划实施方案》《温州文昌创客小镇建设三年行动计划实施方案》《城市道路建设三年行动计划实施方案》《架空线路“上改下”三年行动计划实施方案》《停车设施建设三年行动计划实施方案》《城中村改造三年行动计划实施方案》《龙湾区工业企业搬迁改造三年行动计划及2016年实施方案》等系列三年行动计划。

第45次常务会议 6月16日召开。会议讨论研究安全生产工作有关事宜，为进一步落实“党政同责、一岗双责、失职追责”的工作要求，区长与副区长签订《龙湾区安全生产目标管理责任书》。会议审议并原则同意《关于2015年度龙湾区财政决算情况的报告》。

第46次常务会议 7月29日召开。会议审议并原则同意《龙湾区（高新区）做地储备出让三年行动计划》《龙湾区（高新区）农贸市场改造升级三年行动计划》《龙湾城市中心区开发建设三年行动计划》《龙湾区（高新区）重污染行业整治提升三年行动计划》《龙湾区（高新区）领军工业企业和高成长型工业企业培育实施方案》《关于推进责任医生签约服务的实施意见》。

第47次常务会议 9月1日召开。会议审议并原则同意教育、财政、交通治堵、交通、水利、文化、旅游等“十三五”专项规划和《关于进一步明确龙湾区（高新区）城市道路综合整治三年行动计划实施工作的通知》。会议还讨论研究上海世外教育集团合作办学有关事宜。

第48次常务会议 9月30日召开。会议组织区政府领导集体学法，听取政府法律顾问关于《社会治理中政府方的行政法律风险及应对建议》的讲座。会议审议并原则同意《关于进一步完善计划生育利益导向的通知》《关于加快推进残疾人全面小康进程的实施意见》。

第49次常务会议　11月2日召开。会议审议并原则同意《龙湾区（高新区）安全生产“党政同责、一岗双责”暂行规定》《龙湾城市中心区工业企业搬迁改造三年行动计划》。

第50次常务会议　12月21日召开。会议听取全区安全生产和消防安全工作汇报。会议审议并原则同意《龙湾区房屋征收人均保底安置人口审定办法》和卫生计生事业发展、生态环境保护、质量事业发展、服务业发展等“十三五”专项规划。会议讨论研究2016年度区企业评先、评优方案有关事宜，会议原则同意该实施方案。

【区长办公会议】　2016年，区政府召开区长办公会议10次。

第1次区长办公会议　3月28日召开。会议讨论研究龙湾区奥体C地块征地补偿有关事宜、2016年各项目住宅用房拆迁比准价有关事宜。会议审议并原则同意《温州市环山北路龙湾段道路工程（一期）国有土地上房屋征收与补偿实施方案》。

第2次区长办公会议　5月11日召开。会议讨论研究文昌创客小镇工程项目、金海岸项目海域使用权竞拍、浙江永上不锈钢产业有限公司厂房处置、2016年端午期间暂停龙舟活动等有关事宜。会议审议并原则同意《龙湾区D级危房改造建设管理实施细则（暂行）补充规定》。

第3次区长办公会议　5月25日召开。会议讨论研究温州浙南科技城一期工程建设项目国有土地上房屋实施征收有关事宜。

第4次区长办公会议　5月26日召开。会议讨论研究省天然气龙湾分输站政策处理有关事宜。

第5次区长办公会议　6月16日召开。会议讨论研究将龙湾区城中村改造项目融资列入年度财政预算有关事宜、将土地一级开发的政府购买服务资金列入年度财政预算有关事宜和文昌创客小镇建设有关事宜。

第6次区长办公会议　7月29日召开。会议审议并原则同意《龙湾区银行业金融机构支持地方经济发展业绩考评奖励办法》和《龙湾区人民政府领导班子工作总结》。会议讨论研究永中朱垟村城中村改造（F—04地块）工程PPP项目有关事宜。

第7次区长办公会议　9月1日召开。会议讨论研究龙湾区蒲州街道下埠村（会展路西侧）国有土地上工业用房征收有关事宜、给予中广核俊尔新材料有限公司两位企业家奖励有关事宜。会议审议并原则同意《龙湾区（高新区）质量强区建设奖励（补助）资金管理办法》。

第8次区长办公会议　9月30日召开。会议审议并原则同意《龙湾区粮食生产功能区建设规划（修编）》。会议讨论研究温州空港新区重点工业项目环保审批有关事宜、状蒲片发展战略规划编制有关事宜。

第9次区长办公会议　11月2日召开。会议审议并原则同意《龙湾区各街道农投公司整合工作实施方案》。会议讨论研究1508工程有关事宜。

第10次区长办公会议　12月21日召开。会议讨论研究浙江春晟电子科技有限公司等两家企业城市基础设施建设配套费有关事宜。会议审议并原则同意《金海岸项目海域使用权收回协议》。会议讨论研究区政府领导分工及其他有关事宜。（池来俊）

施政重大举措

【产业平台整合提升实施方案】　2016年8月，龙湾区政府印发《2016年龙湾区产业平台整合提升实施方案》。方案按照“优化布局、滚动开发、产城融合、管理创新”的原则，具体形成以浙南科技城、温州空港新区为核心，并辅以特色小镇的产业平台发展格局，围绕主导产业创建2—3个省级或市级特色小镇，打造产城融合样板。通过产业平台整合提升，推动大项目向大平台集聚、传统块状经济向平台经济转型，为建设迈入全面小康社会的标杆城区、打造温州东部发展主引擎，加快“五个龙湾”建设提供主要支撑。计划到2016年底，将对限制发展区内14个工业区块启动搬迁，完成工业企业搬迁改造314家，腾空土地1173亩左右，厂房建筑面积51万平方米左右。

【时尚商圈（时尚小镇）建设三年行动计划】　2016年5月，龙湾区政府出台《龙湾时尚商圈（时尚小镇）建设三年行动计划（2016—2018年）》。通过三年时间，“一园区”（世界时尚产品博览园）、“四街区”（兰江路、雁荡东路国际名品直销街区，玉苍东路慢绿文化创意街区，温州大道汽车走廊）基本建成，时尚研究院、蓝江188时尚创客社区、康乐众创空间、达得利商业广场、时尚邻里购物中心、广大城市蜂窝、海螺总部经济园、海纳跨境电商创业园等“多点”有序推进，形成一批时尚产业名人、名企、名牌、名品的时尚集聚区。龙湾时尚商圈（时尚小镇）成为温州城市有机更新标杆、温州时尚创意产业标杆。到2018年，龙湾时尚商圈（时尚小镇）限上消费品零售总额达到50亿元以上。

【信息经济发展三年行动计划】　2016年5月，龙湾区政府出台《龙湾区加快信息经济发展三年行动计划》。确定以“互联网+”“智能制造”为导向，以信息经济核心产业为重点，全面深化信息技术在各领域应用。到2018年底，基本建立适应创新驱动的信息经济发展环境，信息经济总量和信息化发展水平位居全市前列，信息化发展指数达到0.96以上，“两化”融合指数达到80以上；实现规上信息经济核心产业增加值8.6亿元，年均增长10%以上；网络零售额达226亿元，年均增长30%以上。

【十大民生实事项目】　2016年，龙湾区政府把“十大民生实事”工作摆在突出位置，细化量化工作内容，明确时间进度和责任分工，取得良好成效。十大民生实事分别为：改善道路交通环境、促进社会就业创业、提升保障工作水平、促进优质教育发展、保障计量食药安全、改善城区人居环境、强化便民服务举措、加大社会关爱力度、丰富群众文体生活、深化平安龙湾创建等，共涉及50项民生实事项目，已全部完成，其中18项指标超额完成年度目标任务，占项目总数36%。全年共计投入资金约62622.22万元。（池来俊）

表8　2016年龙湾区十大民生实事完成情况表

项目		实事具体内容	责任单位	完成情况	备注
一、改善道路交通环境	1	建成空港新区永兴南园经六路二期及经六支路。	温州空港新区		已完成
	2	建成温州龙湾物流单元市政道路工程规二路。	高新区建设投资有限公司	龙湾物流单元市政道路工程规二路已建成。	已完成
	3	建成永强东路（永强大道—海宁路）。	龙湾城市中心区	该工程已完成。	已完成
	4	建成文昌路道路及综合管廊工程（温州大道—机场大道）。	高新区建设投资有限公司	文昌路道路及综合管廊工程（温州大道—机场大道）已建成。	已完成
	5	改造提升农村公路里程12公里。	区交通运输局（牵头） 各街道办事处	完成农村公路改造提升15.6公里，完成率130%。	已完成
	6	全区社区巴士车辆总数达到50辆以上，其中新增社区巴士线路1条，新增社区巴士车辆8辆。	区交通运输局	11月28日正式开通社区巴士瑶溪线路，投入车辆8辆，全区社区巴士总数达50辆。	已完成
二、就业创业方面	7	完成职工岗位技能提升培训4000人，培养高技能人才550人。	区人力社保局	截至目前，完成职工岗位技能提升培训4012人，培养高技能人才602人。	已完成
	8	建立高校毕业生就业见习基地30家，组织260人次以上毕业生参与就业见习。	区人力社保局	已建立33家高校毕业生见习基地，发布1598个见习岗位，吸纳262名高校毕业生进基地实习。	已完成
三、保障工作方面	9	实现低保标准同比增长8%，农村不低于城镇低保标准的75%，提高低保人口占比，加强低保动态化管理，实现应保尽保，应退尽退。	区民政局（牵头） 各街道办事处	12月9日，《温州市人民政府关于调整市区城乡居民最低生活保障标准的通知》（温政发〔2016〕52号）已下发，农村低保标准从575元/人·月调整到651元/人·月，城镇维持765元/人·月不变。调整后，我区农村标准同比增长13%，农村标准占城镇低保标准的85%。	已完成
	10	城乡居民参加大病医疗保险达15万人。	区人力社保局	截至4月底已完成大病保险16万人。	已完成
	11	完成海滨街道沙中、沙南、蟾钟保障房工程主体建设。	龙湾城市中心区	沙中安置房、沙南安置房和蟾钟安置房主体工程已竣工。	已完成
	12	建成教新村城中村改造工程（一期）。	海滨街道办事处	主体完工，设备调试。	已完成
四、教育发展方面	13	对龙湾区第八幼儿园进行整体改造提升。	区教育局（牵头）永兴街道办事处	已完成对龙湾区第八幼儿园整体改造提升。	已完成
	14	开办并投用龙湾区第二外国语小学。	区教育局		已完成
	15	建成并投用龙湾中学安全教育综合体验馆。	区教育局		已完成
	16	为学校配置可调节课桌椅3000套。	区教育局		已完成
五、食药监管方面	17	免费为农贸市场配置500台电子计价秤；免费检定农贸市场2500台电子秤、医疗单位500台计量器具、学校100台件锅炉压力表和温度计、7家气体充装生产企业800台件计量器。	区质监局（牵头） 区教育局 区卫计局 区市场监管局	1.全年配发515台电子计价秤。 2.截至10月份，已检定安全防护计量器具502台，检定医疗卫生计量器具628台，检定电子秤2000台，检验安全阀75台，完成目标任务。	已完成
	18	全区80%农资店建立农资监管与服务信息化系统，数据库产品信息涵盖本区域内经营的90%以上农资产品；区域内省级以上农业龙头企业、农民专业合作社、家庭农场等规模生产主体全程可追溯率达到90%。	区委农办（区农林局）	1.80%农资店建立并纳入农资监管与服务信息化系统，数据库产品信息涵盖本区域内经营的90%以上农资产品。 2.区域内省级以上农业龙头企业、农民专业合作社、家庭农场相关主体信息已录入监管平台，90%以上规模生产主体配备安装了追溯设备实现了产品追溯。	已完成
	19	新建农贸市场（小菜场）食品安全快速检测室12个，并免费对公众开放；开展食药品快速定性检测9000批次。	区市场监管局	1.免费检测室：全区已建35个农贸市场检测室。 2.食药快检：开展农贸市场快速检测工作：1—11月份累计抽检各类场所2082个，检测30362批次，合格率99.41%，销毁退市处理178批次，涉及食品数量167公斤。	已完成

续表8

项目		实事具体内容	责任单位	完成情况	备注
五、食药监管方面	20	改建提升学生放心食堂6个。	区教育局		已完成
六、城区环境方面	21	完成159台以上高污染燃料锅（窑）炉淘汰改造。	区发改局（牵头） 区经信局 区城管与执法局 区环保局 区质监局 各街道办事处	1.1—10月份完成锅炉注销201台，淘汰锅炉177台。 2.完成2015年度淘汰改造资金补贴工作。	已完成
	22	新建绿地77公顷，对157万平方米绿地进行日常给养；建设美化彩化精品示范道路2条、自然花境25组；建设街旁（滨水）小游园12个、立体绿化5000平方米。	区城管与执法局	1.新建绿地77公顷，已完工64个项目，完成面积77.5987公顷，完工率100.8%。157万平方米绿地已做到日常养护全覆盖。 2.2条绿化示范路创建工作瓯海大道龙湾段和龙江路均已完工。 3.25组花境均已完工。 4.12个小游园提升项目均已完工。 5.立体绿化已完成5530平方米。	已完成
	23	完成大浦水闸、北山河节制闸主体建设，改造龙东节制闸。	区水利局（牵头） 瑶溪街道办事处	1.已完成北山节制闸工程。 2.大浦闸完成主体工程。 3.龙东节制闸完成修复。	已完成
	24	对增殖放流河道进行年度检测，放流鲢、鳙鱼为主的本土鱼种100万尾。	区海洋与渔业局		已完成
	25	开展合成革企业废气治理调查，完成15家合成革企业废气深化治理；深化环保“打非”工作，全年组织“打非”12次以上。	区环保局	继续推进合成革企业整治工作，已签订合成革企业VOCs治理合同15家，已完成VOCs治理15家。 已完成全年组织12次以上“打非”工作。	已完成
	26	续建截污纳管工程20公里。	区温瑞塘河管委会 各街道办事处	本月管网投资为10万元，累计投资4374万元，累计完成管网建设44.16公里。	已完成
	27	完成温州东片污水处理厂改扩建一级A提标改造工程（设计日处理能力15万吨；一级A排放标准）。	龙湾城市中心区	完成温州东片污水处理厂改扩建一级A提标改造工程，已开始试运行。	已完成
	28	完成永中上湾普通建筑石料矿区生态环境治理。	区国土资源分局（牵头） 永中街道办事处	主体工程已完工。	本月新增 已完成
七、便民服务方面	29	完成龙湾规划展示馆布展。	龙湾城市中心区	龙湾规划展示馆布展已完成。	已完成
	30	建设区级智慧综合指挥平台；建设区级大数据平台，实现全区数据互通共享。	区经信局（牵头）	完成宫颈癌筛查4668人、乳腺癌筛查4679人。	已完成
	31	新增20个公共自行车站点，新增公共自行车300辆；加强公共自行车站点及全区4200辆自行车的管养维护。	区城管与执法局	1.截至12月20日，已完成20处站点建设，完成300辆公共自行车采购。 2.已完成对公共自行车站点及全区4200辆自行车的管养维护。	已完成
	32	110KV瑶溪输变电工程年内建成投产。	区供电分局（牵头） 瑶溪街道办事处	110KV瑶溪输变电工程已建成，准备投入使用中。	已完成
八、关爱救助方面	33	新建村级居家养老服务照料中心20家，新建农村（社区）老年人助餐点20个。	区民政局（牵头） 各街道办事处	按时并超额完成任务。已完成21家居家养老服务照料中心和21家老年人爱心食堂助餐点建设。	已完成
	34	区级临时救助（救急难）资金同比增长30%以上，解决群众各类突发急难；区级医疗救助资金同比增长20%以上，减轻困难群众医疗负担。	区民政局（牵头） 各街道办事处	1.区级临时救助（救急难）资金实际安排115万元，较2015年的69万元增长67%，且省级补助较多，已完全满足。 2.区级医疗救助资金安排345万元，与2015年持平，2016年省级补助82万元。	已完成
	35	对全区小学二年级学生实施免费窝沟封闭，覆盖率和封闭率达50%以上。	区卫计局（牵头） 区教育局	已超额完成第三轮适龄儿童窝沟封闭工作，开始新四轮窝沟封闭学生初查、预约封闭工作和上一轮封闭复查工作，已完成封闭学生数998人。	已完成

续表8

项目		实事具体内容	责任单位	完成情况	备注
八、关爱救助方面	36	开展农村妇女“两癌”免费筛查，其中检查宫颈癌3600人次，乳腺癌3600人；全面推进国家免费孕前优生健康检查，孕前优生检查目标人群覆盖率达80%以上。	区卫计局	1.两癌筛查任务已超额完成（宫颈癌筛查4347人，完成率120.75%，乳腺癌检查人数4507人，完成率125.19%）。 2.龙湾区（含经开区）共检查1155对孕前优生检查，已完成年度任务数。	已完成
	37	开展妇女关爱行动，关爱结对特殊困境妇女45人；开展“共享蓝天 快乐成长”暑期圆梦行动，关爱结对特殊困境儿童70人。	区妇联	目前已开展了“暖冬关爱”、贫困两癌妇女资助慰问、“进万家门、访万家情、结万家亲”基层大走访大调研活动等妇女关爱行动，关爱结对特殊困境妇女90人。开展“共享蓝天 快乐成长”暑期圆梦行动，关爱结对特殊困境儿童100人。启动“爱·为梦想插上翅膀”专项公益基金40.8万元。	已完成
	38	为700名残疾人提供集中托养、居家安养服务，建立护理补贴制度；新建1家公办民营的公益性功能齐全残疾人阳光庇护中心。	区残联	1.已向1918户残疾人家庭发放720万元护理补贴。 2.阳光庇护中心已建成，将于12月24号营业。	已完成
	39	残疾学生及残疾人子女助学补助实现全覆盖；推广残疾人意外伤害保险和帮助残疾人普遍参加城乡基本养老保险。	区残联	1.残疾学生及残疾人子女助学补助已经落实，助学总金额52.8万元。 2.残疾人意外伤害保险 5月已落地，意外保险18起，保险金额35789元。帮助残疾人普遍参加城乡基本养老保险已经完成，为需要的残疾人进行人身意外保险理赔。	已完成
	40	开展红十字应急救护培训，培训救护员1500名以上，普及应急救护知识5000人次以上；开展生命健康安全教育活动，人数1000人次以上。	区红十字会	开展红十字应急救护培训，已培训救护员1960名，完成率130.67%；普及应急救护知识7892人次，完成率157.84%。	已完成
	41	开展博爱送万家活动，救助困难群众200户以上；开展爱心病房项目，救助“三无”人员100人以上。	区红十字会	完成博爱送万家活动，共慰问251人次；救助“三无”人员140人次。	已完成
九、群众文体方面	42	新建文化礼堂5个。	区委宣传部（牵头）各街道办事处	已建成5家。	已完成
	43	开展送戏下乡150场，送书下乡12000册，送电影下乡1500场；全年举办各类展览讲座150场；开展“四季”公益培训课堂，培训15000人次；新增24小时城市书房1个，更新图书6万册。	区文广新局	1.开展送戏下乡368场次，送电影下乡1526场，送书下乡12353册。 2.举办讲座、展览、培训558场，累计培训15000人次。 3.蒲州街道、红连城市书房已建成，并于12月12日正式对外开放；区图书馆累计更新图书8.9万册。	已完成
	44	新建1座拥有3片室内网球场的网球馆；对全区范围内240个健身苑点维护更新。	区体育局（牵头） 各街道办事处	1.网球馆主体建设已完工。 2.240个健身苑点已全部维护更新。	已完成
	45	在区青少年综合服务中心开展各种青少年活动20场。	团区委		已完成
	46	在社区、村、学校或企业选址3处，建设3个科普图书室，赠送科普书籍3000册。	区科协		已完成
	47	完成海滨文化中心主体工程建设。	海滨街道办事处	主体完工，设备调试。	已完成
十、平安创建方面	48	积极鼓励各街道开展全民联防，以村居为单位，按照街道村居数15%以上的要求建立全民联防示范点，示范点参巡户数达到50%以上；在区主要道路及人员密集场所按公安部规定验收标准，建立一批警银亭、警讯亭，引入多路监控和宣传LED，增加监控的覆盖面和防范宣传的阵地。	区委政法委（牵头） 区公安分局 区城管与执法局 各街道办事处	完成23个村居联防示范点建设并做好考核工作，达到全区村居数的22.3%，示范村居平均参巡率75.09%；建成并投入使用4个综合警务亭。	已完成

续表8

项目		实事具体内容	责任单位	完成情况	备注
十、平安创建方面	49	新建治安监控20个，新建村居监控1000个，联网社会监控4000个；升级及更新公安视频监控；升级视频侦查分析应用平台及配套设备；升级可视化视频指挥调度运行维护管理系统。	区公安分局	1.建治安监控和联网社会监控项目已于2月26日完成招投标，9月已完成新建20个治安监控，1000个村居监控建设，联网社会监控4000个，提前完成全年任务。 2.升级及更新公安视频监控项目已于3月1日完成招投标，已于9月完成290个监控点位，提前完成全年任务。 3.升级视频侦查分析应用平台及配套设备已于4月7日完成招投标，6月完成平台建设，目前完成验收。 4.可视化指挥调度系统已于2月6日完成招投标，分别于7月、9月完成三次系统培训，已于9月在全局范围推广使用智慧指挥调度系统，提前完成建设任务。	已完成
	50	建设25个以卡管车基站；为全区200名失能、高龄、失孤老人免费发放走失定位芯片；安装出租房电子门牌3000套，打造全市示范点，实现出租房电子化管理；开展物联网安防小区建设四项便民工程，建成6个安防示范小区；建立6支沿街店面、居家物联网防盗巡控队伍；2016年新登记流动人口约20万，制发“E居卡”20万张；续租“流管通”100台，实现流动人口信息化、精准化服务管理。	区公安分局（牵头） 区经信局 区民政局 区卫计局 区新居民局 各街道办事处	截至目前，以卡管车新增基站建成40个（已于4月提前完成以卡管车建设工作）；向206名失能老人发放了走势定位芯片；出租房电子门牌已安装15178家，超额完成全年任务数；街店铺防盗系统已安装659家，完成6个安防小区建设；已组建6支巡防队伍；制发e居卡242579张，“流管通”已完成100台续租任务。	已完成

建议提案办理

【概况】 2016年，龙湾区七届人大五次会议和区政协四届五次会议共收到建议提案295件，其中人大代表建议126件，政协提案169件。代表委员所提问题已经解决或基本解决的A类128件，占43%；部分解决或已列入计划解决的B类136件，占46%；因受条件限制留作参考或不可行的C类29件，占11%。首次通过“人大、政协建议提案网上管理系统”来办理区级建议提案，提高交办和承办效率；首次推行区“两会”期间人大建议优先交办制度，在会议期间，当场优先交办12个内容较为清楚、职责较为明确的建议。

区长热线

【概况】 2016年，龙湾区共受理群众投诉件40714件，其中承办市长专线交办件3523件，区民情处置中心（区长专线受理中心）网络平台投诉件1661件，网络问政平台受理件740件，电话咨询类641件，平安建设信息系统34132件，市长专线现场接听受理件17件。办理反馈率100%，办结率 99.9%，满意率99.9%。开展受理事项现场调查、专项督办343件次。年内，12件重点处置件被市长专线评为优秀满意件。

【民情制度建设】 2016年，龙湾区建立健全区级民情处置工作运行机制，制定实施区民情处置中心工作细则、民情处置协调会制度、区级民情分析制度、民情处置联络员制度、民情处置考绩制度和区民情处置中心内部管理等机制，明确6项工作内容、8项原则不予受理内容和处置流程、处置时效，实行民情“一周一汇总、一月一分析、一月一通报”制度，不断推进民情处置制度化、规范化，提升民情处置质量和效率。加强督导追责，加大对承办单位办理情况定期督查力度，强化主体责任，推行重点疑难交办件领导包案制，着力提高民情处置与服务的水平，使区民情处置中心与区长专线受理中心真正成为人民政府的“阳光工程”。（池来俊）

发展与改革

【投资结构优化】 2016年，龙湾区完成限上固定资产投资347.49亿元，同比增长13.7%，完成率101.0%。生态环保产业投资同比增长1724.3%，重大产业投资同比增长113.0%，重大基础设施投资同比增长74.9%，育新技术产业投资同比增长22.6%。四项指标均超增长15%的目标要求，在四区两市中处于领先。

【特色小镇建设】 2016年，龙湾区按照“产、城、人、景”四者融合的定位目标，以“互联网+”应用产业为发展重点，围绕构建开放的“互联网+”创业创新生态系统，把温州文昌创客小镇打造成为“产城人文”相融合的特色小镇。至12月，温州文昌创客小镇累计完成投资额12.5亿元，先导区十大重点项目完成工程量80%。新增哈德森科技研究院、肿瘤精准诊疗协同创新中心、温报集团文创园、海龟科技孵化器、青创会科创园等项目，与浙江大学科创园、中国美术学院温州分中心、清科365孵化器等项目达成合作意向，产业集聚能力不断增加。温州文昌创客小镇在创建过程中得到市委、市政府领导高度重视和肯定，温州市委书记徐立毅作出3次批示。浙南科技城板块浙南科创小镇完成概念性规划编制，确定围绕科技研发主导产业，做好中介、孵化、商务、金融、旅游、社区六大配套服务。

【跨境电商服务平台建设】 2016年龙湾区在英国、印度和孟加拉国设立三个海外仓，形成以龙湾外贸跨境电商产业园和温州海纳跨境电商产业园为主体，以三个海外仓为亮点的新型外贸跨境电商产业形态，改变中小微跨境电商企业分散发展局面。其中，温州海纳进出口有限公司成为全市首个在英国伯明翰跨境电商公共海外仓的B2B2C模式经营者，温州市跨境电商联盟有限公司筹备工作正在有序进行。

【供应链融资改革】 2016年，龙湾区出台《龙湾区中小企业供应链融资改革方案》，针对中小企业融资难问题，优化动产抵押登记程序，探索并推广应收账款质押融资业务，引导金融机构发展供应链金融模式，有效缓解中小企业融资难和融资贵问题。至12月，已获得融资35444万元。同时拓宽动产登记种类，累计办理登记55件，涉及金额96027万元，为企业融资提供新渠道。

【民办教育综合改革】 2016年，龙湾区加强对民办教育的管理，出台《龙湾区新居民子女学校整合提升实施方案》和《龙湾区“公建民营”幼儿园管理暂行办法》，制定《2016年龙湾区民办教育专项奖补资金分配方案》。引进国内优质教育品牌，引进上海欧顿教育集团龙湾雍华园幼儿园项目，完成温州市少年艺术学校与龙湾区少年国际学校合作办学。推进上海世界外国语学校、温州市第一私立实验学校等项目引进工作。

【专项领域改革】 2016年，龙湾区税务制度取得成效，率全市之先实现“营改增”扩围企业增值税申报。招商模式进一步拓展，“互联网+招商”模式在全市推广。推动信保基金工作，信保基金业务申报量居全市首位。深化金融风险处置机制，累计化解企业不良贷款15.1亿元。龙湾科技大市场试点通过省科技厅工作验收。（费　妍）

行政审批管理

【概况】 2016年，龙湾区审管办坚持“放、管、服”三管齐下，持续深化行政审批制度改革，推进简政放权，创新审批方式，有力促进审批服务提速提效，优化了发展软环境。区审批中心（分中心）共办理审批事项18万余件，电子评价群众满意率、短信评价满意度达99%以上。

【行政审批事项清理】 2016年，龙湾区审管办按照国务院、省、市相关文件做好事项清理衔接，与市里同步开展行政审批事项清理规范“六统一”工作，梳理明确区级事项目录，形成区级行政审批事项保留目录，实现省、市、县统一事项名称、统一编码、统一动态管理。全区共保留行政审批事项542项，其中行政许可事项216项，行政确认事项55项，年检17项，审批性备案97项，其他审批权103项，审核转报54项。

【“负面清单”管理】 2016年，龙湾区审管办在工业领域全面实行“负面清单”外高效联合办理，并将这一改革延伸至物流园领域。重点修改完善标准承诺书，健全负面清单外高效联合审批环节，实行“一先、两联、一验”（即先行办理前期审批手续；标准承诺书联询、项目施工图纸联评；项目竣工后由住建部门牵头进行联合竣工验收）的操作流程。开展企业投资项目承诺制市级试点，在空港新区3个招商引资项目上推行“政府定标准、企业作承诺、过程强监管、失信有惩戒”管理模式，进一步简化手续，提高效能。

【“互联网+审批”改革】 2016年，龙湾区审管办开展全市电子证照系统建设唯一市级试点，完成龙湾区一体化电子证照生成、应用共享服务系统开发，涉及17个部门93个试点事项，82种不同证照，办理150余项审批服务事项将不再需要重复提供纸质证照批复。建立“网上开证明”应用系统，试点开通5类事项网上开证明，破解基层群众“办证多、办事难”。推进审批事项网上预审拓面增项，280项事项可网上申报和预审查。扩大“证照网上审批、快递送达”试点范围，11项事项实行“证照网上申请、快递送达”。

【企业行业标准审批改革】 2016年，龙湾区审管办全市率先推行企业行业标准审批服务制度改革，该项目被列入2016年市对区重点改革项目考核“1+3”项目。制定《龙湾区企业行业标准化审批服务制度改革工作方案》，推行行业主管部门牵头联审联办，建立食品经营、餐饮服务、娱乐、互联网上网服务、洗车、旅馆业、民办医疗机构、民办教育机构以及民办职业培训机构等8个试点行业标准化审批制度，涉及部门10个、审批事项类别19项。该项改革有效破解审批领域中互为前置、各自为政、程序复杂、缺乏协作等问题，确保职能部门依法审批和监管。

【公共服务便利化改革】 2016年，龙湾区审管办深化基层行政服务中心规范化建设，落实《关于加强街道、社区两级政务服务的通知》和省直单位新纳入村级（社区）便民服务中心事项工作，建立月度工作例会制度，开展专项督查。实现从形式上入驻转变为实质性到位，从窗口收发件功能转变为实质性办得了事的功能。

【中介服务改革】 2016年，龙湾区审管办进一步清理规范中介服务事项，保留中介服务事项111项，建立中介服务事项动态监管机制，实行清单管理。建立中介机构信息库常态入库制度，实体入驻36家，网上入驻113家，每个行业入驻超过3家。与市中介管理平台建立联动联用机制，完整公布各企业信息，形成充分竞争。强化中介机构信用评价，实行行政审批部门考评、业主方测评、中介机构管理中心考评“三位一体”考评制度，提质提效中介服务。

【“一站通”快速审批机制】 2016年，龙湾区审管办推进浙南科技城规划建设局行政审批职能进驻区审批中心。建立浙南科技城绿色通道服务窗口，对浙南科技城建设项目实行“一口受理、一站办理、全程代理”高效服务，重点跟踪督导创新创业新天地等8大项目。推进浙南科技城审批事权承接工作，深化市区两级审批同权扁平化改革，梳理有利于浙南科技城经济社会发展的审批事项事权85项，细化承接方式，确保承接落实到位。

【投资项目全流程管理】 2016年，龙湾区审管办强化线上线下全流程运作，对立项、初步设计、供地审批、施工许可、验收发证等5个阶段由牵头单位实行“一个窗口受理、协同推进，限时办理、同步流转、一次性办结”。建立基建项目前置审批联用机制，全年开展全流程网上并联审批项目131个。

【代办服务机制】 2016年，龙湾区审管办优化代办项目库机制，新增省市区重大建设项目、招商引资项目30个，明确每个项目代办单位、责任人和代办员，实行保姆式、联动式、接力式服务形式，落实节点管理，协调解决问题。创新代办服务方式，落实温（龙）商回归、招商引资项目的招批管代办服务机制，理顺协调办理流程；实行“小会商+大会商”全程协调会商机制。

【行政审批监管体系完善】 2016年，龙湾区审管办全面运用电子监察系统，实现事项办理全流程、全业务、全覆盖监察监控。落实区审批中心办理预登记制、一次性告知和否决事项双告知制，开展办件电子评价、短信评价、办件电话回访、审批案卷内审等手段，并将案卷内审结果纳入月度考核内容，有效规范办件管理和审批行为。全市率先开展第三方考核，成为审批监督“第三只眼”；全市率先建立行政审批特邀监督员制度，特邀“两代表一委员”为主体监督员18名，全方位加强社会监督。逐步建立健全日常监察、网络举报、社会监督、督查考核的多元化行政审批监督管理体系。（胡建敏）

10月14日，龙湾区举行行政审批服务特邀监督员聘任仪式　（区审管办供稿）

对口帮扶

【概况】 2016年，龙湾区继续对口帮扶四川藏区，对口支援重庆涪陵三峡库区移民工作。全年向上述地区提供援助资金364万元，其中重庆涪陵地区34万元，四川阿坝州壤塘县330万元。派人随市代表团赴重庆涪陵区、四川阿坝州壤塘县等地开展考察调研，指导对口帮扶项目建设，深入开展东西扶贫协作项目对接工作。实地调研菜场移民小区至铁场连接公路工程、重庆市山公主保健品有限公司、珍溪镇小区帮扶等项目，听取资金安排及项目进展情况介绍，深入交流对口帮扶工作。继续推进与苍南县的山海协作工程，安排山海协作资金190万元；促成龙湾农商银行、永强供电公司与苍南县钱库镇河西岸村结对帮扶，捐赠帮扶资金12万元。

招商引资

【概况】 2016年，龙湾区招商引资到位资金191.9亿元，完成率148.76%。其中，省外到位资金76.55亿元，完成率129.74%；市外房地产到位资金115.35亿元，完成率164.79%。新引进项目59个，总投资116.59亿元，到位资金40.66亿元；浙商回归新项目56个，总投资80.98亿元，到位资金25.12亿元，其中：亿元以上新项目10个，总投资70.39亿元，到位资金16.97亿元。项目结构上，引进产业向高端制造、养老、基础设施建设、现代金融服务、房地产、医疗养老、现代物流、科技文化等多元发展。

【世界温州人大会龙湾分会】 2016年9月16日，“龙行天下情系故里”世界温州人大会龙湾区分会在区文化中心召开。海内外400余名龙湾籍精英到会。会上表彰了回归功勋人物6人、回归先进人物6人。邀请的嘉宾先后围绕乡情、发展作主题发言。大会现场签约温州爱好笔业、泰昌集团、浙江广卓投资、中梁地产集团、贝普医疗科技、金色小镇、浙江工业大学、中交一公局、乐控节能

9月16日，世界温州人大会龙湾区分会举行　　（区招商局供稿）

科技、创新控股等10个项目，总投资51.6亿元。会后，安排代表参加瓯海大道东延及枢纽集散系统工程、空港新区（永兴南北园）、雅林现代农业园（农业科技温室）、浙南科技城创业创新新天地项目。

【温商回归领头雁工程】 2016年，龙湾区完善浙商创业创新信息库，更新在外龙商信息2000余人。发挥“温商领头雁”骨干、带头作用，开展定期走访联系、招商项目对接洽谈，各商会组团回乡考察投资项目21批次，区政府分别与“领头雁”青山控股集团、泰昌集团达成回乡投资共识并在世界温州人大会和龙湾分会上签订青山不锈钢产业园、泰昌超大型输电钢构架项目两个项目。

【国内招商活动】 2016年，龙湾区开展“走出去”招商活动，先后组织20多个批次的小分队赴北京、上海、广州、杭州、昆明等地开展招商。其中区级主要领导外出招商3批次，分别与均瑶集团上海世界外国语学校、青山控股集团等达成合作协议。组织“请进来”考察活动，接待红星美凯龙集团、鲁能集团、恒大集团、申通快递、圆通速递等在内的40多批次累计550多人的各类考察团到龙湾考察，成功推进申通快递温州电子商务产业园、圆通速递浙南区域管理总部等一批重大项目的落地。

【招商方式创新】 2016年，龙湾区招商局围绕“互联网+招商”模式，全面改版升级包括“官网、官博、官微”和“政府信息公开、招商引资信息网、龙湾网招商信息板块”在内的“3+3”资讯宣传平台，实现资源共享和政商互动，通过该模式吸引了43批次考察团前往投资洽谈。通过上门招商、布展招商、以服促商等方法创新，启动招大引强引擎。区四套班子主要领导多次带队赴北京、上海、昆明进行招商，与青山控股集团、泰昌集团、均瑶集团世界外国语学校、若干房地产龙头等高校、名企谈判。

【招商项目储备工作】 2016年，龙湾区招商局结合龙湾实际，策划包装项目，共推出区级招商项目44个，项目库涵盖龙湾区高端制造业、商业服务业、养生养老业、旅游业、房地产业及城市有机更新等招商项目。同时，加强招商项目的梯队式储备，建立“土地超市”和“项目超市”联动机制，成熟一批，推介一批，落地一批。（夏　洲）

区政府办公室工作

【区府办办文办会工作】 2016年，龙湾区府办加强公文处理规范化建设，严把发文起草关、审核关、发送关、时效关，对不符合办理程序和要求的文稿坚决退文重办，对受理的文稿进行盘点清理，做到不拖、不压、不遗漏，不断提高办文效率。全年制发正式文件317件，同比减少8.38%，签收、登记承办请示640件，同比下降7.9%。进一步改进文风，完成《政府工作报告》、五年政府领导班子工作总结等一系列综合性文字材料50余篇，完成全区财税审计工作会议、安全生产工作会议、统计工作会议、季度经济形势分析会、党委汇报会等材料200多篇，完成调研报告8篇。推进会议管理的科学化、规范化，大力精简会议数量，全年围绕贯彻实施重大项目投资、“五水共治”、三改一拆与全区中心工作，组织召开专题协调会140余次。

【政务信息】 2016年，龙湾区府办加强对各种信息“甄别”和“分析”，全年上报政务信息698条，被国办录用专报1篇，省政府办公厅采用专报2篇，被市府办采用信息235条，共获省、市领导肯定性批示5个。同时，加强突发事件和紧急敏感信息报送，被市里录用快报5篇。

【电子政务建设】 2016年，龙湾区府办做好“中国龙湾”政府门户网站日常维护，完成政务服务网权力事项库整改和街道服务站首页调整。开设《权力清单》栏目，实现权力清单与权力事项库同步生成实时更新；开设《责任清单》，分设主要职责、事中事后、相关部门的职责边界三个子栏目。开展街道站点检查，做好街道政务服务网街道站点整改。完成部门、街道、街道综治办40个终端安装工作，视联网系统通过验收。推进新版OA协同办公系统运用，加快了文件流转速度。

【政务公开工作】 2016年，龙湾区府办深化政府信息公开工作，全区69家责任单位共公开信息4251条，重点公开事项专题栏目14个。在浙江政务服务网上公开行政权力共3737项，公开行政处罚结果12536件。在政府网站上将部门财政预决算、财政专项资金、行政收费和政府采购信息进行公开。

【土地储备出让】 2016年，龙湾区府办加强土地储备出让，与各业主单位和职能部门对接，摸清全区地块情况，逐块建册，倒排时间表，落实责任单位进行攻坚。全年完成做地979.18亩，收储979.18亩，成功组织经营性用地公开挂牌出让13宗845亩，成交金额25.92亿元。

【海防打私】 2016年，龙湾区府办健全反走私工作联席会议制度，推动海关、边防、海洋与渔业等职能部门各司其职、密切配合，构筑“打、防、管、建”立体防线，保持打击成品油走私高压态势。全年查处无合法齐全手续买卖成品油案件4起，查获涉案成品油655吨，查获涉案车辆20辆，遏制成品油走私猖獗势头，被《温州电视台》作专题报道。推动海防基础设施项目建设，新立项海防基础设施建设项目2个，共投资241万元。全面排查龙湾沿海码头，加强沿海码头重点布控，对全区沿海24个码头建立基础档案。（池来俊）

法制建设

【法治政府建设】 2016年，龙湾区政府下发《2016年龙湾区法治政府建设工作要点》，明确法治政府建设工作7大目标22项工作任务。印发《2016年度龙湾区各街道法治政府建设评价指标》《2016年度龙湾区各部门法治政府建设评价指标》，将法治政府建设工作考核指标同考绩指标相衔接。深化法律顾问工作，全年龙湾区政府法律专家参与区政府层面会议讨论96人次，提供书面法律咨询意见71次，电话咨询10次。加强基层法制机构建设，在各街道办事处增设法制机构，统一设在街道办事处党政办公室，并在区各有关单位增设法制机构，率先实现区执法单位、街道法制科室的全覆盖。推行政府领导干部集体学法制度，组织开展2次全区领导干部法治（依法行政）专题培训。

【行政规范性文件审核】 2016年，龙湾区法制办共出具合法性审查意见书39份，向区人大、市法制办备案23件。组织开展规范性文件清理工作，完成上一轮行政规范性文件全面清理后建议修改的规范性文件4件。开展全区重大行政合同备案统计两次，按照市标准对龙湾区行政机关合同清理、备案一次，审查合同31件，共涉及合同标的36亿元。开展龙湾区招投标市场专项整治工作和龙湾区招投标文件清理工作，政府法制环境更加清明。

【行政复议应诉】 2016，龙湾区法制办共收到行政复议申请72件，其中经说明解释后主动撤回行政复议申请2件，受理行政复议申请70件，同比增长312%。已结案件54件，其中维持原具体行政行为26件，撤销原具体行政行为15件，确认具体行政行为违法1件，调解和解（终止）5件，驳回复议申请6件，不予受理1件，法定期限内审结率100%。全年代理区政府行政诉讼应诉案件28件（上期结转11件），其中胜诉14件，在审14件，行政机关负责人出庭应诉率96.42%；其中行政复议后应诉4件，胜诉4件。区政府各部门行政诉讼案件67件，结案67件，其中败诉11件，行政机关负责人出庭应诉率100%。

【行政执法监督】 2016年，龙湾区法制办全面清理持证人员执法资格，重点对不符合执法资格条件的持证人员进行集中清理，共注销行政执法证35个，变更行政执法证件90个，现有有效执法证件751个（不包括部委证件）。完善行政执法监督制度，制定《龙湾区政府特邀行政执法监督员工作规则》，特邀专家学者、律师、新闻媒体工作者、社区工作者等组成行政执法监督队伍，定期开展监督检查，分季度对安全生产、劳动保障、卫生行政、水利四个重点领域进行专项督查。推行“双随机”抽查制度，集中评查全区30个行政执法部门130个案卷，促进行政执法工作规范化建设。组织开展重大处罚决定备案审查工作，对公安、住建、城管执法、卫计等10个部门750余件重大行政处罚决定进行登记备案。加快推进行政处罚系统建设，组织开展全区行政处罚系统培训工作，进一步规范全区行政执法行为。（池来俊）

机关事务管理

【办公用房管理】 2016年，龙湾区机关事务局规范管理办公用房，调整区行政管理中心大楼入驻单位，调剂区机关状元综合楼办公用房，安排区编办、区民宗局、区海洋与渔业局等12家单位或部门入驻区人防大楼。完成建设办公用房图形化管理系统，全面推行办公用房图形化信息管理，改变以往CAD图纸管理和表格管理方式，通过自动绘图、自动计算、图数结合等方式，掌握办公用房使用情况和基础数据统计，提高办公用房管理工作效率。

【公共机构节能工作】 2016年，龙湾区机关事务局推进示范单位创建工作，创成14家以上区级节水型机关和事业单位。建设公共机构屋顶太阳能光伏发电示范项目，总建设面积3720平方米，总装机容量373千瓦，预计2017年初实现正式并网发电。引进社会资本，组织实施充电桩建设工程，在机关单位建成24个充电桩。实施节能技改，推广应用LED照明产品，区文化中心LED灯使用率达100%，区行政管理中心LED使用率达95%。开展行政中心空调雾化节能改造，节约能耗20%。改造卫生间自动感应水龙头，安装用水远程监控管理平台，在行政中心、文化中心、市民活动中心、图书馆大楼的供水管道上安装15—20个监测点，实时掌握用水总量、用水效率，提高水资源有效使用率。安装电梯能源回馈装置，省电20%—30%。开展节能宣传周和低碳试点进学校主题活动，通过龙湾新闻网等媒体扩大宣传与示范效应。

【公车管理】 2016年，龙湾区机关事务局根据省、市公车改革精神及节支率7%以上的硬性规定，率先推进公车制度改革。制定龙湾区公务用车制度改革实施方案，9月完成全区各参改单位车改方案审核批复。保留区公务用车平台公务用车及各单位执法执勤用车、特种用车共325辆，报废车辆42辆、调剂28辆，在全市率先完成龙湾区206辆车辆封存停驶。10月全区按新标准发放公务用车补贴。12月开展取消车辆公开拍卖，第一轮顺利拍卖107辆，拍卖款293.03万元。组建"一主一副多点"公务用车平台，实行派单式管理，保障区四套班子、区部门及各街道公务用车需求。本次车改预计实现整体节支率10%以上。

【品牌后勤建设】 2016年，龙湾区机关事务局推进"文明后勤"建设，联合区文明办开展龙湾区"文明餐桌"评比，全区共有11家单位参加创建评比。推进"健康后勤"建设，在全市率先配置洗碗机配套设施原水序化器，彻底解决传统洗碗方式化学残留物问题。推进"智慧后勤"建设，引入办公用房图形化管理系统建设。推进"共享后勤"建设，完善健康驿站医疗设备，在机关食堂试点绿色有机净菜超市项目，拓展文印中心服务范围。开展"微服务"活动，全年完成3105场会议保障，公务接待177批次3482人次。（林 琦）

外侨事务与港澳工作

【因公出国（境）管理】 2016年，龙湾区外侨办落实计划报备制度，制定2016年度因公出访计划并公示，报备省管干部2016年度因公出国（境）计划，杜绝因公临时出国（境）随意性。完善区内预审报批制度，科级及以下领导干部因公出国（境）由原来区长审批调整为区长、书记两头审批，进一步核审出访任务实质性。全年共办理自组团组3批次14人次，随团出访领导干部10批次10人次，办理双跨培训团组1批次1人次。服务企业因公出国（境）9批次14人次，预审办理APEC商务旅行卡5批次9人次。

【海外招商引智工作】 2016年，龙湾区外侨办利用外侨资源和平台优势，引导海外温商、龙商回归发展，助推经济转型发展。协助组织开展世界温州人大会龙湾分会、"相聚长三角——海外百名博士温州行"、2016年度温籍华人华侨社团负责人研习班、"签证官看非遗，走近温州"等外侨交流合作活动10场次，邀请法国南方华人总商会、香港温州同乡会龙湾分会、香港甬港联谊会等社团回乡考察9批次，促成涉侨投资项目6个，协议金额408200万元，到位资金371254万元。促成美国东北大学温州研究院落地龙湾，成功接轨隆德大学、莱布尼兹研究所等国际知名院所，签署重点项目国际合作备忘录4份，引进高层次领军人才合作意向1人次。

【友好城市学校新建与交流活动】 2016年，龙湾区与韩国光山区政府签订友好合作意向。推进友好城市法国艾尔蒙市青少年中文学习交流项目，拓宽合作领域，深化合作内容。区外侨办做好辖区越秀学校教育国际化拓展工作相关服务，接待其国际姊妹学校韩国朝鲜大学校长一行，做好区领导2016年5月访问朝鲜大学相关公务对接工作。年内，越秀学校与日本东京福祉大学、仓敷作阳大学、台湾逢甲大学缔结为国际姊妹学校。

【为涉侨涉外企业服务举措】 2016年，龙湾区外侨办开展"侨资企业服务月"等活动，多渠道、多形式开展与涉侨涉外企业的沟通和联系，全年共走访侨资企业46家（次），帮助侨企排忧解难5起。与区侨联、致公党龙湾基层委合作，成立全市首个"侨资和海创企业服务中心"，吸纳法律、金融等行业的专业人士加入，为区内的侨资企业和海归人才创业企业提供财务、法务、税务等方面的咨询和帮助。

【依法护侨助侨工作】 2016年，龙湾区外侨办严格按规定受理、审核、办理涉侨审批事项，全年共出具华侨、归侨和侨眷身份认定5件，"三侨生"身份证明审核25件，华侨回国定居审核41件。依法维护侨胞合法权益，举办侨法宣传活动6场次，协调解决涉侨来信来访10件。

【外侨办海外联络联谊活动】 2016年7月，龙湾区外侨办组团参加香港温州同乡会31届庆典活动，拜访龙湾籍港胞、指导同乡会建设。9月，在法国马赛新增一处龙湾侨务工作联络站，聘请法国南方华人总商会会长李峰担任联络站负责人。组织开展侨界新春联谊会、香港温州同乡会"家乡行"等联谊交流活动16场次，拓展联系海外重点人士、专业人士、华裔新生代、海外侨团168人（个）。

【侨爱工程】 2016年，龙湾区外侨办深入开展"百侨助百村"活动，全年共引导侨界人士为新农村建设、慈善公益等事业捐资捐物110余万元。龙湾籍港胞、原旅港温州同乡会会长张国森先生出资88万元用于建设永中街道坦头村游步道及文化长廊，意大利归侨马振忠先生为永嘉县岩头镇港头小学捐赠校服600多套。开展"健康知识讲座进社区""暖巢行动"等系列惠侨活动，全年共走访慰问侨界留守儿童、空巢老人、困难侨眷等128人（次）。

【基层外侨组织建设】 2016年，龙湾区外侨办加强基层外侨组织规范化建设，指导基层外侨工作创先争优。蒲州街道蒲三社区成功创建为全国社区侨务工作"明星社区"，全省仅4家。在蒲州街道新增1处海外领事保护联络处，永中街道海外领事保护联络处获评市级先进联络处。（邢梦露）

涉台事务

【对台经贸平台建设】 2016年，龙湾区推进高新技术产业合作区（浙南科技城）和空港两大对台合作特色平台建设，加快平台涉台项目建设，全年共对接沟通项目134个，其中院校21家、运营机构28家、孵化和加速项目57个、台资项目11个。加强对台产业规划和政策引导，明确对台合作产业招商导向，完善平台基础设施，全年共投入资金84.67亿元。

【对台招商引资工作】 2016年，龙湾区坚持“走出去、请进来”，加大对岛内和台商集聚区招商引资工作力度，多渠道挖掘聚合招商资源，组织企业家赴台湾和台商聚集区深入对接。发挥本地台企、外地龙湾商会、招商大使等招商引资平台优势，吸引台商到龙湾投资兴业。优化台商投资环境，对台资项目实行“一站式”、全程代办式“店小二”服务。引进全区首家台资品牌幼儿园——欧顿教育雍华实验幼儿园，11月16日正式开园。全年完成赴台湾招商2次、赴大陆台商集聚区招商8次，委托对台招商大使11人，主办推介对接会6次，新签约台资项目9个，新批台资项目9个，到位涉台资金335万美元。

【海峡两岸交流合作活动】 2016年，龙湾区与台湾全面深化合作交流，开展两岸基层文化、青少年交流。打造永昌堡对台文化交流基地品牌，4月组团赴台就两岸基层文化交流活动进行对接，10月在龙湾举办“永昌缘 两岸情”基层文化交流活动。2月，邀请温州市首届慈善大使、世界温州人微笑联盟会长，著名温籍慈善家台胞何纪豪先生一行到龙湾温州育英学校参访。3月，邀请台湾南投县民间乡农会理事长陈俊隆一行28人，到龙湾参访雅林现代农业园，双方就两地现代农业开发模式和管理经验进行讨论交流。5月，台湾逢甲大学与越秀学校举行两校首届文化交流论坛暨两校产学研讨会，并签署文化合作协议。9月下旬，龙湾随市团赴台湾开展经贸项目洽谈、基层交流等15场活动，使两岸同胞增进了感情，增进了互信。支持台湾青年创业就业，新扶持台湾青年创业项目落地5个，新建成台湾青年创业创新基地12个，多批台湾青年创业就业参访团到温州茶城考察交流，对接洽谈项目进驻，新吸引12名台湾青年在本地就业或实习。

【服务台胞台属工作】 2016年春节，龙湾区台办开展“送温暖大走访活动”，慰问困难台胞台属，送去困难补助金及慰问金2万余元。组织区台联、区民革基层委，开展“同心同行·共谋发展”为主题的现代农业发展情况调研活动，赴雅林现代农业园调研，为助推龙湾现代农业发展献策献力。开展“优环境 助台企”活动，深入台资企业开展走访调研服务活动。开展“真心付出·实意服务”为主题的台胞台属服务月活动，全面宣传对台政策和普及涉台知识。做好台胞、台属的来信来访工作，全年共接待来访台胞台属50余人次，受理台胞台属来信来访10件，100%妥善处理。

【“永昌缘 两岸情”基层文化交流系列活动】 2016年10月20—24日，“永昌缘 两岸情”基层文化交流系列活动在龙湾举行。该活动由龙湾区人民政府、温州市台办主办，台湾南投集集镇里长联谊会、南投县永昌小学、水里乡等30位代表嘉宾及温州市台商协会及龙湾区各界人士70余人参加活动。活动期间，龙湾区永中街道永昌社区与南投县集集镇永昌里签订《结对合作交流协议书》、龙湾区永昌第一小学与南投县永昌小学签订《双向结对意向书 》；举行“永昌携手 同心圆梦”两地基层文化交流会，实地参观永昌社区；举办“永昌携手 同心育人”两地同名学校交流会，实地参观永昌第一小学；开展经贸考察与活动，参观龙湾现代农业、旅游发展等项目。

【涉台宣传活动】 2016年，龙湾区台办出台《龙湾区涉台宣传阵地示范点建设奖励办法》，鼓励各地开展涉台阵地建设“互学互比”活动，推动涉台宣传阵地化规范化，提升育英学校、状元街道、煌盛集团等7个涉台宣传阵地的宣传力，全年7个点共推出各类专题宣传52期。邀请台湾《联合报》记者到龙湾采访，在台湾为龙湾作专题报道。利用交流活动和赴台湾、大陆台商集聚区招商和台湾参访团来访等机会，宣传龙湾，推介龙湾。开展“两岸一家亲 共圆中国梦”专题宣传活动及统战开放日活动，发放宣传资料5000多份。（孙冰茜）

10月22日，“永昌缘 两岸情”基层文化系列交流活动在龙湾区永昌第一小学举行

（区台办供稿）

政协龙湾区委员会

重要会议

【政协第四届龙湾区委员会第五次会议】 2016年1月18—20日，政协第四届龙湾区委员会第五次会议在区文化中心举行。253名区政协委员、9名特别委员出席会议，189名列席人员、15名旁听公民应邀列席会议。会议听取并审议通过徐国信所作的《政协第四届龙湾区委员会常务委员会工作报告》和张文根所作的《政协第四届龙湾区委员会常务委员会关于提案工作情况的报告》。会议期间，与会人员列席区七届人大五次会议，听取并协商讨论陈应许同志所作的政府工作报告及会议的其他报告。委员们围绕创业创新、产业转型、环境优化、城市建设、民生实事等经济社会发展中的重大课题，通过大会发言、分组讨论、撰写提案、反映社情民意等形式，提出意见建议。会议收到委员和参加政协的各民主党派、人民团体以提案形式提出的意见建议185件，经审查立案178件（并案后169件），占总数的96.2%。

1月18日，政协第四届龙湾区委员会第五次会议在区文化中心开幕　　（区新闻中心供稿）

【区政协四届常委会会议】 2016年，区政协共召开常委会会议5次，即第十八次至第二十二次。

第十八次常委会　1月12日召开。会议听取区纪委（监察局）关于全区纪检监察工作情况通报。审议通过《关于推进我区基层民主协商建设的调研报告》，关于召开政协第四届龙湾区委员会第五次会议的决定、会议议程（草案）和日程（草案），政协第四届龙湾区委员会常务委员会工作报告、提案工作报告并通过报告人和会议秘书长、副秘书长名单，《关于授权主席会议审议政协第四届龙湾区委员会常务委员会第十八次会议未尽事宜的决定》。

第十九次常委会　1月19日召开。会议听取各组讨论综合情况汇报。会议审议通过政协第四届龙湾区委员会第五次会议提案审查情况的报告（草案）、政协第四届龙湾区委员会第五次会议决议（草案）。

第二十次常委会　4月21日召开。会议审议有关人事任免事项。会议学习贯彻全国政协十二届四次会议精神，通报区政协2016年主要工作安排、年度协商计划和《持续深入开展“助推完善和落实‘治水治气’长效机制”专项民主监督实施方案》。审议通过《关于对永中街道办事处等4家单位开展专项民主监督的实施方案》。

第二十一次常委会　6月15日召开。会议以电话形式口头征询38位常务委员相关意见。会议审议通过有关人事事项。

第二十二次常委会　10月31日召开。会议学习传达党的十八届六中全会精神。会议听取区政府关于全区提案办理情况的报告、2016年各重点提案承办单位关于重点提案办理情况的报告、永中街道办事处等4家单位专项民主监督整改落实情况汇报、委员述职报告，通报《区政协助推“大拆大整”专项行动实施方案》。会议审议通过《关于加强委员履职管理的调研报告》《关于我区城中村改造中古建筑保护与利用的调研报告》《关于我区移民后期扶持工作的调研报告》《关于我区网络经济情况的调研报告》《关于我区宗教场所、民间信仰场所等场所集聚建设的调研报告》

等调研报告。会议审议通过有关人事任免事项。

区政协日常工作

【民主协商】 2016年，龙湾区政协制订并公布《2016年度协商计划》，向政协委员以及广大群众征集协商议题，明确协商时间、协商内容、协商部门，规范协商程序，促使协商工作落地实施。发挥政协的集体优势，提炼57条具有代表性的意见建议报区委区政府领导参阅，促进区委、区政府决策的科学化和民主化。全年围绕道路综合整治“三年计划”、农产品质量与安全问题、律师队伍建设、“特色小镇”建设等内容，召开常委会专题协商1次、主席会专题协商1次、各专委会对口协商12次。

【民主监督】 2016年，龙湾区政协对永中街道、区商务局、区机关事务局、区体育局开展专项民主监督，通过多种形式的监督活动，形成《民主监督建议书》，要求被监督单位做好整改落实，促进被监督单位依法行政。对上一年被监督单位的整改落实情况进行“回头看”，确保民主监督效果。严格执行“河长制”，通过明察暗访、座谈交流、听取汇报等形式对大气污染防治、污水处理、河道治理、沿河绿化等情况进行有效监督，助推“治水治气”工作落到实处。参与“大拆大整”专项行动，部署开展“五个一”助推行动，制定详细实施方案，成立3个督查组对龙湾区“大拆大整”工作开展督查。

【调研视察】 2016年，龙湾区政协围绕“城中村”改造、库区移民后期扶持工作、宗教场所聚集建设与管理等工作开展专题调研，针对工作中存在的薄弱环节提出意见建议。全年共向区委、区政府提交调研报告5篇，一些意见建议被采纳并推进相关工作。各民主党派、工商联、无党派人士开展联合调研，科协（科技）界别委员到企业走访视察，教育（体育）界、文艺新闻界联合走访区重点文保单位及地方文化特色民居，围绕城中村改造过程中的古民居保护与利用进行调研，发挥各专委会和界别作用。

【提案工作】 2016年，龙湾区政协对区政协四届五次会议以来收到的提案，及时进行归类整理，明确承办职责，落实办理单位，并会同区府办召开提案交办会议，及时将提案送交给有关部门办理。做好承办单位和政协委员之间沟通联络，落实重点提案领办、督办工作机制，确保提案办理时效，提高办理质量。区党政领导领办重点提案11件，区政协班子领导督办，全部提案得到妥善解决。继续实行《提案摘报》制度，选取部分提案以《提案摘报》的形式报送区委、区政府主要领导批阅。全年提案办复率为100%，委员满意率为93.5%。

【社情民意工作】 2016年，龙湾区政协密切关注党政中心工作和社会热点问题，动员政协委员和党派团体积极反映社情民意，为党政科学决策提供民意参考。加强信息员队伍建设，召开反映社情民意信息工作会议，对全区信息员开展专题授课。建立信息征集、沟通、反馈机制，完善信息考核激励制度，注重发挥政协委员、特邀信息员、信息联络员队伍作用，广泛收集社情民意。全年编发《区社情民意》专刊7期，上报市政协44篇，采用16篇，1篇被省政协采用并得到省级领导批示。

【文史工作】 2016年，龙湾区政协编印出版《龙湾老地方》，与之前的《龙湾老行当》《龙湾老街巷》《龙湾老桥梁》《龙湾老城堡》等书籍，形成独具风格的龙湾“老”字号系列丛书，体现龙湾区丰富的文化积淀和人文精神。组织开展“兰亭奖”中小学生书法比赛，选拔优秀选手参加省、市大赛，为广大中小学生提供展示书法技艺平台。

【政协服务民生工作】 2016年，龙湾区政协先后针对群众体育、文化教育、医疗卫生、养老服务等民生实事开展视察调研、协商监督等履职活动。加大力度支持公益事业，组织委员开展爱心助学、义诊送药、贫困帮扶等活动。6月份，在区红十字会、区一医协助下，组织瓯越名医和医药卫生界政协委员，为朱宅村60岁以上村民进行义诊活动。开展捐资贫困大学生助学活动，到贫困家庭开展慰问活动，并送上慰问金。继续深化“下基层、听民声”活动，组织委员走进新城村和状元派出所，零距离听取基层干部群众心声和诉求。

【政协委员管理】 2016年，龙湾区政协强化委员管理制度运行，组织开展委员届末述职工作。强化委员管理结果运用，根据委员五年履职情况，将246名委员评定为ABC三个档次，作为换届留任一个参考。强化委员管理理论研究，总结回顾五年工作，编印《民主协政—政协第四届龙湾区委员会履职成果选》，并成立调研组，形成《龙湾区政协委员履职管理调研报告》。

【政协机关建设】 2016年，龙湾区政协深入开展“两学一做”学习教育，制定政协党组和机关支部“两学一做”学习教育实施方案和学习计划，召开“两学一做”专题学习讨论会。参与“加强履职能力建设”理论研讨，向省、市政协报送理论文章5篇，全部获得相应奖项，其中《互联网+政协，提升履职能力现代化水平》获省一等奖。推广区政协官方微博、微信公众号，开发提案工作平台手机APP，打造“数字政协”的功能。（郑　朝）

纪检·监察

综　述

2016年，龙湾区各级纪检监察机关紧紧围绕上级纪委和区委的工作部署，坚持从严治党，实践“四种形态”，严明纪律规矩，全面加强监督执纪问责，驰而不息整治“四风”，有力规范基层权力运行，开展作风巡察工作，持续保持惩治腐败高压态势，各项工作取得新成效，为龙湾改革发展提供有力保障。龙湾区农村基层作风巡察、党风廉政建设主体责任全程纪实管理、专项整治村老人协会侵占集体资产等工作走在全市前列。

重要会议和活动

【区纪委七届六次全体（扩大）会议】 2016年1月27日，区纪委七届六次全体（扩大）会议在区行政管理中心4楼多功能厅召开。区四套班子主要领导、区委常委出席会议，区长陈应许主持会议，区委书记王军在会上作重要讲话。会上，区委常委、纪委书记张宏琴代表区纪委常委会作《全面从严治党 严守纪律规矩 坚定不移推进党风廉政建设和反腐败斗争》工作报告。会议还表彰2015年度全区党风廉政建设先进集体和个人、千人评议机关中层和基层站所活动满意单位以及纪检监察工作先进单位。

【“学新规、明责纪”廉政文艺会演】 2016年 7月7日，龙湾区纪念建党95周年“学新规、明责纪”廉政文艺会演在区文化中心召开。龙湾区委书记王军致辞，林战骁、陈应许、周赞等市、区领导共同观看廉政文化会演。全区科（局）级以上领导干部，各村（居）党组织书记等七百多名党员干部观看演出。该次会演由龙湾区纪委（监察局）、龙湾区文广新局联合主办，龙湾区文化馆承办，旨在通过优秀廉政文艺节目，进一步宣传习近平总书记“七一”重要讲话精神，推动党内准则、条例的落实，激励广大党员干部增强拒腐防变的能力。

【区纪委八届一次全体会议】 2016年12月30日，中共龙湾区第八届纪律检查委员会在区文化中心二楼会议室举行第一次全体会议，会议应到区纪委委员25人，实到25人。会议选举张宏琴为区纪委书记，范朝阳、陈健为区纪委副书记；林碧清、项波、吴克华、张烈为区纪委常委。

党风廉政建设

【党风廉政建设责任制】 2016年，龙湾区纪委（监察局）制定落实党风廉政建设“两个责任”实施办法，建立各责任主体的责任清单、履责清单、负面清单等“三张清单”，向全区各单位派发主体责任和纪检监督责任季度工单等5类近200项任务事项。健全完善夯实主体责任，率全市之先推行“两个责任”履责全程记实管理办法，全年全区90家单位在网络云平台上传3600余条记实，实现履责有依、尽责有痕、问责有据。召开街道党工委和部门党委（组）书记主体责任专题汇报会，对履行落实党风廉政建设责任工作情况进行质询、点评。严格执行廉政抄告制度，全年发放廉政抄告单35份，促进党政领导干部认真履行“一岗双责”。全年全区有8名党组织主要负责人因主体责任落实不力被约谈，8名副科级以上领导干部因落实“一岗双责”不力受到追责。

【英桥王氏家风家训馆开馆】 2016年7月29日，温州市首个家风家训馆——英桥王氏家风家训馆在龙湾区永昌堡博物馆揭牌并开馆“迎客”，首批百余名干部、家属进馆参观，上门学廉。该馆以永昌堡抗

7月7日，英桥王氏家规家训馆开馆　　（李希赛/摄）

倭历史的悠长渊源和英桥王氏家训的深厚影响为背景，设置了展板区、互动游戏区以及观影区，通过照片、展板、多媒体等多种手段，将廉政文化所蕴含的诚信、守法、清廉等内容渗透在王氏家规和家风故事中进行展示。11月29日，中纪委网站“中国传统中的家规栏目第七十二期上刊登《浙江温州龙湾英桥王氏：兴古堡守卫家园，立族约丕振门风》，并面向全国推广。全年该馆共接待67批1800多名来自全市各地的党员干部参观，《人民日报》《中国纪检监察报》、中央纪委网站等媒体进行报道。

【“小微权力”规范化建设】 2016年，龙湾区纪委（监察局）深入推广“小微权力”运行机制，以“一推广两同步三强化”专项活动为抓手，在全区全面推行“小微权力”规范化建设。建立健全村级重大项目决策留痕管理、村级事务监督质询等一系列制度，有效保障权力运行规范化。针对村老人协会侵占集体资产等乱象问题牵头开展专项整治提升工作，完成全区96个村老人协会清产核资、子账户注销、资金归位、福利规范等工作，共2700多万元老人协会资金并入村集体资金。该项工作得到市委主要领导两次批示肯定。

【廉政宣传教育】 2016年，龙湾区纪委（监察局）建立健全谈话、函询、诫勉等机制，开展廉政谈心提醒教育800多人次，并为一批受到不实举报、错告的党员干部澄清问题。加强纪律规矩教育，以学习宣传贯彻中央新颁布的一系列准则和条例为重点，加强对党员干部的党章党纪党规教育。启动以“学新规、明责纪”为主题党风廉政宣传教育月，通过举办廉政视频展、主题辅导、庭审教育、廉政文艺会演等形式，提高全区广大党员干部守纪律、讲规矩意识。充分挖掘优秀家风家训文化，将家风家训活动开展与促进机关干部履职尽责相结合，在全区范围内组织开展征集家风故事、拍摄教育专题片、召开家风家训研讨会等多层面形式的家风家训主题活动。建成全市首个家风家训馆——英桥王氏家风家训展馆。加强办案后半篇文章，通报典型案例3批，特别对6名干部违规接受服务对象宴请和有偿陪侍问题进行严肃通报，以案示警。

【纪检监察系统自身建设】 2016年，龙湾区纪委（监察局）深化纪检体制改革。出台区纪委派驻机构建设“1+8”制度文件，规定派驻机构设置、职责权限、工作关系和工作流程，保障派驻机构工作顺利开展。建立区纪委派驻机构片区协作机制，形成区纪委常委、联系纪检监察室、片区派驻机构的“1+1+X”联系协作机制，制定《街道纪工委书记、副书记提名考察办法（试行）》《区纪委派驻纪检组组长提名考察办法（试行）》，有效保障街道纪工委书记、副书记及派驻机构纪检组长履行监督职责。强化内部监督管理，出台公务员平时考核方案，实行日考勤、周记实、季考评、年总结。建立纪检监察干部廉政档案，实行纪检监察干部个人重大事项报告制度，做到日常抽查和逢提必查相结合，严查违纪违法行为。深化“树新形象、做好榜样”主题教育实践活动，举办全区纪检监察工作研讨班，为纪检监察干部集体“充电”。

执纪与纠风

【执纪查案】 2016年，龙湾区纪委（监察局）坚决惩治腐败，对严重违纪违法的极少数进行严肃查处，强化“不敢腐”震慑作用。全年全区立案197起，结案185起，党政纪处分185起，移送司法机关5人，重点查办原区人大代表项有迪选举违规案、天鹅湖社区原书记邹时煊违纪案等。加强信访监督，全年受理信访举报142件，按期办结126件，共立案128起，党纪处分131人，信访举报总量较去年同期相比降幅达45%。及时处置反映党员干部违纪及存在苗头性问题信访举报件，实现信访举报件处理“零暂存”。对全区党员违纪违法问题线索再次进行彻查，保障换届工作顺利进行。

【作风巡察】 2016年，龙湾区纪委（监察局）率全市之先完成农村基层作风巡察全覆盖，期间共接访群众477人次，受理信访件177件，发现各类问题587个，查处违规违纪村干部9人，其中5人移送司法机关处理。推进重点工程和区属单位专项巡察，围绕浙南科技城建设、“大拆大整”等中心工作开展专项督查8 次，问责6人；巡察区属单位4家，开展个别谈话104人，召开座谈会、专题汇报会14次，发现各类问题26个。推进村级组织换届“清风”专项行动，对15个换届重点难点村开展专项巡察，为村级组织顺利换届提供有力保障。

【正风肃纪工作】 2016年，龙湾区纪委（监察局）聚焦作风短板，以“敢担当、树标杆”为主题，共开展各类专项督查活动21次，查纠各类问题60多个，问责6人，通报17人，出台各类纪律文件5个，力促干部作风明显好转。开展作风建设“六大行动”，全面起底各单位干部作风问题466个，完成整改373个。严格执行“一月一督查”“一月一通报”制度，针对“换届期间迎来送往”“津补贴发放”“工程类招投标”等重点方面，共开展专项督查13次，查纠各类问题60多个，清退违规发放津补贴8.9万元，查处招投标违规案件7起，通报17人，其中涉及科级干部3人。不断改进和完善“千人双评议”办法，对全区214家机关中层和基层站所的政风行风情况开展评议，评出满意和不满意科室（站所）各10家。（朱小雪）

表9　2016年与前4年龙湾区违纪党员纪律处分情况对比表

年份	立案数（件）	党政纪处分（人）	党纪处分（人）	移送司法机关（人）
2012年	91	87	87	2
2013年	59	50	49	3
2014年	82	84	79	2
2015年	163	104	103	7
2016年	197	185	183	5

民主党派·人民团体

中国国民党革命委员会温州市龙湾区基层委员会

【民革参政议政】 2016年，中国国民党革命委员会温州市龙湾区基层委员会（简称民革龙湾基层委）在省、市、区两会上提交提案、建议、议案39件，被区政协大会发言汇编采纳11篇，获优秀提案2件。《关于龙湾区产业发展和布局研究的思考和建议》获区第四届政协优秀提案。

【民革调研和社情民意信息】 2016年，民革龙湾基层委完成社会调研7篇，提交社情民意信息13篇。《我国建筑防雷工程市场混乱 收费畸高 亟待完善行业规范》《扩大建筑业抵扣范围切实减轻中小建筑企业纳税负担》被全国政协、民革中央采用；《疫苗冷链运输监管不可“断链”》被中共温州市委统战部、民革中央采用。《加快温州空港新区建设与发展的对策研究》获中共温州市委统战部“诤友建言”二等奖。

【民革社会服务】 2016年，民革龙湾基层委积极树立“博爱同心”服务品牌，围绕扶贫助学、义诊义工、下乡入企几大主线，开展“一支部一主题”社会服务活动。会同龙湾区文化馆举办“笔墨凝书香 春联进社区”活动；参加龙华移民村大学生座谈会；赴开发区新苗小学开展两期“童眼无疾，光明同行”眼健康筛查社会服务活动；为永兴永乐社区70岁以上老人免费体检并赠送药品和慰问金；慰问永中街道丰台村困难户，开展七一送温暖活动；赴逸达科技公司开展心理健康知识讲座；联合区公安分局、区老龄委、瑶溪街道等多家单位在瑶溪街道朱宅村开展专家义诊，为阿尔茨海默综合征患者发放“安心手环”。2名民革党员在动车上救助癫痫病人的事迹被健康中国、浙江民革、龙湾统战等多家微信公众号播发。

5月18日，民革龙湾基层委开展眼健康公益筛查活动　　（民革龙湾基层委供稿）

【民革组织建设】 2016年，民革龙湾基层委组织民革党员参加各类座谈会、专家学者讲座、民革中央非公经济人士培训班、省委统战部党外信息员培训班、中共龙湾区委统战部组织的骨干培训和各期“汇智讲坛”等159余人次。主讲第六期“民革参政议政经验谈”；参加民革市委会组织的“力量之问——我为温州发展做什么”大讨论、“聚共识献良策”助推温州转型发展大讨论。（夏　洲）

中国民主同盟温州市龙湾区基层委员会

【民盟调研成果】 2016年，中国民主同盟龙湾区基层委员会（简称民盟龙湾基层委）承担区重点课题《龙湾区新居民子女教育现状调查和对策研究》、申报课题《浙南科技城打造人才特区的调查研究》《挖掘区域特色 提升规模档次打造多元体系的城市夜市经济》分别获中共龙湾区委统战部优秀调研成果二、三等奖项。《成立失足未成年人服务中心，让涉嫌犯罪未成年人真正回归社会的建议》获2016年度区政协优秀提案，并在区劳模“我为龙湾发展建言献策”活动中被区总工会和区劳模协会评为一等奖。

【民盟服务社会】 2016年，民盟龙湾基层委打造“幸福快车”社会服务品牌，联合龙湾区第一小学举办“童年邂逅童诗”暨龙湾民盟“阅读快乐工程”推广活动，举办台湾著名儿童诗人林焕彰专题童诗写作、欣赏讲座。联合区监察局开展走向基层全民阅读推广暨向民办吉夫图书馆捐书活动，全年举办各类阅读推广活动4次，先后向状元雅德民工子弟学校、龙湾一小、龙湾吉夫图书馆等捐赠新购图书500余册，向社会募集各类图书2000多册捐赠给相关学校。联合温州市少儿图书馆，在永中二小、状元二小开展“汽车图书馆进校园”20次。在永兴街道榕树下村设立“民盟阅读点”，购置图书1500余册。联合龙湾区第一人民医院先后开展世界卫生日宣传、重阳节义诊、糖尿病讲座、卫生健康科普知识展示，为300多位50岁以上村民进行血糖、血压、风湿等常见老年病检测。

【民盟组织建设】 2016年，民盟龙湾基层委组织盟员参加中共龙湾区委统战部组织的全年五期汇智论坛、宁波市委党校举办的全区党外人士统战理论培训班、“不忘初心 重温入盟誓言”的乐清大荆浙江民盟发源地“寻源行”活动。5月，举办民盟龙湾基层委四届二次全体盟员大会暨专题学习会，并组织盟员到瑞安陈岙村参观新农村建设考察学习。12月，组织全体盟员参加平阳腾蛟镇苏步青励志教育馆盟史励志教育活动。全年发展新盟员3名，盟员总数达68名。

【民盟盟员荣誉】 2016年，民盟龙湾基层委盟员陈密迦先后获评国家卫计委《健康报》主办的健康科普创新大赛“十佳科普动漫作品奖”、浙江省“医院好新闻”三等奖；盟员王少秋《“荣誉后教师”专业发展实施策略的实践研究》获省二等奖；盟员陈金杰、李辉星获盟省委2016年先进个人称号。（李江都）

中国民主建国会温州市龙湾区基层委员会

【民建调研成果】 2016年，中国民主建国会温州市龙湾区基层委员会（简称民建龙湾基层委）完成《加快龙湾东片道路建设及滨水绿化提升、推进生态宜居城市化进程的建议》专题调研报告，向民建市委会提交《关于推进浙南科技城内各类平台建设的建议》《关于加强城市精细化管理的建议》《加大供给侧改革、推进传统产业改造升级》三篇调研报告。年内，《关于设立废砂处置消纳点的建议》获中共龙湾区委统战部2015年度龙湾区党外人士优秀社会调研成果一等奖，《关于进一步加强截污纳管助推“五水共治”的建议》《建议引导更多民间资本进入“五水共治”领域》《农村基层党建格局不合理亟待治理和完善》分获民建市委会2015—2016年度优秀调研成果三等奖和优秀信息成果优秀奖。

【民建社会服务】 2016年3月12日，民建龙湾基层委开展“亲近水源地·爱心献库区”公益活动，为文成县峃口镇敬老院赠送9200元的生活必需品。5月24日，参加由民建、九三学社温州市委会主导的“力量之问”助学帮扶活动，为龙湾区聚英民工子弟学校41位贫困学生每人发放500元助学金、20500元。年内，会员企业向社会捐款300多万元，会员个人捐款30万元；罗彬被民建省委会评为“全省社会服务先进个人”。

【民建理论学习】 2016年，民建龙湾基层委召开会员大会1次、总支委员（扩大）会议4次。同时，利用微信、QQ平台，将有关文件、会内事务、学习资料及时传达到每位会员，及时组织会员进行学习。3月27日，组织6名会员参加由中共温州市委统战部主办的“学习贯彻习近平总书记3月4日重要讲话专题报告会”。7月16日，在奥林匹克会议室召开委员扩大会议，会议讨论并动员关于开展“力量之问——我为龙湾作什么”活动计划安排。全年发展新会员2人。（王靖华）

中国民主促进会龙湾区基层委员会

【民进调研】 2016年，中国民主促进会龙湾区基层委员会（简称民进龙湾基层委）组织开展“龙湾民进调查研究月”活动。设立两个调研小组，分别以《龙湾区基础教育短板提升对策研究》和《探索构建全民治水大格局的调研》为主题开展调查研究，努力为区委、区政府开展决策研究提供智力支持，并按时完成。3月8日，组织会员到瑞安开展影视文化产业调研。

【民进社会服务】 2016年，民进龙湾基层委推出“同心暖心爱心”系列社会服务活动。1月25日，向汽车东站捐赠图书2000余册。6月11日，龙湾民进基层委员第二支部联合龙湾农商行万达分理处共同走进丰台村，慰问5户孤寡老人家庭和特困家庭。12月9日，在永强中学举行“经典国学进校园”系列活动。第一支部向永强中学捐赠国学经典书籍；第二支部由曹赛伟老师讲授国学课《论语概述》，并带着高三段200多位学子共同阅读国学经典《论语》章节；第三支部组织经典话剧《雷雨》第四幕节选、《故去的亲人》朗诵表演。12月29日，设立爱心书籍中转站。

【民进组织建设】 2016年，民进龙湾基层委发展新会员2人，有会员38人。先后组织开展春游、登山、趣味运动会等健身活动。丰富多彩的活动进一步密切了会员的联系。选派2名新会员参加在温州市委党校举办的民主党派行成员培训班。切实加强思想建设，举办“大拆大整”专项行动思想大讨论、学习中共十八届六中全会精神座谈会。（王成福）

中国农工民主党温州市龙湾区基层委员会

【农工党参政议政】 2016年，中国农工民主党温州市龙湾区基层委员会（简称农工党龙湾基层委）向区政协四届五次会议提交大会发言材料6篇、集体提案1件，个人提案8件。其中《关于在空港新区大力推广钢结构住宅建筑的建议》被获评优秀提案。

【农工党调研和社情民意信息】 2016年，农工党龙湾基层委围绕医疗卫生、文化教育事业发展等领域开展调研。《温州市创新基层社会治理中“一张网”建设实践探析与对策研究》获全省政法系统优秀调研论文二等奖，《强化村级党组织核心作用　助推我市“城中村”改造》获2016年度“诤友谏言”调研优秀成果三等奖，《关于龙湾区“老字号”品牌保护与发展的调研报告》获全市社科论文三等奖，《基层政协协商民主制度建设的几点思考》获省、市政协优秀奖。农工党龙湾基层委报送社情民意12篇，其中《加强拆征专业队伍建设　缓解“城中村”改造“第一难”现象》等2篇社情民意被市政协采用。

【农工党社会服务】 2016年，农工党龙湾基层委以“千万助医行”“统战文艺下基层”为党派品牌，积极探索社会服务工作新思路。联合农工党温州市委会和温州经济技术开发区星海街道社区卫生服务中心举办“关爱女性健康”专题讲座。组织农工党党员医生赴洞头元觉街道、文成西坑村偏远山区开展“农工情·千万助医行”送医送药义诊活动，接诊500余人，免费发放1.6万元药品。组织“为永嘉白血病男孩盛程杰”活动，捐款3.5万元。开展“凝聚农工情，共筑同心桥”文艺医疗进工地活动，为300多名一线工人送去文化医疗大餐。（余海敏）

4月28日，“凝聚农工情·共铸同心桥”文艺活动走进市域铁路S1线工地　（农工党龙湾基层委供稿）

中国致公党温州市龙湾区基层委员会

【致公党参政议政与调研】 2016年，中国致公党温州市龙湾区基层委员会（简称致公党龙湾基层委）向区政协提交提案5件。其中，《关于加大对龙湾时尚商圈投资，打造温州精品工程的建议》获龙湾区政协2016年度优秀提案。联合温州建筑工业化促进会开展《推进供给侧改革——加快龙湾建筑工业化》课题调研活动，走访区住建局并举行座谈交流。《充分发挥“侨海”优势，做好留学人员工作》《关于更好地发展我去社区银行的建设》获中共龙湾区委统战部2015年度党外人士调研成果二等奖，《律师，政府必备的法律智囊》获中共温州市委统战部主题征文活动成果三等奖，《“温州制造”向“温州智造”转型升级的调查和建议》调研报告被中共温州市委统战部采用。

【致公党社会服务】 2016年，致公党龙湾基层委利用自身的专业优势，积极服务于社会。联合区侨联成立龙湾区侨资和海创企业服务中心，积极开展为侨服务。组织党员到大罗山开展登山捡垃圾公益活动；开展助推“大拆大整”慰问活动，向蒲州街道江前村困难拆迁户赠送慰问金1000元；联合区侨联、区外侨办开展“心手相牵快乐成长”为主题的关爱侨界留守儿童活动，向永中街道侨联赠送慰问金2000元。

【致公党组织建设】 2016年，致公党龙湾基层委发展新党员2人，总人数达34人。完善制度建设，出台《党员积分制管理细则（试行）》。举行致公党龙湾基层组织成立15周年庆典，授予5人“致公党龙湾基层组织成立15周年特别贡献奖”。开展对外交流，到致公党宁波市委会进行考察学习活动。开展“力量之问，我为温州做什么”、大拆大整等专题讨论座谈会，不断提高政党意识。成立龙湾区民主党派之家。年内，郑武获评中国饭店协会“中国十大总厨”、中国烹饪协会“中华金厨奖”。（林炳岳）

九三学社温州市龙湾区基层委员会

【九三学社参政议政】 2016年，九三学社温州市龙湾区基层委员会（简称九三学社龙湾基层委）在市、区两级人大与政协会议上提交提案14件，其中《上下同心，助推浙南科技城建设》获市政协优秀提案。11名社员担任经信局、检察院等政府部门、司法机关特约人员，围绕“智在创新合作”开展部门监督活动5次。

【九三学社社情民意信息】 2016年，九三学社龙湾基层委上报信息14篇，被社市委采用14篇，被社省委采用9篇，被市政协采用1篇。完成《凝聚民族气节魂魄的地方必将永昌　关于加快永昌堡提升建设的建议》《龙湾区科技研发经费投入现状分析和对策》课题调研报

5月24日，九三学社龙湾基层委开展“力量之问”助学帮扶活动（九三学社龙湾基层委供稿）

告。年内，社员高雍和获评社省委2016年度信息工作先进个人；《信念的芬芳—我为温州发展做什么》获评市委统战部“我为温州发展做什么”主题征文比赛三等奖。

【九三学社社会服务】 2016年，九三学社龙湾基层委共组织、参加各类公益活动10余次。联合民建走进龙湾区聚英民工子弟学校开展“力量之问——民建、九三学社在行动”爱心捐助活动，捐助爱心款40500元，捐赠电脑、打印机、沙发和书柜等若干办公用品以及50个急救包。围绕“行在温暖关爱”品牌宗旨，持续推进永兴中学科普基地建设。（郑好好）

龙湾区工商业联合会

【概况】 2016年，龙湾区工商联共有会员企业2526家，新增46家。下设6个基层商会（永中商会、蒲州商会、海滨商会、永兴商会、状元商会、瑶溪商会），6个行业协会商会（物流商会、食品商会、网吧协会、印刷协会、针头协会、网络经济企业联合会），3个异地分会（北京龙湾企业商会、上海分会、杭州分会）、1个联谊会（新生代企业家联谊会）。年内，区工商联获评2016年度全省工商联系统先进单位。

【工商联参政议政】 2016年，龙湾区工商联提交提案19件，其中重点提案2件，团体提案2件；《关于加快推动工业经济发展》获市工商联参政议政成果奖二等奖。完成《构建新型政商关系　助推龙湾经济新跨越》调研报告，提出构建新型政商关系的建议。建立党委、政府主要领导及有关经济部门领导参加的与企业家沟通联系平台等机制，开展龙商论坛、龙商沙龙、政企互动等活动，听取企业诉求、意见和建议。

【工商联帮扶企业工作】 2016年，龙湾区工商联协助区政府成立中小企业应急转贷资金，累计运转202笔、12.5亿元。组织企业家举办多层次资本市场对接会，邀请专家现场解说指导。开展“金融服务进民企”活动，联合中国银行推广“浙商卡”。率全省之先联合检察、公安、法院、司法成立联络室（服务站）开展司法联合助企活动，出台为非公经济发展保驾护航工作意见。联合召开司法机关助推非公经济发展联席会议暨企业家座谈会，听取非公企业家对司法助企的意见和要求。全年联合走访40家重点企业，并提供量身定制的“法律体检”。推进企业和谐劳动关系构建，帮助企业解决劳资纠纷351件、708人、591万元，调解工伤30件、30人、124万元。组织会员企业家赴各类研究院对接科技项目，助推传统产业转型升级。促成浙江温兄机械阀业有限公司等多家企业与龙湾职业技术学校开展校企合作，40名首批“劳模育才班”学生根据自身特点，入企接受“一带一”指导。联合区协作办（区招商局）、区商务局、区新闻中心启动探寻“一带一路”龙湾范本大型服务活动，助力龙商布局“一带一路”。

【非公经济人士教育培训】 2016年，龙湾区工商联开展非公经济人士理想信念教育实践活动，组织召开“企业家的修炼”“诚信建设”“力量之问——我为龙湾发展做什么”“大拆大整”讨论会等，参加人数500余人（次）。举办非公经济理论研修班2期，参加人数200余人（次）。组织30余名新生代企业家赴遵义等革命根据地开展“红色之旅”活动。开展“青蓝接力”培养行动，建立年轻一代企业家培养导师制。联合浙南科技城、区委“两新工委”、区经信局、市场监管局等部门组织各类经济管理及业务培训、主题讲座40余场，培训人数达1500人（次）。

【非公经济人士队伍建设】 2016年，龙湾区工商联完善非公经济代表人士综合评价体系，建立综合评价工作联席会议制度，出台龙湾区非公经济代表人士综合评价工作意见。全年开展综合评价9批次209余人。年内，15位非公经济人士获评“在外杰出温商30人”，7人获评市工商联成立六十周年功勋奖、荣誉奖，4人获评“首届龙湾区统一战线十大优秀人物”。

【社会公益活动】 2016年，龙湾区工商联举行龙湾区非公企业新居民员工子女教育“雏鹰奖”和新居民学校的优秀教师“孺子牛奖”的表彰仪式，表彰优秀新居民学生80名和新居民优秀教师，发放奖学金94000元。开展“同心送温暖”活动，走访慰问基层商会会员企业困难员工并发放慰问金6000元；开展助推“大拆大整”慰问活动，慰问蒲州街道江前村困难拆迁户。响应温州市“百会（企）扶百村”精准扶贫行动，10家区工商联所属协会商会结对平阳、永嘉等10个贫困建制村。永兴商会继续结对助学最美环卫工人张红军子女。

【工商联宣传活动】 2016年，龙湾区工商联拓宽交流互动渠道，完善工商联网站，建立"龙湾商协会秘书长之家"微信群。全年上报信息170余条，被市工商联采用143条，省工商联采用144条，被地方刊物刊登3条，被《中华工商时报》等国家级刊物刊登5条。

【工商联组织建设】 2016年，龙湾区工商联以规范化、示范化、实体化为重点，在全市首推协会商会考核办法。开展协会商会"一会一品"创建活动，各协会商会结合自身特色，分别创建具有长效品牌的活动项目。新生代企业家联谊会完成换届，成立网络经济企业联合会。5月，与西安雁塔工商联缔结友好关系。

【工商联换届工作】 2016年10月27日，龙湾工商联（总商会）第五次会员代表大会在区文化中心召开。大会选举产生工商联（总商会）第五届执委会，新一届执委会委员110名，其中常委55名，浙江乔顿服饰股份有限公司董事长、总经理沈应琴当选为主席（会长）。全区工商联（总商会）会员代表、各界嘉宾共500余人参加会议。（吴纯青）

龙湾区总工会

【群众性劳动竞赛活动】 2016年，龙湾区总工会围绕区委中心工作开展"争先树标杆、建功十三五"主题劳动竞赛，包含3大主题、8大竞赛。开展重点工程建设立功竞赛，培育选树瓯海大道东延及枢纽集散系统等10家"精品示范工程"。开展"城中村改造"立功竞赛，参赛职工483人。开展平安建设"网格之星"立功竞赛，参赛网格294个，排查上报信息27763件，同比增加8589件。承办全市数控职业技能大赛，指导温兄等企业开展职工技能比赛，并开展赛前培训活动8场，评选10名优秀班组长。开展"名师带高徒1+N"竞赛，成功结对师徒51对，评选10名"好师傅"。开展"金点子"征集活动，共征集合理化建议203条。开展职工技术创新竞赛，评选10位"区杰出专利发明人"和10家"区发明创造先进单位"。全年全区评选100名劳动竞赛先进个人，并予以每人3000元免费疗休养待遇。

【职工技能培训】 2016年，龙湾区总工会实施职工蓝领成才工程，以区级职工技能培训基地为依托，推出技能"菜单"式培训，培训技能职工1582人。实施"职工双百技能晋升助推计划"，92名职工实现初升中、中升高技能级别晋升。搭建"龙湾区高级能人才群英会"平台，组织10余名高技能人才开展交流学习。

10月27日，龙湾区委书记王军向当选区工商联主席的沈应琴授牌　（区工商联供稿）

【劳模精神弘扬】 2016年，龙湾区总工开展"先锋引路"劳模精神宣讲进社区进企业活动13场，特邀全国劳模张积贵到新蒲江社区文化礼堂作专题宣讲。深入挖掘"劳模育才班"运行模式，培育技能职工120名。开展劳模大讲堂，特邀李初华等劳模利用自身优势为职工传授技能技艺。开展"我为龙湾发展建言献策"劳模金点子征集活动。组织各级"工人先锋号"单位、劳模志愿服务队开展"先锋志愿行"服务下基层活动，吸引500多名职工参与活动。组织全区劳模志愿者服务队，开展助学结对、技术帮扶等社会公益活动。率全市之先推出各级劳模享受人才公寓入住的优惠政策，为全区173名各级劳模提供免费体检。

【和谐劳动关系创建】 2016年，龙湾区总工会评选出区级"劳动关系和谐企业"10家，指导新世纪集团等3家单位创成市级"劳动关系和谐企业"。启动工资集体"要约行动"，开展工资集体协商工作培训会，200余家规上企业工会主席参会。推进集体合同动态数据库建设，完成443份集体合同数据录入。抓好全区52家区级以上劳动关系和谐企业的工资集体协商示范点建设，培育龙铸、康德莱等10家企业及区鞋业行业作为工资集体协商典型。

【企业职工平安巡防行动】 2016年，龙湾区总工会发动企业工会成立166支企业职工平安巡防志愿服务队，首批招募1328名职工志愿者参加全区职工志愿巡防活动推进会、平安巡防专项培训会。全年开展职工平安巡逻活动1389次、11000余人次，其中交通疏导活动100余次，平安宣传活动1000余次。评选"龙湾区十佳职工平安巡防志愿服务队"10支和"龙湾区优秀职工平安巡防志愿服务队"40支。

【"五送安全进企业"活动】 2016年，龙湾区总工会联合区安监局、卫计局、消防分局等部门开展"送宣传进企业强意识、送专家进企业强服务、送培训到园区保安全、送清凉给职工强保障、送义诊惠职工保健康”为主题的“五送安全进企业”活动，参与企业292家，惠及职工14710人。组织开展安全生产月宣传活动，吸引1000多名职工参加。开展入企面对面宣传111次，召开集中培训会、交流会2次，发放平安宣传资料12000余份。举办安全生产专项培训，160余名企业责任人参与。深入全区19家企业开展高温慰问活动，为一线职工送出1130份夏日慰问品。开展义诊送药活动，为360余名企业职工提供免费健康咨询及身体检查。

【职工维权服务】 2016年，龙湾区总工会完善12351职工维权热线“线上+线下”全天候服务平台，接待职工来访来电咨询197批次274人；提供法律援助57起，涉案金额约128万元。完善志愿律师服务职工制度，在每周二、四律师定点值班及网络在班制度的基础上，开展“志愿律师入企”送法服务活动5次，处置职工群体性事件1起，涉及人数10人、10万元。开展劳动争议排查化解专项行动，排查企业1000多家，化解矛盾纠纷数59件。举办普法宣传月活动，联合开展广场宣传咨询活动6次，分发普法宣传手册4000余份。开展全区职工网上法律知识竞赛活动，1100名职工参与。

【职工文体活动】 2016年，龙湾区总工会开展“中国梦·劳动美”职工才艺擂台赛3场，50个职工原创节目参演，吸引1400余名职工现场观看。举办第四届职工篮球赛、“助力五水共治·共筑灵韵水乡”主题城市环保定向挑战赛、健康美食烹饪大赛、免费观影、单身青年职工环保登山和户外拓展等活动，参与职工2140人。承办区第七届运动会登山、乒乓球等20个运动比赛项目的企业社团组的组织工作，1200名职工参赛。举办“乐生活·享健康”系列职工文体活动，组建网球、瑜伽、摄影、声乐等13个职工文体兴趣小组，举办培训班30个、665人。依托区工人文化宫和党群服务中心等活动阵地，开展声乐、合唱、礼仪、戏剧等7个项目的文化沙龙活动，参与职工1000多人次。

6月17日，龙湾区举行“助力五水共治·共筑灵韵水乡”主题城市环保定向挑战赛 （区总工会供稿）

开展“职工道德流动讲堂”活动26场，吸引3220余名职工参加聆听。年内，全区培育国家级职工书屋1家、省级职工书屋3家、企业职工流动书屋3家。

【工会帮扶活动】 2016年，龙湾区总工会开展精准化帮扶，对135名困难职工家庭分类制定帮扶措施，发放“三帮五送”资金325405元。开展助学活动，发动社会力量为48名困难职工子女金秋助学91000元。开展大病救助，发放大病救助金52000元。开展关心关爱环卫工人活动，组织党员职工摄影师志愿者为环卫工拍写真公益活动。推进“就业直通车”项目，开展职工就业服务和技能提升培训，通过新春招聘会、网上就业服务平台，实时受理职工求职和企业招聘需求，共对接岗位3500个。开展职工综合医疗互助保障工作，全区共有329209名职工参保综合医疗保障。开展2016年职工疗休养，共有3161名职工参加。组织200余名非公企业一线优秀职工开展免费疗休养。完善困难职工志愿者建档工作，引导全区困难职工志愿者开展普法宣传、平安创建、交通疏导等志愿服务活动，计500余人次。

【工会组织建设】 2016年，龙湾区总工会开展全区规上及25人以上企业将会入会情况普查，建立工会组织建设信息库。开展工会基层组织“集中组建月”活动，新组建非公企业（两新组织）工会60家，全年新增覆盖单位218家，新增会员12122人次。联合区委组织部下发《关于做好街道总工会换届工作的实施意见》，成立街道总工会换届工作领导小组并开展专项督查，确保街道总工会换届工作规范化。推进“六有工会”建设，基层工会组织“六有”达标率达到65%以上。加强工会干部教育训练力度，组织工会干部参加各类上岗资格培训、扩展性培训等业务培训班，培训工会干部405人次。（夏俪倪）

共青团龙湾区委员会

【概况】 2016年，龙湾区共有青年9.5万名，基层团委40个，团总支1个，团支部1037个，基层团工委32个，非公企业团组织519家，新社会组织团组织32个；团员3.7万名，专职团干部95名。全区少先队组织40个，少先队员3.8万名，辅导员40名。区青年联合会委员287名，区青年企业家协会会员176名，全区注册志愿者6.02万名。

【共青团助力全区中心工作】 2016年，团区委开展“青年服务直通车”进城中村，推出“安心、暖心、动心”志愿服务举措。组织“医路同行”暖心服务、爱老助残等特色志愿服务共58场；开展“魅力城区，美好愿景”城中村改造摄影大赛、“青年共话大拆大整”讨论和“大拆大整”百米长卷绘最美温州等活动。组建由交警、城管、沿街商户及青年志愿者等组成的“城市精细管理服务联盟”，打造150余人的“路长助理”队伍，定期纠正车辆违停和占道行为。推出“青年文明号结对道路”模式，组织体验“当一天城市管理者”“礼让斑马线”等活动60场，承办团市委组织的“绿色长征”环保公益健走行动。围绕“平安志愿直通车”行动，组织“号手岗”志愿服务队开展平安宣传进校园、消防安全进社区、安全生产进企业等活动97场。

【共青团龙湾区第九次代表大会】 2016年4月14日，共青团龙湾区第九次代表大会在区文化中心举行。全区各条战线165名团员代表出席会议；列席代表41名，特邀代表61名，学生列席代表470名。团区委书记姜扬瓯代表共青团龙湾区第八届委员会向大会作《凝心凝力促发展 改革创优强作为 为龙湾打造迈入全面小康社会标杆城区贡献青春力量》的工作报告。会议差额选举共青团龙湾区第九届委员会委员21名，候补委员10名；选举产生共青团龙湾区第九届委员会常务7人，姜扬瓯当选新一届团区委书记，张萍萍当选新一届团区委副书记。

【五四运动97周年纪念活动】 2016年5月4日，龙湾区纪念五四运动97周年暨“青春领跑敢担当，助力发展做标杆”主题系列活动启动大会召开。区四套班子领导，各街道、区属有关单位、学校、社区、村及社会各界青年代表220余人参加，区委书记王军寄语全区广大青年要弘扬五四精神，争当龙湾后发崛起的急先锋。会上，对“助力城中村改造”“助力城市管理”和“助力平安建设”等三支共青团系列专项志愿行动青年突击队进行授旗，表彰2015年度区级先进团组织、优秀团干部及优秀团员。

【青年新媒体文化引领工程】 2016年，团区委围绕青年文化品牌打造，推动新媒体技术运用与青年思想引领工作的有机结合。开展网络青年交友联谊、“智慧团建”文化普及、“悦享青春——品书会”和“青年速度与激情”等为主要内容的青年文化活动。通过新媒体互动，开展“青春微电影”赏析活动。通过“青年之声”、龙湾青年网、“龙湾青年”微信等新媒体平台互动互通，举办婚恋交友、就业创业、心理维权等咨询活动以及青年沙龙、“‘青年之声’话五四”茶话交流会等活动，全年吸纳738名青年工作者、191名专家在“青年之声”平台参与提问2385次，解决青年问题1358个。建立30人的“青春在线Online”核心网评员队伍，网聚微信等新媒体粉丝15万人。

4月14日，共青团龙湾区召开第九次代表大会　　（江国荣/摄）

【青年创业创新服务】 2016年，团区委继续做优“龙湾创业实战营”“创意求职大赛”等品牌项目，建立创业项目库，举办青年创业路演10场。组织开展青年众创大会和首届大学生创业大赛，建立青年创业导师团帮带机制，建立青年创业新锐人才库。组建29人的“龙湾青年博士智库”，成立北京龙湾青年交流促进会，举办“就业季”公益人才招聘会，5000人次参与50场“订单式”“定向式”青年创业类培训，其中农村青年电商培训5场。建立青年就业创业见习基地24个，举办创业创新高峰论坛3期和青工技能比武大赛2场。建立共青团主导众创空间“创梦文创园”，授牌温州农业电子商务产业园为“农村青年电商创业服务基地”，打造爱好笔业公司等10家“红领巾创业体验基地”，开展创业实践体验活动30余场。搭建创业青年与创业导师、创业阵地等对接交流的平台，促使项目顺利落地转化。开展青年菁英论坛、“标杆企业参观学习”等活动，开辟“新锐龙商”宣传专栏，鼓舞青年创业创新。年内，龙湾青年创业园荣获“全国青年创业示范园区”称号。

【新青年下乡活动】 2016年，团区委组织50多支“新青年下乡”服务队伍与全区6个街道、29个社区、42个农村文化礼堂、9家见习企业、6家青少年校外活动阵地等，形成校地共建合作机制，实现“点上结对”服务模式。征集50个实习岗位平台，推出自选+定制服务“菜单”，利用重大节假日、周末、寒暑假等时间，组织志愿者、大学生等新青年群体深入基层服务不同群众。同时，在“新青年下乡”服务技能嘉年华主题活动中，集中展示服务技能。开通并运营全市首个“新青年下乡”微信宣传平台——“青春速递”（wzqcsd），对全

5月28日，龙湾区开展“防校园暴力”公益快闪活动 （团区委供稿）

区“新青年下乡”最新动态进行每周两次播报，传播农村文明新风尚，弘扬火热青春正能量。

【青少年平安行动】 2016年，团区委强化五类重点青少年群体服务管理和预防犯罪工作，组建6支合适成年人观护队伍，指派合适成年人109例。承办团省委“防校园暴力”公益快闪，开展“让法律走近青少年”校外课堂和“红领巾”平安训练营。开展平安创建“共青团问计于民”活动，全年涉罪未成年人附条件不起诉案件成功率达100%，“青春护航G20”工作获省、市级表彰。

【青年志愿者工作】 2016年，团区委打造“龙青公益图谱”和志愿项目库，“志愿汇”APP注册人数达6万。建成校地联动“红阳幸福志愿站”，引导弘德义工等队伍入驻35个志愿服务站点，实现按需派遣和驻点服务的结合 。

【青少年关爱工作】 2016年，团区委推出“一元公益”和“我为环卫工人送瓶水”亲青筹活动，为环卫工人募集专款8.4万元。联合区青企协关爱“10·10”民房倒塌事故幸存者童童，第一时间送上2万元爱心款。开展“爱心龙湾·学子扬帆”“精实助学”等结对助学活动，筹集35万元基金资助70名大中学生。开展温州首届关爱“星星的孩子”大型公益绘画展、公益街区书画拍卖等活动。

【共青团宣传工作】 2016年，团区委建立信息员微信群、新闻媒体联络群，做到随时展示工作；线下坚持信息工作例会、集中学习、动态排名、全员参与等机制，逐步实现人人都是“宣传员”“信息员”。信息被《中国共青团》杂志录用2篇，被团中央网站首页录用10篇，被《浙江青年工作信息》录用2篇，被《浙江团情》录用5篇；发布浙江新闻APP共13篇，温州新闻APP共90篇。其中，《团龙湾区委“三个三”举措打造青年人才发展链》《用镜头定格城市记忆》等信息被中央、省级媒体录用。

【共青团基层组织建设】 2016年，团区委实施基层团建示范行动，协力打造新城村（永昌堡）共青团特色小镇、衙前村等2家市级团建样板村、坦头村等3家市级团建示范村。在电商、互联网、现代农业等30家单位开展新兴领域团建，创成省级优秀团组织2个。绘制龙湾版“团建地图”，推广“互联网+团建”新模式，形成基层团建“1+1>2”的聚合效应。开展“共青团大脚掌走基层”活动，走街入户进园创新团干“1+100”联系服务青年方式，建立联系点100个，走访团组织300个，访谈青年1500人次。

【青少年阵地建设】 2016年，团区委加强青少年阵地整合力度。做强10个“青年之家”平台功能，引入新合源等社工组织入驻各级平台，全年开展公益培训、心理辅导等社会化服务活动200余场。整合吉夫图书馆等阵地，建成青少年公益阅读拓展基地，建成全区首个校地联动“红阳幸福志愿站”。打造“青春志愿伙伴圈”，培育与“霞满天”公益服务中心等青年社会组织的伙伴关系。区青少年活动中心（青年之家）3087平方米已完成方案设计，预计2017年上半年投入使用。

【少先队工作】 2016年，龙湾区少先队深化“红领巾相约中国梦”主题活动，整合龙湾爱国主义教育基地、公益性文化设施、各类校外活动场所等资源，开展“雏鹰争章”“红领巾中国梦”“中华经典诵读”30场。深化队长学校品牌，成立龙湾区红领巾平安志愿队，全年开展各类少先队主题宣传教育活动50场。少先队工作学会在开学季以“牢记垦荒历史，传承垦荒精神”为主题，组织开展 “红领巾闪耀军徽 向英雄致敬”主题活动。组织少先队辅导员“以赛代训”“以训促赛”，推送4名辅导员、4名优秀少先队员参加省市少先队技能争章大赛，在全省比赛中获2枚金牌1枚银牌。完善“龙湾少先队”公众微信平台，全年发布少先队信息28期。（陈　蕾）

龙湾区妇女联合会

【概况】 2016年，龙湾区有街道妇联组织6个，区、街道两级有专兼职妇联干部22名；村妇联组织2个、妇代会组织94个；机关单位妇委会47个。至12月，市级“双学双比”生产示范基地6个；创建“巾帼文明示范岗”102个，其中国家级3个、省级16个、市级26个、区级57个；区级文明家庭30887户；家长学校（家教指导中心）119所，其中市级以上示范家长学校（家教指导服务中心）27所，区级示范家长学校30所。

【龙湾区第六次妇女代表大会】 2016年4月4日，龙湾区第六次妇女代表大会在区文化中心举行。全区各条战线的151名妇女代表出席会议。区妇联主席倪瑞瑾代表区妇联第五届执行委员会向大会作工作报告。会议选举产生龙湾区妇联第六届执行委员会委员19名，倪瑞瑾当选主席，王颖、陈向群当选副主席，唐玉燕、林慧慧当选兼职副主席。

【女性素质提升工程】 2016年，龙湾区妇联成立“龙湾区女性学堂”，在各街道设6个教学点，根据各群体女性要求，定期举办“魅力课堂 美丽女性”系列培训。推出“互联网＋她时代创业创新”系列课程，举办电商技能提升、跨境电商、家政母婴护理师等培训20期，培训学员2780人。开设礼仪化妆、多肉种植、健身形体等培训和讲座，职业女性受益近千人。开设文化、法律、烹饪、健身舞等各类培训30多场，家庭女性受益8000多人。

【女性创业创新工程】 2016年，龙湾区妇联举办“她时代 创未来”巾帼创业创新大赛，搭建女性创业展示平台、女性创业资源对接平台和女性创业项目孵化平台，12个创业女性项目受投资人青睐。启动“龙湾巾帼创享汇平台”，从微信、微网站、PC端网站三种渠道，提供创业创新项目、孵化项目、成果项目的展示和需求对接服务，有20个项目上线。联合区人力社保部门、区女企协等单位举办“春风行动”女性专场招聘会，实现线上线下服务城乡妇女求职就业。全年举办巾帼创业沙龙分享会4场。

【巾帼建功活动】 2016年，龙湾区妇联推进巾帼文明岗创建工作，举办巾帼文明岗长培训会、巾帼文明创建岗互学互比检查汇报会、巾帼文化沙龙等学习交流活动6场，广泛开展巾帼文明岗“微笑服务行动”“服务G20巾帼在行动”“惠民暖心 最美服务”等服务活动百余场，有84家巾帼文明岗和基层妇联组织结对共建，结对率达83%。成功承办市妇联“我为温州添片绿·巾帼共筑园林梦”活动，组织300多名巾帼志愿者参与义务植树活动。

【妇联家庭教育工作】 2016年，龙湾区妇联以“注重家庭、注重家教、注重家风”为主题，开展家庭教育巡回讲座38场、“我爱我家·同悦书香”亲子阅读会8场，受益8000多人。创办“家庭教育学堂”，举办家庭教育公益讲座10场；举办为期5天的“暑期智慧父母成长营”；开辟《今日龙湾》“家庭教育学堂”家教专栏，传播科学的家庭教育理念。全年新建立企业家长学校1所，参评省示范家长学校1所。

【最美家庭寻访行动】 2016年，龙湾区妇联结合“家庭文化节”，举办好家风故事分享会、家风家训书法展、最美婆媳厨艺赛、最美家庭才艺秀、最美全家福摄影展、廉政文化进家庭等活动121场，张贴“最美家庭”征集令1000余份，晒出家庭照片665幅。林小兰家庭获全国“最美家庭”称号，2户家庭获省级“最美家庭”称号，9户家庭获市级“最美家庭”称号，全区评出区“最美家庭”66户；创成省文明家庭4户、省绿色家庭3户，区最美庭院20户，区平安家庭10户。面向全区家庭开展“写家规、晒家训、树家风、传美德”系列活动，征集好家风好家训327条。

【妇女权益保障工作】 2016年，龙湾区妇联成立婚姻家庭服务中心，组建资深律师、心理咨询师、婚姻家庭咨询师、社会工作师和人民调解员等12人跨专业的服务团队，受理35件，劝和5对夫妻。联合区法院出台《关于做好家事审判工作的意见》，成立家事审判合议庭，采用“圆桌审判”方式开庭审理家事纠纷。联合区公安分局成立“家庭暴力伤情鉴定中心”，推动公安机关发出《家庭暴力告诫书》28份，区法院出具人身安全保护裁定书6件。全年开展三八维权周、“6·26”禁毒日、“11·25”反家暴周等三大主题宣传活动50场，发放宣传资料10万余份，12338妇女维权热线接听接访33起，信访处理率98%。

【妇女儿童关爱行动】 2016年，龙湾区妇联开展贫困“两癌”妇女关爱资助行动、农村妇女“两癌”免费检查活动、“暖冬关爱”行动，走访慰问退离职妇女干部、贫困、患病妇女271人，慰问金28.49万元；免费检查农村“两癌”8231人，完成率114.3%。募集43.8万元，成立“龙湾区儿童关爱基金”，实施“爱·为梦想插上翅膀”项目，重点资助特殊困境家庭的儿童100名，发展儿童关爱志愿服务队8支。举办“爱护我们的身体”“女童保护”讲

12月7日，龙湾区举行家庭文化节颁奖仪式 （区妇联供稿）

座45场，惠及女童3800人。

【妇联组织建设】 2016年，龙湾区妇联深入推进省级基层妇联组织龙湾试点工作，龙湾试点从2个街道15个村扩大到全区6个街道19个村，完成永中桥北村和状元大岙溪村的妇代会改妇联试点工作。结合龙湾区情，重点推出“伊美丽”农村妇女成长计划和“微潮流”信息沟通平台等2项特色举措。区妇联完成换届工作。到12月，全区女性社会组织在民政部门已登记注册6家。（朱永丽）

10月26日，龙湾区成立侨资和海创企业服务中心 （区侨联供稿）

龙湾区归国华侨联合会

【侨联助推招商引资】 2016年，龙湾区侨联坚持“以侨引侨”，与区外侨办、致公党龙湾基层委合作成立龙湾区侨资和海创企业服务中心。协助组织开展世界温州人大会龙湾分会，举办长三角—海外百名博士温州行涉侨经贸活动3场次，邀请法国南方华人总商会等社团回乡考察6批次，促成涉侨投资项目6个，投资金额373654万元。

【侨联为侨服务】 2016年，龙湾区侨联坚持为侨服务宗旨，开展“暖巢行动”，春节、元宵等重大节日，积极走访慰问侨界留守儿童、空巢老人、困难侨眷。全年共慰问侨界对象128人（次）。继续推进侨法“六进”活动，在区府机关大楼、状元桥社区、罗东锦园社区等地举办侨法宣传活动6场次。开展“访侨企、送服务”，走访侨资企业46家，帮助侨企排忧解难5起。继续开展“侨爱工程”活动，龙湾籍港胞、原旅港温州同乡会会长张国森先生出资88万元用于建设永中街道坦头村游步道及文化长廊，意大利归侨马振忠先生为永嘉县岩头镇港头小学捐赠校服600多套。联合致公党龙湾基层委在永中街道开展以“心手相牵 快乐成长”为主题的关爱侨界留守儿童专题辅导暨赠送学习用品活动。

【侨联参政议政与联谊工作】 2016年，龙湾区侨联组织侨界人大代表、政协委员撰写提案、议案20件，其中涉侨提案1件；上报侨务信息61篇，“侨情专报”17篇。利用春节、元宵等传统节日，热情邀请华侨华人回乡访问32批次、289人次。

【龙湾区留学人员和家属联谊会第三次会员代表大会】 2016年10月26日，龙湾区留学人员和家属联谊会第三次会员代表大会在区行政管理中心三楼人大常委会会议室召开。留学人员和家属代表与区相关部门负责人，致公党龙湾基层委部分成员，各街道统战委员、统战干事、侨联主席等90余人参加会议。会长温从明代表第二届理事会向全体会员作工作报告。会议选举产生区留学人员和家属联谊会第三届理事会及领导班子，冯仁锡当选为新一届理事会会长。至12月，全区出国留学人员近300名，学成回国人员100余名。

【侨联组织建设】 2016年3月4日，龙湾区侨联四届二次全委会召开，增补潘林海为区侨联第四届委员会常委、专职副主席。组织推荐6家街道或社区“侨之家”，筛选确定3家候选单位参加市侨联“十佳侨之家”网络评选活动。协同状元街道侨联赴瓯海区丽岙街道侨联、海滨街道赴瑞安上塘侨联学习考察基层侨联建设先进经验。举办2016年龙湾区外事侨务业务知识培训班，进一步提高侨联干部的工作水平和理论修养。（陈冬兰）

法　　治

政法委与综治

【概况】　2016年，龙湾区扎实推进平安龙湾建设，开展平安大巡防、矛盾大调处、隐患大整治、基础大建设、素质大提升等五大行动，社会治安持续平稳，圆满完成G20杭州峰会、世界互联网大会等系列重大维稳安保任务，治安刑事警情下降20.6%。全年全区未发生重大政治事件、暴力恐怖事件、非法聚集事件、重大恶性事件，社会大局持续稳定，平安创建态势较好。

【平安龙湾建设】　2016年，龙湾区出台《龙湾区平安创建主要工作责任分解表》《龙湾区平安创建五大行动工作方案》及《龙湾区平安建设责任追究办法（试行）》等文件，切实发挥综治领导责任制、目标考核责任制和“一票否决”制的导向作用，对部门、街道在平安创建中因工作不得力、造成对平安创建造成影响，开展约谈4次。建立区领导平安创建工作清单，实行区领导重点督、联系督、线上督的“三督机制”，全年区主要领导带队平安督查14次。推进制度化结对联系，建立部门结对联系村居、街道班子成员结对联系村居制度，实现全区6个街道所有班子成员和65个部门主要领导与106个村（居）实行挂钩联系，定期入村开展平安宣传、重点隐患督查、重点人员谈心等活动。围绕建设平安龙湾创建的总体目标，创新平安宣传方式方法，推出“平安大巡防”“平安创建干部入户问计于民”“平安妈妈入户送平安”“大手拉小手平安校园”等宣传创建活动，全区开展民情恳谈会200多场，征集平安创建意见233条，平安妈妈入户7万多户，“平安龙湾播报”粉丝关注量超过10万多人次，“平安三率”形势明显好转。

10月12日，龙湾区召开G20杭州峰会维稳安保工作总结大会　　（区委政法委供稿）

【基层社会治理】　2016年，龙湾区委政法委全面落实基层社会治理“一张网”建设要求，将60个部门、35个基层站所纳入网格化管理，落实网格信息“以奖代补”制度，全年共受理信息65850条、办结65850条，办结率100%，流转773条，被市级表彰46条。开展重大矛盾纠纷排查化解，排查、化解矛盾纠纷4123件，省级挂牌重大矛盾纠纷1件，市级挂牌重大矛盾纠纷3件，均已化解。实行重点隐患驻点夜巡制度，各职能部门开展夜巡夜查79次，排查企业141家，超市、餐饮店等115家。建设综合指挥平台，区级和全区各街道均已完成综治指挥平台建设。区级、街道均已对接联网公共安全视频监控，超额完成省、市下达的30%目标数。推广“平安浙江APP”，全区APP注册用户49694人，占全区实有人口的10.20%，上传信息1246条，超额完成省、市下达的5%目标数。

【平安大巡防活动】　2016年，龙湾区委政法委率全市之先开展“平安大巡防”活动，通过逐级示范带动、创新管理模式、健全工作机制，有效破解“群众参与难”“巡防持续难”“合力形成难”等问题，有力推进社会治安形势持续好转，省市政法委领导、兄弟单位多次到龙湾进行专题调研。1月全区所有村居均开展“平安大巡防”活动，建有专业巡防队伍49支320人；企业巡防队166支1328人；群众巡防队伍103支，全区群众巡防队开展巡防活动18000余次，120000余人次；平安志愿者登记造册30800人，开展活动166次；区属部门组织人员参与巡防3182人次。全年共接报各类警情31479起，同比下降9.17%，其中盗窃案件6890起、“两抢”警情83起，分别同比下降15.89%、21.7%。

【经济秩序维护】 2016年，龙湾区委政法委完善部门联运机制，坚持统一协调、统一处置、分别落实的原则，化解民间债务纠纷。全年牵头对19起非集典型个案进行协调，协调成功13起，涉及金额共计10047万余元，追回赃款5171万元。对9起刑民交叉的案件进行协调，涉及14处房产和厂房，银行抵押贷款额约为1.84亿余元，协调处置7处房产，涉及标的额1.31亿余元。联合区法院，建立赃款赃物退赃协调机制，该机制系龙湾区首创。走访不良贷款率在3%以上的银行，和各银行共同努力，通过多种手段清收不良贷款，取得初步成效。全年静态化解区内企业银行不良贷款341笔15.05亿元；龙湾区内银行不良贷款余额18.48亿元，比年初下降24.60%，不良贷款率3.24%，比年初下降1.52个百分点。

【执法监督】 2016年，龙湾区委政法委成立全区专项执法检查、评查工作领导小组，制订方案，聘任执法工作特邀督查员，抽查23个案件，发现瑕疵问题5个。建立常态化执法监督工作机制，对29个案件、6个派出所询问室规范化建设进行检查，发现问题案件10个。开展涉法涉诉信访积案清理工作，成立涉法涉诉信访积案清理工作小组，对梳理汇总的涉法涉诉信访积案严格落实“五个一”工作要求，共排查出涉法涉诉信访积案件17件，通过领导包案、查阅案卷、司法救助、说理释法等措施有效化解13件，化解率76.5%，列全市前列。全年审核发放救助资金761787.5元，救助对象32人。（涂书钰）

公 安

【概况】 2016年，龙湾区公安分局完成“四项建设”、G20杭州峰会、第三届世界互联网大会等重大安保任务，维护全区社会稳定。全年接报各类警情31479起，同比下降9.17%，其中刑事＋治安类案情20183起，占总接警数的64.12%，同比下降20.57%。刑事发案3853起，同比下降23.1%；破结刑事案件1050起，同比上升5.39%；治安处罚2989人，同比上升40.79%。命案发7起破7起，命案破案率达100%。“大拆大整”流动人口专项整治、群众安全感满意度、物联网治安管控、社区警务、警务全回访、机要工作等年度重点工作全市第一。年内，全区公安系统52个集体、383位个人立功受奖。其中，特巡警大队、指挥中心、治安大队分别荣立集体三等功，信访科获评全省公安信访“抓打强促”专项活动成绩突出集体，出入境管理大队获评全省公安出入境“亮窗工程”建设二类文明窗口单位，特巡警大队获评全省优秀基层单位。

【维稳护航工作】 2016年，龙湾区公安分局牢固树立“围绕中心、服务大局”意识，做到党委、政府中心工作推进到哪里，公安保驾护航就跟进到哪里。做好社会风险预警评估，全年共处置各类涉稳案事件23起、化解各类不稳定因素63起。开展“两打两治”等专项工作，对各类“恶、霸、闹、访”问题果断依法打击，为“大拆大整”“五水共治”等重点工作开展提供强有力的保障，共提供执法保障88次、出动警力950人次。

【龙湾公安G20峰会安保工作】 2016年，龙湾区公安分局全面部署开展“春雷”“清雷”、基础排查管控等系列专项行动，紧盯九大重点治安要素，发动全警常态开展走访摸排、化解矛盾、落实管控、打击犯罪，全力肃清各类安全隐患，确保G20峰会安保万无一失。G20峰会安保工作启动后，全局坚持“一周一主题部署、一周一清查整治”，共组织开展全局性集中统一行动21次，总投入警力18329人次。安保期间，实现要素管控“底数清、情况明、零风险、无盲区”，共排查列管重点人242名、重点物使用单位597家、重点部位351处、重点行业230家、重点事149起、重点隐患624处；实现风险隐患化解清零，有效处置状元三廊桥村等5个村城中村改造引发的维稳风险；推进内外联动合力，开展联合执法73次，取缔非法油品销售点17处、无证罐装煤气供应点21处、无证办学点37家、黑网吧90家。

【黑恶势力犯罪侦查】 2016年，龙湾区公安分局组建温州东部地区打黑除恶工作专班，并在6个派出所配套设立打黑工作小组，合力开展线索排摸、情报分析、案件侦办、司法协调和重点整治等工作。全年恶势力团伙摧毁13个，长期霸占垄断行业黑社会性质组织破获1个。

【涉网犯罪侦查】 2016年，龙湾区公安分局成功处置“钱江路爆炸事件”“朱垟基督教堂拆迁事件”“底岭下村拆迁事件”“中梁房闹维权事件”等重大舆情事件，同时收集整理其他涉稳网络舆情事件68起，落地查证26人，涉稳舆情落地率达100%。另外，涉网刑事案件自侦破获23起，犯罪嫌疑人刑

表10　2016年与前4年龙湾区刑事、治安案件对比表　单位：件

案件类型/年份	2012年	2013年	2014年	2015年	2016年
刑事案件发案	6191	54997	5962	6081	3853
刑事案件破案	2436	2442	3339	2470	1050
治安案件立案	9168	8333	4776	3588	6185
治安案件查结	3302	3963	1708	2211	2623

拘75人，案件配侦130余起，协助抓获CCIC逃犯131名。

【经济犯罪侦查】 2016年，龙湾区公安分局立各类经济犯罪案件37起，破39起（其中，年前案件17起），案件移诉38件58人，挽回经济损失3600万元。“老赖”上网追捕76人，抓获49人。恶意逃废债案件查破18起，其中，境外逃犯抓捕2人。

【“食药环”犯罪侦查】 2016年，龙湾区公安分局移诉食品犯罪嫌疑人30人，移诉涉药品犯罪嫌疑人12人，移诉涉环境犯罪嫌疑人24人；“毒狗肉”系列生产、销售有毒、食品等有害案破获7起，移诉8人。

【侵财犯罪侦查】 2016年，龙湾区公安分局本着资源整合，突出视频侦查、现场勘查、合成作战，依托“打击电动车”“侵财攻防”等4个侵财专项行动打击，全面掀起打击侵财犯罪高潮。全年各类侵财团伙摧毁27个，侵财犯罪嫌疑人移诉491人，完成率91.95%。五年以上判决12人，完成率91.95%；两抢人案比100%，两抢现案破案率71.05%；高财对象刑拘22人，完成率22.22%；通讯网络诈骗案发案960起，同比下降15.64%。

【禁毒工作】 2016年，龙湾区公安分局以“春雷”专项行动为主要载体，缉毒破案成效明显，打击成效列全市同类地区前列。全年共抓获毒品犯罪嫌疑人126人，移诉118人，破获3人以上团伙13个；查获吸毒人员499人次，完成强制隔离戒毒128人，美沙酮维持治疗42人。开展毒品种植踏查行动15次，未发现非法种植毒品原植物事件，保持毒品原植物“零种植”“零产量”。开展禁毒宣传预防教育工作，组织禁毒宣传大型活动5场，参观禁毒预防教育基地12场，共制作、分发禁毒宣传资料与禁毒级纪念品30万余册（份），利用LED播放禁毒宣传广告和视频500余条，受教育群众达30万余人。

【防暴处突与追逃工作】 2016年，龙湾区公安分局启动联动联勤机制，以特警PTU为核心，建立全区域全天候覆盖的街面巡防模式。健全应急反恐机制，设置“1、3、5”快速反应圈（机场1分钟、密集场所3分钟、一般警情常态分步实施5分钟），每天安排三分之一警力在大队备勤。全年共成功处置各类群体性事件及苗头76次，公安巡逻抓获各类违法人员202人，其中逃犯21人，刑拘41人，行政处罚139人。落实“全警追逃”机制，全年外省逃犯抓获84人，本市年前逃犯抓获101人，本地年前逃犯归案140人。

6月24日，温州市公安局打击通讯网络诈骗犯罪拦截资金返还仪式走进龙湾 （杨 豪/摄）

【物联网治安管控】 2016年，龙湾区公安分局完善物联网智慧防控体系，建立覆盖全区的物联感应网。安装电子二维码门牌23117套、商铺防盗系统1032套、电子门戒431套，布建物联网侦测基站554个。新建1030个监控点，并改建到期监控290个，联网社会监控4000个。登记电动车辆上牌103966辆，建设以卡管车基站554个；查获车辆31辆，抓获嫌疑人24人。发放“e居卡”283817张，在册流动人口发卡率97.26%。通过物联网“以卡管人”抓获对象75人，其中行政拘留42人，刑事强制措施29人，逃犯4人。

【公安出入境管理服务】 2016年，龙湾区公安分局受理公民因私申请出国（境）33496人次，其中普通护照办理9950人次，往来港澳通行证办理18777人次，内陆居民赴台旅游大陆证办理4769。涉外案（事）件处理20起，其中逾期非法居留7起7人次。法定出境人员不批准报备1409人，其中跨省报备703条，省内报备706条，撤销报备15人，发现扣留、收缴或宣布作废25人。

【公安管理信息化】 2016年，龙湾区公安分局出台“移动微警务”平台三期建设方案和《全区公安机关“移动微警务”平台营运管理规范》，完善龙湾“移动微警务”运营规范和奖励激励机制，“移动微警务项目”获2016腾讯全球合作伙伴大会“E治理创新奖”。拓展“互联网＋”智慧调度模式，结合“微指令”功能，将具有明确目标位置和现场情况的“可视化”指令直接摄推送到移动警务终端和民警；打造“勤务中心”，设定上班、加班等9种基础勤务状态和30种二级勤务状态，并绑定微信和PDT对讲机实时定位人员位置，做到对全警实时勤务的动态掌控，实现智慧勤务；平台建设“微行政”功能，实现通知发放的接收、反馈管理，出差、出车的多级审批管理，大大节省了行政成本，提高工作效率。

【社区警务管理创新】 2016，龙湾区公安分局推进社区警务正规化和基础信息化建设，采取基础工作集中会商和“六定”责任包干方式，完善常态化滚动排查和重点核查机制，对重点人、重点物、重点事等排查管控转为常态化。坚持基础工作“微改革”“微创新”，在全省率先引入人像识别技术破解网吧管控难题，首创“网吧人像实名管理系统”破解上网人员实名登记难题，被省公安厅安保专刊推广介绍。在全省率先研发推广流动人口自主申报APP，通过信息自主申报，数据实时传递，提升流动人口登记率，相关经验做法被《人民公安报》刊登介绍。

【警务督察与优警工作】 2016年，龙湾区公安分局强化警务督察，不断规范民警的执法行为。全年出动督察警力775人次，现场督察任务246次，纠查各类问题215个，提出督察建议85条，发督察法律文书1份，停止执行职务2人，发督察通报62期。推出爱警惠警系列新举措，开办微信超市，建设“民警之家”休闲中心，整合修理厂和物业资源为民警提供便捷服务，让民警有更多获得感。举办民警子女暑期素质培训班，切实解决民警后顾之忧。推进“美丽窗口、花园警队、文化警营、心愿墙”创建活动，相继建成蒲州所“鹰文化”、海滨所“花园警队”等系列基层警营文化。

【公安行政审批便民服务】 2016年4月，龙湾区公安分局整合窗口资源，出入境管理大队与行政审批科合署办公，统一开放对外办公窗口。重新布局接待大厅，设立咨询预检区、填表区、受理区、等候区、信息采集区、自助办证区、社会服务区等七大功能区。实施“采验分离”受理模式，专门开设采集窗口，民警直接受理申请，最大限度地缩短申请人在窗口的等候时间，增设两台自助填表机，实现自助填表功能，实行周六无休日工作模式。推广“公安网上办事大厅”和“龙湾公安”微窗口服务，可通过手机实现网上咨询、预约、办证、查询进度服务。全年受理各类行政审批33883件，受理办结户口材料745件；签发审核临时证5310件，审批易制毒化学品管理事项16041件，公章入网备案11212件，购买民用爆炸物品、运输许可567件，旅馆业许可2件，安全审核互联网上网服务营业场所5家，刻制公章1家；电子服务评价器群众满意度为99.8%。

【户籍改革】 2016年，龙湾区公安分局按照国务院、省政府有关户籍制度改革推进要求，全力推进户籍制度改革，全面建立以人为本、科学高效、规范有序的新型户籍制度。通过户籍制度改革，清理重户户口39人次，清理无相片信息人口731人次，办理出生业务2994人次，办理死亡业务918人次，办理迁入业务5388人次，办理迁出业务5388人次，办理其他业务30人次，解决疑难无户口人员10人次，核查实际居地户籍人口36758人次。

【公安信访】 2016年，龙湾区公安分局受理群众来访来信160批（件），信访总量同比下降25.6%。其中，来访60批次90人次，同比下降34.1%；收到群众来信100件（初信37件），同比下降19.4%；办结信访142件。化解省公安厅信访积案下达的16件和温州紧固件市场90商户集体访等本局梳理的31件信访积案。（叶时杉）

检　察

【概况】 2016年，龙湾区人民检察院围绕区“五个龙湾”“标杆城区”建设，推进司法改革，以理性、文明、规范绿色司法理念推动龙湾检察工作。完成省级课题结题4个，新申报国家级、省级、市级课题11个。年内，区人民检察院获评温州市先进基层检察院、温州市文明单位。

【批捕起诉工作】 2016年，龙湾区人民检察院批准逮捕各类犯罪嫌疑人656人，提起公诉1858人。其中，“黑拐枪”“盗抢骗”“黄赌毒”等危害公民人身财产安全和妨害社会管理秩序犯罪，批准逮捕犯罪嫌疑人522人，提起公诉964人。初犯、偶犯、轻微犯罪、未成年人犯罪等落实宽缓刑事政策，依法作出不批捕决定251人，作出不起诉决定143人。

【职务犯罪查处】 2016年，龙湾区人民检察院立案查处职务犯罪案件11件11人。其中，贪污案件3件3人，受贿案件

表11　2016年与2015年龙湾区主要检察业务数据对比表　单位：件

主要检察业务	2015年	2016年	同比情况
审查批捕案件	706	565	−20%
提起公诉案件	1493	1614	8.1%
立案查办贪污贿赂犯罪案件	7	10	42.9%
立案查办渎职侵权犯罪案件	0	2	100%
立案监督案件	19	29	52.6%
提起民事行政抗诉案件	9	0	−100%

表12　2016年与前4年龙湾区人民检察院审查批捕、起诉案件对比表

年份	批捕	起诉
2012年	1109件1635人	1529件2356人
2013年	994件1414人	1529件2356人
2014年	911件1208人	1297件1959人
2015年	702件941人	1493件1888人
2016年	565件718人	1614件2051人

1件1人，行贿案件3件3人，挪用公款案件2件2人，滥用职权案件2件2人。抓办危害民生民利职务犯罪案件，查处社区医院主任职务犯罪。抓办行业性、系统性贪污贿赂窝串案，查处市政园林系统贪污贿赂窝窜案6件6人。

【职务犯罪预防】 2016年，龙湾区人民检察院制定出台《关于依法对公职人员渎职行为进行检察预防约谈的若干规定》，对平安维稳、生态环境保护、食品药品安全、扶贫资金及政策性补贴、拆迁补偿等重点领域公职人员列入检察约谈范围，及时约请存在职务犯罪隐患的个人、单位谈话，约谈1人次。结合办案加强个案预防，形成案例分析4篇，发出检察建议3份，开展警示教育活动2次，召开典型案例剖析会2次，取得良好效果。发挥行贿档案查询的预防作用，提供查询档案7636人1489次，在工程建设领域筑牢预防职务犯罪防火墙。

【刑事诉讼监督】 2016年，龙湾区人民检察院加强立案而不立案、应当逮捕而未提请逮捕、应当移送而未移送起诉等问题的监督力度，共监督立案、追加逮捕、追加起诉22人，其中法院已判处三年以上有期徒刑2人。严把审查批捕、审查起诉关，对证据不足，依法不捕66人。严守防止冤假错案底线，推进客观性证据审查、非法证据排除等工作，对侦查活动中存在违法侦查行为提出书面纠正意见2件次，排除非法证据1件次。强化审判监督，对认为确有错误的刑事判决提出抗诉3件，法院已改判2件。

【民事检察监督】 2016年，龙湾区人民检察院受理民事生效裁判监督申诉案件2件，审判人员违法行为监督申诉案件1件，民事执行监督申诉案件3件，依职权发现虚假诉讼案件1件，审判人员违法行为监督初查案件2件。办结民事生效裁判监督申诉案件2件，审判人员违法行为监督申诉案件1件，办结虚假诉讼案件1件。

【刑罚执行监督】 2016年，龙湾区人民检察院依托社区矫正管理系统，强化网上巡查和随机抽查等工作，严防社区矫正人员脱管、漏管和虚管。通过狠抓案件线索收集、建立科学评估机制、化解社会矛盾等途径，加强羁押必要性审查工作，全年建议释放或变更强制措施33人。

【检察院参与社会治理】 2016年，龙湾区人民检察院推进涉法涉诉信访改革，参与信访维稳工作，全年受理来信来访243件，办理刑事申诉案件13件。推进排查矛盾纠纷化解，完善执法办案风险评估、检察长接待、选择检察人员预约接访等制度，开展释法说理，从源头上预防涉检信访。深化未成年人刑事检察工作，完善“捕诉监防一体化”工作模式，加强对涉罪未成年人法律援助、回访帮教，促其早日回归社会。“引入专业力量挽救帮教涉窃未成年人案”获评浙江省检察机关未成年人司法保护精品案例。

【检察院保障非公经济发展】 2016年，龙湾区人民检察院坚持以法治手段保障和促进民营经济发展，制定出台《关于服务保障浙南科技城建设十六意见》《服务非公企业健康发展“361”工作方案》，建立查办非公企业案件经济影响评估、非公企业法律体检、部门联动合作三大机制。在全市率先建立专门涉企经济案件台账，尽可能把负面影响降到最低。建立由业务骨干组成办案小组对涉企产权案件实行专人办理，提升检察法律服务的针对性。（杨　琼）

法　院

【概况】 2016年，龙湾区人民法院受理各类案件13725件，办结14415件，同比分别下降3.3%、上升7.2%；未结案件1952件，同比下降26.1%。一线法官人均结案数399.31件，比全省平均值高139件。区人民法院涉家暴婚姻案件审理、庭审记录录音录像改革、执行款清理等成绩、经验被省高院肯定并推广，被省高级法院授予“全省优秀法院”。

【刑事审判改革】 2016年，龙湾区人民法院审结刑事案件1595件，判处罪犯1983人。成立庭审改革领导小组，完善证人、鉴定人、人民警察出庭作证机制，加强对涉黑、涉恶等案件证人人身保

表13　2016年与前4年龙湾人民法院刑事案件对比表

年份	刑事受案（件　人）	刑事结案（件　人）
2012年	1462/2239	1481/1851
2013年	1465/2170	1455/2098
2014年	1369/2028	1383/2095
2015年	1572/1997	1572/2051
2016年	1544/1955	1595/1983

表14　2016年与前4年龙湾区人民法院民事案件对比表　单位：件

年份	民事收案			民事结案		
	婚姻家庭继承纠纷	合同纠纷	权属侵权纠纷	婚姻家庭继承纠纷	合同纠纷	权属侵权纠纷
2012年	319	4260	783	320	4013	848
2013年	296	5410	806	299	5396	772
2014年	300	3972	724	308	4078	749
2015年	334	5194	1185	311	5056	1153
2016年	266	5253	1187	281	5287	1181

护，证人出庭作证24人次。完善市区危险驾驶案件集中机制审理，与公安、检察、司法局联合出台《轻微刑事案件快速办理机制实施细则》，建立相对集中提起公诉、集中开庭、简化文书制作、简化庭审程序办案模式，审结此类案件574件，平均审理天数6.58天。

【民商事审判】 2016年，龙湾区人民法院成立家事审判合议庭，设立专门家事审判庭、调解室、心理咨询室、亲情教育室，建立离婚案件诉前调解机制，引入家事纠纷人民调解委员会参与调解，审结家事纠纷案件278件，调解83件。开展家庭暴力人身保护试点工作，发出人身安全保护裁定10份。全年审结民商事案件6749件，同比上升4.4%。

【行政审判】 2016年，龙湾区人民法院推动召开府院联席会议，修订完善裁执分离实施办法，协调国土部门非诉执行积案清理工作，审结非诉行政案件3535件，裁定准予执行3387件，裁执分离401件。建立行政机关负责人不依法出庭应诉，行政机关不及时反馈司法建议，不执行法院生效裁判公告机制，行政机关负责人出庭应诉率居全省前茅。全年审结行政案件69件，同比上升228.6% 。

【金融审判】 2016年，龙湾区人民法院完善金融债权案件快立快审快执机制，共审结金融类纠纷案件1066件，涉案金额达32.3亿元。开展金融债权案件专项执行活动，选取重点案件开展集中执行、集中腾空活动，共执结金融类纠纷案件2287件，涉案金额达52.5亿元。

【审判执行】 2016年，龙湾区人民法院执结案件5326件，同比上升11.1%。部署开展涉特殊主体专项执行、金融债权案件专项执行行动，通过公安协助布控、交警查扣车辆、中止供电、微信曝光等措施，提升执行工作整体实效。加强与土地、房管等部门的协调沟通，推进单证、在建、违章不动产处置，共成功处置此类不动产13套，涉案金额达1.64亿元。加强对程序终结案件的动态管理机制，定期开展终本案件“回头看”活动，共恢复执结案件610件，到位标的额达4.77亿元。开展执行款专项清理活动，至12月，共清理执行暂存款526笔1.79亿元，清理率达91.5%。

【法院助推实体经济发展工作】 2016年，龙湾区人民法院联合区工商联出台服务保障非公有制经济发展十条意见，建立联席会议制度，设立司法助企服务站，优化企业发展法治环境。深化破产审判方式改革，推进“僵尸企业”处置，共审结包括好日子服饰有限公司等知名企业重整案在内的破产案16件，盘活企业资产2.64亿元，激活厂房面积10.8万平方米。

【法院助推重点工程】 2016年，龙湾区人民法院依法处理浙南科技城、城中村改造、“大拆大改”等推进过程中涉案纠纷。在法律框架内创新案件执行机制，对小额提前腾空奖励，不再纳入执行范围，引导鼓励被执行人配合拆迁。对进入拍卖程序拆迁房产，引入农投公司参与房产拍卖，并协调国土、税收等部门做好证件办理、税务减免工作。全年审查行政机关申请强制搬迁、拆除违法建筑案件116件，裁定准予执行77件。

【审判机制改革】 2016年，龙湾区人民法院深化简式裁判文书改革，探索在公告或双方当事人无争议的金融案件、事实清楚权利义务明确的民事案件、简单危险驾驶案件中适用表格式裁判文书，审批效率大幅提升。结合“一审一书一助”审批机制改革，进一步完善审批团队运行。深化庭审记录录音录像改革，结合“一审一书一助”、简式裁判文书改革、状元法庭高清数字改造等多项举措，全年5507件案件适用庭审录音录像记录，庭改占比87.08%，居全市法院第一位。

【司法体制改革】 2016年，龙湾区人民法院根据上级法院关于司法体制改革文件精神，先后多次召开全体干警会议通报司法改革情况，并向全体干警征求意见。制定出台《首批法官入额工作实施方案》《首批法官入额业绩考核实施办法》，按照“最愿办案、最会办案、最适合办案”法官遴选出来原则，遴选出首批入额法官33人。（郑若丽）

司法行政

【概况】 2016年，龙湾区司法行政工作紧扣平安护航G20杭州峰会和经济转型发展等中心工作，认真履职，开拓创新，全区司法行政各项工作取得明显成效。年内，区司法局获评全省“六五”法治宣传教育先进集体。

【司法所特色创建活动】 2016年，永中司法所创建五星级司法所，省司法厅对其进行验收考评。蒲州司法所利用党群服务中心优势，发挥法律援助职能，被评为全国法律援助先进单位。状元司法所首创的社区服刑人员微信监管模式已在全区范围内推广应用，成效明显。永兴司法所率全省之先打造“互融型”社区矫正中心。

【社区矫正】 2016年，龙湾区建立区级社区矫正中心——永兴街道兴中文化礼堂矫正中心，是全省首创“互融型”社区矫正中心模式，得到省司法厅、市司法局领导肯定，并作推广。加强“温州矫正”APP技术、电子腕带等科技手段应用，防止脱漏监管。规范帮教工作，给 107人在监服刑人员开通信息，给家庭困难刑满释放人员7人和家庭困难服刑人员未成年子女6人提供资金帮扶。全年全区接收社区服刑人员155人，解除矫正147人，审前调查120例，书面警告35例，收监执行3人，在册社区服刑人员201人、刑满释放人员1010人。

【法律服务】 2016年，龙湾区司法局与区科技局联合出台《关于为全区科技创业创新提供法律服务的意见》，提高法律服务的针对性。部署开展法律服务转型升级专项行动，聘请律师为15家商会、5个重点工程担任法律顾问。

全年组织律师为250余家企业开展“法律体检”，并受理案件900余件。推进法律服务中心工作，选择优秀法律工作人员担任政府、村（社区）法律顾问，为区政府重大决策、重大项目合同审查35件次，社区（农村）法律咨询190人次。帮助修订、完善村规民约、合同、协议等28件，社区（农村）矛盾纠纷调解及其他涉法事务57件次；受理“大拆大整”案件8件，为政府提供法律服务意见10条，为群众提供法律咨询10人次。主动服务换届选举工作，为600余名区第八届人大、党代表候选人资格联审服务。

【人民调解】 2016年，龙湾区司法局加强人民调解工作机制建设，落实人民调解员分级报酬、年度备案、定期培训等机制，备案人民调解组织147个，人民调解员392名，开展各类培训570人次。全年受理矛盾纠纷3423件，调处矛盾纠纷3393件，调解矛盾纠纷率99.1%，协议金额1.42亿元。年内，区司法局获评市人民调解工作先进集体。

【法律援助】 2016年，龙湾区司法局制定出台《龙湾区三级公共法律服务平台建设实施方案》。在全市率先启动“法律援助户”试点工作，将383个困难家庭列为法律援助户。择优成立法律援助骨干团和“12348”律师接听团，实施法律援助服务签约及信息化案件质量评估等机制。全年法律咨询服务3466人次、受理法律援助案件946件，同比增长90.93%。群体性欠薪案件3件，为180名职工讨回欠薪，挽回经济损失1238.16万元。

【“七五”普法启动】 2016年，龙湾区“六五普法”总结表彰暨“七五”普法部署会议召开，部署“七五”普法启动主体工作，确保启动工作有序进行。区司法局起草《关于在全区公民中开展法治宣传教育的第七个五年规划（2016—2020年）》，并由区委、区政府转发。组建“以案释法”讲师团队85人，“七五”普法联络员72人，开展普法讲师团、法治副校长、普法志愿者等普法骨干队伍推荐遴选工作。全区领导干部、公务员、事业中层干部法律知识考试，参考人数2600人；组织非人大任命领导干部法律知识考试4批次。加强对青少年和其他重点对象普法宣传教育，开展以“弘扬宪法精神、共筑法治青春”为主题第六届“法在心中”活动，通过主题演讲、模拟法庭等形式丰富活动载体；针对村（居）民、农村（社区）干部、新居民学法用法需要，开展文艺演出、法治电影下基层、送法律进农村、社区等系列活动100余场次。推进“互联网十”行动，利用“两微一网 ”等新载体，制作“先锋慕课”在全区播放宣传。联合区新闻中心、瓯越广告公司、“律超人”法律平台网上普法视频播放宣传。加强各类法治创建活动，申报省级民主法治村1个，市级民主法治村3个。（管蔚蔚）

表15　2016年与前4年龙湾区民间纠纷调解组织及实绩对比表

年份	调解委员会	调解员	调解件数（成功/未成功）	调解成功避免非正常死亡人数
2012年	209个	852人	2509/44	0人
2013年	230个	770人	3130/29	0人
2014年	226个	969人	2992/0	0人
2015年	156个	180人	2908/15	0人
2016年	146个	657人	3300/10	0人

表16　2016年龙湾区民间纠纷调解概况表

	调委会数（个）	调解人员（人）	统计纠纷（件）										调解成功率（%）	调解成功避免非正常死亡人数（人）
			婚姻家庭纠纷	邻里纠纷	房屋宅基纠纷	合同纠纷	生产经营纠纷	损害赔偿纠纷	劳动争议纠纷	道路交通事故纠纷	其他纠纷	总数		
永中街道	43	198	29	34	47	32	1	567	12	8	37	767	100	0
蒲州街道	14	50	14	35	2	4	0	236	16	7	18	332	100	0
海滨街道	18	111	19	104	0	1	0	372	17	0	17	530	100	0
永兴街道	19	79	19	15	8	14	4	101	6	9	29	205	99.5	0
状元街道	18	88	8	8	3	1	0	87	5	1	3	116	100	0
瑶溪街道	25	56	26	19	8	8	10	126	21	8	62	288	96.9	0
龙区人调	1	4	0	0	0	60	1	27	93	0	28	209	100	0
交调	1	3	0	0	0	0	0	0	0	803	0	803	100	0
劳调	1	5	0	0	0	0	0	0	38	0	0	38	100	0
婚调	1	7	12	0	0	0	0	0	0	0	0	12	100	0
合计	141	601	127	215	68	120	16	1516	208	836	194	3300	99.5%	0

注：不包括全年无调解数的组织

高速公路交警

【概况】 2016年，高速交警温州支队辖区发生交通事故9680起，死亡31人，受伤34人，分别同比增长17.63%、47.62%、70.00%。各类交通违法行为385750起，同比增长20.69%。其中，现场查处违法54050起，同比增长23.06%；非现场抓拍违法331700起，同比增长20.31%。暂扣驾驶证54本，吊销驾驶证65本，拘留142人，降级261人，本省营运客车记分率100%。指挥中心受理话务220431起，其中咨询180935起，救援求助24681起，投诉34起，事故14781起。交通管制856次，累计管制时间2153小时27分钟。执行设卡拦截任务22次，查处治安刑事案件232起。年内，支队有2个集体、29人受总队级以上单位表彰，支队被评为温州市文明单位，4人荣立个人三等功。

【高速交警G20峰会安保工作】 2016年，高速交警温州支队坚持“不让任何可疑人、车、物经辖区流入安保核心区”原则，依托温州北、分水关两个公安检查站，严格“八个必查”勤务要求，突出“全天候，全要素，全过程”，圆满完成安保各项查控任务。安保期间，支队出动警力1557人次，检查车辆44305辆、人员118834人，核查存疑人员9110人；查获部网在逃人员7人、法院协控人员21人；处置“涉疆涉维”人员21人、上访人员39人、涉稳人员18人、吸贩毒人员37人；查获管制刀具31把、仿真枪支2把、法院协控车辆19辆、“低小慢”飞行器10架及其他涉安物品83件；查扣严重交通违法36起。

【高速公路重点车源头治理】 2016年，高速交警温州支队会同温州市道路运输管理局出台《关于加强高速公路重点运输车辆安全监管联合执法的通知》，完善“两客一危”重点车辆管理协助机制。借助运管重点车辆及驾驶员户籍化网络管理系统，将辖区19家客运企业、760辆省际班线、325辆市际班线、驾驶员1880人，造册登记、入档备案。将覆盖全市90%“两客一危”企业动态监控平台接入支队指挥中心，提高重点车辆动态管理水平。各大队每月走访客运企业，推行企业联系人和“一车一户籍”管理制度。全年支队检查客运车辆79459辆，查处现场客车违法956起，查处非现场客车违法634起，大型客车驾驶资格降级129起；发函3份至安监、运管等行政主管部门，抄告违法行为至39家客运公司121辆营运客车。

【高速公路隐患排查】 2016年，高速交警温州支队开展高速公路护栏、隧道、匝道、互通枢纽区、重点路段、施工管理等安全隐患大排查。一大队紧盯雁荡至蒲岐段因施工单位原料混合比不达标导致沥青路面构造深度不达标引发路面坑槽、车辙、壅包、泛油等病害治理。二大队的温瑞段在车道“二改三”基础上优化提升，并在三都岭隧道北广场设置执法岗亭。四大队每周四联合业主隐患排查制度，通过诸永高速温州方向长下坡综合方案治理，完成温向173公里处照明灯光安装50盏，188公里处照明灯光增10盏。卡点大队完成分水关长下坡坡顶岗亭设置，1822K+400M至1823K+300M事故多发路段路灯加装。全年支队安全隐患点（段）排查115处，整改 114处，期限整改1处；施工路段检查552处次，发现隐患问题91处，立即整改69处，施工单位函告约谈25家。

【高速公路交通秩序整治】 2016年，高速交警温州支队以专项整治与日常管控两手抓，利用主线卡口、硬路肩执法、事件检测和车载动态取证等科技设备，重点打击酒驾、不按规定车道行驶、路肩行车、违法停车、商品运输车超限、驾驶室超员、安全带未系等行为。全年支队专项整治行动68次，查处现场违法行为39565起，同比增长33.21%；行政拘留98人，同比增长50.77%；重点违法21548起，重点违法比例54.46%；酒驾查处29次，累计整治时间566小时；查获酒后驾驶59起，同比增长742.86%；醉酒驾驶31起，刑事拘留31人，同比增长244.44%。

【高速交警阳光执法活动】 2016年，高速交警温州支队全面推行执法办案、案件管理和物证管理“三位一体”机制，加强公安执法制度标准化、流程化建设，推进“阳光执法”工程。执法办案区5月份正式投入使用，严格执行公安部“四个一律”标准，对可能适用行政拘留处罚及涉嫌交通肇事、危险驾驶罪的人员一律带入办案区。全年办案区人员带入153人，信息采集153人，行政拘留109人，拘留不执行2人，刑事拘留31人，取保候审4人，警告罚款6人，教育释放1人。落实好法制检查常态化、执法档案电子化、执法质量点评等常态法制规定工作，提升整体执法能力和执法水平，全年涉案车辆清理25辆，行政复议案件办理2起，维持1起、当事人自撤1起，行政案件行政3起、胜诉2起，待判决1起。为方便群众违法处理，推行交通违法网上自助处罚的同时，进一步科学布局市区违法处理窗口的布点，先后进驻潘桥物流中心和温州二手车市场，在温州地区增加至8个违法处理点。年内，高速交警温州支队获评2016年度全省公安机关执法质量优秀单位。

【高速交警宣传工作】 2016年，高速交警温州支队充分发挥媒体宣传在交通管理的导向作用，开展“随手拍人人当交警”“护航G20平安行动”“系好安全带”“免通出行”等主题宣传活动，

12月2日，高速交警温州支队开展“全国交通安全日”警营开放日活动 （高速交警温州支队供稿）

提升交通安全管理效果。注重自媒体建设，“温州高速交警”微博关注数达46万，影响力居浙江政务机构排行榜前十名；“温州高速交警”微信关注数达22万。“双微”平台先后获“全国公安交管十佳飞跃力微博”“全省公安系统十大最具影响力微信公众号”“浙江最具影响力公安头条号”“温州市十大影响力政务微信”等称号。全年支队通过微博平台发布博文5335条，其中温州高速路况阅读量1.8亿。通过微信平台推送图文信息332期，在国家级媒体发稿35篇，省级媒体发稿260篇，市级媒体发稿388篇。

【高速交警警务督察】 2016年，高速交警温州支队围绕支队中心工作，完善警务督察体系。制定《2016年温州支队督查工作对照表》，对18个方面106项工作内容，逐项细化督查重点。出台“加强队伍监管14项措施”，从家庭监管、家庭联系、常态提醒、饮酒报备、警示教育等5个方面进行督察。出台《温州支队日常管理问题责任追究办法》，对责任人、责任部门、主要领导等有关部门人员，根据督察部门层级和次数，按梯次深刻检讨、剖析整改、通报批评等处理，同时予以考评记分、降低考核等次、取消评优评先晋升职务资格。全年开展督察49次，编发各类督察通报17期，99人分为264人次被记152分，其中大队领导21人分为49人次被记32分。（包加竞）

市交警三大队

【概况】 2016年，温州市交警三大队围绕控大保畅目标，做好事故防控、秩序整治、队伍建设、城市“乱停车”专项整治等工作，圆满完成G20杭州峰会，世界互联网大会等各项交通安保任务，辖区交通安全畅通。查处各类交通违法39.5万起。查处酒驾违法983起，其中查处醉酒驾驶106起；查处电动车违法5万余起；查处四小车1.1万辆，拘留无证驾驶233人；查处不礼让斑马线违法1.2万起。淘汰黄标车、查处公路违法

表17　2016年与前4年龙湾区交通事故情况对比表

年份	上报交通事故（件）	死亡（人）	受伤（人）
2012年	64	31	48
2013年	63	31	40
2014年	64	31	41
2015年	64	30	40
2016年	63	30	40

行为、监管重点车辆等工作名列全市前茅。年内，民警郑晓强获评“2016年全国五一劳动奖章”。

【车辆源头治理】 2016年，温州市交警三大队以“外籍常驻车辆信息登记”为抓手，参照“户籍化”管理模式，采集信息，登记辖区外籍常驻大货车“底牌”，落实辖区内车、企、人捆绑制度。渣土车专项整治中，通过微信建群、自我管理、部门联动、走访企业等多种方式多项管理。全年新登记外籍车辆973辆，恢复非法加高栏板车辆514辆，查扣非法加高栏板车辆182辆，排查入库渣土车778辆，与23个建筑工地签订责任书。

【交通安全隐患排查】 2016年，温州市交警三大队构建交通事故防护和事故隐患排查机制。开展3次“滚动式”安全隐患大排查，排查出事故隐患点93处，区政府对93处事故隐患点挂牌整改，并纳入区平安项目考核。另外，后期又排查出3处隐患点。至12月，96处隐患点已整改90处，完成市政府要求完成率超80%整改目标。

【温州交警龙湾铁骑队成立】 2016年8月31日，温州首支交警摩托车巡逻队——“温州交警龙湾铁骑队”授旗仪式在龙湾区政府大院举行。铁骑队由52名警务人员组成，主要将担负即时接处警、严管重点违法、卡口执勤和应急处突、动态巡逻等警务工作。铁骑队将以龙湾区东西两个片区以及瓯海大道、机场大道，实行日夜不间断机动巡逻管理，重点加强无间空档时间段管理力度。（钟杨帆）

8月31日，龙湾区举行温州交警龙湾铁骑队授旗仪式　（杨　豪/摄）

军　　事

国防后备力量建设

【军事斗争准备】　2016年，龙湾区人武部扎实树牢随时准备打仗思想，进一步规范作战值班秩序，完善战备方案，抓好各项规定落实。加强“四支队伍”建设，专武干部每季度利用3—5天时间组织一次集训和考核；抓好保障海军队伍、民兵应急队伍和重要目标警戒分队的建设，视情依预案进行拉动演练；组建民兵情报信息员队伍，并统合龙湾区公安、安监、应急、防汛等16家力量，搭建信息联侦联动跨区域、跨领域协作平台；军地联合建立网军队伍。

【民兵组织建设】　2016年，龙湾区人武部和区人防办等单位组成民兵整组工作督导组，对10个街道、区直机关、4个企业等16家单位进行逐个点验，落实室外和室内点验的同时，各单位书记并做政治教育，确实把基干民兵落到实处。将龙湾区无线电协会部分分员吸收到基干民兵队伍，有效的解决野外通信难保障的问题。协调区应急办给区民兵应急连成员购买人生意外保险；协调区水利局、农林局帮助解决应急连的有关装备器材。

【后备力量规范化建设】　2016年，龙湾区人武部夯实后备力量规范化建设，开展评星挂牌活动，以100%达到“三星”标准为目标。温州军分区组织全市专武干部到龙湾，观摩永兴街道民兵应急分队紧急拉动和海滨街道武装部规范化建设。推进应急力量“四队”建设，按照准现役连队标准和“模块化、车载化、野战化”要求，全区和各街道均抓好1支民兵应急分队建设，机关按照“一所一车、一组一箱、一人一包”要求，抓好机动指挥所物资器材车载化建设。狠抓国防动员工作，进一步完善国防动员平战转化体制机制建设。

【年度征兵工作】　2016年，龙湾区人武部坚持多措并举，扎实开展年度征兵工作。开展“征兵宣传走进校园走进社区”活动，召开全区征兵宣传工作会议，充分调动全区广大适龄青年参军入伍的热情，适龄青年登记完成率100%，位居全市第一。出台入伍奖励新措施，优抚金由2万元提高到2.8万元，东方职业技术学院每征兵1个奖励1万元，龙湾区每年拿出事业岗位1个招考退役大学生。利用信息平台大数据助力征兵工作，完成省军区赋予龙湾区征兵体检信息化管理系统网络版建设试点任务。8月14日，中央七套军事频道晚间新闻对龙湾区征兵政治考核指数分析平台进行专门报道。9月8日，《中国国防报》一版、《解放军报》客户端分别以“大数据助力征兵考核”为标题进行专门报道。年内，龙湾区超额完成征兵任务，大学生比率71.2%。

【全民国防教育】　2016年，龙湾区人武部抓好“八一光荣榜”“军人荣誉墙”“慰问军属大走访”等活动，结合纪念建党95周年、长征胜利80周年，广泛开展以“传承红色基因，延续红色血脉”为主题的国防教育系列宣传活动。根据“两学一做”学习教育计划，深入开展国防宣传暨第十六个全民国防教育日活动，组织区机关、街道、党员干部、群众等参观龙湾区的炮台山、永昌堡等省级国防教育基地。开展国防教育进机关、进社区、进校园、进企业“四进”活动，利用室外视频、LED、宣传栏等宣传载体及民兵政治教育手机APP客户端进行国防宣传；开展地方党政领导“军事日”活动和国防形势报告会；在集团企业武装部深入开展“创生产价值、增企业效益、建民兵功业”活动，推动军民融合发展。

【人武部思想政治建设】　2016年，龙湾区人武部党委机关结合年度党委中心组理论学习，全面学习领会习近平主席关于改革强军的重要论述，开展“进退走留听党的，担当尽责看我的”干部专题教育。抓实“两学一做”学习教育，通过每日一文、每周组织生活、每月党课教育，每季党委中心组理论学习等途径，进行理论灌注和文化熏陶，用学习转变观念，凝聚共识。发挥民兵政治教育手机APP客户端教育功能，开展国防法规宣传、战备形势报告、战斗精神培育、民兵参建共建、思想讨论互动等活动，确保干部职工、专武干部和民兵队伍政治信念坚定、思想道德纯洁。（谢炳礼）

武　警

【武警执勤与训练】　2016年，武警龙湾区中队以G20杭州峰会安保为目的，随时待命，做好备勤执勤。全年出动

1200余人次，完成火车站春运执勤、防台救灾、温州市“庆元旦、升国旗”、高考试卷看护、永嘉新营房搬迁等执勤任务。严格落实军事训练八落实和实战化要求，中队先后夺得第1、2、4季度按纲建队流动红旗、勤训轮换第一名、青春万米跑第一名。特勤排参加总队魔鬼周集训取得四个第一、三个第二好成绩，完成“卫士16·西湖演习”。

【武警政治学习】 2016年，武警龙湾区中队坚持经常性教育的基础上，推进年度主题教育和“两学一做”学习教育的落实。以时不我待的精神抓学习，坚持把热点、敏感问题透明化，组织制度落实严格化，作为育兵、带兵、厉兵“法宝”。坚持采取干部骨干日谈一兵、建立知兵录和一人一事疏导工作等措施，运用好“三互”“双四一”等经常性思想工作载体，做到真知兵深知兵。（郑荣生）

消　防

【概况】 2016年，龙湾区消防分局接警出动556起，出动消防车辆1140辆次，出动警力7073人次，抢救和疏散被困人员143人，保护财产价值5224万元。全区发生火灾331起，直接财产损失2155万元，受伤1人，未发生1起亡人。火灾起数、直接经济损失分别同比下降25%、48%，死亡、受伤人数分别减少1人、4人。年内，区消防分局永宁中队被省消防总队授予基层建设先进中队、集体三等功；4人荣立个人三等功，43人被记个人嘉奖。

【消防安全责任落实】 2016年，龙湾区消防分局围绕G20杭州峰会消防安保这一核心任务及区委、区政府平安创建工作，与各个街道和15个部门签订消防安全责任书。区四套班子领导分工包干街道，各街道、部门领导带队开展消防安全大排查大整治工作。消防中队每天派出3个作战单位对辖区9处安全隐患区域24小时驻点巡逻，指导政府消防专职队32次、微型消防站156次，突击演习和安全检查16次。

【消防执法】 2016年，龙湾区消防分局在全区部署开展两类场所（居住出租房、合用场所）综合治理、“五大重点领域”消防安全整治、“百日攻坚”专项行动、今冬明春火灾防控等工作，狠抓两类场所、两类民房（耐火等级低的全木或砖木结构和1990年以前建造的民房）、民宿、网店、重点隐患区域和单位等消防安全整治。相继开展“护航”“祥和”“铁网”“净雷”等系列专项行动，共检查单位10326家，发现隐患13691处，责令整改5330起，行政处罚486家，责令“三停”87家，临时查封246家，拘留139人，消除了一大批消防安全隐患。

【消防重点隐患整改】 2016年，龙湾区消防分局对1处省级、5处市级火灾隐患集中区域以及1家省级、1家市级、2家区级、17家街道级重大火灾隐患单位进行挂牌督办，并派出工作组多次实地帮扶，督促制定整改计划和方案，已基本整改完毕。起草《全区居住出租房、合用场所消防安全综合治理工作方案》，计划用2年时间完成两类场所消防安全改造提升工作。指导6个街道分别选取1个村居作为居住出租房、合用场所整治试点，集中抓四率（整治合格率、系统录入率、登记备案率、人员培训率），下发登记备案凭证；按照建设标准建立微型消防站，永中街道衙前村建成2处电瓶集中充电点。全年全区22142家居住出租房整治合格率95.2%，5246家合用场所整治合格率100%。

【消防便民服务工作】 2016年，龙湾区消防分局全面落实“消防服务月、周、日”制度，开展“驻百镇、入千村、进万企”消防便民服务月活动，完善集中受理、“容缺受理”“一站式”服务和“一次性告知”等便民措

表18　2016年与前4年龙湾区消防分局接警出动数据对比表

年份	出警次数（次）	出动车辆（辆）	出动警力（人）	抢救被困人员（人）	抢救财产价值（万元）
2012年	632	1244	7871	142	1603.6
2013年	721	1258	8225	119	2383.2
2014年	723	1221	7678	107	3263.8
2015年	570	1115	7040	116	2380.8
2016年	556	1140	7073	143	5224.5

表19　2016年与前4年龙湾区消防分局监督执法数据对比表

年份	检查单位（家、次）	发现火灾隐患或违法行为（处）	督促整改火灾隐患或违法行为（处）	下发责令改正通知书（份）	下发行政处罚决定书（份）	下发临时查封决定书（份）	下发行政强制决定书（份）	责令“三停”单位（家）	拘留（人）
2012年	16608	148794	150893	15947	189	41	13	39	133
2013年	2129	2065	2031	1040	162	13	16	42	11
2014年	2048	222	211	165	113	6	7	24	6
2015年	2434	2573	2545	1298	114	46	4	21	118
2016年	4724	8162	8029	3329	250	208	27	57	139

施。推行阳光执法消防服务，共参与退二进三、联合踏勘、会审、验收等110次，备案办理141家、审验87家、开业检查33家，执法回访173家，电话回访139家。

【消防能力建设】　2016年，龙湾区消防分局建立“常态性练兵、经常性对抗、定期性轮训、实时性研讨”练兵模式，常态开展“每晚半小时”体能训练与实战化训练。组织参加全市消防部队第一届“瓯越卫士杯”实战化练兵比武竞赛中，分局、永中中队分获大队总分第一名和合同制中队第一名。开展“六熟悉”活动，编制数字化预案168家，开展重点单位演练546家、熟悉2029家，对辖区2465个消火栓进行了维护保养，联合区水务集团维修了188个消火栓。

【消防安全宣传】　2016年，龙湾区消防分局运用微博、微信、短信等平台和群众性文化活动、宣传橱窗，开展覆盖全社会的提示性宣传，共发布微博、微信、今日头条安全提示2100余条，发送短信267000余条，播放LED宣传标语1000余次。发挥街道消防培训基地作用，采用“体验式”“上门式”培训方法，举办校园讲座40余次，安全培训班60余期，受教育群众3.5万余人。开展“红门骑警”宣传活动，分片包干、进村入户，普及疏散逃生和应急自救知识；组织全区“社区消防宣传大使”深入社区开展“四个一”活动；深入农村开展“百场消防安全宣传进农村文化礼堂”活动。全年共开展社区、文化礼堂培训演练100余次，培养“小教员”2万余人，免费发放各类消防宣传资料8万余份。（唐冬梅）

边　防

【概况】　2016年，龙湾区边防大队接处警427起，辖区发刑事案件28起，同比下降35.72%，破刑事案件5起，刑事拘留12人，移诉7人，取保候审6人，监视居住1人，抓获逃犯4人；受理治安案件24起，同比下降50.0%，查处11起，行政拘留8人，化解矛盾60余起。加强辖区社会面巡逻管控，集中开展各种清查、巡逻、设卡出动380余次，出动警力1900人次，出动车辆430车次，检查车辆620车次，核查人员3800人次，检查出租房950家，检查外来人口7400人次，办理消防案件6起。依托成品油打击行动，办理4起涉案655吨的成品油案件。

【边防G20峰会安保工作】　2016年，龙湾区边防大队围绕G20杭州峰会安保工作，及时召开动员部署令，提升官兵工作责任感。严格落实各项防控措施，对辖区67名重点人员、7家易制毒、2家涉恐单位管理到位，确保重点场所部位周边安防到位。严格落实总队“净岛”“净港”等行动要求，每日派遣车辆2车次，人员出动6人次，巡逻排查2次，对边防辖区143条渔船、24个港岙口、码头进行全方位治安监管。整个安保期间，共出动警力695人次，出动车辆312车次，核查人员2100人次，检查出租房476家，检查外来人口6300人次，破获案件5起，抓获网上逃犯1人，化解矛盾纠纷13起。

【边防船舶管控活动】　2016年，龙湾区边防大队结合“一打三整治”，出海船舶专项行动，与海事、海洋渔业等涉海职能部门通力协作，建立联勤机制。对辖区港岙口、码头、停泊点、出海船舶、船民建立工作档案，每日指派专人对辖区港岙口、码头、停泊点进行现场巡查。全年开展联合执法21次，拆除三无船舶26条，办理边防行政案件29起，摸排各类船舶830艘次，采集船舶基础信息143条，核对渔船民资料250份，完善船舶档案10份，更新渔船民管理系统信息30条次。

【边防基础设施建设】　2016年，龙湾区边防大队投资50万元，完成变压器改造工程。投资27万元，完成大队营房外墙改造。宁田所新营房建设工程纳入龙湾区“十三五”规划重点工程，计划投资3000万元。

【边防政治思想教育】　2016年，龙湾区边防大队牢固树立思想建警方针，落实部队日常政治理论教育。依托“讲党性、迎考验”、改革强警暨“两学一做”主题教育，开展思想政治教育、廉政教育、民主集中制教育、“三学”教育等各类教育180余次，320余课时，官兵撰写各类学习体会心得30余篇。抓住“两节”“五一”“五四”“十一”建党九十五周年等重要时间节点，开展“我心目中的政治教导员”等一系列主题大讨论活动及“中国梦·我的梦”红色

3月31日，龙湾区边防大队开展缉查无合法齐全手续成品油活动　（杨　豪/摄）

电影放映周活动。结合“十一”建国六十七周年，组织进行升国旗仪式、官兵观看爱国题材影片《建国大业》，让官兵铭记历史，坚定信念，激发爱国情怀。狠抓部队党风廉政建设，大队党委与基层支部以及每名官兵都签订《党风廉政建设责任书》。（李　诚）

机场边检

【概况】　2016年，温州机场边防检查站检查出入境航班2980架次，检查出入境人员375044人次，查获3起3人次变换身份入境案件，对4起4人次作出不准入境处理，办理各类行政案件6起。G20峰会安保期间，清理无关人员逗留限定区域37人次，阻拦无关人员进入限定区域178次。全年未发生一起行政诉讼和行政复议，实现旅客连续第八年满意100%。年内，温州机场边防检查站被公安部荣记集体二等功，4人荣立三等功，1人获评省公安厅安保先进个人；出入境人员风险评估子系统入围2016年度公安边防部队科学技术进步奖。

【边检正规化管理】　2016年，温州机场边防检查站落实《公安边防部队机关（基层）正规化管理规定》，开展“机关纪律作风教育整训”“严纪律、正作风、树形象”专项教育等活动，落实“三个规范、三个统一”“每周一查”制度，作为部队一项常态化工作。全年每天视频督察1次，实地督导50余次，督察通报发布10份，督导通知单3份。各类安全排查整治15次，教育整顿3次，安全预警信息11篇、安全隐患30余条。实现部队连续第十四个安全无事故年目标。

【边检思想建警活动】　2016年，温州机场边防检查站固化党的群众路线教育实践活动和“三严三实”专题教育取得显著成效，开展“两学一做”学习教育系列活动，引导全体党员官兵在内修党性、外树形象、践行使命中强化政治意识、大局意识、核心意识、看齐意识。统筹推进“讲党性、迎考验”主题教育、“强军路上话改革”大讨论、“两学一做”系列活动等，针对性开展忠诚教育、党史教育、典型教育和时事教育等，不断强化官兵政治修养，自我完善成就“四铁”干部。挖掘部队内部好人好事，策划《G20，他们的最后一班岗（又名：老兵）》与《温州机场边检站安保纪实》被总队列为G20安保后期宣传主推纪实稿件。（黄挺挺）

民　防

【民防工程建设】　2016年2月，龙湾城市中心区F地块大型地下停车场及配套工程正式竣工投入使用，总投资约6.4亿元，是全省规模最大的兼顾人防工程。4月，地下人防指挥所竣工验收，民防应急指挥中心进入设备调试阶段。推进区1508人防工程建设，以“建设—运营—移交”运作方式与青山控股集团合作建设。

【应急队伍建设】　2016年，龙湾区人防办组织参加“浙江金盾—16”实战化演习，开展防震减灾大型应急演练、防汛抗台应急预案演练、森林防火应急演练、暴恐突发事件应急演练、卫生综合应急演练，提高应急队伍快速反应处置能力。加强防汛、道路交通、危化品、电力通信、重大疫情等突发事件应急救灾物资储备和应急队伍装备配备。落实基层应急救援人员人身意外伤害保险，解决应急救援人员后顾之忧。（池来俊）

青山控股总部大楼停机坪　（区府办供稿）

农业·水利

综　述

【概况】　2016年，龙湾区实现农林牧渔业总产值3.92亿元，同比增长10.5%。其中，农业产值2.14亿元，同比增长18.1%；林业产值100万元，同比增长5.6%；牧业产值0.90亿元，同比下降0.4%；渔业产值0.85亿元，同比增长5.3%；农林牧渔服务业产值122万元，同比增长4.3%。培育市级农业龙头企业1家，累计培育市级农业龙头企业14家。完成农业小微创业园土地招拍挂，完成莲情文化园二期、雅琳现代农业园二期建设，开工建设“东篱下”多肉观光园。年内，龙湾区获评“千万农民素质提升工程”优秀区，龙湾区农林局获评浙江省畜牧业转型先进集体。

【农村指导员工作】　2016年，龙湾区建立新老农村指导员师徒结对制度、工作汇报制度、民情接待制度、请销假制度、农村问题收集化解制度等，建立“年初定目标、年中控进度、年底查绩效”的量化考核管理体系，农村指导员工作成效显著。第九批农村指导员下派以来，共创建驻村亮点品牌25个，走访慰问2772人次，解决困难调解纠纷矛盾158起，争取项目资金1132万元。3月29日，市派鹿城、龙湾、瓯海、洞头四区农村指导员、村第一书记在龙湾区举办互学互比交流会，并参观状元街道状元桥村和海滨街道沙北村。尤其是状元桥村更是得到参会农村指导员“精致、立体、接地气”的高度评价。

【农业法治建设】　2016年，龙湾区农林局制定《龙湾区农林系统法治宣传教育第七个五年规划（2016—2020）年》，成立“七五”法治宣传教育工作领导小组。开展农林业法治宣传教育，强化“宪法法律进机关”“宪法法律宣传进农企、田间”活动，组织培训人员1100人次，发放宣传资料12000余份、短信3000条（人）、有奖问答奖品800多份，制作宣传板、牌80余块，出动宣传车辆50余（台）次。深化和完善行政执法责任制，建立和实施行政执法评议考核和责任追究机制，落实行政执法全过程记录制度、执法案件主办人制度、重大行政处罚案件集体讨论记录制度、行政案件系统录入和行政处罚结果网上公开等，规范行政执法行为。对2015年6月1日至2016年5月31日期间，办理的19件一般程序行政处罚案件和423件行政许可案件开展评查。加强规范性文件和合同管理，实行规范性文件和合同合法性审查，制订合同合法性审查制度，2016年共制定规范性文件8件。

【农村劳动力素质培训工程】　2016年，龙湾区农林局共培训农村劳动力445人，完成全年总任务158.9%。其中新型职业农民培训80人，农村实用人才234人，农民转移就业技能培训131人，发证率和转移率分别为100%和98%。落实2016年农培补助资金30万元。组织9人农民考生参加全国成人高考，5人被温州市农民学院录取。

【农业机械】　2016年，龙湾区农林局开展农机安全生产大检查活动，发放农机安全学习资料5000份，发送短信5000余条，组织220人次进行机手安全学习，悬挂横幅、张贴安全标语110条。举办

表20　2016年与前4年龙湾区粮食种植面积和亩产产量对比表

年份 \ 名称	粮食种植面积（万亩）	亩产（公斤）
2012年	2.71	386.8
2013年	1.75	394.0
2014年	1.71	401.0
2015年	1.68	400.0
2016年	1.71	420.5

注：2012年含托管街道

表21　2016年与前4年龙湾区果园种植面积和总产量对比表

年份 \ 名称	杨梅		柑橘	
	种植面积（万亩）	总产量（吨）	种植面积（亩）	总产量（吨）
2012年	2.04	7541	5400	8040
2013年	2.01	9511	1860	2798
2014年	2.01	9045	1860	2876
2015年	2.01	8040	2295	3850
2016年	2.03	8050	2295	4131

注：2012年数据含托管街道

机械育秧插秧操作现场会，印发宣传资料6000份，培训操作机插秧45人。新建农机维修服务中心1个（龙湾区龙丰农机维修中心）。已检（补检）拖拉机163辆，报废拖拉机8台，年检率90%以上，实现拖拉机道路交通责任零死亡事故。如期结算农机具购置补贴资金，全区使用中央农机补贴资金23.934万元，省级农机补贴资金1.72万元，区级农机配套资金2.58万元，新增补贴农机具137台。

【农产品质量安全监管体系建设】 2016年，龙湾区农林局深化农产品质量安全追溯体系建设，全区共19家农产品生产单位安装追溯二维码打印机，纳入浙江省农产品质量安全追溯管理平台实施追溯管理，实现农产品标识率达90%。完善农产品快速检测室建设，加强检打联动，组织开展农产品质量安全抽检。全年共完成农产品定性抽查检测3350余批次，农产品定量检测320余批次，合格率达98%以上。开展农产品质量安全、农资打假、主要农作物种子、农药隐性成分、杨梅质量安全整治和打击私屠滥宰等活动和专项执法行动，全年共出动执法人员2640余人次，检查农产品生产经营单位1280家次，打击私屠滥宰窝点3起，立案查处违法行为4起，收缴罚款7万余元。（陈子静）

种植业

【概况】 2016年，龙湾区农作物播种面积5.57万亩，同比下降1.4%，其中粮食播种面积1.71万亩，同比下降16.0%。油料作物0.08万亩，产量0.01万吨，蔬菜瓜果播种面积3.52万亩，产量5.48万吨。全区拥有无公害蔬菜生产基地8个，蔬菜种植面积0.55万亩。

【农业技术培训】 2016年，龙湾区农林局开展农业生产实用技术培训8期、街道6期，举办科技下乡活动5次，培训粮农、菜农1000余人次，发放技术资料1.5万份。

【植物疫病防控工作】 2016年，龙湾区农林局编发病虫情报13期，建立红火蚁、稻水象甲、加拿大一枝黄花等有害生物监测点6个。在永兴粮食生产功能区开展水稻病虫生态防控试点，核心示范区630亩，安装立杆式太阳能杀虫灯30盏、二化螟及卷叶虫性诱剂虫灯1300套，可辐射带动周边水稻6000余亩。全区“加拿大一枝黄花”发生总面积41.87亩，投入人工341人次，药剂防除220亩、人工清除26.27亩，防除率100%。大规模春季农田统一灭鼠行动2次，灭鼠面积5万亩，防效率90%以上。

龙湾区杨梅质量追溯卡　　（周凌慧/摄）

【农业生产标准化建设】 2016年，龙湾区农林局推进农业标准化生产和“三品一标”认证工作，新申报无公害农产品2个、复查换证2个。全区累计通过无公害产品、产地认证12个，绿色食品2个，全区农业标准化生产程度达61.17%，主要食用农产品中三品比率达54.08%。全区“三品”认证面积达2万亩。

【农业测土配方】 2016年，龙湾区农林局广泛应用测土配方施肥，共采集土样95个，完成冬种花菜3414肥效试验1个、水稻田间大区对比试验1个，建立测土配方施肥示范方3个。（陈子静）

农村经济管理

【农村土地确权登记工作】 2016年，龙湾区农林局推进农村土地确权登记颁证工作，采取“图解+实测”的方法，结合确权村实际情况，实行确权确地和确权不确地相结合的方式。全区应确权村55个，应确权户数12946户，应确权面积11282亩。应确权村开展率100%，村级方案通过村52个，完成权属调查户数11624户，完成指界测绘户数10878户，完成指界测绘面积12329.9亩，指界率已达95%以上。

【农村产权交易活动】 2016年，龙湾区农林局推进农村产权交易，全区58个有经营性资产的村进农村产权交易市场交易。依托市级农村产权交易平台，全年完成农村产权交易数681宗，其中集体物业类602宗，土地流转类65宗，林权1宗，工程招投标13宗，交易总额达23407万元。

【农村合作体系改革】 2016年，龙湾区农林局推进“三位一体”农村体系改革工作，深化供销合作社和农业生产经营管理体制改革，构建生产、供销、信用“三位一体”农民合作经济组织体系，健全农业全程服务和农民共建共享平台。累计发展农村资金互助组织13家，其中资金互助会4家，合作社（联合社）信用部9家。累计11家评定市级示范性“三位一体”农村合作组织。累计发展农民专业合作社（联合社）150家，其中获得国家级示范社2家、省级示范社3家、市级示范社8家，新评定区级示范社2家，累计发展家庭农场78家，示范农场5家。发展电商业务合作社5家，发展电商强社1家。

【农村“三资”监管】 2016年，龙湾区在全市率先出台《龙湾区农村集体经济合同管理办法（试行）》，进一步健全农村“三资”管理制度和责任追究制度。加强农村“三资”监管队伍建设，开展廉政教育和业务知识培训，提高从业人员财务知识水平。加大村级财务公开力度，推广电子触摸屏、计算机网络等媒介逐笔逐项公开村级财务收支流水账，村级财务启用密钥系统，实现“三资”网上实时查询、实时呈现、实时监管。规范和控制村级非正常性支出，各项村级事务实行清单化管理、流程化操作、阳光化运行、全程化监督，规范村级财务管理，确保村级财务公开、透明。开展村级组织清账工作，完成95个村清账，并出具清账报告。组织审计96个村，出具审计报告95个村，向纪委移交线索1件，立案1件。

【农村老协资金监管】 2016年，龙湾区农林局开展老年人协会整治提升活动，完成96个村老协清产核资、子账户注销、资金归位，共归位集体资金2751.5万元。该项工作得到省、市高度肯定，市委书记徐立毅作出重要批示——“推广龙湾做法”，成为全市样本做法。

【农村“三分三改”工作】 2016年，龙湾区对全区各村股权证发放情况进行调查，发现个别村股权证未发放、未实行按股权分红，个别村至今未启动股份制改革。专题召开“三分三改”工作回头看会议，进一步明确“三分三改”工作的重要性和目标任务。全区已有38个村实行按股分红，累计股金分红总额9625.4506万元，其中享有最多分红2000元/人。

【农民负担监管】 2016年，龙湾区农林局按照农民负担监管规定，严格遵循“一事一议”程序，加强筹资筹劳奖补项目管理，各项支农惠农政策落实到位，全区未发生涉农乱收费现象。联合区纠风办联合发文《关于进一步做好村级报刊征订限额制工作的通知》，重申村级报刊征订范围、标准、审批程序及监管主体等，切实减轻村级集体经济负担。

【低收入农户帮扶活动】 2016年，龙湾区农林局推进低收入农户重点帮扶对象动态管理工作，结合“三联四推五提升”这一活动载体，建立干部结对帮扶贫困户制度，采取“X+1+1”（即1名或多名部门干部、1名街道驻村干部、1名村干部）方式对贫困户帮扶，对低收入农户动态实时关注。建立因病致贫的扶贫机制，区统筹落实因病致贫扶贫专项资金。联合区财政局出台《低收入农户重点帮扶对象参加意外伤害保险实施办法》，为2016年低收入农户重点帮扶对象（18周岁—70周岁）参加意外伤害等商业保险。对接农商行，发挥低收入农户一户一张“丰收爱心卡”小额信贷作用，帮助低收入农户发展生产。对低收入农户优先开展农村劳动力素质培训，增强低收入农户脱贫致富能力。

【强村惠民计划】 2016年，龙湾区出台《龙湾区发展壮大村集体经济“强村惠民”三年行动计划（2016—2018年）》。至12月，龙湾区所有村集体经济总收入均已达到20万元以上，且经营性收入达10万元以上，10个经营性收入低于5万元村全部转化到位。全区96个村集体经济总收入23030万元，其中经营性收入16740万元。全区总收入1000万元以上村1个，500万—1000万元村10个，100万—500万元村60个，50万—100万元村22个，30万—50万元村2个，10万—30万元村1个。（陈子静）

林　业

【概况】 2016年，龙湾区造林面积696亩，完成平原绿化1336.5亩，新发展珍贵彩色树种9.8万株。推进珍贵彩色森林建设，种植浙江楠、浙江樟、乌桕、桢楠、枫香等珍贵彩色树种，打造具有区域特色的珍贵彩色健康森林景观。年内，状元街道石坦村成功申报省级森林村庄。

表22 2016年与前4年龙湾区林木育苗造林及四旁绿化面积对比表

年份 \ 名称	林木育苗造林面积（亩）	四旁绿化（万株）
2012年	3900	15.0
2013年	2130	6.8
2014年	2055	9.0
2015年	2115	12.5
2016年	2454	22.0

注：2012年数据含托管街道

【林业资源保护工程】 2016年，龙湾区农林局加强森林、野生动植物、湿地、古树名木等资源保护，确保全区林业资源持续稳定增长和生态安全。强化森林消防工作，在春节、清明、G20、国庆节等重点时段及天柱寺风景区、瑶溪风景区、黄石山森林公园、状元油库等重点地段，设置临时检查卡点，安排专人负责巡防，不间断地排查火险隐患，严防严守。全年未发生重特大森林火灾和人员伤亡事件。开展春、秋季松材线虫病普查，普查覆盖率100%，悬挂诱捕器50个，噻虫啉防治1000亩次，打孔注射药剂5000瓶。加强陆生野生动物保护，开展爱鸟周宣传活动，加强与绿眼睛保护组织合作，全年共救护各类国家保护野生动物19只，其中国家二级重点保护动物6只，省级重点保护动物1只，省级一般保护动物10只，外来物种2只。落实古树名木普查工作，委托专业机构对全区古树名木进行病虫害防治，严格古树名木迁移、修剪审批程序。申报温州湾海岸及瓯江河口树排沙湿地为省重要湿地名录。

【经济村技术指导和监管】 2016年，龙湾区农林局开展以无花果、杨梅、瓯柑等经济村为主的技术指导，通过举办培训班、开展科技周、科技下乡等活动，在栽植、矮化、无公害栽培、病虫害防治等方面进行实用性培训，把科技知识和管理技术送到千家万户、果园地头。加强杨梅质量安全监管，在全市率

先打响杨梅质量安全保卫战，全面实施优质品牌杨梅示范区创建工作，遏制果农违规用药行为。（陈子静）

畜牧业

【概况】 2016年，龙湾区农林局有各类畜禽养殖场（户）72户（其中生猪26户、奶牛11户、家禽35户）。生猪存栏0.56万头，同比下降71.4%，其中能繁殖母猪奶牛存栏0.03万头，下降50.0%；生猪出栏2.54万头，同比下降5.6%。牛存栏790头，同比下降13.5%，其中奶牛存栏743头，同比下降2.7%；牛出栏225头，同比下降24.5%。羊存栏0.07万只，同比下降36.4%；羊出栏0.05万只，同比增长150%。家禽存栏18.87万只，同比下降20.0%；家禽出栏20.08万只，同比增长6.4%。

【动物疫病防控】 2016年，龙湾区农林局探索动物疫病防控长效管理与应急处置机制，保证龙湾区H7N9禽流感疫情“零病例”。加强牲畜口蹄疫、高致病性禽流感等强制免疫，确保规模场、散养户免疫密度及免疫率常年保持在100%。全年动物卫生违法案件立案13起、结案13起，处理牛羊屠宰场疑似病牛1头、病羊9头。

【畜牧业污染治理】 2016年，龙湾区农林局共拆除111家养殖场，涉及生猪5550头，栏舍面积31400平方米。成功打造1000头以上生猪规模场生态化改造示范场和标准化水禽旱养基地各1家。

【畜牧业安全监管】 2016年，龙湾区农林局开展畜产品质量安全专项整治、肉品安全整治“扫雷行动”、以打击私屠滥宰等活动，全年共出动执法人员1358人次，检查生产经营及重点区域733家次，打击私屠滥宰窝点3起，建立健全定点屠宰场的无害化管理制度。屠宰场肉品出厂检验合格率100%，无害化处理率100%，全年屠宰牛羊共计54017头，检测违禁药物（瘦肉精）5492批次，检测比例10%以上，无害化高温化制处理牛羊内脏4526.8公斤。推进牛羊肉品二维码标识工作，落实农贸市场质量安全追溯二维码标识试点工作。年内，龙湾区两家肉品经营户获评温州市“十大诚信肉品经营户”。（陈子静）

渔　业

【概况】 2016年，龙湾区水产品总产量2751吨，其中海洋捕捞720吨，海水养殖1523吨，淡水养殖508吨。全区渔业船舶拥有量137艘，其中捕捞渔船136艘，渔业执法船1艘。年内，龙湾区海洋与渔业局获评浙江渔场修复振兴暨“一打三整治”专项执法行动先进集体，局执法大队获评2016年度全省“两战”执法工作先进集体。

【“一打三整治”专项执法活动】 2016年，龙湾区海洋与渔业局开展海上偷捕和非法收购幼鱼执法行动，共打击取缔各类“三无”渔船28艘，没收取缔禁用渔具752具，没收非法渔获物33吨，查处非法捕捞或非法收购案件5起，行政处罚总计6.2万元，移送刑事案件3起，涉案人员20人。

【渔业产业转型升级工程】 2016年，龙湾区海洋与渔业局推广南美白对虾循环水养殖模式，在完善提升永兴省级虾贝渔业精品园南美白对虾综合生态养殖基地的基础上，加快推进龙湾区现代渔业产业园和瓯南鱼虾综合生态养殖园两家南美白对虾设施化养殖示范基地的建设。龙湾区现代渔业产业园完成一、二、三建设并通过验收，建成48口高位池均正式投产，总投资1007万元。瓯南鱼虾生态园完成全部工程量并通过验收，8口高位池正式投产。利用鱼塘蓄水发展渔业，在瓯南鱼虾综合生态养殖园内试行鱼塘——台田养殖模式，取得较好的生态经济效益。引进新型跑道式循环水养殖模式，将传统池塘开放式散养模式创新为池塘循环流水、生态圈养模式，实现普通池塘的集约化养殖，已完成项目可行性分析报告和实施方案。

【水产品质量安全监管】 2016年，龙湾区海洋与渔业局在万达广场、农贸市场和社区街道共组织主题宣传活动4场，发放宣传册1200余册、宣传衫300件，大力普及水产品安全消费常识等相关知识。开展“初级水产品安全隐患大抽检大排查大整治严打击”专项行动，共出动128人次，检查养殖基地5家、初级水产品加工企业4家、捕捞渔船40多艘，发现隐患问题1个，收缴过期鱼药3件。发放责令整改通知书，在整改期限后期进行复查，整改成效良好。全年抽样检测水产品144批次，未发生因初级水产品引起的重大质量安全事件。

南美白对虾养殖基地　（杨　豪/摄）

【渔业科研技术服务】 2016年，龙湾区海洋与渔业局实施优质苗种引进与养殖技术集成示范项目，举办关于南美白对虾健康生态养殖技术、初级水产品质量安全、现代渔业技术等渔业技术培训班，邀请知名水产专家授课，培训232人次。组织渔业科技人员赴各渔业重点乡镇开展送科技下乡活动，设立渔业科技咨询台，特邀高院教授就渔民在养殖过程中出现的难题进行现场咨询和解决。推广应用水产养殖病害测报和远程会诊技术，对重点养殖区域内的青蟹、南美白对虾、中华鳖等主要养殖品种加强监测，测报面积达410亩。利用浙江省水生动物防疫信息远程诊断系统，发挥异地专家作用，帮助渔民解决“淡水鱼赤皮病”和“南美白对虾肠孢子虫病”等疑难问题。（王　星）

4月29日，龙湾区开展排水演习防汛减灾活动　（杨　豪/摄）

水　利

【概况】 2016年，龙湾区完成“五水共治”投资10.61亿元，完成率143.9%。年内，龙湾区获评2016年度省“清三河”达标县、浙江省治水最高奖项“大禹鼎”，龙湾区“五水共治”工作年度考核全市第一。

【防汛抗台工作】 2016年，龙湾区水利局立足早准备、早部署、早检查，扎实开展防汛安全检查。以河道、水库、山塘和堤塘水闸排查为重点，排查6个街道重点隐患13处，并逐一落实整改措施。落实专人对全区16处水雨情遥测点、14处防汛重点部位的全球眼远程视频监控、34个LED灾害性天气预警终端设施进行日常管护；完善连接各街道的远程防汛视频会商系统、山洪灾害预警平台；各街道气象协管员做好远程防汛视频、山洪灾害预警平台连接，气象信息服务完善。建立以人武部为主的区级防汛抢险队一支共65人，其他各类抢险队伍15支1360人。举办全区基层干部防汛知识培训班，向各街道、社区及水利工程巡查员共160余基层干部讲解山洪灾害防治系统和基层防汛防台体系运行知识。制作防汛专题片在全区260个平安视频上滚动播放。在状元街道大岙溪村开展主题为大岙溪山体灾害隐患点危险区群众紧急转移与安置的演练。面对“尼伯特”“莫兰蒂”“马勒卡”“鲇鱼”“海马”等台风和大暴雨的严峻形势，龙湾区实现了“少损失、零伤亡”的工作目标。

【“清三河”创建活动】 2016年，龙湾区水利局把握“清三河”达标县创建主线，对全区125条已整治的黑臭河进行“补短板”评估，深入查找反弹隐患，深化“一河一策”，重拳出击定向“补短”，确保巩固提升不反弹。开展全区入河排污（水）口标识专项行动，率全市之先完成对所有河道入河排污（水）口标识工作，共排查登记排污（水）口3590个，其中排污口1260个，排水口2330个，河道标识牌总计266个。推进劣Ⅴ类站位水质消除工作，稳定消除瑶溪站位、状元十字河站劣Ⅴ类。黄石山后河（永中段）生态整治工程被评为省级河道生态建设优秀示范工程，龙湾区创成省“清三河”达标县。

【水污染整治】 2016年，龙湾区水利局实施七大重污染行业整治“三年行动计划”，强化部门联动，坚持依法铁腕打击，严格治理监管工业污染。出台《龙湾区畜牧业污染整治方案》和《龙湾区畜禽网格化管理机制》，点对点指导属地街道开展养殖面源污染整治，全年共拆除养殖场103家，对剩余养殖场进行全面清理和网格化监理。强化治污基础建设，加快截污纳管与最后一米纳管进度，完成投资6079.8万元，新建管网58.86公里。提升污水终端处理能力，加快东片污水处理厂提标改造，完成投资3150万元，完成一级A提升改造并通水试运行。

【“河长制”建设】 2016年，龙湾区水利局实施“整治+防反弹+执法司法保障”举措，设置229名“三级河长”及54名“河道警长”对全区223条河道形成“管、治、保”无缝对接的严密管理体系。落实“河长制”投诉举报受理、重点项目协调推进等12项工作制度，规范“河长牌”设置，加强“河长日记”反馈。加大“河长”督考问责力度，全年共约谈、问责10名街道级河长。作为全市“河长制”工作两个试点县（市、区）之一，全面启动“河长制”建设“双百双清”行动，通过“百名河长治百河”，实现“水清岸清”目标。

【河道清淤疏浚】 2016年，龙湾区水利局落实清污（淤）纳入河湖库塘长效管护和平原河网日常淤积轮疏机制，实现“有淤常疏、清水常流”。坚持“条块结合、分工负责”，多次牵头召开清污（淤）泥工作部署推进会，对全区河湖库塘进行详查，委托第三方测量机构计量，科学制订《龙湾区河湖库塘清污（淤）工作5年行动计划》。按照“一河一策”细化清污

（淤）方案，因地制宜开展清污（淤）。加强污（淤）泥排放、运输、处置的全程监管，杜绝淤泥“二次污染”。在全区6个街道全面开展河湖库塘清淤疏浚大会战。全年全区投资2108万元，清淤30.719万立方米，清淤河道22.132公里，均超额完成年度三项指标任务。

【水资源管理】 2016年，龙湾区加强水资源管理，成立龙湾区水资源管理和水土保持工作委员会，按新标准征收水资源费192323元。加强地下水监管，强化地表水质监测，全年成功查封地下井6处。对永中、状元两个监测点开展定时检测，及时掌握数据，为治理工作提供参考依据。开展水土保持监督管理和水土流失综合治理工作，全年共开展监督检查13次，监督检查建设项目共计23个，水土流失综合治理面积达10012.95亩。

【水利工程建设】 2016年，龙湾区加快推进重点水利工程建设，累计投资3.3亿元，完成年度计划131.6%。温瑞平原东片排涝工程完成工程投资1.3亿元，龙湾区瓯江标准海塘提升改造工程通过省发改委核准受理。实施全区“活水畅流”工程，天马落河提水工程通过验收，北山河“活水畅流”项目完成主体工程，永昌片“活水畅流”工程完成初设审批。推进永强主塘河水岸同治·美丽水乡建设，完成投资率309.39%，投资12.71亿元。完成海滨街道机耕路及抽水机埠、永中街道上湾村恰桥机耕桥、永兴街道粮食功能区机耕路、西台村西山至瓯海大道低洼内涝农田维修工程等项目建设，投入建设资金210万元。白水水库除险加固工程已完成主体工程建设，丰台水库除险加固工程已进场施工。

【水利工程标准化创建活动】 2016年，龙湾区制订《龙湾区水利工程标准化管理实施方案（2016—2020年）》，率全省之先出台水利工程标准化管理五年实施方案。实施双岙水库、海滨围垦塘水利工程标准化创建并通过验收，龙湾区成为全市首个年度创标验收县（市、区）。

【水利执法监管】 2016年，龙湾区水利局加强水利工程现场施工管理，全年共下发质量与安全监督整改通知书45份，质量监督备案催办单5份、约谈参建单位15个。加强水行政执法巡查，推进“无违建河道”创建。全年共开展巡查294人次，查处涉水违法行为26件，立案7件，行政处罚7件。联合属地街道完成清障打卡120处，完成清障打卡面积24685平方米，蒲州、瑶溪街道通过“无违建创建先进街道”验收。民情服务中心接件并督办69件，完成整改回复69件，整改回复率为100%。

【水利行政审批】 2016年，龙湾区水利局开展“审批提速、服务提质”专项行动，深化“效能龙湾·361°服务”，推行双休日预约服务、上门服务等服务。全年共完成水土保持审批项目34个、涉河项目审批44个、设计批复11个；参加市区审批中心项目联审会议124次，联合踏勘16次。

【“五水共治”宣传与监督】 2016年，龙湾区建立“五水共治”部门联动推进机制，组织人大代表、政协委员、市民监督团、志愿者等社会各界参与治水，对日常巡查中发现的问题第一时间抄告相关部门和街道。通过区主要领导“一月一督查”、分管副区长“一周一协调”等明察暗访形式，不断加大曝光力度，强力推进问题整改，倒逼责任落实。开展“五水共治”“十进”公益宣传，切实打通水环境保护宣传工作“最后一米”。社会公众满意度提升迅速，达到73.81%，较上年在全省排名上升了33位。全区治水相关经验做法被《浙江日报》报道3次、《温州日报》报道11次，省治水办简报录用7篇、市治水办简报录用8篇，《持续监督，多措并举，助推河道清淤工作显成效》专题简报获省人大常委会党组书记、副主任茅临生批示肯定。（林　燕）

东片防洪工程

【概况】 2016年，龙湾区东片防洪指挥部完成固定资产投资24952万元，完成率为211.5%。其中温瑞平原东片排涝工程完成投资18095万元，完成率为211.5%。完成融资55700万元，确保工程建设资金需求。全年实现安全零事故。

【防洪工程建设】 温瑞东片排涝工程是省重点水利扩排项目，涉及龙湾区与温州经济技术开发区两片，共整治河道75条，工程总投资为41.46亿元。2016年，温瑞平原东片排涝工程前期审批工作，完成报批所需的水保、环评、房屋拆迁安置报等10余项专题项目，进入招投标环节。瓯江标准海塘工程按百年一遇防潮标准设计，堤线全长15.72公里，工程总投资约31亿元，完成堤线规划审批、项目建议书报省发改委立项，启动可研招标工作。完成永昌沙河流域综合治理一、二期工程，沙河一期上游新建1座生态鱼鳞堰坝，下游新建1座生态闸坝；完成水闸管理房和闸门的安装调试；完成沙河二期河道疏浚等工程。（王　芳）

永中街道永昌沙河流域综合治理一期工程　　（区东片防洪指挥部供稿）

工　业

综　述

【概况】　2016年，龙湾区实现规上工业总产值421.72亿元，同比增长6%；规上工业增加值92亿元，同比增长8.4%。规上工业新产品产值125.60亿元，同比增长8.3%，高于规模以上工业总产值增幅2.3个百分点。制造业，高新技术产业增加值31.46亿元，同比增长12.4%，占规模以上工业增加值比重为34.2%。年内，龙湾区成功申报省级信息经济发展示范区和省级软件及信息服务产业创业基地。

【工业投资】　2016年，龙湾区限额以上固定资产投资工业项目185个，工业投资75.38亿元，同比增长6.1%，占限额以上投资额比重21.7%；工业技改投资58.59亿元，同比增长14.6%，占工业投资额比重77.7%。推进阀门、制笔等优势行业“机器换人”工作，推荐13个技术改造项目入选市级重点技改项目，其中贝普、中广核俊尔等两家企业两个项目入选省级重点技改项目。年内，制笔行业机器换人工作方案入选省“机器换人”分行业试点名单，获500万元专项财政补助。

【工业企业搬迁和产业疏导】　2016年，龙湾区推进工业企业转型升级，出台《龙湾区（高新区）工业企业搬迁改造三年行动计划》《2016年度龙湾区（高新区）工业企业搬迁改造实施方案》。全年搬迁企业314家，搬迁安置企业11家，“退二进三”企业25家，关停淘汰企业278家；腾出工业用地984.25亩，腾空厂房面积74.19万平方米。传统产业疏导三大行业中，铜加工产业园已进场施工；特殊钢行业完成土地招拍挂；铸造行业正在对方案进行优化，将于2017年6月挂地。

【助企强工举措】　2016年，龙湾区经信局开展工业领军成长型企业“五帮五助”服务月活动，建立“一对二”服务制度，由区领导挂钩，部门协调，分24个小组走访企业，发现问题50个，解决问题36个，完成率72%。继续深化政银企协调，将企业分成优质类、帮扶类、处置类，“一企一策”，分类帮扶。全年召开政银企专题协调会12次，小型协调会151次，发出联系函38份，涉及企业252家次，涉及银行439家次，涉及金额23.3亿元。

【小微企业园建设】　2016年，龙湾区谋划建设10个小微园，其中小微园已建成4个，在建5个，计划供地1个，新增产值20亿元。推进智慧小微园建设，联合北航温州研究院和运营商，实施智能的园区基础设施、高效的园区运营管理、创新的企业公共服务、互动的园区对外门户等“四大应用领域”，重点打造全市首个智慧小微园——永兴南园小微园。建成激光与光电产业小微园、机械装备小微园。

【企业“四无”整治】　2016年，龙湾区经信局推进企业“四无”整治，做好

表23　2016年与前3年龙湾区六大行业规上企业数据对比表

行业	2013年			2014年			2015年			2016年		
	规上企业数（家）	产值（亿元）	同比增长（%）	规上企业数（家）	产值（亿元）	同比增长（%）	规上企业数（家）	产值（亿元）	同比增长（%）	规上企业数（家）	产值（亿元）	同比增长（%）
阀门	42	33.75	11.3	43	44.89	11.3	50	50.69	10.9	48	54.67	7.7
鞋业	61	40.05	2.7	60	45.63	10.1	57	46.98	10.8	49	38.23	7.7
服装	27	26.28	3.4	23	25.70	0.5	23	27.92	14.0	24	35.42	5.3
合成革	70	64.67	−5.7	60	55.02	−11.4	42	41.48	−7.2	31	32.04	0.5
制笔	15	18.00	13.6	14	19.40	8.3	12	20.61	11.4	14	23.09	11.3
不锈钢	45	35.46	5.5	38	33.84	1.1	32	39.18	29.0	28	21.64	−28.8

蒲州上江村连片项目整治、海滨高坦工业区连片项目整治、永兴工业区连片项目整治。龙湾区累计排查“四无”生产经营单位13687家，其中小作坊6501家，无证无照2563家，无安全保障9390家，无合法场所3222家，无环保措施2713家。“四无”生产经营单位完成整治10252家，其中限期整改6426家，停产整治254家，关闭取缔3572家（小作坊2357家）。（朱丽丹）

8月25日至27日，第二十一届中国国际合成革展在温州举行　（温州市合成革协会供稿）

合成革工业

【概况】 2016年，龙湾区合成革企业31家，比十二五期间减少52家，正常生产企业21家，工业总产值35亿元，同比下降14.6%。全年，销售总额32.1亿元，同比下降13.3%。合成革企业在龙湾区规模以上主要企业产值排名首次从第一降到第四。年内，1家企业获评市级领军企业，2家企业获评区功勋企业。

【合成革出口贸易】 2016年，龙湾区合成革行业出口交货值4.1亿美元，同比下降10.9%，外贸出口份额占全国20%左右。销售千万美元以上国家分别为印度、墨西哥、埃及、土耳其、伊朗、巴西、韩国、孟加拉国、摩洛哥、秘鲁、阿尔及利亚、阿根廷。其中，出口印度8390万美元，同比下降7.3%；出口墨西哥5041万美元，同比下降9.2%；出口埃及2322万美元，同比下降1.36%；出口土耳其2049万美元，同比下降1.58%。全区出口超亿元企业2家，其中温州人造革有限公司出口交货值2.26亿元，温州合力革业有限公司出口交货值1.7亿元。

【合成革展会和论坛】 2016年8月25日至27日，由中国塑料协会、温州市合成革商会等联合举办的“第二十一届中国（温州）国际皮革展览会”在温州国际会展中心召开。这是温州市合成革商会连续第21年举办行业盛会，该届展会总展出面积45000平方米，参展企业679家，接待来自58个国家和地区参观商18679人，其中海外参观商1311人。展会期间，“2016·中国合成革峰会暨合成革工业污染零排放技术论坛”在温州国际会展中心举行，来自全国各地合成革生产企业家、学者、技术人员、经销商共80人参加论坛。论坛就合成革行业现状、零溶剂聚氨酯合成革工艺技术、合成革工业清洁生产评价指南等内容交流。

【合成革企业环境治理】 2016年，龙湾区合成革工业按照省、市环保局部署和技术要求，推进合成革企业环保治理。在市委党校召开VOC治理技术交流会，参加会议会员企业负责人、技术（环保）副总、环保工程师等80余人，探讨VOC有机挥发物治理技术。全区合成革企业采用浙江大学激光加等离子技术治理VOC废气，完成VOC废气治理任务，经环保部门监测达到国家排放标准，并顺利通过验收。推进煤改气工作，温州大和人造革有限公司率先完成煤改气任务，成为全市第一家完成煤改气合成革企业。（谢海平）

不锈钢工业

【概况】 2016年，温州市不锈钢企业协会面对复杂严峻国际环境和国内经济压力，不锈钢拉管企业从原来总数234家，现缩减到180家，净减54家。龙湾区不锈钢企业适应新常态，经济发展总体稳定。温州经协钢管制造有限公司与太钢横向经济技术合作，大口径钢管产值产量实现3000吨，产值达6000万元，同比增长30%。温州富田不锈钢管有限公司产量5308吨，同比增长32.3%，产值7374万元，同比增长16.7%。年内，华迪钢业集团有限公司获评龙湾区功勋企业，浙江信得达特种管业有限公司获评省科技中小企业，浙江国瑞钢业有限公司获评2016年度“AA级‘守合同重信用’单位”企业。

【不锈钢产业园建设】 2016年，龙湾区委、区政府重视不锈钢行业发展，在空港新区规划了一个高标准、高起点几十年不落后的不锈钢产业园。6月8日，区政府召开空港小微园项目建设方案研究会议，会议明确关于园区布局、园区规划设计条件、园区建设要求、园区建设进度要求等。8月26日，召开入园企业大会。浙江丰业集团有限公司，占地116.6亩进场施工，一期厂房全部竣工验收；青山控股集团占地面积583亩，其中第一期391亩，第二期192亩，重点开发仓储、销售、物流为一体，解决了龙湾不锈钢生产瓶颈制约。

【不锈钢协会工作】 2016年，温州市不锈钢企业协会组织专业技术职称培训，1495人获不锈钢专业技术职称，其中中级职称710人，初级职称785人。协会向环保部门提供不锈钢酸洗整改方

案，组织企业投身于“三个一批”整治活动。重视节能降耗工作，组织理事企业到青田县交流参观学习。（何干进）

制笔工业

【概况】　2016年，龙湾区制笔行业规模以上企业工业总产值23.08亿元，同比增长11.3%，其中销售额超10亿元1家，超1亿元3家。外贸出口结束连续三年出口负增长局面，圆满完成“十三五”首年计划指标，实现“全年红”。年内，温州市爱好笔业有限公司获评中国驰名商标，龙湾区制笔特色产业聚集区被温州市人民政府评定为优质产品生产示范区。

【制笔业“机器换人”工程】　2016年，龙湾区制笔企业实施“机器换人”技术改造项目，爱好笔业、天丰文具、天骄笔业、文泰笔业、凯文文具、金马文具、飞达笔业、新亚文具、福达文教等企业累计投资9500万元。全行业“机器换人”近200项，人员减少1000多人，劳动生产效率提升15% 以上，新增产值3.5亿元。10月，龙湾区制笔行业入选“2017年度浙江省‘机器换人’分行业推广试点工作方案”名单。11月30日，由龙湾区经信局主办，温州市制笔协会承办的制笔行业“机器换人”专题现场交流会在温州市委党校举行。

【制笔产业转型升级工作】　2016年，温州市制笔行业推进工业节能减排工作的同时，深入推行清洁生产，加强清洁生产管理体系建设，搭建技术研发转化平台。温州市爱好笔业有限公司在中国制笔行业十强企业第四届高峰论坛上，向大会提出《关于组织编制笔类书写工具绿色产品，绿色设计，绿色制造技术与工艺评价规范的建议》，得到与会代表一致同意。天骄、盛丰、文泰、天丰、凯文、金马、金锐等企业投入巨资，对传统生产线技术改造。制笔企业60%产品实现自动装配，80%以上注塑机采用高效节能伺服注塑机，90%以上注塑机配备机械手，与老式注塑机相比较清洁，每年生产用电节约2000多万度。

【笔类产品质量提升工程】　2016年，龙湾区制笔企业牢固树立全面提高质量理念，坚持以质取胜，促进制笔质量提升。经温州市质量技术监督局监督抽查笔类产品，爱好笔业、天骄笔业、文泰笔业、凯文笔业、金马文具、新亚文具等10家企业生产10批次笔类产品，合格率100%。同时选取42家企业生产的42批次产品进行检测，其中笔类产品抽查合格率100%。

【制笔行业国家课题】　2016 年8月12日，中国制笔行业“十三五”国家重点研发计划的处理技术提升与产业化专项——《制笔新型环保材料》项目启动会在温州举行，温州市爱尚文具有限公司、温州爱好笔业有些公司分别参与课题二、课题四的任务研发。10月，由温州市制笔协会与温州大学联合打造的“温州制笔材料实验室”获“中国轻工业重点实验室”荣誉称号，全国制笔行业获批的仅两家。

【制笔协会工作】　2016年3月25日，温州市制笔协会七届一次会议暨协会成立20周年庆祝大会召开，南中德当选会长；会上委托雪君工作室向需要的中小学生捐赠168万元的文具。搭建服务平台，多次组建团队参展观展，如法兰克福展、宁波文具展、义乌文具礼品展、中国国际制笔文具博览会、第八届湖州湖笔文化展等。开展相关各类培训，在金悦丽佳举办2016年度制笔企业业务、骨干培训班。继续与温大、北航通力协作，加大机器换人的力度，拓宽对接定向培养人才的渠道。（南宪德）

阀门工业

【概况】　2016年，龙湾区阀门行业规模以上工业总产值54.67亿元，同比增长7.7%，总产值居全区各行业之首，比全区平均增幅高1.7个百分点。出口企业52家，出口总额5773.18万美元，同比下降17.57%。年内，浙江石化阀门有限公司被列入温州市“两化融合”试点企业，温州亿力机械发展有限公司被认定温州重点配套企业，浙江有氟密阀门有限公司、东正科技有限公司、五洲阀门有限公司获评温州市泵阀、汽配行业“专精特新”企业，东正科技有限公司获评2016年度浙江省信用管理示范企业。

【阀门协会外出活动】　2016年，龙湾区阀门协会搭建平台，组织会员企业参加各类交流活动。5月，组织51个理事会成员单位赴贵州阀门企业专题考察学习，实地考察清镇市经济开发区，参观亚泰陶瓷厂生产流水线机器换人技改项目。10月，组织76家龙湾阀门企业参加第十一届温州（金鹰）泵阀展。

【阀门行业专业技术人才队伍建设】2016年3月，龙湾区阀门行业协会组织会员单位参加区质监局举办特种设备电焊工操作证培训班，67人报名培训，48人领取合格证书。6月，组织企业员工参加温州市总工会举办市数控车工职业技能大赛，精工阀门、浙江有氟密阀门、浙江埃尼斯阀门等企业的3位车工获市三等奖及以上。组织企业参加泵阀专业技术职称评审，42人取得任职资格证书，其中工程师任职资格证书27人、助理工程师任职资格证书13人、技术员任职资格证书2人。（王建康）

鞋业工业

【概况】　2016年，龙湾区鞋业行业工业总产值70多亿元，其中上规模制鞋工业总产值38.23亿元，同比增长7.7%，位列全区各工业行业第二。外贸鞋类出口4000多万双，同比增长8.4%，出口额26.6亿元，同比下降4.5%。蒙拉妮鞋业落户温州龙湾高新园区。

【鞋业试水电子商务】　2016年，浙江大自然鞋业作为龙头企业，有全国大中城市品牌门店3500家，年销售量增长20%。“双十一”卓诗尼女鞋电商全网络平台成交38万双，鞋销售额超6200万元，女鞋在淘宝交易指数排名全国第五，电商销售额同比增加80%。龙湾莎诗特鞋业、高麒鞋业、玫蒂莎鞋业、舒尔康鞋业、剑派鞋业、兰妮尔鞋服、骊人阁鞋业等一批企业紧随大自然鞋业，探索电商业务、拓宽销售渠道。

【空港鞋业基地建设】 2016年，龙湾区鞋业行业协会配合空港新区，促进企业按进度要求对新的生产基地的投资。吉尔康鞋业、宏业精机、浙江大自然鞋业等3家企业新生产基地已竣工或部分投用，浙江浩康鞋业、浙江德尼尔森鞋业、浙江剑派鞋业等5家企业正在抓紧施工中，其中浙江德尼尔森鞋业60亩生产基地建设已进入设备安装和工程扫尾阶段。

【鞋类职业技能培训】 2016年，龙湾区鞋业行业协会在人社部门和温州市知源职业技能专业培训机构支持配合，为10多家鞋企培训制鞋技工2300名，大部分都领到国家劳动人事部门统一颁发职业技能合格证书，其中高级制鞋工900多名。

【鞋业协会活动】 2016年，龙湾区鞋业行业协会联合温州贴牌鞋业协会、瓯海鞋革协会、市童鞋商会先后在瓯北和双屿鞋都举办两次大型全国订货会。落实市政府《关于加快电动汽车充电基础设施建设的通知》，安排10多家规上鞋厂免费安装电动汽车充电桩60多个。（蔡燕炯）

民用电器工业

【概况】 2016年，龙湾区电器协会行业工业总产值达100亿元，比2015年增长0.8%，上缴税收5亿元。电器协会企业2000多家，从业人员12.5万人，主要分布在天河、沙城、海城等街道。企业以中、高档产品为主，占全国市场80%以上。

【龙湾区电器协会换届】 2016年12月12日，龙湾区电器协会第五届会员大会在温州滨海大酒店召开，出席大会嘉宾、会员等300人。会议选举产生67名第五届理事会成员，浙江王邦电器总经理王兴川当选第五届电器协会会长。（郑小英）

12月12日，龙湾区电器协会召开第五届会员大会　（区电器协会供稿）

紧固件工业

【概况】 2016年，温州紧固件行业235家企业，销售产值200亿元，同比增长5%。外贸出口市场销售产值35亿元，同比下降3.08%。全年出口创汇为1505万美元，技术发明专利12个。年内，温州精拓公司获评浙江省创业型“专精特”企业奖，温州紧固件市场获评商务部“全国50强名牌市场”。

【紧固件质量管理】 2016年，温州市紧固件行业协会依据《浙江省标准紧固件生产质量监督检查评价规则》，加强紧固件企业品牌质量管理和品牌建设。通过普查方式对紧固件产品“体检”，会同温州质检院抽检紧固件40批次，机械强度合格率100%，综合合格率94.0%，是紧固件行业历史以来质量最好一年。

【紧固件行业协会工作】 2016年，温州市紧固件行业协会先后5次组织90余家企业赴韩国、上海、嘉兴和台湾参展。连续5年与温州会展公司联办温州紧固件展。《中国 · 温州紧固件杂志》与北京东方铭柜广告有限公司合作，发行量扩大，广告收费下降30%。接待会员企业咨询28起（次），协助申报名牌产品5起（次），提供法律咨询15起（次）。接待鄱阳、遂昌、重庆南川工业园政策介绍及台湾、嘉善等同行单位来访考察。（谢剑勇）

企业选介

【温州市爱好笔业有限公司】 温州市爱好笔业有限公司创建于1995年，是一家集生产、销售、科研为一体的制笔企业。2016年，公司工业总产值106302万元，销售额102885万元，同比增长10.09%。税收达11986多万元，同比增长13.86%。年内，公司获评中国轻工业制笔行业十强企业、2015年轻工业品牌竞争力优势企业、浙江省工商企业信用AA级“守合同、重信用”单位。

2016年，公司实施1亿支画彩类笔零部件生产线设备技改项目，引进具有国内先进水平注塑、吹塑设备，购置ZQ—A1500—2型自动吹瓶机1台、注塑件加工设备选用海天MA900Ⅱ/2605B/8C、MA1200Ⅱ/370B、MA1600Ⅱ/540A、MA2000Ⅱ/7008A/8B型系列伺服节能注塑机107台及配套设备139台等国产设备，项目建成后形成年产新增16000万支画彩类笔部件生产能力。推进文具胶带生产线技术改造，引进苏州艾泰普机械有限公司生产胶带涂布机及分切设备，项目建成后可新增年产2000万卷文具胶带。全年新申请专利49件，截至12月底，有效专利达530件（其中：外观专利515件、实用新型专利15件）。新增建设用地240亩，用于公司新建厂房。

【江南阀门有限公司】 2016年，江南阀门有限公司是江南控股集团的核心子公司，是国家高新技术企业、国家知识产权优势企业、中国阀协副会长单位。公司先后通过ISO9001认证、欧盟CE认证、美国API6D认证、中国TS等认证，并取得国家核安全局颁发的核承压设备设计、制造资格许可证。公司是国电公司200、300、600MV火电机组辅助设备定点生产企业，同时被选定为中石化、中石油、水电公司、化工装备公司的一级供应商。国内设立了150多个办事处和分公司。2016年，公司完成合同额2.7亿元，同比增长7.19%。各类自产阀门总产量9571台，自制产品产值1.53亿元，同比下降17.7%。外贸销售额398万元；履行合同2673个，销售各种阀门产品59884台。其中，核电签订的合同额2970.7万元，同比增长174%。年内，核阀院士工作站获批，完成国家知识产权优势企业验收。

2016年，公司完成通风再生隔舱蝶阀、梳齿蝶阀和高温纯金属密封蝶阀等3项新产研发；老产品DN4500蝶阀改制成三偏心金属密封结构，完成密封性能鉴定。火电项目高温、高压锻钢止回阀交付使用，高温、高压锻钢闸阀项目完成图纸设计，Y型疏水阀已投产。公司研究所申报专利10项，参与浙江制造、工业生产许可证、CCS、知识产权、GJB、API6D、CE、海装核、ISO9001的质量认证。参与国家标准发布一项，为GB/T 32808—2016《阀门 型号编制方法》；参与行业标准发布一项，为JB/T 8527—2015《金属密封蝶阀》；起草团体标准今年一项，为“浙江制造”团体标准 T/ZZB 0112—2016《核电再热双阀组》成为龙湾区唯一一家企业。

2016年，公司加强自产阀门检验工作。完成10590台套阀门铸锻件及五金件的进货检验工作，铸件21953件合格率89.12%；锻件和型材类22566件，合格率89.72%。过程检验共完成零件检验119907件，合格率99.77%。密封试压8066台，合格率95.13%。外协加工件22633件，合格率100%。发货最终检验10590台，同比增长4.16%。完成48229台产品检验发货。加强人力资源管理，对公司中高层和基层员工进行有效培训共54次，培训总人数达1361人次。

【浙江康德莱医疗器械股份有限公司】 浙江康德莱医疗器械股份有限公司成立于1987年，系康德莱集团属下一家专业生产医用穿刺针类系列产品的医疗器械制造厂商，主要从事医用穿刺器械的研发、生产和销售，是国内少数拥有医用穿刺针制造技术领先企业，是国内少数拥有医疗器械完整产业链的生产企业之一。具有年产超过100亿支各类医用针的能力，位居国内同行前列。公司于1998年通过YY0287和ISO9002的审核，成为国内无菌医疗器械行业首家通过质量体系审核的单位；2016年通过美国FDA及韩国GMP的现场审核。拥有专利38个，其中国际发明 2个，国内发明3个，实用新型33个。2016年11月21日，康德莱集团上交所成功上市。

2016年，公司完成针管724209万支，注射针314662万支，无菌针114285万支，输液针42579万支，静脉针尖63340万支，安全注射针9276万支，采血针23849万支，留置针1509万支，胰岛素笔配套用针。实现工业产值41161万元，上缴利税8500万元。公司生产的医用针类产品不仅销往全国各地，还远销美国、欧洲、南美、非洲、中东、东南亚等数十个国家和地区。

【温州市顺福包装有限公司】 温州市顺福包装有限公司创建于2004年，是一家专注于瓦楞纸板、纸箱产品研究、开发、生产及销售企业。拥有国内最先进七层瓦楞纸板生产线1条、各类高速水墨印刷机数台。2016年，公司年销售产值12266.89万元，主营业务利润92.21万元，上缴利税557.45万元。

2016年，温州顺福包装有限公司完成冷凝水回收循环利用系统、瓦楞机隔音设备、水性油墨废水处理系统无尘废纸打包设备等。申报技术创新专利6项、发明专利2项。鼓励员工积极参加各类企业管理及生产技能方面的学习培训，培训人数102人，获本行业高级职称2人、中级8人。

【温州新胜奥革业有限公司】 温州新胜奥革业有限公司创建于1999年，原名温州正俊利皮革有限公司，是一家专业生产、销售压延PVC人造革企业。公司有员工160人，其中专业研究开发技术人员35人。拥有自动投料装置、进口万马力、压延主机、压延辅机、发泡炉、真空吸花机及表面处理印刷机等组成压延整套生产线2条，年产14000万平方米PVC压延。2016年，公司销售收入18700万元，上缴利税1638万元，新产品销售收入占总销售收入60%，研发费用占销售收入2%。

【夏梦·意杰服饰有限公司】 夏梦·意杰服饰有限公司创建于2003年，由中国夏梦服饰有限公司和意大利杰尼亚公司（Ermenegildo Zegna）合资成立，是一家专业生产“夏蒙SHARMOON”牌高档男式西服套装及系列男装中意合资企业。公司资本注册1亿元，占地面积2.6万平方米，建筑面积2万平方米，草地和绿化面积1万平方米。拥有三条具有国际水平西服生产流水线，一条高级定制流水线，年生产30万套件西服。2016年6月，正式上马SAP项目，加强公司信息化进程，为机器代人做准备。（章方旭）

功能区

温州经济技术开发区

【概况】 2016年，温州经济技术开发区实现地区生产总值204.72亿元，同比增长8.5%；工业总产值650.80亿元，同比增长9.8%；规上工业增加值82.98亿元，可比价增长8.5%；财政总收入20.50亿元，同比增长10.5%，其中一般公共预算收入11.30亿元，同比增长14.3%；限上固定资产投资134.91亿元，同比增长6.8%；限上社会消费品零售总额29.30亿元，同比增长30.1%；外贸进出口总额70.70亿元，同比增长8.7%；R&D占比预计达2.6%；城镇常住居民人均可支配收入48217元，农村常住居民人均可支配收入28855元，分别同比增长8.7%、7.7%。年内，温州经济技术开发区在2016年度全省国家级开发区综合考评中排名第五位。

【重大项目与招商引资】 2016年，温州经济技术开发区全年引进项目100个，完成温商回归到位资金44.50亿元，合同利用外资1.39亿美元，实际利用外资0.57亿美元，利用外资总量、增速均居全市前列。引进上市企业总部仁智股份项目及5家总资金规模达34.50亿元的基金公司，引进总投资10亿元以上产业项目4个，与三一重能集团、北斗应用科技集团签订重大项目合作协议。中国电子信息产业城、百威英博、楚天激光二期等外资项目落地。省411项目、省重点项目、市重点项目、省市集中开工项目分别完成年度目标任务的122.1%、118.7%、120%、129%，重大产业项目投资增长30%。

【产业转型升级】 2016年，温州经济技术开发区出台“40条”政策举措，扶持实体经济发展。新增正泰电器科技产值超20亿元，新增产值超10亿元企业1家、产值超亿元企业18家。长江汽车电子、金帝、立可达等3家企业纳税超亿元。恒丰泰等3家企业挂牌新三板，2家企业分别与上市公司重组。“小升规”达标企业35家。金帝集团等3家企业认定为省级“两化”融合试点示范企业，1家企业认定为市级两化融合示范试点企业。

【企业科技成果】 2016年，温州经济技术开发区完成技改投资47.53亿元。新增福达合金国家级技术中心及1家省级技术中心、6家市级技术中心。新增福达合金省级重点企业研究院，康乐药业、丰迪接插件等2家省级企业研究院。与吉林大学共建温州汽车研究院，与重庆大学共建标准件行业公共技术服务平台。新认定高新技术企业18家、省科技型中小企业61家、市科技（创新）型企业61家，省级高新技术企业研发中心4家、市级企业研发中心10家。

【核心区建设】 2016年，温州经济技术开发区金海园区48个产业项目投产或试生产；金海总部大厦、交通枢纽中心、人才公寓、东方学院、职教基地等项目基本建成，碧桂园德信、置信等房地产项目热销。汽车梦工场、汽车品牌4S、星级酒店、小镇客厅等项目建设扎实推进，沈海高速复线、环山东路、市域铁路S2线、滨海大道提升工程等重大基础设施项目及旧城

滨海大道提升工程　　（周凌慧/摄）

片天柱大道、三甲街、永沧路等道路项目有序推进。年内，核心区获评国家生态工业示范园区及浙江产城融合十大示范新城。

【经开区行政审批改革】 2016年，温州经济技术开发区综合审批国家相对集中行政许可权试点改革方案获省委、省政府批复，成立全市首个行政审批局，新审批中心正式对外服务。实行财政封闭运行体制，“营改增”工作全面推进，“金税三期”系统上线运行。

【“大拆大整”工作】 2016年，温州经济技术开发区排查危旧房4404户，腾空拆除D级危房数577户。排查“四无”生产经营单位8980家，整治4991家。居住出租房整治合格率97.4%，合用场所整治合格率100%。整治旧市场7家，完成拆违44.7万平方米，完成年度任务的131.4%；完成旧厂区改造10.1万平方米、城中村改造二类目标12.8万平方米，分别完成年度任务的252.4%、159.8%。完成治水投资21.4亿元，中横河星海段获评省级示范河道。全年新建绿地68.5公顷、绿道7.4公里，人均公园绿地面积提升至24.83平方米。

【民生公用事业建设】 2016年，温州经济技术开发区投入民生公用事业建设资金9.6亿元。创成浙江省教育基本现代化区，籀园小学、绣山中学滨海分校落户并正式办学。建成街道文化中心1个、社区文化中心6个，海城城市书房获“温州市读者最喜爱的乡镇、社区图书馆”称号。新增体育场地面积16.35万平方米，人均达1.7平方米。新增3家定向救助基金，建成居家养老服务照料中心5家。基本建成沙城、天河21个村饮用水提升改造工程。建成专用停车位3892个、公共停车位420个，打通2条断头路，新建改造城市道路5.3公里，新增公共自行车站点10个。完成农贸市场改造4家、关闭4家、新建1家。举办各类人力资源招聘活动36场次，帮助企业引进各类人才1.5万余人。首部开发区年鉴正式出版发行。

温州浙南科技城

【概况】 2016年，温州浙南科技城实现技工贸总收入197.2亿元，同比增长18.22%；规上工业增加值23.73亿元，同比增长9.0%；高新技术产业增加值9.44亿元，同比增长12.1%。

【温州浙南科技城建设动员大会】 2016年1月4日，温州市委、市政府召开温州浙南科技城建设动员大会，号召全市上下把科技创新摆在温州发展全局的核心位置，举全市之力建设浙南科技城。会上，市委副书记、代市长徐立毅作动员部署并为温州浙南科技城授牌。温州浙南科技城选址于温州主城东部龙湾区，北临瓯江、西倚茅竹岭、南接瓯海大道、东邻空港新区、环绕黄石山，规划总面积约28平方公里。

【科技城八大重点项目集体开工仪式】 2016年8月10日，温州浙南科技城八大重点项目在浙南科技城南起步区举行了集体开工活动，温州市委书记徐立毅、市长张耕等市领导出席开工活动。八大重点项目总投资58亿元，涉及科创平台、市政交通、环境改造等领域，包括浙南科技城创新创业新天地、互联网创新创业基地、中科院温州生物材料与工程研究所、温州大道东延、曹龙路改造提升等重点项目，标志着温州浙南科技城的开发建设进入了实质性阶段。

【科技城项目工程建设】 2016年，温州浙南科技城启动起步区建设，实施重大功能性平台、基础设施和环境改造，谋划梳理六大工程28个项目建设，实现固定资产投资64.7亿元。首批八大重点项目于8月10日集体开工，总投资58亿元，其中创新创业新天地项目一期围护桩施工和工程桩施工已完成80%。南、北起步区和茅竹岭东单元三大区块联动推进，创建浙南科创小镇，加快温州检验检测高技术服务业集聚区、国际人才公寓、互联网大厦等第二批集体项目开工。启动科研型企业总部园、瓯江路延伸、黄石山公园等重点工程项目。加快附二医龙湾分院、口腔医院等工程施工进度。

【科技城征收拆迁工作】 2016年，温州浙南科技城实施大拆大整，推进旧工业区整治改造。北起步区一期、金岙工业区、南起步区等区域工业企业搬迁82家，拆除厂房48.56万平方米，腾出建设用地778.35亩。其中，北起步区一期范围已签约腾空企业48家、拆除46

8月10日，温州浙南科技城举行八大项目集体开工仪式 （叶晓东/摄）

家。非2016年征收范围区域10家企业自愿被征收签约。同步推进落后产能淘汰和“四无”生产经营单位整治，拆除违建、危旧厂房11.31万平方米，关停重污染企业84家。协同属地街道加快城中村改造，已完成5村2区块改造工作，累计腾空3378户、拆除3254户。启动不符规划功能现状区块清退工作，浙南粮食市场、粮油中转储备库、中石油储容库等区块清退达成外迁意向，正在异地选址规划论证和搬迁补偿方案制订。

【科技城招商引资活动】 2016年，温州浙南科技城健全项目信息库、招商项目库、客商资源库，瞄准大专院校、创新企业、创投机构等重点项目，开展上门招商、点对点招商。全年对接各类项目152个，内资实现19.72亿元，房地产项目到位资金15.50亿元，分别完成年度任务179.3%、389.5%。与瑞典隆德大学医学院、温州大学等4个高校签订战略合作协议，引进浙工大温州科技研究院、温医大生物医学工程研究院等6家研发机构。瞄准创业投资机构，引进跨星等3个众创空间，与9家创投机构达成众创空间建设协议，与赛伯乐等多家知名创投机构对接组建各类创投基金。加快主导产业招商，借助慕尼黑光博会、中国（北京）光电子博览会、杭州温商科技大会等活动项目推介。承办市创客大赛等各类创新创业赛事，引进铭雷激光、赛非诺生物等25个创新项目，达成环亚消防等6个总部项目入驻意向，对接争取波士顿科技小镇、上海世界外国语学校等项目尽快落地。

【科技城创新企业培育工作】 2016年，温州浙南科技城新增科技城高新技术企业10家、省科技型中小企业18家、市科技（创新）型企业14家。整合提升国家级科技企业孵化器等公共科创平台，温州海创园改造运营，互联网创新创业基地整体委托运营模式，打造大学生创业基地、“千人计划”产业楼、科技金融大楼，强化孵化器入驻。至12月，科技城自持孵化器入驻企业142家，新增孵化面积10.3万平方米，累计清退超期企业24家，腾挪孵化空间2.82万平方米，国家级科技企业孵化器首次跻身国家排名A类第43位。加快中科院温州生材所、北航温州研究院等现有科研平台提升发展，实现氢创社、海龟科技园等众创空间运营，市中小企业信保基金等5家科技金融、中介机构入驻。筹建科技银行，打造全市科技金融服务平台。

【科技城招才引智活动】 2016年，温州浙南科技城推进“人才+资本+项目”模式，争创省“千人计划”产业园，落实内育外引32项创建举措。着力发挥“创新梦 · 家乡行”“才聚瓯越 · 创业温州”等人才对接平台，参与和承办省海高会温州分会、“相聚长三角——百名海外博士温州行”等人才对接活动，组建广州、深圳、成都等地人才工作联络站，创新中介猎才、企事业引才、以才荐才等方式，全面出击招才引才。全年累计对接高层次人才425人，引进 “千人计划”人才15名、培育3名（“千人计划”人才总数增至39名），落地海内外人才项目19个、创新创业团队13个。加快特色人才服务体系建设，实行人才项目引进、落户、住房、子女入学、社保等全程直通车服务。建立高新区（浙南科技城）领导“一对一”挂钩联系高层次人才制度，开通人才国际服务热线，成立高层次人才联谊会，建设人才俱乐部。加快国际人才公寓、青年人才公寓等项目前期工作，优化人才创业环境。

【科技城规划编制】 2016年，温州浙南科技城加快规划编制，研究浙南科技城发展战略和功能布局，片区城市设计及系列专项规划编制，着力打造全市首个控规弹性改革样板区。已编制完成重要片区城市设计、控规修编及综合交通、市政管网、城中村改造等专规，区域控规全覆盖，初步形成一套功能协调、特色鲜明规划体系。

【科技城融资和土地储备】 2016年，温州浙南科技城拓宽融资渠道，获批融资额度120.08亿元，设立建设发展基金、创新创意转型升级产业基金。启动债券发行，组建浙南科技城建设投资集团有限公司，打造“一集团五公司”国有融资平台。启动新型产业用地管理试点，优化土地做地储备流程，土地储备618.68亩。

【科技城体制机制完善】 2016年，温州浙南科技城探索浙南科技城特色发展途径，健全“封闭运作、充分授权、相对独立”运行机制，建立特色绩效考核体系，完善财政封闭运行、统计切块单列等机制。探索“小政府、大服务”模式，对接市有关部门政策及资源要素，承接市级事权下放事宜，组建科技城审批中心，建成综合服务大厅，优化办事流程，打造“店小二”式服务团队，做到“办事不出城”。龙湾区委、区政府与科技城管委会秉承“一家人、一条心、一股劲、一体化”思路，建立问题定期梳理反馈、联席会议、急事特办、日常督办等协调推进机制，理顺区属部门、属地街道与科技城各部门分工协作机制，形成集全区之力解决征地、征收拆迁、项目建设等一批政策处理难题。完成管委会“一办四局两中心”机构配置和人员配备。（王慧慧）

空港新区

【概况】 2016年，温州空港新区固定资产投资54.87亿元，完成年度计划114.3%。其中，工业性投资38.5亿元，政府性投资14.11亿元，其他投资（房地产及交通运输项目）2.25亿元。引进内资23.64亿元，完成年度计划102.8%；引进外资127万美元。融资25.74亿元，完成年度计划143.5%。新增绿地17.1公顷，完成年度计划142.5%。

【空港新区基础设施建设】 2016年，温州空港新区以“十大新建续建项目”为载体，累计投资14亿元，推进市政基础设施和公共配套项目建设。开工建设明珠路二期道路6条，续建经四支路等道路9条，建成经六支路等道路5条。启动通用航空产业园9条市政道路初步设计；完成永兴北园湿地公园段道路2条及空港大道3条市政道路施工图设计；完成天城北园明珠路等10条市政道路建设工程规划许可证办理。建成永兴北园河道绿化等附属配套设施，完善园区内医疗服务站、银行网点、教育、交通、卫生、公厕、垃圾中转站、路灯、污水管道等附属配套设施建设。天城围垦标准厂房（激光与光电小微园）工程验收投用。开工建设全省单体面积最大人才公寓——永兴北园安心公寓，完成一期7栋楼主体结顶。启动空港中学项目建议书及工程可行性报告。

【空港新区招商引资活动】 2016年，温州空港新区完善项目引入机制，加强项目储备，登记入库企业50家，其中20家企业通过专家评审。对接企业30余家，青山集团、爱好笔业、康德莱等6个工业项目签约，投资37亿元。加快土地出让，完成爱好笔业、康莱方医疗器械、恒通水处理、欧蒙农业、圆通速递、申通速递等9个项目出让土地736亩。其中，出让工业用地7宗439亩、出让商服用地2宗297亩。

【空港新区产业项目建设】 2016年，温州空港新区推行重点项目领导挂钩联系和“五帮五助”机制，确保产业项目建设。全年空港新区新增投产企业20家，结顶企业12家，开工企业16家，其中大自然一期、圣邦机械等一批龙头产业项目陆续投产。加快铜加工小微园、时尚小微园等项目建设进度，为打造温州小微企业创业园的集聚区奠定基础。

【空港新区土地清理工作】 2016年，温州空港新区推进闲置土地处理，完成“供而未用”土地处理32宗744.65亩，其中清理闲置土地10宗286.1亩。配合国土部门完成欣珑鞋业、东亚阀门等2宗地块闲置土地认定，并启动无偿收回程序；加快万强法兰、金泰鞋业、宝典鞋业、生贵阀门、力金金属、光上机械6宗查封地块的司法处理。

【空港新区融资渠道】 2016年，温州空港新区加强融资平台建设，拓宽融资渠道，通过银行贷款、BT及PPP融资项目、土地出让金等多元渠道，融资到位25.74亿元。抓好债券发行工作，获取国家发改委批复，预计2017年完成发行。

【空港新区征地工作】 2016年，温州空港新区破除土地制约瓶颈，调节文成县耕地占补指标86.19亩，满足湿地公园经五路，经六路等道路建设需求。做好违章种植养殖处理，完成湿地公园范围内违章种植养殖1790亩；清理天城北园A—18地块违章种植养殖建筑，拆除简易棚5处200平方米。配合建设浙南科技城“双创园”项目，拆除联谊村企业厂房6家、注销土地证；完成萼芳村、七三村等6个村政策处理。（方赛赛）

龙湾城市中心区

【概况】 2016年，龙湾城市中心区固定资产投资87.2亿元，重点项目建设36个，包括瓯海大道东延及枢纽集散系统工程，建中南街道路工程（城南路—沙城中心街），通海大道西段（滨海大道—环镇路），永强北片奥林匹克单元B01地块周边道路市政工程、龙水路（77省道—瓯海大道）等5个省市重点项目工程。7月，龙湾区公用事业工程建设指挥部撤销，其原承担的工作职能、任务等归龙湾城市中心区开发建设管理委员会管理。

【中心区城市规划修编】 2016年，龙湾城市中心区优化城市规划，围绕“五大中心”功能定位，打造人性化中央活力区，修编51.8平方公里总体规划和瑶南单元分项详规。坚持“多规合一”，推动板块联动发展，城市各层次规划逐步完善，完成郑宅岙项目概念性规划、A地块双桥河绿化工程方案设计。

【中心区路网配套工程】 2016年，龙湾城市中心区城市主干道工程建设提速。加快文昌路地下综合管廊工程、温州大道东延伸工程、环山北路龙湾段工程、环镇路工程等12个项目工程建设进度，瓯海大道东延工程主线已贯通，永宁西路西段延伸工程（77省道—温八中段）、永宁西路（曹龙—龙水路段）、罗东南街、曹龙大道快活岭段已建成。

【中心区功能性项目建设】 2016年，龙湾城市中心区完善功能性项目建设，提升社会服务功能。科技创新大楼、民防应急指挥中心、永中文化中心、人才公寓投用，规划展示馆、青山总部大楼、温州机场航空总部大楼建成，便民服务中心定向工程基本完成，文化水街、F地大型地下商场招租运营有序推进。

【中心区商品房和安置房建设】 2016年，龙湾城市中心区构建现代都市，打造人居示范工程。建成雍华园、中梁·香雅园、中梁·香悦园；推进龙府锦园建设，打造温州市东部最大住宅群和最大品质生活中心。全速推进安置房工程建设，完成B01地块安置房一期工程、新区道路网沙南蟾钟安置房主体工程，K—11企业拆迁商务安置房、永中旧城改造就地二期安置房、新区道路网沙中安置房主体等工程均已竣工验收。

【中心区融资工作】 2016年，龙湾城市中心区加大资产整合力度，由专人负责筹措有价证券资本进入基础设施领域，做大做强做实公司证券平台，下属高新公司资产已超100亿元。与多家金融机构对接，融资达30亿元，授信融资资金余额30多亿元。短期融资券项目10亿元获批，成为温州市区级平台首支短期融资券项目。

【中心区城市环境整治】 2016年，龙湾城市中心区编制《龙湾城市中心区开发建设三年行动计划（2016—2018年）》，成立前期政策处理及拆征攻坚领导小组，推进“大拆大整”专项行动。完成市残联征收项目工程、奥体C03地块等拆迁项目工程，拆迁民房、企业共计203户、12.9万平方米。实施闲置地复绿、公共绿地绿化、公园主题绿化等项目5个，绿地面积120亩。完成永中西路与龙祥路交叉口、龙康路与永宁西路绿化等4个彩化美化工程建设。温州市东片污水处理厂二期改扩建工程建成并运行，通过省级“五水共治”考核验收。（赵珊珊）

建筑业·房地产业

建筑业

【概况】 2016年，龙湾区在建工程362项，建筑面积765.77万平方米，造价217.65亿元。新开工建设装配式建筑项目面积36.64万平方米，其中住宅和公共建筑项目面积33.55万平方米。全年全区建筑业总产值157.28亿元，同比增长12.4%；建筑业增加值32.45亿元，占全区GDP的比重8.4%。建筑业税收2.88亿元。年内，建筑工程获"瓯江杯"5项、"龙湾杯"7项；3家企业获评国家级守合同重信用企业。

【标准化工地创建】 2016年，龙湾区住建局开展平安标准化工地创建百日攻坚专项行动，严格执行网格化、三包预警等工作机制，创省级标准化工地5个，市级标准化工地9个，创区级标准化工地26个。

【建筑业行政执法】 2016年，龙湾区住建局建立行政执法案件主办人制度，移送刑事案件1件，立案处罚18件，处罚书发放10份，罚款金额累计56万元。推进行政争议化解，办理行政诉讼2件、行政复议1件。办理来电来信76件，农民工上访接待954人次，农民工工资拖欠解决85起，农民工工资讨回1510.54万元。

【建筑市场监管】 2016年，龙湾区住建局开展招投标市场专项整治，加大建筑市场清出力度，牵头做好招投标代理机构和投标企业清理规范等工作，实行不良行为记录与公示，对95家单位予以诚信扣分。

【住建局行政审批与基金征收】 2016年，龙湾区住建局行政审批制度改革，推行双轨审批，网上审批事项范围扩大。全年办理行政审批事项3117项。做好新墙材基金征收和返退等服务工作。完成基金征收1045.63万元，征收率达100%；基金返退994.51万元。（沈桢东）

房产管理

【房屋交易产权管理】 2016年8月15日，龙湾区房管分局房屋登记工作移交温州市不动产登记中心城东办证处办理。继续做好房屋交易产权管理工作，加强与税务及不动产登记部门衔接。至12月5日，共办理房屋交易备案1824件。其中一手房备案登记1018件；二手房备案登记806件；抵押备案登记220件；商品房预售许可房源信息备案3件；现房销售备案2件；商品房合同备案登记771件；中介机构备案及中介机构网签资格备案24件。

【房产销售监管】 2016年，龙湾区房管分局完成12个商品房楼盘预售资金账户备案监管。全年共预售商品房2599套，建筑面积48.9万平方米，预售资金151799.30万元；销售房屋1910套、建筑面积25.63万平方米。其中，住宅1550套，建筑面积17.91万平方米；非住宅360套，建筑面积7.72平方米。商品房库存41.92万平方米，同比减少24.12万平方米。商品住宅房库存15.28万平方米，同比增长49.96%，销售均价降低1.7%。

【公共租赁住房补贴审核】 2016年，龙湾区人才住房补贴网上申请共137人。其中，本科毕业生申请人才租赁住房补贴450元/月的有103人，高层次申请人才租赁住房补贴900元/月的有16人。经审核，符合条件的新就业大学生101人，其他高层次人才15人。区公共租赁住房租赁补贴网上申请共25户，条件符合15户。完成2015年公共租赁补贴年度工作，现公租房补贴在保58户。

【物业小区的管理】 2016年，龙湾区房管分局以"安全生产月""平安物业"为载体，与50个物业服务小区签订安全生产责任书，明确物业服务企业对于高层楼宇与旧住宅楼的安全管理责任。联合消防部门举办物业服务企业消防技能培训，组织全区各物业小区开展《中华人民共和国安全生产法》《浙江省消防条例》等法律法规宣传。全年完成12个物业小区物业用房移交手续办理，组织10个地块前期物业的招投标，指导多个小区成立业委会和换届工作。

【个人住房信息系统数据管理】 2016年，龙湾区房管分局继续推进住房信息化、数字化数据整合，实现各类房产信息共享服务。年内，完成鹿城和龙湾交接处蒲州地段产权数据重复问题以及新老地号对照衔接，完成四期信息系统检查工作。

【房管局惠民便民服务活动】 2016年，龙湾区房管分局在继续推行"多证联办”便民服务的同时，推出企业多项登记业务联办，为符合要求的企业办理抵押注销登记、房屋所有权变更登记、抵押权登记等多项登记联办业务。4月，推行二手房网签服务，确定6家房产经纪机构提供免费网签服务。（王依纯）

城乡住房保障

【危旧房排查与改造】 2016年，龙湾区住建局开展城乡危旧房排查，农村住房排查54638户，危旧房认定7203户，危旧房鉴定2167户；城镇住房排查308处，危旧房鉴定59幢。完成农村C级危旧房治理184户，D级危旧房腾空932户，拆除768户。城镇危旧房整改完成57幢，危旧房整改任务完成96.61%，省级下达年度整改任务完成148.63%。

【公租房与安置房建设】 2016年，龙湾区住建局加大公租房、安置房建设督促指导力度，强化质量安全监管，打造出群众满意放心的民生工程。至12月，拆迁安置房新开工27.07万平方米，基本建成43.38万平方米，建成33.98万平方米，累计完成投资27.3亿元；基本建成公租房800套，完成年度任务100.38%，竣工432套，完成年度任务的192.86%；2013年底前开工建设的公租房分配入住率达95.37%。（沈桢东）

住房公积金管理

【概况】 2016年，龙湾区住房公积金缴存新增单位150家，净增住房公积金缴存职工1715人，完成年度任务的225.66%，排名全市第二。归集住房公积金3.74亿元，完成率117.01%，归集到位率99.83%。期末正常缴存单位1072家，在缴职工20599人。住房公积金余额12.22亿元。公积金贷款增值收益2439.54万元，完成非公企业781家住房公积金全月缴存额调整，完成率100%。

【住房公积金扩面宣传工作】 2016年，龙湾区政府下发《关于落实2016年度住房公积金扩面任务的通知》，将住房公积金分解至6个街道办事处扩面。开展公积金宣传月活动，举办经办人员业务培训会、“进企业、进楼盘、进广场、进机关、进社区”活动宣传住房公积金法规和提供现场咨询活动。做客温州经济生活台《家在温州》栏目12次，通过网络“你问我答”、推广微信公众号、新浪微博等多方位的宣传渠道为职工提供政策咨询。组织人员走访辖区大中型企业，通过重点企业具体负责人现身说法，促进其他企业建缴覆盖面。

龙湾城市中心旧城改造安置房 （叶晓东/摄）

【住房公积金提取工作】 2016年，温州市公积金龙湾管理部办理职工住房公积金提取24400人次，金额2.58亿元，同比增长15.92%。其中，购建房提取1311人，金额1.41亿元；还贷提取799人，金额2023.17万元。

【住房公积金贷款工作】 2016年，温州市公积金龙湾管理部加大住房公积金贷款力度，保证全区职工购房资金。全年发放个人住房公积金贷款582户、3.48亿元。在贷笔数2722笔，个人住房公积金贷款余额14.72亿元，贷款比率120.39%。提前还贷211户、6171.02万元。落实异地贷款政策，为13户异地缴存职工提供住房公积金贷款，共计565万元。出具异地贷款缴存证明笔数45笔（温州缴外地贷），其中省内异地贷款缴存证明笔数28笔，省外异地贷款缴存笔数17笔。推进“公转商”贴息贷款业务，全年发放“公转商”贴息贷款211笔，金额1.26亿元。其中，二手房82笔，金额4281万元；一手房129笔，金额8305万元。

【公积金业务通办工程】 2016年，温州市公积金龙湾区管理部开展市区业务通办工程，实现市区群众近距离、跨区域、无障碍就近到公积金窗口办理住房公积金政策咨询、贷款、提取、个人身份认证及缴存证明等业务。全年共办理业务通办602件。其中，贷款64件，共计3683万；提取396件；个人身份认证142件。

【公积金便民服务】 2016年，温州市公积金龙湾管理部进一步优化惠民利民政策，延伸“综合柜”和“三连办”服务项目及延时服务。在午休和周六办理公积金提取业务的基础上，增加了缴存变更、贷款受理、贷款提前还贷等业务。全年午间业务办理278件，周六办理48件，延时服务58人次。支持职工无房租赁提取，简化提取程序，取消公积金提取审批表上单位盖章这一环节。（高　霞）

商贸服务业·旅游业

商贸业管理

【概况】　2016年，龙湾区综合性流通企业、连锁超市，社区便利店、商品交易市场、住宿餐饮企业、商贸物流企业等各企业发展态势良好，经济稳步增长。全年全区全社会消费品零售总额369.96亿元，同比增长14.5%，其中限额以上消费品零售额232.27亿元，同比增长16.4%。

【商贸企业促销与参展活动】　2016年，龙湾区商务局鼓励企业借助金秋购物节、五一、十一购物节等各种节日开展多渠道促销，让利于民，扩大本地消费。全年，万达广场举办福特车展、加多宝、首选车型评比暨“3·15”车展等活动；“非你不驾”七夕情人节主题车展，马克华菲男神购物节等活动，有力拉动内需。区商务局组织企业参加食品博览会，“浙江名品进名店”对接会等展会，助推企业开拓国内市场，提高龙湾产品产销率和市场占有率。

【商贸企业流通政策扶持举措】　2016年，龙湾区商务局兑现2014年度促进商贸流通扩大城乡消费专项资金60.11万元，其中2014年鼓励商贸企业提升奖励10.11万元，惠及企业14家；2014年度促进商贸流通扩大城乡消费财政专项资金奖励50万元，惠及企业1家。拟上报2015年度促进商贸流通扩大城乡消费财政专项资金奖励12.7042万元，2015年度批零住餐“限下转限上”奖励项目38家合计333万元（其中批发290万元，零售40万元，住宿餐饮3万元），合计金额345.7042万元。

【商贸特色街建设】　2016年，龙湾区商务局督促“时尚文创园”项目，完成红连文化创意园二期，文昌创客小镇正在推进中。“国际名品直销中心”项目中白鹿堡啤酒馆于6月份开馆运营，慢绿文化创意街区、集装箱公园等项目方案修改中。万达广场温州金街创成第一批龙湾区特色商业街并申报市级特色商业街。

【商务局行政审批】　2016年，龙湾区商务局推进简政放权，进一步促进行政审批提速增效。全年共受理事项971件，受理事项在规定期限内审批办结，办结率达100%，群众满意度达100%。（陈念之）

电子商务

【概况】　2016年，龙湾区电子商务随着网络购物的快速发展和政府对电子商务企业的大力扶持，全区企业电子商务蓬勃发展，市场规模逐渐扩大。全年全区实现网络经济零售额134.48亿元，同比增长52.4%。全区限额以上批发和零售企业中有网络零售行为的5家，通过互联网实现零售额27.93亿元，同比增长46.5%。龙湾区创成省级电子商务示范区。

【龙湾区网络经济企业联合会成立】　2016年8月26日，龙湾区网络经济企业联合会成立暨一届一次会员大会在区政府大楼三楼会议室召开。龙湾区相关网络企业代表100余人参加会议。会议通过投票选举联合会会长、常务副会长、副会长、秘书长及理事成员，国技互联总经

8月26日，龙湾区成立网络经济企业联合会　　（杨　豪/摄）

理金建月当选会长。

【电商园区建设】 2016年，龙湾区商务局鼓励个人网商和电子商务企业向楼宇聚集发展。1月21日，温州市首个农业电子商务聚集地——温州农业电子商务产业园正式开园。至11月底，温州农业电子商务产业园已签订入驻协议企业61家，入驻企业50家。龙湾激创智慧电商创业园已入驻企业8家，并继续扩大招商和完善园区配套设施建设。

【电商交易平台建设】 2016年，龙湾区商务局支持企业组建电商联盟、专业市场，支持企业自建平台或引进第三方平台，打响龙湾产业品牌。全年，温州不锈钢电子交易中心交易额超32亿元。淘宝特色中国·温州馆入馆商家累计2594家，成交额27218万元。浙江力乾二手车交易市场累计交易二手车5万余辆，实现交易额超36亿元。

【网络经济企业培育工程】 2016年，龙湾区实施网络经济重点企业电商培训、讲座等系列活动，加快建设一批知名电子商务企业、知名网站，形成以龙头企业为核心、中小企业紧密合作的网络经济产业体系。温州农业电商园承办温州电子商务大讲堂公益培训，培训11期950人次。区商务局在温州城市大学举办助理电子商务师岗位技能培训，培训200余人。年内，浙江国技互联信息技术有限公司、浙江绿森数码科技有限公司入围“浙江省‘十二五’电子商务百强企业名单”。

【网络经济政策扶持工作】 2016年，龙湾区兑现拨付网络经济扶持资金306.26万元。其中，2013年温州市区网络经济企业专项资金（新增税款）23.97万元，2014年度第一批促进网络经济发展扶持资金282.29万元。落实2015年度市区网络经济专项扶持资金申报工作，2015年度市区网络经济专项扶持资金申报认定网络经济房租补助77家，补助金额500.7万元；网络经济典型示范8家，补助金额115万元；软件信息服务项目4家，补助金额94万元；网络经济创新示范项目1家，补助金额83.1万元；网络经济新增实缴税款地方留成部分5家，补助金额82.7万元。（陈念之）

供销联社

【概况】 2016年，龙湾区供销系统实现销售额6.39亿元，同比增长16.12%；营业收入7099万元，同比增加8.71%；利润391万元，同比增长13.01%。经济指标连续6年呈递增态势。

【供销系统电商建设】 2016年，龙湾区供销联社积极发展农产品电子商务新业态，实施基层实体店信息化改造，依托基层社和农民专业合作社建成农村电子商务综合服务站10家，综合型电商示范社1家。参办全市供销电商年货节·龙湾站活动，做好“皇岙”“瑶景”“瑶溪”优质杨梅品牌优质安全推荐活动，引导璋川农副产品、造福食品等5家企业触电触网。全年全区供销系统实现电商销售额1676万元。加强电商人才队伍建设，举办第一期农产品经纪人电子商务培训班，培训35人，建立系统首支标准电商人才队伍，为供销系统电商发展提供人才保障。

【农民专业合作社】 2016年，龙湾区供销联社实施改革开放办社方针，成功领办农民专业合作社5家、农民专业合作社联合社1家，建成国家级农民专业合作社2家，累计发展专业合作社数达33家，占全区总量26%。年内，温州康隆杨梅专业合作社获“国家农民合作社示范社”称号。

【基层供销社建设】 2016年，龙湾区供销联社加快农村新型经营服务主体建设，依托基层供销社，有经营综合体服务1家，综合社经营服务3家。全年基层供销社年度营运收入1484万元，利润30万元，利润增长7.14%。

【农资供应和惠农工作】 2016年，龙湾区供销联社发挥农资主渠道作用，为“两区”建设农资供应2006.2吨，其中化肥1736吨，化学农药106.2吨，农用薄膜164吨；储备农资115.6吨，落实财政贴息5万元。开展支农惠农“三送”活动，赠送农资2500公斤，种子500包，政策咨询500人次，宣传材料发放2000份。强化农资技术服务，建成庄稼医院4家，农技下乡3次，发放农技资料1500份，惠农3000人次。

【农村资金互助服务活动】 2016年，龙湾区供销联社加强农村资金互助会金

1月25日，全市供销系统电商年货节·龙湾站活动举行　　（区供销联社供稿）

融服务，建立农村合作金融保障制度。发展农村资金互助会4家，吸收会员440人（户），筹资2000万元，发放合作资金3000万元。与农商银行合作会员单位信用等级评定，评定AA级农民专业信用合作社4家、AAA级农民专业信用合作社4家。

【社有资产管理工作】 2016年，龙湾区供销联社积极破解基层社社有资产不明、家底不清等问题，组织人员对5个基层社房产、土地进行摸底调查。各类房产53处，其中自有房产40处，租用房产13处。各类土地统计面积15776平方米，其中有证土地面积11044平方米，无证土地面积4732平方米。建筑面积21452平方米，其中有证建筑面积12827平方米，无证建筑面积8625平方米。出台《社有资产租赁管理方案（试行）》，实行租赁合同备案制度，租赁备案合同40份，出租房备案100%。

【供销社安全生产举措】 2016年，龙湾区供销联社落实区委、区政府关于建设平安龙湾部署，由领导班子带头，业务科室牵头，对5个基层社45个网点巡查排查，特别是元旦、春节、中秋等重大节假日期间，安全生产大检查4次。全年检查单位60家，整改安全隐患19处，整改率100%。（郭璐璐）

住宿业、餐饮业、娱乐业

【概况】 2016年，龙湾区饭店餐饮业有2207家，其中大、中型81家。宾（旅）馆124家，床位数6061张，其中50个房间以上27家，50个房间以下97家。娱乐场所11家，电子游戏1家，网吧35家。全年住宿、餐饮业总收入4.59亿元，同比增长18.6%。住宿、餐饮上缴地方税1783万元，文化娱乐行业上缴地方税119万元。

【饭店餐饮协会活动】 2016年，龙湾区饭店餐饮协会联合区公安分局治安大队对全区124家、宾（旅）馆负责人，前台服务员开展G20峰会安保暨业务培训、持上岗证上班，落实“二间三核四严禁”工作机制。5月，经开区饭店餐饮协会成立。（郑德登）

对外贸易

【概况】 2016年，龙湾区实现外贸进出口总额169.94亿元，同比下降3.1%。其中，出口总额122.68亿元，同比增长5%；进口总额47.26亿元，同比下降19.3%。实现服务外包1827.86万美元，完成任务142%。4月，龙湾区监测点被省商务厅评为2015年度县级优秀工作监测点。

【外贸企业帮扶工作】 2016年，龙湾区商务局引导企业“以展促销”，结合龙湾产业特点，制定出台2016年十大重点展会目录。组织企业参加在巴西圣保罗举办的首届“2016温州出口商品（巴西）博览会”和在印度孟买举办的第四届“中国温州出口商品（孟买）博览会”；完成春、秋季广交会组展工作，参展企业109家次，摊位展出300多个。做好外贸政策落实，兑现外贸各项扶持资金1813万元，其中落实市级政策区财政配套资金1502万元，区级政策扶持资金311万元。建立健全重点出口产业和重点企业联系机制，加强外贸运行监测分析工作。开展外贸企业“五帮五助”活动，主动上门宣传商务政策，解决企业困难。

【外贸企业培育】 2016年，龙湾区商务局着力培育外贸新增长点，做好青山控股集团有限公司、泰朗集团有限公司、浙江康德莱医疗器械有限公司等企业出口回归工作，引导生产企业从外贸代理转为自营进出口业务。鼓励区内各类企业开展外贸自营进出口业务，全年新增自营进出口备案企业108家。开展外贸综合服务平台的申报工作，对外贸易有限公司被列入温州市第一批外贸综合服务平台。

外资招商和对外经济合作

【概况】 2016年，龙湾区新批外商直接投资项目7个，比上年增加2个。合同使用外资580万美元，同比下降37.1%；实际使用外资1068万美元，同比增长9.3%。实现境外投资52206.04万美元，完成市下达任务130.52%，境外投资额连续两年居全市首位。

表24　2016年与前4年龙湾区机电及高新产品出口情况表　单位：万美元

年份	机电产品出口额	占出口比重（%）	高新产品出口额	占出口比重（%）
2012年	46045	24.7	7857	4.2
2013年	45359	24.0	6184	3.3
2014年	42633	22.7	5415	2.9
2015年	43402	23.2	3913	2.1
2016年	53824	28.9	6489	3.5

表25　2016年与前4年龙湾区自营进出口情况对比表

年份	2012	2013	2014	2015	2016
出口额（万美元）	186401	189040	188148	187145	186045
进口额（万美元）	43439	60460	71526	95173	71500

表26　2016年与2015年龙湾区主要贸易伙伴出口情况对比表　单位：万美元

2015年	国别	美国	印度	英国	德国	巴西	墨西哥	俄罗斯	西班牙	荷兰	土耳其
	出口额	30786	12569	10827	7595	7328	6586	5688	5340	5121	4863
2016年	国别	美国	印度尼西亚	印度	英国	德国	俄罗斯	墨西哥	巴西	西班牙	荷兰
	出口额	30305	22016	10384	8435	6655	6502	6381	5762	5195	5176

【外资项目服务】 2016年，龙湾区商务局加大在谈、签约重点外资项目跟踪服务力度，促成温州中环水务有限公司、温州龙湾国际机场汉莎航空食品有限公司、温州信谊实业有限公司等项目提早到资；指导、协调埃帝尔（浙江）阀门、台商郭进铃投资项目、阳光中西医院等项目推进工作。

【招商引资活动与投资平台建设】 2016年，龙湾区商务局对接各功能区、街道及相关单位，筛选招商项目，完善更新招商项目库。利用浙洽会、厦洽会、海峡两岸（温州）民营经济创新发展示范区东莞推介会等平台，加强招商项目信息宣传与推介。组织企业参加厦洽会、民营企业跨国论坛、全市商务工作会议、温港企业对接会、2016中马（温州）投资贸易对话会、金融支持企业“走出去”对接会、世界温州人大会龙湾分会等活动，为企业搭建投资促进平台，提供交流商机。（陈念之）

第三产业发展工作

【概况】 2016年，龙湾区实现第三产业增加值168.33亿元，同比增长11.0%，占GDP比重43.8%，“四区两市”排名第一。新增贸易限上企业25家，服务业规上企业10家；新增3A级物流企业2家；完成11个项目退改工作。

【时尚商圈建设】 2016年，龙湾区完成商圈一期8条道路基础配套设施建设、形象及标志标牌设计、交通微循环建设、形象导示牌建设等工程；启动二期7条道路基础配套设施建设，提升时尚商圈形象。推进重点项目建设，完成白鹿堡啤酒馆、时尚邻里购物中心、广大城市蜂窝、海螺总部经济园项目、海纳跨境电商创业园等项目改造并投入运营；启动康乐药业、慢绿文化创意街区“可入住博物馆”、康泉总部经济园等改造项目。推进政府收租（收储）项目进程，完成收租（收储）企业价格评估工作。完成微信平台搭建和联络员队伍建设，启动微信运营；推进重点招商项目，完成时尚研究院、国际名品直销街区等项目落地。

广大城市蜂窝　（区三产办供稿）

【商贸业集聚区建设】 2016年，龙湾区实现抓产业集聚，商贸业稳步提升。以空港物流园为集聚平台，加快圆通、申通、邮政物流等物流产业集聚。打造龙湾城市中心总部楼宇，集聚有龙湾建设总部大厦、温州航空总部大厦、龙湾金属大厦、科技创新大厦等项目。推进商贸平台建设，做强温州粮食市场、温州源大创业园、温州科技城3家省级集聚区和红连文创园、温州金融改革广场2家市级集聚区。同时，依托龙湾万达广场、罗东商业街、龙湾国际机场等载体，由西向东正在形成以时尚消费、综合服务、现代物流等主导功能现代服务业商圈。全年全区实现全社会消费品零售总额369.96亿元，同比增长14.5%，全市排名第二。

【旧市场整治提升工程】 2016年，龙湾区三产办制定出台《龙湾区旧市场整治提升搬迁行动工作方案》，明确部门职责分工，建立“全区统一领导、部门密切配合、街道狠抓落实”的工作责任机制。完成61家市场排摸工作，并建立“一场一档”“一场一策”。市场安全隐

龙湾旧市场整治提升搬迁工作作战图　（区三产办供稿）

患559处，已整治559处，整治率100%。违章建筑49处共11.01万平方米，已整治违章建筑34处，整治违章建筑面积93165.7平方米，整治率84.6%。排查无证无照经营户337户，已办理证照248户、取缔89家，整治率100%。全年全区完成旧市场整治提升20家（其中专业市场5家、农贸市场15家），关闭5家（其中专业市场1家、农贸市场4家），新建3家（农贸市场3家）。

【工业企业退二进三工作】 2016年，龙湾区人民政府出台《龙湾区城区功能转变和产业结构优化实施方案》等文件，为退二进三提供政策保障。完成温州宏泰合成革有限公司（众泰汽车4S店）、温州市鸿联建材连锁有限公司（鸿联建材）、浙江富得宝家具有限公司（宴会中心、巨幕影院）等9个项目审批工作，着手富得宝二期、康泉、海纳进出口、康乐药业、同兴工艺品、华腾印务、大田飞梭、汇金汽车等8个项目退二进三工作。（林延安）

旅游业

【概况】 2016年，龙湾区旅游局共接待境内外旅游者322.98万人次，同比增长20.7%。其中，接待国内旅游者319.56万人次，同比增长19.5%，接待境外入境旅游者3.41万人次，同比增长17.1%。旅游总收入31.86亿元，同比增长34.3%。其中，国内旅游收入30.8亿元，同比增长20.7%，国际旅游外汇收入1539.52万美元，同比增长14.3%。

【旅游规划出台】 2016年，龙湾区人民政府出台《龙湾区旅游业发展“十三五”规划》《永昌堡旅游业态规划布局》，明确龙湾区旅游业发展方向与定位，进一步规范永昌堡旅游业态发展。制定《龙湾区旅游业突破发展三年行动计划（2016—2018）》，通过实施“项目突破”“产业融合”“服务优化”三大专项行动，着力建设龙湾十大精品“旅游点”，丰富完善三条特色旅游线，将龙湾打造成温州都市休闲旅游观光园。

江南老屋 （区新闻中心供稿）

【特色旅游产品】 2016年，龙湾区旅游局加快旅游产业培育，开展特色旅游产品创建。瑶溪老房子、江南老屋创建为2星级农家乐，雅林现代农业观光园创建为4星级农家乐；滨海大酒店完成5星级饭店评定性复核，瑶溪王朝大酒店完成4星级饭店复核；澳珀温州大宅、郑家园食品、广进祥食品等3家企业通过特色旅游消费场所初评。

【A级景区创建活动】 2016年，龙湾区旅游局根据国家《旅游景区质量等级的划分与评定》标准，做好旅游资源培育A级旅游景区（点）指导帮扶工作。雅林现代农业观光园景区创建国家AAAA级旅游景区，温州文化商品市场创建国家AAA级旅游景区，瑾瑜白鹿堡创建国家AAA级旅游景区。

【旅游宣传】 2016年，龙湾区旅游局与温州电视台签订合作协议，以多级宣传品牌平台推出永昌堡、雅林、瑶溪等景区与永强麦麦酒等美酒美食节目宣传4期；与《欧联时报》《江南游报》《旅行者》等合作宣传龙湾旅游创新发展亮点；与温州旅游微博微信等媒体合作，报道宣传各景区。组织参加市旅游局主办“5·19”中国旅游日第二届温州市民旅游日广场活动、在上海举办2016浙江（上海）旅游交易会、温州户外旅游展、中国旅游商品（义乌）博览会等，各类宣传资料累计发放6000多份，提高龙湾旅游知名度。

【旅游市场秩序管理】 2016年，龙湾区旅游局以护航G20杭州峰会为主抓手，抓好企业主体责任落实，各个环节隐患排查治理。全年各类安全检查专项行动8次，无旅游安全生产责任事故发生。打击旅游违法违规行为，出动检查人员30人次，各项业务检查7次，检查企业51家次，提出事项整改8项，游客满意率100%。

【永昌堡】 2016年9月18日，龙湾区永昌堡保护修建管理委员会撤销，其事务管理职能划归区旅游局，设立龙湾区永昌堡景区管理处，为区旅游局下属的公益一类事业单位，主要负责永昌堡景区管理工作。

2016年，永昌堡景区完成英桥王氏家风家训馆陈列布展并对外开放，中纪委网站头版头条刊出；完成王绍志故居、圣旨门3号及西门里51号古民居维修审批手续并启动维修前期工作；永昌堡北边城墙坍塌抢修工程通过市文物局验收；加强对景区灯柱、栏杆、公厕等配套设施维护，新改建景区公厕2座；完成永昌堡语音导览系统建设。开展以水环境生态修复为重点的永昌堡景区环境整治，配合制定水环境治理活水畅流方案，治水工作取得初步成效。全年永昌堡安置房建设工程完成投资额为2855万元，占任务数约132.7%。（林铁强）

国土资源管理·环境保护

国土资源管理

【土地利用规划】 2016年，龙湾区国土资源分局开展土地整治规划编制，明确后续土地整治项目的目标。开展年度耕地质量更新和检测工作，全面掌握耕地质量的动态变化情况。完成87个村的村级“阳光规划”。严格耕地占补平衡政策，向文成县调剂516亩旱地指标。

【土地征用报批工作】 2016年，龙湾区国土资源分局土地征用报批17个批次，涉及用地4635.6亩。完成江前村等16个村用地报征3492.3亩、浙南科技城项目用地报征22项630.2亩。编制用地批准实施情况并发布征地公告8个，补偿安置方案公告50个，核给住宅用房安置指标面积87995.76平方米，二产用地指标5.044亩，三产用地指标11.2762亩。完成温州机场新建货运区、温州市域铁路S2线一期工程（龙湾段）等重点项目用地报批工作。

【土地清理】 2016年，龙湾区国土资源分局加大土地清理工作力度，实施项目“转、征、供、用”全程监管机制。完成转而未供土地清理1265亩，近五年平均供地率为71.46%，近四年已供地按期开工率达93.45%；盘活存量建设用地1494亩，闲置土地处置率达到100%。继续推进城镇低效用地再开发试点工作，全年共实施城镇低效用地再开发4185亩。

【土地供应】 2016年，龙湾区完成经营性用地出让20宗1365亩，出让金收入44.19亿元，成交量和出让金收入均是2015年的2.8倍。其中，住宅用地5宗289亩，商服用地3宗267亩、工矿仓储用地11宗790亩、医卫慈善用地1宗19亩。

【临时用地清理整治】 至2016年，龙湾区已审批的临时用地86宗，其中涉嫌违法违规使用的39宗，用地面积为285.72亩。通过相关单位有力配合，临时用地违法违规整改率达到100%，保障了龙湾区无违建创建顺利推进。

【标准农田建设】 2016年，龙湾区国土资源分局完成“旱改水”立项任务878.8亩，可建成标准农田750亩，其中新增水田420.8亩，已完成验收并入库。完成标准农田建设任务500亩，高标准农田建设立项2500亩，充实了储备资源。

【地质灾害防治】 2016年，龙湾区国土资源分局编修地质灾害防治方案应急预案，完善监测、防灾明白卡、目标管理责任书签订等三级防灾体系。投资782万元，完成机场大道茅竹岭段白楼下地质灾害点整治。开展地质灾害防治知识宣传活动，全年发放宣传册500份，发布汛期预报信息843条，出动巡查人员207人次，转移人员184人，应急抢险1次，未发生人员伤亡事故。

【地籍登记管理】 2016年，龙湾区国土资源分局完成各类土地登记3725宗，国有土地使用权、集体建设用地使用权登记发证率均达99.9%。完成办理土地使用权划拨转出让283宗，宅基地使用权调剂35宗，建设项目用地复核验收58宗。8月19日，在不动产登记中心分中心举办区行政审批服务中心不动产登记分中心揭牌仪式暨不动产权证书首发仪

8月19日，龙湾区行政审批服务中心启用不动产登记分中心　　（杨　豪/摄）

式，标志着龙湾区正式开启土地证、房产证“两证合一”时代。

【矿产资源管理】 2016年，龙湾区国土资源分局加强“四边三化”矿山生态环境整治，开展上湾采石场、状元西台、底岭下光虎采石场等3个整治点治理工作，“绿色矿山”建成率达到100%以上。对矿业权标识牌、界桩、最低开采标志等内容开展检查整改，全年依法收取矿产资源补偿费59.907万元、采矿权使用费1000元、治理备用金90万元。

【国土资源执法监察】 2016年，龙湾区国土资源分局落实巡查责任机制，出动巡查589次1500人，行政处罚45宗，收缴罚没款44.7万元。集中拆违或配合其他部门拆违8次，建筑面积拆除1.5万平方米。卫片执法中，确属违法用地图斑26个，面积30.3亩，拆除复耕5.7亩，对其中20宗违法用地收缴罚没款余22万元，处理率100%。全区耕地“违占比”1.09%，实现“零约谈、零问责”。

【国土信访工作】 2016年，龙湾区国土资源分局处理各类信访件179件，其中各类信访件处理61件，依法不予受理或不再受理信访件40件，受理并作出答复信访件15件；答复各类交办单105件，各类咨询类信访件13件。化解天鹅湖社区等7个遗留项目办证难问题，惠及住户2000户。（彭嘉珍）

海洋管理

【海域使用管理】 2016年，龙湾区海洋与渔业局推进项目用海审批，完成龙湾分输清管站用海、空港新区建设填海、温州机场第三跑道用海等项目报批和用海项目使用权变更、续期、注销等登记。全年共收取海域使用金7228万元，新增海域确权面积84.9093公顷（含续期），促成企业融资6.3亿元。开展龙湾区海域动态监管能力项目建设，完成核心系统设备采购和无线基站及视频监控站点选址等项目落实，签订合同项目资金266万元。开展大陆海岸线和海域使用现状调查，完成41.84公里大陆海岸线的各项属性及界线的鉴定与论证，制作完成《龙湾区海域使用现状图》。建立海域使用档案电子数据库，扫描制作电子档案169份。组织开展龙湾区海域使用权属核查工作，完成126个用海项目整理与现场监测工作，整理权属核查数据93条。开展涉海危化品企业海域使用情况大排查，检查5家涉海危化品储运单位6宗用海项目。确定龙湾海洋公园、瓯江口南侧和龙湾海滨围垦区外侧等3段岸线作为整治修复岸线，完成相关文本的编制与修改完善工作。

【海域整治活动】 2016年，龙湾区海洋与渔业局开展“伏季休渔保卫战”和“幼鱼保护攻坚战”两战专项行动，完成“一年打禁”计划，全面开展证网大排查大整治，取缔违禁渔具，拆解“三无”涉渔船舶。全年共清理没收网具752顶，查获涉渔“三无”船舶28艘，没收非法渔获物33吨，移送刑事立案9艘，共计收缴罚款2.2万元。落实平安护航G20专项整治工作，开展安全执法检查19次，登船检查138艘次，排查安全隐患16起。加强海监渔政执法监管，建立陆海联动执法监督工作机制，深入开展“海砂开采非法用海”“海盾2016”和“碧海2016”专项执法行动，共开展海上巡查68次，出动220余人次。

【海洋生态建设】 2016年，龙湾区海洋与渔业局启动海洋生态修复计划，编制《龙湾区海洋生态环境“十三五”规划》《龙湾区海洋生态修复规划》。《龙湾海洋公园省级海洋特别保护区选划论证报告》通过专家评审，上报省海洋与渔业局审核；完成海洋公园大型底栖动物及潮间带生物多样性调查、地形地貌测量和地质勘探、鸟类和植被调查。龙湾海洋公园是中国北缘红树林连片最大的区域，利用生态补偿金实施生态修复，全年种植红树林50亩，已累计种植870亩，总投资500多万元，并筹资27万元。实施300亩红树林种植后期管护。实施“五水共治”渔业资源增殖放流，在淡水河道投放800万尾鱼苗虾苗，在海洋投放3032万尾日本对虾、青蟹等。（王　星）

环境保护

【平原河网水质】 2016年，龙湾区环保局实行分区域水质监测评价工作，制定《2016年度龙湾区各街道环境质量考核办法》。全区平原河网水体中

5月22日，龙湾区开展证网大排查大整治活动　（区海洋与渔业局供稿）

氨氮浓度同比下降44.6%，总磷平均浓度达到Ⅳ类水，高锰酸盐指数平均浓度符合Ⅲ类水，瑶溪、十字河市控站位稳定消除劣Ⅴ类。

【环境空气质量】 2016年，龙湾区空气质量持续优化，环境空气AQI优良率为89.6%，同比提高2.2个百分点，PM2.5浓度为37μg/m^3，同比下降14%。

【大气污染防治】 2016年，龙湾区环保局出台《龙湾区2016年度大气污染防治实施计划》，实施能源结构调整、机动车船污染防治等6大专项行动，确保全区环境空气质量优良。持续推进工业废气治理，完成全区大气污染源清单调查，做好脱硫脱硝、烟粉尘治理和挥发性有机废气治理。开展VOCs污染项目治理和再生铜行业废气提标改造，完成2台20蒸吨燃煤锅炉废气清洁排放改造并实现监测达标。加强机动车排气污染防治，机动车环保检验合格标志发放率超过90%，完成年度“黄标车”淘汰任务。

【土壤污染防治】 2016年，龙湾区环保局完成蒲州街道经纬集团周边地块、富得宝家具周边地块、蒲州街道工业园区地块等3个地块土地污染情况评估工作。认真做好工业企业关停、搬迁及原址场地再开发利用过程中的污染防治工作，指导企业防范关停搬迁过程中产生二次污染和次生突发环境事件。开展危险废物“存量清零”行动，共完成清运18042吨，化工桶63296只。

【重污染行业整治】 2016年，龙湾区环境保护局根据市政府重污染行业整治精神，按照“关停淘汰一批、集聚入园一批、规范提升一批”要求，制定出台《龙湾区重污染行业整治提升三年行动计划（2016—2018年）》，全面推进金属表面处理、线路板、移膜革、铸造四大重污染企业整治提升工作。针对非法重污染企业，采取执法倒逼方式，打击取缔非法企业86家，淘汰关停重污染企业215家。推进重污染行业产业园建设，计划投资9.6亿元在温州空港新区筹建特殊钢行业产业园和铸造行业产业园，已落实土地指标和园区企业申报。树立企业标杆，完成3家重污染行业整治示范企业创建，完成39家企业整治提升。

【污染减排】 2016年，龙湾区环保局对全区范围内所有新建、改建和扩建项目和排污单位需要新增化学需氧量、氨氮、二氧化硫及氮氧化物四类污染物排污权指标的工业企业实行电子竞价，全年共有7家企业参与竞价，竞价成功6家。强力推进污染减排工作，完成年度减排任务，主要污染物化学需氧量、氨氮、二氧化硫、氮氧化物排放量分别比2015年削减2.8%、2.8%、1.8%和1.5%。督促推进东片污水处理厂1级A提标工作，日均处理水量达12.06万吨，同比增加1.74万吨，出水综合达标率100%。完成刷卡排污验收、运维、资金补助工作，完成2015年254家企业的环境统计工作。

【环境监管与执法】 2016年，龙湾区环保局深入开展重污染行业整治、“四无”生产经营单位环保专项整治工作，认真落实“双随机”检查制度，重拳打击环境违法行为。全年共出动执法人员17883人次，检查企业7468家次，立案180件，取缔非法窝点267个，依法移送公安案件7件，行政拘留1人，刑事拘留13人，应收罚款515.2万元。受理各类环境信访投诉件1522件，办结率达100%。

【建设项目环评审批】 2016年，龙湾区环保局全面实施环境影响登记表项目承诺备案制，对主要污染物排放总量不增加的目录清单外的零土地技改环境影响报告表项目实行承诺备案制，省了7个工作日的审批公示期限和审批承诺时限，极大缩减项目审批时间，全区34个项目实行承诺备案制。严把环境准入关口，全年收取服务事项3398件，办结3317件，驳回69件；通过环评审批和备案项目148个，否决项目29个。

【环保宣传】 2016年，龙湾区环保局依托环保官方微博、微信公众号、龙湾问政网、703804等平台，加强环保宣传，并及时收集环保舆情。开展“六五”世界环境日、“生态文化月”、科长讲师团入企入社区、环保公众开放日等宣传活动，邀请“两代表一委员”、行风监督员全程参与“百日环保执法监督活动”。向5万户中小学家庭发放生态环境整治宣传资料和生态满意度调查问卷，提高生态知识覆盖面和生态创建知晓率。2016年龙湾区公众生态环境质量满意度大

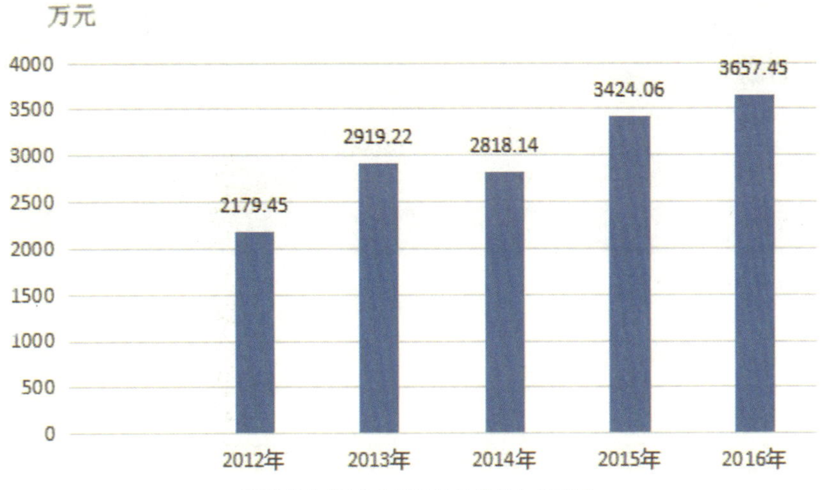

2016年与前4年龙湾区排污费收入对比图

6月6日，龙湾区举行“生态文化月”活动　　（区环保局供稿）

幅提升，总得分由2015年的58.05提高至73.98，位次由2015年全省90名提升至第63名。（卢海鹏）

温瑞塘河治理

【概况】　2016年，龙湾区温瑞塘河保护管委会深入开展温瑞塘河“水质改善”综合整治，全年完成固定资产投资5713万元，超额完成计划的173.12%。年内，区温瑞塘河保护管委会获评温州市“创建国家环保模范城市”先进集体。

【污水管网改造】　2016年，龙湾区温瑞塘河保护管委会根据《龙湾区截污纳管专项行动实施方案》要求，加快开展旧村管网改造，实施截污纳管项目建设67个。年内，截污纳管改造完工52个，因旧村改造等原因取消3个，污水管网建成40多公里。污水收集量从年初每日8万吨提升至每日12万吨以上，黑臭河逐渐消除，河水逐渐变清。

【塘河生态修复】　2016年，龙湾区温瑞塘河保护管委会继续巩固和提升水质改善成果，推进山西浃、十字南河、石坦河、上庄河、上港浃、青山直河、江前河等7条重点黑臭河道生态修复工程后续养护。采取标本兼职措施，对永中站位、屿田站位、十字河站位、瑶溪河站位等四个市控站位周边河道水质加强整治力度，十字河、瑶溪河站位水质均稳定在四类水以上。

【沿河环境整治】　2016年，龙湾区温瑞塘河保护管委会继续推进塘河“水岸同治”工程，累计投资886万元，完成永中街道西岸河林渎河两拆两绿、永中街道上苍浃河两拆两绿、海滨街道北新村上横河及北新河河道整治、状元街道状元河南岸沿河两拆两绿等4个项目工程建设，建成河道护岸1200米、绿化5000平方米、游步道2400平方米。

【涉河执法监管】　2016年，龙湾区温瑞塘河保护管委会以《浙江省温瑞塘河保护管理条例》《温州市温瑞塘河保护管理办法》为依据，开展工业废水、餐饮、洗车业涉河违法监管。查处保洁不到位的河道、临河违章建筑、企业偷排现象12件，责令相关责任单位及时整改。全年，受理网络、区长热线、“12369”投诉等交办单20件，回复率100%。（许得来夫）

生态恢复后的蒲州屿田河　　（区温瑞塘河供稿）

城市建设与管理

城区规划

【规划研究课题】 2016年，龙湾区规划分局完成6项专项课题研究：《龙湾区控制性详细规划优化提升课题研究》《龙湾区整体城市设计要素研究》《市域轨道S2线永兴站“TOD”及周边地块规划研究》《龙湾区郑宅岙概念性规划设计》《龙湾区货运通道研究》《温州高铁东站机场西方案拆迁投入测算》。其中《龙湾区整体城市设计要素研究》明确龙湾区城市设计的重点区位、重要城市景观面景观线和重要节点，提出城市设计控制要素，为重点地区城市设计提供基础性指导。

【控制性详细规划修编】 2016年，龙湾区规划分局贯彻落实“以人为本，统筹生产、生活、生态三大布局”等原则，准确把握城市规划定位，完善提升基础设施和社会服务设施，优化控规，提升城市发展宜居性。全年完成温州民营经济科技产业基地A—14a地块、龙湾区永中旧城改造YZ—42、YZ—48—05地块等8项控规优化。

【规划核实确认工作】 2016年，龙湾区规划分局加强内外部协调配合，进一步规范龙湾区建设工程竣工核实工作。全年共办结规划核实确认项目280件，回复法院、执法局、证管办等单位咨询函34件，出具工作联系单14件。

【规划审批制度改革】 2016年，龙湾区规划分局推进规划审批公示制度改革，针对出让类建设项目，将原先的2次批前公示减为1次，平均办件时限缩短10个工作日；针对划拨类建设项目，将原先的3次批前公示减为1次，平均办件时限缩短20个工作日。实行重点地段建设项目设计方案审查制度，开展重点地段、重点项目的规划方案专项审查，全年对5个重点地段重要项目规划方案专门审查。规范地下管线审批制度，健全地下管线审批流程与审批图纸规范，组织相关部门对地下管线建设项目进行审查，审批后入库信息中心。推进企业审批负面清单试点工作和工业企业“零土地”技术改造项目审批方式改革，由审批制改为备案制。推进商办类存量用地再开发模式创新，商办类项目拆扩建可以增加合法产权面积5%，龙湾率先启动试点工作，完成滨海大酒店改扩建项目。全年受理审批469件，办结453件，其中建设项目规划许可办结率100%。

【规划主动服务举措】 2016年，龙湾区规划分局创新联合公示、分片定向联系服务、规划修改和项目审批“三同步”、模拟审批、一表审批、提前公示、重点项目跟踪服务等机制，构建重点项目审批绿色通道，加强许可项目批前咨询服务工作，在规定流程外提前介入技术性审查与研究，为城中村改造、文昌小镇、温商回归等重点项目、民生工程做好规划服务。全年局领导到各街道、村居、建设指挥部和重大招商引资项目建设单位主动对接服务20余次。

【规划历史遗留问题处理】 2016年，龙湾区规划分局按照一案一策等原则，推进企业厂房补办、珊溪移民、原经开区遗留房开项目等历史遗留房产土地证办理，共补办个人和企业历史遗留补办194件，建筑面积24.1万平方米，涉及天鹅湖住宅区等近千户住户。依法规范及时主动做好群众信访工作，全年回复网络问政平台和信访70件。

【“阳光规划”机制】 2016年，龙湾区规划分局在推进5个公开载体和5项公开制度的基础上，进一步拓展“阳光规划”内容，健全内外互动机制健全公众、专家参与机制，规划修改、规划项目论证和方案审查会时，除邀请专家、相关部门外，还邀请人大代表、政协委员、所在地街道和村居代表参加，全面接受社会监督。全年组织召开各类征询意见会、座谈会等会议21场次，专家、各界代表共229人次参加。健全向区领导汇报、与部门联审、与“两代表一委员”日常沟通机制，实现与其他部门互动。全程公开规划管理工作，建立规划工作意见征询会、项目批前公示批后公告制度、规划提交制度、规划进社区活动、规划信息公开等制度。（朱　慧）

城市化建设

【城中村改造】 2016年，龙湾区出台《龙湾区D级危房改造建设管理实施细则（暂行）补充规定》《龙湾区征收集体土地涉及房屋补偿人均保底安置人口审定办法（试行）》。全年签订拆迁协议5832户，实现市级下达的9个整村（区块）改造“签、腾、拆”3个100%，做到“一天不拖、一户不漏、一

11月23日，永中街道龙水北片农房集聚项目封顶　　（杨　豪/摄）

事不留”。开工建设永中朱垟（F04地块）、海滨教新一期2标等7个安置房项目，设计套数3566套，建筑面积64.07万平方米。完成“三改一拆”城中村改造面积约102万平方米，受益户数5625户。“大拆大整”城中村改造考核四区两市排名第一，城中村改造专项考核四区两市排名第二，“三改一拆”城中村改造考核四区两市排名第一，货币化安置率50.6%。

【旧住宅区改建】　2016年，龙湾区投入约400万元建设资金，打造状元周宅新村，永中罗东花园（一期）等2个示范样板小区，通过外立面改造、绿化提升等，提升老旧小区环境。定期对各街道旧住宅区改造工作开展情况进行督查考核，全年完成旧住宅区改造面积121.1万平方米，完成年度计划的183.5%。

【美丽乡村创建】　2016年，龙湾区城中村改造办公室（工务局）整合各类资源，推进毓秀罗山风光精品线和都市古村人文精品线建设，创成永中街道石浦村、郑宅村、永兴街道沙园村、瑶溪街道南山村等4个精品村，强化普门、新城、双岙、瑶溪等4个历史文化村落保护利用及郑家园麦麦酒酿造技艺、张阁老传说、沙园南桥、碑林等15处文物保护点修复保护。完成永中双岙、坦头，瑶溪皇岙等11个试点村农村生活垃圾分类处置，涉及农户3407户，为农户派发分类垃圾桶3500只，放置垃圾桶小木屋150个。

【瓯海大道龙湾段沿线农房立面提升工程】　2016年，龙湾区城中村改造办公室（工务局）对瓯海大道龙湾段沿线村庄开展农房立面整治提升工程，通过农房立面整治、广告店招治理、企业屋面改造、空调机罩设置、空中管线整理等，改善道路沿线村庄环境，提升“市门第一路”形象。项目涉及永中、海滨、状元、瑶溪等4个街道8个村庄，整改房屋立面面积约11万平方米，总投资约1500万元，9月通过竣工验收。

【城中村改造融资工作】　2016年，龙湾区城中村改造办公室（工务局）拓宽融资渠道，争取银行信用贷款额度，扩充城中村改造资金库，获得国开行与农发行棚改专项贷款12.39亿元和8亿元，与兴业银行和宁波银行分别签订10亿元和3亿元保障房产业基金。浙南科技城获批银行流动性贷款14.6亿元；落实华夏银行、建设银行项目基金31亿元。（邵斯斯）

城镇基础设施建设

【城区道路建设】　2016年，龙湾区住建局加大城市交通环卫设施整治，瓯海大道东延、中兴大道等城市道路6.03公里，断头路打通2条，拥堵点整治2处。开工建设专用停车泊位11836个，建成7502个；开工建设公共停车泊位1028个，建成1127个；旧住宅小区停车位改造6个。

【环卫设施建设】　2016年，龙湾区住建局积极推进“五水共治”项目建设，东片污水处理厂提标改造工程，永强垃圾焚烧发电厂二期扩建工程建成投入使用。全区改造积水点2处；建成雨水管网10.2公里；提标改造雨水管网5.3公里，改造雨污分流5.2公里；建成供水管网2.1公里；

11月22日，温州市东片污水处理厂提标改造工程投用　　（龙湾城市中心区管委会供稿）

改造供水管网3.5公里；建成屋顶集雨等雨水收集系统84处。（沈桢东）

房屋征收管理

【概况】 2016年，龙湾区房屋征管办组织实施房屋征收项目补偿14个，涉及房屋3757户，建筑面积126.77万平方米。其中，国有土地房屋征收项目3个，涉及企业91家，建筑面积32.72万平方米。征收集体土地涉及房屋补偿项目11个，涉及住宅3666户，建筑面积94.05万平方米。协议房征收签订3726户，建筑面积124.2万平方米，蒲州街道下埠（会展路西侧）工业用房征收、蒲州街道江前村、永中街道新联村、瑶溪街道黄山村、龙东村上塘、金岙村小横泱等签约率均达100%。

重点工程建设

【省、市重点工程建设】 2016年，龙湾区有省、市重点工程实施项目共23项，完成工程投资64.4亿元，完成年度计划198.1%。开工建设空港新区物流园，瑶溪街道底岭下村城中村改造，永中街道朱垟城中村改造（F—04地块），浙江钜盛汽车部件有限公司新建厂房等工程。加快推进空港新区小微企业创业园、永强中学迁建工程、龙湾区第一人民医院迁建工程建设。建成温州永强垃圾焚烧发电扩建、中国（温州）国际激光与光电产业联合研究院等工程项目。

【区重点工程建设】 2016年龙湾区安排重点工程62项，年度计划投资63.85

表27 2016年龙湾区省、市重点工程建设情况表

序号	项目名称	总投资（万元）	开工累计数（万元）	2016年计划数（万元）	2016年实绩数（万元）	完成率（%）	业主单位
	合计	2628941	1373441	324840	643493	198.1	
1	温州市温瑞平原东片排涝工程龙湾段	245049	19164	8000	13060	163.3	龙湾区水利投资开发有限公司
2	温州市洞头至鹿城公路龙湾永中至海城段工程一期（龙湾区段）	105302	52771	12000	13650	113.8	龙湾区交通工程建设指挥部
3	温州永强垃圾焚烧发电扩建工程	50840	50850	35340	35350	100.0	浙江伟明环保科技有限公司
4	空港新区小微企业创业园	291536	207060	30000	45239	150.8	温州空港新区管委会
5	浙江大自然鞋业有限公司年产2000万双鞋项目	45000	27633	3000	9535	317.8	温州空港新区管委会、大自然鞋业有限公司
6	浙江钜盛汽车部件有限公司新建厂房	18450	4529	4000	4529	113.2	温州空港新区管委会、浙江钜盛汽车部件有限公司
7	永强中学迁扩建工程	40556	37414	7000	12738	182.0	龙湾区永强中学
8	龙湾区第一人民医院迁建工程	58240	27365	7000	12195	174.2	龙湾区卫生局、龙湾区卫生投资管理有限公司
9	中国（温州）国际激光与光电产业联合研究院工程	30458	28446	6000	12016	200.3	高新区建设投资有限公司
10	温州市环山北路龙湾段道路工程	158802	47860	13000	25360	195.1	龙湾城市中心区管委会
11	温州大道东延（77省道—龙江路）	74517	28485	4500	10092	224.3	高新区建设投资有限公司
12	瓯海大道东延伸及枢纽集散系统	324185	263701	25000	59031	236.1	龙湾城市中心区管委会、龙湾区交通工程建设指挥部
13	永中街道朱垟城中村改造（F—04地块）工程	80000	2580	10000	2580	25.8	永中街道办事处
14	永中街道龙北片农房改造集聚工程	105248	63725	10000	16900	169.0	永中街道办事处
15	海滨街道教新村城中村改造工程	117223	67279	12000	23860	198.8	海滨街道办事处
16	蒲州街道汤家桥村旧村改造工程	90000	50403	15000	20403	136.0	蒲州街道办事处
17	状元街道周宅旧村改造工程	46000	34273	5000	7088	141.8	状元街道办事处
18	瑶溪街道底岭下村城中村改造工程	124516	12296	8000	12296	153.7	龙湾区铁办
19	瑶溪街道朱宅城中村改造工程	62688	12688	2000	12688	634.4	瑶溪街道办事处
20	浙南邮政物流项目	28000	7664	5000	2032	40.6	温州空港新区管委会、浙江省邮政速递物流有限公司温州市分公司
21	空港新区物流园	68000	4866	8000	4866	60.8	温州空港新区管委会
22	青山控股集团总部大楼项目	64276	62404	15000	28000	186.7	龙湾城市中心区管委会
23	龙湾城市中心区G—01地块综合体项目	400055	259985	80000	259985	325.0	龙湾城市中心区管委会 温州市梁安置业有限公司

亿元，全年完成工程投资89.35亿元，完成年度计划139.9%。其中，开工项目14项，完成工程投资额9.37亿元，完成年度计划97.1%；建成项目13项，完成工程投资额11.88亿元，完成年度计划159.4%；续建项目35项，完成工程投资额68.10亿元，完成年度计划145.7%。

【**重点工程各业主单位完成情况**】 2016年，温州空港新区管委会15项，完成工程投资12.70亿元，完成年度计划116.8%；区城市中心区管委会12项，完成工程投资34.35亿元，完成年度计划179.4%；高新区建设投资有限公司9项，完成工程投资8.03亿元，完成年度计划115.7%；区公用事业工程指挥部5项，完成投资5.06亿元，完成年度计划126.4%；区交通工程指挥部3项，完成投资3.63亿元，完成年度计划172.7%；区城市东片防洪工程建设指挥部1项，完成工程投资1.27亿元，完成年度计划186.8%；区海涂围垦工程建设指挥部2项，完成工程投资0.75亿元，完成年度计划198.3%；区温瑞塘河治理工程指挥部2项，完成工程投资0.57亿元，完成年度计划173.1%。

【**重点工程各行业完成情况**】 2016年，龙湾区重点工程农业水利项目8项，完成投资3.67亿元，完成年度计划133.0%；交通能源项目9项，完成投资13.26亿元，完成年度计划139.6%；工业项目7项，完成投资6.84亿元，完成年度计划159.1%；社会发展项目3项，完成投资1.85亿元，完成年度计划105.5%；城市建设及基础设施项目23项，完成投资28.54亿元，完成年度计划114.9%；服务业12项，完成投资35.2亿元，完成年度计划170.1%。（费　妍）

瓯飞工程

【**概况**】 2016年，龙湾区瓯飞工程完成投资18.1亿元，年度计划完成率112%。龙湾二期（瓯飞起步区）3#围区涂面整理工程一阶段完工验收，标志着瓯飞工程建设首个完成开发用地。

【**瓯飞办服务工程建设**】 2016年，龙湾区瓯飞办集中力量攻克难题，主动服务工程建设。主动与业主单位、施工方就工程建设中遇到的问题和困难进行无缝对接，及时掌握工程动态，共同解决问题与困难。定期或不定期开展围区日常巡查，调解围区各种矛盾纠纷，处置突发事件。牵头召开各类工作协调会，协商解决因工程建设与其他部门或工程发生的各种矛盾问题等，为工程建设扫清项目障碍。全年共组织围区巡查12次，全程参与工程例会6次，协调解决各类矛盾纠纷4起。

【**瓯飞工程围区维稳**】 2016年，龙湾区瓯飞办加强与属地街道、派出所、村（居）联系和沟通，共同制止和处置围区内非法养殖、布网、插茜等行为。开展围区一线巡查，及时掌握围区动态，排查各种矛盾纠纷及不稳定隐患，把问题解决在基层，确保围区稳定。在围区设置保安岗亭，聘请20名保安人员，对易发生非法围插、渔养的区域开展值班巡查，及时发现和劝阻企图非法围插、渔养的行为。全年开展围区排查活动20次，排查出不稳定因素及矛盾纠纷5件，成功化解阻碍或影响工程施工建设事件2起，成功处置非法围插行为1起。

【**渔民信访化解**】 2016年，龙湾区瓯飞办本着“动之以情，晓之以理”的原则，化解信访不稳定隐患。认真开展进村入户走访渔民，掌握渔民动态，做好渔民情绪安抚等思想工作。全年共接待各类来访渔民35批105人次，走访渔民50多人，成功化解疑难信访件2起，化解率100%。

【**瓯飞工程政策宣传**】 2016年，龙湾区瓯飞办开展形式多样的瓯飞宣传活动，多角度、全方位向社会公众宣传瓯飞相关政策和法规，展示瓯飞建设进展及风采，扩大瓯飞知名度和影响力。分发《瓯飞挹韵》诗集和举办“瓯飞杯”象棋比赛，展示瓯飞文化，提升瓯飞工程社会知名度。开展“12·4”国家宪法日活动，向群众科普《海域使用管理法》等相关法律法规。利用各种宣传媒介，发布瓯飞工程建设进展情况等信息。全年投入宣传经费4万多元，分发宣传资料1500余份，发布信息30多篇。（邵德国）

海涂围垦工程建设

【**概况**】 2016年，龙湾区海涂围垦指挥部完成固定资产投资累计6857万元，完成率为211.5%。其中“旱改水”项

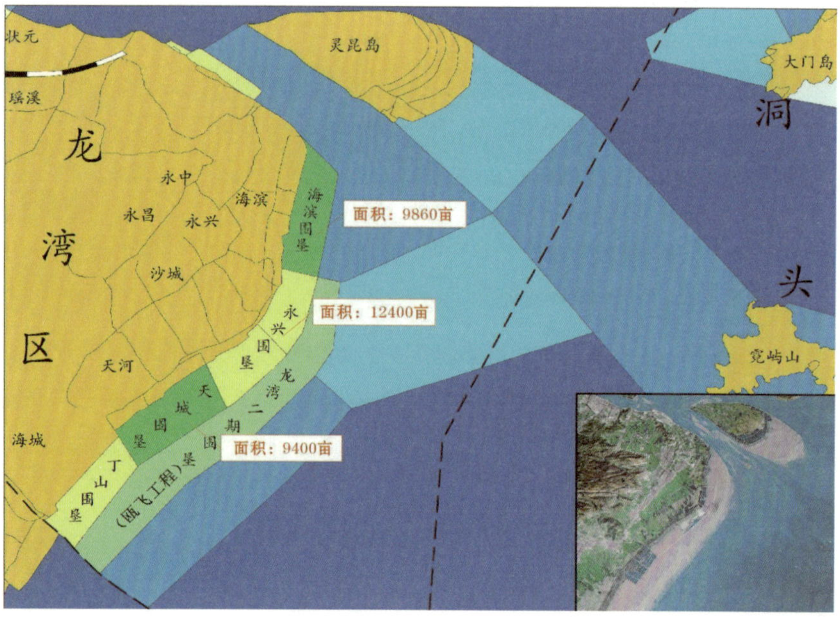

龙湾区三大围垦规划图　（区海涂围垦指挥部供稿）

目完成投资926万元，完成率115.7%；都市农业示范园区完成投资5931万元，完成率197.7%。完成融资5.57亿元，确保工程建设资金需求。完成海滨、永兴、天城三大围垦工程竣工验收，实现围垦工程竣工验收全面“清零”，完成率居全市第一。11月28日，海滨围垦工程标准化管理通过省水利厅验收。

【海滨围垦都市农业示范园区建设】 2016年，龙湾区海涂围垦指挥部完成《龙湾区海滨围垦都市农业示范园区总体规划》编制，园区为种植产业园和生态牧业产业园。种植产业园面积约4850亩，全年投入资金8000余万元，完成种植农业园土壤翻耕、挖沟挖渠等排灌设施，种植西瓜、甜瓜、水稻、花菜等20余种农作物，产出约3000万元。生态牧业产业园面积约400亩，全年投入资金4000余万元，完成畜牧养殖企业环评报批手续，完成建设管理用房、鸡舍、猪舍等设施建设，完善排水及进行沼气池设施建设，该项目为龙湾区节约土壤改良投资近1亿元。

【现代渔业产业园建设】 2016年，龙湾区海涂围垦指挥部引入温州市开源水产养殖有限公司，启动现代渔业产业园建设，规划建设为344.71亩，预算投资1893.8万元。完成管理房建设，鱼虾养殖设施大棚及配套设施20口，建综合生物处理池200亩。28口鱼虾养殖设施大棚投入使用，投苗南美白对虾近3000万尾，产出约300万元。另外，龙湾区现代农业生产发展资金项目通过验收。

【“旱改水”项目工程】 2016年，龙湾区海涂围垦指挥部在海滨围垦区内实施“旱改水”项目，为减少对现场农业开发影响，将“旱改水”项目错开时间分批立项分期实施。完成海滨围垦“旱改水”一期650亩和二期2058亩工程建设，通过完工验收及国土入库验收。完成“旱改水”三期2071亩立项及前期规划设计工作。海滨围垦“旱改水”一、二、三期工程可为全区输送约4800水田，有效缓解土地制约瓶颈。（周　瑞）

龙湾电力

【概况】 2016年，龙湾区供电分局实现服务区内全社会用电量35.65亿千瓦时，同比增长9.15%。销售电量34.6亿千瓦时，同比增长9.65%。线损率2.96%，同比下降0.44%。实现电费收入28.13亿元，回收率100%。电费短信订阅应用率76.7%。业扩报装服务时限达标率100%。受理业扩新装增容容量57.65万千伏安，完成送电容量34.45万千伏安。台区线损正确可计算率96.14%。推广智能电能表33190只，城市居民端（D类）电压合格率100%。年内，龙湾供电营业厅获评省供电公司“五星级供电营业厅”。

【电力安全生产管理】 2016年，龙湾区供电分局成立安全生产委员会、安全监督网络及消防、安全保卫工作领导小组等组织机构，全面落实各级安全责任，发布安全管理规程制度清单，深化作业现场安全风险管控。全年开展各类安全现场稽查次数达584次，发现并查处各类违章行为80次。配合相关行政部门完成保供电任务21次，协助输电运检室在龙湾供电分局管辖范围内35千伏及以上输变电设备防外力破坏事故的管理，杜绝外力破坏事故的发生。

【龙湾电网建设】 2016年，龙湾区供电分局推进220千伏龙东输变电工程、220千伏蒲州变整体改造工程、110千伏永十七输变电工程、110千伏瑶溪输变电工程建设，做好220千伏科技输变电工程、220千伏昆东输变电工程、110千伏龙府输变电工程、110千伏状元升压工程、110千伏民科1（山海）输变电工程、110千伏新川扩建工程前期项目手续办理。全年配合完成中央财政资金项目32项，投资资金14400万元。大修项目46项，完成资金入账1237.62万元，资金入账率99.92%。完成状元石坦村等8个行政村104个配变台区低压线路及进户线改造工作。

【电力配网故障管控】 2016年，龙湾区供电分局对近几年配网故障原因分析，通过改造防雷线路、加强线路运维、外协队伍协助护线防外破等措施有效降低配网故障率。有10千伏/20千伏线路324回，线路总长1426千米。其中，电缆线长366千米，电缆化率为25.6%，架空绝缘线长1060千米，架空线绝缘化率为100%。公用开闭所30座，配电变压器6307台，总容量为2642.1兆伏安。其中公用配变1466台，容量为704.3兆伏安，占总容量26.66%。全年龙湾片10（20）千伏线路故障发生140次，同比减少55次，同比下降28.2%。

【龙湾电力市场开拓】 2016年，龙湾区供电分局成立滨海服务组，主动对接各类经济园区、省市重点项目，为滨海开发区、高新园区、空港园区等各类园区入园企业开辟“绿色通道”，提供业扩全流程一条龙服务。争取到176户专变用户，合计容量达6.7万千伏安。接收10个

表28　2016年与2015年龙湾区供电分局管辖的全社会用电量对比表

序号	类型	2016年用电量（万千瓦时）	2015年用电量（万千瓦时）	同比增长（%）
1	居民用电	39102.81	33878.76	15.42
2	大工业用电	192859.34	181807.02	6.08
3	一般工商业及其他用电	120189.68	106317.87	13.05
4	农业生产用电	456.16	472.23	−3.40
5	线损电量	10556.44	11114.32	−5.02
6	合计电量	363164.43	333590.2	8.87

公建住宅小区，完成其中2个公建住宅小区送电工作；争取到万洋小微园、中港小微园、置信小微园等企业园区共200多用户供电。加大增量市场配电网架建设力度，在滨海片区和瓯江口新区共投入8961万元资金，新建与延伸配电线路12回，总长42千米，共建环网柜18座。挖掘电能替代潜力项目，落实好锅炉“煤（油）改电”电能替代电价优惠政策。完成电能替代增售电量9808万千瓦时，完成年度指标150.89%。多次联合龙湾中心区建设指挥部及行政执法等部门召开协调会，为充电桩建设开辟绿色通道，及时解决政策处理及施工中遇到的难题，完成2016年电动汽车充换电站建设任务。

【互联网+电力营销模式推广】 2016年，龙湾区供电分局积极推广“互联网+电力营销”，先后与瓯江口管委会发展改革局和经开区管委会经济发展局签订“多表合一”合作协议，明确合作方式、费用出资、后期维护等问题。与水务集团合作，试点远传水表及摄像表直采两种采集模式。全年完成摄像表直采水表112户，电子式远传水表432户，微信绑定23923户，低压APP注册11038个，95598网站2589个。

【龙湾电力投诉管控】 2016年，龙湾区供电分局加强投诉风险过程管控，建立由95598工作站牵头的投诉处理快速反应机制、龙湾区供电分局内部各班组之间的高效协同服务机制、投诉处理快报制度。全年共收到“95598”投诉工单57件，属实投诉30件，属实投诉占比52.63%。所有投诉中营销类投诉工单21件，占比36.84%（其中属实投诉5件），生产类投诉工单36件，占比63.16%（其中属实投诉25件）。（于莎莎）

永强电力

【概况】 2016年，龙湾区永强供电公司供电量16.36亿千瓦时，同比增长12.4%。其中，小水电自发电量608万千瓦时，同比增长15.8%（天河水电站发

表29　2016年与2015年永强供电公司管辖各街道用电量对比表

各街道	2016年用电量（万千瓦时）	2015年用电量（万千瓦时）	同比增长（%）
永中街道	51796.09	49923.95	3.70
海滨街道	35112.81	29852.58	17.62
永兴街道	21328.48	19039.92	12.02
沙城街道	28289.94	27107.45	4.36
天河街道	20011.10	16258.99	23.08

表30　2016年度永强供电公司管辖的全社会用电量构成情况表

行业分类	用电量（万千瓦时）	构成比例（%）
大工业	68538.81	41.89
一般工商业及其他	54844.13	33.52
农业	458.13	0.28
居民	39775.09	24.31

电386万千瓦时，白水水电站发电222万千瓦时）。供电可靠率99.5%，电压合格率99.96%，电费回收率100%。配电容量增加9.6万千伏安（包括专变7.6万千伏安）。电网最大负荷31.1万千瓦，较上年上升2.4万千瓦。电网平均最大负荷为23.2万千瓦，同比增长9.4%；平均负荷18.1万千瓦，同比增长8.8%。创税近8000万元，同比增长9%。年内，永强供电公司水电站被水利部授予“农村水电站安全生产标准化一级单位”。

【永强电力基础设施建设】 2016年，永强供电公司完成双岙、天河东、天河西水库标准化管理创建工作，其中双岙水库通过龙湾区水利局验收，天河东、天河西水库通过温州市水利局验收。白水水库大坝除险加固工程完成主体常规加固，增加大坝沉降、位移、库水位等观测设施。丰台水库大坝除险加固工程完成招投标，永强电力科技厂房项目主体工程和建筑智能化工程完工。投资2700万元，完成永中供电所附属楼翻新、新街综合楼外墙修复、天河水电站室外道路及水泥管预埋等19个基建工程。

【永强电力电网建设】 2016年，永强供电公司向省能源局就温州空港新区、天城围垦的增量配电业务局进行试点项目申报并获国家发改委审批通过。加大周边薄弱区域的电网建设力度，完成温州空港新区铜材市场、天河工业园十四路、蓝田标准厂房北新线等10千伏线路建设工程。完成温州市域轻轨永强站10千伏线路迁改工程、八甲变至衙城变21基铁塔线路安全改造工程、永中西路10千伏线路电缆化改造等重点工程项目。推进农村低压电网整改工作，超额完成28个村的改造任务。为永中老街范围内存在触电、火灾等安全隐患的居民生活用电安装漏电保护器总计380多只，进一步确保广大电力客户的人身和用电安全。完成高低压线路加固更新工程和安全隐患整改工作，总计立钢杆272株，立水泥杆725株，放线34.7公里，放电缆42.4公里，配合区行政执法局整治“四边三化”弱电架空线路，改造弱电线路整治点177处。

【永强电力安全生产】 2016年，永强供电公司在G20杭州峰会期间，推进隐患排查治理，对开闭所、线路、配网设备设施展开特巡，共检查单位889家，排查隐患355处，完成整改260处，停产整顿203家。落实省能监办22项整改项目，编制发布电力行业法律法规、行业标准规范、应建规章制度、操作规程及应急预案清单，制订《全员安全生产责任制》《安全生产事故隐患排查治理管理办法》《电力

安全信息报送制度》，修订完善相关应急预案21个。春、秋季安全大检查共查出安全隐患393条，落实整改324条，整改率为82%；开展现场安全稽查71次，发出违章整改通知书8份。全年“安全生产五大重点领域整治”“消防安全整治”“行业安全监管、隐患排查治理”等专项行动共查出隐患167处，整改率100%。

【永强电力优质服务】 2016年，永强供电公司落实各项便民利民举措，全力打造“永电服务”新形象。推进浙江省电力直接交易试点，确定供区内222家企业为直接交易用户，总计直接交易电量3.05亿千瓦时，直接交易降低电费1060多万元，实实在在为企业减负。针对高供高计用户，年底报停的不再进行停电操作，用户可用报装容量的5%，满足基本厂区生活用电需求。继续强化户外10kV带电作业，全年完成带电作业199个工作点，作业次数同比增加102次，提高电网可靠性和稳定性。加强电力热线服务，全年处理各类业务咨询20000多件，电力抢修7300多件，投诉举报19件，达到办理率100%，投诉回访率100%，实现工商行政组管理部门“零投诉”。

【永强电力经营管理】 2016年，永强供电公司加大周边区域的电力营销力度，全年争取到315千伏安以上增量配变用户67户，315千伏安以下增量配变用户41户，合计新增容量5.5万千伏安，新增供电量约8080万千瓦时。加强无功补偿和谐波治理工作，总计维护配变251台，更换电容约3600千乏。做好电价分析和异常分析，积极处理电费档案异常和用户电量异常，共纠正影响电费计算档案信息错误665户。提高计量装置运行的可靠性和准确性，全年检定并安装单相及三相电子表9600多只，新装及轮换配变表计1100多只，现场校验1700余只。各类设备投运率达到98%以上，集抄系统抄表成功率达到99.3%。

【永强电力队伍建设】 2016年，永强供电公司与浙江水利水电学院校企联合办学取得圆满成功，电气自动化专业班级38人通过专升本考试取得本科学历。组织各类岗位证书培训，全年培训并取证技能人员90人次。其中五级技能证书20人，四级技能证书21人，三级技能证书40人，技师6人，高级技师3人。支持、鼓励年轻职工提高学习能力和岗位技术资质，全年评定职称人员19人，其中助理工程师13人，工程师6人。（柯丽珍）

瓯海大道龙湾段工程建设

【瓯海大道土地开发利用】 2016年，瓯海大道龙湾段指挥部完成滨海园区龙湾工业园滨海三路北支路瓯海大道工业小区10.338亩路基供地、管道铺设和路面浇筑，工程完成率80%。确定瓯海大道浃底工业区0.5745亩土地供地对象，完成土地出让工作。完成温州市城乡园林苗木场土地安置转为货币安置相关工作。完成滨海工业园区龙湾工业园B08—02地块4.8393亩土地招拍挂。开展永中旧城YZ—01地块幼儿园前期招投标。完成瓯海大道双何村公园式改造绿化提升工程审计工作。

【瓯海大道政策扫尾处理】 2016年，瓯海大道龙湾段指挥部继续做好政策处理扫尾工作，25个村的财务结算只剩下永中街道东林村、横浃村、沙城街道八甲村等3个村未完成财务结算，43家拆迁企业剩下6家未结算。龙湾段全线814户住宅拆迁户剩下17户未认购。配合有关单位做好瓯海大道资金平衡用地内双何村、河滨村的坟墓、道路、简易房迁移、拆迁进行政策处理及E05地块小学建设涉及环一村的政策处理。

【瓯海大道安置房管理服务】 2016年，瓯海大道龙湾段指挥部完成沿线6个安置地块产权审批手续，6个安置点拆迁户可办理初始产权证、土地证。做好6个安置点1700多套安置房排污排水、智能监控、供电供气、电梯防盗门、道路绿化、地下车库、外墙渗水等售后维修服务工作。完成瑶溪生活区（龙江景苑）一期信访问题维修工作，完成二期污水总管疏通维修工作。配合“龙江景苑”A区业主成立业主委员会。（全振弟）

行政执法与市政管理

【概况】 2016年，龙湾区城管与执法局办结行政处罚案件5.02万件，罚款额940多万元；受理案件审批1738件，提前办结率100%。拆除违建面积144.14万平方米，新增城区绿地77.59公顷，完成道路维修面积21.7万平方米。新增公共自行车站点20处，新增公共自行车300辆。年内，“三改一拆”工作四区两市排名第二。

【“无违建区”创建】 2016年，龙湾区城管与执法局启动“无违建先进区”创建，“一户一档”建档7.2万余户，拆除违建面积144.14万平方米，完成年度计划180.18%。蒲州、瑶溪达到“基本无违建街道”标准，永中、海滨、永兴、状元等4个街道达到“无违建创建先进街道”标准。10月，开展“大拆大整”专项行动，共拆除违法建筑857处，53.45万平方米，“大拆大整”拆违工作年终排名全市并列第一。

【城市垃圾管理】 2016年，龙湾区城管与执法局建成空港新区、蒲州、屿田等垃圾中转站，改造完成永中衙前、蒲州下埠垃圾中转站。落实有害垃圾临时收集点2个，改造完成公厕7座，更新果壳箱、垃圾桶5200只。集中清理垃圾死角1.1万余处，清理垃圾1.2万余吨，生活垃圾无害化处理率100%。规范餐厨垃圾回收，经营面积在150平方米以上的餐饮单位，废油规范收运率达97%。全区223条河道保洁实现全覆盖，全年清理河道垃圾9140余吨。开展垃圾分类宣传活动40次，完成生活垃圾分类示范小区8个创建，生活垃圾分类收集覆盖面达60%以上，其中机关、企事业单位、学校和住宅小区已基本实现全覆盖。

【城市管理“治乱”专项行动】 2016年，龙湾区城管与执法局贯彻实施《温州市市容和环境卫生管理条例》，开展以“乱停车”“乱占道”“卫生脏乱”“设施破乱”“绿地杂乱”等“五乱”整治为载体的城市管理“治乱”专项行动。首次推行网格化和路长制管理，建立夜巡领导带班制，开展夜巡1.2万余人次，查处人行道乱停车5.7万余起，取缔流动摊点8084个，清理垃圾死角9000余处，修剪绿化460余万平方米，补植绿地7000余平方米，拆除违法户外广告1.1万余平方米。

【城市道路管养】 2016年，龙湾区城管与执法局做好城市道路三年计划综合整治，加大城市道路破损问题采集力度，完成维修面积21.7万平方米，道路完好率95.38%。其中，建中街、罗东北街、永定路等主要道路大中修9.75万平方米。对区管98座桥梁进行定期安全检测，检测率100%。城市道路保洁机扫率达74.24%，主干道达100%。启动区管道路路灯智能化监控系统改造工作，城市亮灯率及设施完好率达到95%和98%以上。

【城市园林绿化】 2016年，龙湾区新增城区绿地77.59公顷，新建提升精品小游园12个、自然花境25组，完成立体绿化5530平方米，省级绿道1公里。投资8700余万元，完成瓯海大道龙湾段约12公里绿化改造提升工程，涉及面积约35.2万平方米，共种植、移植苗木3万多株，种植灌木、草坪35万多平方米，种植花境约6500平方米，景石约1250多吨，瓯海大道龙湾段成为“三季有花、四季有景”的景观大道。完成瓯海大道、雁荡西路和龙江路3条绿化美化示范路创建，启动富康公园和校东公园建设。年内，雁荡西路获评市级绿化美化示范路，河泥荡文化公园获评全市十大最美公园、省级优质公园。

【燃气安全管理】 2016年，龙湾区城管与执法局开展瓶装燃气销售管控专项行动，实行燃气实名制销售管理，全年查处取缔非法供应点78家，暂扣气瓶数共计3501只。排查非居民瓶装燃气用户5234户（次），发放书面整改通知1100份。

【餐饮安全整治】 2016年，龙湾区城管与执法局加强餐厨垃圾专项整治，废油规范收运率达97%，回收废油640余吨，139家餐饮单位实现餐厨垃圾定点回收。加强流动摊点管理，取缔流动摊点7300余个，其中校园周边流动摊点514个，贩卖活禽流动摊点20个，取消临时疏导点3个。

【停车序化管理工作】 2016年，龙湾区城管与执法局完成区内6条道路1200个泊位的停车收费系统一期建设，11月1日全市统一启动停车收费工作。完善停车诱导系统，增加对停车收费路段泊位引导，共收集万达商圈、区府周边、罗东商圈、中心区各公园等停车泊位3300余个。停车收费二期项目完成前期调查，泊位数约1200个，于2017年启动建设。

【城镇排（污）水管理】 2016年，龙湾区城管与执法局按照“清三河”整治要求，推进沿河排水管网排查维养工作，完成管网维养共计171.18公里，完成年度任务的143%。实施并规范截污纳管区域排水许可管理工作，累计发放排水许可证968件。东片污水处理厂日处理水量达到12万吨/天以上。

【文明工地监管】 2016年，龙湾区城管与执法局推进文明工地监管，签订文明工地责任书100%。检查文明工地1728次，纠正不文明施工行为485起。工程车辆GPS实时监管，查处车辆不文明违法行为1714辆。其中，查处违法行为458辆，不文明行驶车辆1079辆。开展建筑泥浆专项整治，共查处涉河排放、倾倒建筑泥浆类案件16起。

【智慧城管】 2016年，龙湾区城管与执法局完善智慧城管运行管理机制，启动智慧城管二期工程建设，发挥“人人管”APP作用，调动全民参与城市管理。全年共受理案卷9.02万条，处置8.96万条，处置率99.29%，按期处置率98.85%。（黄一苗）

瓯海大道“样板工程”　　（杨　豪/摄）

2016年度龙湾区城中村改造剪影
〔区城中村改造办公室（工务局）供稿〕

交 通

交通管理

【概况】 2016年，龙湾区基础建设投资42.38亿元，完成年度任务118.96%，完成总量全市第一。其中，市本级项目完成投资38.76亿元，区本级项目完成投资3.63亿元。永强大道、龙海路等道路架空线路“上改下”有序推进，瓯海大道、滨海大道等道路完成综合整治，大罗山龙岗路（一期）开工建设。大中修农村公路11公里，打通断头路2条，白楼下高架桥修复工程竣工投用，完成国省道和农村公路7.9公里生态示范路创建。

11月28日，龙湾社区巴士瑶溪线开通 （区交通运输局供稿）

【交通规划】 2016年，龙湾区交通运输局编制《龙湾区综合交通运输十三五发展规划》，确立“优化公路、提升空港、强化枢纽、突破城轨”的目标，十三五期间龙湾区交通投资规模将达300亿元。谋划温州东至机场公路和茅永公路茅竹岭至瑶溪段改建工程两大交通项目前期工作，金丽温高速东延伸线工程配合确定线位。温州东至机场公路工程起点位于状元，终点位于瓯飞围垦区内，长15.36公里，总投资24.5亿元；茅永公路茅竹岭至瑶溪段改建工程起点位于白楼下村，终点位于瑶溪街道永胜村，长约4.25公里，投资15.4亿元；金丽温高速东延伸线起点接金丽温高速，终点接甬台温高速公路复线，龙湾段长15.3公里，投资约64.3亿元。谋划龙岗路、天柱寺路、郑宅路、双岙路、瑶溪支线、西台岙路、茅竹岭路、大岙溪路共8条环大罗山上山公路。

【公共交通建设】 2016年，龙湾区交通运输局新建改造公交候车廊28个，优化公交线路7条，新增57辆公交车，将140路、141路、142路三条公交线路纳入市交运集团增车范围。委托第三方机构在全省率先开展经营评估，确立继续发展社区巴士思路，区社区巴士公司完成增资1000万元，新增瑶溪线路，全区社区巴士线路达6条、车辆达50辆，实现社区巴士6个街道全覆盖。协调汤家桥公交总站、状元桥公交始发站、区府东始发站建设。

【交通工程质量监督】 2016年，龙湾区交通运输局加强交通工程质量监督，监督在建工程项目17个，投资额50万元以上项目监督覆盖率100%。办结交通工程质量评定备案项目7个、竣工质量评定备案项目7个，工程质量合格率达100%。（曹成龙）

铁 路

【概况】 2016年，金温铁路公司发送旅客286万人，货运量904万吨，旅客周转量119085万人公里，货物周转量184321万吨公里；港铁联运发送量481万吨。5月16日，增开旅客列车温州至青岛。至2016年12月31日，公司实现安全生产6273天，实现第十七个行车人身安全年。年内，公司获评2015年度省属企业先进党组织，连续第十四年被评为全国“安康杯”竞赛活动优胜单位。

【金温铁路公司科技创新项目】 2016年，金温铁路公司按实用新型、技改、经营拓展、管理创新分类，投入科技创新资金700万元。开发完成《金温铁路安全风险问题控制系统》项目，公司研发多媒体IP集群调度通信系统获2015年度中国铁道学会科学技术二等奖，山区铁路营业线施工安全管理获上海铁路局科技创新立项。

【金温铁路安全生产】 2016年，金温铁路公司更换伤损钢轨62根、夹板90块、螺栓3个、基本轨13根、尖轨9根、岔心29个，接受上海铁路局轨检车检查7次，线路检查优良率100%。公司全年完成机车大修2台、中修9台、小修48台，客车厂修26辆、段修128辆、辅修198辆。（张晓莉）

公路与铁路工程建设

【概况】 2016年，龙湾区公路与铁路工程建设投资251262万元，完成年度任务122.54%。6月30日，龙湾区交通工程建设办公室（区铁路建设办公室）设立，为区政府直属公益一类事业单位，设综合科、地政科、总师办、拆迁与安置科、工程建设科等5个职能科室，负责全区交通工程建设、铁路建设工作。

【交通工程建设】 2016年，瓯江南口大桥南接线工程路基完成78.3%，桥梁完成55%，总体进度完成60.5%；累计固定资产投资2045万元，完成年度计划204.5%。瓯海大道东延及枢纽集散系统工程（滨海大道北段）桥梁完成68.8%，总体进度完成75%；累计固定资产投资20567万元，完成年度计划158.21%。温州洞鹿公路龙湾永中至海城段工程一期（龙湾区段）路基工程完成46%，桥梁工程完成16.71%，总体进度完成29.4%；累计固定资产投资13650万元，完成年度计划227.5%。龙湾区灵昆大道接线隧道工程和77省瑶永段工程完成竣工验收。市域铁路S1一线龙湾段8个标段在建工程，累计固定资产投资123230万元，完成年度计划110.4%。市域铁路S1线瑶溪站安置房工程已开工建设，累计固定资产投资15171万元，完成年度计划189.64%。市域铁路S2线一期工程完成固定资产投资42988万元，完成年度计划112.87%。

市域铁路龙湾段工程　（叶晓东/摄）

【交通工程建设征地工作】 2016年，温州洞鹿公路龙湾永中至海城段工程一期（龙湾区段），完成供地手续办理。温州甬台温高速复线工程完成245.808亩集体土地征地补偿协议签订工作，完成169.6425亩国有土地收回报批件的签订工作。市域铁路S1线工程龙湾段完成14个村395.02亩土地交地和614.082亩配套用地征收，完成主线施工用地范围内38.5亩国有土地收回工作，开展756亩综合开发用地土地组件报批工作。市域铁路S2线工程完成11个村土地征地共39.321亩，为全市首个完成主线征地。

【交通工程拆迁工作】 2016年，温州洞鹿公路龙湾永中至海城段工程一期（龙湾区段）项目红线范围内23家企业已全部拆除，甬台温高速复线龙湾段工程完成红线范围内6620.54平方米建筑物拆迁工作。市域铁路S1线龙湾段主线范围内剩余拆迁房屋已拆除2.2万平方米，拆迁配套设施用地14.1万平方米，合计16.3万平方米，涉及永中街道、蒲州街道、永兴街道、状元街道、瑶溪街道等5个街道9个村，全线拆迁工作完成率100%。

【交通工程政策处理】 2016年，龙湾区交通工程办公室（区铁路建设办公室）完成供地约1250亩，完成征地相关工作和25个村地面附着物处理，迁移坟墓284宗。完成市域铁路龙湾段综合管迁改管线374条。开展330国道龙湾段工程电力和管线迁改，甬台温复线龙湾段工程三个标段施工进场临时用地、施工便道、违章拆除、金海岸养殖户政策处理。市域铁路S1线政策处理实现“清零”，区边角地、夹心地“一次性政策”处理。

【交通工程建设融资】 2016年，龙湾区交通工程办公室（区铁路建设办公室）本着“争取国家，借足银行，用活自己”融资思路，融合龙湾开发公司、交通投资公司等区内融资平台，争取上级补助资金500万元，融资2.7亿元，完成年度融资计划161.76%。（胡壮娜）

民　航

【概况】 2016年，温州龙湾国际机场航班起降量6.79万架次，旅客吞吐量818.97万人次，货邮吞吐量7.77万吨，分别同比增长9.99%、11.27%、7.03%。其中，国际（地区）旅客吞吐量39.31万人次。全年旅客吞吐量居省内机场第2位，在全国218座机场中排名第31位，通航城市累计109个。年内，温州

12月23日，温州龙湾国际机场年旅客吞吐量首次突破800万人次　（温州龙湾国际机场供稿）

机场集团获评全国安全文化建设示范企业、浙江省2016年春运工作先进单位，机场新建航站楼工程获评2016年度浙江省金钢奖，机场实现连续第27个安全生产年。

【领导调研温州机场】　2016年4月7日，中国民用机场协会理事长、民航局原副局长夏兴华一行到温州机场调研机场经营发展情况。7月19日，浙江省委副书记、代省长车俊一行到温州机场视察T2航站楼建设情况，要求温州加快现代综合交通体系建设，补齐交通基础设施短板。8月29日，民航局副局长李健一行到温州机场开展G20杭州峰会安保与运输保障工作督查。11月9日，浙江省副省长高兴夫一行到温州机场考察机场综合交通枢纽建设情况。

【机场配套设施建设】　2016年，温州龙湾国际机场新建航站楼工程完成幕墙、屋面和装饰施工，并通过主体结构验收。新建航站区配套工程完成一标段建设并临时投用，新增10个飞机停靠机位，其中包括2个E类飞机停靠机位。综合服务用房和宿舍完工并投用，市域铁路S1线机场段管线迁改工程完工，新建货运区及生产辅助设施工程进场施工，交通枢纽综合体工程启动地下部分建设。通用航空基地完成海洋功能区划调整；航空总部大楼工程完成变配电工程、人防工程及幕墙工程验收。全年完成市级政府投资计划15.81亿元。

【航空食品用房工程开工】　2016年8月11日，温州龙湾国际机场新建航空食品用房工程正式开工建设。该工程占地面积约15亩，建筑面积1.2万平方米，预计投资1.04亿元，建成后将作为温州龙湾国际机场汉莎航空食品有限公司正式运营后的生产经营场所。另外，温州龙湾机场汉莎航空食品有限公司混合所有制管理机制试点方案于1月获温州市政府批准，试点期限为两年，自正式生产经营之日开始计算。

【机场建设融资】　2016年，温州龙湾国际机场争取到国家发改委批复温州机场专项建设基金5.7亿元，完成第一批50处市级房产划拨工作，7亿元超短融和10亿元永续债注册，成功发行超短融3亿元。全年实际融资到位21.95亿元，超额完成年度招商引资任务3.55亿元。

【温州机场市场业务拓宽】　2016年，温州龙湾国际机场重视客源组织，引导周边旅客赴温州机场乘机出行。升级机场至动车站地面班线，与OTA开展线上合作，推出“空铁联运”产品；开通“温州机场—泰顺”巴士专线，温州地面交通班线增至12条。联合市旅游局组织召开年度航旅推介会，推介“经温飞”航空中转产品，引导国内外旅客以温州机场为枢纽进行中转。成功引进上海航空在温设立过夜基地，停场过夜飞机规模最高增至15架。加大“低成本”航空公司引进，运力投放规模明显增长。正式开通国际进口邮件交换站，成功拓展跨境电商快递业务，联合天津、石家庄等机场共同开展海鲜市场和圆通快递业务。温州机场进境食用水生动物指定口岸资质获国家质量监督检验检疫总局审核通过，口岸类别为A类（航空），允许进境类别为鱼类、甲壳类、软体类。

【机场管理服务提升】　2016年，温州龙湾国际机场认真贯彻实施《航班正常管理规定》，制定航前各项准备和航后接收备降航班操作流程，设备故障和联检单位入境系统临时故障处置方案。推进航班数据交互平台与空管CDM信息对接，航班平均放行正常率为74.08%。温州机场国内候机楼团队服务柜台开通，启动团队旅客“一站式”服务。以航班正常、票务服务、行李运输、餐饮质量、特殊航空运输、候机服务为重点，开展服务承诺专项效能督查，围绕“真情服务”为底线，提升服务质量。全年顾客满意度达4.58，平均投诉率低于机场旅客吞吐量万分之0.17。

【机场安全工作】　2016年，温州龙湾国际机场开展各类专项整治活动，共组织各类应急演练105次，成功举办年度应急救援综合演练。积极打造诚信安全文化，荣获全国安全文化建设示范企业。加大安全设施改造，新购并投用气源车、牵引车、消防应急救援设备及超声波驱鸟系统，更新控制区围界1400余米。与院校合作开展飞行区鸟情监测，上报鸟击航空器事件同比减少36起。温州龙湾国际机场作为G20杭州峰会七个指定备降机场之一，也是浙江省唯一一个走包机和公务机备降、转场机场。从5月12日起，温州机场集团启动“平安护航G20”大会战，制定护航G20专项行动方案，实施7大行动，分解落实12个工作要点，排查整改各类安全隐患151项，出色完成G20杭州峰会保障工作。温州机场集团获评浙江省交通厅G20杭州峰会交通运输服务保障工作先进单位，温州机场安检护卫公司获评民航局G20峰会民航运输安全保障工作先进集体。

【运营航空公司引进】 2016年1月20日，越南捷星太平洋航空进驻温州机场，首开温州—越南芽庄包机航线。7月20日，桂林航空进驻温州机场，首开航线为温州—桂林航线。9月7日，长安航空进驻温州机场，首开航线为温州—宜昌—西安航线。10月30日，北部湾航空进驻温州机场，首开航线为温州—南宁航线。10月30日，乌鲁木齐航空进驻温州机场，首开航线为温州—郑州—乌鲁木齐航线。

【航线网络建设】 2016年1月20日，温州—越南芽庄包机航线首开。1月30日，温州—马来西亚沙巴航线开通。2月1日，温州—吉林长白山航线开通。2月3日，温州—日本钏路航线开通。4月9日，温州—越南海防航线开通。7月2日，温州—菲律宾宿务、温州—内蒙古海拉尔航线开通。7月5日，温州—山东济宁航线开通。7月11日，温州—内蒙古满洲里航线开通。7月20，温州—桂林航线首开。7月22日，温州—贵州凯里航线开通。9月7日，温州—宜昌—西安航线首开。10月30日，温州—南宁航线首开。10月30日，温州—郑州—乌鲁木齐航线首开。11月1日，温州—贵州黎平航线开通。

【运营城市航点】 2016年，温州龙湾国际机场有国内航点52个：北京、上海、广州、重庆、成都、深圳、昆明、武汉、长沙、海口、青岛、贵阳、沈阳、西安、厦门、三亚、郑州、乌鲁木齐、南京、济南、太原、大连、哈尔滨、石家庄、长春、南宁、桂林、延吉、临沂、珠海、丽江、兰州、南昌、遵义、柳州、天津、阜阳、银川、西宁、揭阳、淮安、呼和浩特、合肥、南通、秦皇岛、济宁、呼伦贝尔、满洲里、宜昌、凯里、白山、黎平。地区航点2个：香港、台北。国际航点15个：意大利罗马，韩国首尔、济州，日本大阪、静冈、钏路，泰国曼谷、素叻他尼，越南岘港、芽庄、海防，菲律宾卡利博、宿雾，印尼巴厘岛，马来西亚沙巴。（李　翔）

公路路政

【概况】 2016年，龙湾区公路管理局围绕美丽公路建设目标，有序推进工程建设及养护工作，全年养护工程共计投资7246万元。至年末，全区公路密度82.17公里/百平方公里，公路通达率100%。公路里程271.147公里，其中辖区高速公路里程15.75公里，一级公路54.09公里，二级公路17.05公里，三级公路7.40公里，四级公路151.32公里，准四级公路25.54公里。

【公路机构改革】 2016年，龙湾区编委印发《关于同意温州市龙湾区公路管理局变更经费形式的批复》，区公路管理局经费形式由自收自支转为全额拨款，编制人数46人，设有综合办公室、养护工程科、路政法制管理科（审批科）、路政一中队、路政二中队、养护站。

【农村公路修复提升】 2016年，龙湾区公路管理局完成县道茅永线、塘永线大中修工程11公里，总投资160万元。完成瑶永线龙河桥、水心桥、龙心桥修复加固工程，总投资151万元；完成塘永线沧河桥修复加固工程，总投资442万元。实施农村公路改造工程任务里程7.4公里，涉及6个街道30个项目，总投资约2000万元。启动联网公路（大罗山龙岗路）建设，计划新建2.24公里，投资1760万元。

【干线公路专项养护投资】 2016年，龙湾区公路管理局实施干线公路专项养护工程，计划总投资2876万元。完成白楼下立交桥应急抢修工程建设，投资777万元。实施茅竹岭桥维修改造工程建设，全长21.5米，投资62.97万元。实施国省道大中修工程建设，完成路面预防性养护工程建设，总投资约836万元；启动沿江段白改黑工程建设，完成设计修改，计划投资1210.70万元。

【公路日常养护】 2016年，龙湾区公路管理局按照建管养并重原则，提高公路养护水平。全年完成路面坑洞修补约1.5万平方米，沥青路面灌缝2.6万多米，排水、边坡等修复500多米，附属设施修复完善1600多米，总投资约398万元。全年共争取200多万小修保养地方补助资金。做好标志标线管理，共投入186万元对机场路、塘永公路、茅永公路标志标线等安全设施进行增设和维护。

【路边“三化”整治】 2016年，龙湾区公路管理局推进公路边“三化”暨“三改一拆”整治，实行一周一巡查，一月一督查，每季一考核机制。全年违建拆除169处，合计面积293883.5平方米，拆后绿化1处，绿化面积900平方米；新增绿化4处，绿化面积9600平方米；立面赤膊房整治2944处，破旧房整修1307处；拆除违章广告230处，拆除面积2635平方米；清理乱堆乱放5405处，

大罗山龙岗路（一期）工程　　（区交通运输局供稿）

合计4747.4立方米。至年末，公路边“三化”省级问题点位2个、市级问题点位11个、县级问题点位6个、路域环境整治问题点位13个，全部完成整治。

【智慧交通（公路）建设】 2016年，龙湾智慧交通（公路）一期项目主体工程已完成，主要建设项目为交通指挥中心（临时）、视频资源的整合调用、应用系统建设、网络架构的改造升级、数据的采集存储等，项目投资218.27万元。另外，区公路管理局对智慧公路一期项目功能、性能等方面进行完善，应用软件系统上线试运行。

【路政执法】 2016年，龙湾区公路管理局办理行政许可7件，路损案件21件，共收取赔（补）偿款45830元；办理行政处罚293件，办结率、正确率均达到100%，无行政复议被撤销案件和行政诉讼败诉案件。强化路面执法，全年查获车辆294辆，处置车辆293辆，收取罚没款71280元，卸载货物8551.34吨。开展护航G20·严查超限超载百日专项行动，出动执法人员762次，查处超限车辆79辆，卸载货物1842.59吨。做好区域内联动执法及部门联合执法，6月至9月联合交警每月开展3次“龙安”系列治超专项行动。（王　梅）

温州大桥

【概况】 2016年，温州大桥管理处以打造高速公路运营管理品牌为目标，全面加强通行费征收管理，着力提升文明服务水平。坚持“应征不漏、应免不征”的原则，联合高速路政等部门开展打击假冒“绿通车”、违法“超限车”等专项整治行动，保持了通行费收入持续增长的良好态势。12月26日，温州市高速公路运营管理有限公司成立。

【大桥站点设备设施建设】 2016年，温州大桥管理处启动各站点高清化监控系统整改，完成办公区域和温州东收费站高清监控设备调试和联网测试，完成大桥北、七都收费站、绕城北线段各收费站点高清改造目项。与省机电集团签订了合作协议，共同研发《一体化智能收费亭》项目，该项目获省科技厅立项，于8月全省首台一体化智能收费亭在温州东收费站完成安装。推进ETC多通道建设，完成温州东收费站“一进二出”3条ETC车道建设并投入运用。完成夜间金库、各站点收费亭静电地板、雾灯、交通灯、绕城各站点照明节能改造，电费同比下降20%。

【大桥站点保畅工作】 2016年，温州大桥管理处认真落实各站点安全保畅工作，完善安保应急预案，实行24小时值班制度，与交警、路政、公安等部门执行联勤联动机制，落实G20杭州峰会以及重大节假日期间辖区路段安全保畅、路况环境、路况保障、窗口服务等保障工作。节假日期间，下辖各收费站点车流量达216万辆次，其中免费通行小型客车达184万辆次，占车辆85.2%，减免通行费2008万元。瓯海大道分期封闭期间，机场大道车流量激增，温州东收费站车流量日均增4000多辆，大桥安保处加强现场管理、机电维修人员蹲点工作、错峰维养等举措有效缓解温州东收费站通行压力。

【大桥站点安全生产】 2016年，温州大桥管理处与各科室、全体职工签订《安全生产目标管理责任书》《安全承诺书》，制定和完善《防恐怖、防破坏应急预案》《建设项目安全设施“三同时”管理制度》《安全生产责任制》《安全生产费用计列和使用管理办法》等10余项制度。全年组织企业负责人培训13人次，安全管理人员培训106人次，基层后备管理人员培训63人，员工培训1469人次。组织开展“安全生产月和安全生产万里行”活动、“安康杯”知识竞赛等主题活动，提升全员安全生产意识。加大安全隐患排查，组织隐患排查506次，排查出隐患25项，整改25项，整改率达100%。

【大桥企业文明建设】 2016年，温州大桥管理处深化党建品牌创新工程，着力抓好党员志愿服务队、“一站一品”“红细胞工程”等创建工作，与永嘉县桥下镇下陇村建立“双千结对”关系。开展“美丽示范窗口”创建，温州东收费站获评全国交通运输行业“文明示范窗口”、浙江交通运输系统“最美示范窗口”、首批浙江公路行业“最美示范窗口”。组织开展职工元宵“猜灯谜”“大桥杯”职工乒乓球赛、“爱岗敬业”征文等比赛。制定年度志愿服务工作，开展 “五四”青年节敬老慰问、“雷锋日”下陇村志愿服务、“温州大桥志愿服务日”等20余项志愿服务活动。参与社会公益活动，承办温州希望工程金秋关爱活动，为泰顺灾区100名贫困学生实现“微心愿”；重阳节在下陇村为115名留守老人送去慰问品、慰问金，并提供义诊、义务理发等便民服务。（郑　磊）

10月14日，温州大桥管理处开展“雷锋日”下陇村志愿服务　（温州大桥管理处供稿）

邮政·信息化

信息化管理

【概况】 2016年，龙湾区经信局推进“两化”深度融合，软件和信息服务业产值突破3亿元，新增市、区级两化融合示范试点企业4家，市级优秀首席信息官1名，省级两化融合试点企业1家，省制造业网络营销示范企业1家，温州市爱好笔业有限公司获评国家工信部两化融合管理体系贯标试点企业。成功申报省级信息经济发展示范区和省级软件和信息服务产业创业基地，获省级专项补助资金650万元。

【智慧城区建设】 2016年，龙湾区加快推进智慧龙湾运营服务中心与16个智慧城市项目，涉及治安管理、产业建设、民生服务等多个领域，投资3000万元。建设智慧城市先行先试示范区的样板项目——区规划展示馆。建成通信基站174个，无线网络接入设备1986个，实现61个公共场所免费无线网络覆盖。（朱丽丹）

邮　政

【概况】 2016年，龙湾区邮政业务收入4800万元，同比增长19.1%，其中快递业务收入2086万元，同比增长753%。邮政保险出单53单，实际回收120万元，创造了本级单场签单金额新纪录。

【邮政包裹业务】 2016年，温州市邮政局龙湾分局制定以轻小件邮件为主的发展思路，重点拓展龙湾辖区内的开关行业、礼品用品等市场，通过线上搜索客户，线下地毯式走访电商园区、重点市场等方式，有针对性地对目标客户开展营销。至11月30日，收寄协议快递包裹629568件，累计收入313.79万元；国际小包545536件，有效收入1430.87万元，其中线上发货150355件，有效收入200.40万元。调整快包投递酬金标准，优化投递道段，设置投递接转点，投递揽收数量同比增加700%多，投递进口同比增长385%。

【邮资封片业务】 2016年，温州市邮政局龙湾分局为推进传统业务转型，更加注重产品的实用性和性价比，邮资封片取得新发展。以邮资封形式为北航温州研究院、龙湾区第一人民医院、高速公路交通警察温州支队和福达合金材料股份有限公司等单位制作日常邮资片，完成封片卡业务16.2万张。

【邮掌柜推广】 2016年，温州市邮政局龙湾分局加快电子商务进农村，开展邮掌柜进村布点工作。安装邮掌柜86个，完成率108.54%，活跃度88.98%。全年邮掌柜开通缴水电费20多家，网购2384笔，会员发展4168位。（周恩敏）

龙湾规划展示馆　　（区委史志办供稿）

电　信

【概况】 2016年，中国电信龙湾分局实现电信经营收入约2.8亿元。做好智慧城市项目，成功中标智慧龙湾（二期）项目、龙湾区无线城市项目、经开区智慧城管项目、滨海围垦指挥中心监控平台、龙湾公安智慧村居视频监控项目、龙湾区城市管理与行政执法局云桌面办公系统项目。

【电信网络建设】 2016年，中国电信龙湾分局完成龙湾国际机场新机房建设，新建固话端口容量1888线、宽带容量480线，割接固话用户1660户、宽带用户380户，总投资113万元。完成全区24条道路及5个社区、村、时尚商圈架空线路迁改整治。端对端维护隐患点上平台421处。加强4G网络设施建设，开通LTE四期室外站164个，开通率101.23%；LTE四期室分信源58处，完成率100%；谋划85个LTE800M五期室外站工程，完成配套率100%。（何善勇）

移　动

【概况】 2016年，中国移动龙湾分公司实现运营收入超6亿元，经营业绩在全地区排名领先。4G用户超50万户，实现龙湾4G网络全覆盖。飞享套餐用户累计46万户，家庭宽带用户达12.5万户。

【移动网络建设】 2016年，中国移动龙湾分公司开展TD—LTE建设，加强4G深度覆盖，优化GSM网络质量。全年新增F频段4G基站110个，扩容D频段4G基站50个，新增小微站68个，室内分布75个，4G MR手机覆盖率从87.58%提升到92.47%，辖区内企业光缆线路覆盖超8成。

【移动实名制工作】 2016年，中国移动龙湾分公司积极推进实名制工作，针对客户实际情况，采用多轮次点对点短信外呼、客户经理上门、广告推送等方式，引导客户实名补登记，确保做到100%提醒到位。年内，中国移动龙湾分公司实名认证率达99.99%。（叶海韵）

联　通

【概况】 2016年，中国联通龙湾分公司运营收入8200万元，自有营业厅12家，渠道签约网点上百家。年内，龙湾永中东路营业厅获评2016年度浙江联通文明示范窗口、2016年度浙江巾帼文明岗。

【联通网络建设】 2016年，中国联通龙湾分公司为响应国家提速降费的号召，加速推进网络建设。新增3G基站70个，4G基站180个，新建管道90孔公里；对原电缆机房用户进行光改迁移，完成20个机房用户光改工作；配合当地政府完成各类线路迁改、整治割接共计147次。

【联通智慧产品】 2016年，中国联通龙湾分公司以智慧城市建设为契机，积极拓展智慧产品。成功拓展智慧工地29个，新增专线收入8万多元，新增智慧工地ICT收入20万多元，并成功合作10家建筑公司；参与公安局沃对讲、无线WIFI城市建设、碧桂园综合布线、海洋局监控、人行道视频监控、停车收费管理等项目。（汪亚静）

财政·税务

财　政

【概况】　2016年，龙湾区财政局总收入39.47亿元，同比增长3.5%，其中一般公共预算收入25.07亿元，同比增长8.0%。一般公共预算支出27.39亿元，同比增长4.9%。政府性基金收入22.07亿元，完成预算的117.7%，政府性基金支出23.16亿元，完成预算的123.5%。“三公”经费支出1179万元，同比下降17.1%，较年初预算节约697万元。年内，区财政局获评2011—2015年全市法治宣传教育先进集体、2016年度全市财政监督工作先进单位。

【财政非税收入征管】　2016年，龙湾区财政局规范非税收入管理，推进新版财政票据整合改版，更新全区302家单位财政票据，单位非税征管在线开票率100.0%。开展非税统一公共支付平台应用试点，执收单位5家，执收项目6个，全年平台支付笔数6704笔共计118万元。首次将非税收入纳入2017年预算编制范围，从非税收入分类预算管理等方面入手，探索建立非税支出标准，逐步建立非税收支综合预算体系。

【财政支持实体经济】　2016年，龙湾区财政局积极向省市争取财政补助资金，深入企业精准帮扶。全年落实财政补助资金1.40亿元，其中区本级9673万元，上级财政补助4344万元。加大企业融资解困力度，为企业解决应急转贷资金84笔共计5.17亿元，专项信用贷款23户共计5115万元，切实解决企业融资难担保难问题。加大对企业技改投入、节能降耗、新三板企业、互联网新型经济等方面补助力度，共计8000万元。

【财政保障民生事业】　2016年，龙湾区财政安排民生支出17.18亿元，占一般公共预算支出79.4%，同比增长5.0%。其中，教育支出5.80亿元，同比增长7.9%，落实义务教育经费保障和民办教育综合改革奖补政策；医疗卫生支出2.68亿元，用于完善基层医疗卫生服务体系；安排养老服务体系建设资金1200万元，加快推动养老服务工作由补缺型向适度惠普型转变。全年“三公”经费节约资金全部用于民生支出。

【财政建设资金筹措】　2016年，龙湾区财政局完成财政拨款28.26亿元（其中争取市级补助7.75亿元），确保全区279个建设项目资金需求。加强基建财务管理，完成区检察院侦查大楼等4个项目竣工财务决算，形成交付使用资产3.73亿元。推广运用政府和社会资本合作模式（PPP），投资21.71亿元完成朱垟村城中村改造等3个项目政府采购工作。争取国家政策银行支持及设立政府产业基金等方式，筹集5年期以上城中村改造专项资金70.17亿元。加大债券置换力度，累计完成置换债券30.65亿元。

表31　2016年度与前4年龙湾区财政收支情况对比表

年份	财政总收入（亿元）	同比增长（%）	财政总支出（亿元）	同比增长（%）
2012年	30.32	0.7	13.46	0.7
2013年	37.62	7.4	18.82	13.9
2014年	38.88	3.3	20.95	11.3
2015年	38.05	3.4	24.45	8.2
2016年	39.47	3.5	27.39	4.9

【财政支农惠农】　2016年，龙湾区财政局牵头推进财政支农体制机制改革，出台农业农村发展、林业发展与资源保护、扶贫、水利建设与发展等5个部门专项资金管理办法，制定支农政策清单48项。拨付规模种粮补贴233万元，落实政策性农业、农房保险保费补贴126万元，安排耕地地力保护补贴、耕地保护补偿资金190万元。推进农业供给侧改革，扶持海滨围垦都市现代农业园区投资规模100万元以上重点农业项目6个。

【财政预算绩效管理】　2016年，龙湾区财政局将预算绩效目标申报嵌入预算编制软件，加强过程跟踪、完成评价、整体评价和结果运用。开展2015年预算项目绩效自评275个、5.63亿元，分别同比增长11.8%和12.0%。选取28个部门预算项目绩效自评复核，复核结果作为2017年部门预算安排参考依据。开展省市上下联动重点评价项目2个，评价金额250万元。结合政府购买服务改革试点工作，开展村居视频监控租赁项目区级重点绩效评价工作，评价金额约1600万元。开展财政非税专户资金竞争性存放公开招标工作，增加财政收入793万元。

【财政资金资产监管】 2016年，龙湾区财政局加强结算评审管理，公开招标15家评审中介机构入库，全年审结项目515个，送审金额7.83亿元，审定金额7.25亿元，核减5840万元，核减率7.5%。规范政府采购管理，政府采购总预算29.75亿元，实际政府采购金额28.02亿元，节约资金1.73亿元。严格财政资金支出监管，预警规则由7条扩展至12条。理清行政事业单位资产169家，处置历史遗留有账无物资产160万元，制定出台资产管理5项制度，对资产配置、使用和处置全过程全方面进行有效监管。

【国有企业监管】 2016年，龙湾区财政局出台《龙湾区各街道农投公司整合工作实施方案》，改革重组臻龙集团等3大融资平台。组建文化传媒公司和腾龙市场开发公司，划转金昌公司、高新建投公司等4家股权至浙南科技城管委会。探索国企监管新模式，通过安排外派监事，制定相关外派监事管理制度，加强国企监管。首次开展国企薪酬管理，确定2016年工资总额预计控制数，完善收入分配管理调控机制。完成45家国企231名员工名册核实，国资办定编79人；批准录用9家国企考录30人次，流动5人，共计35人；考察任命温州金昌投资有限公司、温州市龙湾区文化传媒有限公司等3家公司共计6位国企领导。

【国库集中支付改革】 2016年，龙湾区财政局继续深入国库集中支付改革，加大资金统筹力度，清理沉淀资金，盘活存量资金，收回结余资金。全年国库集中支付清算资金29.1亿元，国库集中支付当年指标收回1.8亿元，历年结余收回684万元，收回部门实有账户2年以上财政结余资金3697万元。（姜赛芬）

地方税务

【概况】 2016年，龙湾区地税分局组织收入29.83亿元，同比增长5.59%。税收结构不断优化，地方税占比83.21%，同比提高2.4个百分比。

【地税税源管理】 2016年，龙湾区地税分局加强重点税种和重点事项管理，12万元以上个人所得税申报2741人次，任务完成率101.52%。汇算清缴企业所得税3378户，入库企业所得税4249.64万元。向法院申请破产程序和申报税收债权145户，入库税款3055.39万元；从住建局取得房产涉税信息6845户次，入库税款22208.25万元；从国土局取得新增及变更土地信息3566户次，取得税收收入3668.24万元；催缴围填海项目耕占税3207.82万元。不动产登记中心联办点办理业务量8320件，同比增长71.19%；入库税款41537.35万元，同比增长38.87%。

【地税行政改革】 2016年，龙湾区地税分局继续推进地税相关改革，全面推开“营改增”，部署金税三期上线。强化政策宣传工作，打造“营改增”青年志愿服务先锋队。组织并参加17次内部“金三”培训，参训260人，做到税务人员全覆盖。开展“金三”网税系统、个税全员系统专题操作、房产税城镇土地使用税培训累计36次，培训纳税人6200户次。配合当地国税部门做好户管资料交接，协同走访重点建筑业企业上门宣传服务。“营改增”后，清点、核销发票1535917份，加强营改增试点纳税人地税发票缴销工作。清理各批次数据25930条，确保金税三期核心征管数据迁移质量。

【地税优惠减免政策】 2016年，龙湾区地税分局核准2015年度房产税减免90户，减免603.84万元，分别同比增长462.5%和401.28%。优秀类企业城镇土地使用税减免共141户、困难企业减免5户，减免金额共计908.63万元。受理地方水利建设基金减免企业175户，减免金额1204.76万元。为289户小微企业减免税费共计351.42万元，对484户年应纳税所得额30万元以内（含30万元）小微企业减半征收企业所得税，优惠金额454.08万元。对526户次月销售额或营业额不超过10万元的缴纳义务人免征教育费附加、地方教育附加和地方水利建设基金，优惠金额38.76万元。对月销售额或营业额不超过3万元的小微企业，自登记之日起3年内免征教育费附加、文化事业建设费等5项政府性基金，共有65032户次企业享受该政策，优惠金额101.82万元。

【地税风险管理】 2016年，龙湾区地税分局继续开展国地税共管个体户专项风险工作，处理国税定额大于地税定额在起征点以上61户。开展与国税的联合欠税控管试点工作，建立定期欠税数据交换—发票控管—涉税事宜提醒清缴—联合欠税公告制度，全年发布网络欠税公告852户次，非正常户和证件失效户按月公告1440户次。开展国有企事业“两端”纳税人专项税收整顿，筛选审核后仍存在风险点的国有企事业单位8户，入库税款217万元。完成风险应对6户，确认存在风险点3个，合计查补税

表32 2016年度与前4年龙湾区地税收入情况对比表

年份	各项收入（万元）	同比增长（%）	税收收入（万元）	同比增长（%）
2012年	193757	13.50	93535	6.60
2013年	236582	3.90	114007	0.40
2014年	262738	11.06	115160	1.01
2015年	282500	0.91	137800	-4.52
2016年	298266	5.59	128162	-6.97

款95.87万元，其中税费入库80.71万元，罚款及滞纳金入库15.17万元。出台《龙湾地税分局企业股权变更登记操作规程》，规范股权转让业务。

【地税纳税服务】 2016年，龙湾区地税分局依托“大服务工作机制”，开展“问需求·优服务·促改革”专项活动，走访纳税人1997户，建立QQ群4个（群员1578人），完成总走访沟通量的94.65%。建立重点税源企业163户和成长型企业324户对点联系人制度，解决企业发展中遇到的涉税难题。采取国税、地税互驻窗口的形式，开展国地税联合办税，实现税务登记信息补录、纳税申报征收、发票管理等业务一窗受理，内部流转，兑现“进一家门，办两家事”，实现国税、地税、纳税人“三方共赢”。（钟周南）

国家税务

【概况】 2016年，龙湾区国税局组织国税收入13.63亿元，同比下降3.67%，其中不含调库税收收入13.05亿元，同比增长17.99%。办理各类减免退税6.67亿元，办理固定资产进项抵扣6471万元。“五证合一”工商登记5608户，其中新办1642户，变更3966户。

【国税征收管理】 2016年，龙湾区国税局认真做好重点税源风险应对工作，采取以票控欠、国地税联合欠税控管、向公安部门通报欠税企业法人列入不准出境名单等方式，完成两期共计9户重点税源纳税评估任务，补缴税款147.8万元，征收滞纳金10.89万元。依托“中小企业税收风险预警和管理系统”加强对年纳税200万元以下中小规模纳税人的税源风控管理，对59户高风险指数企业开展纳税评估，193户中风险指数企业进行风险提醒。开展增值税风险应对，累计核实15批60户风险应对企业名单，查补税款144.09万元，滞纳金2.33万元。开展企业所得税汇算清缴后续审核工作，筛选463户企业纳入后续自审，累计调整应纳税所得额5920.96万元，弥补以前年度亏损492.33万元，补缴所得税448.79万元。核查纳税人开票疑点企业54户，移送市稽查局后续处理46户。做好非居民税收的基础信息管理、日常申报辅导，全年累计入库非居民税收504.36万元，同比增长366.52%。

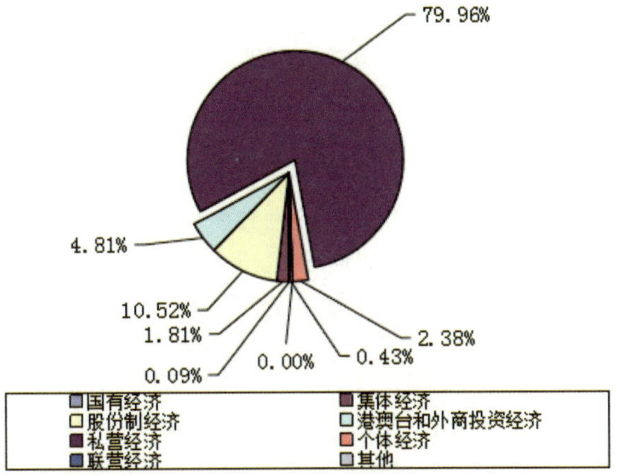

2016年龙湾区国税收入各经济类型收入占总收入比重图

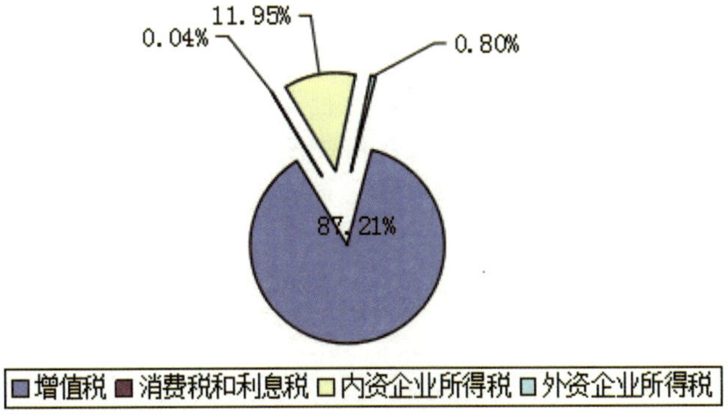

2016年龙湾区国税局各税种收入结构图

【国地税合作】 2016年，龙湾区国税局与龙湾区地税分局联合制定龙湾区《贯彻落实〈国家税务局 地方税务局合作工作规范（3.0版）〉的实施意见》，成立国地税合作工作领导小组，制定合作工作联席会议制度。双方联合评定纳税信用等级4460户，协同定期定额核定纳税人2108户。联合签订《个体户征管合作备忘录》，风险应对国地税定额不一致个体工商户96户，其中55户个体户定额调高至与地税一致。联合制定《“促转型 助发展 集中整治税收违法行为”专项行动工作方案》，在全区“大拆大整”专项行动中发挥税收杠杆作用。

【国税税源专业化管理改革】 2016年，龙湾区国税局结合金税三期工程优化版上线工作，制定《进一步深化税源专业化管理改革的实施方案》。按纳税人所属街道对税源征管范围重新划分，实现税源管理网格化。按风险管理导向要求，实现税收风险事项扎口管理。将税源管理事项分为基础管理事项和风险应对事项两大类，采取“一事一岗”和“一员多岗”相结合原则，科学配置基础管理团队和风险应对团队，推进税源管理从“管户”向“管事”转变。

【国税行政审批改革】 2016年，龙湾区国税局推进行政审批制度改革，开展税务行政审批“回头看”工作，对于已取消、下放管理权限的税务行政审批项目，严格按照规定流程权限，强化事中事后监管。公布权力清单，简化办税流程，自觉接受各方监督。加大合法性和合规性审查力度，认真开展税收规范性文件清理工作，对2015年12月31日前制定的相关文件进行全面清理，发文宣布

4月12日，龙湾区国税局开设“营改增”税收政策咨询专窗　（区国税局供稿）

全文失效或废止的文件4件，并在网站予以公告。

【金税三期上线工作】　2016年，龙湾区国税局成立金税三期工程优化版上线工作领导小组，组建前台业务、税源管理、政策法规、收入核算、纳税评估等8个团队，制定《金税三期工程优化版上线工作实施方案》《双轨运行工作任务图表》。5月前，完成系统初始化，72人次参加省市局新系统操作培训，一线业务人员培训率达100%。9月12日、19日，分别成功组织实施金税三期人海压力测试和业务大演练。10月，系统正式对外开放，成功实现单轨上线。上线首月，成功办理各类业务9495笔。

【国税“营改增”扩围工作】　2016年，龙湾区国税局制定《龙湾区全面推开营业税改征增值税试点工作实施方案》，制定营改增工作应急预案，编制《营改增纳税人国税涉税事项办理流程图》，分层实施纳税人户籍接收、分类培训、发票承接、宣传走访、技术支持等衔接准备工作。5月1日，完成四大行业纳税人增值税发票“零点开票行动”；6月试点一般纳税人，7月试点小规模纳税人首期申报完成。至年底，“营改增”扩围共接收营改增纳税人6506户。

【出口退税服务】　2016年，龙湾区国税局落实《全国税务机关出口退（免）税管理工作规范（1.1版）》，持续开展出口退税无纸化管理，加快出口退税单证审核进度。全年受理生产企业出口货物免、抵、退税申报2712户次，累计申报出口额17.85亿元人民币。深化出口退税分类管理，5月完成386户进出口企业的分类管理评定，其中二类企业197户，三类企业170户，四类企业19户。健全出口退税风险防控机制，累计对18户企业开展首次退税调查，对7 户指标异常企业进行核查，做好出口退税风险防控工作。退税业务实现全面电子化，全年累计办理无纸化电子退税业务473笔。

【国税税收执法规范化建设】　2016年，龙湾区国税局制定《龙湾区国家税务局依法治税（行政）工作领导小组会议制度及议事规则》《龙湾区国家税务局领导干部学法机制》《法治税务示范基地创建方案》。开展法规知识培训，5月组织全体干部参加以“税收执法风险及其防范”为主题的培训，10月组织执法科室人员参加区法制办举办的依法行政知识培训。落实税收执法责任制，积极应用“税收执法管理信息系统”，强化对税收执法程序和实体行为的监督。开展税收执法督察，围绕支持企业创业创新、小微企业政策落实等6个方面执法督查，查出问题9类，追究执法责任3人，形成专项报告6份，督查案例1个。年内，区国税局获评全市国税系统法制税务示范基地。

【国税纳税便民】　2016年，龙湾区国税局构建“互联网+税务”应用体系，落实涉税业务二维码一次性告知，推广微信“双预约”功能，累计为80户次纳税人提供预约服务。落实小规模企业按季申报、“个体双定户”简并征期，实现征纳“双减负”。建设国地税联合24小时自助办税终端，办税事项实现省内通办。开展“便民办税春风行动”，继续落实首问责任制、限时办结、午间服务、延时服务等便民制度，纳税人窗口评价满意率99.8%。开办国地税联合纳税人学堂，开展联合培训28期，累计培训纳税人3000余户次。完善智能排队叫号系统、服务满意度评价系统、自助服务区、纳税服务争议协调机制等服务措施，全年受理“12366”工单64起，按时反馈率实现100%。年内，1人获评全省国税系统“纳税服务之星”，国税局纳税人总体满意度在市属城区局中排名第一。

【纳税人信用管理】　2016年，龙湾区国税局做好2015年度纳税信用评价和动态管理，评定2015年A级信用纳税人506户、B级纳税人2491户、C级纳税人1302户、D级纳税人161户。强化纳税信用结果应用，为信用A级企业提供绿色通道、专人辅导等个性化服务举措。（项　琳）

金融·保险

综 述

【概况】 2016年，龙湾区金融机构存款余额629.56亿元，同比增长7.7%，其中城乡居民储蓄存款余额398.62亿元，同比增长9.5%。贷款余额724.39亿元，同比增长7.2%。年内，温州源大创业学院创成龙湾区企业上市孵化基地。

【资本市场建设】 2016年12月27日，希伯伦科技有限公司在美国纳斯达克上市交易，这是龙湾区境外资金市场融资第一股，实现龙湾企业IPO上市零突破。稳步推进新三板挂牌，新增新三板挂牌3家，累计达8家，定向增发融资3亿元；推动晨泰科技进入新三板创新层，成为全市6家创新层企业之一。在浙江股权交易中心挂牌企业43家，完成企业股改15家。开展拟上市企业保姆式全方位服务，对意向挂牌企业的6家企业化解7个难题。

【地方金融监管】 2016年，龙湾区以互联网金融风险整治为抓手，成立互联网金融专项整治工作领导小组，全方位开展P2P、交易场所、投资公司等机构的风险排查活动。完成区属381家监管对象的现场检查和风险排查工作。推行民间金融组织涉稳信息网格化管理，建立295个网格308人的网格化模块。全年全区移送案件3起，立案2起，开展约谈15次。

【金融改革创新】 2016年，龙湾区出台《龙湾区中小企业供应链融资改革实施方案》，引导金融机构为龙湾行业和企业定做个性化的供应链金融产品方案。全区39家（次）企业通过应收账款质押融资3.5亿元，动产抵押融资8亿元。推出信保基金、小额保证保险贷款等产品，信保基金累计为292家企业出具保函5.9亿元，业务量居全市首位；小额保证保险贷款发放12笔655万元。（陈 慧）

银 行

【中国工商银行龙湾支行】 2016年12月，中国工商银行龙湾支行个人金融资产余额47.50亿元，本外币各项存款余额36.56亿元，比年初增加2.81亿元。各项贷款余额33.13亿元，比年初增加0.21亿元，不良贷款余额和不良贷款率实现“双降”。零售业务实现中间业务收入0.71亿元，占全部中间业务收入90.52%。

推进渠道转型。启动网点轻质化转型改造、智能化改造等项目，推进网点实现从“交易处理型”向“营销服务型”转变，推进“机器+人，以机器为主”的网点服务模式转型，完成辖属3家网点的智能化改造，2家网点的轻质化改造。（夏朝俊）

【中国农业银行龙湾支行】 2016年12月，中国农业银行龙湾支行各项。存款总量114.70亿元，比年初增加15.4亿元。贷款总量76.89亿元，较年初新增4.08亿元。实现中间业务收入0.94亿元。个人金融资金日均增量17.87亿元，个人贷款（含三农）新增5.56亿元。年内，中国农业银行龙湾支行营业中心获评2016年度温州市品牌服务示范岗。

强化农行对公及惠农工作。2016年，投放项目贷款3.70亿元，支持温州国际机场建设、永中农改房建设等项目；与区域内大型楼盘开展合作，为吉

11月23日，农行龙湾支行工作人员指导拆迁村民使用农行电子机办理业务 （陈 桐/摄）

祥家园、龙府锦园、奥体城、畅园、京都城、碧桂园二期等11个楼盘开展按揭办理；牵头组建温州机场枢纽项目银团贷款，并落地为代理行。全年新营销人民币结算账户575户，单位结算卡1027张。成立拆迁金融服务队，进村入户帮助拆迁农户算清每一笔农贷账，打理好每一笔拆迁款。全年开展农村理财讲座7场，举办“农行理财季”活动、“农行购房季”活动。

优化零售业务。以“零售业务多维融合”为指导思想，实现客户财富管理“套餐化”，贵宾客户产品覆盖率349.16%；创新开办“总对总汽车分期”业务，与温州市十余家知名汽车经销商开展“8·20农行汽车节”；开展“龙湾支行个贷专项营销活动”，新发放住房按揭贷款共计10.80亿元；借春节、中秋、六一儿童节、平安夜等节日，推出“吃喝玩乐”、亲子互动、“消费500”等为主题的线上线下活动，常态化开展社区“一元购”“积分兑”等活动，全年开展社区活动106场，举办证券投资讲座50余场。（何寿洲）

【中国银行龙湾支行】 2016年12月，中国银行龙湾支行存款余额240002万元，其中居民储蓄存款128139万元，企业存款110781万元。金融贷款余额660012万元（其中对龙湾区内企业贷款466110万元），其中工业贷款492573万元，个人消费贷款167439万元。现金收入11637万元，现金支出11536万元，现金总回笼101万元。

做好金融创新工作。推进税务通宝，为符合条件的优质中小企业最高可提供100万元的纯信用贷款；推进科技企业专项贷款，为省科技厅准入的科技型中小企业最高可提供200万元的纯信用贷款；推广CCS，使企业以较低的成本获得人民币的使用，同时可享受美元升值的收益。（陈雪梅）

【中国建设银行龙湾支行】 2016年12月，中国建设银行龙湾支行各项存款余额32.40亿元，其中企业存款10.33亿元，居民储蓄存款21.71亿元，财政存款0.36亿元。各项贷款余额50.51亿元，其中对龙湾区内企业贷款余额达16.82亿元。手机银行新增8702户，个人短信新增14429户，CTS签约数合计2533户，信用卡新增客户发卡5581户。与龙湾农商行签订债券借贷业务协议；为龙湾农商行在金交所成功开立代理账户，为温州分行首个开立金交所代理账户的同业客户。

加强政银企合作。加大对龙湾区城中村改造、基础设施、民生工程等重点项目的投放力度，成功为龙湾区海滨街道教新城中村改造工程（一期）授信放款。做好温州高新技术产业开发区投资建设开发有限公司的短期融资券业务发行部分额度，为中国建设银行龙湾支行首笔债券融资类业务。做好小微企业金融服务，积极推广建行“税易贷”“速贷通”等“五贷一透”产品，其中小微企业“五贷一透”业务新增7户，5个网点实现业务破零。

渠道建设。加强电子银行、手机银行、微信银行、自助终端等渠道的建设，利用建行E动终端开展“进区入户”营销活动，将金融营销范围从营业网点扩展至企业内部和家庭。在网点内共开展厅堂微沙龙，向客户进行重点产品推荐、热点话题交流。支行下辖8个网点进行集约化劳动组合，增配大堂经理岗位，每个网点增设智慧柜员机2—3台。11月，网点智慧柜员机业务迁移率达88.7%，柜面业务分流率 43.6%，阶段达标率100%。利用微信平台，推广“善微付”业务。（娄坚琳）

【交通银行龙湾支行】 2016年12月，交通银行龙湾支行各项存款余额53337万元，其中企业存款12822万元，居民储蓄存款40515万元。各项贷款余额84943万元，其中对公企业贷款45712万元，对私个人贷款39231万元。新增授信企业5户。支持地方经济建设，为龙湾区第一人民医院迁建工程提供3.5亿元授信额度，年内实现提款6856万元。办理尚品半岛、锦绣吕浦湾等楼盘一手房按揭150笔18000万元。（陈　晓）

【中信银行龙湾支行】 2016年12月，中信银行龙湾支行本外币各项存款余额9.94亿元，其中对公各项存款余额7.66亿元。各项贷款余额13.84万元。积极对接政府平台，向浙南科技城项目、城中村改造项目等提供金融服务方案。成功投放战略合作房产中梁地产集团旗下的梁安置业房地产并发贷3亿元，投放一手房按揭贷款3.40亿元。创新产品运用，率先办理全口径跨境融资项下外债业务、打包贷款项下人民币出口代偿业务、即期结汇增值业务、地方金融机构投资顾问业务等。（徐婷婷）

【浦发银行龙湾支行】 2016年12月，浦发银行龙湾支行各项存款余额113699万元。各项贷款余额328027万元，其中政府项目贷款余额98000万元。不良贷款余额3206万元，不良贷款率0.98%。为中小企业发放贷款2笔1000万元。与龙湾农商行签订全总行首单投资顾问业务，使农商行投资收益稳定。为青山控股集团和瑞浦科技集团有限公司分别跨境兑购汇900万美元和400万美元，解决这两个企业在当前严控外汇流出的情况下对外投资外汇汇出困难。向浙江中勋进出口有限公司发放贷款5000万元，解决客户股东境外有资金和资产，但境内客户因评级或缺乏必要担保而造成的融资困难。（沈娇娜）

【广发银行龙湾支行】 2016年12月，广发银行龙湾支行各项存款余额145670万元，其中对公存款139119万元，储蓄存款6551万元。日均存款50616.66万元，其中对公日均存款40936.63万元，储蓄日均存款9680.03万元。各项贷款余额56007万元，其中对公贷款38520万元，个人贷款17467万元。日均贷款61490.81万元，其中对公贷款42389.78万元，个人贷款19101.03万元。全行营业收入1380.52万元，中间业务收入116万元，对公贷/个人业务净利息收入1255.90万元，不良贷款余额3920万元，不良贷款7%。（潘施娟）

【平安银行龙湾支行】 2016年12月，平安银行龙湾支行各项存款余额2.63亿元，贷款余额9.69亿元。年内，加快网点智能化建设，提升线上“一个客户、一个账户、多个产品、一站式服务”的综合金融服务平台，定期开展优质服务进社区和特色保险沙龙活动，增强客户黏度，按需为客户定制专属理财规划。（沈冬冬）

【招商银行龙湾支行】 2016年12月，招商银行龙湾支行人民币自营存款余额7.92亿元，人民币年日均存款9.21亿元，自营非标贷款0.76亿元。一般性贷款余额17.36亿元，其中对公贷款余额4.93亿元，零售贷款余额12.43亿元（其中小微贷款余额1.45亿元，住房贷款余额10.54亿元，消费贷款0.44亿元）。不良余额和不良率实现双降。

年内，成功落地温州高新技术产业开发区投资建设开发有限公司债券承销业务，发放一期债券1.9亿元。参与区内改革项目——中小企业供应链融资改革，累计发放供应链贷款103笔3.35亿元。办理温州分行首单线上付款代理业务，累计发放金额0.47亿元。拓展按揭业务，发放住房贷款629笔4.98亿元。（姜 娜）

【福建海峡银行龙湾支行】 2016年12月，福建海峡银行龙湾支行各项存款余额6亿元，各项贷款余额15.4亿元。新增个人有效客户550户。新增好薪情卡1200张，发卡率、个人有效客户增长率、个人贵宾户增长率在分行系统排名前茅。加强与浙南科技城政府项目的合作，为浙南科技城产业基金放款10亿元。（朱乾威）

【兴业银行龙湾支行】 2016年12月，兴业银行龙湾支行一般性存款余额67773万元，其中公司存款为56357万元，储蓄存款11416万元。贷款余额为271591万元，存贷比为400.73%。处理不良贷款3200万元，重组贷款5470万元。不良贷款余额748万元，不良贷款率0.27%。

支持地方经济发展，响应区政府要求，中小企业专项信用贷款实现逐步退出计划，贷款企业30户，贷款余额为2365万元，累计发放6亿多元，不良贷款金额为120万元。加强与政府项目的合作，对政府项目支持贷款余额达30.13亿元。强化互联网金融，与龙湾区第一人民医院合作的掌上医院已上线；打造龙湾区第一家智慧寺庙，上线瑶溪国安禅寺；与永强供电公司合作支付宝代收电费已上线收费。（张益娜）

【民生银行龙湾支行】 2016年12月，民生银行龙湾支行各项存款余额22.97亿元，年日均存款25.92亿元。贷款余额42.22亿元，其中政府项目贷款9.20亿元。全年实现不良贷款额和不良贷款率双下降。年内，成功营销温州市住房公积金管理中心、温州市城市建设投资集团有限公司、温州港集团有限公司等大公司业务，新上线温州市住房公积金系统。（舒琼苇）

【浙商银行龙湾支行】 2016年12月，浙商银行龙湾支行各项存款余额14.77亿元，比年初增加1.63亿元。各项贷款余额14.83亿元，比年初增加1.12亿元，其中小微企业贷款6.47亿元，占比43.6%。个人金融资产14.30亿元。（章 胜）

【温州银行龙湾支行】 2016年12月，温州银行龙湾支行本外币各项存款余额686075万元，其中企业存款511755万元、居民储蓄存款174320万元。本外币贷款余额527026万元，其中企业贷款426381万元、居民个人贷款100645万元。年内，加强与龙湾区政府项目的合作，为温州空港投资有限公司授信20000万元项目贷款，5000万元流动资金贷款。推广“金鹿助业贷”“金鹿普惠贷”“壹壹贷”“小本创业卡”等金融产品，支持辖区中小企业发展。打造社区银行服务体系，相继开业社区支行5家。（邵东平）

【龙湾农商银行】 2016年12月，龙湾农商银行各项存款余额212.68亿元，比年初增加30.95亿元。各项贷款余额147.78亿元，比年初增加9.93亿元。电子银行客户24.25万户。全区设置网点41家、便利店8家，助农取款点82个，ATM机210台，POS机1480台，电话宝1070台；完成147个村居“丰收村村通”工程。

深化普惠金融工程建设。全面推进整村（社区、商圈）授信工作，逐户建立信用档案、提前批量授信，“整村授信”信用村数达106个，获得授信用户数19927户。开发小微园企业专项贷款，推行小微企业家庭成员联保式信用贷款，引入信保基金担保，解决小微企业担保难问题，担保金额居于温州银行业首位。深入服务渠道创新，尝试丰收驿站新模式，实现首家ETC校园停车管理应用。（朱莲丹）

保 险

【中国人民财产保险股份有限公司龙湾支公司】 2016年，中国人民财产保险股份有限公司龙湾支公司实现保费收入14173万元，同比增长11.4%，超城区市场增速5.86个百分点，超全市系统平均增速2.7个百分点。其中，车险实收保费收入12931万元，同比增长10.04%，实现报表利润1219万元。龙湾区市场份额42.51%。（诸葛素丹）

【中国人寿保险股份有限公司龙湾支公司】 2016年，中国人寿保险股份有限公司龙湾区支公司实现总保费收入33400万元，累计赔款1284.49万元，满期给付金额2772.30万元，占据龙湾寿险市场份额的80.84%。实现长期险首年标保3027.74万元，同比增长20%；首年期交保费7903.16万元，同比增长68%；10年期保费3739.69万元，同比增长60%；短险保费1803.70万元，同比增长11%。年内，公司获评浙江省“敬老文明号”单位。（朱建伟）

经济管理与监督

海　关

【概况】　2016年，温州开发区海关监管进出口货物315.04万吨，同比增长13.6%；监管进出口货值7.72亿美元，同比降低7.5%；归类补税356.86万元、审价补税11.04万元；接单审核报关单9319份，同比减少5.7%；备案加工贸易合同207份，同比减少12%；备案合同金额8881.97万美元，同比减少22%；核销合同数232份，同比减少11%，核销征税535万元，同比减少28.1%。办理深加工结转457票，同比减少26%，金额3858.8万美元，同比减少24%；监管保税仓库货物入库19462吨，同比减少20%，金额2371.9万美元，同比减少4%；出库27525吨，同比增长22%，金额2730.4万美元，同比增长3%。

表33　　2016年温州开发区海关主要业务量情况表

项　　目		单　位	数量或金额
货运量	进口	万吨	309.76
	出口	万吨	5.28
	合计	万吨	315.04
货运值	进口	亿美元	5.12
	出口	亿美元	2.60
	合计	亿美元	7.72
审核报关	进口	份	3067
	出口	份	6252
	合计	份	9319
税费	关税	亿元	0.69
	增值税	亿元	5.27
	合计	亿元	5.96
保税	备案合同	份	207
	备案金额	万美元	8881. 97
	核销合同	份	232

【通关业务改革】　2016年，温州开发区海关积极走访辖区企业，做好税收调研和预测工作，确定年度税收目标。加强与大客户的联系和沟通，提供专业化快速通关服务。继续推进全国海关区域通关一体化推广应用，促成瑾瑜保税仓库的葡萄酒跨关区到武汉东湖综保区的保税货物转关业务顺利办结。继续推进关检合作“三个一”、行政审批单一窗口建设，规范审批作业流程，推行一站式服务，在规定时限内高效规范完成审批作业。

【AEO企业认证工作】　2016年，温州开发区海关联合地方政府调研走访辖区重点企业，针对企业发展美国和欧盟市场的需求，宣传AEO认证制度和C—PAT中美联合验证在企业降低通关成本，增强企业国际竞争力方面的积极作用。通过辖区海关AEO企业微信群、《今日龙湾》《温州晚报》浙南产业集聚区专刊等载体，发布AEO认证和其他海关官方信息，政策解读及优惠便利措施。举行海关认证企业授牌暨诚信兴商、海关AEO认证培训，培训企业500余家。全年新申请高级认证企业1家、重新认证高级认证企业1家。（陈秋梅）

公共资源交易管理

【概况】　2016年，龙湾公共资源交易中心完成进场交易项目653宗，建设工程累计中标金额30.42亿元，政府采购累计中标金额27.16亿元，建设工程、政府采购共为国家节资7.27亿元。

【评标专家管理】　2016年，龙湾区公共资源管委办推行“专家评审代收代支”和“评标专家一标一评”，全年开展专家代收代支项目1600余笔，金额100余万元。认真做好专家量化考核的“一标一评”情况登记、汇总等工作，对违规、违纪的专家实行网上曝光、清出，对场内违规专家进行场内扣分13件次。

【政府采购联合验收】　2016年，龙湾区公共资源管委办实施“4+1”政府采购联合验收模式，建立评估报告制度。全年完成联合验收10宗，组织专家联合验收30余人次，累计验收中标金额1901万元，热点难点采购项目验收覆盖率100%。

【电子交易系统建设】 2016年，龙湾区公共资源管委办完善建设工程电子辅助评标系统，电子辅助评标率82%。全面建成小额专家抽取系统、专家门禁身份识别系统、电子监控系统，实现交易留痕、过程全监管。推广开展跨区域远程异地评标17宗，完成全市年内唯一跨省（与江苏省连云港市）异地远程评标。（胡建敏）

市场监督管理

【概况】 2016年，龙湾区新设各类市场主体8133户，同比增长34.65%。在册各类市场主体48865户，同比增长21.83%，其中企业14815户，同比增长16.97%。新增注册商标1664枚，全区商标注册数累计达21300枚，其中行政认定中国驰名商标8枚，省著名商标54枚，温州市知名商标52枚，区名牌商标60枚，省专业商标品牌基地4个。商品交易市场14个。永中所、蒲州所和海滨所分别创成省五星、四星和三星级规范化市场监管所。海滨、永兴建成两个规范化街道食安办。

【小微企业发展工程】 2016年，龙湾区市场监管局牵头推进小微企业成长三年计划，全区小微企业总量达13561户。全年新增七大行业小微企业685户，完成任务数的123%。各地上市挂牌小微企业125家，源大创业园成为新三板挂牌上市的“创业服务第一股”。实现“个转企”133家，帮助企业动产抵押融资超9.6亿元。

【商标品牌培育工作】 2016年，龙湾区市场监管局完善各类商标培育动态数据库，全年新增3枚商标，提前完成小微企业商标培育任务；新增1家省级商标品牌示范企业以及不锈钢行业协会、阀门行业协会2枚集体商标。落实“商标质押百亿融资行动”，商标权融资额7920万元。其中，温州康隆杨梅专业合作社以“皇岙”商标作为质押，成为龙湾区首家获得商标质押融资的涉农小微企业。

【市场秩序监管】 2016年，龙湾区市场监管局以开展专项行动为手段，规范市场环境。组织开展“四小一市场”“三大一严”“红盾网剑”、火锅类餐饮、疫苗专项整治等一系列行动，妥善处置涉及力乾二手车市场的潜在赴杭上访事件。全年立案查处395件，移送公安部门41起，大要案82件，罚没977.23万元。其中，安化黑茶系列传销案、“宅急送”快递黑网点案、商务秘书企业淘宝骗取登记案等案件，涉及面广、影响力大，创可贴假药案等2个案件入选“2016年全省食品药品领域十大典型案件”。排查无证无照生产经营单位2382户，整治率90%以上，其中小作坊886户。

12月2日 龙湾区举办龙湾服务小微企业成长暨2016民企“双对接”专场活动——“匠心精神与创业情怀”论坛 （区市场监管局供稿）

【消费维权与信访工作】 2016年，龙湾区市场监管局成立首个杨梅质量安全先行赔付金，打造“集中式”汽车消费维权处理样板。全年受理各类投诉举报2310件，为消费者挽回经济损失980余万元，妥善处置两起群体性房地产消费投诉事件。全年处理政务服务平台热线432件，各类信访举报件全部及时办结，反馈率达100%。

【农贸市场改造提升工程】 2016年，龙湾区市场监管局率先引进专业公司高标准设计农贸市场，完成全区15个改造农贸市场所有设计方案。组建国有专业管理公司，率先出台国有专业管理公司托管方案并开展集体签约，20个市场签署托管协议。全年全区农贸市场达48家，其中改造15家，新建3家，取缔关闭4家，创成省放心农贸市场3个。龙湾农贸市场改造走在全市前列，受到市领导两次批示肯定。

【餐饮单位规范提升工作】 2016年，龙湾区市场监管局推进餐饮单位规范提升工作，全年共完成餐饮单位改造提升484家，全区累计完成657家，占比达24.8%。试点并在全区铺开小餐饮索证索票溯源管理，餐饮单位采购索证索票率达81%以上，量化分级A、B级达30%以上。创建阳光厨房15家，累计建成44家；“移动阳光厨房”成功实现在线实时监管。

【食药品安全监管】 2016年，龙湾区市场监管局开发食品安全智慧监管系统，其中“食品安全社会化监管”模块（即政府版“大众点评”）引起广泛关注，定点打造“移动阳光厨房”实现手机在线实时监管。启动“食品安全区”创建，发布食品黑名单1期4家企业，指导签订食品安全责任保险56份。投入经费84万元，全面推进农贸市场食品安全快速检测室建设并免费对公众开放，新增农贸市场食品安全快速检测室25个。全年开展食药品快速定性检测33901批次，定量抽检940批次，退市销毁不合格食品192批次223公斤；开展药品快检83

批次，监督抽检100批次。（郑晓微）

质量技术监督管理

【质量强区战略】 2016年，龙湾区质监局出台《2016年“质量龙湾”建设行动计划》，编制《龙湾区质量事业发展“十三五”规划》，修订《质量强区建设奖励（补助）资金管理办法（试行）》。推广应用先进质量管理办法，组织120余人参加“浙江制造”品牌训练营培训，新增导入企业5家，累计62家。全年5家企业获区长质量奖，蒲州制笔行业创成市级优质产品生产示范区，获市名牌产品17个，省名牌产品11个。

6月27日，区质监管局开展民生计量进龙华农贸市场活动 （区质监局供稿）

【标准化战略】 2016年，龙湾区质监局推进标准备案制度改革，“自我声明公开”产品标准企业165家、产品518个，同比增长183%。推动标准创新，12家企业主导或参与制修订13个国家行业标准，其中4个国家标准为主导制订，为历年来主导制订国家标准个数最多的一年。江南阀门主导制订《核电再热双阀组》浙江制造团体标准，实现龙湾该项目零的突破；国技互联、华中院两家申报市级服务业标准化试点项目通过验收。全年全区国际和国外标准采标率达55.25%，同比提高3个百分点。

【质监执法活动】 2016年，龙湾区质监局利用超声波脉冲测量阀门壳体壁厚，查处违法企业7家，检测钢管、阀门、紧固件、食品38种产品、505批次，合格470批次，合格率93.1%，同比提高1.2%。实地检查企业1440家，查处违法案件147起、罚没款162.7万元，绿色销毁罚没物标值21.2万元。

【计量器具管理】 2016年，龙湾区质监局落实计量实事专项资金45万元，购置检验电子秤515台，6家农贸市场完成电子秤推广和应用，“四统一”管理模式覆盖率达50%以上。开展计量器具检定免费活动，免费检定139家基层医疗单位计量器具541台，免费检定9家气体生产充装单位计量器具536台，免费检定21家农贸市场电子秤2510台，检定合格率达99.88%。

【特种设备安全监察】 2016年，龙湾区质监局开展特种设备排查整治工作，共发现安全隐患2104台，整治隐患2098台，整治率99.71%，完成燃煤锅炉整治206台，超额完成区政府下达的189台淘汰任务，全年未发生一起特种设备安全事故。在G20杭州峰会期间，监督检查气瓶充装单位9家，督促10家维保单位自查自动扶梯103台，检查危化品企业24家，排查使用燃气、压力管道等特种设备企业476家，排查密集场所、学校等特殊场合安全隐患178处，消除遗留隐患223个。

表34 2016年与前4年龙湾区技术监督行政执法查处案件情况对比表

序号	项目	2012年	2013年	2014年	2015年	2016年
1	案件数（件）	158	148	121	154	122
2	罚没款1万元以上案件（件）	53	51	44	55	43
3	查获违法案件总标值（万元）	205.51	98.2	131.24		127.22
4	罚没款总额（万元）	282.42	301.09	159.98	169	143.17
5	出动检查人数（人/次）	5211	4820	3629	3200	5462
6	检查企业/商店（家/次）	1768	1691	1183	1100	1440
7	捣毁制假窝点（个）		8	2		
8	移送司法机关案件数（件）	1	0	0		
9	销毁假冒伪劣产品标值（万元）	46.01		17.89		21.22

【行政审批与法制质监工作】 2016年，龙湾区质监局推行行政审批“零等待”，通过微博微信平台、窗口服务宣讲等方式宣传“制造计量器具许可证”的“当场许可”程序。12月20日，开具温州市首张“当场许可”制造计量器具许可证。完成权力和责任清单修订编制，全面推行行政执法全过程记录，举办行政处罚案件互学互评会3期，参评69人次，评查典型案例113起。年内，区质监局获评全省质监系统“六五”普法工作先进集体。（王一帆）

统计工作

【经济运行监测分析】 2016年，龙湾区统计局根据经济发展新常态和区委区政府的最新要求，实时跟踪全区综合经济指标变动趋势，监测分析重点经济指标进展情况，深入开展分析研究，撰写统计分析、信息230余篇，区两办采用17篇，得到区主要领导批示4篇。开展统计课题研究，撰写《关于四众调查工作的实践与思考》《龙湾区城中村改造对规下工业抽样调查的影响及建议》《2015年龙湾区全面建成小康社会监测报告》等调研文章。参与高新区跨越发展进位升级实施方案编制，牵头研究国家级高新区核心指标提升事项。年内，温州高新区获批2015年度全国火炬统计工作先进单位。

【统计基层基础建设】 2016年，龙湾区统计局加强街道统计工作示范点建设，蒲州街道统计信息中心创成全省统计工作示范点建设单位。继续深化统计基层基础规范化建设，通过规范化建设验收89家。组织各类培训会议37场3200多人次。建立GDP核算、科技统计、农业统计等统计工作联席会议制度，就部门之间信息交流、共享等重大问题的讨论研究提供了交流平台。

【统计方法创新活动】 2016年，龙湾区统计局全新建立浙南科技城综合指标数据采集监控评估体系，筛选区域内117家规上工业、48家限上贸易业和18家规上服务业企业，实时跟踪监测浙南科技城区域内的主要经济指标变化和产业经济动态。顺利完成龙湾区作为“三新”统计国家试点区的调研工作任务。推进名录库工作智能化，实现“一键”完成名录库工作新增、变更、注销等工作内容，成功将每家单位的时间减少到1分多种。

【统计法治建设】 2016年，龙湾区统计局推进常态化统计执法检查，加大统计违法案件的查处力度，全年稽查企业76家，立案查处10家，罚款3.1万元。完成60家企业“数据造假、以数谋私”专项治理。开展“深化统计改革全面依法统计”统计主题宣传、“12·4”国家宪法日暨法制宣传日广场宣传、“12·8”统计法颁布纪念日普法宣传等活动，宣传效率明显。

【第三次农业普查工作】 2016年，龙湾区按照国务院、省政府、市政府

9月9日，龙湾区农业普查员田间地头调查 （区新闻中心供稿）

的统一部署，出台《龙湾区人民政府关于在全区开展第三次农业普查的通知》，成立领导小组及办公室。全区划分为96个普查区、308个普查小区，选调村级普查指导员和普查员417名。从11月15日开始全面开展农业普查清查摸底，共清查住户84727户，其中普查对象23899户，非本乡镇户籍户数28549户，全家外出户数4847户；清查单位285家，其中登记普查表182家，经营农业单位151家。查清查准“三农”发展变化情况，为科学制定“三农”政策提供依据。

【社情民意调查】 2016年，龙湾区统计局开展各类与老百姓生活息息相关的“两个收入”、劳动力情况等调查。围绕党委政府重大决策、社会公众关注的热点问题，完成“平安大巡防”“平安龙湾”、生态环境质量公众满意度、改革公众满意度等调查，共调查样本8430个，并做好数据评估、分析工作。（张旭都）

审计工作

【概况】 2016年，龙湾区审计局完成审计项目28个（其中跟踪审计项目11个），查处违规金额11146万元，管理不规范金额72521万元。审计发现非金额计量问题24个，移送相关部门案件5件，移送金额2980万元。审计促进整改落实有关问题资金6780万元。全年被采用各类审计信息、专报共68篇次。

【财政审计】 2016年，龙湾区审计局通过大数据审计等技术，梳理财政50.6亿元收入、47.97亿元支出总规模，核实财政总会计7.46亿元资产负债；审查对比分析27个专项资金账套收支和18个账户约10亿元的存量资金，发现国库资金违规转入财政专户、预算单位基本户资金长期滞留等问题。通过审计整改，区财政撤销13个财政专户，收回财政专户资金8057万元；撤销中小企业专项信用贷款专户，收回基础存款2442.5万元以及利息690.72万元；收回单位实有账户历年存量资金结余3322.77万元。

【经济责任审计】 2016年，龙湾区审计局编制完成《龙湾区经济责任审计工作中长期规划》。落实62家单位68位领导干部任前告知和年度报告等经济责任审计配套制度，并对7个单位8位领导干部开展任期经责审计，涉及财政资金28.38亿元，查处、揭示财政资金运行、落实八项规定等方面问题51个，查处管理不规范金额3367万元。首次开展对社区书记的经责审计，并将审计发现问题移送纪检部门后立案处理。促进出台《关于进一步加强领导干部经济责任审

计工作的补充意见》，首次将机构编制纳入经责审计内容。

【政府投资项目审计】 2016年，龙湾区审计局跟踪审计11个总投资额达103.9亿元的重点工程，逐项核对工程进度款18.73亿元，核减1.95亿元，出具问题意见单110余份，纠正资金管理使用问题24个，现场审核变更联系单等300余份。在全市率先打造跟踪审计配套机制，出台协审单位审计考核办法，建立台账备查、意见整改、抽样检查、复审和评比等5项配套制度；落实100多个指标，备案台账560余份，制发意见单23份，现场抽样检查120次，参与建设例会225次。开展区规划展示馆和龙湾农商行大楼审计，发现监理不到位等问题10余个。

【民生审计】 2016年，龙湾区审计局在学前教育民生审计项目中，调查幼儿园80家、班级507个，全面审查学前教育经费1.15亿元。在医疗废弃物民生审计项目中，审查全区民办综合医院4家，诊所112家，卫生室77家和13家医疗机构的相关制度。深入6个街道的社区卫生院及86家民办医疗机构，发现个别民营医疗机构医疗废物处置没有实行分类收集等政策执行问题，立案处理医疗机构16家。

【审计成果利用】 2016年，龙湾区审计局出台《审计整改检查情况统计台账季报告制度》，“挂号”审计整改事项129个，其中已“销号”121个，正在整改7个事项，审计整改率93.80%。全年移送案件线索5件，其中立案并查处天鹅湖社区书记违法违纪事项。（林 宣）

安全生产监督管理

【概况】 2016年，龙湾区实施安全生产“五化”工程为抓手，围绕平安建设工作大局，深入开展危险化学品领域安全综合整治专项行动和粉尘防爆集中整治“双月”攻坚专项行动，全面推进“四无”生产经营单位集中整治专项行动，全力消除各类事故隐患，全区安全生产形势总体稳定。率先在“四区两市”制订区、街两级《安全生产“党政同责、一岗双责”暂行规定》，全面构建安全生产党政同责的责任机制。年内，龙湾区连续四年被温州市政府评为安全生产目标管理责任制考核优秀单位。

【安全生产监察执法活动】 2016年，龙湾区安监局行政处罚立案145起，同比上升42.16%，行政罚款383.6万元；取缔非法危化经营储存点8个，查获油漆1045桶、乙醇8桶、工业气瓶270个，行政拘留15人、刑事拘留1人。

【“四无”生产经营单位集中整治】 2016年，龙湾区安监局对“四无”生产经营单位开展拉网式排查，坚持边排查、边整治。全年开展联合执法行动近50次，出动执法人员1300人次，排查企业13454家，其中无证无照生产经营单位2281家，无安全保障的生产经营合用场所9209家，无合法场所生产经营单位3166家，无环保措施生产经营单位2643家；整治3800家，其中限期整改1664家，停产整顿115家，关闭取缔2021家。

【粉尘防爆企业整治】 2016年，龙湾区安监局按照“红、黄、绿”三色管理要求，严格落实规范提升、停产整顿、关闭取缔、上限处罚和严厉追责“四个一律”执法措施，全区排查出粉尘涉爆企业45家，关闭取缔红色类企业18家，停产整顿黄色类企业17家，巩固提升绿色类企业10家。依法严厉处罚停产整改期间擅自恢复生产的涉尘企业10多家，行政拘留1人。

【企业安全生产标准化创建】 2016年，龙湾区安监局积极全标准化创建，435家规上企业通过评审421家，达标率96.78%；规下企业通过评审420家，实施安全生产社会化服务720多家。

【重大事故隐患挂牌整治】 2016年，龙湾区安监局挂牌公布并整治重大事故隐患单位市级2家、区级45家。通过“诊断式”“解剖式”隐患排查，帮助指导挂牌企业提前消除重大事故隐患2批次、447条，整改率100%。

【化工企业安全监管】 2016年，龙湾区政府出台《龙湾区化工企业保留关闭及整改提升实施方案》。区安监局协调各部门按照时间节点有序开展专项整治工作，推进油漆涂料油墨经营从“低、小、散”走向集中经营、集约管理、统一配送。全年全区未新增危化生产企业，关闭危化生产企业10家，危化经营带储存企业13家。

【职业病危害专项治理】 2016年，龙湾区安监局先后在电镀、陶瓷、金属冶炼、铸造等行业部署开展职业病防治基础建设153家，电镀企业完成职业病危害整治69家。全年新增职业危害项目申报备案企业253家，督促调离职业禁忌人员206人，督促用人单位组织职业健康检查9446人。

【安全生产与职业卫生一体化监管】 2016年，龙湾区安监局制定《龙湾区职业卫生监管和职业病防治工作部门联席会议制度》，在全市率先推行安全生产与职业卫生一体化监管。联合市安监局在空港新区举办职业病防治宣传周活动，举办全区职业病危害防治评估工作业务培训会。推动用人单位落实主体责任理顺职业卫生监管体制，将职业安全健康监督管理科并入安全生产监察大队，把职业卫生监管内容纳入日常安全监管执法重要内容，监管力量从2人增加到9人。

【安全培训与宣传活动】 2016年，龙湾区安监局依托《今日龙湾》《龙湾在线》、龙湾安监微信微博、公交车移动电视等媒体，大力普及安全知识。精心谋划“安全生产月”活动，举办安全生产专题讲座、安全生产摄影比赛、少年儿童现场主题书画比赛、“守护生命”安全知识竞赛活动、事故警示教育活动、大型广场宣传咨询活动等活动。深化全员培

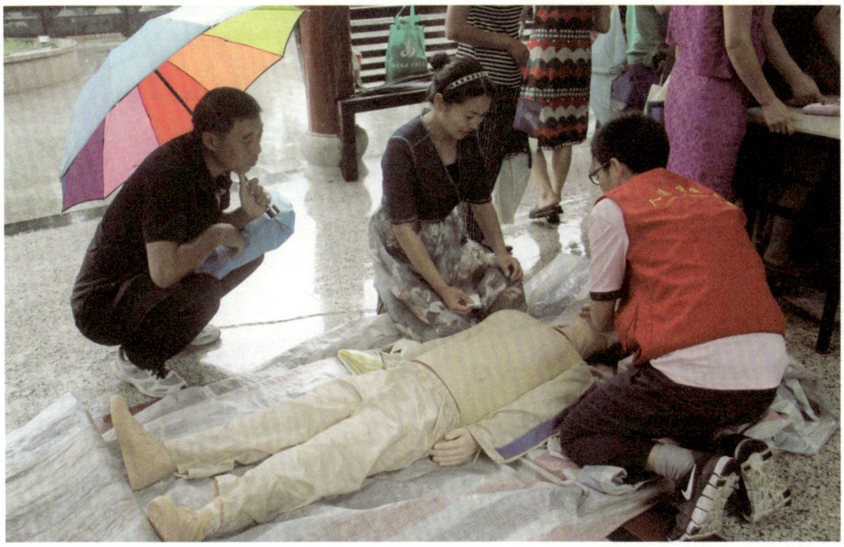

6月16日，区安监局开展安全生产月活动　　（区安监局供稿）

训，督促指导辖区企业培训从业人员14万多人次，其中三类人员5749人（企业负责人2169人，安全管理人员2657人，特种作业人员923人）。年内，创成市级安全文化建设示范企业3家。（李龙炜）

物价管理

【收费管理】　2016年，龙湾区发改局继续实施行政事业性收费公示报告制度，完成36家行政事业性收费单位在“全国收费动态监管系统”网上申报、收费统计汇总和全区行政事业性收费分析。推进收费信息公开，重新整理核对行政事业性收费目录清单，实行动态管理。贯彻落实温州市区机动车停放服务收费管理政策，牵头有关部门研究确定辖区内道路停车泊位收费等级，实施差别化收费。对辖区内社会停车场开展停车收费管理政策宣传，免费发放统一制作的收费公示牌。加强民办教育收费备案管理，全年对55所民办幼儿园、民办学校收费标准进行备案。

【价格监测预警】　2016年，龙湾区发改局设立29个价格监测点，定时监测9大类112个与居民生活密切相关的农副产品、液化石油气、建材等价格。每月10日、20日对粮油、蔬菜、肉禽蛋、水产品、副食品等价格进行监测，每周二对液化石油气价格进行监测，每月20日对水泥、线材等建材价格进行监测。在寒潮、台风影响期间及时启动应急价格监测，增加监测频次，加强市场价格巡查，密切关注市场价格动态，及时撰写月度、季度、年度价格动态分析，全年完成动态分析12篇、动态讯息11篇。推进民生价格监测信息公开，每月在“今日龙湾”报刊发布一期菜篮子价格监测信息，通过政府信息公开网定期发布价格监测动态分析。

【价格成本监审】　2016年，龙湾区发改局完成中环水务公司污水处理成本、1所公办幼儿园保教成本、1所公办高中教育培养成本等3项定期成本监审。完成省市部署的蔬菜成本调查任务，加强与农调户的日常联系和指导，深入蔬菜基地对农调户进行业务培训，按时保质完成全年成本调查数据的审核、汇总上报和成本收益分析。

【价格举报投诉】　2016年，龙湾区发改局受理各类来电、来访及网络价格举报、投诉、信访及咨询135件，办结135件，办结率100%。为消费者挽回经济损失20余万元。全年查处价格违法案件10件，结案10件，实施经济制裁20.5万余元。（费　妍）

表35　2016年与前4年龙湾区价格违法案件查处对比表

年份	查处件数（件）	经济制裁金额（万元）	没收违法所得（万元）	其中退还用户（万元）	罚款（万元）	上缴财政（万元）
2012年	3	30.20	13.33	9.48	7.20	20.53
2013年	5	4.43	0.01	3.27	1.15	1.16
2014年	2	99.31	5.69	81.42	12.20	17.89
2015年	8	33.24	0	21.04	12.20	12.20
2016年	10	20.50	0	15.00	5.50	5.50

科　　技

科技工作

【概况】 2016年，龙湾区全面实施创新驱动发展战略，着力加强科技平台建设，完善科技创新体系，科技竞争力不断提高。全区规模以上工业产品产值125.60亿元，同比增长8.3%；高新技术产业产值141.74亿元，同比增长10.1%；高新技术产业增加值31.46亿元，同比增长12.4%。年内，龙湾区科技进步综合变化水平居全省首位，龙湾区被中共浙江省委办公厅、浙江省人民政府办公厅授予“2015年度市县党政领导科技进步目标责任制考核优秀单位”，区科技局被浙江省科技厅授予“浙江省2013—2015年全省科技工作先进集体”，永中街道罗东锦苑社区获评国家地震安全示范社区。

【高新产业培育工程】 2016年，龙湾区加大高新技术企业、科技型中小型企业培育力度，新增高新技术企业14家、省级科技型中小企业71家、市科技（创新）型企业86家，新增省级重点研究院1家、省级研究院1家，市级企业技术研究开发中心6家。实施科技发展计划项目，立项区级科技发展项目40项，申报省级科学技术奖4项，获批市级科学技术奖5项，组织验收国家火炬计划项目1项，国家创新资金项目29项。

【科技创新平台建设】 2016年，龙湾区进一步整合各种优势力量，做大做优孵化器和众创空间。红连·薪火工坊创成温州首家国家级众创空间，创成省级众创空间2家、市级众创空间6家，“文昌创客社区”获批温州首家众创社区；培育国家级企业孵化器1家、省级3家、市级5家。浙江温州海洋农业高科技园区通过省级评审验收和“十二五”创建工作绩效考评。

【科技成果转化活动】 2016年，龙湾区推动科技大市场线下综合服务大厅建设，基本建成展示区、洽谈区、交易区、培训区、办公区等，可进行线下市场的展示、交易、查新、检测和服务，10月底通过省级组织的专家评估验收。加强科技成果转换力度，与科技孵化器、高等院校、科研院所及第三方科技服务机构的全面对接，推动网上技术交易。推行科技创新券，全年发放科技创新券310万元。

【专利申请和授权】 2016年，龙湾区实施创新驱动战略和落实知识产权战略，推动以企业为主体的知识产权创造和运用工作。全年全区专利申请3563件，同比增长53.24%；专利授权量2293件，同比增长29.33%。其中，发明专利申请和授权量分别达到762件和315件，分别同比增长75.98%和96.88%。全区有国家知识产权优势企业3家，省级专利示范企业16家、市级专利示范企业53家、区级专利示范企业115家；国家知识产权管理体系认证企业8家。（林晓苏）

科　协

【概况】 截至2016年，龙湾区有街道科协6个，区属学（协、研究）会4个，院士专家工作站6家，非公企业科协19家，科普画廊55座，科普图书室30个，信息员39人和科普志愿者300多人。

【院士专家工作站建设】 2016年，龙湾区科协积极开展院士专家工作站建设，江南阀门有限公司与叶奇蓁院士、温州赛菲诺生物科技有限公司与赵国屏院士、浙江格鲁斯特生物科技有限公司与金宁一院士达成合作意向并签约，并被市委组织部、市科协命名为温州市院士专家工作站。10月25日，中广核俊尔新材料有限公司院士专家工作站被中国科协评为“2016年全国示范院士专家工作站”，为温州市首个获此殊荣的院士专家工作站。

【科普示范单位创建】 2016年，龙湾区科协全面开展科普示范单位创建工作。温州市龙湾永强水电站、温州市开源水产养殖有限公司南美白对虾养殖基地分别被命名为市级科普教育基地和市级农村科普示范基地。温州市璋川农副产品专业合作社无花果标准化示范基地被评为2016年温州市“科普惠农兴村计划”先进单位。建设区级科普示范单位8个，对已建的14家科普示范单位进行复查。

【科普基地建设】 2016年，龙湾区科协强化科普硬件设施建设，培育各类科普基地。在永中衙前村、万顺社区、青山村陈宜中纪念馆、双何村居家养老服务中心，永兴萼芳村，海滨宜和鞋材有限公司等6个点建设科普图书室，在永中街道罗东锦苑社区、横泆村，海滨街道江一村建设3座科普宣传廊，超额完成年度工作目标。

【科普宣传与教育】　2016年，龙湾区科协在科普周、科普日宣传、青少年科技创新大赛、科技三下乡等活动期间，开展各类宣传、讲座、征文活动，发放宣传手册3万多本，科普挂图50多套，受益群众3万人次。与市科协、市电视台合作，运用公交荧幕等新媒体多角度扩大科普宣传面。通过龙湾微科普微信平台，定期发送科普生活知识。利用农村文化礼堂开展科普继续教育，全年共开设农函大培训班5期，其中杨梅专业培训班1期、电子商务培训班4期，培训学员270人次。结合市科协百场科普活动，助推文化礼堂建设，先后组织联系科普讲师团老师到龙湾区沙中社区、兴北社区、横渎村等开展科普知识进社区进农村活动。

【青少年科技教育】　2016年，龙湾区科协开展青少年科技活动，提高青少年科学素质。邀请中国科学院老科学家科普演讲团教授走进中通国际学校、龙湾二小、永中一小、永昌一小、海滨一小和龙湾七幼等学校，开设青少年科普知识讲座7场。联合区教育局、区科技局在永兴一小举办龙湾区第21届青少年科技创新大赛，评出优秀学生科幻画107幅、小发明作品57件、小论文44篇、科技实践29件、电脑机器人创意设计6项、教师自制教具1件、优秀组织单位3个、优秀科技辅导教师8名。

【非公企业科协建设】　2016年，龙湾区科协加强基层企业科协的建设和管理，指导浙江竞成环保科技有限公司成立非公企业科协，组织源大人力资源有限公司和凯喜姆阀门有限公司非公企业科协换届。年内，中广核俊尔新材料有限公司企业科协获评温州市企业科协先进单位。（姜成志）

社科联

【社科普及工作】　2016年11月3日，龙湾区2016年社会科学普及周开幕式暨龙湾区社科志愿者服务队成立仪式在河泥荡公园举行。活动以“坚定文化自信共建‘两美’龙湾”为主题。普及周活动期间，开展社科志愿者服务队，经济、法律咨询，给基层文化礼堂赠送社科书籍，展示古建筑木雕、镶嵌漆画等非遗项目，“永嘉场文化”图片展，社科知识有奖竞猜等100余项活动。举办《百善孝为先》《上医慈行　健康中国》等专题讲座20余期，启动2016年罗峰大讲堂六进活动，全方位打造“罗峰大讲堂”平台。聘请10名社科工作者组建龙湾区社科讲师团，不断深化罗峰大讲堂品牌建设。

【地域文化品牌建设】　2016年，龙湾区社科联以挖掘弘扬龙湾地域特色文化为目标，重点围绕名人文化、古堡文化、永嘉场文化开展区域历史文化研究。举办张璁诞辰540周年纪念大会暨温州·张璁文化高峰论坛系列活动，特邀中国人民大学教授、博导张立文做《张璁新精神的时代价值》专题讲座，中国明史学会副会长、西北师范大学教授、博导田澍做《论张璁的改革精神》专题讲座，厦门大学历史系教授、博导张侃做《张璁的礼仪实践与乡村治理》专题讲座。邀请市、区两级的20多名研究乡贤文化的专家学者，举办优秀家风研讨会，积极挖掘和弘扬龙湾本土优秀家规家风。举办王叔果研讨会、王叔果书画巡回展等王叔果诞辰500周年纪念活动，塑造“古堡文化”品牌。举办以龙湾宋代古桥——白水上岸桥建桥928年为节点的主题研讨会。

12月16日，龙湾区举行第21届青少年科技创新大赛开幕式　（江国荣/摄）

【应用课题研究】　2016年，龙湾区社科联举办习近平总书记治国理政与龙湾转型发展实践理论研讨会并在《今日龙湾》专版刊登专家观点。与厦门大学合作开展城中村改造后村居（社区）形态及基层治理结构变迁问题应用对策研究，列入市级立项资助课题2个，其中一级重点课题1个，三级一般课题1个，落实资助经费4万元。开展社科论文征集工作，收到论文60多篇，其中获市级论文3篇。

【社科联“三联三比”活动】　2016年，龙湾区社科联以“三联三比”为载体，推进社科阵地建设。新创建社科普及示范基地6家，其中市级2家，区级4家。在联校方面，张璁祖祠被永强中学、永中一小定为校外社科教育基地，永昌堡文化研究会开展古堡文化进课堂活动。在联企方面，张璁文化研究会开展社科知识进温兄企业活动。在联村方面，区文化用品市场开展端午节民间包粽子、编香袋活动。开展社科基地“三联三比”现场观摩活动，组织19家社科基地负责人开展基地规模、基地举办特色活动等为主要内容的“比学赶超”活动。区文化用品市场非遗展览接待参观5.4万人次，白水民俗博物馆接待1万人次以上。（邵康宝）

为每个孩子
创造人生幸福

永興小學

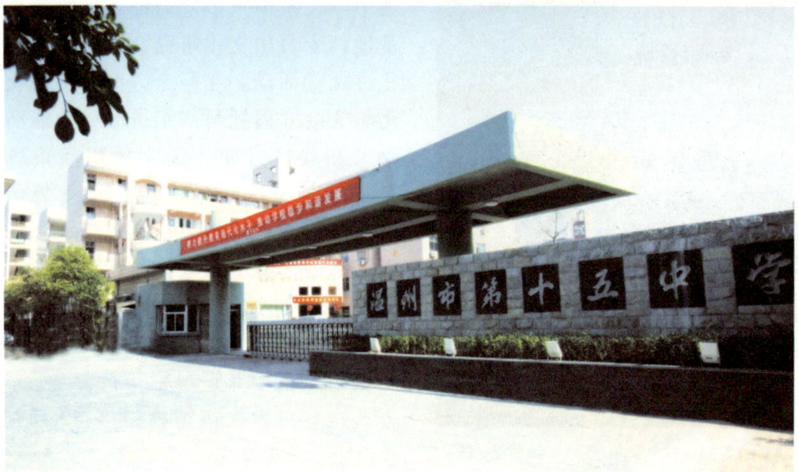
温州市第十五中学

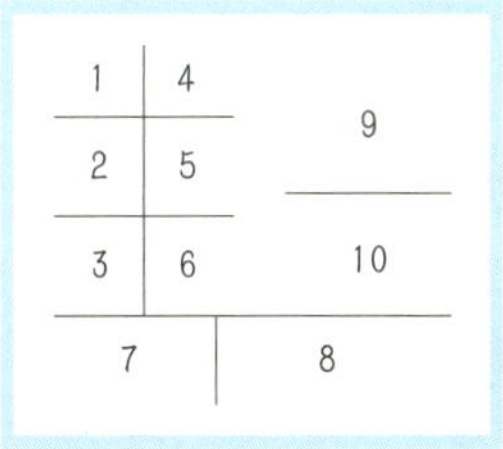

龙湾区十大名校：

1.龙湾区第一幼儿园

2.龙湾区实验小学

3.龙湾区永兴第一小学

4.龙湾区永中第一小学

5.龙湾区永昌第一小学

6.温州市第二十中学

7.温州市第十五中学

8.龙湾中学

9.永强中学

10.龙湾区实验中学

（区新闻中心供稿）

教　育

综　述

【概况】 2016年，龙湾区教育工作紧扣市委、市政府打造“市区东部教育高地”目标，实施基础教育提升三年行动计划，推进“品质教育·学在龙湾”品牌建设，引进上海欧顿等优质教育资源，创成省教育基本现代化区。强化教育质量提升目标导向，出台教育管理奖、成果奖等制度，设立区长教育质量奖1000万元和教育专项基金3000多万元。创成市级语言文字规范化街道1个；创成二级幼儿园1所、三级幼儿园7所；复评一级幼儿园4所、二级幼儿园6所、三级幼儿园24所；创成市二级学校3所、三级学校1所。创市中小学德育示范学校2所、市毒品预防教育品牌示范学校1所、市二级心理健康辅导站3所、市三级心理健康辅导站1所、市卫生先进单位2所、市级无烟单位8所。创成省健康促进学校5所，省青少年校园足球特色学校7所，省绿色学校1所，省美丽校园3所。全区等级幼儿园在园幼儿覆盖率95.74%，义务教育等级学校比例达94.40%，实现公办普高省特色示范学校全覆盖。中考成绩在全市实现“九连冠”，市教育科学和谐发展业绩考核连续九年获一等奖。

【龙湾区创成“省教育基本现代化区”】 2017年2月9日，浙江省教育厅、浙江省人民政府教育督导委员会办公室公布第三批基本实现教育现代化县（市、区），龙湾区被认定为浙江省第三批基本实现教育现代化县（市、区）。2013年，龙湾区全面启动浙江省教育基本现代化区创建，成立由区政府主要领导、相关职能部门和街道负责人组成的创建领导小组，制定实施方案，明确创建时间表和路线图。为确保创建工作顺利推进，先后出台《龙湾区基础教育提升三年行动计划（2016—2018年）》和《龙湾区“品质教育·学在龙湾”品牌建设实施方案》等文件。“十二五”以来投入20多亿元，按省一级重点中学标准启动永强中学新校区建设，建成区实验中学、区外国语小学等现代化校园；每年设立专项经费2000万元，用于教育装备、心理健康辅导站建设、安防器械配置等各类创建补助。2016年10月，龙湾区通过省教育基本现代化区评估专家组督导评估。

表36　2016年与前4年龙湾区教育经费收入结构对比表　单位：万元

项目	2012年	2013年	2014年	2015年	2016年
预算内教育经费	33300.9	42266.5	43807	54979	63450
城市教育费附加	3819.5	5372.8	5148	5644	6903
农村教育费附加	3120.2	3570.9	4137	1671	2137
社会捐资集资办学	62.7	13.6	0	5	5620
学杂费	11038.4	13177.2	14944	16921	17839
其他收入	2158.8	16976.3	3035	5669	754
总计	53500.5	81377.3	71071	84889	96703

表37　2016年龙湾区基础教育普及情况表

小学项目	小学普及率（%）	初中项目	初中普及率（%）
学龄儿童入学率	100	初中阶段入学率	100
在校生年巩固率	100	在校生年巩固率	100
毕业班学生毕业率	100	毕业班学生毕业率	100
12—15周岁少年普及率	100	初中升高中升学率	98.2

【集团学校组建】 2016年，龙湾区教育局创新集团校推进方式，打破原有办学体制内教育资源的局限和壁垒，在办学模式转型、优质资源共享、体制机制改革等方面进行积极探索实践。成功组建区一小、区五幼等集团校。

【教育战略合作项目集体签约】 2016年8月18日，龙湾区教育战略合作项目签约仪式正式举行，3个层次计11个教育合作项目集体签约。11个教育合作项目分别为龙湾区人民政府与温州市教育局、温州大学、温州城市大学、上海世外教育服务发展有限公司合作项目；龙湾区教育局与鹿城区教育局、上海闵行区欧顿锦绣幼儿园合作项目；龙湾中学和余杭高级中学、温州市第十五中学和衢州第二中学、永强中学和温州中学、永强中学和宁波鄞州中学、海滨中学和市外国语学校合作项目。

【困难师生关爱工作】　2016年，龙湾区教育局加强特殊困难师生关爱工作。财政资助学前教育免保育费24人5.4万元，资助义务教育爱心营养餐180人9万元，普高学生免学费215人29.12万元、享受高中国家助学金215人21.5万元。中职学生除学费全免外，62人享受国家助学金6.2万元。开展“爱心温州结对助学”活动，资助贫困学生85人17万元。

【教育廉政建设】　2016年，龙湾区教育局加强党风廉政建设，修订完善《龙湾区教育内部审计工作暂行规定》《龙湾区教育系统轮审制度》等制度，有效提升教育内部审计质量和水平。严格执行教育内部审计，促进学校完善内控制度，提高校长依法治教、依法治校能力，促进教育系统领导干部廉政建设。全年区教育局完成14所学校（单位）经济责任审计和18所学校（单位）公务支出专项审计，廉政谈话谈心183人次。做好信访工作，办理信访件202件，来信171件，来电31件。

学前教育

【概况】　2016年，全区共有各类幼儿园69所，其中公办幼儿园11所（12个园区），民办幼儿园58所。全区在园幼儿15539人，幼儿入园率达99%，其中在公办幼儿园就读幼儿3729人，占24%。全区有省一级幼儿园5所，省二级幼儿园8所，省三级幼儿园44所，全区等级幼儿园比例达91.3%。等级幼儿园在园幼儿14877人，覆盖率为95.74%。街道中心幼儿园建园率为100%，其中公办5所、民办1所。

【学前教育三年行动】　2016年，龙湾区教育局贯彻实施《龙湾区第二轮学前教育三年行动计划（2015—2017）》，启动学前教育新一轮发展。社会力量办园取得新成效，永兴星睿幼儿园、名蕾幼儿园、现代我佳幼儿园、海滨童艺幼儿园等幼儿园投用。实施《龙湾区普惠性民办幼儿园实施细则》，提供民办幼儿园普惠性服务，民办普惠性幼儿园26所，全区普惠性幼儿园比例达89.66%。推进“爱心拉手”结对帮扶活动，18所优质幼儿园与27所民办幼儿园结成帮扶对子。

义务教育

【概况】　2016年，龙湾区有小学在校生33704人，初中在校生9862人，义务教育阶段适龄少年儿童入学率、在校生巩固率、毕业率均达100%。初中毕业生3077人，初中升高中升学率达98.2%。义务教育等级学校比例达94.4%，省义务教育标准化学校比例达95%，中考成绩连续9年位居全市各县（市、区）之首。区第二外国语小学招生投用，创办区少年艺术国际学校，创成区第二实验中学、永兴一小、永昌三小等8所“新优质学校”。

【新居民子女教育】　2016年，龙湾区教育局做好进城务工人员随迁子女在本区接受义务教育，全区符合随迁入学条件新居民子女13751人，在公办学校就读13354人，占比达97.11%。组织开展新居民子女学校教学质量检测，实现教学质量监控管理常态化，及时反馈检测结果，分析教学薄弱环节，采取针对性策略，有效提升新居民学校教育教学质量。全年投入100万元对新居民子女学校和民办幼儿园进行安全改造升级。

【残障儿童教育】　2016年，龙湾区教育局贯彻国家、省、市关于特殊教育实施意见，做好区残障儿童随班就读工作。全区有证残疾儿童入学数78人，入学数75人，缓入学3人，按时入学率达96%。有效实行残障儿童随班就读工作和送教上门制度，并逐步由义务教育向学前教育和高中段教育延伸，建成7个资源教室。

普通高中教育

【概况】　2016年，龙湾区有普通高中5所，普高在校生4924人，高考总上线率为87.5%。龙湾中学、永强中学分别创成省一、二级特色示范高中，实现公办普高省特色示范学校全覆盖。普高课改不断深化，继续推进高中精品课程建设，新增省级精品课程3门、市级精品课程7门，龙湾中学成功申报省化学学科培育基地。

中等职业教育

【概况】　2016年，龙湾区职业技术学校在校生1395人，学校创成省级新型

11月24日，龙湾区第二十六届小学生田径运动会开幕　（叶晓东/摄）

农民培训基地、省创业基地、省中职教育德育基地、市中职创新创业人才培养计划示范基地，获“省美丽学校”称号。学校与加拿大蒙特利尔英语教育局签订合作协议，开展留学交流工作。参与“一带一路”建设，与新疆中北亿达房地产开发有限公司、新疆生产建设兵团第四师伊犁职业技术学校等10家企业和学校签订合作协议，每年为“一带一路”建设提供200位技术型人才，为沿线职业学校提供20人次师资培养和交流。

成人教育

【概况】 2016年，龙湾区进一步改善街道社区学校的基础设施设备，实现市等级社区学校100%全覆盖。永中街道社区学校创成市级示范街道社区学校，蒲州街道上江小学社区分校和永中街道学润教育社区分校成功创建市一级社区学校。永中街道永昌三小社区分校等7所社区分校创成市二级社区学校，永中街道学润成人文化技术学校创成省级现代化成人文化技术学校。开展社区学校“一校一特色”创建活动，“汤和文化”特色基地、“民办学历、技能提升”特色基地、“孝道文化”特色基地、“幸福学堂·老年教育”特色基地等一大批特色品牌不断涌现。全年，双证制培训432人、脱盲381人、妇幼培训和家政培训1534人。

民办教育

【概况】 2016年，龙湾区各类民办学校64所，其中幼儿园58所、初中1所、九年一贯制3所、普高2所。区教育局依法落实各项民办教育综合改革优惠政策，下拨民办教育专项奖补资金275.5万元、政府购买服务资金1333多万元，走在全市前列。试点学校教师人事代理66人，事业保险 57人，企业保险 122人。成功引进温州市私立第一实验学校新城分校项目，全年完成投资5020万元。温州道尔顿小学落户龙湾，引进上海欧顿教育等优质教育品牌。

招生考试

【概况】 2016年，龙湾区普通高校报考人数（含单考单招）2085人。其中，普高报考一类考生1518人，二类364人，三类122人，单考单招报名人数81人。文科类考生为908人，理科类考生为1096人，艺术类考生291人，体育类考生28人。中考报名人数2954人，试场100个。成人高校报名人数355人，均为高中起点专科，其中文史类225人，理工类108人，艺术类22人。严格执行公办普高跨县招生和民办普高跨市招生及普高最低控制分数线。龙湾中学公费录取分数线612.5分，温十五中公费录取线578.5分，永强中学公费录取线560分。公办普高录取最低控制分数线560分。

师资队伍建设

【概况】 2016年，龙湾区幼儿园专任教师973人，幼儿园教师大专及以上学历达93.2%，幼儿园教师持证率达90.5%。小学专科以上学历比例达94.49%，初中教师本科以上学历比例达94.76%，普通高中教师研究生学历比例达13.01%，中职学校“双师型”教师占专任教师比例达81%。新增区名校长6名，区名教师20名，区名班主任6名。新增市名校长1名，市名教师2名。新增区级名师工作室11个，市级名师工作站7个。

【师德师风工作】 2016年，龙湾区教育局把师德师风建设作为“品质教育”重要内容，完善相关制度，开展系列教育活动，强化师德教育。开学初对全区所有中小学（幼儿园）开展师德师风全面检查，发现问题及时反馈整改。开展全区师德专项培训、师德楷模评选、师德专项考核、师德优秀教师表彰及最美教师视频征集活动，进一步提高教师爱岗敬业、教书育人的职业修养。

【“名校长”建设】 2016年，龙湾区教育局完善校长成长培养体系，搭建校长交流平台，举办“教育罗峰讲坛”，与南京师范大学等院校合作培养校长队伍，组织开展卓越校长培养对象研修班、骨干校长研修班和后备校长培训班。在全市率先推行全覆盖式初中、小学校长赛课制，全区38位校长比拼公开课，实现校长回归课堂。

【“名师”建设】 2016年，龙湾区教育局完善教师培训长效机制，全年投入1200万元开展教师培训工作。构建“557分层分类阶梯式”培训框架，编制《龙湾区中小学教师专业发展分层培训项目指南》。创新培训载体，多形式构建联盟体学校，组建学校联盟体16个，片区联盟体2个，与华东师范大学等7所高校结成教师培训合作伙伴。

学生工作

【学生德育教育】 2016年，龙湾区教育局制定出台《龙湾区中小学育人工作联席会议制度》和《龙湾区中小学“四品八德”教育实施方案》，明确中小学、幼儿园德育教育目标。加快德育品牌建设，区职技校、区实验小学创成市中小学德育示范学校，区实验中学创成市毒品预防教育品牌示范学校，区二小创成未成年人思想道德品质教育阵地。开展“月月有主题，周周有活动”德育主题教育，拓宽1+X+Y模式实践基地，新增莲情文化园等基地，每年超3万名学生参与各类德育教育。

【中小学生体艺教育】 2016年，龙湾区教育局开展阳光体育运动，培养青少年良好体育锻炼习惯和健康生活方式，小学、初中、高中学生体质合格率分别达96.23%、95.17%、96.74%。大一新生体质测试合格率排名跃升30个位次。体育竞技成绩斐然，夺得国家级体育赛事冠军5个，省、市级金牌90余枚。开展艺术教育活动，做到“人人参与、班班开展、校校组织”，全区55 所学校、近5000名学生参加区级艺术节活动，产生1200多个作品（节目），其中102个作品（节目）获市级奖项。开展艺术素养监测工作，7000名学生参与测评，编制完成《龙湾区中小学2015—

2016学年艺术教育发展年度报告》。

办学条件

【概况】 2016年，龙湾区教育系统实施建设项目19个，完成投资18422万元，完成年度计划的108.36%，新增校舍面积43202平方米。永强中学改扩建工程一标段通过预验收，二标段基本完成，完成年度累计投资11700万元，完成年度计划138.74%。区第二外国语小学、区雍锦幼儿园、区雍华幼儿园等相继建成投用，完成永中一小综合楼扩建主体工程、瑶溪三小综合楼扩建工程、区一幼蒲州分园二次装修及设备采购项目、区八幼整体改造工程、区三小、区十七幼、区十五幼主体工程及区七幼拆扩建工程一期主体工程并通过预验收。完成23项零星维修工程，投资1600万元。全区生均占地面积23.19平方米，生均建筑面积达11.86平方米，生均藏书量达38.35册，均超过年度目标增值。

【基础教育三年规划编制】 2016年6月1日，龙湾区政府出台《龙湾区基础教育提升三年行动计划（2016—2018年）》，以实现教育现代化区为目标，突出“优化布局、提升质量”两大工作重点，努力打造“家门口的好学校”。3年计划投入39亿元，创成省级教育现代化区，提升教育整体水平，实现公办学校“升等创优”，等级幼儿园、市义务教育等级学校、省义务教育标准化学校、省特色高中示范学校100%全覆盖；实现民办学校“减量提质”，规范有序、健康发展。2016年全区完成计划任务26项，完成教育投资12亿元。

【品质教育】 2016年，龙湾区教育局出台《龙湾区“品质教育·学在龙湾”品牌建设实施方案》，以“1+4+N”模式系统推进，打造“温州市区东部教育高地”这一目标，推出“三名”引领、新优质拓展工程、素质提升、特色培育四大工程。启动理论建设、实践探索、教育队伍建设等N个专项行动，全面深化教育综合改革。推动全区学校优质发展、内涵发展、特色发展，打造“家门口新优质学校”，实现“不出龙湾也能上名校”目标。在《温州日报》等省市级媒体发布相关报道100多篇。

【教育装备投入】 2016年，龙湾区中小学信息化建设资金投入1500万元，完成区第二外国语小学智能化项目建设，启动区三小智能化项目建设，更新学生机房4个、新增交互式多媒体100套，更新教师办公电脑400台。推进创客教育发展，召开全区创客教育推进大会，做好首批中小学创客空间（基地）创建工作，创成创客（基地）空间12个，建成4个学科教室，14个创新实验室，7个智慧教室，创成市功能室建设示范校1所，市功能室建设达标校13所，市书香校园示范校1所，市书香校园学校4所。

【“龙湾十大名校”评选】 2016年8月，龙湾区教育局印发《关于开展“龙湾十大名校”评选活动的通知》。活动通过自愿报名、组织推荐、微信投票等方式，并综合2014、2015年学校发展性评价考核结果及办学历史和社会评价。龙湾中学、温州市第十五中学 、龙湾区永强中学、龙湾区实验中学、温州市第二十中学、龙湾区实验小学、龙湾区永中第一小学、龙湾区永兴第一小学、龙湾区永昌第一小学、龙湾区第一幼儿园获“龙湾十大名校”称号。

教学研究与治教工作

【概况】 2016年，龙湾区教育局出台《龙湾区中小学学本课堂建设质量考评表》，成立课堂导学任务开发小组，完成高中阶段9个学科和义务教育阶段四年级、七年级4个学科导学指南开发，有效引导教师关注学生学习能力提升和学科核心素养培养。落实教学新常规，提高课堂教学实效，制定区域教学常规管理意见，实施研训员一对一联系学校制度。打造精品课例，71节优秀课例在省、市“一师一优课”评比活动中获奖。参与各类优秀课程评比，2门课程参加省精品课程征集，18门课程参加市精品拓展课程评选，6所学校获得市学校课程规划征集评选优秀奖，7门课程在市第八届普通高中精品选修课程评比中获奖。强化教研品牌建设，打造“一组一精品，校校有特色”校本教研品牌，开展校本教研展示活动和优秀教研组及教研组长评选活动。全年确立省级课题3项，市级课题6项，区级课题75项。

【地方特色课程开发】 2016年，龙湾区教育局创新课程开发策略，有效整合学校教育资源，从学生发展的需求出发，充分挖掘校内外各种形式的课程资源，培育课程特色，区外国语小学、永昌一小、区实验小学等学校立足自身，将国家课程、地方课程和校本课程整体优化，重构学校基础性课程和拓展性课程，“3G”课程、“崇实”课程、“状元”课程等富有地域和文化特色的学校课程成为市、区典型。（徐海莲）

表38　　2016年龙湾区幼儿园情况表

序号	单位名称	校　址	占地面积（平方米）	建筑面积（平方米）	教师数（人）	班级数（个）	幼儿数（人）
1	龙湾区第一幼儿园	状元镇中华路119号	4080	3382	31	14	491
2	龙湾区第二幼儿园	永中东路163号	4383	4404	51	21	687
	龙湾区二幼南洋园区	永中南翔锦苑17幢	2700	1974			
3	龙湾区第三幼儿园	瑶溪镇白楼下村阳明路2号	6000	3052	23	8	230
4	龙湾区第四幼儿园	海滨街道沙村路151号	2650	2160	28	11	369

续表38

序号	单位名称	校　址	占地面积（平方米）	建筑面积（平方米）	教师数（人）	班级数（个）	幼儿数（人）
5	龙湾区第五幼儿园	永中万康住宅区	3319	3125.4	20	9	308
6	龙湾区第七幼儿园	海滨街道江一村	5600	922	20	7	247
7	龙湾区第八幼儿园	永兴街道乐二村	8314	1060	21	9	292
8	龙湾区第十六幼儿园	瑶溪住宅区一组团	3058	2400	16	6	215
9	龙湾区东方明珠幼儿园	永中东方明珠城住宅区	3133	2560	23	9	305
10	龙湾区第十幼儿园	永中龙祥路2969号	6600	5063	29	12	435
11	龙湾区雍锦幼儿园	雍华街道繁青路218号	4652	3187	13	5	150
12	蒲州中心幼儿园	龙湾区蒲江路东越住宅区内	3815	2692	22	11	333
13	龙湾区我佳幼儿园	汤家桥雁荡西路192号	2322	3800	25	12	369
14	蒲州蒲兴幼儿园	蒲州街道下埠村蒲兴路26号	908	1929	6	4	100
15	蒲州阳光天使幼儿园	农业示范区中国笔都安心公寓	2498	1096	12	9	230
16	蒲州屿田幼儿园	蒲州屿田中路85号	1501	1224	17	11	316
17	龙湾区心桥幼儿园	龙湾区汤家桥清江路149号	2560	2191	20	9	250
18	蒲州金果子幼儿园	蒲州屿田南路111号	550	557	5	4	102
19	龙湾区名蕾幼儿园	富春江路名人花园3幢1楼	930	960	11	6	144
20	状元龙腾幼儿园	状元镇龙腾南路	4332.45	3374	36	17	520
21	状元佳佳幼儿园	状元镇南片安居住宅小区	3200	1965.13	7	7	198
22	龙湾区天鹅湖幼儿园	开发区天鹅湖小区7～8幢	1900	1550	15	10	306
23	状元旺仔幼儿园	状元镇石坦南路147号	660	970	6	5	154
24	状元七巧板幼儿园	机场大道2138号	1200	2965	12	10	295
25	状元造船厂幼儿园	状元镇横街村船厂路	680	420	4	4	121
26	龙湾区康艺幼儿园	开发区天鹅湖综合楼216～221室	1090	830	7	5	130
27	状元蓝精灵幼儿园	状元镇状元新村老人协会（周宅）	550	430	6	6	144
28	状元红太阳幼儿园	状元新村三组团3幢103～104室	900	505	7	4	113
29	状元星星幼儿园	状元镇横街东路33号	418	410	3	3	103
30	现代我佳幼儿园	状元街道兴元路68号	4462.2	1928	14	8	214
31	瑶溪佳乐幼儿园	瑶溪镇苏川村	2664	2580	15	7	210
32	瑶溪伊甸幼儿园	瑶溪镇黄石村雷达路25号	1800	1080	13	9	244
33	瑶溪汇佳幼儿园	瑶溪镇永胜村龙永路263～269号	1222	1150	9	6	134
34	瑶溪慧冉幼儿园	瑶溪镇黄石村山北老人活动中心	1300	1186	7	7	220
35	瑶溪乐欢幼儿园	瑶溪镇朱宅村水心街39号	650	790	6	6	135
36	瑶溪海之心幼儿园	瑶溪镇龙水西路168号	1800	1408	11	7	208
37	瑶溪星之语幼儿园	瑶溪镇龙东村东河路12号	780	1180	11	9	236
38	瑶溪滨江佳好幼儿园	白楼下村委会朝阳路1号	520	350	6	6	182
39	瑶溪童趣幼儿园	瑶溪街道环一村新村委大楼	1024.3	1131.5	12	8	226
40	永中小康爱绿幼儿园	永中街道罗东锦苑内	3600	1556	21	10	315
41	七彩阳光幼儿园	永中街道桥北新街87号	9198	8817.12	23	11	212
42	永中红黄蓝幼儿园	永中街道虹桥路16号	1800	1505	7	4	76
43	永中现代幼儿园	永中街道永宁路287～293号	2002.2	2316.4	15	10	279
44	永中小天使二幼	永中街道石浦南路67～68号	500	480	6	4	89
45	永中时代幼儿园	永中街道建中街205～219号	511	515	10	7	193
46	永中太阳花幼儿园	永中城北村衔城街238弄5号	500	420	5	5	125

续表38

序号	单位名称	校　址	占地面积（平方米）	建筑面积（平方米）	教师数（人）	班级数（个）	幼儿数（人）
47	永中欣乐幼儿园	永中街道福宁巷1弄6～1、2号	723	673	3	3	66
48	永中蓓蕾幼儿园	永中建中街188弄6号	200	235	6	3	100
49	永中乐乐幼儿园	永中街道寺前街后65号	850	830	6	7	152
50	永中绿荫幼儿园	永中街道沙门头6号	908	1780	16	14	411
51	永中实艺幼儿园	永中街道丰台村强丰街6号	1070	950	11	11	291
52	永中金福娃幼儿园	永中街道镇标西路185号	1100	621	6	3	90
53	永昌中心幼儿园	永昌新城村楼梯桥	1250	1240	5	5	114
54	永中晨希幼儿园	永昌度山村	700	450	5	5	145
55	永昌艺海幼儿园	永中街道永昌路163号	800	540	9	7	187
56	永兴教育幼儿园	永兴街道乐二村	2200	1695	23	11	333
57	小博士幼儿园	永兴街道康二村富康路安心公寓	2000	1590	21	13	358
58	永兴下垟街幼儿园	永兴街道大塘村永堡路38号	600	1400	8	6	145
59	永兴笑微幼儿园	永兴榕树下村永裕路167～183号	450	400	5	3	78
60	永兴祠南永华幼儿园	永兴祠南村永华大厦	1220	1217	10	10	244
61	永兴育才幼儿园	永兴街道永民路88弄35号	690	600	7	6	177
62	永兴哈哈幼儿园	永兴街道下垟街543弄20号	820	820	8	6	210
63	永兴小花朵幼儿园	永兴下垟街61弄1～2号	850	710	14	8	255
64	永兴第一幼儿园	永兴街道纪兴东路88号	6667	2876	24	12	369
65	永兴星睿幼儿园	永兴街道沙园村环领路108号	2000	1700	9	5	83
66	海滨小天鹅幼儿园	海滨街道城东西路7幢6号	1120	1460	7	7	205
67	海滨诗之梦幼儿园	海滨街道二号横街东段6号	3025	2890	18	10	272
68	海滨小荧星幼儿园	海滨街道沙北村周宅路35号	520	1610	11	9	249
69	海滨童忆幼儿园	海滨街道宁城西路18号	1980	2000	5	3	50

表39　　2016年龙湾区小学情况表

序号	学校名称	校　址	占地面积（平方米）	建筑面积（平方米）	教师数（人）	班级数（个）	学生数（人）
1	龙湾区实验小学（状元） 龙湾区实验小学（瑶溪）	状元街道耐宝路 瑶溪街道底岭下村前垟白门台	36898	15791	98	41	1577
2	状元第三小学	状元街道三期工业区	19890	10972	47	29	1046
3	状元第一小学	状元街道龙飞西路	17480	6684	57	26	1058
4	状元第二小学	状元街道元庄村	14925	4545	35	17	625
5	瑶溪第一小学	瑶溪街道雄心村	26747	9215	52	28	1211
6	瑶溪第三小学	瑶溪街道龙湾村	12292.57	7293	37	18	660
7	金岙小学	瑶溪街道金岙村	12000	2970	28	11	400
8	瑶溪第六小学	瑶溪街道黄山村	16892	10071.68	28	12	441
9	永中第一小学（南校区） 永中第一小学（北校区）	永中街道沙门头 永中街道永宁路	26617	10723	110	51	1929
10	永中第二小学	永中街道永宁路	17430	5053	66	27	1046
11	永昌第一小学	永中街道新城村	21137	6199.39	71	32	1297
12	永昌第五小学	永中街道丰台村	12000	6386	25	13	480
13	龙水第一小学	永中街道刘宅村	23677	7622	66	37	1486

续表39

序号	学校名称	校址	占地面积（平方米）	建筑面积（平方米）	教师数（人）	班级数（个）	学生数（人）
14	龙湾区第二小学	龙湾区万康锦绣城	12979	11567	58	27	1023
15	龙湾区上江小学	蒲州街道上江村	8802	4099	36	20	739
16	屿田小学	蒲州街道屿田村	8075.83	5076.13	37	18	691
17	上庄小学	蒲州街道上庄村	7993	3126	27	13	510
18	海滨第一小学	海滨街道沙中村	30487	9190	84	35	1402
19	海滨第二小学	海滨街道道宁村	19057	9755	56	28	1164
20	永兴第一小学	永兴街道莩芳村	31720.94	21889.59	73	37	1468
21	永兴第二小学	永兴街道乐二村	17796	6377	75	33	1282
22	龙湾区第一小学	永中街道龙祥路2999号	23864.07	19091	21	13	348
23	区第二外国语学校		32309	16003	15	6	0
24	区外国语小学	龙湾区城市中心区龙康路与永中西路交汇处	15960	14358	58	25	864
25	温州育英学校（小学部）	开发区楠溪江路	22538	14064	116	30	1217
26	中通国际学校（小学部）	蒲州街道新江路759号	24395	27121	153	37	1082

表40　2016年龙湾区初中情况表

序号	学校名称	校址	占地面积（平方米）	建筑面积（平方米）	教师数（人）	班级数（个）	学生数（人）
1	龙湾区实验中学	龙湾行政中心区龙江路与永中西路交汇处	29259	26333	103	32	1133
2	永中中学	永中街道沧下路	16099	7324	109	30	1102
3	温州第二十中学	状元街道文化路	24365	11385	96	30	1205
4	温州第二十五中学	瑶溪街道苏川村	63839	21520	118	32	1144
5	温州育英学校（初中部）	开发区楠溪江路	22538	14615	121	18	712
6	永兴中学	永兴街道下沿路	27123	11291	105	30	1104
7	海滨中学	海滨街道河北路	48667	12221	85	24	808
8	龙湾区第二实验中学	永中街道新城村	14700	5422	56	15	445
9	龙湾外国语学校	龙湾区永中街道永宁西路	27251.8	13136.4	67	20	657
10	中通国际学校	蒲州街道新江路759号	24395	27121	222	15	408

注：含各功能区

表41　2016年龙湾区普通高中情况表

序号	学校名称	校址	占地面积（平方米）	建筑面积（平方米）	教师数（人）	班级数（个）	学生数（人）
1	龙湾中学	永中街道新城村	131995	71294	143	36	1438
2	温州第十五中学	开发区楠溪江路	30143	18250	108	27	1185
3	永强中学	永中街道太师路	21194	19921	101	27	1172
5	温州越秀学校	永中街道永宁西路	67980	28324	91	23	924
6	龙湾区艺术学校	瑶溪街道苏川村	15780	12824	54	5	205

表42　2016年龙湾区职业高中情况表

序号	学校名称	校址	占地面积（平方米）	建筑面积（平方米）	教师数（人）	班级数（个）	学生数（人）
1	区职业技术学校	瑶溪街道白楼下村	25742	9646	115	34	1247

（徐海莲）

文　化

文化行政工作

【文化行政审批改革】 2016年，龙湾区文广新局推进“互联网+行政审批”机制改革，将“艺术品经营单位的备案”事项作为试点项目，建立“网上申请、在线服务、快递送达”审批服务新模式。率全市之先启用新版文化市场经营许可证，新增扫码查询功能，增加粉色底纹水印，提升安全系数。先行试点文化娱乐业标准化审批服务制度改革，起草《娱乐业联合审批办事指南》和《网吧业联合审批办事指南》，将“温州市火鸟网吧合伙企业”作为审批试点企业，打通原来横向行业之间、纵向层级之间、内部运行各环节之间的阻隔和障碍，进行流程再造，实行多部门联合审批模式，行政运行效率提高。全年受理行政审批197件，办结200件。

【文化设施建设】 2016年，龙湾区文广新局推进文化设施提档升级，不断延伸公共文化服务触角。新建文化驿站1个、城市书房2家、省级农村电影室内固定放映点暨“罗峰剧场”5家，提升创建精品农家书屋13家，指导完成“五有”街道创建4个、“五有”社区创建15个。永昌堡文化驿站是全市唯一一个县级布点，首创公益培训师资库、展览配送点单库模式，全年安排展览37次、观展5000余人次。开展公益培训12期，培训人员2000余人。

【公共文化服务】 2016年，龙湾区文广新局优先保障公共文化支出，对基础公共文化设施建设、公共文化阵地免费开放、文化活动、文化遗产保护、文化队伍建设等给予补助，全年共发放补助67.5万元。整合系统优势资源，推出“四季”公益培训品牌，着力打造季季有培训、人人受益的惠普型服务品牌。以区图书馆、区文化馆为主阵地，串联文化礼堂、文化驿站、农家书屋，巩固提升公益培训15分钟文化圈。全年开展各类展览、讲座、培训班558场，累计培训15000人次；开展送戏下乡385场、送书下乡1.2万册、送电影下乡1560场。

【文化行政执法行动】 2016年，龙湾区文广新局以“清源”“净网”“护苗”“固边”等常规行动、“黑网吧”专项整治行动为抓手，加强市场监管。率全省之先在全区试点推广“网吧人像实名管理系统”，网吧上网安全系数提高。全年出动执法检查1279人次，1253家次，发现违规47家次；受理举报（督查）21件；行政处罚立案调查47件，其中办结39件，警告30家次，罚款10.45万元，停业整顿1家次，没收非法所得1万元，没收违法物品21013个。召开全区软件正版化工作会议，牵头做好全区正版软件迎检工作，共购置正版操作系统软件458套、办公软件1557套，投入资金共计200万元，购买安装数量超前三年总和。

【文化体制改革】 2016年，龙湾区文广新局推进文化体制改革，激发文化创新活力。在龙湾区图书馆试点法人治理建设工作，制定《龙湾区图书馆理事会实施方案》，提出理事会及监事会组成人选建议方案，11月28日举行龙湾区图书馆理事会成立仪式，宣布首届理事会和监事会成员，审议通过《龙湾区图书馆章程》及四项制度。制定并实施《龙湾区2016年送戏下乡公益演出招标方法》，健全政府向社会购买公共文化服务体制机制，共有来自全市29家单位中标，全年配送385场次。（林碧纯）

文化产业

【概况】 2016年，龙湾区文广新局推进文化产业发展，实施文化企业“走出去”和“引进来”工作齐头并进。引进“温商回归”投资文化产业项目4个，超亿元3个，完成文化产业投资额2.78亿元，完成率111.2%；组织郑家园麦麦酒、温州三友印业等3家企业参加义乌文交会。筹建红连研究院，雅琳现代农业观光园项目已基本完成建设，推进温州创梦文化创业园申报市级重点文化产业园区。浙江红连文化发展股份有限公司在全国中小企业股份转让系统成功挂牌，成为中国产业园运营第一股。电影行业发展良好，龙湾万达影城实现全年票房收入3000万元，观影人次达63万人次；龙腾影院实现票房收入127.6万元，观影人次达4.1265万人次。

【文化产业扶持政策出台】 2016年，龙湾区出台《龙湾区促进文化产业发展实施办法》，设立文化产业发展专项资金，每年由区财政安排文化产业发展专项资金500万元，给予区级重点文化产业园（基地、集聚区）培育和公共服务平台、产业孵化平台建设的资助、奖励与

配套资金扶持。（林碧纯）

文艺活动

【龙湾区第九届音乐舞蹈节】 2016年8月24日，龙湾区第九届音乐舞蹈节决赛在温州市广电中心一楼演播大厅举行。该活动由龙湾区人民政府、龙湾区文广新局主办，区文化馆承办，有20个作品入围最后决赛。决赛后，在11月和12月到各街道巡回演出，把精彩节目展示给基层观众。龙湾区音舞节始于2000年，每2年一届。

【浙江省群文戏剧创作论坛】 2016年12月9日，浙江省文化馆、浙江省群众文化学会主办，龙湾区文化馆承办的2016浙江省群文戏剧创作论坛在温州市委党校举行。特邀浙江省文化馆副馆长王布伟、浙江省曲艺家协会副主席蒋巍、浙江省文艺评论家协会秘书长沈勇担任评委，来自全省的20余名群文戏剧之家、15名优秀论文的创作人员参加论坛。各专家评委与参会成员围绕当下戏剧创作的题材与内容创新、戏剧的传承与发展、地域戏剧现象等主题展开激烈的讨论，共同为繁荣浙江省戏剧创作献计献策。

【龙湾区第二届钢琴大赛】 2016年7月22日下午，龙湾区第二届钢琴大赛决赛在文化馆一楼歌舞厅举行，50位选手晋级决赛。该次大赛由龙湾区文广新局主办，龙湾区文化馆承办，历时3个月。该活动旨在打造一个高水准、高规格的文化活动品牌，为本区少儿钢琴爱好者提供一个展示琴艺、交流学习的舞台。

【文艺公益培训】 2016年，龙湾区文化馆本着“立足基层，面向社会”的宗旨，体现“免费培训，公益服务”的原则，积极践行文化惠民工程。举办春季、暑期、秋季三期“群众课堂”公益培训，设有中老年人舞蹈班 、成人舞蹈精英班、少儿舞蹈、少儿声乐、少儿主持表演、书法、国画、成人声乐兴趣班等37个公益培训班，全年培训学员8630人次。

【文化走亲活动】 2016年，龙湾区文化馆加强与兄弟县（市、区）的文化交流，开展多场文化走亲活动。5月5日，“山海相连 · 文化同心”苍南——龙湾文化走亲文艺演出在龙湾区龙锦文化礼堂举行。6月2日，“文化雕龙 · 苍海同心”龙湾——苍南文化走亲文艺演出在苍南文化馆一楼举行。6月18日，平阳文化馆在龙湾区龙泽社区演出。10月23日，“龙湾韵 · 瓯越情”龙湾——瑞安文化走亲文艺晚会在瑞安市南海街道阁二村文化礼堂举行。10月24日至25日，“希望田野 · 美丽金东”金东、鹿城、瓯海、龙湾四区文化馆联合走亲，先后在鹿城鞋都广场和瓯海区丽岙文化礼堂举行。10月31日，瑞安文化馆组织曲艺专场到龙湾区龙锦社区文化走亲。通过文化走亲活动，实现了地域间文化的取长补短、互通共融，为本地文化的发展注入了新的活力。

8月8日，龙湾区举行第二届钢琴大赛颁奖音乐会 （区文联供稿）

【大型文化活动】 2016年，龙湾区文化馆积极牵头组织或参与指导区内各类大型文化活动，全年举办各类活动62场。主要有新春音乐会、“幸福龙湾，欢乐元宵”文艺会演、“幸福龙湾走进状元”文艺会演、“幸福龙湾众娱众乐我是群众明星”文艺巡演、“五水共治文化下乡演出”“学新规、明责纪”廉政文艺会演、“幸福龙湾众娱众乐我是群众明星”文艺巡演、“法制下基层服务惠民生”文艺巡演、文艺下乡戏曲专场、社科普及周开幕文艺演出和龙湾区第九届音乐舞蹈节精品节目展演。

【文艺创作成果】 2016年，龙湾区文化馆重视精品创作，积极参加省、市各类大赛活动。音乐作品3个参加市音乐新作大赛，其中《江南小镇蓝》入选参加省第十五届新作大赛，获兰花银奖。群舞《美人潒》入围浙江省群众舞蹈大赛，原创排舞《砰砰跳》入围浙江省第十届排舞大赛。原创小品《同学会》在温州市第二届戏剧小品大赛中脱颖而出，入选第二十七届浙江省戏剧小品邀请赛，获银兰花奖。

【文馨讲坛创立】 2016年，龙湾区文化馆开设“相约文化馆 名家面对面”文馨讲坛，成立“文馨剧社”，每季邀请省、市专家给龙湾人民开展艺术类讲座。先后邀请市文化馆施丽君主讲《声乐的演唱技巧》，市文化馆俞彬主讲《多彩的中国舞》，浙江话剧团有限公司国家一级演员宋迎秋主讲《当代戏剧漫谈》，温州电视台著名主持人王丽主讲《诵读——冬日里的暖阳》。通过讲座交流给龙湾老百姓提供艺术学习上的便利。（卓淑薇）

文　联

【龙湾区首届"罗峰奖"全国非虚构散文创作大赛】 2016年11月9日，龙湾区首届"罗峰奖"全国非虚构散文创作大赛在龙湾区实验中学举行颁奖典礼。该活动由浙江省作家协会、温州市文联、龙湾区委宣传部共同主办，温州市作家协会、区文联承办，龙湾区设立首个全国性文学类创作大赛专项资金，启动资金为25万元，每两年举办一次。7月，面向全国征稿，共收到来自全国20多个省、市的282篇参赛作品，评选出一等奖1名、二等奖3名、三等奖9名、优秀奖50名。

【龙湾区首届书法文化艺术节】 2016年6月14日，龙湾区首届书法文化艺术节开幕式暨"释然天放"——第二届千人书法展演、百幅书法精品惠民活动在永兴二小举行。活动现场，区书协会员、爱好书法的中小学师生代表共千人，在操场共挥笔墨，展示书法技艺。活动期间，还将举行"用意精至"——龙湾书法惠民公益行动、"以古为徒"——龙湾区第二届临摹和创作交流展、第二届"浙江书法村"书法联展暨温州市首届农民书法大赛等14场书法活动，历时半年。

【领导调研龙湾文联】 2016年3月7日，浙江省文联书记处书记张均林、省文联组联处副处长高勤英等一行到龙湾调研文艺志愿者工作和基层文联建设情况。4月30日，中国作协党组成员、副主席、书记处书记吉狄马加，浙江省作协党组书记、副主席臧军，浙江省作协党组副书记曹启文等领导一行4人到龙湾调研考察永昌堡，陈应许、王人杰等区领导陪同调研。

【全省文联组联工作会议在龙湾召开】 2016年4月21日至22日，2016年全省文联组联工作会议暨文艺志愿服务工作现场会在龙湾召开。省文联主要领导，各市文联负责人及部分县（市、区）文联代表共计50余人参加会议。龙湾区文联代表温州各县市（市、区）文联就"文企联动"工作作交流发言。会议期间，与会代表参观考察了永强供电公司文联、永昌文化礼堂建设，现场观摩了"到人民中去——龙湾区文艺润心巡演走进龙锦社区文化礼堂"。

【纪念红军长征胜利80周年文艺晚会】 2016年9月26日，"不忘初心　继续前进"纪念红军长征胜利80周年文艺晚会在区市民广场举行，晚会由龙湾区委、龙湾区人民政府、温州高新区委、温州高新区管委会主办，龙湾区委宣传部、区文联承办，是龙湾区"纪念红军长征胜利80周年"系列活动之一。晚会共分为"序曲""第一篇章　伟大转折""第二篇章　旷世壮举""第三篇章　复兴之路""尾声"5个部分，晚会节目由区文联下属音乐、舞蹈、朗诵等协会，以及龙湾区文联永电合唱团、温十五中合唱团、永昌一小合唱团、状元街道合唱团、瑶溪街道合唱团、龙湾区职业技术学校创作和表演。区四套班子领导、各区直部门、各街道负责人，党员干部代表及群众共计1500余人观看了演出。

【"一协会一礼堂"文艺牵手行动】 2016年6月22日，龙湾区启动"一协会一礼堂"文艺牵手行动，区书法协会、美术协会、舞蹈协会、民间文艺、音乐协会、朗诵协会等6个协会首批与蒲州街道天鹅湖文化礼堂、海滨街道宁田文化礼堂、永中街道万顺文化礼堂、永兴街道兴北文化礼堂、瑶溪街道龙东文化礼堂和状元街道新元文化礼堂结对。各文艺协（学）会提供惠民菜单，文化礼堂点单，区文联牵线，双向选择形成结成互动。通过借助本土文艺骨干和团体协会的资源，借力打造基层百姓的精神家园。

【文艺惠民活动】 2016年，龙湾区文联成立各街道文艺志愿者服务队，引导广大群众做文化礼堂的文娱主角。开展"布谷鸟"文艺惠民培训活动、"到人民中去"——文艺润心巡演活动等品牌活动，举办第二届"我们的舞台"文化礼堂民星秀大赛和巡演、第二届少儿文艺大赛等，丰富群众精神家园。实施"一会一礼堂"协会与礼堂文艺牵手计划，先后开展龙湾区书画精品走进文化礼堂巡展、"我们的中国梦"摄影进万家温暖全家福活动、永昌堡摄影大赛作品展、"留住乡愁——即兴舞台你来演"等活动。开展"温州百名诗人走进龙湾"活动，宣传龙湾区建设和发展成就。

【文联书画活动】 2016年，龙湾区文联承办中国梦·乡村行——第二届"浙江书法村"作品联展，温州市首届农民书法大赛，展览共收到85个"书法村"的来稿452件，入展作品236件。举办龙湾区首届书法文化艺术节、第二届书法千人展演、"凝情翰墨"——邱朝剑书法、"纪念红军长征胜利80周年"书画展等，扩大龙湾"中国书法之乡"知名度。组织文艺骨干赴松阳采风，并举办松阳·龙湾书画联

5月8日，龙湾区举办首届农民书法大赛作品展　（杨　豪/摄）

展、交流笔会、太仓市油画家十三人作品联展等。11月，成立温州市首个区级书画院——龙湾区书画院。

【文联精品工程】 2016年，龙湾区文联组织骨干会员创作精品文艺，累计获各类国家级、省级重大赛事奖项（含入展、入选）近300件。其中，区文联永电合唱团获第十三届中国国际合唱节成人女声组银奖，广播剧《永昌之魂》获“中国广播剧研究会专家奖金奖”，邱朝剑获第九届全浙书法大展最高奖“沙孟海奖”，原创舞蹈《井紧相依》获入围浙江省舞蹈大赛，《牧羊图》获2016第十一届中国东阳木雕竹编工艺美术博览会获特等奖。设立首个区级全国性文学类创作大赛专项资金，实施“寻找身边的感动”文学精品创作工程、《大罗山交响乐》《永昌堡系列》音乐重点创作活动。

【文联人才培育工作】 2016年，龙湾区文联通过文艺奖励和扶持、后备人才培养、搭建学习交流平台等方式，积极抓好人才培育工作。开设第二期文艺研修班摄影、漆画2个门类，壮大龙湾文艺队伍培养。成立“新锐工作室”，定期开展作品研讨会、交流沙龙等。开展“布谷鸟”文艺惠民培训工程，培养基层文艺能手。实施“双精工程”名家课堂活动，培育文艺精品创作拔尖人才，特邀中国美术学院书法系书法理论教研室主任戴家妙到龙湾开班授课。开展“春天印象”美术名家走进龙湾系列活动，邀请浙江画院原副院长、国画名家张伟民，水彩名家周崇涨等人到龙湾举办专题讲座并进行实地写生指导。邀请第四届鲁迅文学奖获得者、知名报告文学作家朱晓军开展“名师课堂”——非虚构文学创作点评会及《中国非虚构文学的现状与趋势》文学专题讲座；邀请中国作协会员、一级作家王手开展“寻找身边的感动”非虚构散文创作交流沙龙等。（姚敏雯）

表43 2016年度龙湾区优秀文艺作品一览表

艺术门类	级别	作品名称	获奖者	活动名称	主办单位	奖项
舞蹈	省级	《绿》	李伟 胡益平 王鹏	温州市首届农民书法展	浙江省文化厅	表演兰花金奖
	省级	《绿》	李伟 胡益平 王鹏	2015浙江省群众舞蹈比赛	浙江省文化厅	创作兰花银奖 创作兰花银奖 创作兰花银奖
小品	省级	《承诺》	叶益鹏 温正玺 彭倍倍	浙江省第二十六届戏剧小品邀请赛	浙江省文化厅	表演一等奖
音乐	国家级		永电合唱团	第十三届中国国际合唱节	文化部外联局、国际合唱联盟等	成人女子组第二名
	省级	《依法治国理政好》	董静 董宪瑞	浙江省“依法治国 共筑和谐”歌词大赛	浙江省文化厅	兰花铜奖
		《没有伞的孩子》	陈俏 徐颖	浙江省新农村题材音乐新作展演活动暨浙江省第十四届音乐新作演唱演奏大赛	浙江省文化厅	创作兰花银奖
		《没有伞的孩子》	余美 李佳星 林珊珊	浙江省新农村题材音乐新作展演活动暨浙江省第十四届音乐新作演唱演奏大赛	浙江省文化厅	辅导兰花银奖
		《没有伞的孩子》	罗曼蒂克	浙江省新农村题材音乐新作展演活动暨浙江省第十四届音乐新作演唱演奏大赛	浙江省文化厅	表演兰花银奖
书法	省级		邱朝剑	沙孟海第九届全浙书法大展	浙江省书法家协会	沙孟海奖
摄影	国家级	《力揽千钧》组照	王赛珍	第二届醉美瑶溪“青川杯”全国摄影大赛		三等奖
摄影	省级	《醉美瑶溪》组照	周影	第二届醉美瑶溪“青川杯”全国摄影大赛	浙江省摄影家协会主办 龙湾文联协办	特等奖
		《瑶溪城中村改造》	陈建荣	第二届醉美瑶溪“青川杯”全国摄影大赛	浙江省摄影家协会主办 龙湾文联协办	二等奖

续表43

艺术门类	级别	作品名称	获奖者	活动名称	主办单位	奖项
摄　影	省　级	《永胜村定时移动菜场》	王靖华	第二届醉美瑶溪“青川杯”全国摄影大赛	浙江省摄影家协会主办龙湾文联协办	二等奖
		《守卫》组照	王建华	浙江省农村水电行业协会“魅力山水、生态水电”摄影比赛		二等奖
		《防汛抗台救灾演习》组照	许丽容	浙江省农村水电行业协会“魅力山水、生态水电”摄影比赛		二等奖
		《天河》	张旭东	浙江省农村水电行业协会“魅力山水、生态水电”摄影比赛		三等奖
		《都市海岸》	朱永春	浙江省第16届摄影艺术展	浙江省文联，浙江省摄影家协会	铜牌奖
民间文艺	国家级	牧羊图	邹启寿	2016第十一届中国东阳木雕竹编工艺美术博览会获特等奖	中国工艺美术协会	特等奖
		童趣	邹启寿	2016第五届中国传统工艺美术精品展“巧奇天工.金马奖”	中国轻工业信息中心	金奖
		生生不息	徐志通	第六届中国（浙江）工艺美术精品博览会	中国轻工业联合会	金奖
		秋韵	曹吾庆	第六届中国（浙江）工艺美术精品博览会	中国轻工业联合会	银奖
		静养千年	叶芳林	第六届中国（浙江）工艺美术精品博览会	中国轻工业联合会	银奖
		油菜花	吴小红	第六届中国（浙江）工艺美术精品博览会	中国轻工业联合会	铜奖

文物保护管理

【文博馆举办专题展览】　2016年，龙湾区文博馆做好馆舍基本陈列展览工作，先后举办“翰墨珠玑　德润乡里——王珠润先生绘画精品展”、乐清走亲项目“片面之瓷——沈雷铭古陶瓷标本收藏展”“心灵气象——朱日曼水墨花鸟画作品展”。全年共接待26000余人次参观。年内，“海山钟秀”展陈获评浙江省第十届全省博物馆陈列展览精品项目优秀奖。

【文物单位维修管理】　2016年，龙湾区逐步完善全区文物保护体系，对全区文保对象进行地毯式巡查，为未立保护说明碑的15处文保点树立保护说明碑，为城中村改造范围内部分“三普”文物名录登录点和信息点贴钉保护牌。完成王瓒家庙、张璁祖祠、汤和庙3处省保单位的标准电改造工作；完成周氏宗祠、张天麟家庙白蚁防治工作；区级文保单位望海桥整改、维修并通过验收，文物库房改造完工。省文物局审核并通过张璁祖祠、王瓒家庙屋面维修方案，国安寺塔防雷方案，完成半山觞咏亭修缮工程。配合浙江省文物考古研究所对区级文保单位王德墓开展考古工作。开展文保单位“四有”工作，完善3处省级文物保护单位的“四有”建档材料，其中汤和庙记录档案规范、详尽，被浙江省文物局评为省文物保护单位优秀记录档案。全国重点文物保护单位国安寺塔完成记录档案建档工作并通过审核验收，完成张天麟家庙、横塘桥等二处区级文保单位“四有”建档工作。

【全国第一次可移动文物普查】　2016年，龙湾区文博馆继续做好全国第一次可移动文物普查工作，按照省、市要求和反馈信息，修改188件陶器及576件木制品的信息，邀请市里文物鉴定专家对十多件年代存疑的文物进行鉴定。6月20日，完成修改并上传所有数据的工作任务，龙湾区收藏单位共上报收藏文物1841件，其中三级文物5件、未定级文物1836件。12月，完成可移动文物普查成果集编辑。

【文物征集】　2016年，龙湾区区文博馆收到王珠润无偿捐赠28幅“永昌堡系列”和“大罗山系列”绘画精品、朱日曼捐赠水墨花鸟画精品；征集到龙湾籍学者、中国科学院西北高原生物研究所王世金（1927—2015）遗作、遗物若干。经市博物馆、文物收藏协会协助，征集到清代高浮雕龙纹清石板等文物6件。

【文化遗产宣传】　2016年，龙湾区文博馆多渠道、多形式扩大文化遗产宣传，全年开展系列非遗进校园、进社区、进文化礼堂传承活动18次。制作龙湾区文博馆基本陈列展宣传片，在温州电视台“文化温州”栏目播出。以国际博物馆日、文化遗产日为契机，承办文物非遗宣传系列活动，邀请龙湾籍学者、织染绣研究学者张琴女士回乡举办首届龙湾区文化遗产论坛，举办

“我对博物馆说悄悄话”“说说我家的文物”征文等活动。在高中学生中开展文化遗产保护宣传，为永强中学“张璁文化节”主讲《茅竹岭及其文化价值》。承办龙湾区纪念红军长征胜利80周年暨新学期“三爱”教育第一课活动，在龙湾区2016年社科活动周开幕式上展出“龙湾文物展板”和“永嘉场文化展板”等。（尹津敏）

公共图书馆

【概况】 2016年，龙湾区有图书馆1个、图书馆街道分馆2个、社区图书室12个、图书流通点7个。全区公共图书馆（包括街道分馆、社区图书室等）总馆藏达40.39万册（件）。区图书馆图书新增4.68万册，报刊新增5940件，视听文献新增3700余片，征集地方文献1312种2037册，征得光绪、宣统年间契文等古籍7份。全年接待读者108.74万人次，图书外借56.18万册，办理读者证（含市民卡）1.22万个。年内，区图书馆获评温州市2015年度未成年人思想道德建设工作优秀阵地。

【龙湾区图书馆理事会成立】 2016年11月28日，龙湾区图书馆理事会成立仪式在区图书馆举行。11位文化教育界、工商企业界、图书馆普通读者、文化志愿者和图书馆职工代表受颁聘书，成为龙湾区图书馆首届理事会成员。会议审议通过《温州市龙湾区图书馆章程》及相关制度，选举刘少云为理事长，季秀兰为副理事长。这是龙湾文化系统首试法人治理结构管理，标志着区图书馆法人治理工作取得初步成效。

【2家城市书房启用】 2016年12月12日，龙湾区彩虹湾城市书房与蒲州城市书房对外服务，全区累计有城市书房4家。彩虹湾城市书房位于彩虹湾儿童教育文化主题产业园，与社会企业合建，建筑面积105平方米，馆藏6000余册，未来周边将有星巴克、必胜客等餐饮商家入驻，读者可体验阅读和休闲“一站式”服务。蒲州城市书房位于蒲州街道办旁，全市唯一一个独门独栋的城市书房，总面积260平方米，藏书约4500册，设有投影设备、亲子阅读室等。

【送书下乡活动】 2016年，龙湾区图书馆继续开展文化惠民活动，拓展延伸基层文化服务范围，共计送书25次16447册。安排“一卡通”图书8965册流通至蓝田图书馆、吉夫图书馆、沙前社区、海鹰图书室等，使更多读者能够读到更多好书。各社区图书室业务量喜人，全年各社区图书馆和流通点外借量达15万册次。借力“送书下乡”和“你点单、我买单”送书模式，累计输送图书7482册，惠及党群中心、环山社区、民乐社区、吉夫图书馆、蓝田图书馆等社区图书馆、图书分馆和流通点，打通“文化惠民”最后一米。

11月28日，龙湾区图书馆理事会成立 （区图书馆供稿）

【图书馆服务市民系列活动】 2016年，龙湾区图书馆举办文化活动733场，其中“罗峰大讲坛”31期，“四叶草课堂”466场，“童蒙养正”中华经典诵读班2期27场，电影沙龙148场，展览13场，业务服务3场，其他活动45场。开展惠民服务，举办“中国流动科技馆走进龙湾”“读书月龙图上门为你办证”“你选书，我买单”“图书馆服务宣传周逾期免责”，制作“龙湾区阅读地图”等。成立龙图话剧社，举办话剧会演、“携手读诗 · 与诗同行”城市书房之夜朗诵快闪等活动。做好节庆日活动品牌，春节期间举办“新春系列活动”的“书香墨韵迎新春”“玲珑窗花祝新年”“妙手制卡贺新岁”“龙图好礼庆佳节”“张灯结彩闹元宵”等，“4 · 23”世界读书日开展名家讲座、文化展览、阅读大礼包等，端午节的“以书助力，暖心传递，旧书换杨梅”等活动。组织读者参加温州市图书馆主办的“我爱好诗词”等活动，与温州市少年儿童图书馆联动开展“我最喜爱的童书”评选活动等，推动全区全民阅读风气的形成。与人格面具义工队联合组建的“龙图少年儿童心理驿站”正式启动，每周六邀请温州市县区优秀二、三级国家心理咨询师到龙湾区图书馆值班进行公益心理咨询。（徐亦子）

档案事业

【档案接收】 2016年，龙湾区档案局（馆）依法加强档案接收工作，进一步优化馆藏档案结构。全年累计接收各类档案共13474卷，其中文书档案14252件，民生档案7612卷，业务档案2886卷，科技档案105卷，会计档案542卷，区重点工程档案1264卷，图纸2盒，实物档案33件，“三改一拆”等区重点工作档案243卷，“同一首诗”纪念红军长征胜利80周年书法作品77件。

12月9日，全市"村档乡（镇、街）管"工作现场交流会在龙湾召开　　（区档案馆供稿）

【"村档街管"试点】 2016年4月，龙湾区档案局（馆）在海滨街道启动"村档街管"试点工作，龙湾区作为全市首批四个试点县（市、区）之一。海滨下辖13个村包括文书、科技、会计、特种载体及户口登记、土地承包、三分三改等13种涉民档案总计5722卷、3520件纸质档案，规范整理扫描后移交到海滨档案室统一管理，电子档案实行村街双备，并通过统一安装区分布式档案管理系统，促进村级数字化档案信息资源与街道同步共享，实现村级档案规范保管、安全备份、便民利用、智能服务。12月9日，全市"村档乡（镇、街）管"工作现场交流会在龙湾召开，海滨街道试点经验作为典型获得学习推广。

【档案备份工作】 2016年，龙湾区档案局（馆）对全区67家机关事业单位重要传统文书、涉民电子业务和竣工验收重点建设项目档案全部完成登记备份，并新增完成区计划生育指导站、区空港新区、区卫计局、区拍卖行、区市场监督管理局、区交通局等6家档案单位档案电子档案备份。全年新增备份馆内数据108GB，档案登记备份完成率100%。

【数字档案馆建设】 2016年，龙湾区档案局（馆）实施数字档案馆系统二期工程项目，硬件设施配备到位，初步完成软件系统调研。持续深化馆藏传统档案数字化工作，确保增量档案同步电子化，加快存量档案数字化建设步伐。全区馆藏数据库建有文件级目录468799条，全文扫描1945088页，数据量4.81T，文件级条目、全文数字化率分别达到100%、81.3%。

【数字档案室创建】 2016年，龙湾区档案局（馆）继续深入开展数字档案室创建工作，高新区管委会、区老干部局等15家单位创成数字档案室，区委办公室 、区人大等20家单位创成规范化数字档案室，区财政局、区质监局等4家单位创成示范数字档案室，并率先完成"十三五"期间区直机关档案室100%建成数字档案室的工作目标。

【档案教育基地建设】 2016年，龙湾区档案局（馆）与区教育局联合成立档案教育组织领导小组，联合印发《龙湾区开展中小学档案教育社会实践活动实施方案》。开设多维平台，形成以固定展览为主体，精品陈列为亮点，流动展览为补充，网上展览为特色的多形式立体化展览模式，全年接待参观学生2000人次。举办首届中小学生暑期档案岗位体验实践与学习培训班，开展暑期开放日活动，带领学生体验建档管档查档工作，进一步扩展档案教育实践活动的受众面与影响力。12月28日，龙湾区档案馆创成温州市第二个省级中小学档案教育社会实践基地。

【档案便民利用工作】 2016年，龙湾区档案局（馆）利用馆藏系统、馆室一体化系统、登记备份系统及村档街管信息共享平台，深化"异地查档、跨馆服务"工作，全面实施辖区内各单位档案信息资源共享工程，开通预约查档、咨询辅导、公休日开馆查询等绿色服务。全年提供档案利用3798人（次）5063卷（件），接待电话咨询937余人次。

【民生档案建设】 2016年，龙湾区档案局（馆）进一步梳理规范民生档案的归属与流向，充分发挥民生档案有效价值，方便人民群众查阅利用。对有关涉民部门形成的各类民生档案进行统一排查和登记，编制并发放《龙湾区民生档案基本情况调查表》《龙湾区民生档案基本情况调查表（示范）》《重点民生档案涉及领域及内容、重点民生档案及其形成单位参考表》，开展全区民生档案工作情况摸底调查。根据调研结果，完善民生档案管理制度，制定民生档案3年接收计划表，抓好民生档案的收集归档、科学管理、安全保管、优先数字化和有效利用等工作。全年接收城乡低保、山林权证、工伤鉴定、再生育审批等4类民生档案7612卷。建立和完善与群众生活、工作、学习息息相关的"10+X"民生档案体系，新增上传市档案局民生档案目录共享中心工伤鉴定、出生医学证明证明、人事任免、社区矫正等4类民生档案90053条目。

【企业档案建设】 2016年，龙湾区档案局（馆）组织温州臻龙集团、龙湾永强供电公司、温州国际机电城、五洲阀门等28家全区国有企业、温商回归企业代表、民营龙头企业代表召开全区企业档案工作观摩交流会，学习借鉴新世纪发展集团有限公司档案工作先进经验，提高企业档案意识与重视力度。温州燃机发电有限公司、中广核俊尔新材料有限公司等2家企业开展省级良好档案目标管理认定。指导青山控股集团有限公司等第一批25家试点企业编制《文件材料归档范围和文书档案保管期限》，依法依规做好档案收集整理。全年新增接收温州臻龙建设投资集团有限公司文书档案176卷，会计档案87卷，并同步完成档案登记备份工作。

【重点建设项目档案建设】 2016年，龙湾区档案局（馆）加强重点建设项目档案业务指导，进一步优化重点建设项目档案管理工作，使其系统化、规范化、有序化。指导全区23项省级重点建设单位做好档案登记管理工作；联合发改局举办重点工程立功竞赛暨档案管理培训会，组织全区所有重点建设项目单位分管档案负责人和档案管理员参加培训。做好对永强中学迁扩建工程的档案指导，通过市档案局与市重点办联合开展的重点工程档案执法检查。围绕龙湾区“水岸同治”“活水畅流”“大拆大整”“温商回归”等专项工作，跟踪做好建档指导、移交管理和资源整合利用工作。

【档案行政监管】 2016年，龙湾区档案局（馆）健全档案监管机制，全面铺开网上年检工作，83家区属企事业单位通过网上年检审核。加大基层档案监管力度，区司法局、永中街道等2家单位完成省一级档案目标管理认定，指导区疾控中心、永兴街道等2家单位完成省二级档案目标管理认定。（林壮壮）

新闻工作

【新闻外宣报道】 2016年，龙湾区新闻中心突出外宣工作， 推行项目经理制、题材领衔制，任务到科室，责任到科长，指标到人员，做到每周一报题一研判，半月一督办一点评，每月一通报一排名一分析，进行挂牌作战，销号运行。全年在市级以上纸质主流媒体上发稿987条，其中《浙江日报》180条，《温州日报》510条（头版131条），发稿总量排名全市第一。播发市级以上电视外宣稿件796条，其中央视17条，浙江卫视38条，《温州新闻联播》362条（头条17条），温州广播398条，播发总数排名均居全市前茅。强化网络外宣工作，向人民网、新华网、浙江在线、温州网等上级主流网络媒体报送稿件1000多条。

【《今日龙湾》】 2016年，龙湾区新闻中心对《今日龙湾》进行改版，与《温州日报》联办《今日龙湾》，9月中旬正式出版。做好区委七届九次、十次和十一次全体（扩大）会议、龙湾区“两会”“两学一做”、振兴实体经济、浙南科技城建设等系列报道，引导百姓参与“大拆大整”“五水共治”和城中村改造工作。做强“阿聪跑基层”栏目，以新闻惠民为出发点，为百姓提供焦点性新闻。做深“百姓聚焦”栏目，对影响全区全面打造小康社会标杆城区的社会现象进行曝光，督促职能单位进行整改提升。做大“为民、务实、清廉”栏目，营造持久深入的舆论声势。开辟“治五乱，扮靓龙湾城”“两学一做”龙湾践行、“大拆大整引领转型”等栏目，以新闻宣传促进重点工作推进。全年共编发版面604个，发稿2760多条，发行量达5万余份，居全市县市区前茅。

【《龙湾新闻联播》】 2016年，龙湾区新闻中心在每周五档的基础上对龙湾新闻联播实行整合，大幅提升新闻播出质量和数量。推出 “大拆大整”“五水共治”等系列主题报道，组织开展73期街道、部门“一把手”访谈和3期网络嘉宾访谈活动，编发专题136条。加大电视新闻采编播力度，全年共播出新闻1161条，《都市新闻》播出新闻1153条。

【龙湾新闻网建设】 2016年，龙湾区新闻中心推进全媒体融合工作，发挥传统媒体新闻采编优势和新兴媒体技术传播优势，构建集信息传播、生活服务、受众互动于一体的互动传播体系。对网站管理平台实施技术升级，推进媒体融合。加强“两微两端”平台拓展，微信、微博粉丝量超过12万。强化手机移动客户端建设，11月正式开通龙湾新闻APP，全面建立媒体与群众直接沟通平台。

【新闻监督】 2016年，龙湾区新闻中心与区考绩办联办《百姓聚焦》栏目，以《都市新闻》《龙湾新闻联播》及《今日龙湾》为主平台，利用市民监督团、市民记者团等资源，对区委、区政府重点工作及百姓关注的热点焦点问题进行跟踪，全媒体联动报道。全年播出《百姓聚焦》37期，先后对小区外墙频频脱落、郑宅村停车乱收费、拆后土地成垃圾场等民生关注热点进行监督报道和追踪报道。继续发挥广电市民监督团作用，全年组织47次监督行动，对相关的突出问题内容进行监督报道，助推问题解决。（应瑞新）

11月11日，龙湾区举办庆祝第十七个中国记者节新闻惠民活动 （江国荣/摄）

8月24日，龙湾区举行第九届音乐舞蹈节

（杨　豪/摄）

4月17日，龙湾区举行首届话剧会演 （杨 豪/摄）

8月5日，2016温州市职工文艺宣传基层行龙湾站举行 （区新闻中心供稿）

卫　　生

综　述

【概况】　2016年，龙湾区共有公共卫生事业单位3家，区级医院2家（其中区人民医院和状元街道社区卫生服务中心合署办公），社区卫生服务中心6家，民营医院7家，门诊部32家，社区卫生服务站27家，村卫生室76家，个体诊所99家，医务室5家，卫生所1家。全区拥有医生795人，千人医生数3.487人；护士687人，千人护士数3.014人；实有床位687张（民办医院床位数377张），千人床位数3.014张。年内，龙湾区卫生计生和国卫巩固在温州市考核排名第一，实现“三连冠”。

【卫生基础设施建设】　2016年，龙湾区第一人民医院新院主体工程结顶，累计完成投资额22515万元；落实龙湾区人民医院医疗用房由状元街道办事处搬迁后调剂。启动瑶溪街道社区卫生服务中心配套道路（龙瑶大道）施工；海滨街道社区卫生服务中心临时周转用房通过竣工验收；蒲州街道社区卫生服务中心纳入江前村城中村改造统筹规划与建设；永兴街道社区卫生服务中心迁（扩）建工程纳入“十三五”规划。阳光中西医结合医院结顶，温州王侨骨伤医院完成土地出让并取得立项批复；温州乐龄养老服务中心已签订投资意向。

【分级诊疗工作】　2016年，龙湾区卫生局进一步推进分级诊疗工作，市中西医结合医院与区两所人民医院建立合作关系，温州医科大学附属眼视光医院与永中街道社区卫生服务中心签订社区医疗服务点协议，区级2所公立医院与全部街道社区卫生服务中心组建成两大医联体。落实医学人才下沉制度，安排22名中级以上医师在基层医疗单位服务587天，邀请市级城市医院专家在区级人民

表44　2016年龙湾区卫生机构概况表

卫生机构	编制床位（张）	职工数（人）	执业医师（人）	助理医师（人）	门（急）诊人次	建筑面积（平方米）
区第一人民医院	240	352	131	5	593436	22312
区人民医院（状元街道社区卫生服务中心）	100	104	38	13	67611	4345
永中街道社区卫生服务中心	15	81	30	13	86487	2843
海滨街道社区卫生服务中心	20	51	18	6	68087	2465
永兴街道社区卫生服务中心	23	51	20	3	104542	1845
蒲州街道社区卫生服务中心	12	44	22	6	131083	1020
瑶溪街道社区卫生服务中心	24	63	23	5	127928	1431

注：不含民办医疗机构。

表45　2016年与前4年龙湾区卫生事业经费情况对比表　单位：万元

年份	合计	医院经费	卫生院补助费	防治防疫事业费	妇幼保健经费	其他卫生事业费
2012年	8279.27	1756.99	2531.75	2261.65	506.11	1222.77
2013年	11003.06	2901.67	4511.45	2082.45	644.87	862.62
2014年	12994.12	3125.36	4986.22	2302.40	777.09	1803.05
2015年	12461.16	2992.68	4717.31	2583.58	817.55	1350.04
2016年	15907.52	4758.15	5542.99	2608.59	1209.59	1788.20

表46　2016年与前4年龙湾“四苗”接种率对比表

年份	卡介苗（%）	脊灰糖丸疫苗（%）	百白破制剂（%）	麻疹疫苗（%）
2012年	99.42	99.83	99.22	98.71
2013年	99.22	98.93	98.44	99.07
2014年	99.58	98.48	97.59	99.00
2015年	98.68	99.00	98.32	99.65
2016年	98.92	99.19	98.44	99.55

3月17日，温医大附属眼视光医院与永中街道社区卫生服务中心签订社区医疗服务点协议

（区卫计局供稿）

医院开展定期坐诊1977天。

疾病预防控制

【传染病监测】 2016年，龙湾区6个街道报告法定传染病16种1981例（不包括HIV感染），报告死亡1例，总报告发病率为398.12/10万，死亡率0.20/10万。无甲类传染病报告，乙类传染病11种615例，死亡1例（肺结核），丙类传染病5种1366例，无死亡报告。报告发病率位列前5位的分别是手足口病（261.46/10万）、肺结核（47.23/10万）、梅毒（27.93/10万）、淋病（16.48/10万）、丙肝（9.65/10万）。报告麻疹1例，麻疹发病率0.20/10万。报告传染病报告卡1108例，系统报告质量综合率96.02%。保留海滨、状元2家社区卫生服务中心的犬伤门诊。

【传染病防控】 2016年，龙湾区卫计局继续加大结核病、艾滋病、肠道传染病、H7N9禽流感等防控力度。全区登记管理结核病人233人，上报可疑肺结核病人543例，处理学校结核病疫情10起；累计报告HIV/AIDS88例，转移治疗137例艾滋病抗病毒治疗对象，重点人群HIV抗体检测5694人，完成艾滋病自愿咨询检测429人；肠道门诊监测采样432例，未发现霍乱弧菌阳性标本，采集外环境水120份、海水产品120份，未检测到阳性标本；在11个监测点采集127份标本开展人感染H7N9禽流感外环境检测，阳性标本15份。完成食品采集571份，超额完成自主监测任务数。

【慢性病防治】 2016年，龙湾区卫计局登记管理高血压患者20297人，规范管理率61.50%；登记管理糖尿病患者6391人，规范管理率62.31%；做好第三轮适龄窝沟封闭项目，窝沟封闭学生3843人，覆盖率和封闭率分别为97.95%、68.78%。全区在档在管6大类严重精神障碍患者1679人，规范管理率78.78%。在龙湾中学创成首个健康教育主题馆，增建黄石山雕塑公园为健康主题公园。组织开展全民健康生活方式示范创建，创成健康社区、单位、食堂、餐厅、学校等健康支持性环境20家。

【疾控机构规范化创建】 2016年，龙湾区卫计局全面启动规范化疾控机构创建工作，率先通过市级规范化疾控机构创建验收。区疾控中心实验室414项检测项目通过省级计量认证，达全市领先水平，A类设备装备率95%、B类设备装备率92%，实验室质控覆盖率达87.4%。强化生物安全管理和系统内务管理，通过“整理、整顿、清扫、清洁、素养”等五个环节管理模式，落实5S精细化管理。

【疫苗接种】 2016年，龙湾区接种国家免疫规划疫苗133236剂次。自5月1日起全面实施新的脊灰疫苗免疫策略，清点、封存、回收、销毁三价脊灰减毒活疫苗4595剂次，完成脊灰疫苗免疫策略转换工作。3月、11月分别开展两轮脊灰麻疹疫苗集中式查漏补种摸底登记45974人次，补种脊灰疫苗1105人，补种率98.48%；补种含麻疹成分疫苗842人，补种率98.25%。

妇幼保健

【妇幼机构建设】 2016年，龙湾区率全市之先完成原妇幼保健所和区计生指导站机构整合，成立龙湾区妇幼保健计划生育服务中心。完成6个街道“妇幼保健计划生育服务站”挂牌，完成13名差额事业编制划转为全额事业编制。全区率先实现妇幼规范化保健门诊全覆盖。

【妇幼保健管理】 2016年，龙湾区连续7年保持孕产妇零死亡率，5岁以下儿童死亡率4.18‰、新生儿死亡率1.57‰；高危孕产妇管理率100%、高危儿童管理率100%；产前筛查率97.20%、新生儿代谢疾病筛查率100%、新生儿听力筛查率100%。免费婚前医学检查人数3955人，“国免”项目检查1342对，孕前优生检查目标人群覆盖率达94.31%。继续推行孕产妇和0—6岁儿童健康分级管理项目，建立6646名孕产妇保健健康电子档案、9094名儿童电子健康档案。全区签发出生证3254份，签发率98.07%。

【妇女公共卫生服务】 2016年，龙湾区完成农村孕产妇住院分娩补助1422人，完成率147.05%。增补叶酸预防神经管缺陷1837人，完成率162.57%。宫颈癌筛查完成率120.75%，乳腺癌筛查完成率125.19%；艾滋病、梅毒和乙肝检测孕产妇均为2998人，检测率99.97%。

基层卫生

【概况】 2016年，龙湾区各街道社区卫生服务中心总诊疗人次68.86万人次，医疗收入5177.5万元，门诊收入5137.3万元，门诊均次费用74.61元。完善国家基本药物制度，药品收入3601.45万元，群众就医少支出药费1573.56万元。

【农村基本公共卫生服务】 2016年，龙湾区卫生机构完善居民个人电子健康档案185671份，建档率81.14%。完成健康体检91720人，其中65岁以上老人15137人，体检率70.15%，学生儿童体检58767人，体检率90%以上。

【医生签约服务】 2016年，龙湾区卫生局加快推进责任医生签约服务，出台《关于推进责任医生签约服务的实施意见》。全年规范签约户籍人口48512人，签约率21.2%，6家街道社区卫生服务中心均启动有效签约服务。

卫生应急

【应急演练与规范化创建】 2016年，龙湾区卫计局组织人员参与全区社会应急联动模拟警情、状元街道大岙溪山体灾害模拟点现场防汛、龙湾中学“5·12”防震减灾等应急演练，组织系统应急队伍开展以模拟接诊登革热患者为背景的卫生应急综合演练。与区第一人民医院签订创建工作目标责任书，成功推进区第一人民医院创成市级卫生应急规范化医院。

【卫生应急宣教】 2016年，龙湾区卫计局利用宣传展板、宣传栏、宣传册（画、单）、短信平台、官方平台以及健康知识讲座等多种形式，结合卫生宣传日等重要节日，开展卫生应急急救及自救知识宣传。联合区红十字会开展应急救护培训，全年各类培训20场次，培训救护员624人次，普及2096人次。

卫生监督

【概况】 2016年，龙湾区卫计局加强非法行医、医疗机构依法执业、四小行业整治、集中餐饮具等卫生监管力度，行政处罚100件，罚没款394026元，移送公安机关追究刑事责任1人，申请法院强制执行案件26件，受理并办结投诉举报23件，医疗机构不良行为记分27家次，暂缓校验1家；两非案件立案查处12件，办结11件。监督检查有组织机构代码证、纳入浙江省卫生监督信息系统的中小学高校65所。全区住宿场所、沐浴场所、游泳场所量化率100%，美容美发场所量化率82.4%，住宿场所、沐浴场所、歌舞厅记分率70%以上。区卫生监督所连续6年获评温州市卫生监督系统年度综合考核优秀单位。

【医疗市场监管】 2016年，龙湾区卫计局组织打非行动13次、不定期错时打非行动126次，查处无证行医案件6件，其中涉嫌非法行医罪移送公安1件。开展依法执业、传染病防治、医疗废物处置、口腔诊疗、母婴保健等专项行动，出动执法人员7504人次，查处违法行为24家次。地毯式专项整治医疗机构267家，查处并给予不良行为计分10家。

【饮用水卫生监管】 2016年，龙湾区卫计局推进“五水共治·保供水”行动，抽检管网末梢水、二次供水单位水质25次，经龙湾区疾控中心化验检测，均为合格。推广《社区生活饮用水卫生检测示范服务项目》，检测点由1个社区增加到3个社区，每个社区每月开展现场检测1次以上，抽检样本225份均合格。专项监督检查涉水产品生产企业9家，出动执法人员40余人次，执法车11车次，检查涉水产品19类，均已取得卫生许可批件，未发现无批件产品。

【新版健康证系统启用】 2016年，龙湾区卫计局率全省之先升级健康证，运用“互联网+”，实现传统健康证向电子健康证升级。6家预防性体检机构均已启用新版二维码健康证办理系统，全年办理健康证16737件，为从业人员节约成本33万余元。该做法受到浙江在线、温州网、《温州日报》《温州晚报》等省市媒体关注，并在温州市卫计综合监督工作经验交流现场会上作典型经验交流。

中医药管理

【中医药服务能力建设】 2016年，龙湾区2家人民医院及5家街道社区卫生服务中心均设立中医科和中药房，100%社区卫生服务站和75%以上村卫生室（社区卫生服务站）能够提供中医药服务；2家人民医院能够提供免煎颗粒，4家街道社区卫生服务中心能够提供煎药服务。每年投入150万元，用于区中西医结合医院、中医科标准化建设和中医药项目、中医药服务网络和人才培养等。

【中医医疗管理】 2016年，龙湾区卫计局发挥区人民医院市级中医药适宜技术推广基地的作用，开展小儿厌食与夜啼的推拿治疗、耳穴治疗失眠症、针刀技术治疗膝骨性关节炎等七项中医适宜技术推广255人次。辖区内65岁老年人中医药健康管理服务9248人，服务率42.85%；0—3岁儿童中医药健康管理服务2450人，服务率41.45%。

医政管理

【基本药物制度】 2016年，龙湾区卫计局出台《龙湾区基层医疗卫生机构慢性病非基药目录（试行）》。4月1日起执行温州市公立医疗机构药品采购联合体采购成交结果，药品实际采购价格和浙江省药械采购平台公布的集中采购价格之间产生的差额部分优先向患者让利30%。推进落实全省统一的信息流、商流、资金流“三流合一”的药品采购新平台建设和使用。全年6家街道社区卫生服务中心药品收入3601.45万元，群众就医少支出药费1573.56万元。

【“智慧医疗”工程】 2016年，龙湾区卫生局开展“智慧医疗”健康保障工程，建成全科医生集成平台，实现HIS与公卫系统无缝连接。启动龙湾区转诊试点接入工作，率全市之先推出居民健康自助查询系统以及为公共卫生服务团队配置健康管理随访包。完成“智慧龙湾人口管理及服务系统”联合招标，整体工程预计2017年底完成，已完成区人民医院电子病历系统、7家医疗机构转诊系统和社区家庭医生签约服务系统建设。

【人才队伍建设】 2016年，龙湾区卫计局完成全国卫生技术资格报名考试现场申报审核，报名230人，其中初级士21人、初级师80人、中级129人。落实龙湾区第一人民医院核定事业编制数355人，报备编制员额395人；龙湾区人民医院核定事业人员105人，报备编制员额45人。调整并落实《龙湾区卫生计生人才奖励和学科建设资金使用管理办法》，落实人才奖励和学科建设资金35人、11.3万元。

【医疗行风建设与行政审批工作】 2016年，龙湾区卫计局开展专题党风廉政教育党课10次，制定《2016年度龙湾区卫生计生系统千人评群众满意医疗卫生服务窗口评议活动工作方案》，评议医疗机构55家，评出2个满意窗口单位和2个不满意窗口单位。开展作风纪律督查18次，参与卫生投资公司咨询委会例会7次，办理信访件70件，信访件办结率100%。全年完成行政许可审批1541宗，提前审批率100%，群众满意度达98%，零投诉。

爱国卫生

【国家卫生城市创建】 2016年，龙湾区卫计局出台《关于建立区领导定期督查国家卫生城市巩固工作的通知》，落实《龙湾区关于进一步深化卫生城区创建的实施意见》，区政府投入1400万元，按区、街道、村6：2：2比例分配村（居）保洁经费。加强国家卫生城市创建宣传教育，开展春季爱国卫生专题宣传活动、“灭蚊防病健康你我”宣传

6月30日，永兴街道社区卫生服务中心党员志愿服务队为一线环卫工送医送药送清凉

（区卫计局供稿）

活动、世界无烟日宣传活动、《温州市市容和环境卫生管理条例》普法宣传13次，发放宣传材料4万多份。与温州市新闻综合频道《健康国卫行》栏目合作，以职工健康和绿色生活环境为主题录制节目2期。

【基层卫生创建】 2016年，龙湾区创成省级卫生村1个、市级卫生村2个、市级卫生先进单位2家，省级卫生村累计达21个，市级卫生村累计达52个，卫生村创建率达76%；创成健康促进金牌学校2家，银牌学校1家，铜牌学校2家；创成市级健康促进医院1家，健康社区、健康单位、健康食堂、健康餐厅14家。

【病媒生物防治】 2016年，龙湾区卫计局在全区范围内统一开展以“清洁家园保健康”为主题的灭蚊大行动。累计投放灭蚊蝇药物8吨，灭蟑粉剂4万支，灭鼠毒饵10吨、蜡块3吨、粘鼠板2.1万张共100多万元，四害密度控制在国家标准以内。

龙湾医院选介

【龙湾区第一人民医院】 2016年，龙湾区第一人民医院业务收入17100万元（其中医疗收入9838.1万元、药品收入7261.9万元），同比增长6.35%。总门急诊63万人次，同比增长6.16%；出院人次1.17万人次，同比增长2.44%。门诊均次费用为155.52元，同比下降0.33%；每出院人次费用为6191.78元，同比增长4.64%；药品收入占业务收入比为42.49%，同比下降2.19%。年内，龙湾区第一人民医院创成浙江省第四批癌痛规范化治疗示范病房、温州市卫生应急医院，妇产科获评省级“巾帼文明岗”荣誉称号，并通过国家级“爱婴医院”复核评审。

2016年，龙湾区第一人民医院运用“互联网+医疗健康”模式，优化就诊流程。创设中医馆特色科室，开设肺结节咨询门诊、心理门诊、皮肤美容门诊、职业病体检、二胎咨询门诊、儿童保健门诊、癌痛规范化示范病房等。参与辖区内“医联体”创建，与5个街道社区卫生服务中心签署“医联体”合作协议。推进新院建设，完成主体框架建设。

2016年，龙湾区第一人民医院强化人才队伍建设，组织参加各类培训103人次、开展业务学习17期、外派进修5人、规范化培训21人、申领规培合格10人、参加初级继续教育培训69人、中高级继续教育163人。邀请全国著名高等院校教授

龙湾区首家掌上医院惠民APP投用　　（叶晓东/摄）

开展中层干部能力培训班12场次。放射科主任刘克昌在第十三届全国心胸影像学术会议上获“心胸影像病例读片大赛”二等奖，为浙江省唯一获奖的医生。

2016年，龙湾区第一人民医院加强医院形象宣传力度，在各类媒体上发稿134篇。其中，《反医疗腐败需多方发力》获2016年度浙江省医院好新闻评比三等奖，动漫视频《麻醉前的注意事项》获2016年中国健康科普创新大赛“十佳动漫作品奖”。

【龙湾区人民医院】　2016年，龙湾区人民医院门诊收入2018万元，同比增长10.53%；医疗收入2139万元，同比增长7.7%；总诊疗人次196345人次，同比增长7.5%。

2016年，龙湾区人民医院推进签约服务，规范签约6019人，其中重点人群3669人。做好慢病管理及健康干预，登记高血压患者2761人、糖尿病945人、严重精神障碍271人；开展老年人健康管理工作，辖区内登记管理65岁及以上老年人2687人，65岁以上老年人体检1893人，参合老年人体检率76.80%。在山西岙、状元桥开通“居家医养结合服务点”，融慢病管理、健康宣教、康复指导、签约服务等，更好地为当地老年人服务，拓展医养结合进社区工作。

2016年，龙湾区人民医院开展“医疗质量为核心”系列活动。加强抗菌药物临床应用分级管理，根据要求严格限制使用，同时严格把握非限制抗菌药物的合理使用；成立各个质量管理小组，每月开展质量检查，查找隐患，并加以整改。依托温州市人民医院、温州市中西医结合医院力量，提高医疗业务水平。建立激励机制，鼓励职工学习，全年举办各种培训10次，参加继续教育35人、在外进修人员3名、在外规培人员4人、西学中培训9人、中医传统拜师学习2人，医务人员培训率达95%。

【温州曙光医院】　2016年，温州曙光医院总诊疗人次104328人次，同比增长0.98%，出院总人数2601人次，业务总收入同比增长0.83%。

2016年，温州曙光医院加强医疗规范管理，成立医护部对医疗和护理工作进行统一管理，制定“三级医师查房制度”“抗生素使用”“手术分级管理”病例书写规范等18项核心制度，修订危急值报告制度及流程、药品不良反应监测报告制度及流程等8项相关流程。成立护理质量管理小组，每季度按质控标准交叉检查，修订完善护理质量检查标准，实行护士长——护理部逐级质控。全年检查病历699份，归档病历合格率89.8%，运行病历合格率85.2%；药剂科点评处方5920张，处方合格率99.7%，同比上升3%。设立中医综合治疗室，开展中药方剂、穴位按摩、耳穴埋豆、中药熏洗等中医药治疗。

2016年，温州曙光医院制定《温州曙光医院岗位绩效考核方案》，实行三级考核制，提拔10名骨干人才、41名优秀员工增资，处罚和诫勉谈话59人次。34名优秀年轻医师实施低职高聘，引进卫生技术人员31人，选派医护人员到上级医院进行专科、专病培训，外派人员进修学习15人次。组织院内培训11次、医生“三基”理论考核3次、技能考核2次，完成70余名执业医师第四周期医师定期考核。（陈胜男）

体　育

综　述

【概况】 2016年，龙湾区大力发展体育产业，提升体育竞技水平，努力构建惠及全民的健身公共服务体系，促进体育事业全面协调发展。年末，全区有公共体育场馆1个，业余体校1所，各类公共健身设施295个，6个街道通过省级体育强镇的检查验收。完成413人次国民体质检测，国民体质合格率保持在92%以上。全年发行体育彩票1.59亿元，同比增长8.2%。

竞技体育

【龙湾籍运动员参加国际及国家级赛事】 2016年，龙湾籍运动员参加洲际比赛3项，获得金牌5枚、银牌1枚。其中，王璐瑶夺得亚洲气步枪锦标赛个人、团体项目双冠王，打破世界青年纪录，成为龙湾区建区32年来首个破世界纪录亚洲冠军；郑展获温布尔顿网球青少年双打亚军，成为“浙江第一人”。陈正武代表中国参加在宁波举行的2016年中日韩国际友好举重比赛获得男子105KG+级别金牌3枚。参加国家级赛事6项，获得金牌10枚、银牌4枚、铜牌4枚，创历史最好成绩。

【组队参加省市级体育赛事】 2016年，龙湾区共组织100余名运动员、10多个体育代表队，参加10多次省级以上各项目青少年比赛，连同龙湾区输送到市少体校、省体工队的龙湾户籍运动员代表温州市参加省级比赛，获得金牌21枚、银牌23枚、铜牌22枚。组队参加市青少年棋类、游泳分站赛、武术套路等单项比赛21大项32次，获得金牌44枚、银牌35枚、铜牌27枚，其中游泳项目实现零的突破。

【体教结合与训练基地】 2016年，龙湾区体育局优化全区青少年业余训练基地布局，新增太极拳馆、踢球者俱乐部等基地2个，重点在训基地达23个。在龙湾一小建立全区首个常态化短式网球业余训练基地。连续12年举办区级篮球、乒乓球、游泳、田径等11个项目青少年体育节，吸引和带动万名学生参与阳光体育运动，项目数量、办赛质量均走在全市乃至全省前列。区外国语小学创成市级体育后备人才基地。率全市之先开展王家拳、轮滑等10项体育特色项目进校园活动。

【体育专业人才培养与培训】 2016年，龙湾区体育局完成2016年龙湾区青少年运动员注册工作，共完成首次注册、注册确认、重新注册800余名运动员。配合省青少年运动员注册工作，省市注册运动员达1200余名。组织2次集训史上规模最大的全区青少年集训，15个项目、70多个教练、500多人次青少年运动员参与集训。邀请市体校田径、游泳、篮球等8个项目教练员组织开展选材14次，选材项目、次数均创历年之最。输送省、市队运动员40多人，引进省、市体校运动员20多人，转省体校重点生3名，转省队试训运动员6名（占全市省队转试训总人数的1/3），开创龙湾竞技体育新高。完成教练员岗位继续教育培训班1期，举办教练员、裁判员培训3次，新培养二级裁判员30余名。

群众体育

【概况】 2016年，龙湾区群众体育赛事精彩纷呈，共举办18项大型群体赛事，各级各类群众性全民健身赛事活动多达60多项次，惠及人群达10万人次。先后组织大众成人60余人次参加4项省级比赛，16项市级比赛，获得16枚金牌、27枚银牌、22枚铜牌。区属19个体育社团组织开展竞赛、培训、展演、咨询等丰富多彩的基层活动100多次，直接参与人数达8多万人次，形成政府引导、部门联动、社会参与的“大群体”工作格局。

【龙湾区第七届运动会】 2016年3月至11月，龙湾区第七届运动会在全区范围内铺开。该届运动会分设行业系统组、街道组、企业社团等组别，全区6个街道、12个机关系统、90多家企业3200余名运动员参赛，设24个大项、245个小项的比赛，并首次尝试在赛事中以购买服务的形式委托第三方举行。

【中国业余网球公开赛温州钻石赛】 2016年6月19日至20日，2016中国业余网球公开赛（CTA—Open）温州钻石赛在温州国际网球中心举行，来自全国各地以及部分在华工作生活的外国业余网球好手近400人次参加比赛。赛事分青年组和常青组，设有男单、女单、男双、女双、混双等共八个单项，总奖金63000元人民币。该赛事在龙湾连续五年举办白金赛后，首次升格为钻石赛。

【群众体育设施建设】 2016年，龙湾区体育局推动群众身边的体育设施改善。投资600余万元，建成瓯江路、市民广场、河滨公园等重点地段塑胶健身步道3.4公里，建成健身苑点18个及多功能社区运动场、室内健身房、改建草坪门球场各2个，修复登山健身步道6条。投资120余万元，建设状元公园1公里百姓步道和灯光篮球场，户外拓展轮滑场、笼式足球场各2个，将状元公园建成全市首个面积近万平方米，可同时开展广场舞、徒步健身、青少年户外拓展和球类运动等15个体育活动项目的综合性开放式体育休闲主题公园。启动建设网球中心室内馆，改造提升国家级大罗山登山步道线路，打造承办全国专业登山比赛基地及各类便民体育设施。全区所有公共体育设施和23所公办学校体育设施均向社会开放，全区常住人口人均体育场地面积达1.7平方米以上。全年新建省小康体育村提升工程8个；新增体育场地面积29.8万平方米以上，同比增长50%。

【群众体育社团建设】 2016年，龙湾区各级各类体育社团发展到140余个，其中区属体育社团19个（评估等级4A的有登山、自行车等2家单位，3A的有9家单位，市级先进社团1个）。完成19个区级体育单项协会换届年审及“三公”经费审计工作。深化体育行政部门“办赛”向“管赛”职能转变，将各类体育赛事、体育技能培训只要社会能承接的全部向体育社团和企业购买服务。全年完成20余项，协议金额100多万元。

【群众体育社团活动】 2016年，龙湾区区属19个体育社团组织开展竞赛、培训、展演、咨询等丰富多彩的基层活动100多次，直接参与人数达8多万人次。各协会深入街道、社区、村（居）进行全民健身展示及培训活动。区老体协、健身舞协、排舞协会常年组织腰鼓、舞蹈、健身秧歌表演队深入社区和广场，进行健身宣传展示活动。区木兰、太极协会等举办的新春送体育下乡和太极、木兰拳扇公益培训等活动深受市民欢迎。全年全区参加体育锻炼人数比例达到37%。

【体育创强成果】 2016年，龙湾区申报创建省级社区体育俱乐部4个，山强体育发展有限公司创成省级少年体育俱乐部，瑶溪街道黄山村创成省村级体育俱乐部。创成温州市区星级健身示范点30个，其中5星级2个、4星级7个、三星级23个。状元、海滨率先先行完成“1+5”创建工作。

【基层体育骨干队伍建设】 2016年，龙湾区体育局组织人员参加各级各类培训班3期，新增一级社会体育指导员10名、二级社会体育指导员67名、三级社会体育指导员173名，全区网上已注册各级社会体育指导员人数达到1422人，社会体育指导员注册数达6.2‰，名列全市前茅。组织健身项目公益技能培训20余场，培训人员达3000余名。

体育产业与场所管理

【概况】 2015年，龙湾区体育局鼓励和引导民间资本投资体育产业，支持民间资本投资生产体育用品，建设各类体育场馆及健身设施，从事体育健身、竞赛表演等活动，促进全区体育产业投资主体多元化。至12月，全区较大型民办体育企业包括天龙网球有限公司、温州瑶溪国际赛车场、温州凯宏网球俱乐部、众成足球俱乐部、奥力斯健身有限公司等5家单位；全区各类体育经营企业包括羽毛球馆、乒乓球馆、篮球场、足球场、台球俱乐部、瑜伽馆、游泳池、体育培训俱乐部等共100余家。

【体育产业扶持举措】 2015年，龙湾区体育局落实体育产业引导扶持政策，与区财政局对接，制定《龙湾区体育产业引导资金评审标准》，规范区级体育产业引导资金申报和评审流程。全区已申报体育企业18家，其中体育健身服务项目11家，体育场地设施建设6家，培育品牌赛事项目1家。开展体育企业创建评选活动，指导凯宏网球俱乐部做好省级休闲旅游优秀项目申报工作；指导凯宏网球俱乐部、踢球者俱乐部等2家体育企业做好市级休闲旅游优秀项目和市级体育产业专项引导资金项目申报工作；指导天龙网球有限公司申报省级体育产业专项引导资金项目，并被列入2015年度浙江省体育产业发展资金项目库入库项目。

【游泳场所安全管理】 2015年，龙湾区体育局强化游泳场所安全管理工作。7月，受理各经营业主的许可、备案申请16家，许可3家，备案10家，不予许可3家，其中有10家单位进行游泳培训班备案登记。自9月底闭馆，全区各经营场所未发生重大安全事故，未造成人员伤亡。（黄琦立）

表47　2016年龙湾区运动员参加市级以上体育比赛成绩一览表

时间	地点	竞赛活动名称	参赛人	年龄组	小项	成绩
6月3日—5日	浙江工贸学院	2016年温州市少年儿童网球（单项）比赛	周　韬	乙组	男子单打	第1名
6月3日—5日	浙江工贸学院	2016年温州市少年儿童网球（单项）比赛	张祺乐	乙组	男子单打	第2名
6月3日—5日	浙江工贸学院	2016年温州市少年儿童网球（单项）比赛	周　韬|张祺乐	乙组	男子双打	第1名
6月3日—5日	浙江工贸学院	2016年温州市少年儿童网球（单项）比赛	张开翔|王子帆	乙组	男子双打	第2名
6月3日—5日	浙江工贸学院	2016年温州市少年儿童网球（单项）比赛	叶锦添	丙组	男子单打	第3名
6月3日—5日	浙江工贸学院	2016年温州市少年儿童网球（单项）比赛	张轩诚|涂峻赫	丙组	男子双打	第1名

续表47

时间	地点	竞赛活动名称	参赛人	年龄组	小项	成绩
6月3日—5日	浙江工贸学院	2016年温州市少年儿童网球（单项）比赛	王佳楠	丁组	男子单打	第3名
6月3日—5日	浙江工贸学院	2016年温州市少年儿童网球（单项）比赛	王佳楠|王一开	丁组	男子双打	第2名
6月3日—5日	浙江工贸学院	2016年温州市少年儿童网球（单项）比赛	涂家诚|张　扬	丁组	男子双打	第3名
6月3日—5日	浙江工贸学院	2016年温州市少年儿童网球（单项）比赛	支若翼	甲组	女子单打	第1名
6月3日—5日	浙江工贸学院	2016年温州市少年儿童网球（单项）比赛	涂　翔	乙组	女子单打	第2名
6月3日—5日	浙江工贸学院	2016年温州市少年儿童网球（单项）比赛	胡高睿	乙组	女子单打	第1名
6月3日—5日	浙江工贸学院	2016年温州市少年儿童网球（单项）比赛	涂　翔|胡高睿	乙组	女子双打	第1名
6月3日—5日	浙江工贸学院	2016年温州市少年儿童网球（单项）比赛	林雨璇|张心雅	丙组	女子双打	第3名
6月3日—5日	浙江工贸学院	2016年温州市少年儿童网球（单项）比赛	黄忆霏	丁组	女子单打	第1名
6月3日—5日	浙江工贸学院	2016年温州市少年儿童网球（单项）比赛	张锦怡	丁组	女子单打	第2名
6月3日—5日	浙江工贸学院	2016年温州市少年儿童网球（单项）比赛	谢林君	丁组	女子单打	第3名
6月3日—5日	浙江工贸学院	2016年温州市少年儿童网球（单项）比赛	谢林君|张锦怡	丁组	女子双打	第1名
6月3日—5日	浙江工贸学院	2016年温州市少年儿童网球（单项）比赛	孙易一|黄忆霏	丁组	女子双打	第2名
6月3日—5日	浙江工贸学院	2016年温州市少年儿童网球（单项）比赛	方子航	短网甲组	男子单打	第2名
6月3日—5日	浙江工贸学院	2016年温州市少年儿童网球（单项）比赛	方子铭	短网甲组	男子单打	第3名
6月3日—5日	浙江工贸学院	2016年温州市少年儿童网球（单项）比赛	张立妍	短网甲组	女子单打	第1名
6月3日—5日	浙江工贸学院	2016年温州市少年儿童网球（单项）比赛	张　和	短网甲组	女子单打	第2名
10月14日—16日	瑶溪网球中心	2016温州市少年儿童网球（团体）比赛	姜展硕 王　浩 项向策	甲组	男子团体	第1名
10月14日—16日	瑶溪网球中心	2016温州市少年儿童网球（团体）比赛	唐嘉能 王以恒 廖弈程	甲组	男子团体	第2名
10月14日—16日	瑶溪网球中心	2016温州市少年儿童网球（团体）比赛	王子帆 王祺乐 周　韬 张开翔	乙组	男子团体	第1名
10月14日—16日	瑶溪网球中心	2016温州市少年儿童网球（团体）比赛	涂俊赫 叶锦添 张益翔 张轩诚	丙组	男子团体	第2名
10月14日—16日	瑶溪网球中心	2016温州市少年儿童网球（团体）比赛	王一开 涂家诚 张　扬 王佳楠	丁组	男子团体	第2名
10月14日—16日	瑶溪网球中心	2016温州市少年儿童网球（团体）比赛	胡高睿 涂　翔 李育娴	乙组	女子团体	第1名
10月14日—16日	瑶溪网球中心	2016温州市少年儿童网球（团体）比赛	黄忆霏 谢林君 张锦怡 孙易一	丁组	女子团体	第1名
10月14日—16日	瑶溪网球中心	2016温州市少年儿童网球（团体）比赛	陈　硕	甲组	男子团体	第1名

续表47

时间	地点	竞赛活动名称	参赛人	年龄组	小项	成绩
10月14日—16日	瑶溪网球中心	2016温州市少年儿童网球（团体）比赛	方子航 方子铭 马绍尔 倪子洋	甲组	男子团体	第1名
10月14日—16日	瑶溪网球中心	2016温州市少年儿童网球（团体）比赛	蔡奇珞 梁柏屹 席海洋 周泰然 张宸绮	甲组	男子团体	第2名
10月14日—16日	瑶溪网球中心	2016温州市少年儿童网球（团体）比赛	张　和 张立研 周子涵	甲组	女子团体	第1名
10月14日—16日	瑶溪网球中心	2016温州市少年儿童网球（团体）比赛	蔡悠然 林怡汝 郑晨璐	甲组	女子团体	第2名
10月14日—16日	瑶溪网球中心	2016温州市少年儿童网球（团体）比赛	沈　力 王安琪 王婉霏	乙组	女子团体	第2名
7月5日—7日	平阳体育馆	2016年温州市少年儿童跆拳道比赛	杨泓熠	乙组	男子58KG	第1名
5月13日—15日	温州育英学校	2016温州市少年儿童乒乓球（单项）比赛	李羽童	9岁组	女子单打	第1名
5月13日—15日	温州育英学校	2016温州市少年儿童乒乓球（单项）比赛	吴　婳	9岁组	女子单打	第2名
5月13日—15日	温州育英学校	2016温州市少年儿童乒乓球（单项）比赛	陈喜乐	10岁组	女子单打	第2名
5月13日—15日	温州育英学校	2016温州市少年儿童乒乓球（单项）比赛	陈喜乐|张涵怡	10岁组	女子双打	第2名
10月28日—30日	温州育英学校	2016温州市少年儿童乒乓球（团体）比赛	姜明浩 孙跃豪 叶杨炬 叶志宏 朱银康	10岁组	男子团体	第3名
10月28日—30日	温州育英学校	2016温州市少年儿童乒乓球（团体）比赛	陈媗量 邱浩俊 徐浩然 郑哲浩	11—12岁	男子团体	第2名
10月28日—30日	温州育英学校	2016温州市少年儿童乒乓球（团体）比赛	傅天翼 林雨桓 邱瑞鑫	13—14岁	男子团体	第1名
10月28日—30日	温州育英学校	2016温州市少年儿童乒乓球（团体）比赛	陈奕君 林羽童 林子涵 吴　婳	9岁以下	女子团体	第1名
10月28日—30日	温州育英学校	2016温州市少年儿童乒乓球（团体）比赛	邓诣铜 王欣想 徐子涵	9岁以下	女子团体	第3名
		2016温州市少年儿童乒乓球（团体）比赛	叶展婷	9岁以下	女子团体	第3名

续表47

时间	地点	竞赛活动名称	参赛人	年龄组	小项	成绩
10月28日—30日	温州育英学校	2016温州市少年儿童乒乓球（团体）比赛	陈芊妤 邵意婷 项一诺 郑 琰	11—12岁	女子团体	第2名
7月1日—3日	永嘉体校	2016年温州市少年儿童摔跤比赛	邱鑫帆	甲组古典	男子55KG	第3名
7月1日—3日	永嘉体校	2016年温州市少年儿童摔跤比赛	郭守鑫	甲组古典	男子60KG	第3名
7月1日—3日	永嘉体校	2016年温州市少年儿童摔跤比赛	陈 喜	甲组自由	男子70KG	第1名
7月1日—3日	永嘉体校	2016年温州市少年儿童摔跤比赛	国志豪	乙组古典	男子46KG	第1名
7月1日—3日	永嘉体校	2016年温州市少年儿童摔跤比赛	黄仁杰	乙组古典	男子50KG	第3名
7月1日—3日	永嘉体校	2016年温州市少年儿童摔跤比赛	缪仁杰	乙组自由	男子54KG	第1名
5月20日—23日	瓯海体育中心	2016年温州市少年儿童田径分龄赛	陈雨露	13岁组	女子标枪	第1名
5月20日—23日	瓯海体育中心	2016年温州市少年儿童田径分龄赛	高依蕊	12岁组	女子标枪	第3名
5月20日—23日	瓯海体育中心	2016年温州市少年儿童田径分龄赛	韩智锟	16—18岁	男子跳高	第1名
5月20日—23日	瓯海体育中心	2016年温州市少年儿童田径分龄赛	陈 建	16—18岁	男子铁饼	第2名
5月20日—23日	瓯海体育中心	2016年温州市少年儿童田径分龄赛	高依蕊	12岁组	女子铅球	第1名
5月20日—23日	瓯海体育中心	2016年温州市少年儿童田径分龄赛	金韵捷	10岁组	女子中长跑	第2名
5月20日—23日	瓯海体育中心	2016年温州市少年儿童田径分龄赛	郑新柏	10岁组	男子跳高	第2名
5月20日—23日	瓯海体育中心	2016年温州市少年儿童田径分龄赛	胡栋涵	10岁组	男子跳远	第3名
5月20日—23日	瓯海体育中心	2016年温州市少年儿童田径分龄赛	周子鉴	11岁组	男子铅球	第3名
5月20日—23日	瓯海体育中心	2016年温州市少年儿童田径分龄赛	张颂美	10岁组	女子跳远	第3名
5月20日—23日	瓯海体育中心	2016年温州市少年儿童田径分龄赛	蔡 哲	14—15岁组	男子四项全能	第3名
5月20日—23日	瓯海体育中心	2016年温州市少年儿童田径分龄赛	陈子剑	14—15岁组	女子四项全能	第2名
5月24日—27日	平阳育英体校	2016年温州市少年儿童武术散打比赛	金莹莹	甲组	女子48KG	第1名
5月24日—27日	平阳育英体校	2016年温州市少年儿童武术散打比赛	陈祥龙	乙组	男子75KG	第3名
5月24日—27日	平阳育英体校	2016年温州市少年儿童武术散打比赛	胡宏建	乙组	男子65KG	第2名
5月24日—27日	平阳育英体校	2016年温州市少年儿童武术散打比赛	楼赵慧	乙组	男子56KG	第1名
5月24日—27日	平阳育英体校	2016年温州市少年儿童武术散打比赛	卢 意	乙组	男子52KG	第1名
5月24日—27日	平阳育英体校	2016年温州市少年儿童武术散打比赛	刘文峰	乙组	男子48KG	第3名
5月24日—27日	平阳育英体校	2016年温州市少年儿童武术散打比赛	周煊旋	甲组	男子80KG	第1名
6月3日—5日	温州体校	2016年温州市少年儿童拳击比赛	林一帆	甲组	男子52KG	第1名
6月3日—5日	温州体校	2016年温州市少年儿童拳击比赛	李 伟	乙组	男子75KG	第1名
6月3日—5日	温州体校	2016年温州市少年儿童拳击比赛	苏思俊	乙组	男子40KG	第2名
4月15日—17日	瑞安市体育中心体育馆	2016年温州市少年儿童武术（套路）比赛	孔若彤	丁组	女子拳术	第3名
4月15日—17日	瑞安市体育中心体育馆	2016年温州市少年儿童武术（套路）比赛	张腾超	丁组	男子剑术	第2名
4月15日—17日	瑞安市体育中心体育馆	2016年温州市少年儿童武术（套路）比赛	孔若彤	丁组	女子枪术	第2名
10月29日—30日	温州市二十三中学	2016年温州市少年儿童柔道比赛	张康松	男丙	42KG	第1名
5月20日—22日	泰顺县体育中心羽毛球馆	2016温州市少年儿童羽毛球（单项）比赛	叶潞韩	12岁组	男子单打	第1名
5月20日—22日	泰顺县体育中心羽毛球馆	2016温州市少年儿童羽毛球（单项）比赛	叶潞韩|林奕彤	12岁组	男子双打	第1名
5月20日—22日	泰顺县体育中心羽毛球馆	2016温州市少年儿童羽毛球（单项）比赛	曾蓉怡	14—15岁组	女子单打	第3名
5月20日—22日	泰顺县体育中心羽毛球馆	2016温州市少年儿童羽毛球（单项）比赛	夏伟超	14—15岁组	男子单打	第1名
10月14日—16日	温州志标羽毛球馆	2016年温州市少年儿童羽毛球（团体）比赛	叶潞韩 林语诺	12岁组	女子团体	第1名
10月14日—16日	温州志标羽毛球馆	2016年温州市少年儿童羽毛球（团体）比赛	林亦铜	12岁组	女子团体	第1名

续表47

时间	地点	竞赛活动名称	参赛人	年龄组	小项	成绩
10月14日—16日	温州志标羽毛球馆	2016年温州市少年儿童羽毛球（团体）比赛	黄　浩 沈　煊 王　康 周圣皓	12岁组	男子团体	第1名
10月28日—30日	乐清体育中心	2016年温州市少年儿童游泳比赛	张轩挺	6—7岁组	自腿全能	第1名
10月28日—30日	乐清体育中心	2016年温州市少年儿童游泳比赛	李诚宇	6—7岁组	仰腿全能	第2名
10月28日—30日	乐清体育中心	2016年温州市少年儿童游泳比赛	陈樟原	6—7岁组	蛙腿全能	第1名
10月28日—30日	乐清体育中心	2016年温州市少年儿童游泳比赛	王奕涵	6—7岁组	蝶腿全能	第1名
10月28日—30日	乐清体育中心	2016年温州市少年儿童游泳比赛	蔡礼丞	6—7岁组	蝶腿全能	第3名
10月28日—30日	乐清体育中心	2016年温州市少年儿童游泳比赛	陈　晨	6—7岁组	女子自腿全能	第1名
10月28日—30日	乐清体育中心	2016年温州市少年儿童游泳比赛	黄诗涵	6—7岁组	女子蝶腿全能	第3名
10月28日—30日	乐清体育中心	2016年温州市少年儿童游泳比赛	廖子赛	6—7岁组	女子蝶腿全能	第2名
10月28日—30日	乐清体育中心	2016年温州市少年儿童游泳比赛	张轩键 蔡礼丞 陈博涵 陈樟原	6—7岁组	男子4*50接力	第1名
10月28日—30日	乐清体育中心	2016年温州市少年儿童游泳比赛	陈　晨 黄诗涵 吕思涵 廖子赛	6—7岁组	男子4*50接力	第2名
4月22日—24日	温州市百里路小学	2016年温州市少年儿童国际象棋比赛	陈品宋 陈　立 杜宜迅 张雅茹	团体	丁组	第3名
5月1日—2日	温州市百里路小学	2016温州市少年儿童围棋比赛	陈锴迪	个人	甲组	第1名
5月1日—2日	温州市百里路小学	2016温州市少年儿童围棋比赛	陈锴迪 郑　昊 娄浩宇 刘淇璐涵	团体	甲组	第2名
6月4日—6日	温州心桥体操俱乐部	2016年温州市幼儿基本体操、广播操比赛	郭晟睿 王俊勇 王炜博 苏孙健宁 陈奕涵 陈奕旭 姜均皓 冯康杰 谢　忱 薛来蓓 王思琪 章卓尔 陈星彤	团体	幼儿	第2名
6月4日—6日	温州心桥体操俱乐部	2016年温州市幼儿基本体操、广播操比赛	张艺禾	团体	幼儿	第2名

续表47

时间	地点	竞赛活动名称	参赛人	年龄组	小项	成绩
6月4日—6日	温州心桥体操俱乐部	2016年温州市幼儿基本体操、广播操比赛	张缤予 王金涵	团体	幼儿	第2名
9月30日—10月6日	平阳育英体校	2016年温州市少年儿童男子丙组足球比赛	陈超特 陈辞皓 陈景涵 代德夫 金恩祈 李睿轩 潜力炜 王鹏为 夏维仪 徐隆浩 徐宇轩 张栋亮 张仁杰 张一炫 郑永豪 周展硕 周展博 周子棋	男子	丙组	第2名
8月3日—6日	温州科技学院	2016年温州市少年儿童男子排球比赛	郑君瑶 吴建凯 徐天乐 叶津瑜 张 驹 黄雯瀚 张志豪 韩杰瑞 邵逸渊 张均好 陈子鸣 支黄磊	男子	甲组	第3名
7月16日—22日	宁波	2016年浙江省青少年（儿童）网球锦标赛	周 韬|张祺乐	男甲	团体	
7月16日—22日	宁波	2016年浙江省青少年（儿童）网球锦标赛	叶锦添	男乙	团体	
7月16日—22日	宁波	2016年浙江省青少年（儿童）网球锦标赛	王一开	男丙	团体	
7月16日—22日	宁波	2016年浙江省青少年（儿童）网球锦标赛	周 韬	男甲	单打	
7月16日—22日	宁波	2016年浙江省青少年（儿童）网球锦标赛	王一开	男丙	单打	
7月16日—22日	宁波	2016年浙江省青少年（儿童）网球锦标赛	黄忆霏	女丙	单打	
7月16日—22日	宁波	2016年浙江省青少年（儿童）网球锦标赛	周 韬|张祺乐	男甲	双打	
7月16日—22日	宁波	2016年浙江省青少年（儿童）网球锦标赛	涂峻赫|张轩诚	男乙	双打	
7月16日—22日	宁波	2016年浙江省青少年（儿童）网球锦标赛	胡高睿	女甲	单打	
7月16日—22日	宁波	2016年浙江省青少年（儿童）网球锦标赛	胡高睿|涂 翔	女甲	双打	
7月16日—22日	宁波	2016年浙江省青少年（儿童）网球锦标赛	谢林君|张锦怡	女丙	双打	

续表47

时间	地点	竞赛活动名称	参赛人	年龄组	小项	成绩
5月12日	嘉兴	2016年浙江省青少年田径锦标赛	韩智锟	17—18岁	男子跳高	
7月4日—6日	嘉兴	浙江省第十三届少年儿童田径冠军赛	陈雨露	13岁	女子垒球	
7月4日—6日	嘉兴	浙江省第十三届少年儿童田径冠军赛	陈雨露	13岁	女子铁饼	
7月4日—6日	嘉兴	浙江省第十三届少年儿童田径冠军赛	王彬彬	15岁	男子标枪	
7月4日—6日	嘉兴	浙江省第十三届少年儿童田径冠军赛	王彬彬	15岁	男子四项全能	
7月4日—6日	嘉兴	浙江省第十三届少年儿童田径冠军赛	高依蕊	12岁	女子铅球	
7月4日—6日	嘉兴	浙江省第十三届少年儿童田径冠军赛	林宏略	15岁	男子四项全能	
7月4日—6日	嘉兴	浙江省第十三届少年儿童田径冠军赛	陈子剑	14岁	女子四项全能	
7月4日—6日	嘉兴	浙江省第十三届少年儿童田径冠军赛	王俊宇	12岁	男子垒球	
11月28日—29日	温州	2016年浙江省青少年拳击冠军赛	林一帆	男甲	52KG	
11月24日—27日	湖州长兴	2016年浙江省青少年射击锦标赛	涂凌浩	男甲团体	气步枪60发	
11月24日—27日	湖州长兴	2016年浙江省青少年射击锦标赛	江轩乐	丙混合团体	气步枪	
7月29日	温州	2016年浙江省青少年射箭锦标赛	谢洁乐	女乙团体	单轮全能	
7月29日	温州	2016年浙江省青少年射箭锦标赛	谢洁乐	女乙团体	淘汰赛	
8月3日—6日	台州	2016年浙江省青少年跆拳道锦标赛	姜明鑫	男乙	57KG	
10月	杭州	2016年浙江省青少年游泳锦标赛	杨不同	女子10岁组	蝶泳全能	
10月	杭州	2016年浙江省青少年游泳锦标赛	杨不同	女子10岁组	蝶泳全能+400自	
5月	嘉兴	2016年全国青少年网球U14积分赛	郑　展	U14	单打	
5月	嘉兴	2016年全国青少年网球U14积分赛	郑　展	U14	双打	
8月	深圳	2016年全国青少年网球锦标赛	杨一涵	少年	团体	
8月	深圳	2016年全国青少年网球锦标赛	董佳一	少年	团体	
8月	深圳	2016年全国青少年网球锦标赛	董佳一	少年	单打	
10月	武汉	2016年全国网球团体赛	齐宵|金盛浩		团体	
5月	重庆	2016年全国技巧锦标赛	王仁烜		团体	
5月	重庆	2016年全国技巧锦标赛	王仁烜		四人套	
6月	内蒙古	2016年全国青年田径锦标赛	韩　涛	青年	男子撑竿跳高	
7月	江苏	2016年全国少儿乒乓球比赛	蔡书涵	乙组	团体	
6月	北京	2016全国乒乓球后备人才基地乒乓球比赛	张琪锐		单打	
6月	北京	2016全国乒乓球后备人才基地乒乓球比赛	张琪锐		团体	
9月		2016年全国艺术体操锦标赛	叶俞希		集体全能	
9月		2016年全国艺术体操锦标赛	叶俞希		团体	
5月	江西南昌	2016年全国射击冠军	王璐瑶		10米气步枪	
5月	江西南昌	2016年全国射击冠军	王璐瑶		10米气步枪团体	
5月	上海	2016全国皮划艇青年锦标赛	叶冠宏		4人皮艇	
10月	广东石龙	2016全国男子举重冠军赛	陈正武	青年	男子105KG+抓举	
10月	广东石龙	2016全国男子举重冠军赛	陈正武	青年	男子105KG+挺举	
10月	广东石龙	2016全国男子举重冠军赛	陈正武	青年	男子105KG+总成绩	
8月	英国	温布尔顿网球公开赛	郑　展			
12月1日—3日	宁波	2016年中日韩国际友好举重比赛	陈正武	青年	男子105KG+抓举	
12月1日—3日	宁波	2016年中日韩国际友好举重比赛	陈正武	青年	男子105KG+挺举	
12月1日—3日	宁波	2016年中日韩国际友好举重比赛	陈正武	青年	男子105KG+总成绩	
12月6日	伊朗德黑兰	2016亚洲气步枪锦标赛	王璐瑶		个人	
12月6日	伊朗德黑兰	2016亚洲气步枪锦标赛	王璐瑶		团体	

2016年3月至12月，龙湾区举办第七届运动会

（叶晓东/摄）

温州市龙湾区第七届运动会
网球 比赛

温州市龙湾区第七届运动会

社会生活

人力资源管理

【高层次人才引进】 2016年，龙湾区人力社保局在《龙湾区紧缺急需高层次人才引进指导目录》上发布34家企业150余个紧缺急需人才岗位需求。组织6家企业赴欧美、香港招才引智；组织13次70家单位赴成都、南京、深圳等地参加各类人才招聘会；组织66家企业参加温州民营企业高层次人才洽谈会，现场签约4项，达成合作意向9项。全年引进国外专家智力项目14项，其中市级重点引智项目10个。协助举办温州市龙湾区（高新区）第二届“创新梦·家乡行”暨“智汇龙湾·创业浙南科技城”活动，在北京、上海、杭州、广州（深圳）、成都等地成立“龙湾区人才工作联络站”5个。年内入选“省千”2人，入选“580海外精英引进计划”17人，申报其他各类奖项47人，其中入选海外工程师3人，获市政府“雁荡友谊奖”2人；龙湾区被列为全省首批16个海外高层次人才创业创新基地之一。

【高技能人才培养】 2016年，龙湾区人力社保局完成职工岗位技能提升培训4012人，培养高技能人才602人，高技能人才发证562人，完成技能人才自主评价企业62家。举办区第七届职业技能竞赛，9人获“龙湾区技术能手”；联合区总工会承办市级数控车工职业技能大赛，区内13名选手参赛；组织开展“未来技能之星”“罗峰技能精英”双十佳评选。蒙拉妮鞋业有限公司郑国宏工作室入选省级技能大师工作室，浙江晨泰科技股份有限公司胡东方工作室入选市级技能大师工作室；协助文泰笔业有限公司黄联鑫工作室申报国家级技能大师工作室，组织张积贵、赵志标2人申报“中华技能大奖”。

【人才特区建设】 2016年，龙湾区人力社保局完善“1+6”人才政策，设立区人才服务中心，为各类人才解决资金运作、住房、子女就学等难题。协助区招才局确定20位人才入住人才公寓，并落实高端人才购房补贴和租赁补贴。协助出台《完善人才政策推进“人才特区”建设的实施办法》《龙湾区（高新区）实施大学生创业创新引领计划的操作办法（试行）》等政策，为“人才特区”建设提供强有力的制度保障。

【创新创业项目扶持】 2016年，龙湾区人力社保局继续发挥源大、红连等创业园示范引领作用，举办“中国创业[温州]实战营”2期。举办区首届大学生创业创新项目大赛，参赛创业项目68个，“智能机器人”“怡康细胞”等15个创业项目获奖，其中10个项目落户龙湾。2014年度2项落地高层次人才项目进行终期验收，拨付终期验收资金56万元，为1项高层次创新创业落户项目拨付启动资金45万元，合计拨付101万元高层次创业项目补助经费。

【就业与创业工程】 2016年，龙湾区人力社保局贯彻落实各项就业优惠政策，发放各类就业补贴195.29万元，发布各类就业岗位信息11.3万条，实现对接就业1.23万人，新增城镇就业8670人，帮助失业人员实现再就业932人，困难人员实现再就业319人。培训农村电商467人，扶持农村电商创业267人，实现农村电商创业带动就业1520人。

【大学生人才开发工作】 2016年，龙湾区人力社保局建立高校毕业生见习基地33家，发布见习岗位1598个，吸纳 262名高校毕业生进基地实习，发放见习补贴82.52万元。建立大学生实训基地14家，有211名大学生进入基地锻炼。协助出台《龙湾区实施大学生创业创新引领计划的操作办法（试行）》，为9个大学生创业项目累计提供90万元创业启动资金、每平方米20元的租地补贴和特别优秀创业项目3年免租服务。开展“服务进校园”办公活动，为252名高校毕业生现场办理就业协议书鉴证和政策咨询。全年接收毕业生人事档案2902份，转出580份，党组织材料提取228份，毕业生报到863起，人事代理915起，高校毕业生就业协议书鉴证1252起。启动源大创业园、蓝江软件园、红连文创园、创梦文创园4家“大学生创业园”的评审工作。

【劳资保障监察工作】 2016年，龙湾区人力社保局制定出台《龙湾区处置劳资纠纷突发事件应急预案》《劳动保障监察维稳安保工作实施方案》等应急预案，设置专门的值班室，实行24小时值班制。落实“属地管理”和“归口管理”责任，将劳动监察网格化管理纳入区对街道考绩项目，与各街道签订目标管理责任书。在蒲州街道试点探索“社会治理+互联网”框架下欠薪预警工作机制。充实基层劳动协管员队伍，全区104个三级网格，配备专兼职监察员和协管员139人。全年区人力社保局主动监察用人单位2015家，出动执法人员3065人次，涉及劳动者4.89万人；受理与处置化解劳动争议举报投诉案件689件，涉及劳动者6445人，涉案金额9517.87万元；妥善处置欠薪群体性事件46起，涉及劳动者2620人，涉案金额4472.86万元。

【劳动争议仲裁与调解】 2016年，龙湾区人力社保局为提高劳动人事仲裁办事效率，从市级各律师事务所正式聘请6名律师为兼职仲裁员，办结劳动人事争议案件15起。2015年10月至2016年9月，劳动人事仲裁院受理劳动争议案件814起，涉案金额8809.68万元，结案765起，按期结案率94%，调解621起，调解率81%。区本级劳动人事争议人民调解委员会调解各类劳动人事争议案件 40件，补偿、赔偿金额 85.2万元。向法律援助咨询者发放工会维权咨询卡130余张，向司法援助中心及区总工会职工维权中心报送50余人次。劳动仲裁工作连续5年获评省级先进。

【工伤认定受理】 2016年，龙湾区人力社保局加强工伤业务初审、复核，分类管理工伤认定案件，A类重点调查，B类不予受理，C类一般程序，D类简易程序、当日结案。全年收到工伤认定申请1496起，受理申请1491起，工伤认定引起的行政复议、行政诉讼24件，全部胜诉；理赔工伤保险待遇报销1530件，支付工伤保险待遇3950万元，全年工伤事故率控制在0.86%以内。

【人事管理】 2016年，龙湾区人力社保局人事进一步规范机关事业单位工作人员流动工作机制，将全区事业干部档案移至人社局统一管理，办理事业人员流动手续80名，聘用合同备案586人。核准事业单位岗位设置50家，岗位897个，完成专技人员聘任和管理人员岗位变动558人；办理专业技术人员资格初定、审核975人。审核办理公务员登记22人，公务员转任47人。开展职务职级并行工作，晋升正科级20人，晋升副科级86人。（应潮寒）

社会保障

【社保扩面工程】 2016年，龙湾区人力社保局运用全民参保登记成果，加大劳动保障监察书面合同审查工作力度，开展社保精准扩面，养老、医疗、工伤、失业保险实际新增人数分别为13115人、4697人、5371人、1447人，超额完成市对区考绩任务。新增市民卡2.8万张，城乡居民大病保险参保人数达16万人。

【医保监管】 2016年，龙湾区32家医保定点医药机构已接入医保智能监管平台，实现了市民卡诊间结算和医保“一卡通”县（市、区）同城互认。开展“红色旋风”医保巡查行动，全年巡查55家次，其中温州市瑞康药店因医保违规行为被暂停医保定点资格6个月，向温州长庚耳鼻喉医院等13家定点医药机构发放书面整改通知书。交叉检查经济开发区13家定点医药机构。与洞头、瓯海区人力社保局开展社保基金内控运行交叉检查，并接受第三方机构对社保基金的专项审计并及时整改落实。查处辖区违规刷卡行为108人、1.6万元。办理医保“家庭共济”777份。

【社保体系改革】 2016年，龙湾区人力社保局加快机关事业单位养老保险制度改革，区175家机关事业单位全部纳入浙江省机关事业养老保险信息系统，并完成机关事业养老保险和职业年金清算。引导被征地基本生活保障制度人员转入职工基本养老保障，办理4751起。降低工伤保险、生育保险、失业保险平均费率，降低职工基本医疗保险住院统筹单位缴费比例，减轻企业负担5399万元；审核企业稳岗补贴申请1649家，发放稳岗补贴1287.58万元。（应潮寒）

民政工作

【低保对象管理】 2016年，龙湾区民政局开展低保对象年度核查，全区在册低保家庭1293户、2296人，退出低保32人，新审批低保110人。联合财政、残联出台文件，落实三、四级精神智力残疾人单独施保政策。开展支出型贫困家庭救助办法起草及试点工作。

【救急难工作】 2016年，龙湾区民政局招聘6名社会救助专职工作者充实到街道社会救助窗口。推进“救急难”工作，全年支出困难群众临时救助资金189.8万元，惠及群众547人次。针对其中10户重大困难对象，由区级直接发放救急难资金15.8万元。协调财政落实400万元原始基金，登记成立公募型基金会“龙湾区救急难基金会”。

【医疗救助】 2016年，龙湾区民政局加强对城乡医疗救助即时结报医疗机构的监督检查，医疗服务机构前期垫付医疗救助费用，季末由医疗机构和民政部门结算，保证了困难群众“一站式”享受医疗救助服务。联合区残联等五部门出台《关于做好贫困精神残疾人服用基本抗精神病药物费用全额保障工作的通知》，做好贫困精神残疾人服用基本抗精神病药物费用全额保障工作。全年全区救助五保、低保、特困、重点优抚对象、患重点疾病等共667余人次，救助金额423余万元。

【困难群众救助救济工作】 2016年，龙湾区民政局组织开展留守儿童信息排查工作，115名留守儿童录入浙江省系统平台；对现有精减老职工46人（其中军事系统精减困难人员26人）、“三老”人员28人、支宁人员163人，发放困难补助和生活补助；对140名困难儿童每月发放1140元生活费。配合市福彩中心开展关爱儿童慰问活动，儿童节期间对110名困难儿童发放每人1000元慰问金。组织开展妇女“两癌筛查”活动，142名妇女参与免费检查。

【防灾减灾工作】 2016年，龙湾区民政局开展避灾安置场所安全检测工作，完成3年100%检测目标。创成国家级、省级综合减灾示范社区各2处。选出4篇优秀论文参加2016年第二届浙江减灾之路学术研讨会征文活动。建成龙湾中学

5月12日，龙湾区举行“5·12”防灾减灾日广场宣传活动　　（区民政局供稿）

生命安全教育体验馆，用现代的科学技术逼真地模拟出台风、地震、车祸、火灾等情景，成为龙湾区防灾减灾宣传体验的重要基地。配合市民政局开展温州市“5·12”大型广场宣传活动，在龙湾中学开展防震应急演练。指导龙湾区首支民间公益救援队——绿洲救援队开展队伍创建、抗台救援和防灾宣传。

【社会组织管理】 2016年，龙湾区民政局加快政府职能转移工作，有5家单位14项职能向8家社会组织进行购买，购买金额约115万元。开展公益创投工作，收到20个创投项目，12个项目进入评审，有10个项目获得2万—4万元的资助。加快社会组织信用代码证书换证工作，换证率达100%。

【社工工作】 2016年，龙湾区新增持证社工22人，累计持证社工501人。加强持证社工再继续教育，举办2批次再继续教育培训，参加人数276人次。开展社工督导培训，培训10期120人次。选出10篇优秀案例参加全市优秀案例评选。举行龙湾区第三届“社工文化节”启动暨区社会组织孵化中心揭牌仪式，开展专题社工沙龙，社工机构开展专题宣传活动。指导区新合源社工师事务所在元庄社区为外来务工子女开展流动人口家综服务。组织志愿者参与宁城社区“辣妈缝补坊”“爱心食堂”。引入社会力量——区真馨家庭服务工作室入驻龙康社区，开展婚姻家庭指导、预防家庭暴力、家庭调解以及夫妻关系调适等活动。

【养老机构建设】 2016年，龙湾区加快发展养老服务业，多渠道建设机构养老床位。发挥公办养老机构保障功能，推进占地面积为71亩床位数1800余张的区社会福利中心项目建设，启动区社会福利院装修改造。社会力量兴办的红景天医养结合中心项目运营平稳，床位使用率达100%，并入选全省示范建设点。全市首个“退二进三”项目——金色小镇养老综合体进展顺利，朱垟村等“家院互融型”老年公寓建设稳步推进。至12月，龙湾区建成养老机构5家，养老床位860张。

【居家养老服务】 2016年，龙湾区新增居家养老服务照料中心22家，累计有居家养老服务照料中心90家，完成居家养老全覆盖试点工作。推进老年爱心食堂标准、安全化改造，21家居家养老服务照料中心通过验收并取得安全餐饮许可证。加强与阳光财产、人寿公司合作，探索“意外险+餐饮”为主要内容的居家养老服务综合责任险，以每年1000—1600元的标准，给各居家养老服务照料中心上保居家养老服务综合责任险。爱心食堂增至74家，就餐老人增至3500人，轮班助老志愿者增至3200余人，月就餐人数增至11.5万人次。推进养老服务补贴向适度普惠型发展。把具有龙湾区户籍，年满85—89周岁非在机构养老的高龄老人纳入养老服务补贴范畴，为新增对象老年人提供9028基本套餐服务，覆盖率由3%提高至7%以上，达2500余人，年补贴将从101万元提高至220余万元。分类制定“9028基础型”“增值型”“选择型”套餐，丰富服务类别和模式。依托北航研究院，开发居家养老上门服务跟踪记录服务系统。

【“智慧养老”全国试点项目】 2016年，智慧龙湾养老服务项目被民政部、发改委等六部门列为养老服务和社区服务信息惠民工程试点项目。龙湾区投入680多万元，分2年2期建设，通过搭建一个智慧养老服务平台，设立智慧养老营运服务中心、铺设信息化设备等，构建“一个平台一张网”的“1+1”居家养老服务新模式。其中，一期230万元项目完成立项，系列软件已开发完毕并进入调试阶段。

【殡葬管理服务】 2016年，龙湾区民政局率先在浙江省开展无人机巡山，配合区殡葬执法大队、街道青山白化专职巡查队伍、区移风易俗市民监督团联合进行地毯式巡查，杜绝“禁新”盲点。全年出动无人机256架次，执法人员2300余人次，拆除各类新建、翻新坟墓217座。制定发现1座新建、翻新私坟奖励1000元的举报奖励政策。完成茅永公路沿线改造私坟59座，超量完成市民政局下达改造任务。实施骨灰安放流向跟踪管理委托给社会组织实施全程监督监管。全面排查25座公益性公墓和乡村公益性墓地，备案率和年检合格率均达100%。状元街道山西岙村公益性骨灰楼完成区级各部门审核，并上报市民政局。上半年检查办丧出殡487户，查处违规31起。实行殡葬基本服务免费，全年减免殡葬基本服务费967人628550元。

【双拥优抚与安置工作】 2016年，龙湾区民政局组织开展春节、八一走访慰问优抚对象393名，其中区四套班子领导及区双拥领导小组成员单位走访慰问优抚对象70多名。接收优抚对象生活、医疗申请困难286人次，发放医疗补助75人次。接收2016年冬季退役士兵58名，其中城镇籍退役士兵14人，三级转业士官6人（重点安置对象）。全面推进复退军人信访和维稳“12345”联动工作机制建设，全年接待群众来访26批次152人次，信访3件。（曹温恬）

基层政权建设

【村级换届前期指导工作】 2016年，龙湾区民政局通过会议评议、入户调查、个别访谈等形式，全面掌握村委会班子现状。通过走访调研排摸出“难点村”和“重点村” 13个，按照重点倾斜、分类实施原则进行针对性业务指导。严守村干部履职“十条底线”，建立全区村委会主任初步人选名单。加强民政干部队伍自身业务学习，熟练掌握换届选举的程序、方法和步骤。举办村主职干部培训班，引导村两委主职干部正确对待换届选举工作。

【政府购买社区服务】 2015年11月，龙湾区购买社会工作服务项目首次通过全国公开招投标，温州市新联源社工律师事务所中标状元街道社区服务中心6类不同人群的10余个服务功能项目。至2016年11月，开展治疗性、支持性小组11个，活动90余节，服务社区900人次，服务时数375小时；个案8人，咨询性个案16余人，服务80人次，服务时数135小时；义工（志愿者）通用和专业培训4场，服务180人次；社工通用和专业大型培训2场，社会组织通用和专业培训2场，服务280人次；培训社区活动40次，累计服务社区居民9850人次，服务时数240多小时。在项目中，成立“益汇空间”志愿者队伍，组建状元街道社工服务对象交流群、龙湾区社会组织交流群等平台，汇集“益汇空间”爱心资金，整个项目受益人次11290人。项目购买一年到期后，聘请专业第三方机构宁波市海曙区和义社工师事务所进行年度评估，确保服务购买项目可持续发展。

【城乡社区建设】 2016年，龙湾区民政局启动城乡社区对口见学活动，以宁城社区、元庄社区、万顺社区、状元桥社区等两批城乡社区“三社联动”示范点，作为龙湾区社区建设典型示范，进行宣传推广；龙湾区万顺社区和泰顺县战州社区、聚星社工事务所和泰顺县云帆社会工作服务中心分别签署合作协议，双方就社区发展目标、社区人才互助培养、社区公益活动等事项建立互动、互学、互助、共建、共享。推进基层民主协商，完成15个村（居）基层协商民主工作，完成率达136%。（曹温恬）

地名管理

【地名命名】 2016年，龙湾区民政局结合当地风俗人情，挖掘地名文化，将张璁文化引入地名命名，梳理出11个条目上报市民政局。规范地名名称命名申报的程序，完成地名申报15处，新增道路路牌86个，发放门牌证1772本。

【第二次全国地名普查】 2016年，龙湾区按照全国统一部署，扎实推进地名普查工作，至12月，全区共收录各类地名3502条，涉及11大类38小类，其中水系类地名319条、陆地地形类地名85条、行政区域类地名12条、群众自治组织类地名152条、非行政区域类地名10条、居民点类地名419条、交通运输设施类地名1723条、水利电力通信设施类地名112条、纪念地与旅游景点类地名329条、建筑物类地名77条、单位类地名264条。拍摄多媒体照片9563张，涉及条目3500条，形成1：50000地名普查工作图8幅。标准化处理地名53条，设置地名标志3709条。（曹温恬）

移民工作

【精准后期扶持】 2016年，龙湾区出台《龙湾区水库移民专项资金项目扶持管理暂行办法》《关于进一步解决龙湾区大中型水库移民问题的实施细则》，编制《龙湾区水库移民后期扶持“十三五”规划》。与龙湾农商银行合作联合制定《龙湾区移民贷款实施细则》。首增移民创业贷款贴息项目。与温州市伟业造价师事务所、温州市滨海招标代理有限公司签订小额后扶项目第三方审价协议，加大移民扶持资金监管力度。组建区级技术扶持智囊团，举办上百名移民种养殖户、移民企业家参加的移民种养殖实用技术辅导培训、病虫害防治技术培训和移民企业生产管理技能培训。全年利用结余资金、创业致富

9月19日，龙湾首个水库移民村村史陈列室落成 （区移民办供稿）

资金、小库扶助基金、市级珊溪资金等专项资金714万元，实施项目42个。其中，健全“生活补助、教育奖励、困难救济”三大移民补助体系，发放278万元移民直补资金惠及4640人次，40余万元补助款惠及200户移民家庭。2月，龙湾区获评浙江省2015年度水库移民工作考核优秀县（市、区）。

【移民难题化解】 2016年，龙湾区移民办通过行政、综合协调等渠道和方式，解决了移民房屋产权补办、龙泽居委会危旧房改造等2个历史遗留问题。排查信访维稳问题4个，接待来信来访移民群众7批次122人，化解历史遗留问题2件，妥善处置区民情处置中心交办件2件，向永中街道补助移民矛盾纠纷化解专项经费15万元。

【移民法制宣传】 2016年，龙湾区移民办联合区信访局、区司法局、东瓯律师事务所在龙华村开展“和谐新春 与法同行”专项法治宣传，在永上居委会开展移民法律知识现场咨询会；在蓝田标准厂房、永中河泥荡公园参与“护航G20”职工宣传服务日、“创新放飞梦想 科技引领未来”主题宣传，接待群众2000多人次，发放宣传单与宣传品3000多份。（周楸倩）

民族宗教事务

【少数民族服务管理】 2016年，龙湾区民宗局持续推进金岙小学、龙康社区和中广核俊尔新材料有限公司三个示范点的民族“六进”工作，于12月21日金岙小学被国家民宗委评为“第四批全国民族团结进步创建活动示范单位”。主动接触在龙湾的新疆少数民族群众，采取走访谈话、政策宣传、解忧帮困等方式，开展民族政策法规宣传。

【宗教事务管理】 2016年，龙湾区依法拆除涉宗违章建筑47处，面积11962.6平方米，民间信仰场所拆改结合30处，依法处置“三超”标志物28处40个；办理宗教行政执法案件5起。调解永中街道天柱寺、乾元寺、紫竹林、永兴街道乾元教寺、海滨街道三王观、状元街道莲华寺等场所矛盾纠纷。在全区宗教场所深化“同心同行·共建和谐”活动，落实“一副科一堂点”，开展消防安全知识进场所、宗教政策进场所等活动，确保重大事故隐患整改率达到100%。开展佛道教专项治理，全面排查全区42名佛教教职人员，多次开展“回头看”检查，彻底驱赶违纪犯戒假僧。全面实施宗教场所二维码管理制度，全区125处佛道教场所、59处道教场所均悬挂二维码标识铜牌，接受社会公众的监督。召开全区民族宗教、民间信仰工作会议，表彰龙湾区道教协会等74个先进集体和释如法等66位先进个人。

【宗教团体建设】 2016年，龙湾区民宗局指导新一届佛教协会完善班子建设，做好宣灵观、伽蓝观及乾元教寺等管理组换届工作，启动龙湾道教协会换届工作。做好全区四大教场所换证工作，进一步健全管理制度。协助永兴街道观音堂引进正规佛学院研究生定祥法师，永中街道安仁寺引进释永信弟子延新法师。

【宗教交流活动】 2016年，龙湾区民宗局组织区佛教协会赴中国第一戒律道场福建省太姥山平兴寺、旗山万佛寺及禅学祖庭雪峰寺接受高僧大德的讲经开示，学习丛林式先进管理经验。指导区佛教协会特邀瓯派文化艺术公司在国安禅寺开展盛大书画展览，展后拍卖金额全部赠予慈善组织。选派状元街道福田寺负责人释灯贤参加全市讲经比赛。指导瑶溪街道龙冈寺举办第一届龙湾区僧伽培训班，邀请全国大德高僧开办戒律学纲要、佛法理论课程。

【民间信仰事务管理】 2016年，龙湾区民宗局开展甲类民间信仰场所财务代理工作，督查甲类民间信仰场所银行基本户启用工作。甲类民间信仰场所有85%进入民间信仰财务代理中心，银行基本户100%已启用。启动2016年民间信仰场所甲类登记编号工作，完成35家民间信仰活动场所登记编号工作，并通过市民宗局验收。启动民间信仰及民俗文化研究工作，确定龙湾区民间信仰场所神灵崇拜调研、龙湾区民间信仰文化与龙舟渊源、龙湾区民间信仰与社区老龄生活、龙湾区民间信仰场所建筑风格及壁画研究等研究课题。（王赛文）

新居民服务管理

【概况】 至2016年12月20日，龙湾区流动人口在册数为276009人，注销新居民人数为420872人，登记数为437541

3月30日，龙湾区佛教协会参学团到福建参学 （区民宗局供稿）

人，出租房备案27989户，流动人口数较大拆大整之前减少6.8%。全年全区流动人口信息登记率、信息准确率、出租房信息采集率、流动人口信息质量均达到省级标准，重点关注群体登记率和登记信息准确率达100%。

【流动人口自主管理申报APP推行】 2016年，龙湾区新居民局率先在全省首创流动人口自主管理申报APP系统，为用人单位、房屋出租人等提供一个通过智能手机报送流动人口信息的便捷途径，实现“以房管人”“以企管人”，提升管理和服务效能。至12月20日，全区出租房东通过自主申报系统登记流动人口94608人，企业通过自主申报系统登记流动人口154465人，占实际总登记人数的84.7%。

【关爱新居民活动】 2016年，龙湾区新居民局开展“爱聚暖冬 情系你我”“夏日关爱行”、关爱“新二代”等关爱新居民活动，赠送对联1000副，现场为旅客写“福”500个，派送爱心点心2000份。走访6个街道70多家企业，看望和慰问一线新居民协管员及高温作业新居民。免费为学生配送眼镜100余副，为200名品学兼优和家境困难的新居民学生发放书包、铅笔等文具用品，并向杰英学校、同文学校、培英学校、东方学校分别赠送2000册书籍；联合市少年宫在状元友谊学校举办“携手新二代 快乐迎六一”趣味游园活动，提前给600多名新居民子女欢度六一儿童节。组织开展以“职业道德、企业文化、安全生产、心理健康、职场礼仪”为内容的职工素质提升培训；组织60名新居民参加温州城市大学举办新居民学历培训；举办新居民免费公益书画培训2期。联合举办龙湾区2016年迎春公益招聘会，推出岗位2000余个。

【新居民专职协管员队伍建设】 2016年，龙湾区新居民局强化新居民专职协管员队伍建设，建立并落实协管员队伍管理制度、绩效考评和培训制度。做好各街道新居民协管员队伍建设的督查、

11月13日，“文艺进社区·心系新居民”文艺演出走进状元社区 （区新居民局供稿）

指导和考核，做到每月通报。举办全区新居民专职协管员业务培训，学习《浙江省流动人口居住登记条例》与法规。加强对困难新居民专职协管员救助，提高新居民专职协管员人均工资，解决其后顾之忧。开展优秀新居民专职协管员或“十佳新居民专职协管员”评选，评选出“十佳新居民专职协管员”10名。

【新居民积分制管理】 2016年，龙湾区新居民局在全区范围内完成新居民积分管理，对在龙湾持有《浙江省居住证》，根据居住年限、年龄、技能水平、社会保险等方面进行累加，享受相应的就学、就住等服务和管理待遇。健全积分制公共服务机制，实现积分网上查阅功能。全年高积分新居民子女落实在优质公办学校就读44人，享受免费体检服务120人。

【新居民法制宣传活动】 2016年，龙湾区新居民局在全国新的《居住证暂行条例》《浙江省流动人口居住登记条例》发布和G20峰会召开之际，以“六送法”为载体 ，通过“手册送法”“讲座送法”“主题送法”“文艺送法”和“电影送法”的形式，开展新居民法制宣传教育活动，编印发放新居民法律知识手册、法制宣传资料10000余份、“平安返乡”宣传册1200份，累计受教育人数15000人。在新居民集聚区域组织法制讲座8场次，专业法律咨询16场次；清凉送法期间，累计走访企业40家，惠及新居民员工750余人；开展“文艺进社区 心系新居民”专场文艺演出2场，“百场电影进社区”500场次。成立新居民维权中心。（杨培培）

人口和计划生育

【概况】 2016年，龙湾区稳妥推进全面两孩政策，控制人口性别结构，夯实基层基础建设，完善优质服务体系，各项工作保持良好发展态势。全区当年出

表48 2016年与前4年龙湾区计划生育一般情况对比表 单位：人

年份	期末户籍人口	期末育龄妇女人数	女性初婚人数	期末已婚育龄妇女人数	期末领取独生子女证人数
2016年	229395	56388	1121	46025	8508
2015年	228001	57424	1603	46653	8335
2014年	228829	58713	1363	47630	8402
2013年	227542	60756	1372	48971	8497
2012年	226572	63588	1624	50075	8672

生上报2579人，计划生育率98.76%。年内，龙湾区计划生育考核在温州市11个县（市、区）中位列第一，创龙湾区建区以来新高。

【计划生育优质服务活动】 2016年，龙湾区卫计局深化优生优育幼教促进工作，瑶溪街道社区卫生服务中心创成省级“三优”示范指导中心，推进每个街道创建一家“三优”中心，构建“1+5”三优宣传服务格局，优生目标人群宣教率达90%以上。面向学校、社区、军营等开展青春健康教育，为6000余名学生、家长开展专业知识讲座，开展58场青春健康教育培训。推进国家免费孕前优生健康检查，全年检查1342对，孕前优生检查目标人群覆盖率达94.31%。“小微门诊”累计接诊2126人次、B超检查2088人次、免费赠药1702人次。生育登记实行“点上办理、APP办理、网上办理”三种形式生育登记服务，在街道、村（居、社区）办证点可即办即取生育登记证，在手机APP或网上办理，可选择邮寄到付或送证上门方式。12月，龙湾区创成全国计划生育优质服务先进单位。

【计划生育依法行政工作】 2016年，龙湾区卫计局建立健全“两非”案件联合查处工作机制，出动500余人次检查各级医疗卫生保健机构、计划生育技术服务机构、药店等单位252家，查处“两非”案件18件，其中刑事处罚5人，出生人口性别比控制在110.90。严格执行计划生育“一票否决制”，审核3287名个人否决34名、1051个集体否决20个，两代表一委员换届期间审核党代表572人、人大代表689人、政协委员290人，查处党员违法生育31例。

【流动人口计生管理】 2016年，龙湾区卫计局打造流动人口“一站式”服务品牌，建立计生预约无休日制度，设立服务网点30个；加强流动人口管理区域协作机制，实现流动人口婚育信息互联互通、异地查询。协调开展流动人口动态监测和信息综合工作，建立流动人口卫生计生信息共享和公共服务工作机制。

【计划生育利益导向机制】 2016年，龙湾区卫计局率全市之先全面调整历年计划生育利益导向政策规范性文件，出台《关于进一步完善计划生育利益导向机制的通知》。全年落实奖励扶助409人、奖扶金56.04万元，特别扶助31人、特扶金24.24万元，失独家庭辅助生殖诊疗服务补助21人、补助金额17.46万元；落实失独家庭、并发症对象社保全额补助政策，补助失独对象7人、三级并发症对象5人、19.7万元；社保补助独女家庭863个、二女家庭712个、664.43万元。

【计划生育协会工作】 2016年，龙湾区计生协以服务基层群众为重点，深化“生育关怀”工程，落实为民办实事活动。开展创业创富助创行动，全年补助计划生育二女、独女户家庭26户、6万元；开展关爱计划生育母亲健康“五月母亲服务季”活动，确定关爱对象30名，每名补助3500元；开展关爱女孩携手行动，资助28户计划生育家庭子女完成高中、大学学业，资助金额15.6万元；开展特殊家庭救助行动，为35户计划生育困难家庭发放补助10.5万元。依托区计生“三优五期”宣讲团，以专题知识讲座，青春期健康咨询为载体推进青春健康知识进校园、进社区、进军营，全年举办青春期教育讲座和家长大讲堂30场。（陈胜男）

老龄工作

【特殊困难老人社会工作服务试点】 2016年，龙湾区被列为浙江省特殊困难老人社会工作服务示范项目试点县（市、区）。龙湾老龄委围绕试点工作，以老年人需求为导向，积极开展为高龄、独居、失能等特殊困难老人提供服务。举办浙江省特殊困难老人社会工作服务示范项目社会工作实务培训，70多人参加。搭建为老社工服务团队，全区范围内选择10个社区，每个社区选择1位专职骨干社工或“9028工程”助老员，组成10人的工作团队，并邀请省之江工作室玛瑜伽主任开展为期8个月的专业社会工作督导服务。依托9028项目平台，开展各类特殊困难老人服务，拓展老人交流空间、丰富精神生活、提高健康水平。结对企业民间组织，采取“一对一”“一对多”“多对一”等多种定向结对形式开展结对孝行服务，其中与人寿保险公司开展“孝行为善——关怀特殊困难老人行动”系列活动最为突出。联合“敬老文明号”，打造具有“孝行为善”的特色行动品牌。该试点项目至8月底结束，共进行个人督导80余人次，团体督导8次，大型为老社工培训1次，完成个人案例9篇，小组活动案例2篇，社区活动案例2篇。

【第二届“敬老文明号”创建活动】 2016年，龙湾区老龄委联合有关单位印发《关于开展第二届“敬老文明号”创建活动的通知》，决定在全区各级涉老部门、为老服务组织、公共服务窗口单位，组织开展第二届“敬老文明号”创建活动。评出第二届区“敬老文明号”11家单位，其中9家单位获评第二届温州市“敬老文明号”；推荐人寿龙湾支公司参评省级“敬老文明号”，推荐区文广新局参评国家级“敬老文明号”。

【老年人协会规范化建设】 2016年3月，全区基层老年人协会规范化建设提升工作动员部署会召开，区级层面成立专项领导小组，出台老年人协会规范建设标准、评星晋级标准。街道均结合各自实际，出台老年人协会规范化建设工作方案。全区96个村的老年人协会全部成立党小组设置，备案率达到100%。开展村级老年人协会资金资产专项治理，完成老年人协会清查、资金资产清算、账户注销、资金资产移交村集体，完成率100%。年内，评出三星级老年人协会33个，二星级老年人协会42个，一星级老年人协会22个。

【“银龄互助”活动】 2016年，龙湾区老龄委通过对基层老年人协会骨干的培训，提高基层老龄组织自我管理、自我教育、自我服务的能力。全年全区96个村通过老年人协会这个平台开展“银龄互助”活动，其中参与帮扶活动的老年志愿者700多人，开展帮扶活动5000多人次。

【老年人意外伤害保险工作】 2016年，龙湾区老龄委开展60周岁以上老年人意外伤害保险工作，包括低保老人、困难老人、优抚对象等的意外伤害保险工作，全年投保总人数6216人，占老年人口的16.8%，投入保费12.432万元。该项工作填补老年人人身意外伤害保障缺失，减轻家庭负担，完善养老保障体制。

【老年电大工作】 2016年，龙湾区老年电大教学点达53个，学员3000余人次。落实市级福彩金资助老年电大教育，为永中城北，衙前村、金色小镇老年电大争取到福彩金资助各5万元。区级老年教育讲师团继续开展讲师团巡回送学活动，促进老年电大实体化办学，提高老年电大教学质量。（林俏如）

残疾人事业

【残疾人政策保障体系建设】 2016年，龙湾区人民政府出台《关于加快推进残疾人全面小康进程的实施意见》。区残联制订《龙湾区“十三五”残疾人事业发展规划》，联合相关部门出台《关于做好全额补助持证残疾人参保城乡居民养老保险工作的通知》《龙湾区残疾人意外伤害保险实施办法》《关于完善残疾学生和困难残疾人家庭就学子女助学生活补助工作的通知》《关于贫困精神残疾人服用基本抗精神病药物费用全额保障的通知》《龙湾区困难残疾人生活补贴实施办法（试行）》《龙湾区重度残疾人护理补贴实施办法（试行）》，形成较为完备的残疾人政策保障体系。

【残疾人社会保障】 2016年，龙湾区落实困难残疾人生活补贴和重度残疾人护理补贴制度，困难残疾人生活补贴1399人，重度残疾人护理补贴1918人，累计发放补贴1126万元。扩大残疾人参加城乡居民养老保险补贴范围，投入10.28万元按最低档次个人缴费标准（100元/人年）给予补助；持证残疾人全部纳入城乡居民基本医疗保障体系，个人缴费部分全部由财政给予补助；城镇残疾职工参加基本养老、医疗、失业、工伤等保险达100%。开展残疾人意外伤害保险，持证残疾人购买人身意外保险3781人、18.9万元，残疾人获理赔37人、9.96万元。

【残疾人康复工程】 2016年，龙湾区残联落实残疾儿童基本康复服务与补贴制度，受助对象年龄段从0—6周岁扩展到0—8周岁，康复训练补助标准由原先每人每年最高1.2万元提高到每人每年最高2.4万元。完成听力康复训练5人，孤独症康复训练1人，智力康复训练8人，脑瘫康复训练4人；听力残疾儿童验配助听器2人。开展残疾人助听助明助行项目，免费实施白内障手术16例，免费验配助听器26例，免费安装假肢6例，免费验配助视器4人。出台贫困精神残疾人服用基本抗精神病药物，费用全额保障文件，实行贫困精神残疾人免费服务基本药物政策。实施“无障碍设施进家庭”活动，为86户残疾人家庭制定个性化改造方案，免费提供康复所需43大类554件相关器具。12月24日，龙湾区残疾人小康·阳光庇护中心开业。

【残疾人教育培训】 2016年，龙湾区残联推进以抢救性康复为主的学前教育，由杭州贝蓓儿童康复中心提供技术支持成立温州贝蓓儿童康复中心，康复训练脑瘫及早产儿童20余名。继续落实义务教育“两免一补”教育补助标准和补助范围，实现残疾人学生和贫困残疾人家庭子女从幼儿园到大学资助全覆盖，全年扶持残疾人学生和贫困残疾人家庭子女200人，发放教育补助资金52.8万元。举办盲人中级按摩、残疾人电子商务、中西式面点师等培训班11期，免费培训残疾人220人。

【残疾人创业就业服务】 2016年，龙湾区残联举办聋人就业洽谈对接会，按比例吸纳20名残疾人。认真落实残疾人就业创业帮扶政策，为68名有志创业的残疾人提供47.35万元创业补助。新创办辅助性就业机构（阳光庇护工疗车间）3个，安排辅助性就业69人。

【残疾人文体活动】 2016年，龙湾区残联以全国助残日为契机，举办“励志暖心”故事演讲比赛、爱心商家与残疾人一起远足出游、首届“星星的孩子”公益画展，开设自闭症儿童绘画培训班；开展“关爱残疾人·圆梦微心愿”公益助残活动，实现全区300户残疾人家庭380个微心愿。5名残疾人代表各

12月24日，龙湾区残疾人小康·阳光庇护中心开业 （区残联供稿）

自街道参加龙湾区第七届运动会象棋比赛。开展特殊艺术进万家巡演，全年举办大大小小的文艺会演5场。开展“最美助残人”和“最美残疾人”评选活动，孔林焰获评温州市“最美残疾人”，李娴翱获评温州市“最美助残人”。（王爱芬）

关心下一代工作

【关工委主题教育活动】 2016年，龙湾区关工委组织“五老”宣讲团举办“两史三爱”、庆祝建党95周年和纪念红军长征胜利80周年报告会20场次，受教育青少年达4000余人次。组织10名“五老”、20名元庄社区新居民儿童开展“关爱新居民、老少同牵手、共圆中国梦”庆“六一”活动，通过活动营造全社会共同关爱青少年健康成长的良好氛围。组织“五老”宣讲员开展“传统经典文化进校园”活动，陈丽霞的《〈弟子规〉总叙》作为精品报告会上报市关工委。成立“五老护苗”志愿大队“女童保护”分队，开展“女童保护”进校园活动，举办《保护我们的身体》女童公益讲座20多场。

【关工委帮困助学活动】 2016年，龙湾区关工委“六一”期间慰问联系村永兴街道沙园村贫困儿童6名，慰问金额6000元；联合蒲州、状元街道关工委慰问文成县贫困学生30名，支助金额3万元；以区关心下一代帮扶基金为依托，开展以贫困留守儿童在校生为重点对象的帮困助学110名，支助金额11万元；申报市福彩助学贫困大学新生6名，受助金额3万元；申报市关工委特困生10名，支助金额1万元；申报“雪君工作室”帮困助学学生5名。

【关工委关爱帮教工作】 2016年，龙湾区关工委组织106名“五老”与106名6周岁以上留守儿童一对一结对，做到“五老”结对关爱留守儿童在校生全覆盖。创办宁城、元庄、蒲三等6个“四点钟”社区学校，在学校放学后，关照、辅导留守儿童的学习。组织区“五老”网吧义务监督员联合区文广新局文化市场行政执法大队开展暑期网吧义务监督检查活动，杜绝未成年人进入网吧。成立“五老”参与刑事诉讼合适成年人队伍，参与涉罪在押未成年人家长座谈会，参与2次7人的刑事案件的询问、提审工作。

【“一街一品”创建活动】 2016年，龙湾区关工委启动“一街一品”创建活动，根据各街道关工委工作实际，研究确定各街道关工委工作品牌。通过学习培训、现场指导，蒲州街道形成“发挥青少年活动中心作用，关爱教育社区新居民子女”工作品牌，状元街道关工委形成“政府搭台、社工支撑、‘五老’参与、互动发展”工作品牌，为全区各级关工委的品牌创建和工作开展树立标杆和典范。

【少年航空运动特色学校创建】 2016年，龙湾区关工委联合市关工委、市航模协会在龙湾区外国语小学开展航模科普知识进校园活动，在龙湾区第二小学、永中第一小学开展“小珠海航展进校园”——主题航空工程教育系列活动。年内，4所中小学校被列入温州市少年航校示范建设学校名单，6所中小学校被命名为“温州市百家少年航空运动特色学校”。（郑 敏）

红十字会工作

【概况】 2016年，龙湾区红十字捐赠专户收到捐款2665.7514万元，其中定向捐款2655.0227万元，不定向捐款10.7287万元。定向捐款中，龙湾区红十字教育专项基金2500万元，区级及各街道党内关爱基金117.75万元，市红十字会下拨的博爱送万家慰问款3万元，其他定向捐款34.2727万元。年内，雅林农业观光园救护站被列入省红十字会“情暖浙江 红十字志愿服务”培育发展项目。

【红十字会人道救助】 2016年，龙湾区红十字会开展“情暖龙湾 博爱送万家”活动，率全市之先由红十字志愿者一对一上门慰问困难群众251户、25.7万元。实施“爱心病房”行动，救助“三无”病人140人、6万余元。全年救助大病患者、特困党员、环卫工人等特困人群60人、45万余元。

【关爱生命工程】 2016年，龙湾区红十字会利用各种平台开展人体器官捐献知识宣传，发放宣传资料5000余份。全年累计采集造血干细胞血样46人份，眼角膜捐献1人，实现全市首例女村干部造血干细胞捐献。

9月19日，龙湾区红十字会应急救护培训知识进校园 （区红十字会供稿）

【博爱助学活动】 2016年，龙湾区红十字会为海滨海一、永中晨翔、永兴成才、蒲州乐成民工子弟学校40名困难学生发放博爱救助金20000元，捐赠价值4177.68元的爱心图书、9980元的爱心文体用品以及108965.6元的学生营养餐。牵线搭桥爱心人士及爱心企业一对一结对资助困难学生6人。

【应急救护培训】 2016年，龙湾区红十字会开展应急救护“五进”活动，红十字应急救护培训工作连续5年纳入龙湾区十大民生实事项目。选送6名救护师资参加中国红十字总会、省红十字会培训；举办应急救护培训61场次，培训2002名，完成率133.47%；普及应急救护知识7934人次，完成率158.68%；完成10所在校教职工1080名救护员培训，完成率108%。建立应急救援队1支，培训专业救援队员39人。

【红十字会青少年工作】 2016年，龙湾中学生命安全体验馆通过验收并投入使用，总投资96万元。该体验馆建成后，接待省、市、区观摩人员10余批次，龙湾中学还依托该体验馆开设全市首个应急救护校本课程。状元三小生命安全体验馆进场施工，总投资80余万元。举办龙湾首届中学生红十字知识竞赛和温州市第二届红十字优秀学生夏令营活动。（周龙）

慈善工作

【概况】 2016年，龙湾区慈善总会募集善款1604.49万元。开展“慈善一日捐”活动，募集善款541.52万元。在原有37个各类“基金”基础上新增“龙湾区妇女儿童关爱”“农商行互助”“永昌一小红领巾”“潘罗敏慈善艺术”“品苏品慈善爱心”“日行一善”等基金捐。全年“冠名、承诺捐”募募集资金270万元、“定向捐”募集资金510.41万元、“基金”募集资金282.56万元。救助支出善款1062.7万元，1957位困难人员及其家庭受益。

【“爱心龙湾”救助品牌建设】 2016年，龙湾区慈善总会继续开展“爱心龙湾·圆梦助学”，鼓励社会各界爱心人士结对困难学生194位，支出善款87.4万元。开展“爱心龙湾·慈善助医”，重大疾病方面救助261人次，支出善款140.79万元。开展“爱心龙湾·慈善助困”，救助低保、特困家庭933人次，支出善款284.33万元。联合龙湾区第一人民医院针对困难尿毒症患者开展“爱心护肾”救助项目，救助18人次，支出善款9万元。成立龙湾区潘罗敏慈善艺术工作室，开展“爱心龙湾·绘画助力梦想”，以画展辅助治疗自闭症儿童。向“微笑联盟·关爱唇腭裂儿童”项目捐赠10万元，免费治疗唇腭裂儿童。开展“爱心龙湾·冬日送温暖·慈善嘉年华”活动和新春慈善慰问，走访慰问低保边缘户、特困户、困难新居民261户，支出善款30.3万元。开展重阳节“关爱老人送温暖”活动，慰问困难老人103名，支出善款5.15万元。43个爱心基金，根据筹建人意愿开展各类救助活动，累计救助支出善款141.4万元。

【慈善义工及活动】 2016年，龙湾区慈善总会联合龙湾第一人民医院和长庚耳鼻喉医院、各街道社区卫生院开展义诊活动，为辖区广大群众免费做健康体检和宣传日常保健知识，向800多人次60周岁以上的老人免费赠药1.5多万元。“5·13龙湾慈善日”期间，开展“爱心绽放 善行龙湾”大型义工活动，向群众提供义诊、药品发放、保健、燃气安全咨询、免费安全检查、义卖、义剪等服务。加强龙湾民间义工队伍建设，有1000多名义工参与资助“状元亭”“仁寿素食馆”“社区爱心驿站”等工作，为群众提供爱心餐、伏茶及综合性义工服务。12月3日，龙湾日行一善义工队成立。（朱 敏）

12月3日，龙湾区日行一善义工队成立 （区慈善总会供稿）

街　　道

综　述

2016年，龙湾区下辖永中、蒲州、海滨、永兴、海城、状元、瑶溪、沙城、天河、星海10个街道办事处，其中沙城、天河、海城、星海街道委托温州经济开发区管委会管理。龙湾区实现地区生产总值384.44亿元，同比增长9.0%；规上工业总产值421.72亿元，同比增长6.0%；城镇常住居民人均可支配收入达48217元，比上年增长8.7%；农村常住居民人均可支配收入达28855元，比上年增长7.7%。年内，蒲州司法所被司法部授予全国法律援助工作先进集体称号；状元桥社区被民政部评为2016年度全国综合减灾示范社区；宁城社区被民政部授予第二批全国社会工作服务示范社区称号；状元街道林小兰家庭荣获全国“最美家庭”称号。

永中街道行政区划图

永中街道

【概况】　永中街道位于温州市区东部瓯江口南岸永强平原中心位置，是龙湾区人民政府所在地。街道总面积46.64平方公里，下辖34个行政村、5个居委会、1个社区，罗东锦苑社区是全区唯一的城市社区，户籍人口71790人。2016年，街道实现规上工业总产值71.48亿元，同比增长10%；限上批零住餐销售总额313.85亿元，同比增长18.56%；限上社会销售品零售总额5.57亿元，同比增长8.95%；完成进出口总额59.22亿元。

强化招商项目，抓好青山商学院、滨海大酒店婚宴中心等项目跟踪，累计引进内资4.97亿元，完成市外房地产35.2亿元。推进农村土地确权登记和农业普查工作，完成农村产权交易额6500万元，新开业都市农业观光园1家。

主攻项目政策处理，协助推进奥体中心、两创新天地、环山北路、边防支队等项目建设，加快S1线永强站、永强垃圾焚烧厂二期等市、区级重点项目征地拆迁“清零”，累计完成固投43.39亿元，完成年度任务的118.88%。全面推进城中村改造工作，完成朱垟旧村拆除100%，特殊建筑基本拆除完毕，F04地块安置房进场施工。启动新联、联谊整村改造工作，民房“签、腾、拆”完成三个100%，龙北片一期安置房全部结顶，东林三期二期安置房进展顺利。全面启动辖区危旧房排查和治理工作，排查建档城镇危旧房532幢、农村危旧房16694户，完成城镇危旧房改造14幢，腾空D级农村危旧房423户。加快村级三产规范化开发，在建项目7个涉及7个村，15.6万平方米，拟开工项目6个涉及8个村，21万平方米。

坚持“水岸同治”，深入开展“五水共治”，完成16条河道清淤、11个管网整治工程，新建2个沿河绿化提升工程，通过“清三河”验收。启动工业企业三年搬迁行功，已搬迁110家。全力整治产业低小散乱象，排查各类“四无”生产经营单位2506家，关闭取缔531家，停产整改11家，限期整改1203家。持续推进无违建街道创建，完成辖区所有违法建筑排查建档工作，累计拆除各类违法建筑32.8万平方米。深化旧厂房、旧住宅区改造，启动罗东花园精品小区附属提升工程，完成旧厂房改造14.5万平方米。开展城市“治五乱”专项行动，全面推行垃圾分类处置工作，强化智慧城管联动处置，严厉打击乱停车、乱占道等行为。狠抓“四边三化”、美丽乡村建设等工作，强化日常卫生保洁工作，加大沿河沿路绿化补植和修剪，有步骤推进农村道路改造提升。

开展“我们的节日”主题民俗文化系列活动62场次，2万多人次参与。建成街道级文化中心1个，新建村级文化礼堂2个，新增文化企业48家，成功举办百名诗人走进古镇永中采风活动。深入实施新校园工程，完成永中一小扩建，永强中学、区十五幼有序推进。建成永中行政审批服务中心，实现基层站所全进驻、审批一站式服务。成立妇幼保健和计划生育服务站，创成省级优生优育优教指导中心示范点。持续推进助残、帮困等关爱工作，累计发放各类定补789万元。新建13家村级居家养老服务中心。推进老年人电大规范化建设，创成省级示范点5个、市级3个。

平安建设不断创新，禁毒办、司法所创成省级示范点。率先开展网格管理“一张网”建设试点，建立全区首支专职网格员队伍，探索“四个平台”建设，为龙湾创新基层社会治理先试先行。深化两化一网、打非治违、十大重点领域安全生产等专项整治，企业安全生产三项指标保持平稳。推进辖区出租房、合用场所的消防安全排查整治，火灾事故数同比下降50%。全面开展全民大巡防，累计村（居）参巡人数达3万多人次，辖区刑事和治安案件有效下降。（吴　跃）

1月8日，龙湾区举行纪念张璁诞辰540周年纪念大会暨温州·张璁文化高峰论坛系列活动

（杨　豪/摄）

【张璁诞辰540周年系列活动】　2016年1月8日，龙湾区举行纪念张璁诞辰540周年纪念大会暨温州·张璁文化高峰论坛系列活动。张璁后裔、张璁研究会、文史爱好者等600余人参加纪念活动。中国人民大学孔子研究院院长张立文、中国明史学会副会长田澍、福建厦门大学历史教授张侃围绕着张璁精神作讲座。下午，邀请专家现场参观张璁宗祠和筹备中的张璁纪念馆，并召开温州·张璁文化高峰论坛。张璁（1475—1539），俗称“张阁老”，温州府永嘉（今温州市龙湾区永中街道）三都人，明朝嘉靖年间重臣，是“大礼议”事件中的重要人物，也是温州历史上唯一一位领导过全国改革维新的人。

【王梦竹纪念馆开馆】　2016年2月15日，温州历史名人王梦竹纪念馆在永中街道城北村开馆。王梦竹（1406—1483），名由，字秉璠，号梦竹，别号苍雪道人，永嘉场华盖乡二都英桥里人。曾是英桥王氏乃至永嘉历史上第一个进入仕途的温州历史名人，以清廉、高节、谦虚的为人品格闻名乡间。

【“永中派出所·警信亭”投用】　2016年12月2日，龙湾区首个警务综合服务岗亭“永中派出所·警信亭”在龙湾万达广场、温州奥体中心交叉地段正式投入使用。该岗亭将担负第一时间报警、接处警服务等六项职能，最终形成以警务综合服务岗亭为依托，五分钟快速处警网络，十五分钟环线巡控圈。

【2016年永中街道大事记】

1月13日　省政研会常务副秘书长马玲到永中街道温兄机械阀业制造有限公司进行“心灵港湾工作坊示范单位”创建工作调研。

2月3日　永中街道召开2016年党员代表会议，总结2015年党委工作，部署2016年工作任务，明确“十三五”时期发展目标要求。

3月8日　台州市路桥区委书记郑敏强率该区党政考察团一行，到永中街道朱垟村整村拆迁工程现场进行考察交流。

3月15日　永中街道妇联联合街道纪工委在人流密集的商业街开展“反对家暴，幸福你我”的三八维权普法活动。

3月29日　省文联、市宣传部相关领导到永中街道龙锦社区调研文化礼堂建设工作。

4月29日　省综治办专职副主任谢小云到永中街道镇中社区警务室调研指导。

5月7日　由苍南、龙湾文化广电新闻出版局主办，苍南、龙湾文化馆承办的“‘山海相连文化同心’苍南——龙湾文化走亲”文艺晚会在龙湾区永中街道龙锦社区文化礼堂举行。

5月8日　龙湾区举办“温州百名诗人走进古镇永中”采风活动。温州诗词楹联学会和各县（市、区）诗联学会会员120多人参加活动。

5月10日　“5·12防灾减灾日”宣

传活动在永中河泥荡公园举行。民政、水利、消防、林业、国土、电力、安监等18家单位部门参加宣传咨询活动。

6月8日　永中街道联合妇联、司法所、东瓯律师事务所在镇南文化礼堂开展以“让泪水远离毒品，让幸福拒绝毒品”为主题的宣传教育活动。

6月11日　永中街道团工委组织青年团员参与由龙湾强跑团举办的“生命不息、奔跑不止、超越梦想、激情绽放”大型乐跑活动。

6月12日　永中街道在温州城市大学举办2016年村（居）干培训班。区下派第一书记、农村指导员、全体村（居）两委干部共计220人参加培训。

6月17日　全省农村基层党建工作视频会议召开，永中街道作为温州市唯一的典型在会上作发言。

7月7日　永中街道全体班子领导和街道党员干部共120人，分赴36个村居，与村干部、党员一同开展“红色先锋洁化家园”党员奉献日活动。

7月22日　龙湾永中街道办事处联合万代好国际教育机构，在罗东锦苑社区广场举行“新家庭计划”科学育儿系列活动——亲子音乐会美食嘉年华活动。40余对亲子组合约90余人参加活动。

8月22日　永中街道团工委开展“团干部1+100走街入户进园联系服务青年”暨平安龙湾宣传专项行动。

8月24日　区政协主席徐国信到永中街道开展综合工作督查，听取街道半年度工作汇报，走访督查国卫巩固工作和永强塘河治理情况。

8月27日　区委书记王军以抽查暗访的形式，深入永中街道的部分河道现场，重点督查河面保洁、河长制落实、河道生态治理、劣五类水质消除等治水情况，并对下一步工作作出重要部署。

9月29日　永中街道在街道社区卫生服务中心增挂“妇幼保健计划生育服务站”牌子。

11月2日　区人大常委会主任周赞到永中街道调研人大换届选举工作。

11月10日　永中街道龙康社区爱心驿站志愿者联合温州爱心催促队友、鹿城残联心光盲人、温州东南脊柱外科医院义诊团队、韩丝风尚美发院理发师到双岙村开展义诊、理发、推拿活动。

11月17日　区委副书记、代区长周一富到永中街道调研。

11月29日　永中街道龙康社区民族文化中心开展“同心同行走进统战”公众开放日活动。

12月11日　区侨联、区外侨办联合致公党龙湾基层委走进永中街道侨联，开展“心手相牵快乐成长”为主题的关爱侨界留守儿童活动。

12月12日　永中街道召开党员代表大会，采用差额选举的方式产生35名党代表。

12月17日　区委书记陈应许率队到永中实地察看城中村改造、合用场所消防安全整治、居住出租房消防安全整治、微型消防站建设等情况。

12月22日　永中街道统一战线工作联络室在永昌堡内的新城村委会揭牌成立。（吴　跃）

蒲州街道

【概况】　蒲州街道地处温州高新区的核心区域，东接状元街道、西接温州城市中心区，南与瓯海区相连、北濒瓯江。机场大道、温州大道、瓯海大道并行从东向西贯穿辖区，会展路链接温州市滨江商务区，区位优势明显。由原温州高新区科技园和蒲州街道整合提升而成，范围包括原温州农业综合开发区、状蒲园区、温州科技城和原蒲州街道，总面积10.19平方公里，下辖6个行政村、1个居委会，户籍人口22561人。2016年，蒲州街道实现规上工业总产值155.42亿元，占全区35%，同比增长6.4%；限上批零住餐销售总额277.1亿元，占全区31%，同比增长4.7%；限上社会消费品零售总额193.1亿元，占全区83%，同比增长18.2%。实现固定资产投资28.4亿元，完成率113.6%，其中工业性投资12.9亿元，完成率109.4%。引进内资3.59亿元；引进市外房地产21.03亿元，完成率200%。年内，蒲州街道获评全国法律援助先进集体、省第三批统计示范点试点乡镇、省劳动争议基层调解优秀单位。

开展“五帮五助”助企服务，健全“全员抓经济”和帮扶联系企业的长效机制，新增注册企业801家，新增个体工商户1124户。加强企业培育库、项目库、难题库建设，新增市级领军与高成长型工业企业13家，占全区总数的48%；新增上市新三板企业2家，累计7

蒲州街道行政区划图

家，占全区上市企业总数的87.5%，名列全市乡镇（街道）之首；新增“小升规”企业11家，“限下转限上”企业21家，“个转企”26家，“企转股”4家，新增国家级“两化”融合试点企业1家，网络经济企业24家，国际互联、绿森数码等企业获评省百强电商企业，新增机器换人项目15个。助推创客小镇、时尚小镇建设，引进浙大科创园、清科365等孵化器，文昌众创社区、WE+社区等6个“两创”平台成功申报国家级、省、市级众创社区（空间），孵化出青年创业项目近千个。新增高新技术企业8家，省级科技型中小企业24家，省级研发中心2家，市级科技型企业35家，市级研发中心3家。

推进“大拆大整”，累计排查农村危旧房5555户，完成率100%；完成在册2幢2665平方米城镇危旧房的治理改造，完成率100%。排查“四无”生产经营单位1992家，整治1765家。上江村陈宅“四无”整治重点区块整治率100%。拆除违建23处，拆违面积8.08万平方米，完成率115.4%。推进城中村改造，完成江前村、下埠村城中村改造旧房拆除1255户，累计拆除面积25.45万平方米，实现年度城中村改造任务全面“清零”。其中，江前村城中村改造成为全市“大拆大整”“比学树”龙湾区观摩点。制定蒲州工业企业搬迁改造计划，完成工业企业搬迁改造122家，完成率128.4%；改造旧厂房40.56万平方米，完成率220%；腾出工业用地554亩，腾空厂房9.22万平方米。落实134条道路“路长”全覆盖，停车序乱、占道混乱、卫生脏乱、绿地杂乱、设施破乱等得到有力整治和改造提升。打造交通微循环精品小区2个，完成农贸市场提升改造3个。新增绿化面积37.5亩，建设提升滨水公园2个，新增垃圾分类收集示范小区3个。雁荡西路获评市级绿化美化示范路。严格落实11条河道“河长制”，完成天马落河提水工程、汤家桥河与江前河疏浚工程，整治沿河排污口28个。投入610万元建设上江河控源截污重点工程，完成河道清淤6000立方米，铺设污水管网1000米，美化生态调节河道1.35万平方米，上江河整治成为市区级样板河道。

强化矛盾纠纷调处，建立完善信访维稳信息排查研判机制，化解疑难重点信访积案6件，化解率66.7%，化解率居全区首位。排查居住出租房、合用场所5782家，整治3609家，限期整改2083家，查封82家。上庄村出租房、合用场所通过市级挂牌隐患区域整治验收。排查出无证无照经营户219户，已整治139户，关停80户，查出安全隐患368处，整改落实368处，完成率100%。建立工资发放“红黄绿”三色预警防范机制，设置48个企业网格，把企业欠薪纳入网格管理，并创建“蒲州薪酬监测公众号”，向黄、红两色用人单位发出预警提示并及时处置，成功调处劳资纠纷、工伤事故赔偿及群体事件案件357起，涉案金额686万元，同比下降67%，全年实现街道零垫资。启动金色小镇养老综合体建设，率先建成24小时城市书房3个，建成汤家桥村、上庄村居家养老照料中心和雁湖文化礼堂。壮大发展村集体经济，将6个老协财务统一纳入街道“三资”代理中心管理，街道6个村集体经济年收入均达200万元以上。

完善机关运行机制，建立健全机关规章制度等工作运行机制，建立街道物资采购询价小组，完成机关公车改革，进一步压缩行政性开支，严把“三公”经费支出关。深入开展红色细胞走访，累计走访824人次、收集到各类问题214个，化解163个。创新推行领导干部落实责任制全程纪实制度，进一步强化同级监督。实现辖区6个村农村基层作风巡察全覆盖，村级财务不规范问题同比下降45%。认真开展“两学一做”专题教育，全面开展“敢担当、树标杆”作风效能建设提升年“八大行动”，机关效能作风突击检查24次，发现问题12起，通报3次，处理违纪人员4人，廉政谈心谈话80余人次。（林素娜）

【温州市首家城市书站开放】 2016年9月20日，温州市首家城市书站——龙湾农商银行家景分馆免费对公众开放。该书馆由市图书馆和龙湾农商银行合作建立，是龙湾农商银行打造的“特色社区之家”之一。家景城市书站位于龙湾区括苍西路281号家景花园一楼，面积约40平方米，藏书3000余册，阅览座席10余个。

【文昌创客小镇进场施工】 2016年6月15日，文昌创客小镇正式进场施工建设，这是龙湾区开建的首个特色小镇。文昌创客小镇位于龙湾区状蒲片区，小镇总体规划范围约3.42平方公里，东至屿田河和上庄河，西至上江河，南至瓯

文昌创客小镇　（杨　豪/摄）

海大道，北至机场大道。

【2016年蒲州街道大事记】

1月12日　蒲州街道召开2015年度街道党工委书记抓基层党建工作述职评议会。

3月8日　省文联书记处书记张均林一行到蒲州街道元庄社区参观考察，调研基层文联建设情况。

3月10日　区人大常委会周赞主任视察蒲州街道时尚商圈建设情况。

3月14日　市委钱三雄副书记到蒲州街道调研上江河治理工作。

3月25日　中国政法大学法学院股权法律研究中心主任、创业创新教研室副主任，北京大成律师事务所资深律师王宏哲老师与创业者在蒲州街道源大公司举办“股权设计的力量”主题沙龙活动。

4月27日　市委常委、宣传部部长胡剑谨率市委宣传部班子成员、11个县（市、区）宣传部长等50余人到蒲州街道“学标杆、补短板”比学赶超活动。

6月28日　蒲州街道召开庆祝中国共产党成立95周年大会暨“两学一做”专题党课。

9月28日　区委书记王军到蒲州街道督查防汛防台暨五水共治工作。

10月21日　蒲州街道召开“大拆大整”专项行动动员会议。

11月24日　区委书记陈应许到蒲州街道督查“大拆大整”比学树活动。

12月12日　蒲州城市书房开馆。该书房位于蒲州街道浦江路63号，为二层花园式独立小洋房，占地面积260平方米，藏书约4500册，设有投影设备、亲子阅读室等。

12月19日　蒲州街道举办党的十八届六中全会精神宣讲报告会暨蒲州街道党工委理论中心组（扩大）学习会。（林素娜）

海滨街道

【概况】　海滨街道位于瓯江入海口南岸，东临东海，南连永兴街道，西接永中街道和瑶溪街道，北临瓯江，距温州市中心20公里，是龙湾国际机场所在地。街道总面积50.00平方公里，设4个社区，下辖13个行政村，户籍人口28872人。2016年，街道实现规上工业总产值39.23亿元，同比增长11.3%；完成限上批零住餐销售总额9.25亿元，同比增长13.0%；完成限上社会消费品零售总额2.34亿元，同比增长50.0%；完成固定资产投资19.50亿元，同比增长28.4%，其中工业性投资4.90亿元，同比增长11.0%；完成市外房地产4.91亿元，完成率109.2%；完成内资引进0.30亿元。年内，宁城社区被民政部授予第二批全国社会工作服务示范社区称号。

推进教新村拆改工作，实现一期缴房款率达95.0%以上，完成教新一期665套安置房摸文定位，成为全区安置回迁体量最大的一个示范样板点；仅用38天实现教新二期296户的签约任务，于11月通过国务院第九督导组的检查。推进“大拆大整”专项行动，完成在册9幢1.29万平方米城镇危旧房的治理改造，完成率100%；完成农村危旧住宅排查7919户，完成率100%。完成“四无”生产经营单位排查1600家，整治1492家，整治率93.3%。完成拆除违法建筑面积8.15万平方米，完成率116.4%。完成流动人口排查5.5万余人。完成居住出租房、合用场所排查3357家，整治3229家，整治率96.2%。完成旧市场（农贸市场）无证无照经营户整治42户，新建农贸市场1家，改造提升农贸市场3家。

加强平安建设。平安大巡防实现全民化，在全区率先推行“班子领导平安夜巡”制度，全年共组织2万多人次参与大巡防活动。逐步建立起村、社区、街道三级一体化调解网络体系，全年受理各类纠纷矛盾433件，顺利调处433件；成功化解江一、蟾钟、教新三个村的群体性事件。开展消防安全基础标准化建设，建立社区微型消防站3个、村级消防取水码头1个和村级志愿消防队3支。

社会事业稳步发展。设立民间道德奖，成功举办第二届“最美海滨人”十佳评选表彰活动；沙北村创成市级精品文化礼堂，新建沙中、城东两个文化礼堂，全年开展各类文艺活动150场次。在沙北村建立村级慈善工作站，开创全区慈善帮扶新模式。在全市率先完成

海滨街道行政区划图

“村档街管”试点工作。“五水共治”创新研发制作温州市首个治水系统——“河道三色预警平台”，该项工作受到《温州日报》《温州商报》等媒体相继报道。

深入开展“两学一做”学习教育，落实“两学一做”规定动作，创新推出“十个一”“三层红色送学”等载体，助推学习教育取得实效。抓好党员管理，共排查党员1368名，完成对1342名党员的党费补缴收缴。全面落实五议两公开、重大事项审签、请销假、坐班值班等村级制度，加强村级组织规范化建设。完成4个村民中心建设，做精做强宁村、沙北、沙中村民中心。整顿软弱涣散党组织，对蟾钟村等列入整顿的党组织确定挂点领导进行帮扶。做好村级组织换届准备工作，健全后备干部人才库，共配备110名村级组织后备干部。

【沙北村第一书记“民情驿站”开设】 2016年5月9日，海滨街道沙北村第一书记“民情驿站”正式开设。这是首个温州市派和区派村级第一书记的“民情驿站”，是海滨街道畅通民意、帮助解决村级民生问题的又一举措。每个月第一周的周五上午沙北村农指员、第一书记黄存伟都会在第一书记“民情驿站”集中接待村民来访。

【龙湾区首个村级慈善基金成立】 2016年7月28日，龙湾区慈善总会海滨街道沙北慈善工作站揭牌仪式在沙北举行，首次注入11.3万元基金，成为龙湾区首个正式启动运行的村级慈善基金。村级慈善帮扶基金启动，让基层百姓在自己家门口得到救助，让救助更加有针对性，同时省去一系列的审批手续，救助更及时，创建龙湾区慈善帮扶项目的新模式。

【2016年海滨街道大事记】

1月11日　海滨宁城街美丽街区创建接受市创建检查组验收。

1月21日　海滨街道开展村级基层组织建设“互查互学互比”活动。该次活动每个检查小组由一名街道组织办干部和村组织委员及党务工作者组成，对各村进行交叉检查，通过互查互纠、互帮互促、互学互比，认清自己的不足，学习别人的长处。

2月2日　海滨街道举行全民大巡防活动启动仪式。

2月23日　海滨街道率全区之先在区文化中心召开海滨街道2016年党风廉政建设暨作风效能建设动员大会。区委常委、宣传部部长王人杰，区人大常委会副主任陈文斌，区政协副主席胡郑梅等区领导出席会议，海滨街道机关全体干部、各村两委、农村党员、村民代表、基层站所负责人、两代表一委员、政风行风监督员、企事业单位党支部等参加会议。

3月3日　市委书记徐立毅专程调研温州传媒集团，随机开通并连线龙湾海滨“教新样板”改造工程现场，就改造、建设情况与现场实行直通对话。

3月4日　海滨街道召开城中村改造暨重点工程建设推进会议，成立街道城中村改造工作领导小组，下设政策研究组、政策宣传组、综合协调组、破难攻坚组等7大小组。

3月23日　龙湾区海滨商会第四届一次会员大会在永强云天楼七楼会议室召开。

4月25日　海滨街道召开第二批农村作风巡查动员会。调整成立2个巡查组，对蓝田、北新等4个村巡查工作。

5月12日　民政部社会救助司司长刘喜堂到龙湾海滨街道宁城社区爱心驿站考察。

6月19日　海滨街道在海滨党群服务中心举办“两学一做”学习教育知识对抗赛，来自街道各村、两新党支部共十六支队伍参加此次比赛。

7月2日　海滨街道第二届全民运动会在海滨一小开幕。海滨街道机关代表队、13个村代表队和3家企事业代表队共300多人参加了开幕式。

7月5日　教新村城中村改造工程（一期）住宅安置房摸文认购大会在海滨二小举行。

7月21日　区委书记王军赴海滨街道开展代表联络活动，区人大常委会副主任薛克风、温州高新区（浙南科技城）管委会副主任李道钮，以及区人大代表工委、温州空港新区、区公安分局等有关部门负责人陪同。

8月16日　龙湾区2016年突发环境事件二级联动应急演习在海滨街道浙江东风化工有限公司举行。

10月20日　海滨街道召开“大拆大整”专项行动动员大会，街道机关全体、村两委全体及基层站所负责人共计200余人参加会议。

10月25日　龙湾区纪念红军长征胜利80周年图片巡回展在海滨沙北文化礼堂展出。

10月26日　副市长王祖焕一行到机场大道沿线督查企业违建情况，先后视察温州卡罗尔鞋业有限公司、温州五洲

5月12日，民政部社会救助司司长刘喜堂到龙湾考察　（海滨街道供稿）

人造革有限公司等企业。

10月28日　海滨街道理论中心组召开集中学习会议，传达学习党的十八届六中全会精神。

11月3日　区人大常委会主任周赞、副主任陈文斌、副区长贾黎春等一行到海滨街道督查“大拆大整”专项行动，先后查看蓝田村居住出租房消防安全整治情况和蓝田人立环能违法建筑拆除情况。

11月11日　副市长陈建明一行到龙湾海滨街道高坦工业区督查“大拆大整”专项行动。

11月28日　海滨街道召开理论中心组专题学习讨论会，学习讨论“大拆大整”“提升道德品行，培养高尚情操”和通读《准则》及《条例》全文。

12月5日　海滨街道召开区人大代表换届投票选举工作（培训）暨选风选纪部署会。

12月9日　温州市档案局局长万邦联带队到海滨街道观摩“村档乡（镇、街）管”工作。

12月14日　区委书记陈应许以代表候选人的身份到海滨街道第五十三选区与蓝田、小陡两个村的选民见面。

12月15日　海滨街道第五十三选区完成龙湾区第八届人大代表换届选举计票工作，区委书记陈应许高票当选为区第八届人大代表。

12月16日　区委副书记、代区长周一富到海滨街道开展调研，先后实地察看海滨街道滨海塘河（城东水闸）、高坦工业区和宁城社区。

12月21日　龙湾区首个小额建设工程招标代理、工程监理及造价咨询备选企业库在海滨街道成立。

12月22日　海滨街道召开“两新”组织党组织书记述职评议会议。

12月23日　海滨街道第二届“最美海滨人”颁奖典礼暨民间道德奖设立仪式在沙中文化礼堂举行。

12月27日　海滨街道“大拆大整”教新村城中村改造拆除任务全部完成，打响全区城中村改造“清零”行动第一枪，也成为全区城中村改造计划中率先完成全村拆除任务的城中村。（蔡东东）

永兴街道

【概况】　永兴街道位于龙湾区东部，东临东海，南连温州经济技术开发区，西接永中街道，北邻海滨街道。距离龙湾国际机场2公里，纵向永强大道、滨海大道贯穿全境；横向纪兴路、永裕路、康宁路全面贯通，已形成初步立体交通网络。街道总面积56.01平方公里，其中建成区面积2.80平方公里。设4个社区，下辖14个行政村和1个居委会，户籍人口38296人，其中非农业人口2562人。2016年，永兴街道实现规上工业总产值37.24亿元，同比增长21.1%；限上社会消费品零售总额0.66亿元，同比增长44.8%；批零住餐销售额6.82亿元，同比增长10.3%；固定资产投资完成13.95亿元，完成率139.5%，其中工业性投资完成6.01亿元，完成率121.0%；内资引进3.65亿元，完成率121.6%。

永兴街道接手空港新区社会事务，延伸网格管理布局，在空港建设小微企业党群服务中心、设置行政审批分中心等，着力做优做细服务，永兴南园小微企业创业园获评省小微企业创业创新示范园、市创业创新基地。完成全市规模最大的“旱改水”耕地质量提升示范项目，新增水田420.8亩，新增标准农田750.95亩，贡献用地指标450亩，为区财政节约资金2亿多元。依托农产品生产基地和“两区”建设，创成全区唯一的现代生态循环农业示范点。发展生态观光休闲农业，温州雅林现代农业园通过国家级4A景区景观质量评审。完成21家沿河畜牧业污染整治，2500亩高标准基本农田建设工程通过立项，永兴农业正在实现逐步转型升级。

城镇建设稳步实施。五溪整村搬迁项目完成协议签约753户，签约率达91.6%，超额完成全年522户签约任务，完成率144%，化解20年历史遗留难题。同步推进老人周转房建设并顺利交付使用，确保五溪土地复耕项目的按期启动。推进环镇路“拔钉清障”，专门抽调精干人员组成环镇路拆迁扫尾攻坚组，实现全线“拔钉”拆除；永兴南段800米已基本完成道路施工，北段1500米分东西两半幅进行施工。

攻坚各类项目政策处理，率全市之先完成甬台温政策处理、S2线征地两个

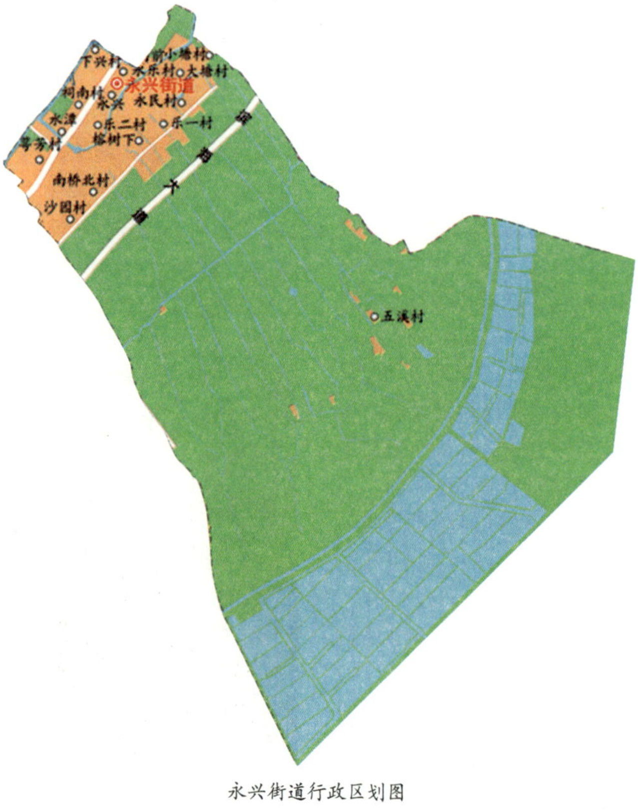

永兴街道行政区划图

永兴街道粮食种植基地　（区新闻中心供稿）

“线性工程”，完成机场新建货运区工程、空港新区物流园项目、滨海大道污水管网改迁等工程的政策处理工作；完成康渎河东路、城南路、高康路的土地报征和建设前期准备工作，村级三产安置房建设项目有序推进。

落实“大拆大整”专项行动，城镇危旧房治理率达100%，排查农村住房8567户，鉴定危旧房C级113户，D级132户；排查“四无”生产经营单位1705家，整治1484家；拆除违章建筑237处，拆除面积14.97万平方米；新登记流动人口10701人，新注销12255人，高危列管465人，打击12人；排查出租房2417家，整治2127家，排查合用场所156家，整治149家；完成萼芳村农贸市场整治提升项目，排查市场“无证无照”经营户61家，市场安全隐患22处，整治率均为100%。启动永兴首个河道生态修复项目（大塘沥生态修复工程），全面推进污水管网建设，实施水岸同治综合措施，辖区25条河道全部消除黑臭河现象，水潭河被评为区“最美河道”。

加强立体化社会治安防控体系建设，推进“全民大巡防”工作，参与居民达6400人次，占总户籍数的91.1%。严打严防各类违法犯罪和暴力恐怖活动，街道刑事发案数同比下降18.5%，盗窃发案数同比下降13.7%。推进社会矛盾稳控化解工作，调处各类社会矛盾纠纷142起，化解率达100%。完善社区矫正管理制度，创新社区服刑人员管理办法，建设完成全市首个街道级社区矫正中心和社区服刑人员公益劳动基地，有效预防和减少重新犯罪。

推进民生工程建设，建成11家居家养老中心，建成2个残疾人阳光庇护中心，完成省级街道食安办规范化创建，完成4个农贸市场的免费检测室创建，启动萼芳农贸市场的整体改造提升。推动优质教育发展，永兴一小新校园各项子工程正在积极建设中；八幼修缮工程完成工程量的40%。推动医疗卫生事业发展，组织6272位老人参与免费体检，动员志愿者登记造血干细胞5例。推动文化事业发展，街道文化站通过省文化站评估定级，创成省级农村电影室内固定放映点，水潭岩衣获区非物质文化遗产称号，陈陶信俗入选区非物质文化遗产名录。重视弱势群体，全年累计发放低保金184万元，发放残疾人基本生活保障金26万元，发放优抚抚恤补助53万元。

围绕“两学一做”学习教育的部署要求，扎实开展专题学习讨论，各级党组织书记到支部上党课累计达200余场，各基层党组织查摆整改问题149个，党员自查整改问题1869个。全面推进农村党建深化年建设，建立定期研究、分组包干和督考汇报等系列责任机制，推行驻村干部和村干部的党建责任清单、负面清单“双单”制。全面推进村级组织换届准备“六清”行动，持续规范整治村级老年人协会，完成老协资金专项治理；推动农村党建基础工作全面进步，其中萼芳村被确定为全市百个示范村之一，乐一村完成后进整转工作。实施“党员先锋行、红色永兴在行动”系列行动，组织开展点亮微心愿、“红马甲”夜间巡防、创卫服务、义务劳动、公益资助、政策宣传和护河治乱监督等活动。开展党员组织关系排查工作，查找联系11名失联党员，已全部回归党组织管理；对6名不合格党员进行劝退除名。开办两新党组织书记“党课沙龙”，落实工作津贴保障；探索新领域新业态党建工作，初步建成小微企业党群服务中心。深入开展党风廉政建设，试行村级决策“留痕”制度，落实“三张清单”责任制。

【龙湾区首个社区公益性心理咨询服务站成立】　2016年1月20日，永兴街道民乐社区成立龙湾区首个社区公益性心理咨询服务站，特邀请国际人格面具义工队前去坐诊。该义工队是知名心理学者黄国胜创办的国际人格面具学院旗下的一支义工队伍，他们将为有需要的企业、单位、社区等机构提供公益的心理服务。

【温州市首位女村干部捐献造血干细胞】　2016年6月6日，永兴基层干部杨春菊在杭州完成造血干细胞捐献，用于救助一名江西籍的12岁患再生障碍性贫血的小女孩。杨春菊是温州第23例，浙江省第285例，全国第5736例造血干细胞捐献者，同时也是温州首例女村干部捐献者。

【2016年永兴街道大事记】

1月12日　永兴街道沙园村村民中心乔迁新址。

1月27日　龙湾南桥碑林在永兴街道康宁路文化礼堂举行落成典礼；永兴街道榕树下村举行首届“我们的村晚”暨文化礼堂、聚英豪廉政文化公园落成仪式。

2月14日　永兴街道水潭岩衣冻制作技艺入选第九批温州市非物质文化遗产名录。

2月19日　永兴南园小微企业创业园获评温州市小微企业创业创新基地。

2月24日　省外侨办副主任王通林一行到永兴街道调研并指导侨务工作。

3月1日　永兴街道南桥北村居家养老照料服务中心正式开业。

3月9日　省经信委主任张金如一行到永兴南园小微企业创业园视察。

3月24日　区长陈应许一行到永兴街道滨海塘河实地督查“五水共治”和“河长制”落实工作情况。

4月5日　市委书记徐立毅一行到永兴街道视察永兴南园小微企业创业园运行情况。市委常委、秘书长仇杨均，区领导王军、陈应许、赵典霖、韩包斌及街道领导陈思崇等陪同。

5月13日　永兴街道正式启动2016年“清风”行动。

5月18日　渤海郡温州永强北桥季氏第19次续修家谱颂谱仪式在永兴街道季氏祠堂内举行。

5月25日　市人大常委会主任葛益平一行到永兴调研。

5月28日　由永兴街道办事处、龙湾区旅游局主办，温州雅林农业有限公司承办的“2016温州农业嘉年华·雅林阿凡达灯光世界”旅游推介新闻发布会在龙湾雅林农业园举行。

5月31日　省侨联党组书记岑国荣一行到永兴街道吉夫图书馆调研。

5月30日　区领导王军、周赞、朱大志、黄秀清一行到永兴一小进行“六一”慰问。

6月14日　区首届书法艺术节开幕式暨“释然天放”——区第二届千人书法展演、百幅书法精品惠民活动在永兴二小举办。省文联书记处书记、省书协副主席兼秘书长赵雁君出席开幕式。

6月21日　市长张耕一行到永兴街道调研。

6月24日　省委政研室（改革办）副主任沈素琴一行到永兴南园小微园调研工作。

7月1日　永兴街道举行“党员先锋行、红色永兴在行动”动员大会暨“一名党员、一面旗帜”主题活动日启动仪式。

8月5日　区委第三农村基层作风巡查组到永兴街道小塘、下兴村召开巡查工作见面会。

10月24日　龙湾区罗峰大讲堂“六进”活动启动仪式暨区人文社科讲师团成立仪式在永兴一小多功能厅举行。

10月28日　祠南村居家养老服务照料中心正式开张。

11月5日　永兴街道太极拳学会正式成立。

11月8日　永兴街道文联成立大会召开。

11月9日　副省长冯飞一行到永兴南园小微企业创业园调研工作。市、区领导张耕、王军、陈应许、顾威、韩包斌等陪同。

11月17日　省司法厅党委委员、副厅长金登尚一行到永兴街道考察指导社区矫正工作。

11月17日　区第二届“我们的舞台”文化礼堂民星秀巡演暨永兴街道2016年民间道德奖、最美志愿者、最美老人表彰大会在兴中文化礼堂隆重举行。

12月2日　区委副书记、代区长周一富到永兴街道开展调研工作。

12月5日　温州市农业局科教处处长王小波一行对永兴街道创建省级现代生态循环农业示范区（镇）进行考核验收。

12月9日　永兴街道召开全体干部大会，区委组织部常务副部长孙士岳宣布区委关于永兴街道领导班子成员任免的决定，离任的陈思崇、刘健分别作离别感言，转任的邵建乐，新任的张玲燕、冯显跃分别做表态发言。

12月9日　市文广新局文化艺术处处长郑云带领考核组一行到永兴街道评估指导“五有十化”文化标准化建设工作。

12月12日　中共永兴街道党员代表会议在民乐社区召开。

12月16日　龙湾区第21届科技创新大赛开幕式在永兴一小举行。

12月28日　市市场监督管理局处长叶永锡带领相关工作人员对永兴街道列入2016年改造升级的萼芳菜市场及新建的沙园农贸市场进行实地考核。

12月30日　永兴商会四届三次会员大会召开。（黄伊帆）

状元街道

【概况】　状元街道位于龙湾区西部，东连瑶溪街道，南靠大罗山与瓯海区三垟、茶山街道西南接壤，西邻蒲州街道，北临瓯江与鹿城区七都街道隔江相望。状元街道因境内有南宋状元赵建大所建状元桥而得名。街道总面积18.00平方公里，设4个社区，下辖10个行政村，3个居委会，户籍人口28911人，流动人口42895人。2016年，状元街道29家规上企业完成工业总产值25.67亿元，同比增长13.8%。批发业完成销售

状元街道行政区划图

额50.96亿元，同比增长5.7%。社会消费品总额4.96亿元，同比增长27.5%，完成外贸进出口总额6.39亿美元，同比增长1.0%，其中出口5.33亿美元，同比增长0.09%。完成全社会固定资产投资约18.12亿元，其中工业性投资3.89亿元。完成税收收入2.01亿元。

开展“树信心、铸诚信”企业帮扶试点，对28家规上企业进行风险评估并分类，已申请帮扶企业8家，并上报试点企业2家。加快推进企业“小升规”，12家工业企业进入培育库，2家企业升为规上企业，“个转企”企业13家。完成旧厂房改造17万平方米，完成率170%；完成10台工业锅炉淘汰升级工作，完成率100%。加快推进转型发展，以白鹿堡红酒城为示范点，推进一期工业区“时尚商圈”建设，起步区附属配套设施整治工程顺利实施。白鹿堡啤酒馆开馆试营业，大自然鞋业、剑派鞋业产销分离有序推进。京都城地产横街项目顺利推进，奥迪4S店临近完工。横街上海全峰物流公司、龙腾影城、同新医院等项目顺利投用。全面落实《龙湾区杨梅产业提升发展的工作方案》，动员响动岩及西台二家杨梅种植户创建试点，全部采用树枝矮化与物理治虫技术，杜绝化学药品喷撒杨梅，引导梅农从注重产量转到质量上来。

推进旧村改造，三郎桥已完成整村签约1002户，签约率100%。深化“五水共治”，严格落实“三级河长”“一河一策”等制度。全年共收到“五水共治”督办件6件，落实完成6件；疏浚河道7条，通过验收4条。对天马落河实施临时活水畅流措施，在横街内河埭头附近建设活水畅流泵站1座，确保不发生黑臭反弹。拆除栏舍开展涉河畜牧业整治，完成剩余1户涉河畜禽养殖户整治，拆除栏舍面积120平方米。完成状元桥村、御史桥村、西台村污水管网整治工程5项。

推进社会事业发展，不断提升人民群众的幸福感和满意度。以慈善街区打造为契机，对龙飞路慈善元素进行深化和拓展，成立龙湾首个公益街区，共有各级项目37个，纳入状元公益街区三年行动计划中。继续深化“状元公、状元婆”评选活动，不断挖掘典型感人事迹，林小兰家庭荣获全国“最美家庭”称号。横街学校更名为状元第一小学，状元二小与温州市实验小学合作办学，状元三小创成市二级社区学校，实现无证幼儿园“零存量”。状元桥村、横街村创建省级小康体育村，状元桥社区创建省级农村体育俱乐部，率全区之先成立状元街道体育总会。街道文化站通过省一级综合文化站评估验收，农家书屋创成市级精品2家。承办大型文艺演出6场，开展“送戏下乡”30余场，组队参加上级部门举办的文艺比赛9场。选送的2个节目获龙湾区第九届音乐舞蹈节创作一等奖、创作二等奖、舞蹈表演二等奖、音乐表演一等奖。编撰出版《乡土状元》一书。状元桥农贸市场改造提升成为全市标杆，横街菜市场创成省政府放心农贸市场，食品安全检测室覆盖辖区所有菜市场。建成居家养老服务中心6家，完成居家养老服务中心全覆盖任务，并与社区卫生院合作，试点成立医养结合工作站2家。状元桥村成立龙湾区首家村级救急难工作站。大岙溪村成功创建全国综合减灾示范村。社保提质扩面工作全面推进，全年完成城乡居民医保参保13933人，老年人意外保险参保1050人。引进新联源义工团队，全年开展各类服务活动80余场，惠及居民9850人次。优化“五到家”上门随访服务，全面落实“国免”孕前优生检测，参与国免检查夫妇110例。

开展“两学一做”学习教育，统一制作“两学一做”学习教育资料袋，开展“千份资料送学”“百场图解巡展”。扩大学习教育的覆盖面。以状元亭、红色驿站“城市书吧”“党员先锋站”“幸福学堂”等为平台，组织党员开展先锋行志愿服务，全年累计志愿服务42次600多人次。完成响动岩、西台、大岙溪、山西岙4个村的巡查工作，横街、状元桥、石坦3个换届重难点村进入问题整改阶段。推进老人协会规范化建设，在所有的老人协会中建立党小组。出台《基层党建工作量化考核细则》，将党建工作落实情况进行量化考核，考核成绩与村干部年终考核等次和奖金发放挂钩。坚持党员固定活动日制度。严格落实“三会五步法”，推行“一卡通”只能管理系统，全街道党员活动日到会率提高到75%以上。严肃查处违纪违法案件，共查处党员17人，其中涉及违法党员3人，违纪14人。

【状元桥村救急难工作站成立】 2016年7月13日，龙湾区第一家村级状元桥村救急难工作站揭牌成立。启动当天，温州市检察院、龙湾区工务局慈善一日捐基金正式落户村救急难工作站。通过定向捐赠、义卖活动和爱心捐款，当天共筹到各类爱心捐款15万元。状元桥村救急难工作站将秉承发扬相亲相帮，邻里互助的传统美德，对辖区内因灾、因病等急难事件而陷入困境的家庭提供多种多

7月13日，龙湾区第一家村级状元桥村救急难工作站揭牌成立　　（杨　豪/摄）

样形式的救助。

【1家庭获评全国“最美家庭”】 2016年5月15日，2016全国“最美家庭”揭晓暨第十届全国五好文明家庭表彰大会在北京人民大会堂召开。状元街道林小兰家庭获得全国“最美家庭”称号。林小兰家庭共5人，夫妻俩退休后仍然心系教育，平时看到许多中老年妇女由于不识字、没文化给生活带来诸多不便，十分苦恼，于是在退休后的第二年，动员几个退休老师一起创办状元幸福学堂，从不计报酬也无怨言，在他们的共同努力下，幸福学堂受到上级部门和同行们的一致好评，多次获得上级的表彰和奖励。

【“恒爱行动——百万家庭亲情一线牵”公益活动】 2016年12月21日，状元街道妇联组织辖区100多名妇女代表（爱心妈妈），在状元桥社区“妇女之家”活动室开展“恒爱行动——百万家庭亲情一线牵”公益活动，将70公斤羊绒毛线编织成120多件和7条围巾，赠送给新疆困难家庭儿童。

【2016年状元街道大事记】

1月22日　状元街道状元桥村文化礼堂举办“庆元宵”文艺会演暨慈善公益活动，还现场作画，开展慈善义卖活动，筹集善款2800元现场捐给状元亭负责人。

2月1日　区长陈应许一行到状元龙腾影城督查春节前安全生产工作。

3月1日　状元街道部署召开2016年度工作会议暨考绩工作动员。

3月10日，浙江省“两路两侧”“四边三化”督查组到状元文化公园、G15沈海高速东出口、金温铁路状元段御史桥村、省道S332沿线实地察看，传达“两路两侧”“四边三化”具体整治要求。

4月5日　状元街道行政服务中心正式入驻龙飞路4号（老区府一楼）。中心设有办事窗口16个，含派出所、市场监管所、综合执法中队等站所窗口，及综合、民政、劳动保障、卫计等街道窗口。

4月13日　龙湾区第三届市民艺术节文艺巡演活动在状元街道龙跃社区上演。

4月21日　全区平安建设食品安全索证索票规范管理现场会在状元街道召开。

5月5日　状元街道在党校会议室召开“两学一做”专题党课暨学习教育部署会。

5月5日　状元街道团工委联合区城管与执法局团委在状元文化公园广场隆重举行纪念五四运动97周年暨“治乱象除陋习 提颜值”——龙湾青年助力城市管理志愿活动启动仪式。

5月7日　区委书记王军督查状元街道三郎桥片城中村改造工作。

6月1日　温州市第二农村基层作风巡查组进驻状元街道召开巡查动员大会。

6月8日　市“无违建街道”创建验收组一行到状元街道对“无违建街道”整改提升工作开展考核验收。

6月13日　状元街道在温州城市大学举办2016年村（居、队）干部培训班。

6月26日　状元街道在龙湾区文化中心隆重集会庆祝中国共产党成立95周年。

6月30日　市长张耕慰问状元街道三老、困难党员。

7月13日　龙湾区第一家村级状元桥村救急难工作站揭牌成立。

7月19日　全市首个标杆农贸市场状元农贸市场开工改造，获评省级四星级市场。

8月6日　状元街道召开三郎桥片拆迁攻坚推进会。

10月14日　状元街道在街道四楼会议室召开了换届选举工作推进会。

11月6日　法国温州状元同乡会在法国巴黎成立，选举产生首届会长、副会长、秘书长等成员，状元街道侨联发去贺电表示祝贺。

12月14日　状元街道横街农贸市场代表龙湾区接受“省政府放心农贸市场”创建现场考核。

12月15日　状元街道人大工委组织辖区9个选区选民进行龙湾区第八届人大代表换届选举，顺利选举产生19名区人大代表，另海军部队增加1名代表，共20名。

12月27日　状元街道在党校会议室召开两新组织年终会议暨党组织书记评议会。（林炳松）

瑶溪街道

【概况】 瑶溪街道位于瓯江下游南岸，东与永中街道、海滨街道相连，南靠大罗山，西南与瓯海区接壤，西邻状元街道，北濒瓯江。瑶溪街道因境内有溪流名为“瑶溪”而得名。街道总面积33.46平方公里，设5个社区，下辖19个行政村、1

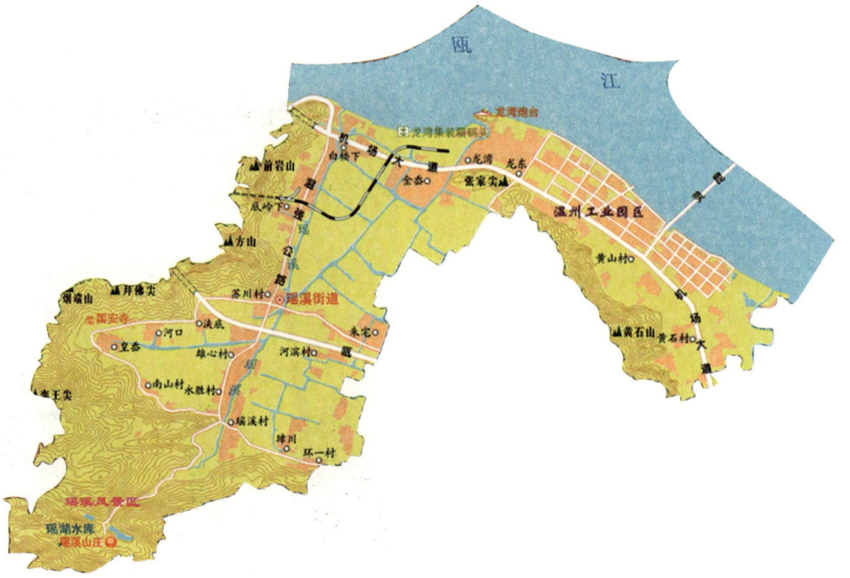

瑶溪街道行政区划图

个居委会，户籍人口约3.3万人，新居民约2.9万人。2016年，街道实现规模以上工业产值92.68亿元；完成限额以上固定资产投资23.6亿元，其中工业性投资7.22亿元；限上批零住餐销售总额244.55亿元%，限上社会消费品零售总额16.42亿元；引进内资1.18亿元，市外房地产1.63亿元，实际利用外资420万美元。

落实推进重污染行业整治提升三年行动计划，累计淘汰与改造55台高污染燃料锅炉，取缔8家非法污染企业。启动工业企业搬迁改造三年行动计划，全年累计完成旧厂房改造40.18万平方米，完成率287%。推进新兴产业发展，新增省级高成长科技型中小企业1家，新增省级科技型企业4家，新增市级“百项百亿”技术改造重点项目2家，新增温州市科技（创新）型企业7家。建成温州农业电子商务产业园，并率全市之先给杨梅佩戴“身份证”，设立全省首个农产品（杨梅）质量安全自律承诺金，进一步推进农业产业转型升级。

推进城中村改造，全年完成签约1851户，完成率160%，其中货币安置率达71%以上，支付补偿款近18亿元，实现签约、腾空、拆除三个100%。启动城中村改造安置房建设，完成2017年要拆迁村的前期报征工作。街道公租房工程项目通过竣工验收，底岭下临时周转房通过竣工验收并交付使用。完成浙南科技城温州大道、龙瑶大道等项目政策处理；大罗山龙岗公路建设工程一期顺利推进，二期工程进入招投标阶段；推进环山北路（龙湾段）工程的拆迁、征地、政策处理等工作。

推进“大拆大整”工作，全年共排查城镇危旧房8幢，拆除7处；整治“四无”企业1910家，其中关闭取缔482家；拆除违法建筑112处、违建面积10.01万平方米，完成率100.19%；整治居住租房、合用场所1021家，限期整改716家，查封7家，拘留3人；拆除市场内各类违章3处。落实“路长制”，对辖区内10条道路进行定路定人定职责。开展夜间市容集中“治五乱”大整治活动及夜间巡查管理，共取缔、劝离流动摊贩10600余人次，清理垃圾死角800余处。推进“四边三化”整治行动，清理垃圾3356余吨，完成市场化道路保洁77.5万平方米，处置智慧城管案件11901件，处置率为99.96%。推进“三改一拆”工作，共拆除涉及违法建筑面积28.4万平方米。完成山河活水工程投资1000余万元。完成截污纳管工程投资3360万元，其中黄山、黄石、金岙、瑶溪、环一截污纳管工程已通过竣工验收。完成畜牧整治任务24家，拆除沿河违章60处，共计3.26万平方米。推行区、街道、村居三级“河长制”全覆盖，特别是12条黑臭河，全部由街道副科级以上干部担任河长。

深化“平安大巡防”活动，发挥街道民调中心作用，全年共接待群众来访103批637余人次，成功调解纠纷268件，涉及金额达694万元。强化隐患排查整治，共督查生产经营单位333家，取缔非法加油站2家，停产停业23家，行政处罚立案结案9起。开展食品安全联合执法15次，确保辖区内群众“吃得放心”。开展非法办园点联合执法行动，取缔1处非法幼儿园办学点。开展“青春期健康教育·五进”专场活动，受教育群众近3500余人；南洋社区卫生计生服务中心创成全省优质服务示范站。推进老人协会规范化建设，率全区之先在19个村老年人协会中全面设立党小组，完成老协清产核资回收资金达426.4万元。举办“夕阳红韵”首届老年人运动会，开展瑶溪老人“看浙南科技城活动”等，不断丰富老年人的精神文化生活。关爱困难群体，共发放各类救助、补助款404万元。

强化基层党建。确定党工委书记抓党建责任清单细则52条、书记领办项目2个，村党支部书记认领项目19个。制定党建职责112条，严格执行每月党工委党建工作分析会、驻村干部党建汇报会等制度，实现党建责任传导到位。开展“两学一做”学习教育，建立“瑶溪流动党员之家”微信群，创立皇岙“榕树下微课堂”等“红色微阵地”，累计开展党课569场，收集“微感言”2306条。集中开展“三找三问补短板”活动，重新联系失联党员66名，处置信教党员1名。创设“党员+”服务载体，开展党建宣讲、特困关爱等各类活动112余场次。建立村主职干部和班子成员履职清单，推行村干部言行负面清单，退出不适任担任的村干部1名。实行村干部坐班值班和党建任务落实情况动态抽查，共扣除6位村干部考勤奖，督促整改基层党建问题279个。开展村级组织班子满意度调查工作，确定村级后备干部152名，确定村两委主职干部初步人选38名。建立“瑶北党建联盟”，完成村民中心建设任务，各村民中心累计开展活动297次。完成皇岙、渎底等2个后进村整转任务，成功实现5个经济薄弱村的“摘帽”。开展“支部在车间·党员在身边”等创建活动，涌现出泰昌党员先锋服

3月20日，龙湾区瑶溪街道举行各村老协党小组授牌仪式　（叶晓东/摄）

务队、夏梦意杰服饰红色工匠等特色做法。强化监督执纪问责，对17个村开展作风巡查，共纪律处分党员干部11名，其中现任村干部2名。全年共查处违法违纪党员21名，开除党籍13名。

【首届老年人运动会】 2016年5月29日，瑶溪街道首届“夕阳红韵”老年人运动会在龙湾职业技术学校举办。该届运动会涵盖太极拳（剑）、排舞、乒乓球、中国象棋、武术5个老年人喜闻乐见的文体活动，另外还设置田园投苗、春播秋收、抗旱救灾能力、池塘抓鱼等8个趣味活动。辖区19个村共19支代表队约500余人参加运动会。

【2016年瑶溪街道大事记】

1月5日　瑶溪街道组织社会各界人士集中评议机关中层和基层站所活动。

1月26日　瑶溪街道在附属三楼会议室召开2016年党员代表会议。

2月2日—4日　南洋社区在朱宅村文化公园、环一村、河滨村开展“迎新春——捣年糕”活动，邀请辖区内民间手艺高手为村民现场捣制年糕、磨九层糕、包粽子，并组织村民、未成年人现场自己动手制作年糕、包粽子。

2月25日　瑶溪街道在城市大学召开2015年度工作总结表彰暨2016年工作部署大会。

3月6日　瑶溪街道在温州城市大学举行“魅力瑶溪·新征程”——纪念“三八”国际妇女节106周年文艺演出。

3月11日　瑶溪街道在泱底村山上开展植树活动，共种植3000多株树木。120余人参加。

3月15日　瑶溪街道在街道附属三楼会议室召开瑶溪街道2016年城中村改造工作推进会。

3月18日　瑶溪街道纪工委召开“树新形象，做好榜样”主题教育活动暨“两学一做”工作部署会。全体纪工委委员，各村村监会主任参加会议。

3月22日　瑶溪街道人大工委组织部分区人大代表联合瑶溪市场监督管理所、市民监察团和行风监督员等16余人，对辖区内卫生服务中心和个别药店进行实地督查。

4月10日　瑶溪街道在区文化中心召开黄山村、龙东村城中村改造动员大会。

4月19日　“人间重晚情·欢乐两院行”全省文艺巡演走进瑶溪朱宅文化礼堂。

4月21日　温州市科协“科普下基层”活动走进朱宅村。

5月4日　瑶溪街道社区卫生服务中心正式开启对辖区内村民免费健康体检工作，历时2个多月。

5月31日　瑶溪街道在底岭下村粮食市场举行“瑶溪街道全民大巡防，平安护航G20誓师大会”。各村代表、专业巡防队、消防专职队、新居民协管队、派出所协警队、街道全体干部共23支队伍380余人参与誓师大会。

6月3日　瑶溪人大工委组织辖内区人大代表对在建工程的工地标化、市容环境、停车序化等情况进行主题监督考察活动。

6月26日　瑶溪街道举行“两学一做”微型党课比赛。来自村、企业和事业单位党支部的19名选手通过初选进入复赛。

7月5日　区人大常委会主任周赞率队到瑶溪街道开展城市精细化管理主题监督活动。

8月9日　省民政厅副厅长苏长聪对朱宅村居家养老服务照料中心进行考察、调研。

8月25日　瑶溪街道联合霞满天社会公益组织在朱宅村文化礼堂针对老年人开展“共建平安龙湾，我们在行动”系列活动，活动包含综治平安、便民服务、医疗安全、法律咨询、金融安全等方面服务。

10月21日　瑶溪街道召开“大拆大整”专项行动动员会。街道全体干部、各村（居）书记和主任、各基层站所负责人参加会议。

10月30日　瑶溪街道召开党工委理论中心组学习会议暨“大拆大整促转型发展”大讨论活动，街道全体班子成员参加会议。

10月31日　瑶溪街道召开领导班子“坚定理想信念·永葆党员本色”专题学习讨论会。

11月1日　瑶溪街道组织环保、安监、执法、工商、公安、供电6个执法站所，对辖区内“四无”生产经营单位进行打击取缔。

11月3日　瑶溪街道召开党的十八届六中全会精神学习会。街道机关、各村两委及有关人员参加此次会议。

11月10日　龙湾区新居民服务管理局在瑶溪杰英希望学校开展“情满金秋与爱同行”为主题的金秋助学活动。

11月11日　副市长陈建明率经信、安监、环保、市监、消防等部门明察暗访瑶溪街道“四无”生产经营单位整治情况。

11月17日　浙南科技城管委会和瑶溪街道办事处联合举办“瑶溪老人看科技城”活动，组织数十名村老协会长、老人代表参观浙南科技城规划展示馆。

11月25日　龙湾区第二届“我们的舞台”文化礼堂民星秀巡演走进瑶溪街道朱宅文化礼堂。

12月3日　瑶溪街道在城市大学一号报告厅举行河滨村农房改造集聚项目住宅安置房摸文认购定位大会，来自河滨村220余拆迁安置户参加认购抽签。

12月9日　瑶溪街道联合区委宣传部在附属楼三楼会议室举行“最美龙湾人先进事迹”巡回报告会暨瑶溪街道最美人物表彰大会。

12月9日　瑶溪街道召开干部大会，会上宣布街道领导班子调整情况。机关全体干部、各村书记、主任参加会议。

12月13日　瑶溪街道在街道附属三楼会议室召开区人大代表换届选举工作部署会。

12月13日　中共瑶溪街道党员代表会议在街道附属三楼会议室召开，来自农村、企业、机关事业等各条战线的67名正式代表，以及区下派街道挂职领导班子成员、村主职干部、基层站所负责人、机关中层干部等列席、特邀代表共计133人参加会议。

12月22日　区委书记陈应许到瑶溪街道朱宅村调研基层党建工作。

12月29日　瑶溪街道黄山村上塘片区最后一户房子拆除，至此黄山村767户全部拆除完毕，实现全部“清零”任务。（金忠伟）

人物·先进名录

新闻人物

【郑晓强】 男，1972年4月出生，本科学历，中共党员，温州市公安局交警支队三大队事故处理中队民警。曾获个人三等功2次，被评为温州市公安局交警支队“十佳民警”。自1995年8月参加公安工作以来，始终以“踏石留印，抓铁有痕”的工作姿态相勉励，潜心钻研，兢兢业业，以人民群众满意作为一切公安工作的试金石，不论基层交警，还是重案组组长，切实做到表里如一。作为温州市公安局交警系统首位视频侦查初级资质人员，近年来，办理近百起重大交通案件。2015年以来，连续侦破辖区10起交通致死逃逸案，破案率100%，破获“2015.9.5”案得到温州市委常委、公安局局长黄宝坤的专题批示。2016年，被中华全国总工会授予“全国五一劳动奖章”。

【项爱苏】 女，1957年1月出生，龙湾区永中街道普门村人，系龙湾区永中东方民工子弟学校校长，先后荣获2014年“龙湾区十大创业女性”、温州市“美好家庭”、龙湾区“美好家庭”。1973年1月，从学校毕业后，项爱苏便在天河中学（现为沙城中学）代课。从那时起，她开始深深热爱教育事业，萌生了一个教育梦想。后因种种原因未能留校，但她的心中仍对教育事业有着难以割舍的情感。1982年，一直有着教育梦想的项爱苏创办普门幼儿园，又于1998年创立方圆艺术培训学馆，培养了一批又一批的好孩子。随着龙湾经济的发展，外来务工人员越来越多，随迁的子女却无学可上，所幸国家政策许可私人办学。就在2004年春，项爱苏租了普门张家麟祠堂，创办了永中东方民工子弟学校。经过她十多年的辛勤付出，校园面貌焕然一新。正是因为对教育事业的那份热爱与追求，项爱苏才能一直坚持在人生路上艰苦跋涉，用爱心和汗水浇灌着一簇簇祖国未来的花朵。她带着对教育事业的憧憬和热情，用爱心托起了明天的太阳。2016年，被授予“浙江好人”称号。

【潘国标】 男，1956年9月出生，龙湾区永兴街道人。2016年6月14日早晨6时45分，年过花甲的老潘如往常一样去河边清洗痰盂，一出家门便听说有人落水了，来不及多想就沿着河边狂奔数十米，衣服、鞋子都没脱便一头扎进污浊的水中救起老太太，上岸后马上给老人急救，确认老人的意志清醒，身上无明显的受伤后，便联系老人的家人并将她安全送回家。邻居方老伯目睹了救人的全过程，他感叹道：“老潘自个都已经是老年人，还有能力将老太太救起，让我们邻居肃然起敬。”老当益壮，见义勇为。他用发自你内心的瞬间义举，彰显出舍身忘我的义勇情怀，诠释了一位平凡老汉的英雄本色。2016年，被授予“浙江好人”称号。

先进个人

表49　2016年龙湾区获国家条线表彰的先进个人一览表

姓名	荣誉称号	授予单位	工作单位
郑晓强	全国五一劳动奖章	中华全国总工会	市交警三大队
张海波	全国价格认定工作法治建设年活动优秀个人	国家发改委价格认证中心	区发改局

续表49

姓名	荣誉称号	授予单位	工作单位
金　丛	《涉及家庭暴力婚姻案件审理指南》试点工作先进个人	最高人民法院	区人民法院
陈　贲	2016年度全国物流行业劳动模范	人力资源和社会保障局、中国物流与采购联合会	温州机场集团有限公司
厉　俊	G20民航运输安全保障工作先进个人	中国民用航空局	温州机场集团有限公司
赵晟辉	2016年春运“情满旅途”活动先进个人	交通运输部、公安部、国家安监总局、中华全国总工会、共青团中央	温州大桥管理处
李建霞	全国计划生育协会先进个人	中国计划生育协会	区卫计局
吴勇军	2015—2016年度中国业余网球公开赛CTA—OPEN系列分站赛事工作先进个人	中国网球协会	区体育局
谢海平	行业先进个人	中国塑料加工工业协会	温州合成革协会

表50　2016年龙湾区获省级和省条线表彰的先进个人一览表

姓名	荣誉称号	授予单位	工作单位
林小兰	浙江省优秀共产党员	浙江省委	状元街道幸福学堂
叶庆权	浙江省优秀党务工作者	浙江省委	永中街道
黄建斌	在服务保障G20杭州峰会工作中作出突出贡献的个人	浙江省委、省人民政府	区委政法委
胡继武	2011—2015年全省法制宣传教育模范个人	浙江省委、省人民政府	区司法局
周东朝	浙江省G20杭州峰会工作先进个人	浙江省委、省人民政府	区信访局
徐旭东	浙江省G20杭州峰会工作先进个人	浙江省委、省人民政府	温州机场集团有限公司
方宏辉	2014—2015年度全省社会治安综合治理先进个人	浙江省委办公厅、省人民政府办公厅	区委政法委
丁聪玲	浙江渔场修复振兴暨“一打三整治”专项执法行动先进个人	浙江省委办公厅、省人民政府办公厅	区海洋与渔业局
方宏斌	G20杭州峰会维稳安保工作先进个人	浙江省高级人民法院	区人民法院
王　宇	个人二等功	浙江省高级人民法院	区人民法院
胡东方	浙江省五一劳动奖章	浙江省总工会	浙江晨泰科技股份有限公司
李慧峰	全省编办系统先进工作者	浙江省人力资源和社会保障厅、省机构编制委员会办公室	区编委办
刘建云	2016年浙江省“优秀城市美容师”称号	浙江省住房和城乡建设厅、省人力资源和社会保障厅、省总工会	永兴街道
王纯炎	浙江省住房城乡建设系统政务办理窗口“服务明星”	浙江省住房和城乡建设厅、省直属机关工作委员会、省总工会、共青团省委员会、省妇女联合会	区住建局
张洁敏	G20杭州峰会信访工作先进个人	浙江省信访局	区信访局
杨国平	浙江省2013—2015年全省科技工作先进个人	浙江省科技厅	区科技局
戴育群	2016年度全省经济运行监测工作先进个人	浙江省经济信息中心	区发改局
薛云霞	浙江省共青团信息工作优秀典型个人	团省委	团区委
王若梦	浙江省优秀团员	团省委	团区委
陈松发	优秀党务工作者	浙江省公安边防总队	区边防大队
钟翰舜	优秀共产党员	浙江省公安边防总队	区边防大队
项润来	2016年度全省“两战”执法工作先进个人	浙江省海洋与渔业局	区海洋与渔业局
徐佳雯	在精神文明创建活动中成绩突出给予三等功	浙江省国家税务局	区国税局
姜祥津	G20杭州峰会交通运输服务保障工作先进个人	浙江省交通运输厅	区交通局
蔡健健	G20杭州峰会交通运输服务保障工作先进个人	浙江省交通运输厅	区交通局
金建群	G20杭州峰会交通运输服务保障工作先进个人	浙江省交通运输厅	温州机场集团有限公司
冯鹏燕	浙江省“交通运输行业百名最美”	浙江省交通运输厅	温州大桥管理处

续表50

姓名	荣誉称号	授予单位	工作单位
周　勇	2015年度民航华东地区“安康杯”竞赛先进个人	民航华东地区管理局	温州机场集团有限公司
周清洁	2015年度民航华东地区“安康杯”竞赛组织工作优秀个人	民航华东地区管理局	温州机场集团有限公司
冯鹏燕	浙江省“最美公路人”	浙江省公路管理局	温州大桥管理处
章　文	全省围垦工作先进个人	浙江省围垦局办公室	区海涂围垦指挥部
周成铃	全省围垦工作先进个人	浙江省围垦局办公室	区海涂围垦指挥部
李晓青	浙江省巾帼建功标兵	浙江省巾帼建功和双学双比活动协调小组办公室	区财政局
郭婷婷	浙江省少先队先进工作者（星星火炬奖）	中国少年先锋队浙江省工作委员会	团区委
余海敏	全省宣传工作先进个人	中国农工民主党浙江省委员会	区瓯飞办
黄紫君	2016年度全省农信系统信息宣传工作先进个人	浙江省农村信用社联合社办公室	龙湾农商银行
谢　洁	2016年全省个人外汇业务能手	建行浙江省分行	建行龙湾支行
陈海鸥	2016年度浙江省麻风病防治工作先进个人	浙江省皮肤病防治研究所	区卫计局
麻智勇	2016年浙江省社区医师高血压糖尿病防治知识竞赛优胜奖	浙江省心血管病防治研究中心	区卫计局

表51　2016年龙湾区获温州市级表彰的先进个人一览表

姓名	荣誉称号	授予单位	工作单位
叶庆权	“瓯江先锋”共产党员	温州市委	永中街道
	温州市优秀党务工作者	温州市委	永中街道
王力丰	温州市优秀共产党员	温州市委	区委组织部
朱作明	温州市优秀共产党员	温州市委	朱宅村
王炳武	温州市优秀共产党员	温州市委	永兴街道
邵卫忠	温州市优秀共产党员	温州市委	区市场监督管理局
吴家强	温州市优秀共产党员	温州市委	区城管与执法局
陈　翔	温州市优秀共产党员	温州市委	区人民医院
王小友	温州市优秀共产党员	温州市委	海滨街道
邵建龙	温州市优秀党务工作者	温州市委	状元街道
方建国	温州市优秀党务工作者	温州市委	苏川村
谢炳超	温州市优秀党务工作者	温州市委	新世纪发展集团有限公司
戴新荣	温州市优秀党务工作者	温州市委	温州大桥管理处
王海省	2015年度温州市社会主义新农村建设先进工作者	温州市委、市人民政府	区府办
叶因易	2015年度“五水共治”建设美丽浙南水乡先进个人	温州市委、市人民政府	区府办
张崇海	2015年度“五水共治”建设美丽浙南水乡先进个人	温州市委、市人民政府	区温瑞塘河管委会
项　敏	温州市G20杭州峰会维稳安保工作先进个人	温州市委、市人民政府	区府办
陈李军	温州市G20杭州峰会维稳安保工作先进个人	温州市委、市人民政府	区纪委
刘　辉	温州市G20杭州峰会维稳安保工作先进个人	温州市委、市人民政府	区信访局
杨　亮	温州市G20杭州峰会维稳安保工作先进个人	温州市委、市人民政府	区委政法委
朱黎明	温州市G20杭州峰会维稳安保工作先进个人	温州市委、市人民政府	区人民法院
黄建芳	温州市G20杭州峰会维稳安保工作先进个人	温州市委、市人民政府	区卫计局
王勤锷	温州市G20杭州峰会维稳安保工作先进个人	温州市委、市人民政府	区民政局
张婵娟	温州市G20杭州峰会维稳安保工作先进个人	温州市委、市人民政府	区民宗局
周清泉	温州市G20杭州峰会维稳安保工作先进个人	温州市委、市人民政府	区民宗局
夏文通	温州市G20杭州峰会维稳安保工作先进个人	温州市委、市人民政府	区安监局

续表51

姓名	荣誉称号	授予单位	工作单位
张明春	温州市G20杭州峰会维稳安保工作先进个人	温州市委、市人民政府	区文广新局
冯　丹	温州市创建国家历史文化名城工作先进个人	温州市委、市人民政府	区府办
	温州市创建国家环保模范城市工作先进个人	温州市委、市人民政府	区府办
陈瀚雷	温州市创建国家环保模范城市工作先进个人	温州市委、市人民政府	团区委
孔维盛	温州市创建国家环保模范城市工作先进个人	温州市委、市人民政府	区住建局
王会增	温州市创建国家环保模范城市工作先进个人	温州市委、市人民政府	区住建局
张文芳	温州市创建国家环保模范城市工作先进个人	温州市委、市人民政府	区环保局
张大和	温州市创建国家环保模范城市工作先进个人	温州市委、市人民政府	区环保局
金向前	温州市创建国家环保模范城市工作先进个人	温州市委、市人民政府	区环保局
王蛟深	温州市创建国家环保模范城市工作先进个人	温州市委、市人民政府	区环保局
林宇祥	温州市创建国家环保模范城市工作先进个人	温州市委、市人民政府	区环保局
施　策	温州市创建国家环保模范城市工作先进个人	温州市委、市人民政府	区环保局
邵中镐	温州市创建国家环保模范城市工作先进个人	温州市委、市人民政府	区温瑞塘河管委会
丁小来	温州市创建国家环保模范城市工作先进个人	温州市委、市人民政府	区温瑞塘河管委会
程海彬	温州市创建国家园林城市工作先进个人	温州市委、市人民政府	区纪委
叶芳荣	温州市创建国家园林城市工作先进个人	温州市委、市人民政府	区城管与执法局
郑祥国	温州市创建国家园林城市工作先进个人	温州市委、市人民政府	区城管与执法局
徐　伟	温州市创建国家园林城市工作先进个人	温州市委、市人民政府	区城管与执法局
王建云	2014—2016信访工作先进个人	温州市委、市人民政府	区信访局
杨贤南	2014—2016信访工作先进个人	温州市委、市人民政府	区信访局
黄　榆	温州市防台抢险救灾先进个人	温州市委、市人民政府	区国土资源分局
朱德旭	2015年度“三改一拆”工作先进个人	温州市人民政府	区府办
黄海华	2015年度市长专线网络问政工作先进个人	温州市人民政府	区府办
李蕴艳	2015年度政务信息先进个人	温州市人民政府	区府办
吴天峰	2015年度温州市法治政府建设先进跟人	温州市人民政府	区府办
叶英才	行政审批与公共资源交易服务工作先进个人	温州市人民政府	区卫计局
林光进	创业就业工作先进个人	温州市人民政府	区人力社保局
徐　波	2015年度安全生产工作先进个人	温州市人民政府	区安监局
张　和	温州市电网建设攻坚先进个人	温州市人民政府	区住建局
朱国品	2015年度温州市交通治堵工作先进个人	温州市人民政府	区住建局
张建达	2015年度温州市住房保障工作先进个人	温州市人民政府	区工务局
季　琼	2015年度市“三改一拆”工作先进集体	温州市人民政府	区城管与执法局
周华芬	“十二五”期间污染减排与重污染高耗能行业整治提升工作先进个人	温州市人民政府	区环保局
虞晓敏	“十二五”期间污染减排与重污染高耗能行业整治提升工作先进个人	温州市人民政府	区环保局
陈伟飞	2015年度温州市重点建设立功竞赛先进个人	温州市人民政府	温州机场集团有限公司
张　宗	2015年度温州市重点建设立功竞赛先进个人	温州市人民政府	温州机场集团有限公司
金　晓	温州市2016年度安全生产工作先进个人	温州市人民政府	温州机场集团有限公司

先进集体

表52　2016年龙湾区获国家条线表彰的先进集体一览表

获奖单位	荣誉称号	授予单位
龙湾区	2014—2016年全国计划生育优质服务先进单位	国家卫生计生委
永强供电公司	农村水电站安全生产标准化一级单位	水利部
龙湾农商银行	全国工人先锋号	中华全国总工会
林小兰家庭	全国“最美家庭”	全国妇联
蒲州司法所	全国法律援助工作先进集体	司法部
温州东收费站	全国交通运输行业“文明示范窗口”	交通运输部
瑶溪金岙小学	第四批全国民族团结进步创建活动示范单位	国家民族事务委员会
海滨街道宁城社区	第二批全国社会工作服务示范社区	民政部
龙湾区真馨家庭服务工作室	第二批全国社会工作服务示范单位	民政部
永中街道万顺社区	2016年度全国综合减灾示范社区	民政部
状元街道状元桥社区	2016年度全国综合减灾示范社区	民政部
温州康隆杨梅专业合作社	国家农民合作社示范社	农业部
共青团温州机场集团有限公司委员会	全国民航五四红旗团委	全国民航团委
温州机场安检护卫公司	G20峰会民航运输安全保障工作先进集体	中国民用航空局
温州机场集团有限公司航空货站致远班组	民航系统2015年度全国“安康杯”竞赛优胜班组	中国民用航空局
温州机场集团有限公司	2015年全国安全文化建设示范企业	中国安全生产协会
区体育局	2015—2016年度中国业余网球公开赛CTA—OPEN系列赛事工作先进办事单位	中国网球协会
温州市新兄弟人造革有限公司	行业优秀企业	中国塑料加工工业协会

表53　2016年龙湾区获省级和省条线表彰的先进集体一览表

获奖单位	荣誉称号	授予单位
龙湾区	2015年度市县党政领导科技进步目标责任制考核优秀单位	浙江省委办公厅、省人民政府办公厅
	省教育基本现代化区	浙江省教育厅
	第三批省级电子商务示范区	浙江省商务厅
	浙江省2016年度“千万农民素质提升工程”优秀区	浙江省农办
	浙江省特殊困难老人社会工作服务示范项目试点县（市、区）	浙江省老龄工作委员会办公室
	浙江省现代社会组织体制建设创新示范观察点	浙江省民政厅
	全省“小微企业三年成长计划”工作优秀区	浙江省“小微企业三年成长计划”工作领导小组办公室
瑶溪街道党工委	浙江省先进基层党组织	浙江省委
区司法局	2011—2015年全省法制宣传教育先进单位	浙江省委、省人民政府
区委政法委	2014—2015年度全省社会治安综合治理先进集体	浙江省委办公厅、省人民政府办公厅
区海洋与渔业局	浙江渔场修复振兴暨“一打三整治”专项执法行动先进集体	浙江省委办公厅、省人民政府办公厅
区人民法院	G20杭州峰会维稳安保工作先进集体	浙江省高级人民法院
区人民法院（民一庭）	民事审判先进集体	浙江省高级人民法院
区人民法院（刑庭）	刑事审判先进集体	浙江省高级人民法院
区人民法院（民二庭）	集体二等功	浙江省高级人民法院
区委宣传部	2015年度全省基层宣讲工作先进集体	浙江省委宣传部
	2015年度全省文明办系统信息工作先进集体	浙江省文明办
	浙江在线2015年度特别奖	浙江在线新闻网站

续表53

获奖单位	荣誉称号	授予单位
区委宣传部	浙江在线2015年度最佳合作奖	浙江在线新闻网站
团区委	浙江省共青团信息工作优秀典型单位	团浙江省委
	省G20杭州峰会志愿服务工作先进集体	浙江省志愿者协会
	G20峰会浙江省青年文明号	浙江省青年文明号、岗位能手活动组委会
区第一人民医院团支部	2015年度省级先进团支部	共青团浙江省委
区农林局	浙江省畜牧业转型先进集体	浙江省农业厅
区海洋与渔业执法大队	2016年度全省“两战”执法工作先进集体	浙江省海洋与渔业局
高速交警温州支队	2016年度全省公安机关执法质量优秀单位	浙江省公安厅
区科技局	浙江省2013—2015年全省科技工作先进集体	浙江省科技厅
蒲州街道	浙江省第三批乡镇（街道）统计工作示范点单位	浙江省统计局
区住建局政务办理窗口	浙江省住房城乡建设系统“优秀服务窗口”	浙江省住房和城乡建设厅、省直属机关工作委员会、省总工会、团省委、省妇联
区交通局	G20杭州峰会交通运输服务保障工作先进集体	浙江省交通运输厅
温州机场集团有限公司	2015年度浙江省“安康杯”竞赛优秀组织单位	浙江省总工会、省安全生产监督管理局、省卫生和计划生育委员会
	G20杭州峰会交通运输服务保障工作先进集体	浙江省交通运输厅
	2015年度民航华东地区“安康杯”竞赛优胜单位	民航华东地区管理局
温州机场集团有限公司亮剑班组	2015年度民航华东地区“安康杯”竞赛优胜班组	民航华东地区管理局
温州大桥管理处东收费站	浙江省公路行业首批“最美示范窗口”	浙江省公路管理局
	浙江省交通运输系统“最美示范窗口”	浙江省交通运输厅
区国税局办税服务厅	集体三等功	浙江省国家税务局
龙湾农商银行	浙江农信普惠金融（2013—2016）先进单位	浙江省农村信用社联合社
	2016年度全省农信系统信息宣传工作先进集体	浙江省农村信用社联合社
龙湾农商银行海城支行	2016年度浙江农信文明规范服务示范单位	浙江省农村信用社联合社
区文博馆	浙江省文物保护单位优秀记录档案	浙江省文物局
区卫计局	浙江省实施妇女儿童发展规划先进集体	浙江省人民政府妇女儿童工作委员会
区疾控中心	2015年度浙江省严重精神障碍管理治疗工作先进集体	浙江省精神卫生工作办公室
区老龄委办	2016年度全省老龄信息工作先进单位	浙江省老龄工作委员会办公室
永兴南园小微企业创业园	2016年度省级小微企业创业创新示范园	浙江省经济和信息化委员会
龙湾新闻网	浙江在线2016年度优秀支站	浙江在线新闻网站
龙湾区委报道组	2016年度浙报集团先进报道组	浙江日报报业集团
永强供电公司	创建省级治安安全单位活动成绩突出单位	浙江省公安厅
永强供电公司客户服务中心	浙江省巾帼文明岗	浙江省巾帼建功和双学双比活动协调小组
区第一人民医院妇产科	浙江省巾帼文明岗	浙江省巾帼建功和双学双比活动协调小组
温州机场集团安检护卫公司贵宾楼班组	浙江省巾帼文明岗	浙江省巾帼建功和双学双比活动协调小组
区第一人民医院麻醉科	2016年度浙江省级先进县麻醉质控分中心	浙江省临床麻醉质控中心

表54　2016年龙湾区获温州市级表彰的先进集体一览表

获奖单位	荣誉称号	授予单位
龙湾瑶溪街道党工委区	“瓯江先锋”基层党组织	温州市委
	温州市先进基层党组织	温州市委
永中街道街前村党支部	温州市先进基层党组织	温州市委

续表54

获奖单位	荣誉称号	授予单位
区职业技术学校党支部	温州市先进基层党组织	温州市委
市公安局龙湾区分局流动人口治安管理大队党支部	温州市先进基层党组织	温州市委
区城管与执法局	2015年度温州市"五水共治"建设美丽浙南水乡工作	温州市委
区委宣传部	2015年度精神文明建设先进集体	温州市委、市人民政府
区委政法委	温州市服务保障G20杭州峰会工作先进集体	温州市委、市人民政府
温州机场集团有限公司安检护卫公司	温州市服务保障G20杭州峰会工作先进集体	温州市委、市人民政府
区海洋与渔业局	防台抢险救灾先进集体	温州市委、市人民政府
区财政局	2011—2015年全市法治宣传教育先进集体	温州市委、市人民政府
区安监局	2011—2015年全市法治宣传教育先进集体	温州市委、市人民政府
区妇联	全市禁毒工作先进集体	温州市委、市人民政府
区卫计局	全市先进禁毒先进集体	温州市委、市人民政府
区文广新局	2015年度精神文明建设先进集体	温州市委、市人民政府
	温州市创建历史文化名城先进集体	温州市委、市人民政府
区温瑞塘河管委	温州市创建国家环保模范城市先进集体	温州市委、市人民政府
区环保局	创建国家环保模范城市工作先进集体	温州市委、市人民政府
	"十二五"期间污染减排与重污染高耗能行业整治提升工作先进集体	温州市人民政府
区住建局	2015年度温州市交通治堵工作先进集体	温州市人民政府
区住建局审批科	温州市第十七批巾帼文明岗	温州市人民政府
温州机场集团安检护卫公司安检贵宾楼班组	温州市第十七批巾帼文明岗	温州市人民政府
温州机场集团建设投资公司	2015年度温州市重点建设立功竞赛先进集体	温州市人民政府
区劳动就业管理处	创业就业工作先进集体	温州市人民政府
永兴街道农办	2015年度农业丰收奖三等奖	温州市人民政府

统计资料

表55　2016年龙湾区农林牧渔业总产值和增加值一览表

项目	总产值（万元）	增加值（万元）	项目	总产值（万元）	增加值（万元）
合计	39167	23368	三、牧业	9044	4941
一、农业	21411	14416	其中：牲畜	5263	
其中：粮食作物	1472		家禽饲养	482	
蔬菜	8988		活的家禽产品	3299	
花卉园艺	3906		其它动物饲养	0	
水果	5819		四、渔业	8490	3918
中草药材	522		其中：海水产品	7422	
油料	44		淡水产品	1068	
二、林业	100	45	五、农林牧渔服务业	122	48

表56　2016年龙湾区农村经济合作社收益分配情况表　单位：万元

项目	数值	项目	数值
一、总收入	23033	二、总支出	8387
其中：经营收入	13280	其中：经营支出	1076
发包及上交收入	2564	管理费用	5203
投资收益	899	干部报酬	3080
补助收入	5347	农业发展支出	1208
其他收入	942	其他支出	900

表57　2016年龙湾区主营业务收入2000万元及以上工业企业主要经济指标一览表　单位：万元

项目	数值	项目	数值
工业总产值	31549232	其中：流动资产	17795785
其中：新产品产值	8552682	负债合计	15351960
主营业务收入	2920230	资产总计	3800325
利税总额	2822049	流动资产合计	2494412
利润总额	1511628	固定资产合计	6236422
资产总计	28156289		

表58　2016年龙湾区规模以上工业企业分行业等价能耗情况表　单位：吨标准煤

行业名称	等价能源消费	行业名称	等价能源消费
行业名称	等价能源消费	橡胶和塑料制品业	127886.44
总计	467863.88	非金属矿物制品业	14670.46
农副食品加工业	51.84	黑色金属冶炼和压延加工业	49615.29
非金属矿采选业	461.91	有色金属冶炼和压延加工业	8014.22
纺织业	23868.72	金属制品业	6668.07
纺织服装、服饰业	23320.89	通用设备制造业	29921.32
皮革、毛皮、羽毛及其制品和制鞋业	28862.09	专用设备制造业	5327.41
家具制造业	1993.61	汽车制造业	2841.41
造纸和纸制品业	5464.06	电气机械和器材制造业	5414.70
印刷和记录媒介复制业	1715.38	计算机、通信和其他电子设备制造业	7862.32
文教、工美、体育和娱乐用品制造业	30540.51	仪器仪表制造业	2570.71
石油加工、炼焦和核燃料加工业	360.01	其他制造业	2820.48
化学原料和化学制品制造业	47640.96	电力、热力生产和供应业	23403.74
医药制造业	11303.41	燃气生产和供应业	9.39
化学纤维制造业	2809.45	水的生产和供应业	2445.12

表59　2016年龙湾区限额以上固定资产投资完成情况表　单位：万元

项目	数值	项目	数值
一、全部限额以上固定资产投资	3474948	港、澳、台商投资企业	8273
1、房地产开发投资	894663	个体经营	0
2、限额以上项目投资	2580285	3、按建设性质分	
其中：工业投资	753847	其中：新建	1745022
基础设施投资	1120030	扩建	269012
二、限额以上项目投资	2580285	改建	307875
1、按三次产业分		其他	258376
其中：第一产业	0	4、按构成分	
第二产业	753847	其中：建筑工程	1873249
第三产业	1826438	安装工程	78546
2、按登记注册类型分		设备工器具购置	230301
其中：内资企业	2570592	其他费用	398189

表60　2016年龙湾区社会消费品零售总额一览表　单位：万元

项目	数值	项目	数值
社会消费品零售总额	3699598	二、按行业分	
一、按项目所在地分		1. 批发业	104968
1. 城镇	2997460	2. 零售业	3404248
其中：城区	2912164	3. 住宿业	765
2. 乡村	702138	4. 餐饮业	189617

表61　　2016年龙湾区预算内财政收支情况表　　单位：万元

项目	数值	项目	数值
一、财政总收入	394738	二、地方财政预算内支出	250905
1. 地方财政预算收入	250665	1. 一般公共服务	33489
其中：增值税25%	77979	2. 公共安全	28501
营业税	35691	3. 教育	63590
城建税	15683	4. 科学技术	8813
企业所得税40%	20622	5. 文化体育与传媒	5689
个人所得税40%	8355	6. 社会保障和就业	13455
2. 上划中央四税	144073	7. 医疗卫生	28429
其中：消费税	64	8. 节能环保	5730
国内增值税75%	100543	9. 城乡社区事务	28008
企业所得税60%	30933	10. 农林水事务	11122
个人所得税60%	12533	11. 交通运输	4770

表62　　2016年龙湾区科技基本情况表

项目	单位	数值	项目	单位	数值
一、科技经费			市级及以上企业研发中心	家	90
财政科技拔款	亿元	1.71	三、专利情况		
占财政经常性支出的比重	%	7.3	专利申请量	件	7371
企业R&D经费支出	亿元	13.11	专利授权量	件	4730
占主营业务收入的比重	%	1.91	授权发明专利	件	502
二、高新技术			四、科技人员		
高新支术企业	家	80	从事科技活动人员	人	3898
省科技型中小企业	家	348	R&D人员	人	3503

表63　　2016年龙湾区文化事业基本情况表

项目	单位	数值	项目	单位	数值
一、文化馆	个	1	藏书	千册	492
二、文化站	个	6	三、公共图书馆	个	1
其中：举办展览个数	个	63	其中：图书馆藏书量	千册	403
组织文艺活动次数	次	264	四、广播人口综合覆盖率	%	100
举办训练班班次	次	271	其中：电视人口综合覆盖率	%	100

表64　　2016年龙湾区环境保护及治理利用情况表

项目	单位	数值	项目	单位	数值
一、工业废水排放量	万吨	655	三、工业固体废物产生量	吨	126700
二、工业废气排放总量	万标立方米	1671169	1. 工业固体废物综合利量	吨	114600
1. 二氧化硫排放量	吨	3208	2. 工业固体废物综合利用率	%	90.45
2. 烟（粉）尘排放量	吨	892	3. 工业固体废物处置量	吨	12100

表65　2016年龙湾区法人单位在岗职工人数及平均工资情况表

行业	年末人数（人）	平均人数（人）	平均工资（元/人）
总计	37468	37416	75235
按企业事业机关分			
1．企业	29619	29613	63748
2．事业	4365	4342	118011
3．机关	2688	2686	130813
4．民间非营利组织	286	274	87595
5．其他	510	501	80074
按国民经济行业行			
1．制造业	15080	15373	51533
2．电力、热力、燃气及水生产和供应业	499	493	121020
3．建筑业	542	512	36719
4．交通运输、仓储和邮政业	5753	5765	94210
5．批发和零售业	4073	3849	57680
6．住宿和餐饮业	1088	1109	50363
7．金融业	610	579	101456
8．房地产业	473	468	116543
9．租赁和商务服务业	625	615	46099
10．科学研究、技术服务业	259	260	133804
11．水利、环境和公共设施管理业	164	172	54535
12．教育	3503	3481	109109
13．卫生、社会工作	1038	1018	111211
14．文化、体育和娱乐业	89	90	90633
15．公共管理、社会保障与社会组织	3030	3030	128665

备注：不含私营

表66　2016年龙湾区职工素质情况表　单位：人

项目	企业单位	事业单位	机关单位
单位从业人员人才资源	17406	4353	3045
单位从业人员中经营管理人员	4140	764	0
单位从业人员中专业技术人员	4838	3540	207
按职称分			
其中：高级	256	431	24
中级	889	1281	92
初级	1460	1338	83
按文化程度分			
其中：大学本科及以上	4924	3450	2336
大专	7163	820	848
中专及高中	8793	282	488
初中及以下	13911	137	65

备注：不含私营

表67　2016年龙湾区农村居民人均收支情况表　单位：元

项目	数值	项目	数值
一、人均可支配收入	28855	2. 衣着	1275
1. 工资净收入	19918	3. 居住	5094
2. 经营净收入	6734	4. 生活用品及服务	833
3. 转移净收入	730	5. 医疗保健	562
4. 财产净收入	1473	6. 交通和通讯	2600
二、人均消费支出	19510	7. 教育文化娱乐	1593
1. 食品	7285	8. 其他商品和服务	268

表68　2016年龙湾区城镇居民人均收支情况表

项目	数值	项目	数值
一、人均可支配收入	48217	2. 衣着	2648
二、人均家庭总收入		3. 居住	7884
1. 工资净收入	26984	4. 生活用品及服务	1465
2. 经营净收入	14903	5. 医疗保健	918
3. 转移净收入	442	6. 交通通信	7548
4. 财产净收入	5888	7. 教育文化娱乐	3550
三、人均消费支出	35312	8. 其他用品和服务	727
1. 食品	10572		

表69　2016年龙湾区农村住户每百户耐用消费品拥有量一览表

项目	单位	数值	项目	单位	数值
家用汽车	辆	40	照相机	架	19
洗衣机	台	80	微波炉	台	40
电冰箱	台	82	空调器	台	138
彩色电视机	台	148	淋浴热水器	台	68
家用计算机	台	85	固定电话	部	48
摄像机	架	2	移动电话	部	240

表70　2016年龙湾区城镇住户每百户耐用消费品拥有量一览表

项目	单位	数值	项目	单位	数值
摩托车	辆	6	照相机	架	31
家用汽车	辆	65	中高档乐器	架	6
洗衣机	台	86	微波炉	台	62
电冰箱	台	88	空调器	台	199
彩色电视机	台	177	淋浴热水器	台	98
家用电脑	台	107	固定电话	部	37
摄像机	架	7	移动电话	部	247

龙湾轶闻

地方新事

【龙湾设立全省首个农产品安全（杨梅）自律承诺基金】 “如果我种的杨梅查出有农药残留，愿意先赔钱。”又临近一年的杨梅成熟时，而来自龙湾的4家杨梅专业合作社则以设立全省首个农产品安全（杨梅）自律承诺基金的方式，率先做出了杨梅有问题先行赔付的郑重承诺。

龙湾区是温州市杨梅的老牌产区之一，最早追溯到100多年前龙湾状元街道（原专员镇）大岙溪就出现了杨梅的引种。主要分布在状元、瑶溪、永中等街道，其特色是色泽鲜艳、柔软可口，品质佳，市场知名度高。年产量达6000多吨，产值近1亿元，从业人数近万人，是当地农民山上的主要收入之一。

近年来，龙湾区积极建设杨梅产业示范区，打造集旅游、观光、都市休闲、杨梅采摘于一体的农业特色产业。同时，不断加强对杨梅质量安全的管控，2016年，龙湾将启动严厉的杨梅质量安全管控，街道将组织人员进山设卡检查，各护林队按照“分组、分片、定点”监督，全区的杨梅专业合作社将全面开展定量抽样检测。无论是当地政府部门还是普通的杨梅种植户，都在积极动员，就为了让全市的消费者在杨梅季吃上一颗安全梅。

【龙湾永中建成首条“慈善走廊”】 每到中午十点四十到十一点四十，龙湾永中街道普门村的雨花斋素食馆就人头攒动，免费的五菜一汤，在寒冷里让人内心温暖。在“雨花斋”所在的罗东街至罗东南街上，还有几处爱心驿站、伏茶点等慈善“加油站”。这条串联起各个爱心站点的“慈善走廊”，已初步形成。永中街道相关负责人告诉记者，“慈善走廊”汇聚了小善大爱，既有免费提供午餐的餐厅，也有喝杯热茶的站点，犹如一条“暖流带”涌动在人心。

中午时分，雨花斋素食馆迎来了一天里最忙碌的时刻。作为该“慈善走廊”第三家免费素食馆，“雨花斋”自2015年11月16日开业以来，已接待了上万人次就餐，成为周边困难群众的午餐聚集点。发起人张崇虎告诉记者，进店吃饭不设任何门槛，唯一的要求就是不能剩菜剩饭。2015年，包括他在内的几名义工凑了23万元，张罗起这家素食馆，街道也给予大力支持，动员了不少企业给予相助，普门村还提供了免费场所，素食馆里的服务人员也都是义工。

据介绍，“慈善走廊”已有4家素食馆，其中三家是免费的，每天能供应700多人就餐，另一家也只是象征性地收取一些费用。这些免费餐厅不仅帮助了不少困难群众，也开创了新的居家养老服务模式。如新莒村的免费餐厅，由于该村没有其他收入，街道通过将免费餐厅与居家养老对接，解决了村里孤寡老人、空巢老人的就餐问题。

除了免费餐厅，街道还通过扩大爱心驿站、红色茶楼布点等方式，来充实“慈善走廊”，先后发展爱心驿站、伏茶点、红色茶楼十余个。下一步，街道将引导更多社会力量参与公益事业，以现有的村级居家养老服务中心为基础，选点新增两家以上的免费餐厅。同时，通过广泛发动党员、社会志愿人士，多渠道开展义演、义诊、法律咨询、实现微心愿等公益服务，让“慈善走廊”能帮助更多有需要的人。

【浙江省首张反家暴法罚单】 2016年3月8日，龙湾法院依据刚施行的《中华人民共和国反家庭暴力法》对违反人身安全保护令禁止性内容的张某处以罚款500元，有效维护了妇女的合法权益。这是2016年3月1日《中华人民共和国反家暴法》正式施行后浙江法院系统发出的第一张罚单。

2015年7月21日，女子叶某向法院提起离婚诉讼，称丈夫张某在婚姻存续期间经常无故限制其人身自由，且有殴打行为，最近一次家暴发生在同年7月20日。为防止受到张某的继续伤害，同年8月4日，叶某向法院申请人身安全保护令。法院于同年8月6日作出禁止张某殴打、威胁、骚扰、跟踪叶某的人身保护裁定，有效期为三个月。同年9月，法院开庭审理了两人的离婚案，但认为双方感情破裂证据不足，驳回了叶某的诉请。

可时隔半年不到，叶某再次向法院提出离婚诉讼，称张某仍有殴打、威胁、跟踪、骚扰、诬陷、限制其人身自由的行为，要求予以人身安全保护。法院同意了叶某的申请，并向当地区妇联、街道办事处及派出所送达了《协助执行通知书》。

2016年3月4日，法院第二次开庭审理了两人的离婚案，并将作定期宣判。谁料，此后张某仍对叶某纠缠不休。3月7日，张某到叶某单位门前纠缠，叶某无奈报警，直到派出所出警，张某才作罢。3月8日，张某又到叶某单位门口蹲守，叶某经同事告知后不敢上班。由此，当天下午，叶某向法院提出请求，要求对张某的行为予以处罚。

法院审查后认为，张某的行为已构成对叶某的跟踪、骚扰，违反了人身安全保护令的内容，依据《中华人民共和国民事诉讼法》和《中华人民共和国反家暴法》有关规定，对其处以500元的罚款，并将罚款决定书送达于张某。

【龙湾首创食品安全“大众点评”】 2016年11月18日，全市首个政府版食品安全“大众点评”系统正式上线，当日在龙湾蒲州街道楠溪江路陈杰面馆、旭辉鱼圆等20家食品经营单位开展试点，24名消费者参与现场体验。预计该系统于12月底实现该区餐饮经营单位全覆盖。

群众在餐饮店就餐时，通过扫描餐桌上的“龙湾区食品安全社会公示监督牌”上的商家二维码，即可在手机端查看到市场监管工作人员对该商家后厨、环境卫生等巡检时拍摄的照片、该商家的食品安全监管管理得分和大众对该商家的综合评价情况，也可以根据自身的消费体验对用餐环境、店家服务、食品质量等进行星级评价，并可上传照片予以证明，同时还可以通过“投诉建议”直接将有关问题上报给辖区市场监管部门处理。该系统以“共享、开放”为管理理念，通过实现与监管人员的在线互动，大大提高消费者的参与度和主动性，此外，透明公开化的评价模式，能够消除商家应付检查的心理，促使其主动加强日常食品安全管理，提升自身食品质量和诚信度。打造社会化的食品安全监管系统，有助于打破原来行政管理部门“单打独斗”的局面，形成全社会互动参与的共治监管新格局，为辖区食品安全提供有力保障。

【龙湾首个艺术家慈善艺术工作室成立】 2016年8月29日，龙湾区慈善总会正式发文设立“潘罗敏慈善艺术工作室”，并成立“潘罗敏慈善艺术基金”，帮扶慈善艺术发展，助推科教文卫体等公益事业的发展。据悉，这是国内首个以艺术家个人名义命名注册登记的慈善艺术工作室。

“潘罗敏慈善艺术工作室”负责人潘罗敏，是一位长期在上海发展的龙湾籍海归画家。为了更好地发展艺术公益事业，2015年他回到家乡瑶溪街道龙湾村，在自家老宅开设公益画室。“闲不下来，希望能在空闲时为家乡做些有意义的事。”目前，受聘于温州商学院的潘罗敏闲暇之余，忙活着筹备“爱心龙湾·绘画助力梦想”自闭症儿童公益美术项目的巡展。

潘罗敏告诉记者，“潘罗敏慈善艺术工作室”的成立旨在利用艺术资源去帮助相对贫困且需要艺术精神救助的人群。而“爱心龙湾·绘画助力梦想”自闭症儿童公益美术项目是温州市首个以绘画艺术形式干预儿童自闭症的公益项目，该项目全部免费，目前第一期绘画班已经顺利结业，第二期即将开班。他说：“爱心龙湾·绘画助力梦想”自闭症儿童公益美术项目只是起点，慈善艺术之路将在社会各界的支持下绽放异彩。

【龙湾区首家眼视光社区医疗服务点成立】 2016年3月17日，龙湾区永中街道社区卫生服务中心与温医大附属眼视光医院签订社区医疗服务合作协议，成立该区首家温医大附属眼视光医院社区医疗服务点，为当地群众提供优质医疗服务。这也是温医大附属眼视光医院实施“明眸工程”以来温州市第三家社区医疗服务点。

温医大附属眼视光医院将在永中街道社区卫生服务中心设立眼科专科诊室，一周四天组织专业医疗服务队开展公益眼科医疗服务，主要针对老年性白内障患者进行术前筛查、手术预约和咨询，包括白内障筛查、其他眼病筛查、眼科知识普及等项目，同时还会向该中心医师提供学术讲课、进修等培训，逐步实行现有资源共享，方便当地群众就医。今天的活动现场，温医大附属眼视光医院医生为百余名老人提供免费的术前筛查、手术预约和咨询。

永中街道社区卫生服务中心主任董晓平表示，这次合作将有效整合温医大附属眼视光医院的优质资源，开展基层便民服务，打造家门口的顶尖眼科服务。

地方异闻

【龙湾“公益红坊”通过众筹服务大众】 2016年，位于龙湾区的新世纪发展集团党支部组织专业培训师，对该区“爱好笔业”等两新组织党员志愿者进行了急救、礼仪等方面的培训，确保企业志愿者队伍如期建队。得益于龙湾“公益红坊”的服务众筹平台，该区已发起线上众筹服务21次，通过企业赞助、捐助、认领等形式筹集资金3万元，认领微心愿33个并完成21个。

为了提升党员志愿服务能力和积极性，龙湾区党群服务中心——两新工场搭建起了以“一队伍两平台”为主要内容的“公益红坊”。“一队伍两平台”即专业志愿者团队、“N+1”求助平台和“党建社群”互助平台。“‘公益红坊’就如同爱心仓库，将筹得的物资、服务提供给需要的群体。”该负责人介绍，公益红坊开通线上求助平台，依托“党建+互联网”微信版、红色直通车网站，开通职工群众求助平台，并向企业征集志愿服务的项目；线下则组建互助平台，筹措队伍、资源、场地等。目前，“公益红坊”已拥有文艺志愿服务队、法律宣传志愿服务队、便民志愿服务队等多领域专业志愿者队伍39支，招募登记的志愿者近900人。

“暑期我们通过‘公益红坊’的求助平台，为30位职工子女众筹了公益夏令营活动。”龙湾区蒲州街道工作人员说，7月，两新工场走访两新组织时发现，部分两新组织党员职工及双职工子女在暑假期间缺少监管，为此他们便在“公益红坊”发布服务众筹求助信息。很快，街道党建公积金、社区和企业的公益众筹对接，在两新工场开展“关爱党员职工子女，童心共圆中国梦”公益夏令营活动，其中党员志愿者还在平台上认领了25个微心愿，为民工子弟学校的流动儿童送去了学习必需品。

对积极参与助人的“善举”，在

"公益红坊"里都将采取积分管理。对于组织、承接求助的党支部和党员，都可以获得相应积分，当积分累积到一定额度，就可登录平台兑换书籍、红色电影观影、子女参与公益讲座等服务。

在"公益红坊"认领任务或者参与活动的党员志愿者，都可以在平台注册账号领取积分卡，完成志愿活动后，由管理员用手机扫描积分卡上的二维码予以打分。除个人外，党组织可以按照服务内容在平台中发起活动，也可以招募其他党组织的党员一起进行服务活动，这样就可以打破支部间的时空壁垒。党组织达到一定积分，可以要求党建公积金的补助、免费获得自身所在企业职工的岗前培训、专业技能培训等服务。上年度多余的积分还可以存入"积分银行"，积分排名情况还将作为党员、党组织评先评优的重要依据之一。

【"平价菜"进社区上餐桌】 土豆4元/公斤、苹果11元/公斤、芹菜3.8元/公斤……2016年1月，龙湾永中万康锦绣城小区的居民早早地在社区门口等待着菜篮子货车到来。9：30左右，一辆小型货车缓缓驶进小区。只见工作人员将一筐又一筐的新鲜蔬菜、瓜果从车厢里搬了下来，现场瞬间成了一个热闹的迷你"自选商场"。

这是由温州市菜篮子集团推出的一项惠民工程——"平价菜进社区"。"新鲜、安全、便宜、方便"成了这项工程最具特色的关键词。"我们这边基本都是住房，菜市场离这也有点距离。走到菜市场又走回来，真心感觉麻烦，又费时间。不过现在好了，我能在自家小区内买到我想要买的蔬菜瓜果，真是太方便了！"刚买完菜的王大姐高兴地说道。

这些果蔬都是从生产基地或批发市场直送到社区消费者面前，都是未过水的净菜，而且凡从"平价菜进社区"销售的农产品都经过菜篮子食品检测中心检测，既绿色又安全卫生。更重要的一点是，这些蔬菜都是直接从田间、菜农、批发商手中获得，流通环节少，成本就降低了。其定价仅考虑了批发市场进价和运输成本等费用，所以价格比市民去农贸市场购买便宜了20%—30%左右。

"平价菜"进社区活动选择的范围为住户较集中且周边尚无较大规模农贸市场的区域，每周都会在固定时间内驶进小区送上服务。龙湾已有万科、绿城、雁湖等40个社区服务点，接下来将陆续增设山西岙村等5个社区服务点，为居民送上更安全、便宜的"平价菜"。

【龙湾建起校地联动志愿者　探索"助老扶残"新模式】 2016年11月22日下午，龙湾首个校地联动的幸福志愿站——红阳幸福志愿者站，挂牌水潭村。在科普、扫盲等传统志愿服务基础上，融入更多"爱"的元素，为老扶残志愿行动探索新路。

当天下午，20位龙湾共青团志愿者将300多册爱心书籍搬进了水潭村爱心书屋，并教不识字的残疾人、老人识字、读字，书写自己的名字。"人老了，只想多找人说说话，这群孩子要是能常来就好了！"王阿婆是附近村民，听到志愿者来，当天她早早地等在文化礼堂门口。

志愿者张燕是浙江东方职业技术学院的大三学生，这是她第一次参加"助老扶残"活动，她颇有感触地说："希望我们为老人带去温暖的同时也带去文化的滋养。"

红阳幸福志愿站是龙湾首个校地联动的幸福志愿站，建立和融合关爱元素的科普扫盲班是龙湾团区委助老扶残模式的新探索。下一步，将增加手工制作、才艺表演、游戏等环节，让老年人和残疾人在融洽的互动中，既满足倾诉交流的心理需求，又能学到知识和技能。

【村干部不作为 扣发工资奖金】 龙湾试行多向追责规范小微权力运行。2016年初，龙湾区永中街道一村支书王某因履职不当导致村集体经济流失，受到党纪处分，还被扣除30%基本报酬。这是龙湾区试行村干部多向责任追究制度，对"不作为乱作为"者加大经济、组织、纪律等综合追责力度的一个例子。

村支书王某带村民代表、党员200余人赴重庆、长江三峡考察，作为村集体主要负责人，未坚持立场，在部分人员要求下，擅自改变路线，考察实际支出费用远超核准费用，导致村集体多支出42万余元。依照有关规定，永中街道党工委决定给予王某党内严重警告处分，责令本人作出书面检讨，并实施经济问责，扣除30%的基本报酬近1.3万元；多付的费用也全额进行了清退。

这一系列追责措施背后，是龙湾区综合政治、经济、组织、纪律、法律等多个方面推出的村干部问责办法。"村干部虽小，责任大，一旦监管不力就会酿成大贪。"龙湾区纪委有关负责人说，近三年来，该区反映农村基层问题信访举报件占信访总量60%以上。针对村干部问责惩处力度不够等问题，该区探索出台这套"多向问责办法"，向村级班子及其成员的24种"不作为乱作为"情形"开刀"，特别是加大问责结果在政治、经济、福利待遇等方面的运用。

如，村干部受到警示谈话、书面检查、通报批评、党内警告处分、党内严重警告处分，要相应地扣除基本报酬的5%至30%。被撤职处理或留党察看以上党纪处分的，要取消原村级正职负责人养老金政策享受。被停职检查的，停职期间相应停发基本报酬，停止职务权力，不得参与村级事务决策和管理，签订的合同和协议一律无效，停职期满，经街道党工委、办事处审核通过，继续发放基本报酬和恢复职务权利。联系村履行主体责任和监督责任不力，导致基层出现严重腐败的，还要"一案双查"追究相关责任人和驻村干部的连带责任。

截至3月，全区已对15名村干部实行多向问责，扣发停发工资奖金近10万元，有效遏制了村干部的"不作为乱作为"，进一步规范了村级小微权力运行。

【一所中学10座"博物馆"】 龙湾中学校园文化建设特色鲜明。在仅有着12年办学历史的龙湾中学里，却藏身着10座主题鲜明的校园"博物馆"——它们既承载了实践基地的功能，又丰富了学生们的课余生活，该校的校园文化建设值得“点赞”。

走进位于校园西北角的农耕文化博物馆，迎面看到的是一大片金灿灿的油菜花田，花苗约一米多高，散发着阵阵香气。该校校长蔡朝晖告诉记者，这些油菜花都是学生们下地劳动的成果。在农耕文化博物馆西面，纺车、风谷车、草鞋耙、脚踏片儿、水车……一排排旧迹斑驳的农具与一旁的文字解说，生动诉说着农耕的故事。

而集教学、体验、培训等功能于一身的生命安全教育体验馆，可谓是龙湾中学里一处别样的校园风景。发生火灾如何逃生？地震来了怎么躲？突发急症时该怎样救护？在一个个实景式的模拟区，学生不仅可以通过视频影像了解到相关知识，更可以站在地震台上亲身体验地震强度，根据着火区域判断该选取干粉还是二氧化碳灭火器。此外，龙湾区人防办、红十字会的工作人员还会定期前来，手把手教授学生应急救护等相关知识。

除以上两个博物馆外，偌大的龙湾中学校园里，还建有历史文化名人博物馆（敬贤堂）、工艺美术博物馆（百工厅）、地方文献博物馆、金石艺术博物馆、校史馆、党史教育展览馆、科技发展史展览馆、科学实验探究馆（创客艺坊）等。这些博物馆均是从2010年左右开始筹建，前后用了6年不到的时间。其间，为了加强学生对这些博物馆的了解，学校还开发了以“博物馆式校园”为主题的校本课程。

在龙湾中学校长蔡朝晖看来，在校园里打造各式各样的博物馆，目的是将散落在校园中的碎片化环境空间进行整合，从而丰富校园文化内涵。“我们提出打造‘博物馆式校园’的思路，一方面是基于龙湾乃至整个温州源远流长区域文化的特质，另一方面是想把这些场馆利用成学校实施新课改的资源。通过润物细无声的教育方式，让学生浸润在书香校园的氛围中，学会读书，学会做人。”

【在手机上动动手指 自助登记流动人口】 2016年7月11日，龙湾区试点推广使用流动人口自助申报APP以来，出租房房东、用工单位通过这款手机软件自助登记流动人口34088人，占全所登记量的77%，试用成效显著。

状元派出所是这款流动人口自助申报APP的试点派出所。社区民警苏义甲说，以前他经常要到辖区的各个单位和房东处走访排查，现在他只要登录手机上的流动人口自助申报APP，就可以随时掌握流动人口的情况，有针对性地走访排查。

王先生是状元街道石坦村一出租房的房东，跟以往不同的是，他再也不用带着租客到社区登记信息了。自从在手机上安装了自助申报系统后，就能方便快速把流动人口信息录入到手机里，派出所相应的平台就会同步接收到信息。“如果租客退租离开了，我直接删除信息，派出所也能及时知道他的动向。”王先生说。

龙湾推广的流动人口自助申报APP，是全市公安系统首创。这款软件可免费在手机上安装使用，操作也非常方便。以前手工采集一名流动人口的信息并完成系统录入工作，至少需要半个小时，现在只需要两三分钟。企业主和出租房东只需要拍摄上传流动人口身份证照片，就能提取其个人信息，还能自动回填出租房屋地址。通过使用这个系统，大大节约了流动人口管理资源，提升了居住系统信息的时效性。

【熬制“地沟油”加入汤底给顾客吃】 通过回收“地沟油”或“口水油”，重新熬制后放入红汤火锅中供顾客食用，以节省生产成本。日前，龙湾渝都168自助火锅店、金兴园自助火锅店相关负责人涉嫌生产、销售有毒、有害食品罪，被龙湾检方批准逮捕。

位于龙湾永中一号街的渝都168自助火锅店，由况某某（41岁，重庆籍）、杨某某（30岁，重庆籍）等人自2014年起合伙经营，况某某、杨某某负责厨房。自营业以来，况某某利用晚班时间将所有顾客食用后剩下的火锅汤底集中倒入泔水桶，经过滤后回收，并加工成红油放在厨房蓝色塑料盒内，在第二天营业时，将该红油加入火锅汤底中给消费者食用。杨某某明知该红油为“地沟油”却继续使用。

位于龙湾区海滨街道的金兴园自助火锅店，由饶某某（45岁，四川籍）负责经营。饶某某负责熬制火锅锅底，并安排服务员将顾客用餐后剩下的火锅汤底油经过滤收集起来，饶某某随后将该汤底加工熬制提炼成“老油”，并在该店火锅红油汤底中加入该“老油”。

龙湾区检察机关审查认为，犯罪嫌疑人况某某、杨某某、饶某某的行为涉嫌生产、销售有毒、有害食品罪，依法予以批准逮捕。

【女子酒后“断片” 用钥匙刮伤四车】 2016年11月15日上午，龙湾法院开庭审理了被告人王某涉嫌寻衅滋事罪一案，并依法以寻衅滋事罪判处王某拘役六个月，缓刑一年。站在被告人席上的王某听到这个结果后，悔不当初。

51岁的王某是龙湾人。5月18日，家住温州经济技术开发区海城街道的涂先生向当地派出所报案，称自己停放在路边的奔驰轿车被人刮了三道口子。与涂先生同样遭遇的还有其他三名车主。经鉴定，四辆轿车合计损失7020元。

公安机关调取监控视频发现，5月17日23时许，一名可疑女子出现在这些车辆旁。随后，民警到案发现场进行调查。附近居民指出这名女子很有可能是王某。酒后刚刚醒来的王某，听说自己被指有作案嫌疑后，使劲地回想那天的行为，并主动到公安机关核实情况。在查看监控视频后，王某才发现自己是酒后“断片”了，后悔不已。

原来，案发当晚，王某在瑞安朋友家吃饭，其间喝了很多酒。吃完饭后，朋友开车把王某送到她家附近的路口让其下车。由于酒精的作用，王某边走边用钥匙刮擦停放在路边的四辆轿车。

案件审理中，王某赔偿了四名车主的损失并取得谅解。法院审理认为，王某破坏社会秩序，无故任意损毁他人财物，情节严重，其行为已构成寻衅滋事罪。王某具有自首情节，且已赔偿被害人经济损失取得谅解，可予从轻处罚。

【状元一小昨迎新生 入学仪式别开生面】 2016年9月4日上午，状元一小为新入学的180名一年级新生举行了一场别样的入学仪式。仪式开始，同学们首先要经过一座“状元门”。状元一小校长周行德说，学校对状元的理解是“行行出状元，”不仅指功名，孩子们要“学会做人，学会做事”，可以成为学习状元、生活状元、人品状元。“跨过这扇门，我们希望每位新生都给自己一个期许。”

走进状元门，接着依次进入学校的生肖园、“QQ农场”……绕完学校一圈，同学们回到教学楼前，把事先准备好的心愿卡投进心愿箱，由学校保留6年，待毕业时再交还。“我要学会画画”“我要成为一名老师”……一张张心愿卡上，正孕育着一个个了不起的梦想。

入学仪式的最后，学校为新生举行了开蒙礼，学生拜师，朱砂启智，诵读弟子规……

周行德说，仪式对于孩子们来说是一场精神“典礼”。入学仪式的内容、形式、氛围，会影响学生小学阶段的学习态度和学习热情。入学仪式的意义，不仅仅是让孩子们知道新学期已经起航，更要激发他们今后实现自己梦想的动力和活力。今年的入学仪式，既有玩乐，也有传统文化的熏陶，一静一动，贯彻了“品质教育，学在龙湾”的办学理念。

相关链接：

龙湾区状元第一小学（即龙湾横街学校）创成了“一品牌”（体育大课间）、“二特色”（乡村学校少年宫、班级文化）、“三亮点”（科学教育、心理教育、艺术教育），获得省级荣誉3项，市级荣誉7项，区级荣誉16项。

【一男子假币换ATM机真钞 结果是“聪明反被聪明误”】 2016年3月11日下午，龙湾公安分局接到中国农业银行永兴支行报警：该行的ATM机里发现假币，怀疑系一名男子企图用假币换真币。

为了防止一些马大哈取钱时忘记拿钱，银行ATM机设置了一个回吞功能。如果取钞口的现金30秒内未取走，机器将会把钱收回。有人就自以为高明，利用这一点动起了歪脑筋——趁机用假币换走真币，企图以假乱真。

据银行工作人员介绍，3月11日，ATM机加钞人员在给机器做清机时发现一笔长款100元，经清点发现是一张假币，后通过机器上的冠字号查询发现这1笔长款有可疑，收回的这100元与农行机器上的吐钞号码不相符。

工作人员随后调出了该ATM机上的视频监控录像。监控录像显示：11日13时15分许，一名男子在ATM机取款100元，机器吐钞后迅速拿走这100元，从钱包拿出1张假币放回出钞口让机器收回，速度之快堪比刘谦变魔术。接着该男子以自己的钱因接电话未及时取走而被ATM机吞回去，要求银行处理。

但从整个监控的回放可以看到，在等待ATM机把钱吞回去的几十秒内，该男子眼睛左右瞄了一下，只是拿出手机看了一下，并没有他所说的接电话动作。根据ATM机交易记录和视频监控拍摄的内容，初步可以断定，那张假币就是这名男子从钱包里拿出来的那张。据了解，该名男子姓周，31岁，乐清人。

目前，警方已经传唤周某，相关案情正在进一步侦查中。

民警提醒：这种不法行为是无法得逞的，被吞没的钱须持卡人凭身份证取回，情节严重的可构成诈骗罪。

【七旬老人雨夜迷路 民警组合姓名找到家人】 一名身患老年痴呆的七旬老人，在雨夜中迷路走失在龙湾，幸好遇上在附近巡逻的民警王兴貌，民警帮助老人联系到了家人。

2016年5月7日20时许，下着大雨。龙湾公安分局蒲州派出所民警王兴貌巡逻至龙湾区蒲州街道雁荡东路一条巷弄时，发现一名衣着单薄、神情痴呆的七旬大爷瘫坐在路旁的水坑中，哆哆嗦嗦。王兴貌立即跑上前去询问，但老人言语含糊不清。面对民警的提问，老人始终无法准确回答姓名、电话、住址等个人和家庭信息。看着老人浑身湿透，王兴貌决定先行将老人带回蒲州派出所安置。

在蒲州派出所里，王兴貌为老人脱去了沾满泥泞的鞋子，为老人擦净了身体，又递上了热水。老人虽然用温州话模糊地说出了自己的姓名，但却始终无法准确描述。由于温州话一音多义，民警只好将老人的姓名转译成为多个文字，再进行组合。所幸老人的姓氏并不多见，民警经过几番组合，成功“破译”老人的姓名。最终，通过相关系统，王兴貌联系到了老人的子女。

经了解，老人身患老年痴呆症，家住鹿城区。当天早上，老人出门后便不知所终，家人焦急地寻找了一整天，谁知竟迷路走失在龙湾。21时许，老人的儿女来到蒲州派出所看到平安无事的父亲后，激动地对民警连声道谢。

附　　录

文件选录

中共龙湾区委
关于补短板的实施意见

温龙委发〔2016〕44号

中国共产党龙湾区第七届委员会第十次全体会议，认真学习贯彻省委十三届九次全会、市委十一届十一次全会精神，结合龙湾实际，研究讨论了补短板工作，并提出如下意见。

一、总体要求

认真贯彻落实党的十八大和十八届三中、四中、五中全会精神，深入学习贯彻习近平总书记系列重要讲话精神，以“四个全面”战略布局为统领，以“五大发展理念”为指引，以“八八战略”为总纲，紧扣经济、城市、社会“三大转型”，坚持目标导向、问题导向、效果导向，突出高质量、均衡性、可持续，拉高标杆，自我加压，重点补齐科技创新、服务业发展、综合交通、城市化、生态环境、公共服务有效供给、社会治理、改革落地、作风建设九块短板，着力打造温州东部发展主引擎，努力建设迈入全面小康社会的标杆城区。

二、主要任务

（一）补齐科技创新短板。严格对照落实国家高新区评价指标体系，全力推动龙湾区实施创新驱动战略，加快建设推进创新大平台、大项目、大团队、大环境，引导高层次科创要素高度集聚，构建以创新为驱动力的新型发展模式，推进产、学、研、城一体化，使龙湾区成为浙南科技创新的战略高地。到2020年全区R&D经费支出占GDP比重达到2.5%，其中浙南科技城R&D经费支出占GDP比重力争达到3.0%以上，全区高新技术产业增加值占规上工业增加值比重达42%。

1.全力建设科创大平台。高起点、高标准编制浙南科技城规划体系，举全区之力推进浙南科技城建设，打造转型升级主引擎。加快南、北核心区建设，全力建设科技梦想小镇、TOD创客小镇，打造成高端科创资源集聚区。大力发展众创、众包、众扶、众筹空间，实施互联网创新创业基地、创新创业新天地等示范项目，到2020年创建市级众创空间10家以上。吸引国内外各类科技研发、中介服务、创业基金等机构在科技城集聚，促进形成完善的创新创业生态体系。加快旧工业区改造提升和污染企业整治，积极推进企业厂房征迁和落后产能淘汰。强化土地储备、融资保障、招商引资、招才引智等工作，加快推动各类创新要素集聚。到2018年区域内新增科技型企业100家，建成重大科创平台20个以上，实现技工贸总收入200亿元，高新技术产业产值年均增长15%以上。

2.加快集聚高层次人才。实施人才优先发展战略，搭建人才项目引进、科技成果转化、科技金融助推平台，营造吸引人、留住人、成就人的良好环境。推动浙南科技城全力创建省“千人计划”产业园，纳入省人才管理改革试验区。完善高端人才引进机制和激励政策，实施“580海外精英”引进计划、海外工程师引进计划、领军型团队引进计划。推行“人才＋资本＋项目”模式，推进人才资源资本化公司化。完善企业与大学院所联合培养人才机制，加快紧缺型、适用型人才培养。完善人才评价制度，创新高端人才人事编制管理，建立高层次人才动态管理机制。高标准建设人才社区，妥善解决人才项目落地、工商注册登记、人才住房、子女入学、医疗保障等问题。到2018年引进科技创新团队30个，确保“国千”、“省千”人才总量达到40人以上、“市580海外精英”人才30人以上，新增从事科技创新人才1万人，新增高技能人才1700人。

3.努力培育创新新动力。以壮大先进制造业、战略性新兴产业和生产性服务业为重点，加快转换产业发展动力。深化“四换三名”、“三转一市”工作，大力推广“互联网+智能制造”模式，引导传统产业企业从点式发展向链式发展转变。做大做强高新技术产业，重点发展激光与光电、新材料、生命健康三大主导科创产业集群，培育新一代信息技术、新能源环保等新兴科创产业，支持发展生产性服务业，统筹推进通用航空等产业发展，打造若干完整的高新技术产业链。加快建设专业孵化器，创新“创业导师+创业投资+专业孵化”模式，搭建“苗圃—孵化器—加速器”一体化创业孵化链条，到2018年培育孵化器6个以上。引进和扶持领军型科创大企业，孵化培育一批科技型中小微企业，推动创新链和产业链深度融合。整合文昌路沿线科技研发、文化创意等资源，争取2018年前将文昌创客小镇建成省级特色小镇。

4.着力优化科创生态链。深化科技

金融结合示范区建设，设立创业创新投资引导基金、科技成果转化引导基金，鼓励发展天使投资、创业投资和风险投资。支持科技型企业发行中小企业私募债券、在银行间发行债务融资工具，解决轻资产型科技企业融资难、融资贵问题。设立科技企业贷款风险池，加大对技术创新的融资支持。鼓励各大银行设立科技支行，开展特色金融服务。全面落实国家有关科技创新和成果转化政策，建设省级科技大市场试点区，积极推进科技创新产业化。搭建一批关键共性技术研发和转化应用平台，促进关键技术联合攻关和重大装备消化创新。实施科技创新券制度，支持中小企业购买科技服务。建立紧密型产学研同盟，完善多层次成果转化机制，支持企业开展产学研协同创新。加快国家知识产权试点园区建设，促进知识产权保护和有效运用。

（二）补齐服务业发展短板。加强服务业发展规划引领和政策扶持，着力破除服务业发展困局，加快形成以生产性服务业为引领，生活性服务业为补充，新兴服务业加快培育的现代服务业体系。到2020年全区服务业增加值达到260亿元，年均增长11%，服务业增加值占地区生产总值的比重达到50%。

1.大力发展生产性服务业。依托浙南科技城建设，围绕产业链的薄弱环节和价值链高端环节，优先发展生产性服务业。以深化信息应用为切入点，大力发展以电子商务为重点的信息产业，支持各类企业积极开展电子商务应用。发挥好北航研究院、中科院生材所等创新平台的优势和潜能，力争形成一批创新孵化器群，促进科技服务业加快发展。以服务实体经济为根本，引导地方金融组织架构多元化，推动金融、科技、产业“三融合”，不断提升金融服务大众创新万众创业的能力。立足拥空临港、沿海产业集聚基础等条件，大力发展航空物流、保税物流、产业物流等，打造温州东部区域物流中心。

2.加快推进时尚商圈建设。依托城市有机更新，加快时尚商圈（时尚小镇）建设步伐，以特色发展、业态创新、商业街区为卖点，提升发展时尚消费、文化创意、科研孵化等时尚创意产业，培育发展电子商务等新兴业态，促进商贸服务集聚化、生态化、特色化。到2018年“一园区”（世界时尚产品博览园）、“四街区”（兰江路、雁荡东路国际名品直销街区，玉苍东路慢绿文化创意街区，温州大道汽车走廊）、“多点”（时尚研究院、蓝江188时尚创客社区、康乐众创空间、达得利商业广场、时尚邻里购物中心等）基本建成，形成一批时尚产业名人、名企、名牌、名品的集聚区，时尚商圈（时尚小镇）限上消费品零售总额达到50亿元以上，到2020年全区社会消费品零售总额达到510亿元。

3.全力推动旅游业、新兴功能性房地产业发展。围绕打造“温州都市休闲旅游目的地”的目标，重点打造好时尚消费特色主题旅游线、山水人文特色旅游线、乡村生态特色旅游线等三条重点旅游线路，加快实施永昌堡旅游景区创建提升、文昌创客小镇等项目，到2018年旅游接待人数、旅游业总收入分别实现年均增长12%以上。推动房地产与现代服务业融合发展，适当提高商务商业地产的比例，大力发展商务地产、商业地产、创意地产、总部经济地产等新兴功能性房地产业，建好青山控股集团总部大楼、温州机场航空总部大楼、城市中心区G—01地块综合体等项目，为商贸、商务、餐饮、娱乐、旅游、文化创意等行业的发展提供载体。

（三）补齐综合交通短板。按照“大路网、大航空、大物流”的要求，大力推进内外交通基础设施建设，加快建成支撑引领龙湾经济、城市发展的水陆空多元立体、互联互通、安全便捷、绿色智能的现代化综合交通运输体系，到2020年将我区建设成为集航空、港口、高速、轻轨、高铁等交通方式于一体的温州东部综合交通枢纽。

1.建设对外综合交通体系。完善对外综合交通运输体系，配合推进温州龙湾国际机场扩建升级、市域轨道交通、甬台温高速公路复线、228国道、330国道、环山北路等工程建设，配合谋划好金丽温高速东延、温州东至机场公路、218国道、茅永公路改建等一批前期项目，到2018年T2航站楼工程及附属工程基本建成，228国道龙湾段、330国道龙湾段、环山北路建成通车。到2020年实现45分钟交通圈覆盖温州都市核心区中心城区，1小时交通圈覆盖台州、丽水、杭州，2小时交通圈覆盖福州，3小时交通圈覆盖上海、广州、南昌。

2.完善内部交通网络。重点实施温州大道东延、瓯江路东延、瓯海大道东延及枢纽集散系统等城市道路项目，构建“七纵六横”的城市内部道路网，打造区内15分钟交通圈。建设龙瑶大道、建中南街、通海大道西段等道路，完善天城围垦北片、空港通用航空园区、瑶溪北片、中心区刘宅片等片区道路网，加快打通断头路和关键卡口，优化各个片区市政道路网络和区间联系。实施农村公路改造提升工作三年行动计划，建设大罗山龙岗路和天柱寺上山公路，加快双岙路等大罗山联网公路前期工作进度。

3.大力发展公共交通。完善公共交通网络，形成以轨道交通和常规公交为主体，社区巴士、出租车和公共自行车为辅助的区内公共交通体系。推进“公交优先”，加大公交扫盲力度，加快实施街道间的公交专线建设项目，优化公交线路的设置，提高浙南科技城、空港新区等片区的公交便利度。做好常规公交和市域铁路S1线等交通方式之间的衔接，提高公共交通出行分担率。加快公交场站建设，到2020年完成汤家桥公交总站综合体、状元桥公交站工程、朱垟公交停保场等项目。加强公交候车廊建设，改善市民候车环境。加快开通社区巴士瑶溪线，试点推行社区巴士块状经营模式，实现社区巴士街道全覆盖。推进公共自行车系统建设，倡导绿色出行。

（四）补齐城市化短板。坚持协调发展理念，着力解决我区城市化发展中的结构性问题，推进城区面貌根本改善和城市功能品位提升，促进城市发展由粗放向精致转型，到2020年城中村改造任务基本完成，时尚城市、智慧城市建设走在全市前列。

1.有序实施城市修补和有机更新。按照“突出重点、集中发力、连片改造、快出形象”的要求，大力推进城中村改造，同步抓好旧住宅区、旧厂房、旧市场搬迁改造提升。深化无违建先进区和无违建街道创建，构建全覆盖、网格化的违法建筑防控和治理体系，确保存量违法建筑处置“全覆盖”、新增违法建筑“零增长”。强化土地集约节约利用，健全建设用地动态监管制度，切实预防和防止未批即用、批而未征、征而未供、供而未用等现象的发生。深化“空间换地”城镇低效用地再开发，鼓励企业通过兼并、重组盘活空（闲）土地发展新产业、新业态。积极争取国开行、农发行棚户区改造专项贷款，加强PPP合作模式探索和实践，建立完善多层次、多元化、多渠道的城市建设融资体系。全面深化美丽乡村建设，做好历史文化村落保护，深入推进“四边三化”专项整治行动。

2.加快重点区块开发建设力度。提速中心区开发建设，完善区域间规划及开发建设的联动协调机制，加快已规划用地的开发利用速度。加大东联西拓力度，进一步拉开城市框架。加快旧村拆迁改造，实施中心区范围内工业企业的全部拆迁，推进城区有机更新。优化中央绿轴、双岙—龙湾中学绿轴、青山直河绿轴等三大绿轴线，继续推进黄石山雕塑公园、钟秀园等项目，加大水环境综合治理，着力提升中心区生态环境。大力发展月光经济、电商经济、总部楼宇经济和商业金融经济，打造高端商务环境。加快空港新区基础设施建设，完善路网、河网、公共绿化、地下管网等基础设施，做好通用航空产业园等区块的填土造地。加快实施金融、超市、医疗卫生等一批生活配套项目，提速永兴北园安心公寓进程，着力优化生活配套。建好空港新区九年一贯制学校和空港新区一幼等项目，加强与经开区和属地街道的衔接，妥善解决企业员工子女的就近入学问题。科学编制年度供地计划，加大招商引资力度，加快商服用地出让。

3.加强城市精细化管理。以“治五乱”（乱停车、乱占道、卫生脏乱、设施破乱、绿地杂乱）为重点，加大序化、洁化、美化、亮化、绿化工作力度，推进精细化管理扩面提质。坚持从“点、线、面”着手统筹推进，着力打造一批示范亮点道路，辐射带动其他道路整体提升。从“人、车、业”同步考虑，加快推进停车设施和交通设施建设，确保车辆保有量与停车位需求量相适应。建立道路养护机制，完善道路保洁体制、照明管理体制，以网格化管理全面落实市级重点管理路段、主次干道和支路“路长制”。加大对占道经营的管理力度，到2018年实现建成区无违法占道经营行为。探索构建“城市家具”物联网管理系统，对主要道路和商业街区实施精致管理。加强“智慧城管”建设，探索“互联网+”城市管理新模式，提升城市管理信息化水平。进一步整合执法和管理资源，加大综合执法力度，完善城市管理体制。

（五）补齐生态环境短板。按照“绿水青山就是金山银山”的发展理念，加强环境问题综合治理，以景区化理念实施生态保护和环境美化，努力建设绿色家园，到2020年全区污泥浊水和环境“脏乱差”得到根本整治。

1.深入实施“五水共治”。按照“2016年底前十字河站位稳定消除劣Ⅴ类，2017年底前永中站位、屿田站位稳定消除劣Ⅴ类，并实施巩固整治提升防止反弹”的目标，深入实施沿河排放口整治、清淤疏浚、生态修复、科学调水、河面保洁等举措，确保2017年底前实现市控劣Ⅴ类水质断面全面消除。加强源头污染控制，强化涉水污染源整治监管，严厉打击各类环境违法行为。推进河湖库塘清污（淤）工作，实施七项“活水畅流”工程，到2020年实现清淤河道77.72公里、79.5万立方米以上。加大“最后一米”入户纳管力度，改造雨污分流排水系统，开展污水管道错接漏接大排查，实施东片污水处理厂提标改造工程，确保到2016年实现污水“应收尽收”。完善水质维护长效机制，明确污水管网产权管理范围，建立管网设施评价标准，制定管养维护或更新标准，完善污水管网养护工作。

2.推进大气环境综合治理。开展能源结构调整行动，加快推进燃煤锅炉淘汰，加强重油（轮胎油）销售点的取缔和销售渠道的监管。开展机动车污染防治行动，加大黄标车淘汰力度，执行新车和转入车辆环保准入。开展工业污染治理行动，建立大气源排放清单，切实提高大气污染防治的预警评估能力和水平。开展调整产业结构行动，实施重点行业环境准入标准，加快淘汰落后产能，全面推行清洁生产。开展扬尘污染整治行动，全面推进标化工地建设，加强车辆运输扬尘污染管理，落实施工工地和道路扬尘污染防治。开展农村废气控制行动，强化对秸秆焚烧、农业污染、裸地扬尘的有效控制。

3.加大重污染行业整治提升力度。以“关停淘汰一批、集聚入园一批、规范提升一批”的思路，全面推进新一轮以金属表面处理、线路板、移膜革、铸造等四类行业为重点的重污染行业整治。坚决关闭合法手续不齐全、治理无望的企业和生产线，逐年淘汰一批污染物排放强度大、产品附加值低的落后产能。严格执行空间、总量、项目“三位一体”环境准入制度，推动符合行业和环境准入条件的企业入园，工业园区外原则上不再新上该类项目。推动重污染行业企业改造、置换和兼并重组，引导企业节能减排、循环低碳和清洁生产，提高绿色发展水平。建立健全长效监管机制，依法查处整改不到位、防治污染设施运行不正常的企业，到2018年底前，基本解决区域性行业污染问题。

（六）补齐公共服务有效供给短板。坚持共享发展，保基本、促公平、提品质、优功能，创新公共服务提供方式，增加公共服务供给，着力保障和改善民生，让群众享有更好的教育、更高水平的医疗卫生服务、更可靠的社会保障，切实增强群众获得感。

1.提升基础教育水平。优化教育资源布局，中心区区域重点突出建设一批现代化学校和品牌窗口学校，浙南科技城区域重点突出国际学校和优质学校建设，空港新区和状蒲片区域重点突出义务教育学校和幼儿园建设，到2018年培育成功“新优质学校”7所，升等创特学校30所。深化教师队伍建设，优化骨干教师梯队培养模式，到2018年培育成功100个名师工作室，评选150名区级“三名”、“三坛”、学科骨干，完成全区教师全员岗位提升培训和600名骨干高端培训，培育一批“龙湾名校、龙湾名校长、龙湾名师”。加快优质教育资源量的扩展，通过集团办学、委托办学、引进办学等形式内引外联，组建四大集团校和十大学校发展共同体，到2018年实现优质资源供给大幅增加。进一步规范新居民子女学校，全面抬高义务教育的底部。优化民办教育政策，加大政府购买服务扶持力度，带动民办教育的发展。

2.优化医疗卫生服务。加强医疗资源优化调整，鼓励民办医疗机构发展，进一步完善医疗服务体系，到2020年全区千人床位数、医生数、护士数分别达到6张、3.5人、3.6人，全面建成“20分钟医疗卫生服务圈”。按照“填平补齐”原则，加强区级医院和基层医疗机构建设，组建以区第一人民医院为核心和各街道社区卫生服务中心为网点的医疗集团，推进区、街、村卫生一体化综合管理改革，到2018年社区卫生服务中心标准化建设率达到100%。深化“双下沉、两提升”工程，全力推进基层首诊、双向转诊、急慢分治、上下联动的分级诊疗模式，构建合理有序就医新秩序。全面落实医师多点执业政策，紧抓责任医生签约服务工作，不断提高户籍人口规范签约率。夯实基层医务人员队伍，加大基层卫技人才培养和医疗人才引进力度，探索取消医疗卫生事业单位职称等级指标比例和放宽考录的政策性限制。加快提升医学科研和学科建设水平，充分发挥医疗资源集聚辐射优势，努力打造龙湾特色生命健康产业园。

3.健全养老服务体系。大力发展老龄事业，试点开展农村老人公寓建设，加快区综合福利院和区社会福利中心等项目建设。完善全民参保登记，基本实现法定人员全覆盖，不断完善被征地农民养老保险制度，推进社会养老保险、医疗保险与养老服务融合发展。大力推广医养结合试点，引导医疗资源进入养老服务领域。支持发展养老产业，推广“金色小镇”等养老示范项目，鼓励和引导社会力量参与养老机构建设，形成以居家养老为基础、社区养老为依托、机构养老为补充的养老服务体系，到2020年全区每百名老人拥有养老机构床位数达6张。

（七）补齐社会治理短板。坚持重心下移、关口前移，大力加强基层依法治理工作，推进治理体系和治理能力现代化，巩固党在基层的执政基础，切实维护基层和谐稳定。

1.加强基层基础建设。理顺街道体制机制，优化街道职能配置，配好配强街道领导班子，提升街道抓好基层工作的能力。按照省委关于街道探索建设四个平台的要求，推进街道社会服务管理中心运行模式改革，延伸街道社会服务管理中心资源，推进村（社区）、企业综治工作站建设。积极开展“互联网+社会治理”，统筹推进区、街道社会治理综合指挥平台和综治视联网平台建设，让基层社会治理触“网”升级。全面推进基层党组织建设，发挥好村级党组织坚强领导核心作用。加强基层党组织书记和村两委队伍建设，充分发挥基层带头人作用。加强基层自治组织建设，规范老年人协会等民间组织。

2.织密公共安全防控网。完善和落实安全生产责任和管理制度，实施智慧安监工程，突出抓好重点领域安全隐患整治和重点行业的安全生产。全面改造提升居住出租房、合用场所消防安全状况，建立健全长效机制，强化人防物防技防措施。强化大型群众性活动、人员密集场所和火灾隐患的安全防范，做好突发公共事件应急处置。全力推进社会治安防控“五张网”建设，健全完善治安防控分析研判、实战指挥、部门联动、区域协作工作机制。持续开展“清风”专项行动，依法惩治各种违法犯罪活动。建立完善打击治理通讯（网络）新型违法犯罪工作机制，进一步形成工作合力。加大对地霸、村霸、路霸打击力度，坚决拔除基层黑恶势力。深化物联网社会治安模式，健全实有流动人员和出租房登记管理动态管控机制。广泛组织开展社会治安群防群治工作，形成全民参与大巡防格局。

3.推进矛盾纠纷化解。丰富和发展“枫桥经验”，健全区、街道、村三级矛盾源头预防处置机制，完善覆盖城乡的调处化解网格。深入推进社会风险排查化解管控工作，围绕不稳定因素突出的劳资、债务、土地征用、拆迁安置、环保等重点领域，深入排查重大矛盾纠纷。严格落实信访工作责任制，完善信访领导包案制度，深入开展领导干部下访接访，加大积案化解和非访防控力度。推动人民调解向矛盾纠纷多发易发的行业和领域延伸，构建人民调解、行政调解、司法调解联动的“大调解”体系。加大源头治理力度，推进落实重大决策社会稳定风险评估，做实源头防范。

（八）补齐改革落地短板。紧紧围绕“防风险、保增长、促转型、惠民生”目标，全面深化供给侧改革，加强制度供给，破除影响发展的体制机制障碍，进一步释放改革新红利。

1.推进重点改革项目落地见效。以经济体制改革为重点，聚焦体制机制问题，充分发挥经济体制改革牵引作用，带动农村“三权”制度、行政审批制度、生态文明体制、司法体制机制、区域统筹发展机制、民办社会事业制度等领域改革协同推进。突出“民”字号改革，努力创造更广阔的空间和宽松的环境，激发民间投资热情，推进民营经济提升，促进民办事业发展。全力抓好现有的国家级、省级改革试点，积极争取各类有含金量的改革新试点，结合实际进行大胆探索实践，形成一批相对成熟、能够推广的模式和经验，打造一批全市乃至全省有影响的“龙湾样板”。

2.健全改革推进机制。建立主体责任机制，明确领导干部的领衔责任、改革试点单位的实施主体责任、有关部门的指导主体责任，形成上下贯通、层层负责的责任链条。完善容错免责机制，严格区分干部改革失误与失职渎职行为，鼓励改革、允许试错、宽容失败。建立改革项目退出机制，坚决清理“僵尸试点”，引导资源要素向重点改革项目集中。完善改革评价体系，健全领导干部改革实绩考核制度，探索第三方评估机制。

3.打通惠民惠企改革政策落地的“最后一纳米”。制定惠民惠企政策清单，健全落实机制，明确政策事项、享受标准和服务流程，广泛宣传、强化执行，切实降低企业成本，方便群众生活，给群众和企业带来实实在在的实惠。

（九）补齐干部作风短板。高度重视作风建设，持续发力正风肃纪，扎实推进各项专项治理，着力构建科学规范、系统完备、长效管用的作风建设制度机制体系，推动全区作风效能整体水平提升。

1.凝聚干部的发展信念。大力开展“两学一做”学习教育，切实增强党员干部政治意识、大局意识、核心意识、看齐意识，提高各级干部对“五大发展理念”、经济发展新常态等大局大势的把握能力，以及利用最新理论成果解决我区实际问题的能力。做好条例和准则的学习宣传、贯彻落实工作，以“六项纪律”为尺子，把监督执纪各项工作做深做细做实，切实维护党规党纪的权威性、严肃性，养成党员干部纪律自觉。

2.增强干部的担当意识。扩大实绩记实和公示公议范围，制定龙湾区关于激励干部干事创业治理为官不为的相应制度，对不胜任、影响工作大局的坚决予以调整。健全“督查催告、督查约谈、督查警示、督查追责”四级督查约束机制，对督查中发现的问题的单位和个人，严格按照工作职责和时限节点要求，予以督促约束。

3.提升干部克难攻坚能力。健全责任落实机制，对重点工作实行责任捆绑，形成横向到边、纵向到底的责任网络。深化“效能龙湾 361°服务”活动，发挥龙商回归投诉中心作用，严肃整治干部作风问题。加大简政放权力度，推行“互联网+”政务运作模式，实现公共服务提速提效。扎实开展“三问干部、如何担当”大讨论活动，继续深化“千人双评议”活动，狠抓行政问责、审计监督和效能监察，强化干部进取精神。

4.从严整治“四风”痼疾顽症。严格执行中央八项规定精神和省委、市委要求，紧盯年节假期等重大节日，严格查处力度，坚决刹住顶风违纪行为。密切关注“四风”新动向新表现，畅通社会各界反映问题渠道，开展专项清理整治。按照两部法规要求，建立健全规范党政机关、党员干部行为的相关制度，坚决堵塞制度漏洞。密切关注政府采购中出现的各类投诉，坚决遏制腐败现象的滋生，努力创造公开、公平、公正的交易环境。

三、加强领导

各级各部门要切实把思想行动统一到区委决策部署上来，认真研究和推动本地区本领域补短板工作。发挥人大、政协一线作用，加大对补短板工作的监督和推动力度。大力推进政府自身建设，强化各街道各部门补短板主体责任和职能。政府各有关部门要细化目标和责任，加快制定补短板具体方案和行动计划，明确路线图、时间表、责任人。建立督查考核机制，制定明确的奖惩办法，对工作成效显著的给予褒奖，对工作不力的要严格问责。按照“抓当年、谋明年、想三年”思路，深入组织实施系列“三年行动计划”，做到补短板工作主题化、载体化、具体化。各级领导干部要转变理念，创新思路，勇于担当，克难攻坚，不折不扣执行区委作出的重大决策部署，打通工作落实“中梗阻”。强化社会舆论与社会心态引导，充分调动社会各方面力量，共同参与到补短板工作中来，形成齐抓共促的强大合力和浓厚氛围。

龙湾区“十三五”规划纲要（摘要）

为全面落实党的十八届五中全会、省委十三届八次全会和市委十一届十次全会精神，根据《中共龙湾区委关于制定龙湾区国民经济和社会发展第十三个五年规划的建议》，制定《龙湾区国民经济和社会发展第十三个五年规划纲要》。本纲要主要明确龙湾区未来五年战略方向，突出政府工作重点，引导市场主体行为；是编制龙湾区各级各类专项规划、制定政策和年度工作计划的主要依据；是全区人民共同奋斗的行动纲领。

一、“十二五”回顾与“十三五”形势

（一）“十二五”发展回顾

“十二五”以来，全区上下在区委、区政府的正确领导下，坚持以科学发展观统领国民经济社会发展全局，认真贯彻中央和省委、市委各项决策部署，沉着应对宏观经济形势变化和地方金融风波，围绕赶超发展战略目标，突出转型升级主线，打出了一系列改革发展组合拳，经济社会保持平稳健康发展，“十二五”规划目标总体上顺利实现。

1.经济实力稳步增强。2015年，地区生产总值（区本级[本规划纲要所有数据的统计口径为龙湾区本级（六个街道），以下不再备注。]）达到370.9亿元，“十二五”年均增长9.0%；按户籍人口计算的人均地区生产总值达到162390元，跨入2万美元大关；一般公共预算收入达到22.63亿元。

2.产业升级步伐加快。“十二五”时期，全区三次产业结构由2010年的1.76 66.7 31.54，调整为2015年的0.6 58.1 41.3，网络经济、现代物流、创意时尚等现代服务业快速发展。激光与光电、先进装备制造等战略性新兴产业不断壮大；2015年高新技术产业增加值占规模以上工业增加值比重达到30.8%；五年累计新增高新技术企业46家，新获国家发明专利授权12755件，成功获批国家级高新技术产业开发区，创成省级创新型试点城区。引进中科院温州生物材料与工程研究所，兰州理工大学温州科技园启动建设，温州海洋科技创业园开园投用，源大创业园、蓝江软件园创成省级孵化器，创新驱动力不断增强。

3.城乡建设全面提速。“十二五”时期，全区累计固定资产投资达到1134.36亿元，是“十一五”的4.2倍。市域铁路S1线龙湾段、瓯江南口大桥南接线、瓯海大道东延及枢纽集散系统等工程加快推进，交通枢纽地位进一步凸显；能源、水利、市政等基础设施条件极大改善，智慧城市建设走在全市前列。城市中心区、空港新区和状蒲片开发（改造）提速，浙南科技城启动建

设；一批集聚城市人气的高品质商业和住宅项目落成，城市要素集聚力和区域辐射力明显提升。实施城中村改造项目57个、面积348万平方米，涌现出“教新样板”等先进典型；改造旧住宅区271万平方米，永中桦组团、蒲州天鹅湖社区创成示范样板小区。深化“千百工程”，创成美丽乡村精品线1条、省级美丽宜居示范村4个、市级精品（特色）村12个。

4.环境质量整体提升。“十二五”时期，龙湾区节能减排全部完成“十二五”目标任务，发展方式加快转变。大力推进“811”环境污染治理，电镀、化工等重污染高耗能行业通过整治验收，合成革生产线削减53%。实施永中中心工业区、温州八中周边等重点区域环境综合整治，空气质量不断改善。“五水共治”大力推进，完成东片防洪一期等水利项目，污水管网实现全覆盖。建成黄石山、茅竹岭、钟秀园等70多个公园，绿化造林1198公顷，新增绿地1333公顷，建成海洋公园红树林60公顷，人均绿地面积实现由“一张床”到“一间房”的跨越。深化“两无三化”“四边三化”“三改一拆”行动，创新“一把扫帚扫到底”机制，配合创成国家卫生城市、国家环保模范城市、国家园林城市、国家森林城市，获得省级示范文明城区称号。

5.社会民生显著改善。“十二五”时期，龙湾区基本公共服务体系更加健全，民生服务水平稳步提升，财政民生支出占一般公共预算支出比重不断提高。2015年，城镇和农村常住居民人均可支配收入分别达到44359元和26800元，五年年均分别增长9.5%和10.3%，城乡收入比降至1.66：1。社会保障水平不断提升，率全市之先实行城乡居民大病保险制度；最低工资、五保供养、最低生活保障标准逐年提高。万人公交拥有率达到11标台，实现行政村2公里公交全覆盖。依托物联网技术加强社会治安立体管控，强化网格管理，安全生产形势保持平稳，食品安全状况明显改善，成功实现平安“六连创”。温州八中、永强中学、永兴一小、瑶溪六小、附二医龙湾分院、医学院口腔医院、区图书馆、温州奥体中心、区便民服务中心等一批民生服务项目建成投用（或开工建设），社会公共服务网络更加健全。创成全国义务教育均衡发展区、中国书法之乡、省级卫生强区、省级体育强区、省文化先进区。

6.改革开放走在前列。“十二五”时期，龙湾区改革开放走在全市前列。在全市率先建立“三公”经费网上申报制度。简政放权成效显著，浙江政务服务网龙湾站正式上线，累计清理行政权力4398项，减权比率达55.61%；深入推进商事登记制度改革和“负面清单”外企业投资项目不再审批改革试点。设立了温州第一个科技金融服务中心，全市首创科技支行、科技小额贷款公司，首推科技保险第一单；实现“新三板”上市零突破。社会力量办学办医、民政综合改革试点、农村产权制度等改革进一步深化，荣获“全国农村集体三资管理示范县”国字号金名片。温州龙湾国际机场的开放引领作用不断凸显；2015年外贸进出口总额达到28.23亿美元，青山贸易回归成为全市温商回归和外贸新亮点。

取得成绩的同时，也应看到龙湾区“十二五”阶段暴露的问题：一是经济换挡进入新常态。地区生产总值“十二五”年均增长率（9.0%）比“十一五”（10.4%）降低了1.4个百分点，已进入中高速增长区间；实体经济的“三大风险”（金融<信用>风险、房地产风险、企业经营风险）仍未消除，企业投资意愿降低。二是产业“转型阵痛”仍将延续。我区劳动密集型、资源密集型产业的路径依赖仍较大，彻底转向技术和资本密集型产业不是一个短期过程；人才等要素制约了创新驱动力的形成。三是城市功能和辐射力有待提升。城市形态、功能、环境、管理服务等，与群众期盼和高端要素集聚要求仍有差距；城中村改造任务艰巨。四是资源要素制约进一步加大。人居环境距离群众期盼还有差距；资源环境对传统产业的发展约束进一步加大；土地、资金要素制约加剧。五是民生服务供需仍有缺口。群众对美好生活的向往诉求不断增加，社会民生服务水平仍需进一步提高。六是改革开放仍需加力。全面深化改革走在前列的同时，重大突破仍比较有限；招商引资压力较大，缺乏高能级开放合作平台。

（二）“十三五”面临形势

“十三五”时期，国际经济在深度调整中曲折复苏，国际金融危机深层次影响在相当长时期内依然存在；国际地缘政治、贸易格局、产业格局、技术环境等将深刻变化。我国正处在全面建成小康社会决胜阶段，经济长期向好基本面没有变，但问题仍然突出，未来五年是中国能否跨越中等收入陷阱的攻坚期，是确保经济发展方式转变取得实质性进展的关键五年。浙江省进入转型发展“突围”阶段，将为实现“四个翻一番”、建设“两富”“两美”现代化浙江而全面攻坚。温州市将加快转型发展，努力建设民营经济创新发展示范城市、东南沿海重要中心城市、迈入全面小康社会标杆城市。在此背景下，龙湾区未来五年迎来挑战与机遇并存的“三个关键发展阶段”：

一是城市崛起关键阶段。“有区无城”局面基本扭转后，“十三五”时期，我区将进一步向“城市崛起”迈进。作为温州城市向东拓展的主战场，将充分依托国家高新区（浙南科技城）、温州龙湾国际机场等战略资源，不断集聚人口和各类中高端要素资源，加快崛起一座宜居宜商宜业之城。

二是转型升级突围阶段。“十三五”时期，依靠低成本劳动力、资源环境过度消耗的粗放式增长必须尽快转向依靠“创新驱动”的集约式、高质量、高效率增长，工业经济迫切需要提质增效升级。同时，按照工业化发展阶段判断，未来五年我区服务业比重将快速提升，特别是生产性服务业进入加速发展期。

三是高水平小康社会建设攻坚阶段。“十三五”时期，以改善生活质量为主的居民消费将全面升级，以高水平均衡优质为主的公共服务需求将大幅增加，我区将开启高水平建设小康社会的新征程。

“十三五”时期挑战与机遇并存，在面临金融风险、产业更新阵痛、新型城市化与人口集聚压力、人才不足、资源环境约束、人口老龄化等一系列挑战的同时，更迎来了加快发展的重大机遇：一是改革创新机遇。把握国家供给侧改革、简政放权、市场活力被全面激发的机遇，依托国家高新区（浙南科技城）的创新要素集聚力，全面推进“大众创业、万众创新”，带动我区产业升级和城市更新。二是东部开发机遇。未来五年，温州由“瓯江城市”加快迈向“东海城市”，都市区东部将成为重点开发区域和新增长极，我区机遇空前。三是交通跨越机遇。把握我区综合交通体系加快形成的机遇，围绕空港、交通枢纽等“发展极”，谋划战略性项目，促进城市能级提升。四是扩大开放机遇。把握国家“一带一路”、自由贸易区等新一轮扩大开放机遇，在空港保税物流、国际会展等领域有所作为，谋划一批高能级开放合作平台，以开放促发展。五是空间拓展机遇。把握浙南科技城建设和城中村改造带来的城镇低效用地再开发机遇，以及大量沿海围垦土地可利用机遇，全面破解用地制约。六是消费转型机遇。我区鞋服、眼镜、制笔等轻工产业集群基础扎实，休闲旅游资源丰富，居民消费力强，市场腹地大，有条件在当前消费模式转型、“互联网+”和时尚产业发展中占得先机。

二、“十三五”总体要求与发展目标

（一）总体要求

“十三五”时期，龙湾区经济社会发展的指导思想是：高举中国特色社会主义伟大旗帜，以邓小平理论、“三个代表”重要思想、科学发展观为指导，深入贯彻习近平总书记系列讲话精神，以“四个全面”战略布局为统领，以“五大发展理念”为引领，以“八八战略”为总纲，以“干在实处永无止境，走在前列要谋新篇”为新使命，以“创新龙湾、品质龙湾、国际龙湾、绿色龙湾、幸福龙湾”为战略重点，主动把握和积极适应经济发展新常态，坚持把创新转型贯穿于经济社会发展全过程，加快形成引领经济发展新常态的体制机制和发展方式，统筹推进经济建设、政治建设、文化建设、社会建设、生态文明建设和党的建设，加快建设浙南科技城，着力打造温州东部发展主引擎，迈入全面小康社会标杆城区，为率先基本实现现代化奠定更加坚实的基础。

“十三五”时期，要坚持创新、协调、绿色、开放、共享“五大发展理念”：

坚持创新发展。将创新摆在经济社会发展更加突出的地位，强化科技创新、制度创新、文化创新等的引领作用；加快产业转型升级，形成主要依靠创新驱动的现代产业体系；推进供给侧结构性改革，以新供给创造新需求。

坚持协调发展。增强城市发展的系统性、有机性、协调性，着力解决城市发展中的结构性矛盾。优化城市和产业空间布局，促进三次产业协调发展；统筹推进物质文明和精神文明建设、经济建设和社会发展，补齐发展短板，不断增强发展协调性和整体性。

坚持绿色发展。深化“绿水青山就是金山银山”发展理念，加快转变以资源过度消耗、环境破坏为代价的粗放式增长模式，大力推进绿色发展、循环发展、低碳发展，继续推进环境综合整治，全面营造生态宜居的城乡人居环境。

坚持开放发展。顺应经济全球化和区域经济一体化发展趋势，不断丰富开放内涵，促进对外开放和区域合作模式转型，完善法治化、国际化、便利化的营商环境，打造高能级的开放合作平台。

坚持共享发展。坚持发展为了人民、发展依靠人民、发展成果由人民共享，使全体人民在共建共享发展中有更多获得感；优化公共服务供给模式、社会治理方式等，使全体人民共同拥有发展机会、共同创造各种财富、共同分享社会福祉、共同构筑幸福生活。

（二）发展目标

“十三五”的发展目标是：开创新常态下龙湾经济社会发展新局面，努力建设迈入全面小康社会的标杆城区，打造温州东部发展主引擎，加快迈向“创新龙湾、品质龙湾、国际龙湾、绿色龙湾、幸福龙湾”。至2020年，龙湾区地区生产总值达到520亿元，年均增长7%以上；人均地区生产总值（按户籍人口计算）达到22万元人民币；城镇常住居民人均可支配收入和农村常住居民人均可支配收入分别达到65000元和41000元，年均分别增长8%和9%，上述四个指标分别比2010年翻一番；一般公共预算收入达到30亿元，年均增长6%。

“十三五”分领域目标是：

1.基本建成温州东部发展主引擎。至2020年，建成东部综合交通枢纽，和更加完善的能源、市政、防灾减灾、智慧城市基础设施体系；龙湾区作为两大省级产业集聚区的“生产性服务业枢纽”地位基本确立；产城融合加快发展，城市功能显著提升，人口加快集聚，建成一批高能级的产业平台、创新平台、开放平台；限上固定资产投资达到490亿，年均增长10%左右。

2.加快迈向创新龙湾，成为浙南创新创业最活跃的城区。至2020年，以全面深化改革不断创造“制度红利”，科技创新和商业模式创新蔚然成风；浙南科技城基本成型，成为全市创新主平台，国家高新区有较大排名进位；科技创新资源和人才要素加快集聚，“大众创业、万众创新”氛围浓郁，创新的投入产出效率更高。产业全面提质增效升级，形成一批初具竞争力的新兴产业集群；R&D经费支出占GDP比重达到2.5%，万人发明专利授权量达到4.5件，高新技术产业增加值占规模以上工业增加值比重达到42%。

3.加快迈向品质龙湾，成为全市统筹协调发展示范区。至2020年，经济社会发展的系统性、协调性程度增强，城市品牌、文化品位、生活品质不断提升。经济结构进一步优化，三次产业结构调整为0.3∶49.7∶50；物质文明与精神文明协调发展，文化软实力显著提升；城中村改造取得明显成效，加快步入以人为本的新型城市化轨道，户籍人口城市化率达到75%；具有龙湾特色的现代化社会治理体系日益完善，治理法治化、制度化、规范化、程序化、信息化水平不断提高；城市粗放式增长模式加快转型，时尚城市、智慧城市建设走在全市前列。

4.加快迈向国际龙湾，成为“温州的上海虹桥”。至2020年，参与国家“一带一路”建设取得成效，形成“优进优出”的新型贸易和投资结构；外贸进出口总额达到40亿美元，年均增长8%。围绕温州龙湾国际机场和空港新区，在保税物流、进口商品贸易、跨境电商、通用航空、国际会展等领域搭建一批高能级开放合作平台；形成浙南科技城国际化社区，开放包容的文化氛围

表71　　龙湾区“十三五”规划经济社会发展主要指标表

序号	指标名称		单位	2015年		2020年目标		指标属性
				绝对数	增长率(%)	绝对数	增长率(%)	
1	地区生产总值		亿元	370.9	10.2	520	7以上	预期性
	三次产业结构		—	0.6：58.1：41.3		0.3：49.7：50		
2	人均地区生产总值		元	162390	10.1	220000	7以上	预期性
3	一般公共预算收入		亿元	22.63	8	30	6	预期性
4	限上固定资产投资总额		亿元	305.56	14.1	490	10左右	预期性
5	社会消费品零售总额		亿元	331.25	11.9	510	9	预期性
6	R&D经费支出占GDP比重		%	1.5	—	2.5	—	预期性
7	高新技术产业增加值占规模以上工业增加值比重		%	30.8	—	42	—	预期性
8	万人发明专利授权量		件/万人	3.3	—	4.5	—	预期性
9	外贸进出口总额		亿美元	28.23	7.5	40	8	预期性
	出口总额			18.71	-2.0	24	5	
	进口总额			9.52	33	15	10	
10	累计实际利用外资		万美元	[4997]	—	[20000]	—	预期性
11	城市化率	常住人口城市化率	%	90.39	—	90以上	—	预期性
		户籍人口城市化率		69.6	—	75	—	约束性
12	城镇常住居民人均可支配收入		元	44359	8.6	65000	8	预期性
	农村常住居民人均可支配收入			26800	9.3	41000	9	
	城乡居民收入比		—	1.66：1		1.59：1		
13	万元GDP能耗		吨标准煤	能够完成目标		完成上级下达目标		约束性
14	万元GDP用水量		立方米	41.11*	[-18.4]*	完成上级下达目标		约束性
15	万元GDP二氧化碳排放量		万吨	0.74*		完成上级下达目标		约束性
16	主要污染物排放量	二氧化硫	吨	能够完成目标		完成上级下达目标		约束性
		COD	吨	能够完成目标				
		氨氮	吨	能够完成目标				
		氮氧化物	吨	能够完成目标				
17	空气质量	PM2.5平均浓度	微克/立方米	43	—	≤39	—	约束性
		城市空气质量优良率	%	85	—	>87	—	
18	全区河流Ⅰ—Ⅲ类水质断面比例		%	25	—	75	—	约束性
19	城镇新增就业人口		万人	0.6	—	[3.5]	—	约束性
20	义务教育等级学校占比		%	78	—	≥95	—	预期性
21	每千人口执业（助理）医师数		人	2.0	—	3.5	—	预期性
22	每百名老人养老机构床位数		张	0.9	—	6	—	预期性
23	城镇保障性安居工程建设		万套	—	[1]	—	约束性	
24	亿元生产总值生产安全事故死亡率		人/亿元	0.1	—	0.06	—	约束性

注：1、[ ]内为五年累计数；2、*表示数据为2014年；3、人均地区生产总值、每百名老人养老机构床位数为户籍人口口径，其他为常住人口口径；4、地区生产总值、人均地区生产总值绝对值按现价计算，速度按可比价格计算；5、“义务教育等级学校”指公办口径。

不断凝聚；区域合作水平迈上新台阶，营商环境更加优化，城市的国际化开放程度显著提升。

5.加快迈向绿色龙湾，成为人居环境综合治理的先进城区。“十三五”比“十二五”的环境治理再上新台阶，生态环保设施体系健全，水体和空气质量显著提升，城市形象大为改善，人居环境品质显著提升；初步形成节约能源资源和保护生态环境的产业结构、增长方式和消费模式，全社会生态文明理念不断强化。至2020年，确保完成上级下达的节能减排减碳总量及强度控制目标；全区河流Ⅰ—Ⅲ类水质断面比例达到75%；PM2.5平均浓度进一步降低。

6.加快迈向幸福龙湾，成为全市公共服务水平提升最快的城区。至2020年，力争在促进城乡统筹、社会和谐、群众安居乐业上取得更大成就。教育、医疗卫生、文化、体育、社会保障等公共服务体系更加完善，服务水平大幅提高，社会公平正义得到弘扬，人民群众幸福感显著提升。城乡常住居民人居可支配收入快速增长，城乡收入差距缩小到1.59∶1左右，社会分配更加公平，人民群众的获得感更加明显。就业质量不断提升；学前教育、义务教育水平明显提高；每千人口执业（助理）医师数达到3.5人，每百名老人养老机构床位数达到6张。

三、建设温州东部发展主引擎

加快打造东部综合交通枢纽，完善基础设施体系，优化区域板块布局，促进产城融合发展，特别突出龙湾作为两大省级产业集聚区生产性服务业枢纽的功能，加快龙湾从城市东部的“地理中心”迈向“功能中心”，全面增强要素集聚力和城市辐射力，建设温州东部发展主引擎。

（一）打造东部综合交通枢纽

1.建设对外综合交通运输体系。围绕发展大航空、大港口、大通道、大物流，推进对外综合交通运输体系建设，配合做好温州龙湾国际机场扩建升级、市域轨道交通、甬台温高速公路复线、金丽温高速东延线等工程建设，强化与鹿城、洞头、乐清、瑞安等周边地区交通设施互联互通，将我区建设成为集航空、港口、高速、轻轨等交通方式于一体的温州东部综合交通枢纽，加快融入1小时省内交通圈。

2.完善内部交通网络。重点实施温州大道东延、瓯江路东延、环山北路龙湾段、瓯海大道东延及枢纽集散系统、茅永公路改建等城市道路项目，构建“七纵六横”的城市内部道路网，打造区内15分钟交通圈。完善各个片区市政道路网络和区间联系，建设温强路、龙瑶大道、建中南街、通海大道西段，以及天城围垦北片、空港通用航空园区、瑶溪北片、中心区刘宅片等片区道路网。加快打通断头路，新建一批过街设施，强化停车设施建设管理。

3.大力推进“公交优先”。加快提高城乡公交出行分担率，缓解城市拥堵，减少尾气排放。加快形成以轨道交通和常规公交为主体，社区巴士、出租车和公共自行车为辅助的区内公共交通体系。优化常规公交线路设置，提高浙南科技城、瑶溪南片、空港片等片区的公交便利度。优化市域铁路S1线、S2线与常规公交的线路衔接，建设快速公交（BRT）项目。建成汤家桥公交总站综合体，实施朱垟村停保场项目。加快公共自行车系统建设，倡导绿色出行方式。

（二）打造东部生产性服务业枢纽

充分发挥龙湾区位交通优势和服务功能集聚优势，努力打造为两大省级产业集聚区和周边产业功能区服务的“生产性服务业枢纽”。“十三五”重点培育、延伸“六条生产性服务链”，形成以生产性服务业为引领，生活性服务业为补充，新兴服务业加快培育的现代服务业体系。

1.延伸六条生产性服务链。围绕制造业产业链的薄弱环节和价值链高端环节，培育发展研发设计、服务外包、电子商务、总部商务、融资租赁、科技金融、现代物流、检验认证、营销会展、品牌运营等生产性服务业。对贡献大、效益高的生产性服务企业，给予享受高技术企业政策。重点发展：

研发创新服务链。以浙南科技城为主载体，加快集聚各类科研与技术服务平台、各类创业服务机构，形成技术外包与研发服务、成果转化、技术转让与推广、检验检测、技术咨询、专利服务、大数据与信息服务、互联网创业服务、管理咨询等研发创新服务链。（详见第四章）

商贸物流服务链。大力发展航空物流、保税物流、产业物流等，积极引入国内外物流及快递龙头企业在空港周边设立区域分拨中心，打造覆盖城市东部的综合物流服务网；促进电子商务与现代物流的联动发展。积极发展为两大产业聚集区的高端装备制造、优势轻工产业等服务的现代商品交易市场和仓储服务基地。

科技金融服务链。完善科技投融资体系，打造温州科技金融试点区。建立2—3支针对不同创业阶段的政府性创业引导基金、产业发展基金。大力引进国内外知名的科技金融机构，形成天使基金、风险投资、私募基金、互联网金融、小额贷款公司等互为补充的科技金融业态结构。强化金融与科技项目对接，完善科技项目信息库、高新技术项目发布和融资对接机制。推行专利权质押融资贷款和科技保险，探索“科技型中小企业集合债”等科技债券。发挥我区科技支行、科技小额贷款公司作用，建立健全科技金融贷款风险补偿机制。大力发展上市服务，鼓励专业型上市辅导企业发展。

总部商务服务链。积极发展总部经济，鼓励龙头企业在我区建设区域性总部，吸引各类企业的管理总部、研发总部、运营总部等入驻我区总部楼宇。支持会计、律师、传媒、咨询、设计、勘查、外贸、信息等商务服务业发展，提升服务层次和水平。大力发展通用航空服务，使龙湾成为浙南商务（公务）飞行服务基地。

人才教育服务链。依托温州市委党校、温州电大、浙南科技城的科研院校机构等平台，积极发展人力资源服务外包，引进培育一批人力资源系统解决方案综合服务商、一批基于互联网的人力资源服务商等；支持创业辅导、儿童及青少年教育、职业培训、网络教育、社区教育、教育投资等教育咨询与培训服务类企业发展；在浙南科技城谋划建设龙湾区中等职业技术教育中心等职教项目。

会展经济服务链。依托新国际会展中心（待建），引入会展管理运营、场馆服务、广告媒体、配套服务等会展上下游配套企业，延伸会展产业链。大力发展会展电子商务，实现实物展览和网上展览交易相互补充。大力培育有影响力的国际会展品牌，支持会展企业与国际知名会展企业建立长期合作关系，提升国际化办展水平。

2.提升发展生活性服务业。立足于提升我区群众生活质量，大力发展商业购物、住宿餐饮、休闲娱乐、物业服务、健康服务、公共交通、社区服务等生活性服务业，完善服务体系，优化服务结构，提高服务品质。

完善城市商业网点体系。打造城市中心区主商圈和蒲州片上江路、状元片龙腾路、永中旧城等若干个商业次中心；打造蒲州名品直销街、罗东大街商业步行街、振中街女人街、寺前商业街、永中西路商业街、永宁西路金融一条街、龙水窗帘特色街、温州大道汽车消费街等特色商业街区。谋划S1线文昌路站、龙腾路站、万达广场（奥体中心）站、永强站、机场站的上盖物业和周边商业开发，发展“地铁经济”。引导社区商业中心布局，优化业态结构，为社区居民提供就近方便、价廉物美、服务多样的商业服务。

大力发展时尚消费。力争引入空港时尚免税店，建设进口时尚名品交易中心；建设龙湾时尚商圈，打造世界时尚产品博览园、慢绿文化创意街区、国际名品直销街区等；在汤家桥周边打造时尚订制消费街区、工厂直销体验店等时尚消费平台；打造万达金街、罗东大街等夜市消费街区。

（三）打造“四大功能板块”

着力打造浙南科技城板块、都市中心板块、临空经济板块、时尚创意板块“四大功能板块”，优化空间布局，促进“北创新、南崛起、东拓展、西更新”。

1.北创新，打造浙南科技城板块。范围为北至瓯江、南至瓯海大道、西至茅竹岭、东至滨海大道。围绕“立足温州、辐射浙南、影响全省”目标定位，将浙南科技城打造为以科技创新为导向的国家级产城融合示范区。按照“五年基本成型”要求倒排建设任务，按照“中间突破、两翼拓展”和“一心七园”的单元式科创城区布局分步骤推进改造建设。“十三五”期末，确保完成南启动区块建设，力争完成北启动区块建设；全面推进黄石山以南的科创综合服务单元、瑶溪北片国际创新单元的城中村改造和科创载体建设，创成省级生命健康梦想小镇，建成一批国际人才创业孵化器、一批众创空间平台。加快引进培育激光与光电、生命健康、新材料等领域的创新龙头项目，加快人才和科创要素高度集聚，促进传统产业的全面优化提升。

2.南崛起，打造都市中心板块。范围为永中、瑶溪街道的瓯海大道以南区域。优先发展教育、医疗、文化、体育等公共服务功能，加快中心区居住人口集聚。推进“产业疏导”、“退二进三”和城中村改造等，加快工业功能退出，启动普门村、镇北村改造和永定路向东贯通。全面优化人居环境，构建中国姿态黄石山公园、中央绿轴、双岙—龙湾中学绿轴、青山直河绿轴“一山三轴”文化休闲景观通廊。综合治理瑶溪南片生态环境，完善瑶溪南片市政设施和公共服务配套。在S1线万达广场（奥体中心）站周边打造温州东部商业主中心，打造永中西路、永宁西路、永定路特色休闲商业街，加快永中旧城与中心区商圈的业态互补和连片集聚。全面强化中心区行政管理中心、商业中心、金融商务中心、文化娱乐中心和品质生活中心等五大功能，提升对温州城市东部区域的辐射力。

3.东拓展，打造临空经济板块。范围为海滨街道的滨海大道以东区域、永兴街道、围垦区。加快城市向东拓展，围绕空港新区建设，向天城围垦北片、永兴北围垦、海滨围垦、龙湾二期围垦拓展空间。发挥龙湾国际机场和综合交通枢纽优势，强化与瓯江口产业集聚区、浙南沿海先进装备产业集聚区、洞头区的功能联系。加快发展现代物流、通用航空、会展经济等临空经济，以及先进装备制造、时尚轻工智造产业，积极发展海洋经济。推进现有产业功能区块提质增效升级，并为战略性新兴产业预留发展空间。争取综合保税区等战略性项目选址并尽快落地在空港新区，着力推进通用航空基地、新国际会展中心、空港新区物流园建设，打造辐射力强、影响力大的国际性航空城。

4.西更新，打造时尚创意板块。范围为蒲州和状元街道。把握温州城市框架拉开、时尚商业向东拓展的重大机遇，促进蒲州状元片区与温州滨江商务区融合发展。通过城市有机更新，进一步扩展科研孵化、文化创意、时尚消费等时尚创意平台，不断集聚时尚设计人才、时尚消费人气。大力发展电子商务和城市快递物流，形成O2O（线上线下互动消费）新型业态集聚区。通过一批特色鲜明的时尚项目和街区，以点带面，形成瓯江路滨江居住、机场路时尚消费、温州大道汽车服务、文昌路科研与文化创意、市域铁路S1站点周边休闲商业的功能格局，打造特色鲜明的时尚商圈和文创社区。

（四）完善基础设施体系

全面完善能源、市政设施、防灾减灾、智慧城市基础设施体系，提升城市基础设施保障能力和服务水平。

1.能源。完善电网体系，重点建设220kV龙东输变电工程、220kV蒲州变整体改造工程、220kV苏川—起步线路接入龙东工程，110kV兴北（航南）变、兴南（永东）变、天城（瓯飞）变、永兴变、瑶溪变等输变电工程，实施部分35kV变电站扩容改造、10kV线路改造等工程；推进城市核心区域配电网线路管廊入地改造。鼓励太阳能、地热、生物质能等新能源利用，积极创建国家“联网型新能源微电网”示范项目，建设一批高效一体化分布式能源系统。加快城市燃气管道建设与改造，“十三五”实现全区联网供气。

2.市政设施。完善排水网络系统，加快东片污水处理厂改造提升，确保“最后一米”纳管到位。建设永强垃圾焚烧发电厂，完善垃圾收集网络，建设空港新区垃圾中转站；建设鞋料工业垃圾、合成革固废中转中心；建成永中、状元2个工业垃圾中转站；完善垃圾分类设施体系，建立和完善覆盖全区的餐厨垃圾管理网络。

3.防灾减灾。重点实施温州市温瑞平原东片排涝工程，形成“北排、南通、东蓄、西连”排涝体系；实施龙湾区瓯江标准海塘提升改造工程，将堤塘防洪（潮）标准提升到100年一遇以上。推进海绵型建筑、海绵型公园绿地等相关基础设施建设，切实增强城市防涝能力。实施丰台水库、白水水库、天柱寺水库大坝及一批山塘水库除险加固工程。利用广场、绿地、学校等公共设施，规划建设一批地震应急避难场所。

4.智慧城市。围绕智慧城市示范区目标，加快云、网、端三级信息基础设施项目建设，推进云计算中心统筹布局、骨干网络扩容和信息资源整合共享。建成投用视频联网、免费Wi—Fi全覆盖等项目。按照“中心＋社区”模式，发展智慧民生、智慧政务，建成“智慧龙湾”运营服务中心、智慧社区和智慧民情平台。推进停车诱导系统建设，发展“智慧交通”，落实“数字城管”采集全区域覆盖，提升城市管理智慧化水平。促进“两化融合”，推进智慧产业发展，建设“智慧园区”，推动传统产业转型升级。

四、加快产业升级，建设创新龙湾

坚持创新发展理念，加快推进传统产业升级，积极培育新兴产业，全面打造新常态下龙湾产业经济“升级版”，加快我区经济驱动模式向创新驱动转型，全面建设“创新龙湾”。

（一）加快传统产业升级

围绕信息化、时尚化、集聚化等途径，继续实施“三转一市”“四换三名”等有效举措，持之以恒打好“产业升级组合拳”，促进我区传统制造业加快升级，促进传统渔农业向都市型现代渔农业转型，加快壮大提升建筑业。

1.以信息化促进技术管理升级。围绕“两化深度融合”，推进信息技术在企业产品研发设计、生产制造、经营管理、产业链协同、产业园区服务管理等的普及应用，加快“龙湾制造”向“龙湾智造”转型。加大“机器换人”政策扶持力度，突出劳动力最密集、质量最需要提升等关键环节的“机器换人”，2020年力争实现规上工业企业“机器换人”全覆盖。鼓励我区阀门、食药机械企业向智能系统流程装备转型；鞋服、制笔等企业向智能穿戴、智能硬件方向转型。推进合成革、化工、电镀、不锈钢、铜加工、铸造等易污染、高风险行业以物联网精准生产管控等方式实现绿色安全制造。鼓励企业普及智能化、集成化、精细化管理模式，提升各工业园区基础设施和公共服务信息化水平，打造“智慧园区”、“智慧产业综合体”。实施“龙湾小微园云服务行动”，发展企业管理、电子商务、企业监管等云服务平台。大力推进电商换市，引导全区传统制造企业应用电子商务平台开展销售模式创新，提高生产经营和流通效率。编制“龙湾制造2025”行动计划，推进“质量龙湾”建设。

2.以时尚化促进价值链升级。将时尚设计、时尚智造、时尚消费融入我区传统产业发展全过程，全面加强质量和品牌建设，打造时尚化促进产业升级的示范区。加快集聚时尚设计资源，引入浙江工贸职业技术学院时尚研究院（在我区开设分院），加快全市工业设计机构、时尚设计工作室、设计师向浙南科技城、龙湾时尚商圈集聚，培育时尚设计服务外包市场。以女鞋、服装、制笔、眼镜等产业为重点，鼓励时尚元素植入，提升产品附加值。利用状元、蒲州、永中等片区的旧厂房打造“时尚众创平台”。强化品牌建设，培育一批年销售额超亿元的品牌化、时尚化龙头企业。鼓励开展个性化时尚消费创意设计服务，积极培育时尚消费商圈，以时尚消费带动时尚智造和设计发展。力争2020年，我区时尚智造技改投资占工业技改投资的比重达25%以上。

3.以集聚化促进企业规模升级。大力实施传统行业疏导，基本确保“十三五”期末将“L”型内的低端传统产业疏导至“L”型以外，通过产业空间再集聚促进产业升级。支持市场潜力大、科技含量高、产业链配套的小微企业入园发展。大力推进“三转一市”，优化政策引导，激发小微企业上规模的积极性，培育一批“专、精、特、新”的成长型小微企业。推广我区“1+N组团模式”，打造一批“同行业重组集团”，促进企业人员、技术、设备等生产要素的集约优化，形成研发创新与市场开拓的战略联盟。加大龙头企业培育，实施“亿元企业培育计划”；推进企业股改，支持企业在“主板”、“新三板”，以及浙江股权交易中心等“地方版”上市融资。“十三五”期间，力争新增年产值超亿元企业50家以上，新增年产值超10亿元企业10家以上。

4.坚决淘汰落后产能。加快转变经济发展方式，狠抓炼钢、造纸、印染、化工、陶瓷等重污染、高耗能行业整治提升，坚决淘汰落后产能。依法依规关停、淘汰“僵尸企业”，通过破产清算，促进企业兼并重组，盘活存量资产，有效解决设施和土地等要素资源闲置浪费问题。

5.发展都市型现代渔农业。促进我区传统农业向智慧、高效、时尚、绿色的都市型现代农业转型。全面提升农业产业化发展水平，深化农业“两区”建设，稳定粮食播种面积，确保蔬菜、畜禽等主要农产品有效供给。强化农业研发创新，实施“院地（校）合作”和种子种苗工程。发展“智慧农业”、“高效农业”，推进农业领域“机器换人”、“设施增地”。发展“时尚农业”，打造一批农事景观、农耕特色与自然山水、乡村风貌融为一体的时尚农业产业基地与项目；培育稻田景观、果园景观、花卉景观、滨海景观等美丽田园品牌，打造时尚休闲农业精品线路。支持“三品一标”优质农产品认证，健全农产品溯源系统，建立全程可追溯的农产品质量安全信息平台，严格实施农产品准出制度。推进海洋农业现代示范区建设，以浙江省海洋水产养殖研究所、温州市海创园为科技引领，实施海滨围垦区、瓯飞工程范围内的现代渔业养殖园项目，促进海洋农业科技项目孵化、落地，支持发展远洋捕捞产业。

6.壮大提升建筑业。鼓励企业通过改组、联合、兼并、股份合作等形式做大做强，着力培育和引入建筑业龙头骨干企业，培育壮大中小特色优势企业和中介服务机构。鼓励潜力企业资质升级，“十三五”培育施工总承包特级资质企业1家，建筑业产值力争突破200亿元。深化建筑领域信用体系建设，加大招投标市场整治规范力度，完善建筑市场准入和清出机制。推进工程质量治理行动，严格落实工程质量终身负责制，全面提升工程质量水平。实施建筑安全专项整治，严防各类事故发生。深入开展“优质工程”“文明标准化工地”“绿色工地”创建。推动新型建筑工业化和工程总承包试点，推进绿色建筑发展。

（二）培育“五大新兴产业”

着力培育先进装备制造、激光与光电、新材料、生命健康、“互联网+”五大新兴产业，为我区产业经济注入新动力。

1.先进装备制造。落实推进“浙江制造”品牌培育，重点发展高端系统流程装备、（通用）航空零部件制造等领域。建成兰州理工大学科技园项目，集聚先进装备研发、检测机构。支持特种、高科技、高参数阀门产品，以及核电、环保等新领域应用阀门、重大工程配套的大型、高温、高压阀门等研发。支持现有阀门和不锈钢企业向成套化、系统流程装备转型。依托通用航空基地，加大对（通用）航空零部件制造的招商力度。

2.激光与光电。重点发展激光器件与应用设备、半导体照明、光储存系统及设备等领域。拉长激光产业链，以激光加工技术改造我区不锈钢深加工、鞋服、机械装备等传统产业。加快人才集聚，建设企业孵化、中试、认证检验等平台，加速技术转化与产业化进程。建设中国（温州）国际激光与光电产业联合研究院，建成空港新区激光与光电创业园，启动一批激光与光电科创企业向浙南科技城激光与光电科技单元集聚。

3.新材料。重点发展新型金属材料、新型高分子材料、生物医药新材料、先进光电材料，及其他新材料领域。启动建设浙南科技城新材料科技单元。以新材料领域高新技术改造合成革等传统产业，促进产品、技术、工艺、功能升级，支持发展水性制革、无溶剂制革等绿色制革。

4.生命健康。重点发展食品制药机械、生物制药、医疗器械与健康装备、健康服务业等领域。重点建设浙南科技城南启动区块的“生命健康梦想小镇”（生命健康科技园），加快推进温州附二医和市口腔医院项目建设，建成中科院温州生物与材料研究所项目，加快引进瑞典隆德医科大学、美国杰克逊实验室等项目。建设温州佑安医院、迪安诊断温州总部等项目，集聚健康服务机构，延伸生命健康产业链。

5.“互联网+”产业。鼓励“互联网+”思维下的新兴业态创新发展，重点培育国家《关于积极推进“互联网+”行动的指导意见》中明确的“互联网+创业创新、协同制造、现代农业、智慧能源、普惠金融、益民服务、高效物流、便捷交通、绿色生态”等11大领域。完善大数据、云计算等对“互联网+”新兴产业发展的配套支撑；吸引基于“互联网+”的企业大数据管理和服务咨询机构来我区发展。培育发展微商经济，促进线下与线上融合、实体与网络联动。

（三）建设“大众创业、万众创新”示范城区

树立“人才引领创新、创新驱动转型”理念，发挥浙南科技城的创新主平台作用，加快科技创新资源集聚，建设“大众创业、万众创新”示范城区。

1.强化人力资本投资，以“人才引领创新”。全面强化人才扶持力度，创新扶持方式，形成“扶持人才—带动项目—培育产业”的链式效应。鼓励通过企业吸引人才，对企业“订制”的人才给予优先政策支持，降低企业引进人才的成本。优化人才激励机制，建立完善智力要素和技术要素以各种形式参与创新收益分配的机制。进一步优化人才引进和培育政策，大力引进“国千”“省千”“580海外精英”等海内外高层次创业创新人才，实施“750罗峰计划”，引进带技术、带项目、带团队、带资金的“高、精、尖”创业创新团队；建立院士专家工作站、博士后科研工作站，建立一批国家级、省级、市级技能大师工作室。注重人才梯队建设，突出对工程师队伍和职业技能人才的引进培育。

2.提升知识产权创造、保护、管理能力。突出知识产权保护，建立健全专利权行政和司法的执行协调机制、快速反应机制，加大对知识产权侵权案件处理力度。以科技大市场为载体，搭建集专利、商标、版权交易于一体的知识产权交易平台。鼓励企业运用知识产权评估、转让、许可、联盟等方式，挖掘知识产权价值，形成知识产权作价入股、质押融资、拍卖、交叉许可的良性运行机制。促进各类专利中介服务机构在我区集聚，引入创建“温州知识产权学院”，强化企业专利特派员制度，争创省级知识产权营运实验区。

3.发展“众创空间”，创建“特色小镇”。顺应网络时代“大众创业、万众创新”的新趋势，加快发展“众创空间”，营造良好的创新创业生态环境。推进我区中低端的“老百姓创业”、“前店后厂创业”、“重资产”的传统创业，向中高端的“大学生、青年人、龙二代创业”、“互联网+创业”、“轻资产”和“跨界型”的新型创业转型。鼓励行业领军企业、创业投资机构、投资人、社会组织等社会力量积极参与“众创空间”建设。鼓励企业盘活存量资源，改造建设形式多样、主题鲜明的“众创空间”。围绕市场化、专业化、集成化、网络化的发展方向，加快众创、众包、众扶、众筹“四众”等新模式新业态发展。培育以特色产业、创业创新为主要功能的“特色小镇”，提升文化内涵、植入旅游功能、完善社区配套，争创2—3家市级以上特色小镇。

建设“文昌创客小镇”，打造温州创客最集聚的“温州创客联盟”。

4.全面优化创新环境，打造区域创新体系。发挥国家高新区（浙南科技城）对创新要素的集聚效应，加快国内外著名高等院校、科研机构、央企等在我区建立专业院校或研究机构。推动产业技术创新战略联盟、高新技术产业技术联盟等建设，积极扶持建设效益共享、风险共担的产业技术创新战略联盟。积极倡导“敢为人先、宽容失败”的创新文化，培育新时代下的企业家精神和创客文化。

（四）推进供给侧改革，创新体制机制

坚持向深化改革要动力，着力推进具有支撑性作用的重大改革项目，不断把改革红利转化为发展新动能。

1.加快转变政府职能。加快经济建设型政府向公共服务型政府转型，推进简政放权，放管结合，转变政府职能。加快“五张清单一张网”建设，深入开展市场准入“五证合一”商事制度改革。推进审批事项标准统一，简化审批环节，优化各部门审批流程。加强政务服务体系建设，整合政务服务资源，健全政务服务平台，促进政务服务的均等化、规范化、高效化，提供让群众满意的高质量政务服务。改革绩效考核体系，强化民生导向，突出对发展质量和效益的考核力度。转变监管理念，推动行政机关工作重心从事前审批向事中、事后监管转变。深化政府机构改革，强化机构和职责整合，加快形成精干高效的政府组织体系。

2.推进法治政府建设，深化司法体制改革。依法全面履行政府职能，推进机构、职能、权限、程序、责任法定化。完善相对集中行政执法体制，推进综合执法和执法力量下沉，完善执法协作配合机制，探索多种形式的部门、区域联动执法。健全行政执法和刑事司法衔接机制，理顺行政强制执行体制。健全制度合理、程序正当、过程公开、责任明确的重大行政决策机制，落实重大行政决策公众参与、专家论证、风险评估、合法性审查、集体讨论决定的法定程序。支持法院、检察院依法独立公正行使审判权、检察权，促进司法公正。深化司法体制改革，探索实行法院、检察院司法行政事务管理权和审判权、检察权相分离，推进以审判为中心的诉讼制度改革，实行办案质量终身负责制和错案责任倒查问责制。加强反腐倡廉，强化权力运行制约和监督，扎实推进改进作风常态化长效化建设，构建不敢腐、不能腐、不想腐的有效机制，努力实现干部清正、政府清廉、政治清明。

3.深化金融综合改革和国资国企改革。全面深化金融综合改革试验区建设，深入推进温州金融改革新“十二条”。创新司法实践保障金融稳定，开展企业破产案件审理方式改革试点，探索企业破产保护机制。优化金融生态环境，组织开展企业金融风险化解攻坚，确保实现不良贷款余额和不良贷款率持续“双降”。深入实施科技与金融结合试点，开展小额贷款保证保险、信保基金试点；加快总部证券公司落户，探索组建国有担保公司。完善以管资本为主的国有资产监管体系。健全国有公司法人治理结构，依法规范完善企业选人用人及劳动用工机制，有效激活企业经营激励约束机制，完善产权清晰、权责明确、政企分开、管理科学的现代企业制度。

4.加快农村产权制度改革。加强生产、供销、信用“三位一体”的合作体系建设。深化“三权到人（户）、权跟人户走”改革，全面完成土地承包经营权确权登记颁证工作，依法赋予抵押、担保、流转、转让等权能。深入推进农村集体资产股份化改革，探索开展“政经分离”改革试点。改革和完善农村宅基地制度，探索建立宅基地跨村置换、有偿退出、有偿使用机制，加快建立城乡统一的房屋产权登记制度。完善农村产权交易细则，规范农村集体资产资源交易行为，加强市场监管。

5.加强要素市场化配置改革。建立公开公正的综合效益评价机制，配套实施差别化要素供给政策，促进产业结构调整和转型升级。研究建立“腾笼换鸟”激励倒逼机制，完善工业企业绩效综合评价体系，制定低效企业淘汰退出配套政策；建立严格的新增项目准入机制，探索新增用地弹性出让制度。建立差别化要素价格机制，开展工业用电差别化电价加价改革，建立用能总量核定和指标交易制度，完善非居民用水超计划累进加价制度。以市场为导向、企业为主体、人才为重点，深化科技要素市场化配置机制改革。

6.深化民办社会事业改革。力争“社会力量参与公共服务提供”体制改革取得突破，在全市率先破解民办教育、社会资本办医、养老综合服务政策落地难等问题。大力推进民办教育综合改革，支持各类办学主体通过独资、合资、合作、股份制等多种形式兴办民办学校，探索建立混合所有制学校法人资产结构。推进社会力量办医改革试点，探索破除制约民办医疗机构发展瓶颈，促进人才流动、用地供给、资产权属、财政扶持等政策兑现。深化公立医院综合改革，破除以药养医机制，实行医疗、医药、医保“三医”联动，推进分级诊疗改革省级试点。探索鼓励社会资本从事养老事业的机制和模式，促进城乡居家养老服务的社会化、专业化、社区化发展。推进文化体制改革，推动政府部门由办文化向管文化深度转变。

五、坚持协调发展，建设品质龙湾

坚持协调发展理念，着力解决我区城市化发展中的结构性问题，在补齐短板中增强后劲。重点推进以人为核心的城市化，加快人口集聚；大力实施城中村改造，促进城乡一体化发展，提升城乡生活品质；促进物质与精神文明协调发展；提升城市治理水平，塑造时尚、品质、宜居的城市形象。

（一）推进以人为核心的城市化，加快人口集聚

加快推进以人为核心的城市化进程，实现农业转移人口收入来源非农化、生活方式市民化和公共服务均等化。实施户籍制度改革，实行差别化落户政策，建立积分落户制度。进一步深化“新居民积分制管理”模式，逐步扩

大向居住证持有人提供基本公共服务和便利的范围，提高服务标准。完善政府购买就业培训服务制度，开展农业转移人口综合素质培训，全面提升农业转移人口的思想素质、人文素质、科技素质和技能素质。充分利用TOD（公共交通引导开发）和SOD（服务引导开发）的城市开发理念和模式，沿市域轨道S1线、S2线形成若干个人口居住组团；优化交通出行组织，完善公共服务配套，结合城市有机更新时序，滚动有序出让住宅用地。继续引进有实力的品牌房地产开发商，打造一批品质住宅区，促进房地产市场持续平稳健康发展。2020年，全区常住人口集聚规模达到55万人以上。

（二）实施城中村改造，提升城乡生活品质

1.实施城中村改造。以城中村改造为抓手，加快完善城市功能，提升城市形象，提高城市对高端要素的吸引力。紧密结合“三重”区域（重点区域、重要廊道、重点项目）及水岸同治，实施整村改造、连片推进。重点实施浙南科技城、城市中心区、状蒲片整村改造，以及永兴、海滨街道部分村搬迁改造。实施城市门户、主干道、历史街区、旧厂区综合改造，推进城市有机更新。推进旧住宅区改造，创成市级精品样板示范小区10个。积极争取国开行、农发行棚户区改造专项贷款，建立完善多层次、多元化、多渠道的城市建设融资体系。结合城镇低效用地再开发利用，进一步提升拆后利用水平。

2.建设美丽乡村。加快主要交通干道沿线村庄农房立面整治，完善农村生活污水治理，实施农村垃圾处理试点建设，全面改善农村人居环境。规范村三产留地开发建设，提升农村社区商业网点服务水平。“因村制宜”推进美丽乡村建设，着力打造一批历史人文、旅游休闲、美丽宜居型的美丽乡村。

（三）打造“文化强区”，促进物质与精神文明协调发展

弘扬城市精神，提升城市文明程度，创造良好营商环境，努力把龙湾建设成为社会主义核心价值观深入人心、文化事业繁荣、文化产业发达、文化品牌凸显的“文化强区”。开展“有阵地、有专人、有经费、有活动、有队伍”的“五有”标准基层公共文化服务化建设，加快城区公共文化场馆建设和农村文化礼堂建设，巩固“城市15分钟文化圈”。全面建设国家历史文化名城，加强文物保护和修缮，加强非物质文化遗产动态传承和保护发展。开展各类文化研究和交流活动，打造“古堡文化”“名人文化”“民俗文化”三大品牌。推进“全民阅读”，丰富活动载体，培育读书氛围，建设“书香龙湾”。继续打造“德暖龙湾”品牌，完善相关机制促使文明创建常态化。深入开展群众性精神文明创建活动，推进诚信建设、志愿服务、文明旅游等制度化建设，继续实施“龙湾好人”关怀帮扶机制，大力弘扬“最美龙湾人”精神。加强网上思想文化阵地建设，实施网络空间清朗工程，发展积极向上的网络文化。提升文化市场监管和服务水平，大力发展文化产品制造、文化旅游、创意设计、文化市场交易与文化会展等文化产业，推进文化与旅游、文化与科技、文化与时尚等融合发展。

（四）提升城市治理，塑造品质形象

1.提升城市管理水平。坚持将拆违与改善城市环境、完善城市功能、提升城市品位和优化城市发展空间相结合，继续深化“两无三化”“三改一拆”“四边三化”“五水共治”等四大攻坚行动。全力推进建筑垃圾（泥浆）运输车辆、餐厨垃圾废弃油脂收运、夜市排档、污水排放等专项整治。全面推进城区洁化、美化、序化环境综合治理。建立健全市政市容长效管理机制和规范管理责任制度，及时保质维养市政设施，确保道路完好率96%以上、城市桥梁定期检测率100%、城市路灯设施完好率98%以上。

2.塑造城市时尚品质。建设状蒲片龙湾时尚商圈，挖掘提升罗东大街等传统商业街区时尚新元素，扩大龙湾中心区时尚商圈覆盖面。实施瓯海大道城市主入口主干道彩化美化，提升全区主要道路、交通节点、河道沿线的时尚化形象，突出层次化景观改造，全域建设“公园里的城市”。深化建筑文化研究，强化城市建筑色彩、城市灯光照明的引导和控制，对城市街景、建筑物、公共空间等实行艺术化设计和人性化改造，将龙湾地方文化中的精髓、要素和符号有机融入城市建筑。

3.大力发展休闲旅游。充分挖掘我区旅游资源，延伸休闲旅游产业链，打造“山海古堡、时尚休闲”旅游品牌。依托瑶溪风景名胜区、天柱风景名胜区等大罗山旅游资源，发展山水观光、户外运动休闲旅游。依托永昌堡、寺前街等历史文化遗产，发展古堡体验、民俗风情、文化休闲旅游。支持宁村七月十五汤河节、拦街福、永嘉场拼字龙灯舞、撞歌等民间节庆活动，发展民俗文化体验旅游项目。发展大罗山周边、空港新区永兴片的农业休闲旅游。发展“月光经济”，打造龙湾时尚商圈、魅力夜万达、罗东大街的传统夜购旅游，文昌路时尚文创园、永昌堡夜游、龙湾塘河旅游走廊的文化旅游，状元海鲜夜市、永强特色渔村的餐饮夜市，打响“时尚夜龙湾”品牌。

六、优化人居环境，建设绿色龙湾

坚持绿色发展理念，突出保护优先、节约优先、自然恢复，深入实施生态化战略，促进社会经济与资源环境协调发展，努力把龙湾建设成为全国生态文明先行区、人居环境综合治理的先进城区。

（一）扎实推进“五水共治”，建设“灵韵水乡”

大力推进“五水共治、水岸同治”，以治水为突破口，促进产业转型、城市转型，打造城水相依、山水融合、人水和谐的“灵韵水乡”。不断提高科学治水、蓄水、调水、用水水平，切实修复水生态、美化水环境、保障水安全、提升水功能、储备水资源、强化水管理、弘扬水文化。重点开展全区125条黑臭河整治成果巩固和水质提升行动。进一步完善“河长制”，实现河道长效化管理。实施“活水畅流”工程，推进北山河片区活水工程，天马落河提水工程、永兴永昌片活水工程，局部盲

河及断头河改造等重点工程，实现把水“连起来、活起来、净起来、美起来、亲起来”目标。实施沿河及沿岸文化遗产保护，建设一批以水文化为主题的展示厅、滨水广场、主题公园等滨水开放空间。至2020年，全面消除黑臭河道和地表水劣Ⅴ类水质断面，全区平原河道保洁率达100%，河岸绿化美化率达90%以上，水环境、水生态得到显著改善。

（二）强化大气、近岸海域、土壤污染防治

1.持续改善空气质量。以能源和产业结构调整、机动车排气污染防治、工业废气污染治理、城市扬尘整治等为突破口，全面推进大气污染防治，持续改善我区空气质量。加强敏感区域污染综合整治，彻底解决永中中心工业区、市委党校周边、行政中心区、温州八中周边等敏感区域的环境突出问题。实施最严厉的环境监管，依法打击偷排偷放、超标排放等环境违法行为，全力维护公众环境权益。加强机动车排气治理，推广清洁能源汽车，推进油品提升、公交优先、城市治堵等。加强城市扬尘控制，狠抓标化工地与“绿色工地”规范提升。推进餐饮油烟治理，加强农村农业废气控制。建成更为完善的大气复合污染日常监测、监控、预警及应急体系。“十三五”期间确保雾霾天气出现频率明显下降，城市空气质量优良率（空气质量优良天数比例）提高至87%以上。

2.强化近岸海域污染防治。推进近岸海域污染综合治理，建设蓝色屏障。严格控制入海排污总量，突出抓好氮、磷及重金属等入海污染物减排。强化海岸工程、海洋工程和海洋倾废的环境监督管理。加强海洋生态环境监测、赤潮灾害预警和海上污染事故应急处置能力建设。扎实做好“一打三整治”专项执法行动，全面推进“浙南鱼仓”修复振兴计划。

3.强化土壤综合治理。实施永久基本农田土壤污染治理，理顺土壤保护监管体制，实行严格的土壤保护制度。开展耕地土壤环境监测和农产品质量检测，建立土壤环境强制调查评估与备案制度。全面推行污染企业原址土地收储流转风险评估，重点保障非工业用地土壤环境安全。强化危险废物和污泥全过程监管，定期对排放重金属、有机污染物的工矿企业以及污水、垃圾、危险废物等处理设施周边土壤进行监测。

（三）推进节能减排降碳，发展循环经济

大力推进节能、减排、减碳，坚持总量和强度双控，确保上级下达的相关削减目标任务顺利完成。推进能源消费结构优化，降低煤炭消费比重，大力发展非化石能源和天然气。严格实施能评和环评制度，加快淘汰落后产能和工艺设备，深化印染、造纸、制革、合成革、化工等高耗能重污染行业整治提升。强化节能技术创新和节能产品推广，鼓励低能耗产业发展。狠抓工业、建筑、交通、公共机构等重点领域节能降碳。推进能耗和污染物排放在线监测系统建设，实施工程减排、结构减排、监管减排等综合措施。大力发展循环经济，推行企业循环式生产、产业循环式组合、园区循环式改造。倡导培育绿色消费模式，支持发展“静脉产业”，推进生产系统和生活系统循环链接，构建覆盖全社会的资源循环利用体系。

（四）构建“山水相依、绿色宜居”的人居环境

依托我区良好的山水本底生态条件，做足“绿”、做活“水”、做美“景”，打造空气清新、水韵悠长、绿意盎然的生态宜居环境。建设环大罗山景观带、环黄石山景观带；通过拆违建绿、拆围透绿、见缝插绿、沿河沿路种绿，打造以大罗山为城市绿心，城市公园为城区绿片，瓯海大道、机场大道等为城市绿轴，沿海沿堤防护林为绿色屏障的城市绿地系统，实现“森林进城、森林围城”。加大湿地保护力度，推进龙湾树排沙海洋公园创建省级海洋自然保护区。至2020年，新建23个城市公园，新增绿地162公顷，城市人均公园绿地面积达到15平方米以上，绿化品质全面提升。

（五）加强生态文明制度建设

实施领导干部自然资源离任审计制度和环境损害责任终身追究制度，完善反映生态文明建设要求的区域发展绩效评价体系。建立工业企业排污权激励制度，实施主要污染物排放总量财政收费和奖惩制度，探索用能权、用水权、排污权、碳排放权交易制度。实行最严格的耕地保护制度，严格实行耕地占一补一制度。实行环保信息公开、环境信息举报、环境公益诉讼制度，落实重大项目、环保设施布局建设决策过程中的公众参与，构建全民参与的社会共治体系。提高全民生态文明意识，推进生态文明宣传教育示范基地建设，倡导文明、绿色的生活消费方式。

七、扩大开放合作，建设国际龙湾

坚持开放发展理念，树立国际化思维，营造开放包容的社会氛围，对接“一带一路”国家战略，加快“引进来、走出去”步伐，谋划打造高能级对外开放合作平台，全面建设“国际龙湾”。

（一）参与“一带一路”建设

加快完善物流新通道，发挥综合交通优势，加大龙湾港口与其他港口的对接力度，提升港务与通关合作水平，陆续开辟龙湾至东南亚、东北亚、欧洲等地的新航线，建设海陆空联动、双向开放的国际物流基地和商贸交易中心，成为温州连接“一带一路”的关键节点和重要门户。加强与“一带一路”沿线国家在制造业、贸易、金融、文化、旅游、交通、基建等领域合作。引导我区外贸企业参与“一带一路”外贸经营，坚持进口贸易、转口贸易、出口贸易一起上，在中国与周边国家的多双边贸易协定中寻找商机。支持鼓励龙湾企业、侨商在“一带一路”重要节点城市设立境外园区，支持有实力的企业和园区列入国家级别布局。引导和鼓励出口龙头企业、出口品牌示范企业在境外建立和完善国际营销网络。

（二）转变外贸发展方式

1.促进外贸“优进优出”。推动贸易结构以出口为主向出口、进口、转

口并重发展。优化出口商品结构，以自有品牌、自主知识产权和自主营销为重点，引导企业提高产品质量和档次，加快形成以渠道、品牌、技术、质量、服务为核心的出口竞争优势。积极培育出口新增长点，巩固传统市场，拓展新兴市场。加快推进服务贸易提质扩量，积极发展特色服务贸易。积极发展进口贸易，依托在外温州人（龙湾人）网络培育进口商品市场，扩大时尚产品、关键设备与原材料、战略物资、节能降耗环保产品等的进口；围绕空港打造以高端奢侈品牌为主的进口商品集散基地。加强公平贸易，健全政府、行业和企业"三位一体"贸易摩擦预警防范和应对机制。加强供应链安全与便利化合作，进一步提升通关、检验检疫、外管、出口退税等服务环境。

2.大力发展跨境电子商务。发挥我区空港优势，依托出口监管仓库、公共保税仓库等，发展集报关、退税、国际物流、海外仓储、汇兑服务于一体的跨境电子商务园区。积极培育跨境电子商务平台企业、经营主体、服务机构。利用在外龙商资源和网络，优先在美国、欧洲及"一带一路"国家建设"海外仓"，降低跨境电子商务物流成本。积极开辟跨境进口的电子商务贸易，打造出入均衡的跨境电子商务模式，力争创建国家跨境电子商务试点城区。

（三）提高招商引资质量水平

1.优化招商模式与结构。明确招商引资的产业政策导向，鼓励外资重点投向高端制造业、高新技术产业、现代服务业。按照产业链招商、板块招商、大企业招商思路，创新招商引资方式。优化利用外资结构，更加注重引进先进技术、管理经验和智力资源。鼓励外资参与我区企业改制重组，探索我区民营企业以海外上市、引入战略投资者等方式与外商合资合作。坚持外资、内资并重，重点引进一批大型央企、知名上市公司和科技型企业投资项目，推动外资、国资、民资一起上。在引进新项目的同时，支持老企业增资、发展壮大。

2.促进龙商侨贸回归。强化对浙南科技城、空港新区等重大产业平台的包装宣传，强化项目储备，优化招商服务，促进在外龙商贸易回归、资金回流、项目回投、总部回迁。积极鼓励海外龙商营销中心、技术中心、采购中心、品牌中心回归。充实龙商创业创新信息库，打造世界龙湾人"云社区"。开展降低实体经济企业成本行动，继续清理和规范涉企行政事业性收费，实质性减轻企业负担，营造扶商、安商、惠商的良好环境。

（四）打造高能级开放合作平台

1.积极争取空港综合保税区。参与推进空港综合保税区申报创建，做好空港综合保税区规划用地预留。谋划国际采购中心、国际中转贸易等保税物流关联产业的招商。依托空港综合保税区，全面提升我区国际化能级水平，成为临空经济的龙头载体。

2.打造国际性会展中心城区。把握温州新国际会展中心落户空港新区机遇，依托温州轻工时尚产业优势，精心培育国际时尚消费博览会、国际时尚文博会、汽车展、鞋革展等特色国际性展会，引进一批国际性知名展会品牌，发展一批有核心竞争力的中小型国际专业展会，将我区培育成国际性会展中心城区。

3.建设浙南科技城国际创新社区。以浙南科技城黄石山公园为中心打造若干个国际创新社区，以居住功能为主，为科技人才提供国际化高端生活配套、创新创业和金融、投资服务。谋划布局跨境电商园区、国际创客公寓、国际资讯交易中心（知识产权交易、国际创投基金、国际科研合作等），引入国际学校、世界温商协会等。

4.加强两岸合作交流。打造对台合作交流平台，依托海峡两岸（温州）民营经济创新发展示范区建设，加强与台湾在港口、航空等建设和运营领域合作，建设好龙湾对台商贸物流园、永昌堡海峡两岸文化交流基地等功能平台，全面开展两岸经贸和投资合作。

5.深入推进区域合作与发展。积极对接上海、福州等自贸区，按照区域发展需要复制推广自贸区成功经验，争取在空港新区开展开放创新试点试验。主动协同海西区新一轮发展，坚持"东引台资"，借鉴台湾经济转型升级经验，着力破解民营经济发展难题。加快融入长三角发展，主动接受长三角先进城市的辐射，以浙南科技城为主平台，主动承接上海、苏州等地高新技术产业转移和技术、资本输出，积极鼓励本地企业与省内外先进高新园区开展生命健康、新材料、先进装备制造等领域的合作。

八、提升公共服务，建设幸福龙湾

坚持共享发展理念，顺应民生发展和人才资源引进需求，大力完善社会公共服务体系，坚持保基本、促公平、提品质、优功能，加快提升我区群众生活水平，全面建设"幸福龙湾"。

（一）推进"学有优教"，建设教育现代化区

全面贯彻党的教育方针，促进教育公平，提高教育质量，实施素质教育，推进教育现代化。

1.完善现代教育体系。高质量普及十五年基础教育，大力发展优质民办教育。扩容增量，加大学前教育资源供给，构建以公办幼儿园为主导、公办民办并举的城乡一体化学前教育体系；至2020年，等级幼儿园覆盖率达到95%以上。加快薄弱学校特别是民办新居民子女学校改造提升，促进义务教育优质均衡发展；大力推进义务教育学校升等创优，精心培育一批"新优质学校"，全面提高我区义务教育教学质量；至2020年，义务教育等级学校占比达95%以上。合理调整普高校网布局和办学规模，加强特色示范学校创建。确保残疾适龄儿童少年义务教育的入学率，加强随班就读基地建设，努力提高特殊教育质量。发展成人教育、社区教育，强化社区老年教育，构建终身教育体系。积极发展职业教育，结合我区人才需求，进一步提升中高职教育教学质量和实训技能，促进校企深度融合，大力引入国内外知名的职业教育资源。加强与在温高校间的联系，构建与在温高校"学城联动"机制，推动高校更好地服务地方发展。

2.提高教育质量和现代化水平。坚持立德树人，深化素质教育，创新全

科、全员、全程育人模式，不断增强育人工作的针对性和实效性。全面实施学生体质健康提升工程，促进学生身心健康。深化校园文化建设和区域性校外实践基地建设，强化对学生核心素养和综合能力的培养。深化义务、普高、中职三大课改。全面建立中小学校长职级管理制度，建设一支高素质的校长队伍。加强教师队伍建设，改革中小学教师职称制度，不断提高师德水平和业务水平。以智慧校园、云服务平台、移动互联网建设应用为重点，争取到2020年，形成与我区教育现代化发展目标相适应的教育信息化体系。扎实推进平安校园创建，强化儿童安全教育，构筑教育安全稳定环境。

（二）推进“病有良医”，建设“健康城区”

以温州市打造浙江省医疗副中心为契机，全面优化提升我区医疗卫生服务水平，建设“健康城区”。

1.完善医疗卫生服务体系。以实施“三医联动”为抓手，继续深化公立医院改革，推进区街村卫生一体化综合管理改革。组建以区第一人民医院为核心，各街道社区卫生服务中心为网点的医疗集团，建设资源共享中心。以签约服务为抓手，全力推进基层首诊、双向转诊、急慢分治、上下联动的分级诊疗模式，基层医疗卫生机构就诊人次比例达到60%以上。推进社区医疗资源配置重点转向健康管理、健康指导，增加健康管理投入。建设“智慧医疗”体系，积极发展中医药事业，推动健康服务业发展。2020年，每千人床位数达到6张/千人，每千人口执业（助理）医师数达到3.5人/千人。

2.提高公共卫生服务能力。提升全民健康水平，加强疾病预防，构建标准化、规范化的重大传染病防治体系、主要慢性病管理体系、妇幼保健优质服务体系和综合监督执法体系。强化妇幼保健工作，加大妇女常见病和“两癌”防治力度，提高全区孕产妇和儿童系统管理率及管理质量。巩固省级慢性病综合防控示范区创建成果，推行全民健康生活方式，规范慢性病监测与管理。巩固省级卫生应急示范区创建成果，建立长效机制。加快院前急救体系建设，加大院前急救人员培养力度。加强爱国卫生工作，巩固提升国家卫生城市创建成果。

3.促进人口均衡发展。全面实施一对夫妇可生育两个孩子的政策，推动计生工作从重人口数量控制向重人口数量调控、素质提升、结构完善转变。倡导优生优育，多途径加强出生缺陷干预，综合治理出生人口性别比偏高问题，提高出生人口质量。提高妇女地位、保障妇女权益、提升妇女素质、发挥妇女作用，促进妇女全面发展。进一步保障儿童生存、发展、受保护和参与的权利，强化儿童家庭教育，提升儿童福利水平。健全残疾人社会保障和服务体系，加快残疾人服务设施建设，提升公办残疾人专业托养机构服务功能。

（三）推进“老有善养”，应对老龄化问题

以温州市开展全国养老服务业综合改革试点为契机，率先建成我区功能完善、规模适度、覆盖城乡的养老服务体系，打造“健康养老”示范城区。推进区社会福利中心建设，同时引导社会力量参与养老服务，构建多元化养老服务设施供给体系。进一步提高居家养老服务照料中心覆盖率和规范化建设水平。以社工资源为核心，社工、义工、护工“三工”联动提供专业化养老服务，提高政府购买养老服务覆盖面。推进“养医结合”，优化养医结合发展软环境，提升老年人健康生活管理水平。至2020年，全区每百名老人养老机构床位数达到6张，护理型床位占机构床位比例不低于60%。

（四）完善全民健身服务，打造“体育强区”

深入实施全民健身国家战略，普及全民健身运动，完善国民体质监测制度，提高广大群众特别是青少年的健康素质。抓好体育为民办实事工程，构建亲民、便民、利民的全民健身服务体系，广泛组织开展我区群众参与率高的体育活动和体育比赛，提高经常参加体育锻炼人口比重。加强公共体育设施建设，稳步推进公立学校体育设施向社会开放，增加低收费或免费的全民健身场所；增加室内场馆建设，提升体育场馆服务品质。推进瑶溪钟秀园公园进驻体育设施，在温州国际网球中心建设室内网球馆，依托新奥体中心等重大体育设施，着力提升承接重大体育赛事能力，延伸体育健身产业链。2020年，人均体育场地面积达到2.25平方米以上。建立体教结合等多种训练并重、多渠道投入的后备人才训练体系，提高我区竞技体育综合实力。

（五）提升社会保障水平，维护公共安全

1.促进城乡居民收入持续普遍较快增长。把富民放在突出位置，坚持教育优先、就业为基、创业带动、政策兜底，全面提高城乡居民的工资性收入、经营性收入、财产性收入和转移性收入。实施更加积极的就业和创业政策，千方百计促进城乡居民收入增长和家庭财产普遍增加，不断扩大中等收入群体。深化收入分配制度改革，建立完善居民收入增长与经济发展同步、劳动报酬增长与劳动生产率提高同步的机制。完善再分配调节机制，不断提高城乡居民最低生活保障和最低工资标准，深入实施“低收入农户收入倍增计划”，创新精准扶贫体制机制。

2.提升就业质量。支持创业带动高质量就业，做好以高校毕业生为重点的青年就业和农村转移劳动力、城镇困难人员、退伍军人就业。建设就业服务体系，完善平等就业制度和均等化服务机制，大力扶持大学生创新创业，落实更加积极的就业扶持政策。探索以政府购买服务方式加大职业技能培训力度。发挥劳动关系三方协调机制作用，构建和谐劳动关系。

3.提高社会保障与社会福利水平。大力推进全民参保登记工作，以养老、医疗、工伤保险为重点，基本实现法定人群社保全覆盖。加快推进各类养老保险制度并轨，积极推进机关事业单位养老保险制度改革，发展职业年金、企业年金。完善城乡居民医保制度，健全医保稳定可持续筹资和报销比例调整机制，逐步提高大病保险统筹层次和最高补偿限额、支付比例。积极发展补充社会保险和商业保险，引入市场管理机制，提高社会保障运行效率。提升社会救助和福利水平，以扶老、助残、救孤、济困为重点，探索多元化社会福利供给模式，发展适度普惠型社会福利和慈善事业。

4.强化住房保障。稳步增加保障性住房供应，完善以公共租赁住房保障为主体，租赁补贴与实物配租相结合的住房保障体系。加快推进各类拆迁安置房建设，创新融资模式，优化安置方案。推进政策性住房建设，满足中等收入家庭、新就业职工等群体的住房需求。强化人才住房保障，支撑我区科技创新人才集聚。

5.强化公共安全保障。完善食品药品监管网络，实施“餐桌安全治理行动”，健全质量安全责任体系，完善考核评估和责任追究机制。严抓安全生产，深化安全生产标准化建设，完善安全生产责任体系，强化安全生产执法监察装备配备，加强我区特种设备的安全监管。加快发展气象事业，完善防灾减灾应急体制机制，提高自然灾害监测预警水平和突发事件应急处理能力。完善信息安全风险评估、应急管理和监管体系，不断提高网络与信息安全保障水平。加强人民防空建设，实施龙湾区地下人防指挥所、区级民防应急物资库等工程；建设疏散基地（避难场所）及区1508坑道人防工程。完善立体化社会治安防控体系，创新社会治安物联网管控模式，加强社会风险隐患排查化解管控，严厉打击各类违法犯罪活动。实行公共安全隐患清单式管理，严密防范和严厉打击敌对势力渗透颠覆破坏活动、暴力恐怖活动、民族分裂活动、极端宗教活动。推进重要部位、重点人群、重大事件管理机制建设，重拳打击各类“村霸”、“地霸”、“材料霸”及“房闹”、“医闹”，坚决维护社会安全稳定。推动军民深度融合发展，强化国防教育，深化双拥共建，充分发挥驻龙部队在龙湾发展中的积极作用。

6.建立现代社会治理体系。完善党委领导、政府主导、社会协同、公众参与、法制保障的社会治理体制，推进社会治理现代化、精细化、人性化。健全利益表达、利益协调、利益保护机制，引导群众依法行使权利、表达诉求、解决纠纷。完善社会矛盾排查预警和调处化解综合机制，健全人民调解、行政调解、司法调解联动工作体系。加强和改进信访工作，逐步建立涉法涉诉信访依法终结机制。健全重大决策社会稳定风险评估机制，落实社会稳定风险评估责任监督、倒查和追究。完善基层社会治理“一张网”，提升“网络化管理、组团式服务”和“平安建设信息平台”两网融合，扎实推进街道社会服务管理中心规范化建设。健全便民服务机制，构筑行政机制、市场机制、志愿机制有效衔接的社区服务体系。鼓励基层管理创新，深化农村“小微权力”规范运行等创新举措，推进农村基层依法治理。健全基层选举、议事、公开、述职、问责等机制，提升基层组织自我管理、自我服务、自我教育、自我监督能力。加快构建政社分开、权责明确、依法自治的现代社会组织体制；规范社会组织承接政府职能行为，提升社会组织参与社会治理和提供公共服务的能力；加强专职化社工和志愿者队伍建设。

九、保障措施

（一）领导组织保障

充分发挥党的领导核心作用，加强规划领导与组织实施。将规划目标任务分解到各个部门和街道（功能区），提出分年度实施计划，重点任务要列入目标责任考核。强化规划执行督查，发挥社会公众监督作用。本规划纲要一经批准，除法律另有规定或涉及保密内容外，应采取适当形式及时公布，接受社会监督。规范规划评估机制，在2018年开展规划纲要阶段性实施情况中期评估，在2021年开展规划纲要实施情况后评估。

（二）规划衔接保障

强化本规划纲要与上位规划纲要、各领域专项规划的衔接。推动国民经济和社会发展规划、城乡规划、土地利用规划、生态环境保护规划、海洋功能规划等多个规划的衔接融合。强化本规划纲要与温州经济技术开发区（浙南沿海先进装备产业集聚区）、瓯江口产业集聚区、温州生态园、洞头区、鹿城区等的规划衔接。

（三）法制信用保障

坚持依法执政，依宪执政，切实提高领导干部运用法治思维和法治方式深化改革、推动发展、化解矛盾、维护稳定能力。推进法治社会建设，增强全社会学法遵法守法用法意识，建设“法治龙湾”。发挥政府导向作用，加快构建政府诚信、商务诚信、社会诚信和司法公信“四位一体”诚信体系。对接浙江省、温州市信用评价体系和信用基础数据平台，建立我区信用信息平台，推动行业和部门建设公共信用信息管理系统，实现数据交换共享。强化社会公众诚信教育，完善守法诚信褒奖机制和违法失信惩戒机制，营造诚信光荣、失信可耻的社会氛围。

（四）用地空间保障

海涂围垦和低效用地再开发是我区“十三五”经济社会发展的依托空间。提高集约用海和土地利用水平，坚持保护生态与合理开发利用相统一，加快实施龙湾二期、瓯飞一期等重大围垦造地工程，力争未来五年新增3万亩围垦可用地空间；坚持围垦造地、规划设计、基础建设、招商引资、项目落地“五项并联”，实行综合开发、统筹利用。积极挖掘存量土地潜力，全力推进约1万亩低效用地再开发，加快转而未供、供而未用土地开发建设，不断提高土地利用强度和效率。强化项目包装，做实项目前期，推进我区重大基础设施、公共服务和产业项目进入省级各类重大项目库，争取农转用等土地指标支持。加强土地整治，适宜开发耕地后备资源，保障耕地占补平衡。

（五）建设资金保障

改善财政支出结构和政府投资结构，加强存量整合，优化增量安排，优先安排涉及民生保障、公共服务、公共安全、城乡一体化等领域的财政支出和项目投入。进一步统筹、规范、透明使用财政资金，厉行节约，严控成本，强化对财政资金使用的审计监督。积极争取中央、省级、市级专项补助资金及国家专项建设基金支持，争取政策性银行棚户区改造、农林水利等重点领域专项贷款资金，争取城市停车场专项债等国家专项建设基金、保险债权资金、融资租赁及资产证券化业务资金。统筹发挥金融机构作用，创新金融服务和产品，加大对政府性项目建设融资支持。进一步鼓励和扩大社会资本投资，积极推广政府与社会资本合作（PPP模式）在公共服务、资源环境、生态保护、基础设施等领域的示范项目。鼓励民间资本发起设立主要投资于公共服务、生态环保、基础设施、区域开发、战略性新兴产业、先进制造业等领域的产业投资基金。

（六）重大项目支撑

将重大工程和重大项目建设作为本规划纲要实施的工作载体和重要支撑。“十三五”阶段，共谋划市、区两级“十三五”重大工程项目157项，涉及农林水利、交通能源、科技创新、人居保障、社会民生、现代服务业、龙湾制造七大领域，总投资约1629亿元，其中“十三五”期间计划投资约1166亿元（包括市级项目约373亿元）。

表72　龙湾区“十三五”重大建设项目汇总一览表

领　域	项目个数（个）	总投资（亿元）	“十二五”累计投资（亿元）	“十三五”计划投资（亿元）
（一）农业水利	10	67.29	6.05	47.19
（二）交通能源	40	613.21	86.38	332.83
（三）科技创新	16	166.02	4.83	159.19
（四）人居保障	37	537.68	37.90	420.78
（五）社会民生	27	62.51	17.22	45.27
（六）现代服务业	11	125.83	7.60	118.23
（七）龙湾制造	16	56.50	14.15	42.35
合　计	157	1629.04	174.13	1165.84

表73　2016年龙湾区委（办公室）部分文件目录表

文　号	文件标题
温龙委发〔2016〕1号	关于印发《2016年龙湾区（高新区）重要工作责任分解表》的通知
温龙委发〔2016〕2号	关于做好2016年度“三联四推五提升”专项活动的通知
温龙委发〔2016〕20号	关于制定龙湾区国民经济和社会发展第十三个五年规划的建议
温龙委发〔2016〕30号	关于开展“敢担当、树标杆”作风效能建设六大行动的实施意见
温龙委发〔2016〕31号	印发《关于深入实施作风巡查工作的意见》等3个文件的通知
温龙委发〔2016〕39号	关于印发《2016年度龙湾区（高新区）街道考绩办法》和《2016年度龙湾区（高新区）部门考绩办法》的通知
温龙委发〔2016〕40号	关于印发《2016年度温州高新区（浙南科技城）管委会下属单位考绩办法》的通知
温龙委发〔2016〕41号	关于印发《党风廉政建设区委“第一责任人”、区党政班子成员“一岗双责”责任清单》的通知
温龙委发〔2016〕44号	关于补短板的实施意见
温龙委发〔2016〕49号	印发《关于在全区开展“大拆大整”专项行动的实施方案》的通知
温龙委发〔2016〕56号	转发《龙湾区普法依法治理领导小组关于在全区公民中开展法治宣传教育的第七个五年规划（2016－2020年）》的通知
温龙委办发〔2016〕3号	关于印发《完善人才政策 推进“人才特区”建设的实施办法》的通知
温龙委办发〔2016〕6号	印发《关于落实党风廉政建设党委主体责任和纪委监督责任实施办法》的通知
温龙委办发〔2016〕7号	关于印发《2016年龙湾区（高新区）城中村改造攻坚专项行动方案》的通知
温龙委办发〔2016〕9号	关于印发《区基层老年人协会规范化建设提升活动实施方案》的通知
温龙委办发〔2016〕11号	关于分解落实2016年区“十大民生实事”工作任务的通知
温龙委办发〔2016〕12号	关于印发《2016年全区党委（党组）理论学习中心组学习意见》的通知
温龙委办发〔2016〕13号	关于印发《温州浙南科技城2016年工作要点》的通知
温龙委办发〔2016〕21号	印发《关于在全区党员中开展“学党章党规、学系列讲话，做合格党员”学习教育实施方案》的通知
温龙委办发〔2016〕25号	关于对涉及龙湾区（高新区）的2016年度市委市政府重点工作进行责任分解的通知

续表73

文　号	文件标题
温龙委办发〔2016〕26号	关于印发《2016年普法依法治理工作要点》的通知
温龙委办发〔2016〕27号	关于印发《区“五帮五助”助企服务月活动实施方案》的通知
温龙委办发〔2016〕28号	关于印发《2016年全面深化法治龙湾建设工作要点》的通知
温龙委办发〔2016〕29号	关于印发《区委全面深化改革领导小组2016年工作要点》的通知
温龙委办发〔2016〕31号	关于印发《浙江省“千人计划”产业园创建工作实施方案》的通知
温龙委办发〔2016〕34号	关于印发《2016年度龙湾区（高新区）千人评机关中层科室和基层站所活动工作方案》的通知
温龙委办发〔2016〕44号	关于印发《龙湾区（高新区）工业企业搬迁改造三年行动计划》的通知
温龙委办发〔2016〕45号	关于印发《2016年度龙湾区（高新区）工业企业搬迁改造实施方案》的通知
温龙委办发〔2016〕49号	关于印发《龙湾区（高新区）城中村改造三年行动计划（2016－2018年）》的通知
温龙委办发〔2016〕50号	关于印发《“一推广两同步三强化”进一步规范农村“小微权力”运行实施方案》的通知
温龙委办发〔2016〕52号	关于印发《温州空港新区建设三年行动计划》的通知
温龙委办发〔2016〕59号	关于印发《龙湾区（高新区）发展壮大村集体经济“强村惠民”三年行动计划（2016—2018年）》的通知
温龙委办发〔2016〕61号	关于对涉及龙湾区（高新区）的市委十一届十一次全会《实施意见》重要工作任务进行责任分解的通知
温龙委办发〔2016〕62号	关于印发《〈关于补短板的实施意见〉工作任务责任分解表》的通知
温龙委办发〔2016〕66号	关于印发《龙湾区（高新区）机关公务用车制度改革实施方案》的通知
温龙委办发〔2016〕68号	关于印发《龙湾区（高新区）治理干部为官不为实施办法（试行）》的通知
温龙委办发〔2016〕69号	关于印发《龙湾区（高新区）推进干部能上能下实施办法（试行）》的通知
温龙委办发〔2016〕72号	关于印发《2016年度龙湾区（高新区）街道和部门考绩办法补充意见》的通知
温龙委办发〔2016〕77号	关于印发《龙湾区（高新区）深化行政管理体制改革推进综合行政执法实施方案》的通知
温龙委办发〔2016〕78号	关于印发《关于对“大拆大整”专项行动中存在不作为、慢作为情形实行问责的办法》的通知
温龙委办发〔2016〕80号	关于推进温州高新区跨越发展进位升级的实施意见
温龙委办发〔2016〕81号	关于加强街道“四个平台”建设提升基层治理能力的实施意见
温龙委办传〔2016〕22号	关于印发《龙湾区（高新区）第二届“创新梦·家乡行”暨“智汇龙湾·创业浙南科技城”活动方案》的通知
温龙委办传〔2016〕26号	关于印发《2016年龙湾区（高新区）网络文化节实施方案》的通知
温龙委办传〔2016〕28号	关于印发《2016年龙湾区“五型”机关创建工作考核办法》的通知
温龙委办传〔2016〕31号	关于印发《龙湾区（高新区）护航G20杭州峰会开展五大重点领域消防安全专项整治工作方案》的通知
温龙委办传〔2016〕34号	关于印发《2016年世界温州人大会龙湾区（高新区）分会实施方案》的通知
温龙委办传〔2016〕50号	关于实行精准扶贫责任捆绑制度的通知
温龙委办传〔2016〕51号	关于印发《龙湾区（高新区）“大拆大整促转型发展”宣传方案》的通知

表74　　2016年龙湾区人大常委会（办公室）部分文件目录表

文　号	文件标题
温龙人大常〔2016〕1号	关于提请徐伟职务任命的议案
温龙人大常〔2016〕2号	关于徐伟职务任命的通知
温龙人大常〔2016〕3号	关于张苗中等职务任免的通知
温龙人大常〔2016〕4号	关于姚永峥免职的通知
温龙人大常〔2016〕5号	关于印发龙湾区第七届人民代表大会第五次会议公告的通知
温龙人大常〔2016〕6号	关于决定撤销梅银松职务的通知
温龙人大常〔2016〕7号	关于丁虹等免职的通知
温龙人大常〔2016〕8号	关于戴云杰免职的通知
温龙人大常〔2016〕10号	关于张单娇职务任命的通知
温龙人大常〔2016〕11号	关于郑建廷免职的通知

续表74

文 号	文件标题
温龙人大常〔2016〕12号	关于郑小强等职务任免的通知
温龙人大常〔2016〕13号	关于要求尽快理顺托管体制下龙湾人大工作的报告
温龙人大常〔2016〕14号	关于重新确定龙湾区人民代表大会代表名额的报告
温龙人大常〔2016〕15号	关于要求增加龙湾区人大常委会常委会组成人员名额的报告
温龙人大常〔2016〕16号	关于提请朱德利免职的议案
温龙人大常〔2016〕18号	关于批准龙湾区2015年度区本级财政决算的决议
温龙人大常〔2016〕19号	关于同意将土地一级开发的政府购买服务资金列入年度财政预算的决定
温龙人大常〔2016〕20号	关于同意将城中村改造项目融资列入年度财政预算的决定
温龙人大常〔2016〕21号	关于任国权等职务任免的通知
温龙人大常〔2016〕22号	关于徐大海职务任命的通知
温龙人大常〔2016〕23号	关于接受朱德利等辞去温州市龙湾区人大常委会委员职务的决定
温龙人大常〔2016〕24号	关于陈栋免职的通知
温龙人大常〔2016〕25号	关于朱德利免职的通知
温龙人大常〔2016〕26号	关于许可对区人大代表方中秋采取刑事强制措施和行政处罚的决定
温龙人大常〔2016〕27号	关于提请朱微明等职务任免的议案
温龙人大常〔2016〕28号	关于贾黎春等职务任免的通知
温龙人大常〔2016〕29号	关于朱微明等职务任免的通知
温龙人大常〔2016〕30号	关于陈衍免职的通知
温龙人大常〔2016〕31号	关于邵建和免职的通知
温龙人大常〔2016〕32号	关于提请决定龙湾区人民代表大会代表选举日的议案
温龙人大常〔2016〕33号	关于设立龙湾区选举委员会的议案
温龙人大常〔2016〕34号	关于设立各选举办事处的议案
温龙人大常〔2016〕35号	关于调整龙湾区第七届人大常委会代表资格审查委员会成员的议案
温龙人大常〔2016〕43号	关于提请郑笃兴等职务任免的议案
温龙人大常〔2016〕44号	关于郑笃兴等职务任免的通知
温龙人大常〔2016〕45号	关于决定周一富任职的通知
温龙人大常〔2016〕46号	关于做好龙湾区第八届人大代表资格审查工作的函
温龙人大常〔2016〕47号	关于提请陈立等职务任免的议案
温龙人大常〔2016〕48号	关于决定郑祥迪等职务任免的通知
温龙人大常〔2016〕49号	关于陈立等职务任免的通知
温龙人大常〔2016〕50号	关于决定戴旭强等职务任免的通知
温龙人大常〔2016〕51号	关于接受池晓荣等辞去区选举委员会职务的决定
温龙人大常〔2016〕52号	关于任命贾黎春为区选举委员会主任的决定
温龙人大常〔2016〕53号	关于许可对区人大代表陈会荣执行行政拘留的决定
温龙人大常〔2016〕54号	关于接受苏鹭平辞去龙湾区人大常委会委员职务的决定
温龙人大常办〔2016〕1号	关于部分中层职位任职实施方案的请示
温龙人大常办〔2016〕2 号	关于印发2016年龙湾区人大常委会监督工作计划及区人大常委会会议、主任会议主要议题安排的通知
温龙人大常办〔2016〕13号	关于召开区七届人大常委会第三十一次会议的通知
温龙人大常办〔2016〕4号	关于出席龙湾区第七届人民代表大会第五次会议的预备通知
温龙人大常办〔2016〕5号	关于组织市人大龙湾中心组代表开展会前视察活动的通知
温龙人大常办〔2016〕6号	关于列席龙湾区第七届人民代表大会第五次会议的通知
温龙人大常办〔2016〕7号	关于表彰区七届人大四次会议优秀代表建议的通知
温龙人大常办〔2016〕8号	关于表彰2015年度街道人大工作先进单位的通知

续表74

文　号	文件标题
温龙人大常办〔2016〕9号	关于朱金发同志任职的请示
温龙人大常办〔2016〕11号	关于印发《关于组织全区各级人大代表开展查找“短板”专项活动的方案》的通知
温龙人大常办〔2016〕12号	关于在春节前开展代表访谈活动的通知
温龙人大常办〔2016〕13号	关于召开区七届人大常委会第三十一次会议的通知
温龙人大常办〔2016〕14号	关于对我区时尚商圈建设情况进行调研的通知
温龙人大常办〔2016〕15号	关于印发《关于对区安监局、区卫计局、区海洋与渔业局进行工作评议的实施方案》的通知
温龙人大常办〔2016〕16号	关于印发《龙湾区人大常委会机关2016年党风廉政建设和反腐败工作计划》的通知
温龙人大常办〔2016〕17号	关于做好龙湾区七届人大五次会议代表建议办理工作的函
温龙人大常办〔2016〕19号	关于组织全区部分人大代表和人大干部参加人大工作培训班的通知
温龙人大常办〔2016〕20号	关于召开区七届人大常委会第三十二次会议的通知
温龙人大常办〔2016〕21号	关于表彰2015年度全区人大信息宣传工作先进集体和先进个人的通报
温龙人大常办〔2016〕22号	关于交办时尚商圈建设情况审议意见的函
温龙人大常办〔2016〕23 号	关于交办区安全生产监督管理局工作情况评议意见的函
温龙人大常办〔2016〕24号	关于交办区卫生和计划生育局工作情况评议意见的函
温龙人大常办〔2016〕25号	关于交办区海洋与渔业局工作情况评议意见的函
温龙人大常办〔2016〕26号	印发《关于开展“五水共治”工作专项监督的实施方案》的通知
温龙人大常办〔2016〕27号	印发《关于开展大气污染防治执法检查的实施方案》的通知
温龙人大常办〔2016〕28号	关于开展《中华人民共和国防洪法》执法检查的通知
温龙人大常办〔2016〕29号	关于开展《中华人民共和国残疾人保障法》执法检查的通知
温龙人大常办〔2016〕30号	关于印发《区人大常委会机关开展“学党章党规、学系列讲话，做合格党员”学习教育实施方案》的通知
温龙人大常办〔2016〕31号	关于印发《担任人大代表职务的区领导进代表联络站活动方案》的通知
温龙人大常办〔2016〕33号	关于印发《关于组织全区各级人大代表开展城市精细化管理主题监督活动的方案》的通知
温龙人大常办〔2016〕34号	关于召开区七届人大常委会第三十三次会议的通知
温龙人大常办〔2016〕36号	关于要求使用人员编制的函
温龙人大常办〔2016〕37号	关于召开区七届人大常委会第三十四次会议的通知
温龙人大常办〔2016〕38号	关于印发《龙湾区人大常委会2016年度对区检察院部分检察官开展履职评议的工作方案》的通知
温龙人大常办〔2016〕39号	关于交办贯彻实施《中华人民共和国防洪法》情况报告审议意见的函
温龙人大常办〔2016〕40号	关于交办贯彻实施《中华人民共和国大气污染防治法》情况报告审议意见的函
温龙人大常办〔2016〕41号	关于交办贯彻实施《中华人民共和国残疾人保障法》情况报告审议意见的函
温龙人大常办〔2016〕42号	关于开展代表建议办理工作评议活动的通知
温龙人大常办〔2016〕43号	关于交办2015年区本级财政决算和区本级财政预算执行及其他财政收支审计情况报告审议意见的函
温龙人大常办〔2016〕44号	关于开展城中村改造进展情况调研的通知
温龙人大常办〔2016〕45号	关于要求商调吴玉宇同志的函
温龙人大常办〔2016〕46号	关于召开区七届人大常委会第三十五次会议的通知
温龙人大常办〔2016〕47号	关于对浙南科技城开发建设情况进行调研的通知
温龙人大常办〔2016〕48号	关于区七届人大五次会议代表建议不满意件重新办理的函
温龙人大常办〔2016〕49号	关于区七届人大五次会议代表建议不满意件重新办理的通知
温龙人大常办〔2016〕50号	关于开展市十二届人大龙湾中心组代表专题活动的通知
温龙人大常办〔2016〕51号	关于开展换届选举调研摸底工作的通知
温龙人大常办〔2016〕52号	关于开展换届选举调研摸底工作的通知
温龙人大常办〔2016〕53号	关于对城市精细化管理工作进展情况开展专项督查暨专题询问的通知
温龙人大常办〔2016〕55号	关于开展食品安全工作跟踪监督的通知
温龙人大常办〔2016〕56号	关于开展重点工程建设进展情况检查的通知

续表74

文　号	文 件 标 题
温龙人大常办〔2016〕57号	关于做好龙湾区人大连任代表推荐工作的通知
温龙人大常办〔2016〕58号	关于做好龙湾区人大连任代表推荐工作的函
温龙人大常办〔2016〕59号	关于交办区检察院被评议检察官评议意见的函
温龙人大常办〔2016〕60号	关于要求上报选举办事处组成人员名单的通知
温龙人大常办〔2016〕61号	关于要求上报选举办事处组成人员名单的函
温龙人大常办〔2016〕62号	关于要求增加区人大常委会信息中心事业编制的报告
温龙人大常办〔2016〕63号	关于召开区七届人大常委会第三十六次会议的通知
温龙人大常办〔2016〕64号	关于交办龙湾区2016年度重点工程建设情况报告审议意见的函
温龙人大常办〔2016〕65号	关于印发《2017年部门预算草案听证会实施方案》的通知
温龙人大常办〔2016〕66号	关于对我区2017年政府性投资项目安排情况进行调研的通知
温龙人大常办〔2016〕67号	关于征集2017年区人大常委会监督议题的通知
温龙人大常办〔2016〕68号	关于征集2017年区人大常委会监督议题的通知
温龙人大常办〔2016〕69号	关于对“大拆大整”专项行动进展情况开展专项督查的通知
温龙人大常办〔2016〕70号	关于要求解决区人大换届选举工作经费的报告
温龙人大常办〔2016〕71号	关于召开区七届人大常委会第三十七次会议的通知
温龙人大常办〔2016〕72号	关于下拨2016年度区人大代表活动经费和代表联络站日常运行补助经费的通知
温龙人大常办〔2016〕73号	关于下拨区人大代表换届选举工作补助经费的通知
温龙人大常办〔2016〕74号	关于建议吴建芳同志作为正科长级领导干部人选考察对象及党风廉政方面情况的报告
温龙人大常办〔2016〕75号	关于建议姜青青同志作为正科长级领导干部人选考察对象及党风廉政方面情况的报告
温龙人大常办〔2016〕76号	关于征集2017年全国、省、市人代会代表议案和建议的通知
温龙人大常办〔2016〕77号	关于做好区八届人大代表资格审查工作的通知
温龙人大常办〔2016〕78号	关于娄锦敏同志晋升职级的报告
温龙人大常办〔2016〕79号	关于要求使用人员编制的函
温龙人大常办〔2016〕80号	关于召开区七届人大常委会第三十九次会议的通知

表75　　2016年龙湾区人民政府（办公室）部分文件目录表

文　号	文 件 标 题
温龙政发〔2016〕1号	关于批转龙湾区水土保持规划（2015—2030年）的通知
温龙政发〔2016〕2号	关于印发政府工作报告的通知
温龙政发〔2016〕3号	关于表彰2015年度政务信息工作先进单位和先进个人的通报
温龙政发〔2016〕4号	关于公布2015年度龙湾区区长质量奖获奖名单的通知
温龙政发〔2016〕5号	关于表彰2015年度新获质量与品牌荣誉称号单位的通报
温龙政发〔2016〕6号	关于表彰2015年度工业行业协会工作先进单位的通报
温龙政发〔2016〕7号	关于在全区开展第三次农业普查的通知
温龙政发〔2016〕8号	关于命名第十六届龙湾区名牌商标的通知
温龙政发〔2016〕9号	关于表彰2015年度全区重点建设工作（立功竞赛活动）先进单位和先进个人的通报
温龙政发〔2016〕10号	关于表彰2015年度区行政审批制度改革与政务服务网建设先进单位和先进个人的通报
温龙政发〔2016〕11号	关于表彰2015年龙湾区“未来技能之星”的通报
温龙政发〔2016〕12号	温州市龙湾区人民政府 温州高新区管理委员会关于表彰2015年度安全生产工作先进单位和先进个人的通报
温龙政发〔2016〕13号	关于表彰2015年度财税工作先进集体和先进个人的通报
温龙政发〔2016〕14号	关于表彰2015年度“三改一拆”工作先进单位和先进个人的通报
温龙政发〔2016〕15号	关于表彰2015年度龙湾区法治政府建设工作先进集体和先进个人的通报

续表75

文　号	文件标题
温龙政发〔2016〕16号	关于下达2016年度区重点建设项目计划的通知
温龙政发〔2016〕17号	关于表彰2015年度食品安全工作先进集体和先进个人的通报
温龙政发〔2016〕18号	关于龙湾区2016年度民兵整组工作的通知（密件）
温龙政发〔2016〕19号	关于做好清明期间森林消防工作的通告
温龙政发〔2016〕20号	关于调整区民兵组织整顿领导小组成员的通知
温龙政发〔2016〕21号	关于表彰2015年度区人大代表建议政协提案办理工作先进单位和先进个人的通报
温龙政发〔2016〕22号	关于表彰2015年度龙湾区城市管理工作先进单位和先进个人的通报
温龙政发〔2016〕23号	关于龙湾区海滨街道教新城中村改造工程建设范围内国有土地上房屋征收与补偿实施方案补充规定的通知
温龙政发〔2016〕24号	关于龙湾区海滨街道教新城中村改造二期等3个城中村改造工程采用政府购买服务模式建设有关事宜的通知
温龙政发〔2016〕25号	关于表彰2015年度龙湾区银行业金融机构支持地方经济发展先进单位的通报
温龙政发〔2016〕26号	关于进一步加强新时期爱国卫生工作的实施意见
温龙政发〔2016〕27号	关于温州市环山北路龙湾段道路工程（一期）国有土地上房屋实施征收的决定
温龙政发〔2016〕28号	关于抓好2016年度粮食生产的通知
温龙政发〔2016〕29号	关于表彰龙湾区2015年度慈善捐赠先进单位和先进个人的通报
温龙政发〔2016〕30号	关于启用温州市龙湾区发展和改革局新印章的通知
温龙政发〔2016〕31号	关于印发龙湾区国民经济和社会发展第十三个五年规划纲要的通知
温龙政发〔2016〕32号	关于龙湾区永中街道东林城中村改造三期（瑶南片G—9—2—a地块）工程项目采用政府购买服务模式建设有关事宜的通知
温龙政发〔2016〕33号	关于温州浙南科技城一期工程建设项目国有土地上房屋实施征收的决定
温龙政发〔2016〕34号	关于表彰2015年度全区无偿献血先进集体、先进工作者和奉献奖的通报
温龙政发〔2016〕35号	关于加快发展现代职业教育的实施意见
温龙政发〔2016〕36号	关于批转龙湾永昌堡旅游景区业态布局方案的通知
温龙政发〔2016〕37号	关于表彰2015年夏秋季征兵工作先进单位和个人的通报
温龙政发〔2016〕38号	关于对温州市市域铁路S1线龙湾段永中街道衙前村一期工程（浙江永上不锈钢产业有限公司）工业用房实施征收的决定
温龙政发〔2016〕39号	关于划定第一批森林消防常年禁火区的通告
温龙政发〔2016〕40号	关于表彰龙湾区第四届“名校长名教师名班主任”的通报
温龙政发〔2016〕41号	关于龙湾区蒲州街道下埠村（会展路西侧）国有土地上工业用房实施征收的决定
温龙政发〔2016〕42号	2016年度征兵命令
温龙政发〔2016〕43号	关于印发非诉行政执行案件“裁执分离”实施办法（暂行）的通知
温龙政发〔2016〕44号	关于印发龙湾雅林农业文化园创建国家4A级旅游景区工作方案的通知
温龙政发〔2016〕45号	关于进一步推进户籍制度改革的实施意见
温龙政发〔2016〕46号	关于表彰龙湾区2016年度城市市容环境卫生工作先进集体和优秀城市美容师的通报
温龙政发〔2016〕47号	关于印发龙湾区（高新区）产业平台“十三五”发展规划的通知
温龙政发〔2016〕48号	关于加快推进残疾人全面小康进程的实施意见
温龙政发〔2016〕49号	关于印发龙湾区综合交通运输“十三五”发展规划的通知
温龙政发〔2016〕50号	关于表彰2016年度龙湾区（高新区）科学技术奖的通报
温龙政发〔2016〕51号	关于表彰2016年龙湾区“罗峰技能精英”和“未来技能之星”的通报
温龙政发〔2016〕52号	关于温州浙南科技城原金岙工业区片工程建设项目国有土地上房屋实施征收的决定
温龙政发〔2016〕53号	关于印发龙湾区妇女发展规划（2016—2020年）和龙湾区儿童发展规划（2016—2020年）的通知
温龙政发〔2016〕54号	关于印发龙湾区老龄事业发展“十三五”规划的通知
温龙政发〔2016〕55号	关于印发龙湾区质量事业发展“十三五”规划的通知
温龙政发〔2016〕56号	关于印发龙湾区水利发展十三五规划的通知

续表75

文号	文件标题
温龙政发〔2016〕57号	关于印发龙湾区生态环境保护十三五规划的通知
温龙政发〔2016〕58号	关于印发龙湾区教育事业发展“十三五”规划的通知
温龙政办发〔2016〕1号	关于印发龙湾区企业信用联合奖惩实施办法（试行）的通知
温龙政办发〔2016〕2号	关于成立龙湾区创客小镇建设工作领导小组的通知
温龙政办发〔2016〕3号	关于成立龙湾区农民工工作领导小组的通知
温龙政办发〔2016〕4号	关于印发龙湾区农村集体经济合同管理办法（试行）的通知
温龙政办发〔2016〕5号	关于印发龙湾区建设免费开放农贸市场检测室实施方案的通知
温龙政办发〔2016〕6号	关于开展打击成品油走私专项行动的通知
温龙政办发〔2016〕7号	关于印发龙湾区（高新区）城区功能转变和产业结构优化实施方案的通知
温龙政办发〔2016〕8号	关于成立龙湾区瓯海大道整治提升工作领导小组的通知
温龙政办发〔2016〕9号	关于公布区政府行政规范性文件清理结果的通知
温龙政办发〔2016〕10号	关于成立龙湾区城镇危旧住宅房屋治理改造工作领导小组的通知
温龙政办发〔2016〕11号	关于印发龙湾区化工企业保留关闭及整改提升实施方案的通知
温龙政办发〔2016〕12号	关于印发龙湾区市控劣V类水质断面消除行动计划（2016－2017年）的通知
温龙政办发〔2016〕13号	关于进一步深化权力清单和责任清单工作的通知
温龙政办发〔2016〕14号	关于下达2016年度重大建设项目前期工作计划的通知
温龙政办发〔2016〕15号	关于举办龙湾区第七届运动会的通知
温龙政办发〔2016〕16号	关于印发龙湾区处置劳资纠纷突发事件应急预案的通知
温龙政办发〔2016〕17号	关于印发2016年全区“三改一拆”工作要点和年度工作任务的通知
温龙政办发〔2016〕18号	关于公布2016年第一批区级重大安全事故隐患挂牌整治单位的通知
温龙政办发〔2016〕19号	关于建立健全龙湾区地方金融监管协调机制的通知
温龙政办发〔2016〕20号	关于印发2016年度龙湾区应急管理工作要点的通知
温龙政办发〔2016〕21号	关于成立龙湾区推进国税、地税征管体制改革暨营改增全面扩围工作领导小组的通知
温龙政办发〔2016〕22号	关于龙湾区（高新区）城区功能转变和产业结构优化实施方案的补充通知
温龙政办发〔2016〕23号	关于切实做好2016年全区消防工作的通知
温龙政办发〔2016〕24号	关于完善区对街道财政体制的通知
温龙政办发〔2016〕25号	关于成立龙湾区（高新区）城市道路综合整治领导小组的通知
温龙政办发〔2016〕26号	关于成立温州空港新区发债工作领导小组的通知
温龙政办发〔2016〕27号	关于印发龙湾区创建省级“清三河”达标县（市、区）实施方案的通知
温龙政办发〔2016〕28号	关于启用温州市龙湾区海洋与渔业局新印章的通知
温龙政办发〔2016〕29号	关于印发龙湾区水利工程标准化管理实施方案（2016—2020年）的通知
温龙政办发〔2016〕30号	关于下达2016年度河道疏浚、低洼内涝治理、农田水利工程、河道清障打卡及其他水利工程计划的通知
温龙政办发〔2016〕31号	关于印发2016年龙湾区行政审批制度改革工作要点的通知
温龙政办发〔2016〕32号	关于开展全区非诉行政执行案件“裁执分离”工作调研的通知
温龙政办发〔2016〕33号	关于批转龙湾区2016年地质灾害防治方案的通知
温龙政办发〔2016〕34号	关于印发龙湾区D级危房改造建设管理实施细则（暂行）补充规定的通知
温龙政办发〔2016〕35号	关于下达2016年度政府投资计划的通知
温龙政办发〔2016〕36号	关于印发温州市龙湾区城中村改造办公室（区工务局）主要职责内设机构和人员编制规定的通知
温龙政办发〔2016〕37号	关于落实2016年度住房公积金扩面任务的通知
温龙政办发〔2016〕38号	关于公布2016年度区级重大道路交通事故隐患挂牌督办点段的通知
温龙政办发〔2016〕39号	关于印发龙湾时尚商圈（时尚小镇）建设三年行动计划（2016—2018年）的通知
温龙政办发〔2016〕40号	关于印发龙湾区（高新区）加快信息经济发展三年行动计划的通知
温龙政办发〔2016〕41号	关于下达2016年度全区无偿献血工作任务的通知

续表75

文号	文件标题
温龙政办发〔2016〕42号	关于印发2016年龙湾区法治政府建设工作要点的通知
温龙政办发〔2016〕43号	关于印发龙湾区水库移民专项资金项目扶持管理暂行办法的通知
温龙政办发〔2016〕44号	关于印发龙湾区基础教育提升三年行动计划（2016—2018年）的通知
温龙政办发〔2016〕45号	关于启用温州市龙湾区民族宗教事务局新印章的通知
温龙政办发〔2016〕46号	关于调整全区政务信息工作考核计分办法的通知
温龙政办发〔2016〕47号	关于印发龙湾区教育现代化创建工作三年行动计划（2016—2018年）的通知
温龙政办发〔2016〕48号	关于成立龙湾区户籍制度改革工作领导小组的通知
温龙政办发〔2016〕49号	关于印发龙湾区耕地保护补偿机制实施办法的通知
温龙政办发〔2016〕50号	关于印发龙湾区环境监管网格化管理实施方案的通知
温龙政办发〔2016〕51号	关于印发龙湾区创建浙江省食品安全区工作实施方案的通知
温龙政办发〔2016〕52号	关于印发龙湾区统一政务咨询投诉举报平台建设实施方案的通知
温龙政办发〔2016〕53号	关于印发龙湾区2016年度安全生产目标管理责任制考核办法的通知
温龙政办发〔2016〕54号	关于成立区危险化学品安全生产专业应急救援队伍的通知
温龙政办发〔2016〕55号	关于印发2016年“质量龙湾”建设行动计划的通知
温龙政办发〔2016〕56号	关于印发龙湾区创建全国基层中医药工作先进单位实施方案的通知
温龙政办发〔2016〕57号	关于印发2016年度龙湾区（高新区）招商引资工作目标责任制考核奖励办法的通知
温龙政办发〔2016〕58号	关于印发《温州文昌创客小镇建设“三年行动计划”实施方案》的通知
温龙政办发〔2016〕59号	关于印发企业行业标准化审批服务制度改革工作方案的通知
温龙政办发〔2016〕60号	关于印发龙湾区瑶溪街道合成革行业省级火灾隐患集中区域整治工作实施方案的通知
温龙政办发〔2016〕61号	关于印发龙湾区中小企业供应链融资改革实施方案的通知
温龙政办发〔2016〕62号	关于印发2016年龙湾区治理城市交通拥堵工作实施方案的通知
温龙政办发〔2016〕63号	关于印发龙湾区道路综合整治三年行动计划（2016—2018年）的通知
温龙政办发〔2016〕64号	关于调整龙湾区片区污水管网建设项目表的通知
温龙政办发〔2016〕65号	关于印发龙湾区（高新区）农贸市场改造升级三年行动计划（2016—2018年）的通知
温龙政办发〔2016〕66号	关于推进责任医生签约服务的实施意见
温龙政办发〔2016〕67号	关于印发龙湾区银行业金融机构支持地方经济发展业绩考评奖励办法的通知
温龙政办发〔2016〕68号	关于印发龙湾区推进政府职能向社会组织转移工作若干制度（试行）和龙湾区具备承接政府转移职能条件的社会组织推荐性目录编制管理办法（试行）的通知
温龙政办发〔2016〕69号	关于印发龙湾区（高新区）领军工业企业和高成长型工业企业培育实施方案的通知
温龙政办发〔2016〕70号	关于印发龙湾区农村公路建设三年行动计划（2016—2018年）的通知
温龙政办发〔2016〕71号	关于印发龙湾区（高新区）做地储备出让三年行动计划（2016—2018年）的通知
温龙政办发〔2016〕72号	关于印发龙湾区停车设施建设三年行动计划（2016—2018年）的通知
温龙政办发〔2016〕73号	关于印发龙湾区（高新区）架空线路上改下三年行动计划（2016—2018年）的通知
温龙政办发〔2016〕74号	关于印发龙湾区突发重大动物疫情应急预案的通知
温龙政办发〔2016〕75号	关于启用温州市龙湾区交通工程建设办公室（区铁路建设办公室）印章的通知
温龙政办发〔2016〕76号	关于印发龙湾区居住出租房、合用场所准入登记备案管理暂行办法的通知
温龙政办发〔2016〕77号	关于进一步加强政务公开工作的通知
温龙政办发〔2016〕78号	关于印发2016年龙湾区（高新区）产业平台整合提升实施方案的通知
温龙政办发〔2016〕79号	关于印发龙湾区（高新区）城市道路建设三年行动计划（2016—2018年）的通知
温龙政办发〔2016〕80号	关于印发龙湾城市中心区开发建设三年行动计划（2016—2018年）的通知
温龙政办发〔2016〕81号	关于印发龙湾区（高新区）重污染行业整治提升三年行动计划（2016—2018年）的通知
温龙政办发〔2016〕82号	关于印发龙湾区（高新区）招投标市场专项整治工作方案的通知
温龙政办发〔2016〕83号	关于做好临时用地复垦履约保证金收缴工作的通知

续表75

文号	文件标题
温龙政办发〔2016〕84号	关于印发龙湾区突发地质灾害应急预案（修订）的通知
温龙政办发〔2016〕85号	关于公布龙湾区第九届音乐舞蹈节获奖名单的通知
温龙政办发〔2016〕86号	关于进一步明确龙湾区（高新区）城市道路综合整治三年行动计划（2016—2018年）实施工作的通知
温龙政办发〔2016〕87号	关于印发龙湾区新型职业农民认定管理办法（试行）的通知
温龙政办发〔2016〕88号	关于印发龙湾区（高新区）质量强区建设奖励（补助）资金管理办法的通知
温龙政办发〔2016〕89号	关于公布2016年度龙湾区（高新区）科技（创新）型企业名单的通知
温龙政办发〔2016〕90号	关于印发龙湾区创建新一轮全国计划生育优质服务先进单位实施方案的通知
温龙政办发〔2016〕91号	关于印发龙湾区农贸市场长效管理考核办法的通知
温龙政办发〔2016〕92号	关于印发龙湾区安全生产和消防安全网格化管理“查、比、学、树”活动实施方案（试行）的通知
温龙政办发〔2016〕93号	关于公布2016年第二批区级重大安全事故隐患挂牌整治单位的通知
温龙政办发〔2016〕94号	关于加快推进2016年有效投资工作的通知
温龙政办发〔2016〕95号	关于印发龙湾区突发公共事件科学技术应急保障行动方案的通知
温龙政办发〔2016〕96号	关于规范矿山开采和治理工作的通知
温龙政办发〔2016〕97号	关于命名“无违建创建先进街道”的通知
温龙政办发〔2016〕98号	关于开展燃气安全管理“回头看”专项行动通知
温龙政办发〔2016〕99号	关于印发龙湾区互联网金融风险专项整治工作实施方案的通知
温龙政办发〔2016〕100号	关于成立温州市龙湾区水资源管理和水土保持工作委员会的通知
温龙政办发〔2016〕101号	关于印发关于龙湾区地方金融风险网格化管理实施方案的通知
温龙政办发〔2016〕102号	关于方劲松等同志职务任免的通知
温龙政办发〔2016〕103号	关于做好农业“两区”土壤污染防治工作的通知
温龙政办发〔2016〕104号	关于成立龙湾区第二届突发事件应急管理专家组的通知
温龙政办发〔2016〕105号	关于印发龙湾城市中心区工业企业搬迁改造三年行动计划（2017—2019年）的通知
温龙政办发〔2016〕106号	关于公布2016年专利示范企业名单的通知
温龙政办发〔2016〕107号	关于成立2017年区政府工作报告起草小组的通知
温龙政办发〔2016〕108号	关于命名万达广场温州金街为第一批“龙湾区（高新区）特色商业街”的通知
温龙政办发〔2016〕109号	关于印发龙湾区各街道农投公司整合工作实施方案的通知
温龙政办发〔2016〕110号	关于印发龙湾区农药废弃包装物回收和集中处置实施方案（试行）的通知
温龙政办发〔2016〕111号	关于调配区机关部分公务用车的通知
温龙政办发〔2016〕112号	关于印发龙湾区政府职能向社会组织转移目录（第二批）等2个目录的通知

表76　2016年政协龙湾区委员会（办公室）部分文件目录表

文号	文件标题
温龙政协〔2016〕1号	关于调整和增补政协第四届温州市龙湾区委员会委员、特别委员的决定
温龙政协〔2016〕2号	关于授权主席会议审议政协第四届温州市龙湾区委员会常务委员会第十八次会议未尽事宜的决
温龙政协〔2016〕3号	关于陈品富等同志职务任免的通知
温龙政协〔2016〕4号	关于周筱云等同志的职务任免通知
温龙政协〔2016〕5号	关于王进光等同志的职务任免通知
温龙政协〔2016〕6号	关于印发《对永中街道办事处等4家单位开展专项民主监督实施方案》的通知
温龙政协〔2016〕7号	关于撤销张三豹区政协委员资格的通知
温龙政协〔2016〕8号	关于我区养老服务工作的协商意见
温龙政协〔2016〕9号	关于撤销王勤福等6人区政协委员的通知
温龙政协〔2016〕10号	关于王英姿等同志的职务任免通知

续表76

文　号	文件标题
温龙政协〔2016〕11号	关于表彰政协第四届温州市龙湾区委员会优秀政协委员的决定
温龙政协〔2016〕12号	关于表彰2016年度优秀提案和提案先进个人的通知
温龙政协办〔2016〕1号	关于召开政协第四届温州市龙湾区委员会第五次会议的通知
温龙政协办〔2016〕2号	关于区政协四届五次会议到会情况的通报
温龙政协办〔2016〕3号	关于印发推进我区基层协商民主建设调研报告的通知
温龙政协办〔2016〕4号	关于印发《政协温州市龙湾区委员会2016年工作要点》的通知
温龙政协办〔2016〕5号	关于印发《政协温州市龙湾区委员会2016年度协商计划》的通知
温龙政协办〔2016〕6号	关于召开区政协四届二十次常委会暨常委读书会的通知
温龙政协办〔2016〕7号	关于成立民主监督永中街道办事处等4家单位工作领导小组的通知
温龙政协办〔2016〕8号	关于印发《龙湾区政协机关“学党章党规、学系列讲话，做合格党员”学习教育工作方案》的通知
温龙政协办〔2016〕10号	关于举办政协知识培训班的通知
温龙政协办〔2016〕11号	关于召开区政协四届二十一次常委会的通知
温龙政协办〔2016〕12号	关于举行浙江省“兰亭奖”中小学生书法大赛龙湾赛区2016现场赛的通知
温龙政协办〔2016〕13号	关于要求商调人员的函
温龙政协办〔2016〕14号	关于印发《龙湾区政协四届优秀委员评选活动方案》的通知
温龙政协办〔2016〕15号	关于开展第四届政协委员届末履职考核的通知
温龙政协办〔2016〕16号	关于交办民主监督永中街道办事处工作建议书的通知
温龙政协办〔2016〕17号	关于交办民主监督区商务局工作建议书的通知
温龙政协办〔2016〕18号	关于交办民主监督区机关事务管理局工作建议书的通知
温龙政协办〔2016〕19号	关于交办民主监督区体育局工作建议书的通知
温龙政协办〔2016〕20号	关于召开区政协四届二十二次常委会的通知
温龙政协办〔2016〕21号	关于印发《区政协助推“大拆大整”专项行动方案》的通知
温龙政协办〔2016〕22号	关于印发进一步加强政协委员履职管理调研报告的通知
温龙政协办〔2016〕23号	关于印发我区城中村改造中古建筑保护与利用调研报告的通知
温龙政协办〔2016〕24号	关于印发我区移民后期扶持工作调研报告的通知
温龙政协办〔2016〕25号	关于印发我区网络经济情况调研报告的通知
温龙政协办〔2016〕26号	关于印发我区宗教场所、民间信仰场所等场所集聚建设调研报告的通知

简称与全称对照目录

表77　　龙湾区部分机构简称与全称对照表

简称	全称
简称	全称
龙湾区委	中国共产党龙湾区委员会
龙湾区人大	龙湾区人民代表大会
龙湾区政府	龙湾区人民政府
龙湾区政协	政协龙湾区委员会
龙湾区委办	中国共产党龙湾区委员会办公室
龙湾区人大办	龙湾区人民代表大会常务委员会办公室
龙湾区府办	龙湾区人民政府办公室
龙湾区法制办	龙湾区人民政府法制办公室
龙湾区民防办	龙湾区人民防空办公室

续表77

简称	全称
龙湾区纪委（监察局）	中国共产党龙湾区纪律检查委员会（监察局）
龙湾区委组织部	中国共产党龙湾区委员会组织部
龙湾区委宣传部	中国共产党龙湾区委员会宣传部
龙湾区委统战部	中国共产党龙湾区委员会统战部
龙湾区外侨办	龙湾区人民政府外事侨务办公室
龙湾区台办	龙湾区人民政府台湾事务办公室
龙湾区房屋征管办	龙湾区人民政府房屋征收管理办公室
龙湾区委政法委	中国共产党龙湾区委员会政法委员会
龙湾区直机关党工委	中国共产党龙湾区委员会直属机关工作委员会
龙湾区编办	龙湾区机构编制委员会办公室
龙湾区委老干部局	中国共产党龙湾区委员会老干部局
龙湾区关工委	龙湾区关心下一代工作委员会
龙湾区委史志办	龙湾区委党史区志办公室
龙湾区文明办	龙湾区精神文明建设委员会办公室
龙湾区法院	龙湾区人民法院
龙湾区检察院	龙湾区人民检察院
龙湾区发改局	龙湾区发展和改革局
龙湾区三产办	龙湾区第三产业办公室
龙湾区经信局	龙湾区经济和信息化局
龙湾区民宗局	龙湾区民族宗教事务局
龙湾区文广新局	龙湾区文化广电新闻出版局
龙湾区人力社保局	龙湾区人力资源和社会保障局
龙湾区卫生计局	龙湾区卫生和计划生育局
龙湾区安监局	龙湾区安全生产监督管理局
龙湾区体育局	龙湾区体育事业发展局
龙湾区旅游局	龙湾区风景旅游管理局
龙湾区审管办	龙湾区行政审批管理办公室（审批中心）
温州经开区	温州经济技术开发区
温州高新区	温州高新技术产业开发区
浙南科技城	温州浙南科技城
龙湾城市中心区管委会	温州市龙湾城市中心区开发建设管理委员会
龙湾区海涂围垦指挥部	龙湾区海涂围垦工程建设指挥部
龙湾区东片防洪指挥部	龙湾区东片防洪工程建设指挥部
龙湾区温瑞塘河保护管委会	龙湾区温瑞塘河保护管理委员会
龙湾区永昌堡管委会	龙湾区永昌堡保护修建管理委员会
龙湾区个民协	龙湾区个体劳动者协会与龙湾区民营企业协会
龙湾区城管与执法局	龙湾区城市管理与行政执法局
龙湾区地税分局	温州市地方税务局龙湾税务分局
龙湾区国税局	温州市龙湾区国家税务局
温州开发区海关	温州经济技术开发区海关
龙湾区规划分局	温州市规划局龙湾分局
龙湾区国土资源分局	温州市国土资源局龙湾分局
龙湾区房管分局	温州市房产管理局龙湾分局

续表77

简称	全称
龙湾区质监局	龙湾区质量技术监督局
龙湾区供电分局	温州电力局龙湾供电分局
浙江高速交警温州支队	浙江省公安厅高速公路交通警察总队温州支队
温州市交警三大队	温州市公安局交通警察支队三大队
温州市公积金龙湾管理部	温州市住房公积金管理中心龙湾管理部
团区委	共青年团龙湾区委
龙湾区妇联	龙湾区妇女联合会
龙湾区科协	龙湾区科学技术协会
龙湾区侨联	龙湾区归国华侨联合会
龙湾区社科联	龙湾区社会科学界联合会
龙湾区残联	龙湾区残疾人联合会
龙湾区工商联	龙湾区工商业联合会
民革龙湾基层委	中国国民党革命委员会温州市龙湾区基层委员会
民盟龙湾基层委	中国民主同盟温州市龙湾区基层委员会
民建龙湾基层委	中国民主建国会温州市龙湾区基层委员会
民进龙湾基层委	中国民主促进会温州市龙湾区基层委员会
农工党龙湾基层委	中国农工民主党温州市龙湾区基层委员会
致公党龙湾基层委	中国致公党温州市龙湾区基层委员会
九三学社龙湾基层委	九三学社温州市龙湾区基层委员会
人保龙湾支公司	中国人民财产保险股份有限公司龙湾支公司
人寿龙湾支公司	中国人寿保险股份有限公司龙湾支公司
龙湾区消防分局	温州市公安消防局龙湾区分局
纪工委	中国共产党纪律检查工作委员会

表78 缩略语与其注解对照一览表

简称	注解
五单一网	指政府权力清单、责任清单、企业投资负面清单、政府职能向社会组织转移清单、部门专项资金管理清单和政务服务网
“五证合一、一照一码”登记制度	指通过“一窗受理、互联互通、信息共享”，将由工商、质监、税务、社保、统计部门分别核发不同证照，改由工商部门核发统一社会信用代码的营业执照，原组织机构代码证、税务登记证、社会保险登记证、统计登记证不再发放
效能龙湾·361°服务	指360°全方位服务+1°个性化的超值服务，通过实施真诚服务361°计划、审批提速361°计划、干部执行力提升361°计划，促进办事提速、服务提效、队伍提能
五位一体	指经济建设、政治建设、文化建设、社会建设、生态文明建设共同推进、协调发展
四个全面	指党的十八大以来习近平总书记提出的全面建成小康社会、全面深化改革、全面依法治国、全面从严治党
一三五八	指浙南科技城“一年启动建设、三年初见成效、五年基本成型、八年争取建成”的开发建设时序
TOD (Transit-Oriented Development) 城市开发模式	指“公共交通导向型发展”模式，是一种高密度居住、零售、办公、公共设施和开发空间相混合的一种土地使用模式
SOD (Service-Oriented Development) 城市开发模式	指通过大型社会服务设施以及某些商业型设施的建设，从而对期望集聚的要素产生巨大吸引力的开发模式
一打三整治	指依法打击涉渔“三无”（无船名号、无船籍港、无船舶证书）船舶和违反伏休规定等违法生产经营行为，全面开展渔船“船证不符”、禁用渔具和污染海洋环境行为的整治
两化一网	指安全生产网格化和信息化管理，构建基层安全生产工作责任网

续表78

简称	注解
供给侧结构性改革	指从供给、生产端入手，通过解放生产力，提升竞争力，促进经济发展
三去一降一补	指去产能、去库存、去杠杆、降成本、补短板
“三位一体”农村合作体系	指以强化农业服务体系为支撑，打造全要素供给、全产业链服务的农民合作组织，构建融生产、供销、信用三大合作于一体的农村合作体系
一带一路	指“丝绸之路经济带”“21世纪海上丝绸之路”
“亲”“清”新型政商关系	指对领导干部而言，“亲”就是要坦荡真诚同民营企业接触交往，强化服务，帮助解决困难；“清”就是同民营企业家的关系要清白、纯洁。对民营企业家而言，“亲”就是积极主动同党委和政府多沟通多交流，讲真话，建诤言，支持地方发展；“清”就是要洁身自好、遵纪守法，光明正大搞经营
四无	指无证无照、无安全保障、无合法场所、无环保措施的生产经营单位（简称“四无”生产经营单位）
五个一律	指对D级危旧住房要采取的措施，即一律依法由街道发布危房公告，一律依法限期搬离，一律依法贴封条禁止出入，一律依法对擅自撕毁封条回迁入住的追究法律责任，一律依法对涉及危害公共安全的建筑予以拆除
PPP（Public—Private—Partnership）	指公私合作模式，是公共基础设施中的一种项目融资模式，旨在鼓励私营企业、民营资本与政府进行合作，参与公共基础设施建设
土十条	指国务院印发的《土壤污染防治行动计划》（国发〔2016〕31号）
“四个平台”建设	指通过整合街道综治、市场监管、综合执法、便民服务四个平台，对管理服务事务进行归类，实现效率最大化
四换三名	“四换”即腾笼换鸟、机器换人、空间换地、电商换市；“三名”即名企、名品、名家
三转一市	省委、省政府为加快推动市场主体建立现代企业制度而提出的一项工作举措，包括个体工商户转企业、规模以下工业企业转规模以上工业企业、有限责任公司转股份有限公司和企业上市
五水共治	治污水、防洪水、排涝水、保供水、抓节水
美丽学校	2013年开始的一项教育创新举措，包括创设美丽校园、打造美丽课堂、塑造美丽教师、培育美丽学生四个方面
河长制	每条河道均落实一名具体管理负责人，担任“河长”，参与、监督河道的整治、保洁、日常管理等工作
智慧城管	用信息化和移动通信技术手段来处理、分析、管理城市所有城管部件、事件的一种现代化管理模式
八项规定	指2012年12月4日中共中央政治局会议审议通过的中央政治局关于改进工作作风、密切联系群众的一项决议。具体包括改进调查研究、精简会议活动、精简文件简报、规范出访活动、改进警卫工作、改进新闻报道、严格文稿发表、厉行勤俭节约八个方面的内容
四边三化	指在公路边、铁路边、河边、山边等区域开展洁化、绿化、美化行动
两无三化	市委、市政府为改善市区环境而提出的一项工作载体。2013年指无违建、无疮疤，洁化、绿化、亮化；2014年调整为无违建、无污损，洁化、绿化、序化；2015年调整为无乱象、无污（缺）损，洁化、绿化、常态化。
三改一拆	指省委、省政府提出自2013年至2015年在全省深入开展旧住宅区、旧厂区、城中村改造和拆除违法建筑三年行动，简称“三改一拆”
三联四推五提升	“三联”指区领导联街、部门联村、街道干部联户；“四推”指推动一批重点工程项目提速建设、推动一批重要经济指标争先进位、推动一批重大民生问题妥善解决、推动一批区域特色品牌加快形成；“五提升”指宗旨意识有新提升、干群关系有新提升、工作能力有新提升、作风形象有新提升、发展成就有新提升
转而未供	指农用地转用、征收批准后还没有供地的土地。转而未供土地不仅造成了土地资源的浪费，直接影响经济社会的持续健康发展，而且也影响了耕地保护和土地管理责任制的落实
个转企	个体工商户转型升级为企业
两会	人民代表大会和人民政治协商会议

索 引

表格索引

主题索引

一画

二画

三画

四画

五画

六画

七画

八画

九画

十画

十一画

十二画

十三画

十四画

十五画

十六画

十七画

十九画